互联网经济学与
竞争政策

Internet Economics and
Competition Policy

于立　主编

商务印书馆
The Commercial Press
创于1897

图书在版编目(CIP)数据

互联网经济学与竞争政策 / 于立主编. —北京：商务印书馆，2020(2021.6重印)
ISBN 978-7-100-19157-9

I.①互… Ⅱ.①于… Ⅲ.①网络经济—研究 Ⅳ.①F49

中国版本图书馆CIP数据核字(2020)第189602号

互联网经济学与竞争政策

于立　主编

商　务　印　书　馆　出　版
(北京王府井大街36号　邮政编码100710)
商　务　印　书　馆　发　行
北 京 通 州 皇 家 印 刷 厂 印刷
ISBN 978-7-100-19157-9

2020年12月第1版　　　开本710×1000　1/16
2021年6月北京第2次印刷　　印张44½
定价：188.00元

于立，经济学博士、教授。辽宁财经学院学士，中国社会科学院、澳大利亚新英格兰大学硕士，东北财经大学博士。曾先后到世界银行经济发展学院、美国科罗拉多大学和佛罗里达大学、加拿大卡尔顿大学和不列颠哥伦比亚大学、英国诺丁汉大学和剑桥大学、（中国）香港岭南大学访学研修。

现任中国工业经济学会副会长（兼竞争政策专业委员会主任），全国企业管理研究会副会长。

天津财经大学原副校长，产业经济学、法律经济学专业博士生导师，法律经济分析与政策评价中心主任。

曾任国务院反垄断委员会专家咨询组成员，国务院学位委员会学科评议组成员，全国工商管理硕士（MBA）教育指导委员会委员，教育部工商管理学科教学指导委员会委员，国家自然科学基金、国家社科基金评审委员。

曾任东北财经大学 MBA 学院院长，教育部人文社科重点研究基地——产业组织与企业组织研究中心主任。现任产业组织与企业组织研究中心学术委员会主任。主持过国家社科基金重大项目、国家自然基金项目、教育部重点研究基地重大项目、国际合作项目等项目。

主编简介

作者

0	于 立	东北财经大学／天津财经大学
1	江小涓	清华大学
2	方 燕	阿里研究院
3	曲 创	山东大学
4	陈 林	暨南大学
5	于 左	东北财经大学
6	李三希	中国人民大学
7	陈维宣	腾讯研究院
	吴绪亮	腾讯研究院
8	甄艺凯	浙江财经大学
	甄小鹏	陕西科技大学
9	许 恒	中国政法大学
10	程 华	中国人民大学
11	孟 昕	东北财经大学
12	乔 岳	山东大学
13	刘泉红	中国宏观经济研究院市场与价格研究所
	刘志成	中国宏观经济研究院市场与价格研究所
14	唐要家	浙江财经大学
15	戴 龙	中国政法大学
16	王广凤	华北理工大学
17	刘玉斌	天津财经大学
18	王继平	天津商业大学
19	徐志伟	天津财经大学
	徐洪海	南京财经大学
20	杨 帅	滴滴发展研究院
	陈雨虹	滴滴发展研究院
21	冯 博	天津财经大学
	杨 童	天津财经大学

目录

前言：互联网经济学的学科定位

于 立

　　鉴于国内经济学学科中经常出现的一些混乱和争议，加之多年来形成的学术习惯，虽然我总感到力不从心，但经常还是试图思考经济学有关学科的学科定位问题（研究主题、主要方向、学科界限、研究方法等），并已经出版了对"产业经济学"（Industrial Economics）[①]、"规制经济学"（Regulation Economics）[②] 和 "法律经济学"（Law & Economics）[③] 等学科定位的系列书籍。目前正在写一本《法理经济学》（*Jurisprudential Economics*）的专著，即用经济学的方法研究法理学的重要问题，计划用十年时间完成。

　　这里，我试图对"互联网经济学"（Internet Economics）进行一些学科定位（概念梳理、学科界限、基本理论）方面的探讨，同时也作为本书——《互联网经济学与竞争政策》——的前言。

一、重要概念的区别与联系

　　同其他新兴经济学科类似，互联网经济学的学科定位首先依赖于对一系列特别容易混淆的核心概念进行辨析与界定。

[①] 于立、肖兴志:《产业经济学的学科定位与理论应用》，东北财经大学出版社，2002年2月。

[②] 于立、姜春海:《规制经济学的学科定位与理论应用》，东北财经大学出版社，2005年3月。

[③] 于立、吴绪亮、唐要家、冯博:《法律经济学的学科定位与理论应用》，法律出版社，2013年3月。

（一）互联网与万维网

互联网虽然经常与万维网替换使用，但二者也有区别。互联网或因特网（Internet）是全球性连接无数计算机和智能手机的网络系统，又称网中之网（Network of Networks，或 Net of Nets），属于基础设施。而万维网（World Wide Web，或 WWW）是通过互联网访问从而交换信息的方式。一个是基础设施，另一个是依赖于基础设施上的应用。当然，广义的互联网也可包括万维网。

从安全角度看，网络安全（Internet Security）一般是指网络系统的硬件、软件及其数据保护，不因偶然的或者恶意的原因而遭受到破坏、更改、泄露，网络服务不中断，系统可靠正常运行。如果上升到国家安全的角度，那么互联网体现的就不仅是商业行为，还会体现国家政治和战略。就如同 GPS（全球定位系统，Global Positioning System）与 BDS（北斗卫星导航系统，Beidou Navigation Satellite System）之间类似的关系。互联网本身就是全球化的概念，由比尔·盖茨和马云共同主持的联合国数字合作高级别小组就曾发布《数字相互依存的时代》的专门报告 [1]。而由于区块链技术的发展，屏蔽（"防火"）与"翻墙"之间的关系更是日益复杂。

电子商务、互联网金融（或数字信用）、即时通信、搜索引擎和网络游戏是当前移动互联网的主要业态。从经济角度看，类似于依赖互联网的数字平台企业的竞争与垄断问题，互联网本身是否也有竞争与垄断问题？严重情况下，谁控制了全球的根域名服务器，是否谁就可能实施断网威胁或收取垄断高价？

---

[1] Report of the UN Secretary-General's High-level Panel on Digital Cooperation: *The Age of Digital Interdependence*, 2019.

（二）互联网经济与数字经济

互联网经济（Internet Economy）有时也称数字经济（Digital Economy），都是指基于数字计算技术，通过互联网所进行的生产、交易和消费活动。互联网经济与新经济（New Economy）或网络经济（Web Economy）也是同义而异名。单从字面上看，似乎互联网经济更强调网络"连接"，数字经济更强调"根基"（二进制和字节）。但多数情况下，互联网经济和数字经济两者可以通用。数字化、网络化、智能化本来就是三位一体的。

其实，互联网经济与传统经济概念上可以清楚区分，实际中很难做到。就像实体店（Brick and Mortar）也可开展网上（Online）销售业务，传统的计程车（Taxi）也可从事网约服务（Taxi-hailing Service）一样。如果没有人为或政策上的障碍，市场机制会自动融合创新发展。

（三）互联网产业与产业互联网

狭义的互联网产业主要由通过万维网在线提供各种产品和服务的企业组成，相关业务主要包括电子商务、搜索引擎、在线旅行服务、网络游戏等。广义的互联网产业包含更多，无论是"互联网+"还是"+互联网"都包含其中。互联网产品高度差异化，更多的是互补，而不是替代。但从统计角度看，互联网产业的经济贡献，绝不应只限于国民经济行业分类中的"5292—互联网零售""6410—互联网接入及相关服务""6421—互联网搜索服务""6422—互联网游戏服务""6429—互联网其他信息服务""6431—互联网生产服务平台""6432—互联网生活服务平台""6433—互联网科技创新平台""6434—互联网公共服务平台""6439—其他互联网平台""6440—互联网安全服务""6450—互联网数据服务""6490—其他互联网服务"等小类的统计核算。[①]

如果说一度热议的"从消费互联网转向产业互联网"的提法,本意可能是为了避免或纠正社会上对经济活动"脱实向虚"的误解,而迂回地呼吁政府和社会重视发展互联网经济,这应该说有合理的内核。但从学理上看,实际上并不能名正言顺,也无必要。更不必去争议"工业互联网"与"产业互联网"的区别,英文都是 Industrial Internet,争议这二者的区别真是伪命题。

从另一方面看,"产业互联网和消费互联网的融合"也不一定是什么大势所趋,而是从来如此,更没有什么"消费互联网"的正式说法。这就如同 GDP 核算中本来就有"生产法"和"支出法"两种殊途同归的计算方法,互联网经济中的商品生产和消费从来都是密不可分的。产业经济学的基本公理也是"产业 = 市场"。网络效应理念确实强调需求侧的规模经济性质,但这与"消费互联网"的说法没有多大关系。而且,如果从第二产业(制造业)与第三产业(服务业)的产业结构演变规律看,发展趋势更应该是"从产业互联网转向消费互联网",而不是相反。

(四)互联网与物联网

互联网与物联网(Internet of Things,IoT)并不是相对的概念,后者只是通过互联网实现"物"的连接,或者说是互联网的延伸。有人一度争辩产业互联网(Industrial Internet)与产业物联网(Industrial Internet of Things,IIoT)的区别,但二者本义上其实并没有实质性差异。

实际上,物联网(IoT)与产业物联网(IIoT),后者有时亦称M2M(Machine-to-Machine),是经常混用的。比较公认的观点是,物

[①] 中华人民共和国国家标准:《国民经济行业分类》(GB/T 4754—2017)。

联网是从产业互联网深化出来的更宽泛、更抽象的概念，但其实质仍是产业互联网。

产业互联网的概念最早是通用电气（GE）提出的，这个产业巨头倡导产业互联网是为了推动产业物联网经济的发展，而国内互联网巨头倡导产业互联网是为了防止被人诟病"脱实向虚"。其实，发展物联网经济并不一定是向实物产业的转变，而是更依赖于互联网，更加表现为生产过程与消费过程的统一。从这个意义上看，有人说"互联网是实实在在的实体经济"也不无道理。

（五）互联网产业与互联网市场

产业经济学和反垄断经济学中经常使人迷惑的"公理"性问题就是产业与市场的异同。本人曾经在东北财经大学产业组织与企业组织研究中心主办的《反垄断研究》创刊号发表文章提出，产业经济学的基石是"产业＝市场"，而反垄断经济学的基石则是"产业≠市场"[①]。这一点在互联网领域更为明显，产业与市场的关系比传统经济要复杂得多，这也是互联网领域反垄断执法中界定相关市场（Definition of Relevant Markets）中的难题所在。[②]

原因之一是"双边市场"（Two-sided Market）或"多边市场"（Multisided Markets）问题。因此，在一般产业中常用的市场界定方法（如SSNIP 方法），很难简单地套用于互联网市场。而且由于互联网产品和服务差异化更大，市场细分程度也就更强。原因之二是由于互联网技术更新速度快，产品间关系复杂，标准产业分类及统计数据经常严重滞后，与市场的"相关性"（Relevance）越来越远，反垄断执法和竞争政

[①] 于立，2017:《"产业≠市场"是反垄断经济学的基石》,《反垄断研究》，第 1 期。

[②] David S. Evans, *Basic Principles for the Design of Antitrust Analysis for Multisided Platforms*, Version: 9 January 2019.

策实施更加难以及时、理性、确切、到位。总的来说，与传统的产业/市场关系相比，从"条条"（产业）角度看，互联网市场细分可能更强；从"块块"（区域）角度看，互联网市场区域可能更大。简单来说，互联网产业与互联网市场的差异更大。

一句话，互联网产业定义难，互联网市场界定更难，研究具体问题时要使互联网产业＝互联网市场是难上加难！

（六）数据与信息

数据（Data）只是简单的事实和数字，是提炼出有价值信息（Information）的基础，但本身还够不上信息。数据是原始的未经组织（简单而随机）的事实或数字（观测、特征、符号、话语、图像）。当数据经过加工、解释、组织、结构化，变得有意义、有用处、有价值时，才称得上信息。比如每个学生的考试成绩属于数据，而班级平均分则是信息。又如："100"只是数据；"100公里"则是信息；"100公里是相当长的距离"是知识；"人步行很难走100公里，而开汽车很容易"则是智慧。这个简单例子可以大概了解数据、信息、知识、智慧之间的关系。信息经济学（Economics of Information）、博弈论（Game Theory）以及不对称信息（Asymmetric Information）意义下的信息也不等同于数据。

数据不仅包括数字，也包括事实，都可以数字化（Digitalization）。大数据（Big Data）仍是数据，本身还不是信息。大数据中的"大"有多重含义，有人概括出大数据具有"3V"特征——数量、种类、速度（Volume，Variety，Velocity），但目前为止，相关研究并没有提出严格界定且普遍认可的大数据定义。在区分数据与信息时，不宜采用"4V"（3V＋Value）特征的提法，因为有价值的数据已经变成信息，不再是普通的数据。当前，如何利用大数据还在不断的探索之中，包括模型与方法、定价与法律、隐私保护等多个方面。

有无知识产权（Intellectual Property Rights，IPRs）是区分数据与信息的简便途径。个体数据，特别是个人隐私具有隐私权，侵犯隐私则涉嫌侵权，但一般不属知识产权。近年来，滥用数据现象日益引起关注，人们在商务活动中的购买意愿，在社会领域中的政治观点，都有被基于大数据的算法左右或洗脑的可能。涉嫌操纵民众意愿的"剑桥分析"（Cambridge Analytica）事件可能还会重现。而经过数据加工的信息则通常具有知识产权。最典型的信息品就是知识产权（IPRs），包括专利、商标、版权等多种具体形式。在数据方面，利用大数据改进服务与可能侵犯隐私之间；在信息方面，保护知识产权与反对知识产权滥用之间，构成互联网经济学中的"两难困境"（Dilemma），甚至"悖论"（Paradox）。

在互联网经济中，数据的作用和分类越来越引起学者们的关注，占有数据导致的竞争优势十分重要。但应慎言"数据垄断"，占有数据不与人分享，不属于反垄断法意义上的垄断，至多是有侵权滥用的可能性；"信息垄断"也是伪命题，信息的本质是知识产权，除非滥用知识产权，否则也谈不上垄断行为。[①] 但同时也必须看到，与互联网有关的网络效应、规模经济和范围经济等都与数据的作用存在较大的关联性。或者说，大的数字平台利用数据优势，借助算法实施垄断行为是需要反垄断机构关注的。

（七）互联网经济学与互联网产业经济学

从经济学学科体系上看，互联网经济学（Internet Economics）与一般

---

① 陈永伟：《数据垄断：怎么看？怎么办？》，《经济观察报》观察家微信公众号，2019年8月。

的经济学,特别是与微观经济学(Microeconomics)是什么关系,能否成为单独的一门经济学分支?可否建立一门单独的"互联网产业经济学"?在中国国内,有人认为全部经济学因为互联网都要重写,也有人不认为互联网经济颠覆了经济学原理。

互联网经济学和产业经济学都是微观经济学的分支学科。互联网经济学事实上已经基本成为一门相对独立的经济学学科。2016年由约翰尼斯和迈克尔(Johannes & Michael)主编的《互联网经济学手册》[1]是互联网经济学成为相对独立学科的一个重要标志。但严格地从学科体系上看,互联网经济学(包括本书)还谈不上成熟,理论上的共识性还不够。更应感谢互联网经济学领域一些杰出经济学家的重要贡献,如诺贝尔经济学奖得主让·梯诺尔(Jean Tirole),著名产业经济学家埃文斯(David S. Evans)、阿姆斯特朗(Mark Armstrong),著名法律经济学家格瑞丁(Damien Geradin)等人的一系列开创性研究成果。国内一些学者对互联网许多实践问题多有探讨,但在经济学理论上的创新贡献比较有限。

2001年谢依(Shy)所著的《网络产业经济学》[2],由张磊等译成中文,应该是国内较早的互联网经济学教科书之一。这本书讨论的主要是"单边网络"(网络型产业),没有涉及互联网经济中常见的双边网络问题。

国际公认的产业经济学大体上是研究产业内部企业之间关系,并不限定于工业或制造业,也不存在国内误传多年的所谓工业经济学。当然,也完全可以根据产业经济学一般原理,对特定产业进行"产业

---

[1] Bauer Johannes M & Latzer Michael (eds), *Handbook on the Economics of the Internet*, Edward Elgar Publishing, 2016.

[2] Oz Shy, *The Economics of Network Industries*, The Press Syndicate of the University of Cambridge, 2001.(张磊等译:《网络产业经济学》,上海财经大学出版社,2002年。)

研究"（Industry Studies）或行业分析。在国际公认的经济学分类体系
（JEL）中，第 L 类—产业组织（或产业经济学）下的 L6—L9 就对应着
制造业、初级产品与建筑业、服务业、运输业与城市公共设施。其中，
L86 对应的就是"信息与互联网服务业及计算机软件"。按照这个框架
（研究体系），用产业经济学的一般框架专门研究互联网产业的经济学问
题，或者简单称作"互联网产业经济学"也无不妥。

二、互联网经济学的基础理论

随着网络和数字技术进入主流法学研究者的视野，一些法学家开
始争取"网络法"（Cyberlaw）或"互联网法"的独立学科地位。争论
的焦点是，将赛博空间（Cyberspace）中出现的各类纷争及可适用于调
处相关纷争的法律规则拼凑起来，是否足以支撑网络法成为独立的部门
法研究领域？还是把赛博空间中的纠纷放到法律既有的基础领域（例如
合同法、侵权法、财产法等），而寻求一般性的制度构建。[1]看来经济学
家比法学家幸运得多，互联网经济学已经成为一个相对独立的经济学学
科，尽管还不大成熟。已故诺贝尔经济学奖得主科斯曾经说过，"方法
不能定义一个学科，问题才能定义。"那么，什么是互联网经济学的基
本问题呢，或者说互联网资源配置与定价方面有哪些基本理论问题呢？
我尝试将其概括为以下四个方面。当然，还可以包含更多内容，比如
"双边市场与多边市场"等。

---

① 戴昕，2009：《超越"马法"？——网络法研究的理论推进》，《地方立法研究》，第
4 期。

（一）数字革命与产业革命

这里有两个重要问题，一是"工业革命"需要用"产业革命"所取代，不然名不正言不顺；二是"数字革命"的基本特点及对互联网经济学提出了什么样的基本问题？

"产业革命"（Industrial Revolution）的技术基础是基于科学的技术革命，简称"科技革命"。英文中的形容词 Industrial 或名词 Industries 包括各行各业，"工业革命"只能体现"产业革命"的部分含义，这与"产业经济学"中的产业不仅包括工业（制造业），还包括基础产业、交通运输及服务业等各行各业的道理相同。至今被广泛认可的四次"产业革命"中，第一次产业革命的特点是生产方式的机械化，即以蒸汽为动力的机器取代人力和兽力；第二次产业革命的特点是以电力为能源和劳动分工为基础的大规模生产；第三次产业革命的特点是计算机的使用和自动化，以及初步的网络化；第四次产业革命的特点是网络和智能的融合，是更高层次的网络化。如果说第一次和第二次产业革命主要发生在农业和传统工业领域，称作"工业革命"还比较贴切的话，第三次和第四次产业革命不应继续称为"工业革命"，而是基于"数字革命"的科技革命。

数字化、网络化、智能化是新一轮产业革命或数字革命（Digital Revolution）的核心特征，也是互联网经济的核心特征。其中，数字化是技术基础，网络化是表现形态，智能化是发展方向。目前，这一轮产业革命还在迅猛发展，数字革命的色彩越来越浓。不同于早期的产业革命，数字革命对各个产业（包括制造业和服务业）和整个社会都产生了深远影响。人工智能（AI）、机器人开发和物联网又推进了数字革命，进一步创造出前所未有的技术创新和社会经济发展机会。数字信用和星链就是当前数字革命的代表。

以数字革命为特征的产业革命，通过改变生产和消费方式，大大提高了广义的生产效率和生活水平。而从负面角度看，前两次产业革命严重破坏了自然环境，影响了人类的健康，而数字革命的负面影响却更多地限定在个人层面，比如减少了隐私，增大了社会和工作压力，甚至给人类带来了失业威胁。

关于第一、二次产业革命，学界已经取得相当多的学术研究成果，但对于以数字革命为基础的第三、四次产业革命，普遍认可的学术研究成果目前还比较有限。比如，数字革命的发展趋势和规律演变，数字革命对经济增长、结构变化和社会发展的影响，数字时代的产业政策与竞争政策的作用等问题，都有待深入、广泛的研究。

（二）共享品与共用品

经济学把所有产品（商品和服务）分成四类，即私用品（Private Goods）、公用品（Common Goods）、共享品（Club Goods）和共用品（Public Goods）。分类的依据是两种属性：争用性（Rivalry）和限用性（Exclusive）。一些经济学者在解说和翻译相关理论中，经常含糊不清，从而容易得出一些令人误解的观点。Rivalry 应该译为"争用"，不宜译为竞争。竞争（Competition）一般是指企业竞相供给，而争用指的是竞相使用或消费，含义大不相同。Exclusive 指的是限制他人使用或消费，排他性使用不一定要排他性所有，具有所有权但无法限制他人使用的或限用成本过高的，也可能出现"公地悲剧"。共用品不必由国有企业独揽，有时也可以由民营企业提供，而由政府采购（如国防中的武器装备）。救灾品和慈善品分发到个人后就变成既争用又限用的私用品。

简单说，同时具有争用性和限用性的属于私用品，一般不存在市场失灵（Market Failure），同时没有争用性和限用性的属于共用品，容易出现市场失灵，但要注意防止政府失灵（Government Failure）。具有争用性却没有限用性的属于公用品；具有限用性但无争用性的属于共享品。互联网经济或数字经济中的产品主要属于共享品。

共享品的共同特点是没有争用性，但具有限用性（如同进入俱乐部需要交费一样），因而亦称"俱乐部品"。数字产品如数字音乐、数字影视、数字书刊等，也包括专利、版权、商标等知识产权品，统称为"零边际成本无形商品"（Zero Marginal Cost Intangible Goods），使用和传播过程中边际成本等于或接近于零，因而没有争用性。但是，这类数字产品由于知识产权的法律保护（或商业秘密的自我保护），能够做到不交费不可用，因而具有限用性，属于共享品，否则就属于公用品。这四种商品的特性和分类可见下图。

"零边际成本"是互联网经济或数字经济的最典型特征，也是互联网经济学中的核心问题。甚至可以认为，互联网经济学就是主要研究与网络有关的"零边际成本无形商品"生产与交易的经济学学科。这个核心问题解决得好，可以使共享品向共用品转化，从而存在产生公地喜剧（Comedy of the Commons）的可能性，解决得不好，既有可能使共享品转化为公用品，产生"限用不足"性质的第I类公地悲剧——准公地悲剧（Quasi-Tragedy of the Commons），也有可能产生"限用过度"的第II类公地悲剧——反公地悲剧（Anti-Tragedy of the Commons）。基于数字经济的基本特征，如何避免两类公地悲剧，而倡导促进公地喜剧，或

者说如何促使数字产品的生产和消费，多从共享品转化为共用品，这是互联网经济学的研究主题。其中的"公地喜剧理论"也是我正在致力研究的法理经济学的基础理论之一。

（三）规模经济与范围经济

规模收益与边际成本存在严格的对应关系。规模扩大时单位成本下降就表明存在规模经济。边际成本为零时，平均成本必然有下降趋势，也就说明规模收益是递增的。如果说互联网经济中，普遍存在零边际成本现象，也就意味着规模收益递增的普遍性。随着经济活动规模（企业、产业、市场）的扩大和拓宽，在较大的产量规模或产品种类范围内，都明显存在"边际收益递增"（Increasing of Marginal Return）特征，因此说互联网经济中的规模经济（Economies of Scale）或范围经济（Economies of Scope），比以往都更加明显。

新的信息技术使竞争方式不同于以往，数字产品的生产成本与用户数量相比大大降低。数字产品或信息品一旦产生（固定成本），就能以极低的成本（可变成本）广为传播。比如搜索引擎服务一旦建立并运行，就能以极低的成本服务于千家万户。虽然也存在服务成本，但规模扩大时的成本上升与用户人数的上升根本不成比例，经常还会不同程度地存在零边际成本现象。

从经济学概念上说，严格定义下的规模经济是相对于产量规模而言的，范围经济是相对于产品种类而言的。二者之间既有相同点，又有差异性。进一步说，狭义的规模经济指的是单产品规模经济。单产品规模经济（可用平面直角图形表示），主要表现为单一产品长期平均成本曲线的不断下降的趋势。而互联网经济或数字经济中的规模经济多是指广义的规模经济，体现规模与范围的统一，即有规模的范围经济，或多产品规模经济（简单的可用三维射线图形表示），主要表现为多产品长期平均成本曲线（射线）的不断下降的趋势。也可以这样说，一般的规模经济就是指单产品规模经济，而范围经济指的是多产品规模经济。互联网经济中的规模经济通常都是指有规模的范围经济。因为互联网企业或数字平台一般不会只生产单一产品，即便只生产一种最终产品也会包括众多中间投入，或者在多个市场上营销，追求的也是范围经济。

当然，现实经济中，很少有恰好一种单一产品或只有两种产品的情况，但这并不妨碍以此概念为基础进行经济学分析。比如，与需求函数（需求量与主要自变量的关系）和需求曲线（假定其他因素不变，只关注需求量与自身价格的关系）的差异类似，在研究生产函数与供给曲线的关系时，可以借用"偏微分"的数学思想，假定其他因素不变，而单独研究一种产品产量与成本的规模经济关系，从而构建平面直角图形；或者假定其他因素不变，而专门研究两种互补产品的范围经济问题，从而构建三维图形。这也符合"真理总是片面"的哲学思维。在研究某一具体问题时，试图界定完备的时间和空间，穷尽描述一切相关因素，包括所有的因果关系，列清全部的作用力度和作用方向，那是不可能的，也不是科学的态度。

研究互联网经济中的规模经济和范围经济问题，有两点应该特别注意。第一，分析研究中切记不应忽略自变量的"定义域"，其实这也与互联网经济相关市场（产品、区域、时间）界定密切相关。可以说，规模经济（范围经济）的"定义域"对应的就是相关市场的"界定域"，只不过分析角度不同。第二，互联网经济中常见的"赢者通吃"现象，既可理解为是规模经济意义上的"以大吃小"，也可理解为范围经济意义上的"跨界横吃"。当然，"赢者通吃"达到排除、限制竞争的程度时，就会引起竞争对手的举报和反垄断机构的关注，特别是在存在较大进入障碍的情况下。

（四）网络经济性与网络外部性

除规模经济和范围经济概念外，经济学中的另一"经济性"概念是"网络经济性"（Economies of Network）或"网络效应"（Network Effects）。汉语中所说的"网络经济"实质上可有两种理解：一是对应产业的，英文是 Network Economy；另一个是解释"经济性"的，英文是 Economies of Network。为避免混乱，也可称前者为网络经济，后者为网络效应。

网络效应与规模经济和范围经济都有交叉性，有人将其概括为"需求侧的规模经济"，正是从这个意义上说，网络效应也是一种网络外部性（Network Externality）。网络效应还可分为双边市场情况下的直接效应，和多边市场情况下的间接效应。市场经济条件下，一旦存在外部性，就会影响市场合理配置资源。对于一般的外部性，经济学的思路都是外部性内部化（Internalizing Externality），即正、负外部性原则上都应由当事人承担。互联网经济中，如果网络外部性主要是由需求侧用户增加带来的，那么与外部性内部化一致的原则，倒是应该"外部性外部化"（Externalizing Externality）。就是说，不应由网络企业或数字平台独享网络效应的益处。

但是，网络平台具有"双边性"，甚至"多边性"。就"双边性"（Two-sidedness）或双边市场（Two-sided Market）来说，平台作为市场中介，两边都是其客户。它们可以双边收费，也可以单边收费。基于广告的平台（Ad-funded Platform）就是一侧收费，另一侧免费，而且主要是通过免费引发的网络效应获取收益。相反的例子如众多的教授和研究生，他们同时既是学术检索平台服务的原创者（免费提供），又是检索服务的消费者（付费使用）。学术检索平台利用的网络效应或网络外部性，应该如何分享？国外的爱思唯尔（Elsevier）和中国的知网

（CNKI）都涉及类似的问题。

　　一般情况下网络效应都是正面的，但也有负网络效应的情况，一般的例子如网络拥堵、计算机病毒等。特殊的例子如，网络检索或观看网络影视时，如果愿意付出一些费用，就可享受免遭无用广告过多骚扰的VIP会员待遇。有时，商家通过制作出足以烦人的较长时间低俗广告，迫使用户只有付费才能免除。对于消费者来说，这属于一种"破财免灾"的行为。

三、互联网经济学中的几个悖论

　　高深的学问大多都伴随着悖论层次的问题。"问题导向"需要有"问题链"的哲学思路，即依次经历提问（Question）→难题（Problem）→悖论（Paradox）→两难（Dilemma）→取舍（Trade-off）→决策（Decision）→评估（Evaluation）这样的七个完整步骤。对学术创新而言，普通的提问不是问题，往往有现成的答案。学术研究的起点至少应该发现难题，最好是个悖论性的难题。当然，哲学上的悖论往往是无解的，但实践要求对再难的悖论也要简化成一种两难问题。构建两难问题后，按轻重缓急化解为取舍关系，然后再按"两害相权取其轻（或两利相权取其重）"的原则制定政策或决策。事后（或事前、事中）必须进行政策或决策的绩效评估，总结经验提升理论。

　　下面提出的这些经济学悖论给互联网经济学以及竞争政策带来挑战，虽然不一定是互联网经济学所特有的，但在该领域却更为突出。

（一）"赢者通吃悖论"

　　传统经济中的"规模与垄断悖论"在互联网经济中有了新的表现形式。"小企业创新，大企业兼并"的产业组织模式在新经济中更为明显。

互联网经济中既有资本门槛低、进入障碍小、技术更新快、市场变化迅速的一面，又有少数大企业"赢者通吃"的另一面，包括"以大吃小"和"跨界横吃"两种情况。"赢者通吃"的背后有规模经济、范围经济和网络效应的因素，也可能有企业垄断的因素。对于竞争政策而言，道理似乎很简单，只要"扬善抑恶"即可，但政策难题在于互联网领域的相关市场更难界定，垄断行为更难判别，垄断后果更难评估，稍不小心就有"成事不足败事有余"的可能。不少经济学者认为，中国的互联网经济近年来发展良好，形成 BAT（百度、阿里、腾讯）的行业巨头，重要原因之一就是政府大体上采取了"包容审慎"的监管政策。当然也要看到，与此同时有关网络垄断的举报和呼声也一直不断，使监管机构经常面临着两难困境。

从"赢者通吃悖论"的角度看，应该密切关注具有近30亿社交用户的互联网巨无霸——脸书（Facebook）计划发行的"数字币"（Libra）。这种数字币利用区块链加密技术，具有无国界和低手续费的两大特点，很可能形成以数字信用为基础的新一代金融霸权。

规模经济与垄断的关系一直是经济学研究的关注点，从"马歇尔冲突"（Marshall's Dilemma）[1]，到鲍莫尔等人的"自然垄断理论"[2]，再到互联网时代的"赢者通吃悖论"（Winner-Take-All Paradox），学者们都是在经济学理论和政策上寻求规模经济与垄断弊端的平衡。

目前为止，关于互联网领域"赢者通吃悖论"，竞争政策上可以有这样几点共识。一是研究自然垄断问题时应该区分基础网和接入网，而且要关注跨界杠杆垄断行为；二是不能把规模经济当成"大筐"，需要

---

[1] Alfred Marshall, *Industry and Trade*. London: Macmillan, 1919; *Principles of Economics*. London: Macmillan, 1920.

[2] Willam J. Baumol, John C. Panzar, and Robert D. Willig, *Contestable Markets and the Theory of Industry Structure*, Harcourt Brace Jovanovich., 1982.

根据"定义域"界定相关市场，并且尽量区分出范围经济和网络效应因素；三是不应单看市场规模结构，还要关注市场进退障碍；四是区别对待平台竞争行为属于市场内"零和竞争"（In the Market），还是通过技术创新和商业模式创新争夺市场领地（For the Market）；五是经验表明，在一定条件下，大型网络平台也可以发挥竞争政策规制者的作用……

（二）"共享品限用悖论"

互联网经济更是一种数字经济，而数字经济中生产和交易的产品（服务）都属于区别于数据的信息品（Information Goods）。信息品多具有"共享品"特征，即一旦生产出来，在使用中或多或少地接近零边际成本的情况。知识产权（专利、商标、版权等）是典型的信息品。

由数字共享品的属性所决定，即没有争用性却有限用性，就产生了一种"限用悖论"。就是说，边际成本为零表明没有争用性，比如网上的数字音乐和数字书刊，听众和阅众多少与成本无关，流量费用也可以忽略不计，单从这个角度看不该限用。但另一方面，如果总是无偿使用，信息品的生产者（音乐作品创作者和书刊写作者）则不能收回成本，更不能获利，信息品也就成了无源之水。这种情形下，如果不能通过收费（专利费、版税等）加以限用，就会产生"限用不足"性质的第Ⅰ类公地悲剧或"准公地悲剧"；但如果收费过高，又容易产生"限用过度"的第Ⅱ类公地悲剧或"反公地悲剧"，因为本来边际成本为零，使用不足等于闲置。这种左右为难的"限用悖论"在互联网经济中表现得更为突出。

最典型的例子是电影《我不是药神》所展现出来的"药品专利限用悖论"[①]。影片主人公的原型通过网络从事跨国药品代购，经历了被检察院起诉又撤诉的过程。故事中的药品专利属于"共享品"，研发后边际

---

① 于立、王玥、杨童：《平台模式中的跳单问题》，《比较》2018 年第 4 辑。

成本为零，但通过高额专利费（专利药与进口仿制药价相差 100 倍）可以限用。隐含其中的悖论在于，如果主要由专利费构成的药价过高，就相当于"限用过度"，从而造成眼前"见死不救"的悲剧；如果药价过低，就相当于"限用不足"，从而导致药厂研发动力不够，就会出现以后"无药可医"的悲剧。

我们的研究成果表明，"跳单与纵向限制互克理论"可以解释这种"共享品限用悖论"，并提供某些竞争政策建议。[①]

（三）"数字产品价值悖论"

伴随着互联网经济的发展，亚当·斯密在《国富论》中提出的"价值悖论"（The Paradox of Value）更需要新的解释。

对于互联网经济活动的价值贡献，政府的统计核算在实践中显得无所适从。测量互联网产业商品与服务的增加值存在严重的低估现象。哥伦比亚大学亚里德（Pierre Yared）教授曾提出低估数字经济对 GDP 贡献的五方面问题[②]。第一，数字平台用户众多，贡献极大，但因免费服务而大大低估对 GDP 的贡献；第二，即便网络服务有所收费，GDP 统计也不能反映出质量的变化；第三，GDP 不能反映出数字产品种类和消费选择多样性的价值；第四，互联网企业研发出的算法具有无形资本品的价值，但尚无较好的指标进行衡量；第五，在国民经济核算体系中，互联网经济的价值归属于不同的经济部门，统计机构依靠投入产出表来核算各部门的经济贡献，但这种表格严重滞后，难以反映数字平台快速增长的经济价值。

以数字产品维基百科为例。在互联网出现之前，各种百科全书大

---

① 于立等:《跳单问题的法律经济学研究》，法律出版社，2018 年 6 月。

② Richard Adler. *Toward A Better Understanding of Internet Economics*. Internet Association. April 2017.

量发行，获利颇丰，并以出版行业增加值的形式计入 GDP。2010 年出版的《大英百科全书》售价以千美元计，然而目前已经被维基百科所取代。维基百科可以在全面性、及时性、准确性、语言种类等方面比纸质百科全书更有优势。问题在于维基百科是否具有经济价值？志愿者无偿编撰和更新词条，用户免费阅读，是否创造了价值？若是，应该如何计入 GDP？

另一个例子是计算机软件领域出现的"左版权"或"著佐权"（Copyleft）现象。左版权是一种利用现有著作权或"右版权"（Copyright）体制来保护所有用户和二次开发者的自由授权方式。加入左版权条款后，该自由软件除允许使用者自由使用、散布、修改之外，还要求使用者修改后的衍生作品必须要以同等的授权方式免费回馈社会。比如统计学界广为使用的"R 语言"或"R 软件"（R Programming Language），就是一个深受研究人员欢迎和学术刊物认可的免费统计分析和制图软件，初始开发者公开全部源代码和基础包，并按"左版权"的模式，要求后续的使用开发者也要免费公开。现在已经有数以万计的扩展软件包。这种现象颇有由"共享品"向"共用品"转化，从而形成"公地喜剧"（Comedy of the Commons）的意味。但它也产生了与维基百科同样的问题，就是如何衡量该应用软件的经济价值？

中国的国民经济核算体系从 1992 年起，由原来的"物质产品平衡表体系"（System of Material Product Balance，MPS），转向国民账户体系（System of National Accounts，SNA）。这种转变的重要意义在于开始承认非实物产品，即服务劳动的价值，并且以市场供求决定的商品价格为基础核算 GDP。但到了互联网经济时代，又面临着"数字产品价值悖论"的新挑战。

四、互联网经济政策研究与发展研究

（一）互联网政策研究报告

近期国际上有三个重要的专家研究报告，前两个分别提交给英国政府和欧盟委员会，第三个是由芝加哥大学斯蒂格勒研究中心针对美国情况而写。这三个专家报告针对互联网经济，特别是数字平台发展中出现的竞争政策问题，进行专门研究，并提出了相应的政策建议。

1.《解锁数字竞争：数字竞争专家组的报告》[①]，是专门提交给英国政府的研究报告，由哈佛大学肯尼迪政治学院的杰森·福尔曼（Jason Furman）教授主持。

2.《数字时代的竞争政策》[②]，是受委托提交给欧盟委员会的研究报告。作者分别是经济学家雅克·克雷默（Jacques Crémer）教授，数据科学和计算机专家伊夫–亚历山大·德蒙鸠依（Yves-Alexandre de Montjoye）博士，法学家海克·施韦策（Heike Schweitzer）教授。为此，达米安·格瑞丁（Damien Geradin）教授专门写了《欧盟竞争政策应该如何关注数字平台的市场势力》[③]的评论报告，也配套提交给欧盟委员会。

3.《数字平台的市场结构与反垄断研究报告》[④]，是美国芝加哥大学

---

① Jason Furman, *Unlocking digital competition: Report of the Digital Competition Expert Panel*, March 2019.

② Jacques Crémer, Yves-Alexandre de Montjoye, Heike Schweitzer, *Competition Policy for the Digital Era*, Final report, European Union, 2019.

③ Damien Geradin, *What should EU Competition Policy do to Address the Concerns Raised by the Digital Platforms' Narket Power*? 2019.

④ George J. Stigler Center for the Study of the Economy and the State, The University of Chicago Booth School of Business, *Committee for the Study of Digital Platforms: Market Structure and Antitrust Subcommittee, Report DRAFT*, 15 May 2019.

斯蒂格勒经济与国家研究中心数字平台研究项目 2019 年 5 月的一个初期报告。该报告是借鉴了上述提交给英国和欧盟的研究成果，而针对美国的数字市场进行的研究。

与欧盟、英国和美国相比，显然中国更需要类似的高水平专门政策研究报告。中国的互联网经济或数字经济有了很大的发展，也出现了一些重要的政策性问题，不应该总是停留在"包容审慎"的表态层次。国务院反垄断委员会应该负起更大的责任。

（二）互联网产业发展报告

除上述的政策研究报告外，还有一些重要的产业发展报告值得关注。例如：

1.《中国数字经济发展与就业白皮书》（2019 年），中国信息通信研究院

2.《G20 国家数字经济发展研究报告》（2018 年），中国信息通信研究院

3.《数字经济 2.0 报告——告别公司，拥抱平台》，阿里研究院，2017 年 1 月

4.《数字经济体：普惠 2.0 时代的新引擎》，阿里研究院，2018 年 1 月

5.《全球数字经济发展指数》（2018 年），阿里研究院

6.《解构与重组：开启智能经济》，阿里研究院，2019 年 1 月

7.《数字中国指数报告》（每年一本），腾讯研究院

8.《国家数字竞争力指数研究报告》（2019 年），腾讯研究院

9.《互联网经济蓝皮书：中国互联网经济发展报告》（2018 年），中央财经大学，社会科学文献出版社

10.《2018 年数字经济形势分析》，国家信息安全研究中心

11.《2018年中国互联网产业发展报告》，艾瑞咨询公司

12.《2019年数字经济指南》，Statista

13.《数字相互依存的时代》，联合国数字合作高级别小组报告，2019年6月

14.《中国互联网络发展状况统计报告》，CNNIC（中国互联网络信息中心），2018年7月

互联网经济学过去较长时间注重互联网技术与经济学的整合，也取得了一些进展。近来日益关注经济学与法学的结合，特别是如本书书名所要求的强调互联网经济学与竞争政策的关系。应该说，从法律经济学（即用经济学的理论和方法研究法律问题）的角度看，二者融合得还不够理想，还需要做很多更深入的研究工作。

从政策角度看，不论是制定和执行政策的官员，还是研究论证政策的专家，其实对于互联网经济也都面临知之较少、研究不足的困境。有产业政策思维习惯的官员容易过于自信。在专家层面，互联网领域关心竞争政策的法律学者、经济学者和技术专家中，各自的学科局限性也比较明显。尽管大家都想打通学科界限，但并非易事。我总是坚持这种理念："专家"就是知识面窄的人，否则不可能是专家。向欧盟委员会提交的《数字时代的竞争政策》报告，是由经济学家、法学家和技术专家共同完成，看来非常值得借鉴。

互联网经济学更需要数学，不要说法学家，就是经济学家内部，也有很多人认为经济学有滥用数学的倾向。但从另一角度看，互联网经济领域目前的数学工具明显还不够用。大家知道，互联网经济学的深入学习和研究，特别是多边市场理论、匹配模型、算法优化，都需要更多更高深的数学知识。当代欧美大学经济学博士需要学的数学，超过国内某些经济学教授和法学教授的想象程度。如果说，经济学研究中存在滥用数学倾向的话，那么在互联网经济领域，"滥用"的程度可能并不

大。诺奖得主法国图卢兹大学让·梯诺尔教授，曾获得巴黎第九大学数学博士学位和美国麻省理工学院经济学博士学位，是互联网经济学领域的大师级学者，他一直在潜心耕耘。本书的各章中，所用的数学公式并不多，更没有数学推导。应该说，这不是作者们的疏忽，其中有些作者的数学造诣是比较高的，而是因为，当初筹划本书时就达成了一个共识，不要因为数学公式而影响读者的阅读兴趣。有能力的读者可以本书为线索，继续深入研究思考某些感兴趣的问题。比如，描述互联网巨头公司的范围经济问题，就需要多维变量（空间）的数学理论。爱因斯坦曾经说过，"不要担心你在数学上遇到的困难；我敢保证我遇到的困难比你还大得多"（Do not worry about your difficulties in Mathematics. I can assure you mine are still greater），这句话对我们应该很有启示。

最后，以一首"打油诗"收尾："剑桥姓剑还是康？大学是城还是乡？徐林相别桥哪座？学者求圣还是王？"这也代表了我写此前言时的一种心情。写此文期间，我读了报人刘亚东的文章《物理学的忧伤》[①]，也深有感慨，似乎经济学也有类似的情况。但我觉得，互联网经济学可能大大促进了整个经济学的进步，而且实际上互联网经济学已经相对滞后于互联网经济的发展。

2019 年 7 月于英国剑桥大学

---

① 刘亚东："物理学的忧伤"，量子学派微信公众号，2019 年 5 月。

1. 互联网经济学发展的挑战与理论创新 [①]

江小涓

现代技术特别是网络技术的发展，正在改变服务业的基本性质，引起了广泛的资源重组与聚合，对传统服务经济理论提出根本挑战，如服务业生产率低的假设不再成立，新古典价格理论很难解释服务价格形成，人们的消费理性发生了变化。同时，与互联网络相关的经济学问题，如互联网经济学、平台经济学、信息产品定价等问题也亟待研究。未来需要理论层面的分析、权衡和选择，如互联网带来的"隐私保护与数据利用效率"两难选择和"精神与心理消费"的复杂性等问题，迫切需要理论研究和创新。

在互联网情境下，经济社会各个层面高度互联互通，各种资源广泛重新聚集整合，大量新型服务业迅速成为市场主流，并以强大的力量改变着传统服务业。时至今日，服务领域的资源配置已经呈现出新的模式，在商业模式、竞争方式、激励机制、评价视角等方面都显示出新的特点，与农业、制造业的融合程度更紧密，对社会生产生活各方面的渗透更为广泛深入，同时也带来新的问题和挑战。传统服务理论已经不能有效解释现实问题，互联网领域的理论创新紧迫而重要。

[①] 本章改编自江小涓：《高度联通社会中的资源重组与服务业增长》，《经济研究》，2017年第3期。

1.1 网络时代的消费特点与服务供给

当前阶段，我国居民消费需求正在由物质需求向精神需求拓展，感受、体验类的精神和心理需求持续增加，已经成为服务消费的重要组成部分。这类消费能带来幸福、愉悦的精神感受和满足、归属感和自我评价升值等心理感受，消费者愿意为这些"感受"付费，因此是有效需求。这类需求大致可以分为两种类型。一是需要依托实物，例如穿费德勒、罗纳尔多、姚明代言过的衣服，虽然价格不菲，却能享受到精神和心理满足感；购买 LV 包既能满足提拿物品的实物功能，还能满足表达鉴赏、显示身份、炫耀财富的精神和心理需求；去装修高档、环境幽雅的餐厅用餐，既满足了"进食"的生理需求，也满足了舒缓压力、感受情调、追求品位的精神和心理需求。二是纯粹的精神和心理消费。这些消费并没有搭载在实物产品上，而是独立存在。例如网络游戏，人们在虚拟的网络世界里冲突对抗，寻求的是精神和心理感受；网络上的视听消费也非常发达，满足了人们寻求信息、提高品位、陶冶性情、提升修养、减缓压力等需求，可以称之为"找乐"的消费。

互联网为这种需求的释放迸发提供了强大的引力，网络"乐"消费创新层出不穷，增长惊人。以互联网游戏为例，其趣味性、刺激性远远超过线下游戏产品，发展极为迅速，2015 年我国互联网游戏产业的产值已经超过 1200 亿元。再如微信，这个提供了丰富"乐"趣的社交工具，2011 年才上线，2015 年底活跃用户已达 5.6 亿。微信直接带动的消费支出中，娱乐位居第一，占 53.6%。再看职业体育，其价值因互联网的出现而倍增。2015 年 9 月，中超联赛 5 年转播版权卖出 80 亿元的"天价"，其中网络市场将占重要份额，乐视体育为获得 2016/2017 两个赛季新媒体转播权就支付了 27 亿元。音乐市场的格局也很典型，依托互联网的数字音乐已经成为音乐消费核心层的主流市场，远远超过音乐演出、唱片和音乐图书这三大传统市场之和，见表 1.1。数据来自中国音像与数字出版协会音乐产业促进工作委员会在 2015 第二届音乐产业高端论坛的开幕式上发布的《2015 中国音乐产业发展报告》。

表 1.1　2014 年中国音乐市场结构分析

中国音乐产业细分行业的市场规模估算		
行业分类	细分行业	市场规模（亿元）
核心层	音乐演出产业	143
	唱片产业	6.15
	音乐版权经纪（管理）	2.76
	数字音乐产业	491.2
	音乐图书出版	7.5
关联层	乐器产业	322.81
	音乐教育培训产业	643.8
	专业音响产业	391
拓展层	广播电视音乐市场	38.4
	卡拉 OK 市场	800
	影视剧游戏动漫音乐产业	4.88
合计		2851.5

数据来源：作者整理

在互联网时代，服务的基本性质发生了改变。传统经济理论认为，服务业是一个劳动生产率低的部门，这源于许多服务过程要求生产和消费同时同地，"人对人""点对点"，例如教育、医疗、现场艺术表演、保安等。在这个过程中，人力资本是主要的供给要素，不使用提高效率的机器设备，缺乏规模经济，因而其劳动生产率长期保持在一个不变水平。近些年来，依托网络的服务呈现出三个新的重要特点，改变了服务的基本性质。一是规模经济极为显著，这源于许多网络服务的初始成本很高而边际成本很低，特别是可复制的文化类、信息类服务更是如此。一部网剧是一个观众还是亿个观众，制作成本相同，增加观众的边际成本极低。二是范围经济极为显著。一个巨型平台形成后，可以销售多种产品和服务，并且以品牌优势不断拓展新的产品和服务。对消费者来说，登录一个平台就会应有尽有，对企业来说能最大化地利用平台资产，降低成本、提高效率。三是长尾效应极为显著。

"长尾效应"是互联网时代专有的学术名词，似乎可以归类为范围经济，但有其鲜明的网络特点（克里斯·安德森，2006）。所谓长尾效应，是指当产品和服务多样化的成本足够低时，那些个性化强、需求不旺、销量很低的产品和服务仍然能够"上架"，这些"小众""冷僻"的需求汇聚而成的市场份额可以和那些少数热销产品所占据的市场份额相匹敌甚至更大。见图1.1。互联网企业没有库存，网站维护费用远比传统店面低，平台能够聚焦无数的卖家和买家，能够极大地扩大销售品种，最有效地形成"长尾效应"。例如，一家大型书店通常可摆放10万本书，因此不可能摆放那些很小众和过期已久，成为"冷门"的书刊，但网络书店则完全不受此限制，亚马逊来自排名10万以后的书籍占到销售额的四分之一以上。作者的女儿是梅西迷，2014年世界杯时想要一件阿根廷国家队"太太女友"拉拉队的球服，这是"小众需求"，国内实体店没有销售，在"58同城"上发布求购信息后，很快就有在国外代购但尺码不合适的卖家回应，这个尺码恰恰适合女儿，当日就成交，没有网络，这笔交易无法想象。如果互联网企业销售的是虚拟产品，则支付和配送成本几乎为0，可以把长尾理论发挥到极致。Google AdWords，iTunes音乐下载都属于这种情况。可以说，虚拟产品销售天生就适合长尾理论。由于尾巴很长，汇聚起来就成为巨额销售。这表明在网络时代，多样性、复杂性的增加并不意味着平均成本的增加，是市场规则改变的一个例证。

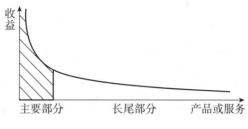

图 1.1 "长尾理论" 模型

1.2 互联网经济情境下的资源重组与商业模式变革

互联网时代，信息传播速度极快，经济社会各个层面高度连通，交易成本和资源配置成本降低。这些基本面上的重要变化，引起广泛的资源重组与聚合，必将带来商业模式的变革。

1.2.1 争夺关注力：聚合需求资源

有了互联网，每个人都陷入巨量信息之中，争夺关注力成为竞争焦点。为了迅速聚集大批用户，出现了许多新的商业模式。

1. 免费使用

互联网服务形态易于模仿，创新的商业模式需要迅速广泛地应用，等待用户慢慢积累会失去先机。因此，互联网上一种新服务出现后，通常其基本功能可以免费使用，以期在短时期内聚集起巨量用户，产生正反馈：用户量越大，就会有越多人关注，就会带来"免费"服务之外的巨大商机。微信是一个经典案例：开始以社交工具形态出现，供人们免费使用，迅速聚集到海量的用户后，商业功能就开发出来，涉足移动支付、理财、游戏、地图、电商以及生活服务等众多领域，构建了新的服务提供系统。到 2015 年末，微信活跃用户已达到 5.6 亿，用户覆盖 200

多个国家、超过 20 种语言，微信支付用户则达到了 4 亿左右。

2. 粉丝、网红与主播

争夺注意力并将之相对固化，需要培育忠诚消费者群体，即粉丝群体。"粉丝"指那些对某个明星、某个产品或某种服务忠诚的追随者，是英文 fans 的音译。粉丝是娱乐、体育、时尚等行业中最优质、最重要的目标消费者，而其他消费者只是普通用户。例如，粉丝多少决定着一档电视节目的收视率，而收视率又决定了赞助广告的多少，从而决定着盈利能力。姚明加入 NBA，吸引了大量的中国粉丝关注火箭队和 NBA，只要姚明出赛，中国电视台都会直播，平面与网络媒体是热门话题；NBA 通过商业赞助、电视转播、产品授权销售等，在中国市场的年收入高达 12 亿美元。有了大数据，粉丝还具有了巨大的衍生商业价值，大数据抓取粉丝的信息，通过挖掘分析，为这些潜在消费者推送应有尽有的全方位消费信息，从而演变出无尽可能的新业务体系和商业模式。争夺注意力还催生了网络红人（即"网红"）的产生。这些网络红人以自己的"爱好""品位""时尚"等标签，向粉丝们展示和营销商品，或者直接将社交流量出售给广告商来变现。例如知名模特张大奕，在微博上拥有 300 多万粉丝，2014 年在淘宝上开店，不到一年即达到五颗皇冠的最高等级。2016 年 5 月 20 日，兰蔻在朋友圈里推送了一条鹿晗表白的广告，当天销量同比上涨了 30%。著名媒体人罗振宇打造了一个网络脱口秀节目《罗辑思维》，通过微信公众订阅号、脱口秀视频、会员体系、微商城等载体吸引粉丝，成为影响力较大的互联网知识社群，2015 年获得 B 轮融资 2 亿元，公司估值达到 13.2 亿元。2016 年 6 月 21 日，东风"荣耀"新车发布会动用了 100 位高颜值的美女主播。这是汽车行业第一次使用直播的形式进行推广，尝试新的渠道。长久以来，"品牌"主要指企业和商品，而网红的出现，标志着个人也开始成为"品牌"并迅速占领市场，这种"品牌"鲜活有趣，时时与粉丝们交流，分享生活方式、情感、时尚、情怀及梦想等等，与精神与心理需求的特点高度契合。

争夺注意力还促成了所谓"主播"产业的发展。网络主播是一个新生职业，形态多样，包括新闻、体育等"专业"主播，也包括各类娱乐网站的个性主播。

国内社交视频网站"六间房"，就是批量提供"主播"机会的网站。"六间房"将网站定位为"秀场"，吸引了大量艺人和热爱艺术的人群参与，他们在六间房拥有一个网络直播间，可以随意展示自己的才艺、知识和机智，与喜欢自己的粉丝们互动。目前和六间房正式签约的"主播"已超过4万人。他们中间有寻求生计和谋求发展的草根艺人，也有更多的艺术爱好者，提供着丰富多样的"节目"，网站的日均访问人数达到500多万人。网站的盈利主要靠用户对虚拟物品的消费，用户可以向艺人赠送虚拟物品，如鲜花、蛋糕、跑车、飞机等等，不同物品标价不同，用"六币"（六间房社区虚拟货币）购买。简单描述，歌手和主播们在线上吹拉弹唱、演讲、回答提问等等，粉丝和观众在线下"打赏"，即付费向心仪的演员赠送虚拟的礼物，网站因此获得收入，歌手也会从中提成。有些名气大的主播，还可以用多种方式加载广告。

3. 搜索

搜索网站帮助人们在茫茫网海中搜寻到所需要的信息。"搜索"几乎无所不能，商品和服务信息应有尽有而且免费，是关注度最高、应用最广的互联网功能。搜索网站的吸引力来自于多样、全面、快速这几个关键因素，因而在竞争中能生存下来的都是知名度很高的大企业，如谷歌、百度等。搜索网站能够引领搜索者的关注方向，例如被搜索到的企业、商品、服务和其他内容，就能受到消费者的更多关注，在搜索结果中排名愈靠前，关注度就愈高。因此，争取被搜索网站在结果中靠前显示，就成为众多商家吸引关注的关键，并由此产生出许多新的商业模式，例如搜索网站按企业付费多少在结果中排名，付费高者优先即竞价排名。竞价排名被认为在一般产业可以接受，类似电视台黄金段、报纸黄金版面的广告拍卖。但在有些行业却带来问题，例如医药行业关乎生命和健康，消费者又缺乏辨别能力，国内外多次出现过消费者被误导的案例。2015年，国内青年魏则西患癌症后在百度上搜索，选择了被置于推荐首位的一家医院，治疗无效后才知道推荐是按付费多少排名的。此案例引起社会对竞价排名的广泛批评。对此问题我们后面还要分析。搜索还能够解决更为复杂的问题。机器翻译技术是一个典型，过去半个多世纪，机器翻译的基本逻辑是模仿人的思考方式来构筑翻译程序，在经过无数艰辛努力后，极其复杂的程序也达不到最基本的翻译质量。前几年，谷歌公司提出一种全新的解决思路，依赖海量译本数据库，通过匹配法来翻译。这种逻辑不管语法和规则，将原文与互联网上的翻译数据对比，找到最相近、引用最频繁的翻译结果。实践表明，这种思路虽然有时不够精确，但足够达到相互理解的程度。此后许多网络服务商都基于这个思路开发实时翻译系统，充分利用网络强大的记忆能力、搜寻能力和计算能力。

4. 信息推送

在信息过载的环境中，每一个消费者都面临信息过滤和信息选择的困境，个性化信息获得成为普遍需求。哪家媒体能够更精确地实现内容传输与受众注意力的匹配，就更可能赢得市场和创造价值。"推送"就是针对个性化需求的一种商业模式创新，智能互联网能够记录用户在互联网上的行为特点，企业据此主动向消费者"推送"个性化的服务。例如，我们在互联网上查询过某种信息，此后大量类似信息就会在屏幕上自动跳出；我们浏览查阅过某种商品后，此类商品的广告就会定时出现。比如，2014年以6月开始，"今日头条"占据了手机资讯的重要市场份额，业务特色和商业模式受到高度关注，其核心竞争力是，使用大数据挖掘技术，通过抓取用户阅读行为的数据，然后根据一定算法，分析出用户的阅读兴趣从而实现智能个性化推荐。在移动终端时代，许多"推送"服务已经将内容分发网络和地理位置服务两项技术结合在一起，例如在国内任何一个地方登录"大众点评"网站，其推送的餐馆咖啡店等，均是本地化的内容，即在我们附近、可以方便获得的服务。

1.2.2 "平台"企业：聚合市场资源

互联网时代，一批以"经营平台"为特征的巨型企业迅速发展。平台将相互依赖的不同群体集合在一起，形成低成本、高效率的点对点连接。美国的亚马逊、ebay 和中国的淘宝、京东都是典型。平台企业并不是新生事物，在互联网大行其道之前，就有多种形式的平台企业，例如，大型超市、大型商业 MALL 都是平台，买卖双方集中在这个平台上点对点交易。但是，实体平台的规模有限，而依托互联网的平台规模极大，连通成本很低，有以去中心化为原则的自动匹配算法作为技术支撑，有着强大的竞争力。

中国有着巨大的市场规模，平台组织成长和规模都很惊人。2015年"双11"，天猫有4万多商家、3万多种品牌和600万种商品参与。当天网民同时在线峰值达4500万人，产生快递包裹4.68亿件，交易额912亿元，超过2014年全国社会消费品单日零售额，是2014年美国"黑色星期五"全美商场交易额91亿美元的1.57倍，刷新了世界最大购物日成交纪录。微信则是移动平台的典型。KPCB 发布的《2015年全球互联网趋势报告》显示，截至2015年5月，按照市值计算的全球15大互联网公司均为平台型公司，其中美国11家，中国4家，即阿里、腾讯、百度和京东。

从学术角度看，互联网平台有以下特点。第一，平台改变了单个企业产生规模经济的条件。依托网络，生产者与消费者直接交易，消除了传统商业模式从生产到消费中间存在的多层营销体系，显著降低了交易费用。特别是小微企业，可以摆脱规模小的不利影响，依托市场范围极为广泛的平台，不受地域限制，向全世界消费者提供服务。例如，小企业开发的手游产品针对的是细分市场，玩家是小众，却遍布全国甚至全球，集成起来就很可观。如仅两人的国内独立团队开发的《火柴人联盟》，2014 上线不久获得全球 84 个国家 Google Play 付费总榜 Top5 的成绩，也曾在 App Store 付费下载排行榜榜首长达 14 天。小小团队能吸引到全国乃至几十个国家用户的关注，依靠的就是大型渠道平台，如骏梦天空、游道易、App Store 等。

第二，平台具有非对称成本分摊机制。平台向消费者和供给商的收费通常是不对称的，多数平台由供给方负担全部平台成本，而消费者免费使用，甚至可以因使用平台而拿到补贴，购物网站大都如此。但也有相反的例子，对消费者收费却对供应者免费，典型者如提供论文检索和下载服务的"中国知网"，论文的收录是免费的，但对使用者收费。不过，在资本市场运作模式下，投资者对大型平台企业是否盈利有时并不敏感，可以极具"耐心"地等待，因而对企业来说，达到收益 / 成本平衡点的约束较弱，甚至近似于"软约束"，可以长期在亏本的情况下运转并继续扩展规模。例如京东运营十多年来并未盈利，却能依靠从资本市场上筹措的巨量资金维持运转，而不是依赖平台自身运转来弥补成本。

第三，平台多为三方经营模式。实体经济是供求双方关系为主的两方经营模式，虽然也有供应链和市场营销，但仅被视为企业经营全过程中的一部分。相比较，互联网企业尤其是搜索引擎网站，主要提供免费搜索服务，供求双方并不具有典型的买卖关系。企业的收入主要靠广告，因此广告投放者成为企业运转的基础性条件，被认为是平台的第三方。大型搜索企业都已经实现了有效的三方商业模式：企业自身运营，巨量免费用户和大量广告投放商。

1.2.3 反馈机制和大数据：聚合质量信号

对长期重复交易的商品来说，价格是基础性的质量信号，此外还有许多质量信号，如保修、退换货、质量检验等。然而，许多服务是一对一的，一次性的，过程性的，又含有大量的专业信息，对服务质量的判断一直是难题。互联网提供了大量新的质量信号，或者说可以将分散和个性化的信号聚合起来，例如许多网站都建立了用户评论、信誉评价、信用查询及问责制度等，以解决信息不对称问题，帮助客户和消费者做出选择，为那些表现良好的企业赢得更多机会。如美国航空管制机构最早开始公布民航服务相关质量信息，包括每个航空公司、每一个航班过去一年的晚点率和平均晚点时间等，这样客户在购买机票的时候就很自然会选择准点率高的航班，并促使航空公司努力提升准点率。这个方法已经在全球航空业普遍使用。再如老人及家属对养老院看护的评价，对促进养老机构提高服务质量起到了促进作用。

大数据能提供更多的质量信号。著名的二手车市场和劳动力市场都是典型案例。在二手车市场上，同样车型、同样使用年限和行驶公里的车，车况可以相差很多。类似的情况还有劳动力市场，雇主只能获求职者的受教育状况、体检结果、此前经历等大类信息，依据这些有限信息无法评估每个求职者的真实水平。有了大数据，个性化信息能够大量获得，例如每一辆二手车在出售前，会产生大量的行程、路线、加油、维修、交通违规、保险费用、理赔状况等信息，买家可以花很少的费用通过专业公司获得这些信息，相对客观准确地评估每辆车的车况并给出相应价格。

互联网还能帮助消费者进入专业门槛很高的领域获取相应信息。医疗是一个专业性很强的领域，有了互联网，病人也可以参与到诊治过程中，例如通过互联网交流治疗方法和药品的效果。以 Patients Like Me（病友）网站为例，这个网站建立于 2004 年，是一个专门为病患打造的社交网站，由罗伯特·伍德·约翰逊基金会（Robert Wood Johnson Foundation）资助创立，相当于病友互助式在线问诊。目前已有近 20 万用户在 Patients Like Me 上创建和分享了他们的医疗记录——通常是使用标准化的问答或测试来自我检查。通过该网站，患者可以找到与自己病情类似的成员，进行点对点的交流。讨论的话题涉及 1800 种疾病，一种疾病可以看到有成百上千个病友，他们正在采用的治疗方法以及某种药物的副作用等。一位患多发性硬化已经十年的患者在网上搜寻治疗信息，他的一位医生曾经向他推荐过那他珠单抗（Tysabri）这种药，他在 Patients Like Me 上找到数百名服用那他珠单抗患者的资料，查看了他们的服药结果之后，他确定对他来说风险超过了回报。于是，他带着其他疗法去找医生讨论。"我认为我现在掌控了自己的医疗护理"，他说，"当然，我还会听取神经病学家的意见，不过，现在听从的是一个团队的更多建议。"

1.2.4 "全纳"产业链：聚合生产资源

近些年来，互联网产业链不断扩张，不仅将商品、服务提供与消费者连接起来，还将这种连接延伸到制造过程、服务过程和信息反馈的全过程中。典型情景是：消费者用手机下单，网络就会自动将订单和个性化要求发送给智能工厂，由其采购原料、设计并生产，消费者在每个阶段都能知晓情况并参与意见，产品生产出来后通过网络配送交付给消费者，消费者的意见再通过网络反馈到产业链各个环节。此时互联网编织起一个将需求信息、原料采购、智能制造、物流网配送、消费体验全部容纳进来的网络化生产组织，笔者称之为全纳产业链。此时生产由大规模标准化向分散化个性化转变，产品由同质向异质转变，生产小批量，多品种，甚至单品单件，精准按订单生产，用户全程参与其中。同样，服务提供也出现过程"全纳"的趋势，例如医疗服务，保健服务商提供可穿戴式健康监测设备，相关数据由数据库自动分析，发现问题向消费者提示，消费者可以远程诊治，也可以预约就诊，医生的药方自动上传，由医药企业配送到家。如果病情复杂，治疗时间较长，可以购买远程监测服务，将治疗情况上传并及时得到治疗指导。可以看出，全纳产业链重塑了商品和服务的全过程，极大提高了资源配置的效率。

1.2.5 共享经济：聚合碎片资源

有一种特殊类型的平台，个人和企业消费者在平台上出售富余时间和服务能力以及小额闲置资金等，这就是共享经济。互联网可以用近乎零成本聚合这些碎片资源创造价值，使资源利用效率最大化。Uber（优步）的情况已广为熟知，再举在线房屋租赁网站 Airbnb 的例子，其业务是整合闲置房屋，出去度假等短期离开住所的人可以将其房屋通过网站短租给需要的人。这个公司已经在全球 3.4 万个城市拥有超过 100 万个房源。而世界最大的酒店企业洲际酒店集团，也只是在全世界近 100 个国家和地区拥有接近 67.4 万间客房。共享经济可以聚合各种类型的资源包括人的智力资源，如有的研发机构通过互联网公布部分研发任务，吸纳社会各类人才参与，大大提高了专业化程度及生产效率，有些研发活动还能在全球范围内组合资源。

共享经济产生时间不长但发展迅速，得益于其全新的商业模式：一是为服务提供者带来额外收益，当自驾出行且有空座时，捎带上同行乘客可以获得收入；二是为消费者提供低价服务，因为是共享自己的物品、服务能力或闲暇时间，收费比较低；三是节约了社会资源，北京行驶的家用轿车 80% 以上都是单人驾驶，寻找同行者合乘有利于节约能源和减少拥堵。

我国发展共享经济特别有利。首先，我国移动互联网使用率排在世界前列，中青年人对互联网的热情在全球首屈一指，移动终端的支付功能日臻完善，这是共享经济广泛发展的重要基础。其次，国内流动人口规模巨大，国内旅游市场、短租市场和其他可分享的市场规模巨大。第三，国内投资者对分享经济类表现出较高热情，仅在 2015 年，就有天天用车、初途家网等多个主打分享经济的初创企业融资过亿。第四，目前城乡区域之间收入水平有较大差距，有意愿将自己业余时间有偿分享的人数较多，代购、送货等业务可以低成本、大规模开展。

1.3 互联网经济对传统理论的挑战

1.3.1 传统服务经济理论面临的挑战

1. "服务业生产率低"的判断已难以成立

精神与心理需求是人类与生俱来的需求，为什么在当代才孕育出了规模巨大的文化娱乐产业？一个根本原因，是网络提供了丰富多样又极低成本的多种娱乐方式，供给创新促进了需求迸发。传统经济学将文化消费较快增长视为中高收入者有了"闲钱"后的行为，如经常性地听音乐会、看电影或戏剧演出，订购较多图书杂志等。有了互联网，中低收入消费者也可以用极低成本获得大量的娱乐消费，提供方也形成了以"点击率"为基础的商业模式，为服务供给提供了充足的激励。

长久以来，传统服务业是一个劳动生产率较低的部门，这源于传统服务的本质特征。许多服务过程要求生产和消费"面对面""同时同地"，并因之具有了"不可储存""不可远距离贸易"这类衍生特点。例如教育、医疗服务、艺术表演、保安服务等，都要面对面和同时同地。由于不能使用提高效率的机器设备和缺乏规模经济，服务业的劳动生产率长期保持在一个不变水平。互联网改变了服务提供方式，服务的性质也随之改变。以"乐"消费为例，这种改变已经广泛覆盖，相当部分的传统服务业有了新的商业模式，能够采用最先进的技术手段，大规模提供服务，生产率普遍提高。例如远程教育、慕课、远程医疗、视频会议、电子安保系统等，都使得以往必须现场提供的服务变为可以跨时、远距离甚至跨国提供。总体来看，服务业全行业生产率显著提高，有些甚至超出了现代制造业的水平，例如网络上的视频节目和文字信息可以极低成本地复制无数次，规模经济极为显著，效益递增几乎没有边界，任何制造业产品都无法与之相比。

上述分析表明，随着信息技术特别是互联网技术的发展，服务业劳动生产率低的状况总体上已经改变。不过，从学术研究的角度看，要证实"服务业效率不低"这个新的判断，还需要有全面系统的数据积累和计量分析，希望有学者能够感兴趣并继续深入研究。

2.价格形成机制发生变化

按照新古典价格理论，效用、平均成本、边际成本、供求关系等因素决定了产品价格。价格会根据供求关系在一定范围内波动，逐渐达到"均衡价格"，即供给与需求相等时的价格。互联网经济中，传统价格理论所依据的条件发生变化，例如，在传统的商业活动中，产品和服务的平均成本可以通过总投入和总产量进行计算，而这对于信息服务却很困难。信息服务往往有较高的固定成本，边际成本又非常低甚至近乎为零，"平均成本""边际成本"难以测算，总需求难以把握，市场更新速度又很快，价格剧烈波动是常态，向均衡点趋近的过程难以观测到，因而传统价格理论已经难以解释信息服务业的现实。《零边际成本社会》一书作者里夫金分析认为，在数字化经济中，零边际成本、协同共享将会给主导人类生产发展的经济模式带来颠覆性的转变。

资本市场上互联网企业的定价也与传统企业不同，融资成本与可预见时间内的回报预期并不紧密。很多互联网公司融资后并不急于呈现优良业绩，甚至继续长期亏损。根据2015年《财富》杂志公布的数据，京东年亏损接近50亿元人民币，然而这并不影响资本市场对该公司的投入，显然这不符合传统的资本定价理论。以往信息产品在市场上比例不高，没有对整个市场造成明显影响，但当下的情形已很不相同。信息产品如何定价？这是信息经济学研究的一个重点问题，后面我们还要做简要介绍。

3. 互联网经济中人们"理性"的变化

传统经济理论有一些重要的前提，其中之一就是人们追求自身利益的最大化并能够判断出利益所在，从而做出"理性选择"。例如，虽然每个人获得的信息有限，但价格信号是市场状况的集成信息，生产者、消费者都能据此做出理性选择。然而在互联网时代，市场高度互联互通，信息极为丰富，人们对市场信号的收集和据此做出的行为选择方式都发生了很大变化。例如，当能够广泛得知他人的行为时，"随大流"就有可能成为主流选择，因为人们相信这些行为是经过他人智慧筛选过的集成信息，市场信号意义很强。这就是互联网中的聚合行为，即当一个人看到越来越多的人做某件事情时，他很可能也会去做，此时市场具有了自我放大的机制，即所谓的"流行性"越来越控制着人们的选择行为，此时市场机制发挥作用的机理已经发生了变化。互联网上通常见到的现象是：一种新的商业模式短时期内就能聚合起巨量用户，引发巨大的市场效应。近几年，微信开发的"红包"功能极为成功，毕竟没有人愿意处在一个亲朋好友们都处于其中、通过相互发红包联络和娱乐的"圈子"之外。不过，与"流行"开始后正反馈效应的确定性相比，如何能够启动"流行"还不够明确，研究者们提到的相关因素有"复杂程度""可预测性""可试用性"以及与现有体系的"兼容性"等等，但其解释力和预测力都远远不够（大卫·伊斯利等，2011）。研究互联网时代人们的行为方式，在经济学的理论分析之外，还需要心理学、社会学等许多学科的共同努力和交叉融合。

1.3.2 互联网经济学及相关问题

1. 互联网经济学

"网络经济学"（economics of networks）一词的出现早于我们今天所讲的网络经济或互联网经济，当时主要指对电信、电力、交通、广播电视等行业的经济学研究，因为这些行业共同具有"网络"式的产业特征。其中最核心的内容源于传统产业组织理论：分析网络产业中的厂商结构、厂商行为、产业绩效以及相应的政府规制问题。研究的核心问题是，当这些基础设施类产业具有自然垄断的特征时，其他依存于这些基础设施提供增值服务的企业以什么条件和价格进入网络，也称为接入策略。20世纪80年代以后，随着互联网的迅速发展和广泛应用，互联网经济学（internet economics）很快就成为独立的新学科。研究的内容除了接入定价、建设和盈利模式、竞争行为、政府规制等问题之外，还有不同类型网络的竞争、博弈、合作等问题。这些都是网络经济时代对产业组织问题的思考和研究。例如，企业之间的竞争在网络效应下会出现什么结果？有学者就认为，虽然互联网是开放的，与电信、铁路等封闭性的网络不同，但由于规模效应极为显著，竞争的结果仍然倾向于一种产品主宰市场。即使不同企业各自使用的新技术功能相近，一旦有企业争取到稍多一点的用户，就可能开始正反馈过程，最后主宰市场，例如微软的个人电脑系统。这种正反馈导致网络时代市场垄断力量更为强大，而且大者愈大、强者愈强、富者愈富。由于先进入者占领市场带来的锁定市场的能力，存在相对劣质产品主导市场的可能性。这些都是网络时代的产业组织问题的特殊性。

2. 平台经济学

最近几年，依托互联网的新商业模式发展很快，相应引出了若干新的研究需求，平台经济学是其中一个热点，研究的重点有平台的网络效应、非对称成本、垄断、竞争、创新、外部性和管制等问题。以平台的网络效应为例，所谓网络效应，是指某种产品或者服务的价值会随着使用它的用户的增加而增加，并且具有正反馈的机制，例如社交网站，聚集的人愈多，愿意进入的人就更多，人多意味着广告价值大。显然，平台企业网络效应显著，由此可以导出的结论是必然产生巨型平台。用传统经济理论的观点看，这类企业必然形成市场垄断地位，现实中也存在这种现象。不过，平台之间的竞争有其特点，即消费者在多个平台同时消费，这是信息类产品消费的特点；买了一个品牌轿车的消费者通常不会同时再购买其他品牌的轿车，但搜索信息的消费者很可能同时光顾多个搜索引擎。因此，那些依据实物经济构建的反垄断原则在平台市场中不一定总是适用（Wong-Ervin，2016）。

3. 信息产品的定价

传统的价格理论以成本为基础，以趋向均衡为常态。前面已经指出，这种理论对信息产品不完全适用。信息产品如何定价？ 20 世纪 80 年代以后，这是信息经济学、互联网经济学研究的一个重点问题，成为一个专门的研究领域。普遍的观点是，信息产品的特殊成本结构，使得经典经济学中的定价方式不再适用（King，1983；Lamberton，1996；Huber & Rubin，1986）。Shy（2001）在他的著作《网络产业经济学》中明确提出，由于网络信息产品具有边际成本低至可以忽略不计的特性，所以网络信息产品以成本为基础的定价失去了意义，实行差别定价或以低价出售产品可以获得更高利润。再往后，人们开始细化研究不同类型网络产品的定价策略。概括这个领域的研究，有几个较有共识的关注点。第一，任何产品的价格都受到价值、成本、市场供求等因素的影响，网络信息产品也不例外，因此与其他产品的定价有相同影响因素。第二，网络信息产品价格的影响因素具有特殊性，包括产品生命周期、消费者偏好、销售方式、长尾结构、衍生产业链、精神与心理评价的差异性等等。第三，具有不同特点的信息产品，定价策略并不相同，虽然可以提出若干"定价规则"，但每个产品如何定价是不确定的，与企业对市场的理解、风险承受能力、长期发展战略、市场占有策略等因素相关。上述研究的内容很丰富也很复杂，许多是特例特议，还没有形成如同价格理论那样简洁、普适的分析模型。

4. 用传统理论解释互联网问题

一些研究者继续致力于将互联网时代的新现象纳入现有经济学分析框架之中，研究如何设计出更有效率的市场机制，优化互联网环境下市场配置资源的功能。能划入这个范围内的研究成果类型繁多，这里我们举三个例子。广告设计与定价是微观经济学的一个领域。在互联网时代，如何设计和定价？芝加哥大学的教授苏珊·阿西（Susan Athey）研究网络广告市场问题，如搜索广告市场的设计，并获得了2007年度克拉克（John Bates Clark）经济学奖。另一个例子是马修·根茨科（Matthew Gentzkow），他使用规范的经济学方法，研究网络媒体如何与传统媒体相竞争，得出了与流行看法不同的结论：导致传统媒体陷入困境的主要原因，并不是免费网络媒体对消费者的直接吸引力更大，而是因为广告商急速向网络媒体的迁移。换言之，对报社运转最大的打击并不是读者减少，而是广告大幅度下滑。根茨科也因之获得了2014年度克拉克奖。第三个例子是平台企业的垄断问题，传统经济学认为，企业收取的费用远高于其成本之上而消费者又没有其他选择时，就认为企业具有垄断力量。但同时也存在另一种判断标准：如果企业为客户带来的增值高于对客户的收费，就应该认为平台提升了整体消费者的福利，即使存在所谓的垄断力量。这些思路也被用于判断互联网时代平台企业的行为，以银行卡发行平台为例，商场对是否刷卡消费往往持有矛盾的心情，接受就需要向发卡方支付额外费用，而且商场认为其收费过高；但如果拒绝，就可能将愿意刷卡消费的顾客排斥在外，因而商场实际上是没有选择的，由此看上去垄断似乎存在。然而，另一种标准也应该被考虑进来：商场从银行卡支付系统中获取的收益是否大于他们支付的手续费？而不是去主观判断手续费的高低。欧盟委员会规制维萨（Visa）和万事达（MasterCard）系统的行为，就是运用了这个原则，这个原则是可检测的。例如可以调查商场，在顾客可以用银行卡支付也可以用现金支付时，商场更乐意接受哪一种支付方式？如果更愿意用银行卡，则说明他们由此获得的利益大于付出，否则则相反。

在各类传统经济理论中，博弈论可能最适宜于用来分析网络中的经济问题。博弈论研究这样一种情形，即人们的决策不仅取决于他们自身的选择，也取决于与他们互动的其他人所做出的选择。最经典和广为人知的就是"囚徒困境"[①]，相似问题还有许多，如两种相似产品的定价问题、拍卖会上的投标竞价问题等等。凡是每个决策者的选择结果依赖于其他人的决策时，就适宜用博弈论进行分析。在高度互联互通、广泛相互影响的网络社会中，人们行为的相互影响是普遍现象，因而博弈论可以为大量问题提供理论分析框架和决策思路。

1.4 互联网经济面临的新问题及理论创新

1.4.1 新的问题与理论创新

互联网和大数据时代，经济生活、社会秩序和人们生活面临许多新

---

① 囚徒困境是博弈论中非零和博弈最具代表性的例子，反映个人最佳选择并非团体最佳选择。具体表述可以参考任何一本有关博弈论的著作。

困惑和新问题。有些问题可以直接判断和取舍，但更多问题需要理论层面的分析、权衡和选择，理论研究和创新要求迫切。下面，我们以隐私保护与数据利用效率的两难选择和精神与心理消费的复杂性这两个问题为例加以说明。

1.4.2　隐私保护与数据利用之间的权衡

2015 年 8 月 24 日，美国新奥尔良神学院的教授兼牧师约翰·吉布森自杀身亡，原因是他在著名的"偷情网站"Ashley Madison 的注册信息被泄露。2016 年 8 月，山东女孩徐玉玉的高考录取相关信息被泄露，遭到信息诈骗后愤恨去世，引起全社会强烈谴责。大数据时代，每个人的大量信息都会自觉不自觉地上传至互联网，这些信息对企业来说是巨大的"商机"。即使不被拿去谋利，绝大多数人也不愿意自己的私事被公之于众，隐私保护成为一个普遍的社会问题。例如个人医疗信息就有高度的私密性，患者不会愿意被他人共享，更不能容忍用这些信息进行不当牟利。百度曾经将一些病友互助贴吧例如血友吧的吧主位置出售给医药企业，后者在吧中发布相关医疗和药品信息，引起了广大吧友和社会的强烈不满，尽管 2015 年年底百度道歉并承诺不再以此牟利，但其社会信誉和形象都受到明显影响。

从类似案例似乎可以判断出，对互联网上的个人信息应该严格保护，不经允许不得被使用，这也是监管机构的努力方向。自 20 世纪 90 年代以来，欧盟已经多次通过或修改了有关网络数据保护的法令，2012 年提出数据所有者的个人数据删除权（也被称为"数据被遗忘权"，"right to be forgotten"）。这个条款赋予数据所有者掌控他们在线信息的权利，当他们不希望自己的个人数据在网络上存在时，相关企业或组织必须立即无条件删除所有的个人数据。例如，当一个欧盟居民要求删除自己的新浪微博账号和相关内容时，新浪微博必须无条件删除微博账号内的所有信息并不得保留其他备份。

然而，"被遗忘的权力"提出伊始就引起轩然大波，法学界、互联网企业、有关专家和社会各相关方面激烈争论，谷歌、脸谱等一些国际互联网巨头和一些专家学者认为，大数据的价值相当一部分来自于数据共享，抓取数据和汇总巨量数据中的信息是大数据的本质，不允许数据收集，大数据无从谈起。例如药品制造商需要了解服药者的查询和购买信息以把握疗效，卫生部门需要通过了解民众网上查询行为知道某种传染病症状的流行程度等等，这些都是当事人并不知情的"数据抓取"行为。2008 年，谷歌在政府和流行病学家之前两个星期预测到了流感疫情的出现。其做法是在人们进行网络搜索时，利用人们在网上对他们健康问题寻求帮助的行为来预测流感，例如通过追踪像"咳嗽""发烧"和"疼痛"这样的词汇，就能够准确地判断流感在哪里扩散。2008 年11 月，谷歌正式推出一个名为"谷歌流感趋势"项目（www.google.org/flutrends），与美国疾病控制和预防中心（CDC）通常需要花费数星期整理并发布流感疫情报告不同，谷歌的流感趋势报告每日更新，可以为流感的暴发提供一个早期预警系统。但是，这类网络信息的收集引发对于隐私问题的担忧，人们担心自己在网络上的行为被网络公司所察觉并留存"底案"，尽管谷歌声明"流感趋势"是从几亿个搜索结果中聚合而来，不包含任何能够确定用户身份的信息，但并未打消公众的担心。还有人质疑，谷歌发布"流感趋势"实际上是向医药市场表明，谷歌有能力通过其搜索结果提供复杂而精确的分析，从而帮助医药厂商发布更为精准的广告。本文前面部分提到的 Patients Like Me 网站就有数据挖掘功能，网站收集病人服药与病情变化的信息，与多家医疗机构合作，将匿名病人数据卖给他们。网站的行为之所以被网友所接受，因为他们事先明示此事：网站明确告诉会员将如何使用他们的数据，数据卖给了谁，目的是利用这些数据可以用来生产更好的药物和设备。

总之，是强调数据保护从而保护隐私，还是强调数据利用以发展大数据产业，这是一个两难选择。争论之中，2015 年 12 月 15 日，欧盟委员会（European Commission）通过了《一般数据保护条例》（*General Data Protection Regulation*，简称 GDPR），以欧盟法规的形式确定了对个人数据的保护原则和监管方式，其中包括数据所有者（用户）的个人数据删除权。这反映了现阶段社会公众和监管机构在数据隐私和数据利用之间的权衡。

1.4.3 "乐消费"的经济社会价值冲突问题

互联网时代，"乐消费"即满足精神和心理需求的消费已经成为重要的服务产业。但是，有关这类消费一直有争议。首先，为"乐"而付出是否值得？质疑者认为商品的实用价值是"实惠"，而追求奢侈品中的精神和心理享受则是"虚荣"，不利于形成节俭的生活方式。其次，有些精神和心理需求是否"合理"，是否应该去满足？例如当职业教育毕业后更易就业且收入水平较高时，许多家长和学生为了"图名"却仍然选择那些学习时间更长又难以就业的普通高校，被批评为"盲目"的。但是，能够上大学，是许多家长和孩子的精神和心理需求，是智力、志向、素养等诸多非收入"品质"的标志，其中之"乐"不能以可见收入来衡量。笔者的观点是，如果认为"商品"与"服务"在经济发展中同等重要，就要承认物质消费与精神、心理消费两种行为同样重要：汽车、电器提高了人类物质生活质量，网络游戏增加了许多人的精神愉悦感，教育水平高提供了心理满足感。总之，服务业要发展，"乐"这个精神和心理需求就要成为重要消费目的。只要消费者从中获得了满意、愉悦、快乐的感受并愿意为此付费，精神和心理消费就创造了价值。

许多人质疑这类服务获取过高利润，依据就是其实体部分的"价值"，例如名牌包中皮料的用量、名牌服装中的面料用量、高档餐饮企业中的食材用量等。2013 年 10 月，央视曾播出了一个系列调研，报道了星巴克在 4 个国家的售价，中国居首位，不仅高于美英发达国家，甚至比发展中国家印度也高出一倍。据央视计算，成本不足 4 元的中杯拿铁要卖 27 元。消息引来各方关注，有人认为，星巴克在中国成了"土豪"，谋取暴利；也有人认为，这是市场行为，一个愿打一个愿挨。实际上，我国整个咖啡店行业的价格大都如此，且不说价位更高的蓝山咖啡，几个与星巴克竞争的洋咖啡品牌如 COSTA、太平洋咖啡等价格都相似，就连本土咖啡店品牌也基本定位在这个水平。例如，长长久久这个武汉本土咖啡店，也表示 30 元 / 杯才能勉强盈利。"很多人认为一杯咖啡卖 30 元是暴利，其实这是误解。"该店负责人吴斌表示，一杯咖啡的原料成本，确实如央视调查所言只值四五元钱，但其他成本非常高。该店 200 平方米的经营面积，年租金就达 60 万元，加上装修、经营管理等成本，一年费用支出超过 200 万元。用一句流行语表达就是，"卖的不是咖啡，是房租"。从消费者的角度看，多数都认同"去星巴克的不全是喝咖啡"这个理念，消费的是文化、情调，是轻松的氛围，是约会同事朋友和商业伙伴的地方，也是许多学生学习的场所。因此，星巴克中国店的翻台率远低于美国，很多人一泡就是几小时，这也必然导致价格高。但是，对消费者来说付费带来的精神和心理需求的满足是实实在在的。

然而，人类的精神和心理需求构成很复杂，除了上述积极和"存疑"的需求外，还有炫富、猎奇、攀比甚至嫉妒等需求，后者会诱导窥探他人隐私、制造传播谣言、嘲讽诋毁他人等信息的制造和传播。无论人们承认和喜欢与否，这类心理需求普遍存在，对"富""贵""星"者各种信息特别是负面信息的收集和传播，是网络信息的重要部分，吸引了广泛的关注力。高关注度就是广告投放的密集区，创造了形形色色的商业运作，在娱乐产业中占有重要地位。然而，将这类信息服务供给纳入经济分析、纳入"GDP"的统计，既有理论上的困难，更有价值观上的质疑。在服务业研究中如何处理这类需求，在服务业统计中是否应该剔除这类产出，都是长期争议的问题。

本文的分析表明，现代技术特别是网络技术的发展，正在改变服务业的基本性质，对传统服务经济理论提出了根本挑战，理论需要创新发展。在互联网大数据时代，人们有海量的资讯来源、案例分析、调研统计、计量分析等类型的实证研究易于开展，可以说研究成果颇多，观点呈现发散形态；许多大企业有自己的研究机构，立场显然，观点指向明确；政府监管需要判断许多新现象新模式"合理"与否，显然这绝非易事。如此种种，都需要理论研究提供判断标准，解读事实意义，权衡各种选项，明示公共利益，瞻望未来趋势等。这些都是信息时代对理论创新的需求。

最后提一点疑虑。在信息时代，理论研究这个特定"服务业"的低效率问题似乎并没有改变。理论研究特别是原创性研究，"思考"过程非常重要，但这是一个高度脑力劳动密集的行为，甚至是纯粹的"脑力劳动"过程，无法体现技术和分工带来的益处，因而劳动生产率无法提高。从个人体验看，作者今日写一篇"思考"含量较多的论文，与20年前写类似论文相比效率并无提高；从历史比较看，还不能判断当代人为思考投入的"劳动"与前人为思考投入的"劳动"在产出效率方面有什么差别，这个时代的科学家是否比牛顿、爱因斯坦的"思考"效率更高？但是，社会其他部门单位劳动投入的产出效率早已今非昔比了，制造业已经提高了数百倍甚至更高，许多服务部门的效率也因互联网出现而明显提升。因此，对个人来说从事"纯理论"研究的机会成本极高，对市场来说这是公共产品因而不愿投入，这可能是近些年理论研究与思想产出明显不足的重要原因。如果要在社会总产出中保持相同比例的

"思考"产出，就需要数十倍、数百倍地增加投入，这是资源的合理配置吗？是社会的真实需求吗？如果是，又如何能够做到？

本章参考文献

Arthur, William Brian, 1996, "Increasing Returns and the Two Worlds of Business", *Harvard Business Review*, 11(152).

Gentzkow, M., 2007, "Valuing New Goods in a Model with Complementarity: Online Newspapers", *American Economic Review*, 97(3).

Huber, M, Taylor, and Michael Rogers Rubin, 1986, *The Knowledge Industry in the United States*, 1960–1980, Princeton University Press.

Johnson, M. W., C.M.Christensen, and H. Kagermann, 2010, "Reinventing Your Business Model", *Harvard Business Review*, 35(12).

King, Donald W., 1983, *Key Papers in the Economics of Information*, Greenwood Press.

Lamberton, Donald M., 1996, *The Economics of Communication and Information*, Edward Elgar Publishing.

McKnight, Lee W., and Joseph P.Bailey, 1997, *Internet Economics*, Cambridge, Mass., MIT Press.

Roberts, John, 2008, "Susan C.Athey：John Bates Clark Award Winner 2007", *Journal of Economic Perspectives*, 22(4).

Rochet, Jean-Charles, and Jean Tirole, 2003, "Platform Competition in Two-sided Markets", *Journal of the European Economics Association*, 1(4).

Rochet, Jean-Charles, and Jean Tirole, 2011, "Must-Take Cards: Merchant Discounts and Avoided Costs", *Journal of the European Economic Association*, 9(3).

Shleifer, Andrei, 2015, "Matthew Gentzkow, Winner of the 2014 Clark Medal", *Journal of Economic Perspectives*, 29(1).

爱德华·J.迪克，2006：《电子商务与网络经济学》，东北财经大学出版社。

奥兹·谢伊（Oz Shy），2011：《网络产业经济学》，张磊等译，上海财经大学出版社。

曹磊、柴燕菲、沈云云、曹鼎喆，2015：《Uber：开启"共享经济"时代》，机械工业出版社。

陈潭等，2015：《大数据时代的国家治理》，中国社会科学出版社。

大卫·伊斯利（David Esley）、乔恩·克莱因伯格（Jon Kleinberg），2011：《网络、群体与市场：揭示高度互联世界的行为原理与效应机制》，李晓明、王卫红、杨韫利译，清华大学出版社。

董亮、赵健，2012：《双边市场理论：一个综述世界经济文汇》第1期。

弗里茨·马克卢普（Fritz Machlup），2007：《美国的知识生产与分配》，孙耀群译，中国人民大学出版社。

黄纯纯，2011：《网络产业组织理论的历史、发展和局限》，《经济研究》第4期。

黄有光，2002：《金钱能买快乐吗》，四川人民出版社。

凯文·凯利，2000：《网络经济的十种策略》，肖华敬、任平译，广州出版社。

克里斯·安德森（Chris Anderson），2006：《长尾理论》，乔江涛译，中信出版社。

Koren Wong-Ervin：2016：《多边平台的经济学分析及反垄断启示》，《竞争政策研究》第2期。

李杰（Jay Lee），2015：《工业大数据：工业4.0时代的工业转型与价值创造》，邱伯华等译，机械工业出版社。

马克·布尔金（Mark Burgin），2015：《信息论：本质·多样性·统一》，王恒君、嵇立安、王宏勇译，知识产权出版社。

让·盖雷、法伊兹·加卢主编，2011：《服务业的生产率、创新与知识：新经济与社会经济方法》，李辉、王朝阳、姜爱华译，格致出版社、上海人民出版社。

让－克洛德·德劳内、让·盖雷，2011：《服务经济思想史：三个世纪的争论》，江小涓译，格致出版社、上海人民出版社。

汤珺，2015：《中国电子商务网络购物平台产业组织分析》，《科技进步与对策》第6期。

田国强、杨立岩，2006：《消费的负外部性理论及其在幸福经济学上的应用》，econ. shufe. edu. cn/se/szdw_con/8 /45。

王旭海，2013：《不同业务的双边市场平台博弈研究——以互联网信息服务业为例》，云南大学博士论文。

吴高远、张晓丹，2014：《粉丝经济学》，光明日报出版社。

吴义爽、张传根，2015：《平台市场的产业组织研究：一个跨学科文献述评》，《科技进步与对策》第6期。

亚当·斯密，1972：《国富论》，郭大力、王亚南译，商务印书馆。

2. 网络效应与兼容策略

方　燕

网络效应及其相关的网络外部性作为微观经济学中导致市场失灵源头的变种，俨然成为产业经济学中不可忽视的重要概念。随着 20 世纪 80 年代中期开始针对带有显著网络效应的各种产业形态的深入研究，在新千年到来之际形成了网络经济学。后来随着互联网时代的到来，针对互联网经济尤其是平台经济的研究日益增多。这些经济形态也带有显著的网络效应特征，兼容性问题日益突出；这些相关研究也与网络经济学的关系紧密。

本章重点从物理网络和虚拟网络入手依次探讨直接网络效应和间接网络效应是如何界定和度量的。在给直接网络效应做出一般性解释的同时，也对间接网络效应与交叉网络效应给出解读。其次，简要地从预期形成和行动先后次序等方面领略度量网络效应的复杂性。另一个重点是总结梳理直接和间接网络效应可能带来的影响。对于直接网络效应，主要关注需求法则局部失效、竞争激化和赢者通吃等方面；对于间接网络效应，则倾向于从生存竞争激化和先发优势强化方面来论证。有必要进一步论述网络效应产生影响的正反馈机制。第三个重点是从网络产业运营企业角度分析应如何选择竞争策略才能突破用户临界规模，点燃正反馈机制。对此重点从营销与提前发布、团队组建等方面进行消费者预期管理。最后一个内容是作为网络产业典型代表的技术标准问题，分三种情形简要论述标准竞争及其兼容博弈，并给出一些简要讨论。最后简要回顾本章的主要内容并给出一些研究展望。

2.1　网络与网络效应的分类与界定

2.1.1　物理网络与直接网络效应

直接网络效应的思想洞见最早可追溯到 1908 年 AT&T 的主席西奥多·维尔（Theodore Vail）。当时维尔在向股东提交的年度报告中指出，AT&T 的价值大部分基于自己的网络而非他人的电话技术；更好的电话技术不足以弥补网络损失带来的价值损失；新的进入者必须实现可比的网络效应才能有效地为用户提供可比的价值。

从学术角度，Farrell & Saloner（1985，1986a，b）和 Katz & Shapiro（1985，1986，1992，1994）最早界定了直接网络效应（Actual/Direct Network Effect）概念：使用相同产品的市场主体的数量规模导致的直接物理效果而产生的影响。基于直接网络效应的网络，被 Lemley & McGowan（1998）和 Katz & Shapiro（1994）等文献称为现实网络（Actual/Real Network），被 Spulber & Yoo（2009，2015）称为有形网络（Physical Network）。这样的网络是基于有形的转换设施（Physical Transmission Facilities）所建立，比如交通运输和物流网、公共事业网、传统金融交易/自动交易网，以及提供文字、声音和视频等数据服务的信息通信技术（ICT）网等。

以网络效应为典型特征的产业被称为网络产业（Network Industry）。网络产业市场的最直接体现为网络通信市场（Network Communication Markets）。在网络通信市场里，任何一个消费者的获益源自于通过网络联系到其他消费者的能力，因而这里的网络效应是直接的（Belleflamme & Peitz，2010，Ch.20）。因而，直接性网络效应的经典代表是所有通信交流设备和形式，包括前述的电话交换机、传真机及其交流标准、Email 甚至包括万维网等（Shy，2004，Ch.10；Gandal，1995，2002），还包括微信和 QQ 等即时通信软件等。更为抽象些的网络实例还包括语言（如国际范围内的英语和国内范围的汉语等）（Church & King，1993），以及传统习俗（如靠右边行车）等。

简要考察诸如信息通信之类的双向网络（Two-way Network）。始于某个由 n 个点（用户或电话装置）组成的双向网络状态，此时存有 2n（n−1）个链接（或潜在服务数）。新增第 n+1 个用户（或电话装置）后，会给处于网络内的现有所有 n 个用户带来直接外部性，通过向现有链接均新增一个互补性链接，使得总共新增了 2n 个链接（或潜在服务数）。

正（负）网络效应是指，任何一边的初始用户越多，该边市场的吸引力越大（小），越（不）能吸引其他潜在用户加入该边，形成"强者恒强，弱者恒弱"的马太效应（Matthews Effect）（Katz & Shapiro，1985，1986；Shy，1996，2004）。比如，道路拥堵（road congestion）和交通堵塞（Traffic Jams）是负网络效应的例子：越多司机在特定时刻选择某条道路，该路段在此时刻的交通行驶速度就越慢，导致每个司机的效用下降。企业选择区位时的集聚性也体现了正网络效应：当更多企业扎堆在同一区域时，更多要素提供者（尤其是劳动力）会被吸引到此区域，进而让此区域对企业而言更具吸引力（Fujita & Thisse，2013）。时尚流行（Fashion and Fads）、附庸风雅与势利眼（Snobs）分别是正和负网络效应的例子（Shy，2004，2010）：当每个人的选择取向与他人的"主流"选择相同时，其效用都会相应提升；每个势利小人能从与其他人的品位不同中获益，对他们而言让别人像他们那样行事会带来负网络效应（Leibenstein，1950；Grilo，et al.，2001）。在高新技术领域这样的例子更多。比如，一台电话（或传真机）的价值，随着其他人所用电话（或传真机）数量而递增。即时通信软件 QQ 或微信的用户越多，就越能吸引新用户加入。再如，在线 B2B 市场中的用户希望加入其中的其他用户数量越少越好。

虽然互联网时代和移动互联网时代下的很多数字产品或服务平台大多呈现了直接网络效应，但是也不尽然。比如，搜索引擎平台中，每个搜索用户从搜索过程中的个人获益与有多少其他搜索用户是否同一个搜索引擎并无直接关联。也就是说，搜索引擎平台中不存在直接的网络外部性。当然，严格而言，搜索用户越多的平台能获得越多数据，有助于其提高搜索服务的质量，从而间接地促进了每个搜索用户的个人获益。

从概念上来讲，网络外部性和网络效应（Network Effects）并不对等。网络效应是网络市场参与者的行为产生的相互影响，似乎与作为市场失灵源头之一的外部性相对等。网络外部性是，存在网络之中的消费者行为产生的价值溢出效应（Liebowitz & Margolis，1994，1995）。网络外部性与致使市场失灵的"外部性"有天然联系。直白地说，传统教科书所指的外部性，在网络市场的特例就是网络外部性。网络外部性概念意味着网络产业易受到市场失灵的影响，难以让价格机制发挥促进出现有效结果的作用。倘若网络外部性广泛存在且造成了市场失灵，那么关于有效市场的诸多结论将不再成立。

其实，网络外部性和网络效应这两个概念并不对等。即便不存在网络外部性，也可能存在网络效应问题（Chou & Shy，1990；Spulber & Yoo，2015）。上述的市场失灵论断是基于市场参与者不能协调网络参与决策而得出的。其实，参与者能通过多种机制来协调各自的参与决策，使得使用特定网络服务的所有收益都得以实现；包括网络企业（如互联网企业和电信运营商等）在内的市场中介组织则通过定价、营销、提供参与激励等手段实现协调一致（Spulber，2010；Hagiu & Spulber，2013）。总之，通过直接协调或借助中介组织，市场参与者能实现网络效应带来的好处，降低（或消除）潜在无效性。所以说，网络效应不等于刻画市场交易之外的经济效应的网络外部性。或者说，网络效应是一种让消费者效用或（和）企业利润直接受制于使用相同或相兼容技术的消费者或（和）企业数量的特殊外部性（Farrell & Klemperer，2007）。只有无法实现内部化的网络效应才构成网络外部性。因为内部化网络效应的最优价格等于新增用户的增量成本减去其对其他用户的外部影响，会影响供给者的预算平衡，因而最优价格不会完全内部化所有网络效应，能盈利的网络往往都低于最优规模，未被内部化的网络效应才构成网络外部性。此外，当存在网络间竞争时，这种网络外部性会更小且不明确（Farrell & Klemperer，2007）。无特别说明，本文将两者视为等同。

准确说来，网络外部性描述的是，一个网络用户消费某在线产品（或服务）能得到的价值，随着消费同一产品（或相互依赖产品）的其他用户数量的变动而变动的关系及其程度。理论上，网络外部性让消费者能实现的价值分为两部分：（1）在没有其他网络用户使用的情况下，该在线产品给用户带来的自给价值（Autarky/Stand-alone Value）；（2）其他网络用户也用此在线产品的事实给该用户带来的额外的同步价值（Synchronization Value），或者协同价值（Coordinated Value）。自给价值反映了目标产品（或服务）固有的性能优越性，被 Arthur（1983, 1989, 1996）别称为内在价值（Intrinsic Benefits）。同步价值这一部分是网络效应的本质。

反过来看，在线用户从网络中获得的额外效用称为网络效应，这种网络外部效应有时是货币性的，有时是技术进步所致，不必然导致市场失灵。当消费者偏好变动导致对某种在线产品的需求变动，给相关科技企业带来的外部影响，能通过市场价格体系得以体现时，这种能通过价格信号传递出的、未扭曲资源配置有效性的外部影响，亦被称为货币外部性。由消费者间的交互协同作用而产生的网络外部性，则称为技术外部性。技术外部性无法通过价格传导机制来内部化，故而会带来资源错配和市场失灵。

2.1.2　虚拟网络与间接网络效应

网络经济学经典文献 Chou & Shy（1990）、Church & Gandal（1992）、Katz & Shapiro（1994）和 Liebowitz & Margolis（1994）大多都侧重，从产品兼容性和互补性角度探究间接网络效应。这类文献将间接网络外部性（Virtual/Indirect Network Effect）界定为，某产品使用者的数量影响其互补品数量和价格的改变所致的价值。产品使用者在乎其他使用者参与和使用目标产品只因其他使用者如此做提高了目标产品的种类数（开发者数量）。关键点在于，间接网络效应不是直接来源于做出相同选择的经济主体，而是间接地通过另外一群经济主体的引致性决策来实现（Belleflamme & Peitz，2015）。基于间接网络效应的网络，被 Lemley & McGowan（1998）等文献称为虚拟网络（Virtual Network）。虚拟网络首先被描述为采用相兼容技术的用户集及其关系，比如同用操作系统 Windows（iOS 或 Android）的终端用户群体网、同用一种语言（如中文或英语）的人群等。这里要特别说明的是，间接网络效应与后面将阐述的交叉网络效应之间的关系紧密但并不相同。

虚拟网络还可表现为共享一个通用技术平台的可兼容产品集及其关系（Economides，2006; Spulber & Yoo，2015）。此类虚拟网络的典型代表包括（但不限于）：搜索引擎和互联网端口（Google、Baidu、Bing 和 Yahoo 等）、社交网络平台（Facebook、Twitter、QQ 和微信等）和视频游戏操作台（微软 Xbox、索尼 PlayStation 和任天堂 Wii）等。由于可兼容的电脑硬件和软件构成一个系统网络，电脑或移动智能终端上的操作系统平台（如微软 Windows、三星 Bada、苹果 OS 与 iOS 以及谷歌 Chrome OS 与 Android）和可兼容的软件应用，也共同构成一个虚拟网络。进而，虚拟网络还能更一般化地解读为由互补性组件（Components）组成的无形网络，比如批发/零售网络、电话黄页和

Google/Yahoo 等信息网络和服务器。

在常见的单向网络（One-way Network）中，网络效应是间接的。在一个由 m 个部件 A 和 n 个部件 B 组成的单向网络中，若所有部件 A 都兼容于所有部件 B，进而存在 mn 个潜在的综合产品。新增一个某部件用户会新增对另一类部件的需求，进而在规模经济驱动下潜在地增加了市场上可获得的每种部件各子类数量的需求。更一般地，网络效应始于不同网络组件之间的互补性，因而在单向和双向网络以及纵向相关市场中均可能出现（Economides，2006）。产品（或组件）X 的价值会随着互补的产品（或组件）Y 销量的增加而增加，而互补的产品（或组件）Y 的销量的增加又会由产品（或组件）X 销量的增加所致。因而，产品（或组件）X 的价值会随着自身前期销量而增加。这种正反馈闭环呈现出一种放大效应。后面还将阐述此点。

网络效应不仅存在于网络通信市场，还存在于系统市场（System Markets）（Shy，2004；Etro，2007a，b）。系统市场的典型形式是，由作为互补品的硬件（Hardware）和软件（Software）所组成，其中硬件泛指一个耐用性产品，而软件是指与硬件互补的多个部件或服务（Church & Gandal，1993，1996；Stango，2004）。在系统市场里，产品由一系列组件（如一些硬件和各式各样的应用软件）组合使用才能发挥特定功能。为一个硬件开放的应用软件越多，消费者越有动力购买这个硬件-软件系统，也有越多应用软件开发商愿意为此硬件开发应用软件。故而，系统市场中的网络效应是间接的（Belleflamme & Peitz，2010，Ch.20）。此外，可兼容硬件的用户数量的增加，进一步提高了对可兼容软件的需求和软件种类的供给。提高不同种类软件的可获得性，反过来又让使用可兼容硬件的所有用户获益更多（Gandal，1995，2002）。基于互补性或兼容性的间接网络外部性，会在硬件/软件市场激发出实实在在的外部性，让消费者购买与硬件系统互补的部件，将组装成一个系统产品（System Goods）（Church, et al., 2002）。相应地，购买硬件－软件系统的用户也就组成了一个虚拟网络。

硬件－软件系统在电子消费领域的典型实例是个人电脑、电动游戏操控台、操作系统（Microsoft 和 Apple）/ 文字处理软件、信用卡网络和 ATM 网络。在信用卡网络中，硬件和软件分别是信用卡和接受信用卡的商户。在 ATM 网络中，硬件和软件分别是银行卡和出纳现金的 ATM 终端。需要说明的是，信用卡网络和 ATM 网络可视为硬件 / 软件系统，也能根据情况视为双边网络平台。这两种视角是出于研究问题的需要使然。

呈现间接网络效应的关键点是产品的相互兼容性、互补性或者说是相互依赖性。就是说，产品提供者的某些经济行动，取决于潜在产品用户的数量；而买家购买本产品获得的效用，取决于提供者采取的行动。故而，间接网络效应能更一般地出现在互补性产品之间。呈现间接网络效应的背后机理至少有三条（Belleflamme & Peitz，2010, Ch.20）：

（1）对于给定数量的产品提供企业，它们的质量投资和定价决策受制于活跃用户的数量，而每个用户的净效用又取决于企业的投资和定价决策，进而让用户规模数进入用户的效用函数之中。

（2）给定产品质量的投资水平，企业决定是否进入该产品市场。如果每个企业各自提供一个不同的产品，企业数量就决定产品种类数。进入决策取决于活跃用户的数量，结果就是每个用户的效用取决于活跃企业的数量。这种作用机制适用于每个企业的固定成本上存在异质性且拥有垄断势力的情景，以及同质企业提供差异化产品下的不完全竞争情境。

（3）对于进行数量或容量竞争的同质企业间的不完全竞争情境，更多企业并不意味着市场里产品种类的多样性，而仅导致更激烈的竞争，进而通过更低的价格影响着用户的效用。

间接网络外部性是著名的微软垄断案涉及的一个核心问题（Etro，2007a, Ch. 6）。在微软案中，微软被指控将网络浏览器 IE 和 Windows OS 捆绑销售，把其主要的浏览器竞争对手网景的 Navigator 赶出市场，故而这种捆绑销售行为是故意的掠夺行为，或者说是滥用市场势力行为。这种推理背后反映的是，诸如游戏文字处理、电子表格和播放器等应用程序软件与 OS 之间的高度互补性关系。这种互补性让使用应用软件和 OS（操作系统——编注）的消费者间的需求正反馈得到拓展和强化，也让微软在应用软件市场构建了一个很高的"应用进入壁垒"（Application Barrier to Entry）。

一般地，硬件和软件用户都能从本产品及其专用性的互补产品（或称为配套服务）的种类多样化中无偿获得好处（Chou & Shy，1990，1993，1996；Church & Gandal，1992，1993）。很多时候，配套服务在品牌之间是不兼容的（Farrell & Shapiro，1992）。比如，基于苹果 iOS 手机操作系统的配套的互补性服务（如 iTunes 等应用程序），在基于谷歌 Android 操作系统的手机里不能运行。如果软件生产呈现规模报酬递增和自由进入的特性，硬件销量的增加，通过提升对兼容软件的需求和供给，使得已有软件和硬件用户获益。比如，在始自 1998 年而至今未结束的微软垄断案中，对于由 Windows OS 和与之互补的 IE 浏览器和播放器等软件应用组成的硬件 – 软件系统，更多的操作系统销量会诱发更多与之相兼容的软件需求。使用共同的硬件标准的用户越多，用户就能从软件价格更低和更多样化中获益（Church & Gandal，1993，1996，2000）。换言之，硬件用户数与网络规模之间的正向关系，就形成了正网络效应。

显然，虚拟网络并非一定基于硬件，也可能由使用类似的语言处理的个体组成，比如现实中的社交关系网（Bramoulle, et al., 2014）。对于一个虚拟网络系统而言，加入该网络的价值随着接入该兼容性[①]网络的其他个体人数的增加而递增。由一种硬件（或品牌）和若干种专用性软件所组成的大系统，有时也被能视为一个虚拟网络（Economides，2006）。因为，与完全基于硬件或个体的网络类似，这样的系统同样具有这样的特征：采用任一种软件的价值，不仅取决于该种软件用户的数量，还取决于与该硬件兼容的其他种类软件的用户数（Farrell & Saloner，1985，1986a，b；Katz & Shapiro，1985，1986，1994；Church & Gandal，1993）。

当然，如前所示，搜索引擎平台不存在直接网络效应，但是对经验积累和数据的收集和利用，有助于搜索引擎通过学习提高服务质量。搜索引擎不仅存在来自供给侧的干中学（Learning by doing）效应和数据利用效应，还存在来自需求侧的间接网络效应。新增一个搜索用户会增加现有用户从搜索中获得的收益，不单单是因干中学和数据利用所带来的搜索服务质量的提升，更因更多的搜索用户能吸引更多的广告主，从而为现有搜索用户带来更佳的匹配机会，进而增加了现有搜索用户的价值。如果给定企业在搜索结果中的排名某种程度上受制于企业对其在搜索引擎的优化策略等选择，这个间接网络效应还可能拓展至搜索结果层面。新增一个搜索用户刺激了企业获取更佳排名，便于通过投资于网址质量提升和搜索优化来吸引更多用户访问其网站。甚至，有些企业会努力为访问者提供更优质的网络服务，帮助他们及时和便捷地抵达访问目的地。

最后，与间接网络效应直接相关又稍有区别的一个概念是交叉网

---

① 如果不同品牌的产品能配合使用，也就是说一种品牌的产品能被另外一种品牌所运行和使用，那么这两种品牌是相互兼容的，也是依据同一标准运行的。特别地，如果一种新式型号与一种旧型号兼容，但是反过来不成立，就说这些品牌向下兼容（Shy, 1995, Ch. 10）。

络效应。如果说直接网络外部性基于一边网络内消费者之间的直接关系，那么可以说间接网络外部性（Cross-Side Network Effect）是基于两边网络中两边用户间的间接关系（Church, et al., 2008; Clements & Ohashi, 2005）。如果说多边网络中的每边用户偏好于本边用户规模的现象是来自网络外部性，那么在该多边网络中某边用户成员偏好于（至少）其他一边用户规模便是该边的交叉网络效应。交叉网络外部性常常是正性的，或者说在用户规模处于较广的范围内呈现正性的交叉网络外部性[①]。正的交叉网络外部效应，是指双边网络内的任何一边用户数量越多，平台对另一边用户的吸引力越强（Economides, 1996; Evans, 2003）。比如，婚介所保存的单身男性会员资料数量越多，对单身女性的吸引力越大。消费者偏好于被更多厂商接受的信用卡（如招商银行信用卡）；厂商更喜欢消费者持卡率更高的信用卡（Rochet & Tirole, 2008a, b）。

在双边网络平台中，每一边都存在交叉网络效应，那么就能说存在间接网络效应（Indirect Network Effects）（Hagiu & Wright, 2015a, b）。硬件－软件系统是从单边视角来说明直接网络效应。这里还举例硬件平台和软件平台，围绕平台两边的是用户群体和组件提供商群体。如果平台企业向一边用户索取较高的交易费，该边用户会不接入该平台。这种行为又会诱使另一边用户趋向于改换使用其他网络平台。这就在双边网络平台两边用户之间形成了，由 Katz & Shapiro（1985）、Farrell & Saloner（1985）和 Arthur（1989）提出的所谓正向反馈环（Positive

---

① 与自网络外部性类似，交叉网络外部性通常在开始是正性的，随着平台各边用户规模的不断增加，交叉网络外部效应会以递减的速度增加各边用户规模，到某时会逐步过渡到以不断递增的速度降低用户规模，此时拥堵或堵塞出现，负性的交叉网络外部性也出现了（Evans, 2003）。因为拥堵会增加索寻成本和交易成本（Evans & Schmalensee, 2007, 2015）。

Feedback Loop）。显然，在网络平台环境下，这个正向反馈环是由正网络外部性（尤其是会员外部性）驱动的正反馈机制的不断叠加和反复。正向反馈环的存在性得到 Rysman（2007）的实证证据的支持。当然，交叉网络外部性也可能是负性的。比如，新闻和广告发布平台或传媒（如门户网站、电视广播媒体）和搜索引擎中，使用该平台的消费者喜欢广告发布量少一些（Reisinger，2004；Gabszewicz, et al.，2008；Sriram，et al.，2014）。

可见，对于基于广告的受众制造型平台，两边用户各自的交叉网络效应可能是不对称的。一边对另一边带来正网络效应的同时，另一边对这边的网络效应可能为负，甚至忽正忽负。其实，这种交叉网络效应的不对称性，在各类平台都可能存在。Chu & Manchanda（2013）测度了在线 C2C 平台中双向交叉网络效应，发现交叉网络效应的不对称性。卖家现有规模对买家增长的影响高于买家现有规模对卖家增长的影响。买家数目的增长主要由卖家现有规模和越来越重要的产品多样性所驱动。而卖家数目的增长则由买家现有规模、买家质量和随着买家质量而递增的产品价格所驱动。这种交叉网络效应的不对称性正是多边平台市场各边价格结构不对称性的内在缘由。

2.2　直接网络效应的度量及影响

现在参考 Katz & Shapiro（1985, 1986, 1994）、Tirole（2000）、Gandal（2002）和 Belleflamme & Peitz（2010, Ch. 20）的理论，给出直接和间接网络效应的度量。呈现直接网络效应的典型实例是网络通信市场，特别是互联网。

假设某网络用户 i 在时刻 t 消费某在线服务产品（或通信服务）j 时能接入其产品的预期网络规模（Expected Size of Network）为 $D_{ij}(t)>1$，

该用户对该产品的直接网络效应表示为 $f_{ij}(D_{ij}(t))$ [1]。某代表性消费者 i 使用在线产品 j 时因产品本身及其可兼容产品的网络规模而获得的总效用为 $U_{ij}(D_{ij}(t))=f_{ij}^{0}+\lambda f_{ij}(D_{ij}(t))$，式中 $f_{ij}^{0}\geqslant 0$ 表示用户 i 与产品 j 网络规模无关的效用，也就是前面提及的自有价值 [2]。自有价值 f_{ij}^{0} 反映了产品网络 j 中不存在其他任何网络用户时用户 i 从即刻消费仍能享有的效用。该参数常是消费者对特定在线产品的内在质量的偏好测度，反映产品 j 对用户 i 的内在价值。某一在线产品的优劣某种程度上是其内在价值高低的体现。对于某些在线用户或产品而言，自有价值近似为零，有时干脆将其标准化为零（Armstrong，2006）。自有价值为零的产品，在文献中被视为纯粹网络产品。

另一方面，网络用户 i 在产品 j 上网络外部性的测度函数 $f_{ij}(D_{ij}(t))$，是用户 i 在产品 j 因同类用户的规模带来的协同价值 [3][4]。参数 $\lambda\in[-1,0,1]$ 属于只能取值为 1、0 或 –1 的哑变量，对应反映存在正网络外部性、无网络外部性和负网络外部性三种情形。存在负网络外部性情形的分析类似，这里略过不提（Gbszewicz，et al.，2008；Reisinger，2004）。

这里要重点关注测度协同价值的函数常采用的线性和非线性两种形式：

---

[1] 函数 $f_{ij}(*)$ 对于 i 和 j 均连续可微，且满足 $f_{ij}(0)=0$。$f_{ij}'(*)$ 的符号正负性反映了网络外部性的正负，有时其符号在不同区间会发生变化。

[2] 在线网络平台的不断普及，促使涌现大量有关消费者审查（Customer Reviews）和社会关联（Social Links）等用户主导型内容（User-Generated Content）和数据。加工分析这些数据，能提高网络平台带来的自有价值和协同价值（Tao & Storey, 2015）。

[3] 这里的协同价值只考虑用户规模的影响，未考虑用户质量水平的影响。接入的用户质量又取决于对其索取的价格水平（Damiano & Li, 2003）。刻画双边市场的 Rochet & Tirole 统一框架拓展提及此点。

[4] 特别地，对于同一产品 j 需求，体现消费者异质性的两个代表性情形是：(1) 消费者之间只有网络协同价值不同，$f_{ij}(*)\neq f_{kj}(*)$，$i\neq k$；(2) 消费者之间只有自有价值不同，$f_{ij}^{0}\neq f_{kj}^{0}$，$i\neq k$。

（1）线性网络外部性函数 $f_{ij}(D_{ij}(t)) = \mu_{ij}D_{ij}(t)$，其中参数 μ_{ij} 的符号和大小分别是用户 i 在产品 j 上的网络外部性的正负性质和强度（Armstrong，2006）。该参数的形成常与声誉和信任因素有关（Lling & Peitz，2006）。最经典的 Rohlfs（1974）模型便是线性情形。线性模型易于处理，但是内在逻辑不明晰。

（2）受通信网络存在的直接网络外部性特点的启发，我们可以得到一个直观又符合实际的非线性网络外部性测度形式。依据 Economides（1996）的分析，在通信网络中随着用户规模的增加，每个用户的可通信对象也增多，网络对于用户的便利性也增大，网络给予用户的潜在效用也增加。如果通信网络的用户规模，也就是网络的节点数为 D_{ij}，网络内任意两个节点形成一个连接，刻画网络的便利性高低的总连接数与节点数满足关系式：$f_{ij}(D_{ij})=D_{ij}(D_{ij}-1)/2$。显然，随着用户规模 D_{ij} 的自然增加，总连接数 f_{ij} 或便利性以几何级数递增[①]。更一般地，网络用户 i 在在线产品 j 上的网络外部性度量常用二次函数等非线性累进形式[②]：$f_{ij}(D_{ij}(t))=\mu_{ij}(D_{ij}^2-D_{ij})$ 和 $f_{ij}(D_{ij}(t)) = \mu_{ij}D_{ij}^2$。Gandal（2002）等文献还关注过纯网络价值函数 $f_{ij}(D_{ij}(t)) = \mu_{ij}D_{ij}^b$，$b\in[0,1]$。这个函数形式（注意 $\mu_{ij}>0$）说明，新增一个用户入网的边际收益为正，但是边际收益随网络规模是非递增的。

直接的正网络外部性（或网络效应）直接导致了网络经济学中著名

---

① 对于二次函数形式如 $f_{ij}(D_{ij}(t)) = aD_{ij}-D_{ij}^2/2$ 的协同价值的刻画，可用于构建餍足（Bliss Point）模型。因为当 $D_{ij} = a$ 时，其值最大。

② 这两式刻画的效用函数形式，分别求一级和二级导得出，$f_{ij}'(*) = 2\mu_{ij}D_{ij}(t)-\mu_{ij}$、$f_{ij}'(*) = 2\mu_{ij}D_{ij}(t)$ 和 $f_{ij}''(*) = 2\mu_{ij}$。对于正网络外部性而言，$f_{ij}''(*) = 2\mu_{ij}\geqslant0$，意味着用户 i 在产品 j 上因网络规模产生的网络外部性收益的边际效用是递增的。对于负网络外部性而言，$f_{ij}''(*) = 2\mu_{ij} < 0$，意味着用户 i 在产品 j 上的网络外部性收益的边际效用是递减的。有关负网络外部性的刻画，常用于构建电信、互联网和交通等各种网络的拥堵模型。

的梅特卡夫法则（Metcalfe's Law）（Gilder，1993）。梅特卡夫法则是由以太网络之父罗伯特·梅特卡夫（Robert Metcalf）命名，是指任一同质用户从网络系统获得的价值与其他所有用户的数量呈正比例。对于一个由 n 个人（节点）组成的网络系统，每个节点都与其他所有节点互连，每一个新加入网络的节点都会增加与所有既有节点的新连接，进而网络系统给所有参与者带来的价值总和是：$n(n-1) = n^2 - n$。即网络价值总和是网络参与人数的二次函数。网络总价值以网络节点数平方的几何式速度增长（n^2），或者说网络总效益随着网络用户的增加而呈现指数级增长。

显然，梅特卡夫法则描述的是正网络外部性（Shapiro & Varian，1999，Ch. 7）。2001 年 MIT 计算机科学家大卫·里德（David Reed）宣称梅特卡夫低估了网络价值。由于在较大的网络内部中还可以形成一系列的更紧密的小网络，同时该大网络还可能加入其他网络，因而网络的真正价值是随着联网节点数呈现指数级（2^n），而非几何级增长。这个刻画网络价值增速远快于梅特卡夫法则的几何增速的规律被称为里德定律（Leed's Law）。

2.2.1　直接网络效应的一般性解释

通过考察正网络效应的自我实施预期式表述，可以深化对网络效应的理解（Economides，2006）。假设目标产品（或组件）的预期销量 n^e 情况下第 n 个单位产品（或组件）的支付意愿 $p(n, n^e)$。这里，序数量 n 和期望数量 n^e 均被标准化，足以刻画从 0 至 1 的整个市场覆盖面。支付意愿 $p(n, n^e)$ 是其第一个自变量 n 的递减函数（体现需求法则）；$p(n, n^e)$ 是预期规模 n^e 的递增函数（体现正网络效应）。

在（单期）市场均衡状态下，预期销量足够准确，会自我实现到实际值，$n=n^e$，这就界定了自我实现预期的需求函数 $p(n, n)$。假设支付意愿曲线族 $p(n, n_i^e)$（$i=1, 2, 3, \cdots$）表示给定预期销量 $n^e=n_i^e$ 时为数量 n 的支付意愿水平。当 $n=n^e$ 时，预期自我实现，点 $p(n_i^e, n_i^e)$ 滑落到与点 $p(n, n)$ 重合时，即 $p(n, n)$ 是点 $p(n_i^e, n_i^e)$ 的集合。当市场越加包容时，对单位产品支付愿意很低的消费者也会加入。因为，他们能获得很强的网络外部性好处。因而假定 $\lim_{n \to 1} p(n, n) = 0$ 是合理的。同时 $p(n, n)$ 是很大数 n 的递减函数。

另一方面，Economides & Himmelberg（1995）揭示出，在如下任何一种情形下自我实现预期的需求 $p(n, n)$ 是较小 n 的增函数：（1）每个消费者在零规模网络中的效应为零；（2）对于很小规模网络的规模拓展能带来很高的外部收益；（3）拥有很多高支付意愿消费者对于加入几乎零规模网络与否毫无差异。第一种情形直接适用于所有双向网络，比如电信和传真网络只有同时存在另一个接入用户时才有价值。第二种和第三种情形相对不好理解，但是常在网络和纵向相关产业中看到。第二种情形在那些新增少量用户就能显著增加网络价值的网络中成立。第三种情形最常出现在软件市场中。一个软件应用对于一个用户有价值，即便其他人都不使用。此时新增一个用户会让其他现有用户获益，尽管获益不大。但是当新增很多用户时，网络价值就非常大。

当自我实现预期的需求 $p(n, n)$ 随较小 n 而递增时，这样的网络在完全竞争下会呈现为正的临界规模（Positive Critical Mass）。这点可以做出如下理解：想象某个随网络技术改进而递减固定边际成本（或单位成本）的网络，这样的网络将始于某个较大的正规模 n^0，而该规模由初始的固定边际成本 c^0 所决定。对于任一小于 c^0 的边际成本 c，都有三个对应于边际成本定价的网络规模：零规模网络、自我预期支付意愿曲线 $p(n, n)$ 与水平线 c 首次相交所决定的某个不稳定网络规模，以及自我预期支付意愿曲线 $p(n, n)$ 与水平线 c 第二次相交所决定的某个帕累托最优且稳定的网络规模。

显然，这正是经典文献 Rohlf（1974）和 Economides & Himmelberg

（1995）的重要结论。这个结论意味着随着单位成本的递减，网络会即时达到某个相当大的市场份额水平上。更严格的是，网络规模即时从 0 拓展至 n^0。但是，当存在摩擦性因素和供给弹性不完全时，即时性变化仍会出现，只是网络规模呈现 S 形增长轨迹拓展至某个水平（Economides，2006）。均衡多重性是经典网络外部性模型中协调失败问题所致的直接后果。一般会先入为主地假定帕累托最优的均衡规模会实现，最起码是追求的方向和标尺。

2.2.2　直接网络效应的影响

1. 需求法则局部失效

直接网络效应给传统经济理论和经济智慧带来了显著的影响。首先一点是，正网络效应促使刻画需求量与价格反向关系的需求法则（Law of demand）出现局部性失效。正如 Rohlfs（1974）和 Economides & Himmelberg（1995）所言，随着价格的不断上升，电话服务需求呈现先递减，后递增，再递减的变动规律。一般地，对于网络产业，某些网络产品（network goods）的需求曲线存在一段向上倾斜的部分（Economides，2006, 2008）。显然，如果不考虑网络产品对网络系统中的互补性产品的影响，需求法则仍然正确。但是，由于随着网络产品的销量增长，其互补性产品的销量也在增长，最后一单位网络产品的价值在不断增加。等到某一时刻，当传统的向下倾斜效应被因网络规模拓展引致的正向效应所抵消还有余时，就出现最优价格随着数量递增的情况。也就是说，传统的向下倾斜效应和因网络规模拓展引致的正向效应的角力，导致了带有向上倾斜部分的需求曲线。

2. 激化价格竞争和拓展竞争维度

显著的网络效应不仅导致需求法则局部性失效，还使得在网络产业参与竞争的寡头们丰富了应对竞争的"武器库"，拓展了竞争维度。在网络经济环境下，网络企业不仅能像传统企业那样从事价格、数量和质量等方面的竞争，还能从事网络规模、兼容性和标准化等方面的竞争。更准确而言，网络企业间不仅是价格、产量和质量等方面的竞争，更是用户规模、兼容性和创新速度等方面的竞争。在互联网这种新式网络经济领域中，甚至还会在数据收集处理与使用、算法规则设计与优化等方面进行竞争。

多个运营网络之间的兼容性策略，在增加行业交易量和增进网络效应的同时，也减少了各网络的差异化程度，加剧了价格竞争。各网络运营商的兼容性决策必须权衡这两方面的利弊。一般地，通过让自身的网络系统技术成为行业标准的做法，是最有利于自己的兼容性扩大化手段。理性运营商都知晓此点，均希望自身网络技术成为所有企业都采用的行业标准。此时，从整个社会角度来看，让市面上的数个网络技术相互竞争，和让外围网络技术竞争夺取市场垄断经营权哪个更有利于社会福利和效率提升？后一种竞争其实是竞争让自身的网络技术成为行业标准。这两种对应是市场内竞争（Competition in Markets）和为市场而竞争（Competition for Markets）的体现。

正网络效应的存在，还加剧了价格竞争和创新竞争的激烈程度。网络运营商能在针对网络任一边或多边设计不同收费价格中获益。电信服务供应商能在主叫或（和）接听时向订购用户收费。对网络各边分别定价成为可行，促使准许了复杂化定价策略，依据市场各边市场份额和动态性的不同，还可能被用于策略性地提升和撬动一个企业在网络某边的强势策略地位。后一点不局限于高新技术和软件产业，只要存在互补性组件[1]就会出现。

---

[1] 网络两边市场间的强大的互补性（complementarity），开启了针对传统市场界定技术的合理性的新讨论。

另一方面，网络产业的产品需求曲线向上倾斜部分的存在，以及（即便在完全竞争下）多重均衡的存在，使得处于小规模状态的网络急速膨胀。每个用户入网与否的决策，不仅影响到其自身的收益状况，还关系到其他潜在用户的入网决策。故而，争取边际用户的竞争强度，远高于不存在网络效应时的竞争强度，从而拉低了均衡价格水平和驱动了创新技术的更新换代。这种激烈的竞争，不仅是为了维持或拓展市场份额，更是为了生存下来，尽快建立在市场生存所需的入网用户基数优势（Installed Base Advantage）（Katz & Shapiro，1986）。一旦一家企业开始失去顾客，其产品对于现有顾客的价值就会降低，诱导进一步失去更多的顾客，轻易陷入不断失去顾客的恶性循环（Vicious Cycle）之中难以脱身。这种恶性循环最终使得市场出现，要么发展壮大并控制市场，要么退出市场的"极化"①（Tipping）现象（Katz & Shapiro，1985；Gandal，2002）。

拥有强网络效应的信息技术和产品，通常呈现 S 形增长路径（如图 3.1 所示）：在成功度过较长时期的低速徘徊后，会迎来爆炸式增长，最终饱和在某个高水平中。导致急速增长的背后诱因主要是，让强者愈强、弱者愈弱的正反馈（Positive Feedback）效应，或者说马太效应。强者越强的良性循环（Virtuous Cycle），常伴随着弱者越弱的恶性循环，一道组成正反馈机制。换言之，正反馈效应得以呈现的推动力，不仅是传统的供给侧规模经济，更是需求侧规模经济（Demand-sided Economy of Scale）（正网络效应）。供给侧规模经济，通常在规模达到足以主导

---

① 其实，信息市场中的极化结果和正反馈，源于供给侧和需求侧的规模经济。供给侧和需求侧的规模经济在任何市场都趋于限制可行多边平台的数量（Evans & Schmalensee, 2013）。供给侧规模经济不仅包括基于特定生产技术的传统规模经济，还包括源于干中学和经验曲线的动态规模经济。极化评估时，要综合考虑这两方面的规模经济效应（Shapiro & Varian, 1999, Ch. 7）。只是需求侧规模经济（即网络效应），在绝大多数信息市场中相对更重要，自然就成为关注的重点。

整个市场的量级之前就开始消散了。故而，供给侧规模经济驱动的正反馈，会逐渐受制于某个自然限制，之后负反馈机制就将占主导地位。这就部分解释了，为什么上世纪中叶末期通用汽车鼎盛时也未能完全控制整个美国轿车市场。不同于工业经济，信息经济里的正反馈效应，主要是由需求侧规模经济来驱动的。一旦用户规模突破临界值，需求侧规模经济就很难消散。故而，拥有强健的需求侧规模经济的网络运营商，理论上能把控整个相关市场，除非其他竞争对手采用服务差异化策略以细分和迎合子市场需求。

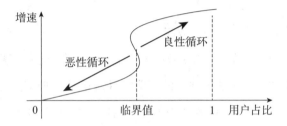

图 2.1　在网络市场流行度增加价值：正反馈机制

这种"赢者通吃"（Winner-take-all）的特性，让企业不仅为维持或拓展市场份额而战，还是为了生存而战（Shapiro & Varian，1999）。竞争的激烈程度可想而知。当初微软和网景的诉讼案就反映了，在网络市场中，这种竞争和垄断的动态性和竞争的惨烈性。竞争激化导致的技术更新换代过快，有时耗费大量资源将仍有效和合意的技术（或产品）替换为不一定更有效的技术或产品，是种社会的浪费。这种频繁地更换更无效率的新技术的做法，便被相关文献描述为过于冲动（Excess Momentum）（Gandal，2002）。

需要注意的是，鉴于这么惨烈的竞争，竞争企业有时为了开拓新网络市场，会实施低于成本的定价策略。根据后面有关掠夺性定价的论述，这种低定价行为，在其他常规市场中，常被认为是一种违背反垄断法的掠夺性行为。其实，在带有网络效应的产业环境下，这种定价策略仅仅是一种正常的竞争行为。正如 Schmalensee（2000）所言，网络市场或者具有赢者通吃特性的市场，竞争往往相当惨烈，均衡价格甚至可能被压低到成本水平之下。当这样的价格是由一个主导性企业实施时，这种低定价行为尤其容易被误认为是掠夺性定价。

虚拟网络也有策略性作用，主要通过投资于多样化软件应用。投资于软件应用的间接性策略效应增加了硬件产品的边际价值，而直接效应则是降低了对手的硬件用户基数，使得对手硬件边际利润降低（Church & Ware，2000，Ch. 20）。

3. 提高转移成本和锁定效应

在直接的正（或负）网络效应下，任一加入通信交流系统的消费者，均能从之前加入其中的消费者的消费中得到好处（或坏处）（Lemley & McGowan，1998）。在间接网络效应下，任一加入某网络系统的消费者，均能从与之相兼容的其他产品的消费者的消费中得到好处。这样就使得某系统的现有消费者更换接入另一个网络系统时，不仅要损失很多本有的好处，还要额外支付一笔费用。这些损失和付出一道构成消费者改换其他系统要面临的转移成本。只要直接网络效应引致的转移成本足够强，后来人作出加入与否的决策，就会极大地依赖于前人介入决策的结果。这种过去历史影响未来选择的经济现象，就是制度经济学中的路径依赖（Path Dependence）。进一步，转移成本的存在又直接导致 Arthur（1983, 1989, 1996）和 David（1985, 1986）所言的锁定效应（Lock-In Effect）。

特别地，在具有很强的网络效应和转移成本的网络产业，凭借先动优势暂时把控了市场的垄断者，能获得显著的自然垄断式成本优势，足以抵抗更优质的后来产品所带来的竞争，让新式产品无法站住脚跟而退出，市场长期维持在较低质产品路径上 [1]（Dybvig & Spatt，1983；Farrell & Saloner，1986；Katz & Shapiro，1986；Klemperer，1987，1995；Farrell & Shapiro，1988，1989；Beggs & Klemperer，1992；Besen & Farrell，1994；Shapiro & Varian，1999）。比如，率先出现并占领大部分市场的先行者 QWERTY 键盘，成功战胜性能更优的后来者 Dvorak 键盘（David，1985；Arthur，1989），就是网络效应驱使下的路径依赖和无效锁定的典型实例。

为阐述转移成本带来的锁定效应影响，这里借鉴 Klemperer（1995）简要考虑一个两阶段动态博弈，其中涉及 n 个消费者和两个竞争企业。每个消费者都愿意在每期支付 $v>0$ 来购买某个非耐用品，而每个企业都以同样的固定边际成本 $c \geqslant 0$ 提供该产品，并不能为未来价格做出任何承诺。在第一阶段，两个企业通过波特兰价格竞争争夺消费者资源；第二阶段，两家企业各自设定价格夺取被锁定消费者的利益。为了将消费从一个企业转移至另一企业，任个消费者需支付转移成本 $s \geqslant 0$。显然假定 $v \geqslant c > v-s$ 是合理且有意义的。前半部分说明从社会角度来看生产出该耐用品是有益的，而后半部分意味着，即便产品是按照边际成本定价，已使用其他产品的消费者缺乏动力去转用另一企业的产品。在这种情景下，这个两阶段博弈的第二阶段（子博弈）的唯一纳什均衡是，每个企业都设定垄断价格 v，以夺取最大可能的利润水平 $v-c$。正因所有消费者都被锁定在原有产品上，各企业都能夺取被自己锁定的老顾客的所有剩余。转移成本如此之高，致使竞争的产品提供商不会提供足够低的价格来引诱和抢夺其他提供商的顾客。

当转移成本足够强时，争夺新顾客的竞争将更加激烈。因为，一旦

---

[1] Beggs & Klemperer（1992）对有关转移成本和锁定效应的早期文献进行了有益的综述。

成功地争夺到了新顾客，这些顾客就被锁定了，从而成为了当然而又重要的利润来源。这里要说明的是，虽然锁定效应对企业非常有利，但是并不意味着，转移成本的存在必然有损消费者福利。因为争夺消费者资源发起的竞争，对消费者是相当有利的。其实，这牵涉对消费者事先有利和事后无利这两股力量相对大小的比较。尽管理论上消费者福利可能受损或受益，但是 Klemperer（1995）倾向于认为，转移成本通常对消费者福利不利：转移成本常会导致整个产品周期内的价格都提升，导致无谓损失和降低进入发生的可能性。

接着考察那个两阶段动态博弈模型。为简化起见假定贴现率为 1，使提供商只关心两期总利润。此时每个企业为争夺到一个消费者最多愿意支付 $v-c>0$。在第一阶段，波特兰价格竞争会让两个企业的利润总现值降至零，各自确定该期的价格 $2c-v$。第二期的垄断利润越高，第一期的定价就越低。为第二期的锁定而在第一期设定较低价格来吸引顾客的论断，反映了争夺未来垄断权的实质。换言之，为了事后垄断获利，而在事前极力竞争消费者资源。在产品不完全替代的更现实情形下，这个论断依然成立（Klemperer，1989，1995）。与耐用品理论那章有关跨期价格歧视的讨论类似，因转移成本而致使第一期定价偏低的结论，严重地依赖于供应商们不能对第二期价格作出有约束力的承诺。如果那两个企业都能作出这样的承诺，那么前面这个两阶段动态博弈就退化为一期静态博弈，且双寡价格竞争有效率的经典结论就成立了。此时，每个企业在任一期的定价均被压低至 $2c$ 水平。

最后指出，不要高估网络外部性引致的锁定效应的重要性。现在越来越多的文献都认识到这一点（Katz & Shapiro，1992；Fudenberg & Tirole，2000；Halaburda，et al.，2015；Biglaiser & Cremer，2016）。比如，Katz & Shapiro（1992）总结道，锁定效应只是理论上的例外，而不是通用规则。不少理论文献都发现，锁定效应导致的老技术霸占市场而新技术过慢地被采用的结果并不总会出现，现实中越来越多出现的是新技术被过快地采用。

导致无效锁定的真正原因，或许不单单是缺乏一个集中化实体来独占正网络效应带来的潜在好处，还缺乏实现这个实体与外部资金投资者间信息对称的机制，以确保补贴推广优质技术的资源充足（Weyl & White，2015）。私人独占权和资本市场显著降低了需要获得表征了新技术优越性的信号的个体数量，而这些个体可以补贴那些跟随使用新技术的其他人，并获取新技术成功使用所带来的益处。缺乏私人独占权和完善的资本市场正是无效锁定在旧技术路径上的一个主要原因。

4. 知识产权抬升转移成本：以数据可携带性问题为例

如前面所言，网络效应会促生转移成本。这里重点关注知识产权保护会进一步让转移成本高不可越。在像电脑硬软件和信息通信等信息科技行业尤其如此。这些行业不仅拥有很强的直接和间接网络效应，还牵涉很多有关专利和版权等知识产权问题。比如，拥有海量用户资源的微软 Office 办公软件，不仅涉及用户接口，这些软件项目还与受商业秘密和专利保护的独占性文件格式有关。这就使得其他竞争企业的办公软件（如 Sun 的 StarOffice）从 Office 格式导入或导出过程难以实现完全兼容。此时，受知识产权保护的文件格式，就成为用户转移成本的一个重要来源。

这里以电话号码可携带性问题为例，简要阐述知识产权对转移成本的影响机理。美国联邦通信委员会 FCC 于 2003 年末开始要求，无线电话（如手机）服务运营商必须允许用户更换运营商时可以保有原来联系号码。电话号码区段资源，无论最初是如何分配的，最终都受到知识产权的保护，不允许其他运营商越界侵占号码区段资源。号码可携带性让用户更换运营商要承受的额外成本显著降低，加剧了各运营商间的直接竞争。然而，号码可携带性，虽然限制了运营商从已入网用户手中榨取超额垄断利润的能力和可能，但是也弱化了对新用户资源的竞争。理论上而言，后一负面效应有可能高于前一积极效应。此时，总体上看来，让联系号码可携带非但不能增强反而会弱化竞争，进而非但不是帮助而是伤害消费者。当然，现实中人们倾向于认为，号码可携带会增加竞争和降低价格（Viard，2007）。

类似地，电子邮箱地址可携带性的竞争效应也不是那么明晰。很多人在更换互联网服务提供商 ISP 或雇主时，都被迫不断更换电子邮箱地址，承受不少精力和资源损耗。邮箱地址可携带要求，在限制对老用户的利益榨取的同时，也弱化了对新用户的争夺，使得总体的竞争效应判定，需要具体问题具体分析。其实，只要消费者需要携带自己重复购买同一产品或服务所形成的历史数据信息去新企业，而这些信息又受到知识产权保护不能随便新造时，这样的问题就会出现。比如，在医疗领域，一名患者想将自己在某医疗机构或人员中的诊断或治疗记录数据，迁移至另外一医疗机构或人员时，数据可携带性的竞争效应并无定论。

2.3 间接网络效应的度量及影响

2.3.1 间接网络效应的度量

如前所述，呈现间接网络效应的典型实例是系统市场。一个基础系统常由一个硬件和一个可兼容的应用软件组成，一起完成某种特定的功能。由于消费者喜欢产品或功能的多样性，他们需要多个系统，每个基础系统都由一个硬件和一个不同的软件组成。由多个基础系统组成的系统就由一个硬件和若干个兼容的软件组成。硬件－软件范式体现在很多有关信息技术和信息产品的产业里。

现在考察某个系统市场，假设某用户 i 在时刻 t 消费某产品 j（如某个硬件）能获得的可兼容软件种类数预期为 $E_{ij}(t) > 1$，该用户对该硬件产品的间接网络效应表示为 $U_{ij}(E_{ij}(t)) = f_{ij}^0 + \lambda f_{ij}(E_{ij}(t))$。有时可假定自有价值（Stand-alone Value）f_{ij}^0 为零，同样能对该函数形式做出各种设定和分析（Jullien，2000/2008; Caillaud & Jullien，2001，2003）。不同于直接网络效应，间接网络效应不直接取决于入网用户预期数量，而取决于可兼容软件服务种类的预期数 E_{ij}。但是，软件服务种类数既取决于又增加了使用硬件技术 j 的用户数，即 $E_{ij} = E_{ij}(D_{ij})$，$E_{ij}'(*) > 0$。在涉及间接网络效应的经济环境中，牵涉硬件运营商、软件开发商和消费者多方利益相关者。同时，每个网络上的软件种类数和用户数都是潜在内生的，建模刻画这种环境和间接网络效应更复杂（Gandal，2002）。

注意，对于某些内在价值更高的好产品（比如行业技术标准）k，因先动优势等历史因素，使得用户预期规模（或软件预期种类数）很大，致使对于任一消费者 i 有：$f_{ij}(*) - f_{ik}(*) \gg f_{ik}^0 - f_{ij}^0 > 0$。这个不等式说明，市场力量和锁定效应导致次优标准 j 胜出，成为均衡结果。有一种说法认为，QWERTY 键盘统治市场的重要原因就在于锁定在低效率均衡无法自拔。也就是说，互联网市场上的自由竞争结果并不一定是有效率的。在网络效应主导下，竞争结果与其说取决于竞争者的优劣，不如说更取决于过去的历史因素。

2.3.2 间接网络效应的影响

交叉网络外部性和自网络外部性，分别刻画平台两边的相互加强作用和单一边内部的自我加强效应。中介平台的作用在于，将这两群消费者之间的网络外部性内部化。与由这种媒介构成的多边网络平台相关的产业是平台产业（Platform Industry）（Caillaud & Jullien，2003; Rochet & Tirole，2004a，b，2006a，b; Rysman，2009）。

平台各边用户间的交叉网络外部性，使得平台任何一边用户率先超过特定的临界规模，就能形成先动优势（First-mover Advantages）和正反馈效应[①]（Positive-feedback Effects），出现"赢者通吃、输家出局"（Winner-take-all, Loser-gets-nothing）的局面（Caillaud & Jullien, 2003）。前面自网络外部性带来的极化结果再次出现。在正反馈效应下，领先一步的平台运营商，易于扩大这个优势，而落后一步的运营商将"被扩大"这个差距，落后更多，从而无法生存（Shy, 1995, 2004; Shapiro & Varian, 1999）。与自网络外部性类似，交叉网络外部性让平台运营商为市场而竞争（Compete for Market）（Evans & Schmalensee, 1996, 2007）。这是场生存之战，拥有先动优势者更可能胜出，率先将规模做大到临界规模的平台，先感受到正反馈的益处，更可能胜出。正是交叉网络外部性的特征，支撑着双边市场成长性的核心，也让平台竞争成为当今企业竞争的一个主要战场。

奇虎（360）与腾讯（QQ）之间的"3Q"大战，本质上就是两个双边市场平台企业为争夺现有市场而发起的竞争。但是，Facebook 对 Google 的竞争，以及 Twitter 对 Facebook 的竞争，本质上却是不同类型双边市场的竞争，更多的是拓展新型双边市场和创造新市场的竞争。国外这些网络大鳄的竞争与国内奇虎与腾讯间的 3Q 大战本质上并不同。平台竞争的胜败某种程度上决定了企业未来的运营情景。故而，双边市场模式受到诸多金融投资者的吹捧，比如除了前述的双边市场线上业态，还有诸如国美、苏宁、红星美凯龙、百安居和深圳农产品批发市场等线下业态。当然，实体经济中的线下业态，由于受到物理空间和人力管理的有效半径的制约，难以像虚拟经济中的线上业态那样进行规模的无限扩张。尤其是随着物联网、云计算和大数据等模式让互联网更加智

[①] 也存在与正反馈相对的负反馈效应（Negative Feedback Effects）。在负反馈系统下，强者变弱，弱者变强，最终让大家的实力旗鼓相当（Shapiro & Varian, 1999, Ch. 7）。显然，不同于正反馈促使极化的结果，负反馈促使均化的结果。

能化，线上平台的规模边界更是无穷尽，至少理论上如此。

这里说明三点：首先，无论是自网络外部性，还是交叉网络外部性，都不足以让一个中介组织成为多边平台（Hagiu & Wright，2015a，b）。在传统超市里，去超市购物的购买者希望商品供应商越多越好、商品种类越多样化越好，而商品供应商也喜欢逛超市的购买者数量规模更大。但是显然传统超市并不足以成为多边平台，因为传统超市并没能将商品供应商和购买者建立直接的联系。当然，在多边平台里，自网络外部性和交叉网络外部性确实很常见。其次，交叉网络外部效应可能在当平台用户规模达到一定程度之后出现递减趋势。比如，在平台中找到一个最佳匹配对象的概率，会以递减的速度，随着平台各边用户规模而递增。当到达某个点后，更多接入者带来的正交叉网络外部性，就会转变为负交叉网络外部性，主要表现为拥堵或堵塞问题（Evans，2003）。最后，从公共政策角度来看，各种类型网络及其效应是非常重要的。带有显著网络效应的网络产业在国民经济中扮演重要的角色。而这些产业中普遍出现的垄断化现象存在很强的社会和政治含义，尤其是网络产业面临的诸多反竞争担忧（Economides，2006，2008）。

2.4　互联网兼容与标准竞争

作为网络产业的典型代表，技术标准及其兼容性是竞争的重要领域。网络产品运营商的一个关键策略手段是，确保自身产品网络多大程度上与其他企业的网络相兼容。一个网络产品因网络效应的存在而更富有价值。不同企业遵守同一技术标准，形成更大网络规模，能实现更大的网络效应，同时也在价格、质量和安全等其他维度进行相互竞争，因而遵守同一技术标准的兼容性决策是一个策略手段。一个运营商能选择与竞争对手相兼容，创造一个更大的网络效应进而共享好处，也能选择不与对手兼容，让较小的网络效应完全为自己所有。具体选择要取决于法律法规、相关企业对目标标准的专长程度、两种策略下的自身获利对比、维持不兼容所带来的优势地位的能力，以及企业将此垄断势力拓展到新市场的能力等诸多因素（Economides，2008）。

不失一般性，两家在线服务供应商就竞相提供的网络服务或技术的兼容性或标准化问题进行博弈以赢得标准战争。根据 Katz & Shairo（1985，1986）和 Besen & Farrell（1994）的分析，服务（或技术）标准博弈存在非兼容均衡和兼容均衡两种结果，其中非兼容均衡的源头可能是囚徒困境式的，也可能是大哥小弟追逐式的（Shapiro & Varian，1999）。在互联网市场的兼容性决策过程本质上是一个有关竞争效应和网络效应的权衡取舍过程，其中竞争效应（Competitive Effect）是随着相互兼容产品（或企业）数量的增加引致的预期竞争强度的提升，而网络效应是随着相互兼容产品预期销量的增加带来的支付意愿和市场价格的提升。博弈企业能通过决定是否主动与其他企业相兼容或者允许其他企业主动与自己相兼容来做出策略性选择，而影响此选择的一个重要因素是网络效应的性质与强度。

2.4.1 非兼容均衡和囚徒困境

现在探讨理性的互联网企业选择与其他企业相兼容的激励动机问题。首先考察标准化成本不同和两企业需要参与两个标准技术的协调博弈的简单情形。假设企业 i=1, 2 在标准 1, 2 之间进行标准选择和竞争，其中标准 1 和 2 分别于企业 1 和 2 所提供。在相应标准选择下实现的利润收益如图 2.2 和 2.3 所示。这里，两个非合作纳什均衡所指均为完全可兼容性（Full Compatibility）。箭头表示各企业在其对手不改变自身策略的情况下的个人激励方向。

在图 2.2 中，企业 1 坚持选择标准 1 的条件是 $a>e$，$c>g$，即选择自己力推的标准 1 是企业 1 的占优策略，无论对手如何选择。同样地，企业 2 坚持选择标准 2 的条件是 $d>b$，$h>f$，即选择自己力推的标准 2 是企业 2 的占优策略，无论对手如何选择。当这些条件同时成立时，这个完全信息静态博弈存在占优策略均衡，企业 1 和 2 选择各自的占优策略，分别实现利润 c 和 d。这个结果说明行业标准无法达成一致。

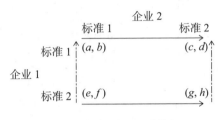

图 2.2　标准竞争导致非兼容

在非兼容均衡下，每个企业都偏好非兼容技术，且是自己的网络技术，以期自己的技术成为标准技术。这种标准竞争最终使得市面上同时存在多个竞争性技术。这些企业都认为，网络外部性不够强，让各自技术相互兼容时带来的需求和收益增加（网络效应），不足以补偿因此遭受的更激烈的技术内竞争造成的收益减少（竞争效应）。当向兼容产品转换的成本太高时，没有企业愿意实现完全兼容。每个企业都偏好于非兼容技术，无论对手策略如何。显然，从这种角度来说，这种情形类似于囚徒困境。当然，双方采取非兼容性技术所致的多个技术竞争格局，就让市场未实现标准化。这种情形下的非标准化是否无效率，仍无法确定。虽然标准化不一定是促进效率的，但是标准设定一般具有促进研发的作用。

2.4.2　兼容均衡与性别之战

在图 2.3 中，标准 1 非合作纳什均衡的条件是 $a>e$，$b>d$。同样地，标准 2 均衡的条件是 $g>c$，$h>f$。在这个完全信息静态博弈下，还假定一个企业选择主推的标准能获得更高收益，即a>g，b>h。行业标准无法达成一致的情况下各方的利润取决于行业特性。对此，能很好刻画许多行业的一个常用假定是，认为不兼容下的利润低于任何一种行业标准达成一致下的利润，即e和c<g，d和f<b。在这些经济情境下，任何一种标准都能成为一个非合作纳什均衡。注意，这里无法保证能实现最高利润的标准就一定会被采纳。此外，由于消费者利益再次未被考虑，也无法保证这个均衡结果是社会福利最大化的。

图2.3　标准竞争导致可兼容

在兼容均衡（或标准化）情形下，所有寡头拥有旗鼓相当的网络规模资源，而且兼容下的复合需求相对于自产品需求而言很大，致使从相互兼容下带来的需求和收益增加（网络效应）大于因兼容所致的更激烈的竞争带来的收益损失（竞争效应），每个寡头都拥有很强的激励互联互通，采用统一的兼容技术（Katz & Shapiro，1985；Faulhaber，2005；Vanberg，2009）。问题是，大家都希望自己的产品技术被认定为行业技术标准。这个均衡结果的特性类似于博弈论中著名的性别之战（Battle of the Sexes）的结果：男女情侣希望双方结伴去看自己最喜欢的足球赛或芭蕾舞。这个技术标准选择的多重均衡特性，意味着存在一个均衡协调问题。为了克服协调失灵，寡头企业会竞相通过威胁或让步做出承诺，改变对方的预期和选择行为。比如，抢先基于自身技术标准进行生产能力和研发创新等方面的投资，以向其他寡头传递一个明确信息或做出明确的承诺：自己绝不会放弃自己的技术，因为一旦放弃将会失去昂贵的前期投资。再如，某企业以较低费用将自己技术许可授权给其他寡头使用，以让步利益的方式作为其他寡头同意其技术作为行业标准的回报。如上两种均衡情形都存在某种程度的共识，只是寡头就发生何种竞争方面有差异。有时根本不存在任何共识，当寡头们非对称时尤其如此。

2.4.3 非兼容均衡和大哥小弟博弈

有时已拥有巨大安装基础（Customer Bases）和高知名度的主导性企业面临的自产品需求并不比复合需求低多少，为了保留已有用户基础和现有利益，就有动力不让其他企业的产品（和服务）与之兼容；而想迅速获得巨大用户基础并面临自产品需求比复合需求低很多的其他中小企业，希望与主导企业的产品相兼容。这种博弈现象就类似于一个想独处的大哥哥和一个（或一群）想跟哥哥在一起的小弟弟之间的博弈（Pesky Little Brother）（Besen & Farrell，1994；Katz & Shapiro，1986；Cremer，Rey & Tirole，2000）。主导性企业必须事先对其技术选择作出承诺，而其他现有或刚进入的中小企业可发挥后动优势，不顾主导性企业的意愿，跟随并模仿主导性企业的技术标准。

技术标准竞争某种程度上类似于网络平台竞争，都有不兼容的激励，也有不被兼容的激励。这种情形的一个实例是，在美国在线（America Online，AOL）和时代华纳于2000年合并前，Yahoo 和 Microsoft 等竞争对手刚进入即时通信服务（Instant-Messaging Services）市场，作为行业先行者的 AOL 已经在该领域拥有了大量的用户基础。为了获得网络效应带来的好处，这些对手试图将它们的即时通信系统（MSN 和 Yahoo Chat）与 AOL 的服务相兼容，但是 AOL 借助安全性和隐私等理由，阻止对手产品与自己产品兼容（Faulhaber，2002）。另外一个例子就是，在1998年太阳微系统公司对微软公司的控告调查中，欧盟委员会发现，微软不仅有前面所述的将媒体播放器等产品与操作系统非法捆绑的行为，还有拒绝向服务器操作系统的其他供应商（如太阳微系统公司）提供接口可兼容所需的信息的行为。大哥哥小弟弟博弈不同于智猪博弈，不像智猪博弈中的大猪不在乎小猪搭便车，大哥哥并不希望小弟弟搭自己的便车。

为了摆脱"讨厌的小弟弟"搭便车，阻止其模仿自身技术，大哥哥常利用知识产权保护和经常改变技术等措施来应对。首先，知识产权保护措施与知识产权的授权使用有关。如果主导企业建立的技术得到知识产权保护，通过知识产权保护和沉睡专利策略，就能使得其他企业难以围绕现有技术进行模仿和革新。其次是不断更改其技术来阻止被模仿行为。该举措可能会影响到现有安装基础用户的利益，实行成本较高。

2.4.4　讨论

各方达成的协议不一定总能形成行业标准。有时争夺标准的战争无法避免。当两个新推出的非兼容技术都想成为行业标准时，标准战争（Standards Wars）自然出现。标准竞赛是拥有很强的正反馈的网络市场的独有现象（Shapiro & Varian，1999）。竞争结局可以是以休战告终、双寡标准主导市场或斗争致死、双方皆败中的任何一种。由于网络市场常呈现赢者通吃的特性，自身的专利技术或产品能否成为行业标准，不光是为市场主导权的竞争，更是生存之战。对于出现标准之战的市场情景，以前很有效的传统策略原则，或许不足以完全说明问题。

标准之战问题的基本分析情景是，两个企业（或企业联盟）采用控制式迁移、公开式迁移、品质展示等策略，以让自己的技术产品成为公认标准，获得市场主导权。这两个企业可以是，手握接受现有技术的大量用户基础的在位者，和打算通过新技术进入的进入者；也可以是两个都是新创企业的情形。影响标准竞争的结果的一个至关重要的因素是，更换竞争技术的转移成本大小，更一般的是使用每个竞争技术的使用成本（Adoption Cost）。这个成本又与技术产品的兼容性密切相关。鉴于此，这里根据每个企业提供的新技术产品与市面上的现有技术的兼容与否来界定标准之战的类型：（1）如果两家企业的新技术都与现有技术相兼容，但是彼此之间不兼容，这两个新技术之间的战争是竞争性演化（Rival Evolutionary）的。（2）如果其中一家企业的新技术与现有技术后向兼容，但另一家的技术与现有技术不兼容，它们间的战争属于演化对变革式的；反过来，一家技术后向兼容而另一家不兼容，就属于变革对演化式的。（3）如果两家企业的技术都与现有技术不相兼容，战争是竞争性变革（Rival Revolutionary）的。当然，并非所有新信息技术都面临标准竞争的问题。在 CD 技术行业领域，采用隔断式策略的 Sony 和 Philips 公司，公开对外授权各自的 CD 专利技术，以确立一个完全不兼容于由留声机音频、卡式录音和卷式磁带组成的现有技术的新技术。这些企业试图说服消费者一步到位地接受更高品质的 CD 及其播放器。

标准竞赛过程中的兼容性决策，归根到底是对可兼容所致的竞争效应和网络效应的权衡取舍。竞争效应是指，兼容后用户在两个技术标准间能直接地自由转移，增加了这两个技术标准之间争夺用户等资源的激烈程度；网络效应是指，兼容后使用这两个技术标准的用户可相互转移，变相地扩展了用户规模，从而提升了这两个技术对其他用户的吸引力，提高了这两个技术对其他技术的竞争优势。标准竞争博弈均衡结果的背后正是竞争效应和网络效应相互角力的结果。拥有更大用户规模的技术标准的网络效应更可能弱于竞争效应。如果两个技术标准的网络效应都强大到足以抵消竞争效应，这两个技术标准的拥有企业都会选择可兼容策略，最终实现兼容均衡结果；如果两个标准的网络效应都不足以强大到能抵消竞争效应，两个企业都选择不可兼容策略，实现非兼容均衡结果；如果用户规模大的主导性技术标准的网络效应不足以抵消竞争效应，而用户规模小的标准的网络效应足以抵消竞争效应，主导性标准的拥有企业会选择不兼容，而用户规模小的标准拥有者选择可兼容策略，最终实现非兼容均衡结果。

此外，如想理解兼容决策下的利益分配格局，还需要考察兼容或不兼容下的行业结构情况。当所有企业（的产品）都可兼容时，显然可预期对因兼容新增带来的利益的分配倾向于更加公平。但是对于网络外部性显著的特定网络产业，只要各企业在标准各不兼容的行业范围内完全不可兼容的情况下，更可能出现市场份额和盈利能力不均等的结果。常出现这种情况的场景是电脑软件-硬件行业，以及由互联网衍生而来的诸多新行业。这种极端的不均等性有时能从产业周期和历史演变等角度来解释，也能基于网络产业拥有的两大基本特性来做出适当的解释：网络外部性的存在，以及技术可兼容性在激发网络外部性过程中的基础性作用。

最后，网络产业中的企业的兼容决策有时与标准竞争有关，更多时候还与滥用市场支配地位有关。当显著的网络效应能导致市场支配地位时，拥有大网络规模的企业能通过有意与其他对手的产品网络不兼容来排斥或限制竞争。这就让不兼容抉择扮演了隔断或化解外界竞争的策略武器的作用。综上所述，最重要的一点启示是，政策制定机构在依仗网络经济效应的理由施加反垄断干预时要仔细洞察相关的市场结构细节以及行为意图，切记一刀切式地对互联网领域出现的新现象、新模式、新业态作出诊断和开出药方。

本章参考文献

Armstrong, M., 2006: Competition in Two-sided Markets. *RAND Journal of Economics*, Vol.37, No.3.

Arthur, B., 1983: *On Competing Technologies and Historically Small Events: The Dynamics of Choice under Increasing Returns.* Stanford University, Mimeo.

Arthur, W. B., 1989: Competing Technologies, Increasing Returns, and Lock-in by Historical Events. *Economic Journal*, Vol.99, No.3.

Arthur, W. B., 1996: *Increasing Returns and Path Dependence in the Economy.* Ann Arbor, MI: University of Michigan Press.

Beggs, A., and P. Klemperer, 1992: Multi-Period Competition with Switching Costs. *Econometrica*, Vol.60, No.3.

Belleflamme, P., and M. Peitz, 2010: *Industrial Organization: Markets and Strategies.* Cambridge, UK: Cambridge University Press.

Belleflamme, P., and M. Peitz, 2015: *Industrial Organization: Markets and Strategies (2nd Edition)*. Cambridge, UK: Cambridge University Press.

Besen, S. M., and J. Farrell, 1994: Choosing How to Compete: Strategies and Tactics in Standardization. *Journal of Economic Perspectives*, Vol.8, No.1.

Biglaiser, G., and J. Cremer, 2016: The Value of Incumbency in Heterogeneous Platforms. TSE Working Paper no.16–630.

Caillaud, B., and B. Jullien, 2003: Chichen & Egg: Competition among Intermediation Service Providers. *RAND Journal of Economics*, Vol.34, No.2.

Chou, C. And O. Shy,1990: Network Effects without Network Externalities. *International Journal of Industrial Organization*, Vol.8, No.2.

Chu, J., and P. Manchanda, 2016: Quantifying cross and Direct Network Effects in Online Consumer-to-Consumer Platforms.*Marketing Science*, Vol.35, No.6.

Church, J., and N. Gandal, 1992: Network Effect, Software Provision, and Standardization. *Journal of Industrial Economics*, Vol.40, No.1.

Church, J., and N. Gandal, 1993: Complementary Network Externalites and Technological Adoption. *International Journal of Industrial Organization*, Vol.11, No.2.

Church, J., and N. Gandal, 1996: Strategic Entry Deterrence: Complementary Products as Installed Base. *European Journal of Political Economy*, Vol.12, No.2.

Church, J., and N. Gandal, 2000: Systems Competition, Vertical Merger, and Foreclosure. *Journal of Economics and Management Strategy*, Vol.9, No.1.

Church, J., N. Gandal, and P. Krause, 2008: Indirect Effects and Adoption Externalities. *Review of Network Economics,* Vol.7, No.3.

Church, J., and I. King, 1993: Bilingualism and Network Externalities. *Canadian Journal of Economics*, Vol.26, No.2.

Clements, M., and H. Ohashi, 2005: Indirect Network Effects and the Product Cycle: U.S.Video Games, 1994–2002. *Journal of Industrial Economics*, Vol.53, No.4.

Church, J., and R. Ware, 2000: *Industrial Organization: A Strategic Approach.* McGraw-Hill Companies.

Cremer, J., P. Rey, and J. Tirole, 2000: Connectivity in the Commercial Internet. *Journal of Industrial Economics*, Vol.48, No.4.

David, P. A., 1985: Clio and the Economics of QWERTY. *American Economic Review, Papers and Proceedings*, Vol.75, No.2.

David, P. A., 1986: Understanding the Economics of QWERTY: The Necessity of History. In: William Parker (ed.), *Economic History and the Modern Economist*. Oxford: Basil Blackwell.

Dybvig, P. H., and C. S. Spatt, 1983: Adoption Externalities as Public Goods. *Journal of Public Economics*, Vol.20, No.2.

Economides, N., 1992: Network Externalities, Complementarities, and Invitations to Enter. *European Journal of Political Economy*, 1992, Vol.20, No.2.

Economides, N., 1993: A Monopolist's Incentive to Invite Competitors to Enter in Teleco-mmunications Services. In: Gerard Pogorel (ed.), *Global Telecommunications Services and Technological Changes*. Amsterdam. Elsevier.

Economides, N., 1996: The Economics of Networks. *International Journal of Industrial Organization*, Vol.14, No.2.

Economides, N., 2006: Competition Policy in Network Industries: An Introduction. In: Jansen, D. W. (ed.), *The New Economy and Beyond: Past, Present and Future*. Edward Elgar.

Economides, N., 2008: Antitrust Issues in Network Industries: An Introduction. In: Kokkoris, I., and Lianos, I. (eds.), *The Reform of EC Competition Law*. Kluwer.

Economides, N., and C. Himmelberg, 1995: *Critical Mass and Network Evolution in Telecommunications*. In: Gerard Brock (ed.), *Toward a Competitive Telecommunications Industry: Selected Papers from the 1994 Telecommunications Policy Research Conference*, L. Erlbaum Associates.

Etro, F., 2007a: *Competition, Innovation, and Antitrust: A Theory of Market Leaders and Its Policy Implications*. Springer.

Etro, F., 2007b: *The Economics of Competition Policy and Dominant Market Position. The Stockholm Network Experts' Series on Intellectual Property and Competition*. London: Stockholm Network Press.

Evans, D. S., 2003: The Antitrust Economics of Multi-Sided Platform Markets. *Yale Journal on Regulation*, Vol.20, No.2.

Evans, D. S., and R. Schmalensee, 2007: The Industrial Organization of Markets with Two-Sided Platforms. *Competition Policy International* (*CPI*), Vol.3, No.1.

Evans, D. S., and R. Schmalensee, 2015: *Matchmakers: The New Economics of Multi-Sided Platforms*. Harvard Business Review Press.

Farrell, J., and G. Saloner, 1985: Standardization, Compatibility and Innovation. *Rand Journal of Economics*, Vol.16, No.1.

Farrell, J., and G. Saloner, 1986: Installed Base and Compatibility: Innovation, Product Preannouncements, Predation. *American Economic Review*, Vol.76, No.5.

Farrell, J., and C. Shapiro, 1988: Dynamic Competition with Switching Costs. *Rand Journal of Economics*, Vol.19, No.1.

Farrell, J., and C. Shapiro, 1989: Optimal Contracts with Lock-In. *American Economic Review*, Vol.79, No.1.

Faulhaber, G., 2002: Network Effects and Merger Analysis: Instant Messaging and the AOL/Time Warner Case. *Telecommunication Policy*, Vol.26, No.5.

Faulhaber, G., 2005: Bottlenecks and Bandwagons: Access Policy in the New Telecommunications. In: Vogelsang (ed.), *Handbook of Telecommunications Economics*, New York: Elsevier.

Fudenberg, D., and J.J. Tirole, 2000: Pricing under the Threat of Entry by a Sole Supplier of a Network Good. *Journal of Industrial Economics*, Vol.48, No.5.

Fujita, M., and J. F. Thisse, 2013: *Economics of Agglomeration, Cities, Industrial Location and Globalization (2nd Edition)*. Cambridge, UK: Cambridge University Press.

Gandal, N., 1995: A Selective Survey of the Literature on Indirect Network Externalities. *Research in Law and Economics*, Vol.17.

Gandal, N., 2002: Compatibility, Standardization, and Network Effects: Some Policy Implications. *Oxford Review of Economic Policy*, Vol.18, No.1.

Gilder, G., 1993: When Bandwidth is Free. Wired.

Grilo, I., O. Shy, and J. F. Thisse, 2001: Price Competition when Consumer Behavior is Characterized by Conformity or Vanity. *Journal of Public Economics*, Vol.80, No.3.

Hagiu, A., and J. Wright, 2015a: Multi-Sided Platforms. *International Journal of Industrial Organization*, Vol.43, No.3.

Hagiu, A., and J. Wright, 2015b: "Marketplace or Reseller?" *Management Science*, Vol.61, No.1.

Hagiu, A., and D. Spulber, 2013: "First-Party Content and Coordination in Two-sided Markets." *Management Science*, 59 (4): 933–949.

Halaburda, H., B. Jullien, and Y. Yehezkel, 2016: "Dynamic Competition with Network Externalities Why History Matters." TSE Working Paper No.636.

Jullien, B., 2000: Competing in Network Industries: Divide and Conquer. IDEI Working Paper No.112. Revised version: 2008: Price Skewness and Competition in Multi-Sided Markets. IDEI Working Paper No.504.

Katz, M., and C. Shapiro, 1985: Network Externalities, Competition, and Compatibility. *American Economic Review*, Vol.75, No.3.

Katz, M., and C. Shapiro, 1986: Technology Adoption in the Presence of Network Externalities. *Journal of Political Economy*, Vol.94, No.4.

Katz, M., and C. Shapiro, 1992: Product Introduction with Network Externalites. *Journal of Industrial Economics*, Vol.40, No.1.

Katz, M., and C. Shapiro, 1994: System Competition and Network Effects. *Journal of Economic Perspectives*, Vol.8, No.2.

Klemperer, P., 1987: Markets with Consumer Switching Costs. *Quarterly Journal of Economics*, Vol.102, No.2.

Klemperer, P., 1995: Competition When Consumers Have Switching Costs: An Overview with

Applications to Industrial Organization, Macroeconomics, and International Trade. *Review of Economic Studies*, Vol.62, No.4.

Leibenstein, H., 1950: Bandwagon, Snob, and Veblen Effects in the Theory of Consumers' Demand. *Quarterly Journal of Economics*, Vol.64, No.2.

Lemley, M., and D. McGowan, 1998: Legal Implications of Network Economic Effects. *California Law Review*, Vol.86, No.3.

Liebowitz, S. J., and S. E. Margolis, 1994: Network Externality: An Uncommon Tragedy. *Journal of Economic Perspectives*, Vol.8, No.2.

Liebowitz, S. J., and S. E. Margolis, 1995: Are Network Externalities a New Source of Market Failure. *Research in Law and Economics*, Vol.17.

Lling, G., and M. Peitz, 2006: *Industrial Organization and the Digital Economy*. Cambridge, US: MIT Press.

Matutes, C., and P. Regibeau, 2004: A Selective Review of the Economics of Standardization: Entry Deterrence, Technological Progress, and International Competition. *European Journal of Political Economy*, Vol.12, No.2.

Regibeau, P., and K. Rockett, 1996: The Timing of Product Introduction and the Credibility of Compatibility Decisions. *International Journal of Industrial Organization*, Vol.14, No.6.

Reisinger, M., 2004: Two-Sided Markets with Negative Externalities. Munich Discussion Paper No.2004–27.

Rochet, J. C., and J. Tirole, 2004a: *Defining Two-Sided Markets*. IDEI Working Paper, January 15.

Rochet, J.C., and J. Tirole, 2004b: *Two-sided Markets: An Overview.* IDEI Working Paper.

Rochet, J.C., and J. Tirole, 2006a: Two-sided Markets: A Progress Report. *Rand Journal of Economics*, Vol.37, No.3.

Rochet, J. C., and J. J. Tirole, 2006b: Two-Sided Markets: Where We Stand. *Rand Journal of Economics*, Vol.37, No.3.

Rochet, J. C., and J. Tirole, 2008a: Competition Policy in Two-sided Markets, with a Special Emphasis on Payment Cards. In: Buccirossi, P. (ed.), *Handbook of Antitrust Economics*. Cambridge, MA: MIT Press.

Rochet, J. C., and J. Tirole, 2008b: Tying in Markets where Two-Sided Platforms Operate and the Honor All Cards Rules. *International Journal of Industrial Organization*, Vol.26, No.6.

Rohlfs, J., 1974: A Theory of Interdependent Demand for a Communication Service. *Bell Journal of Economics and Management Science*, Vol.5, No.1.

Rysman, M., 2007: The Empirics of Antitrust in Two-Sided Markets. *Competition Policy International*, Vol.3, No.1.

Rysman, M., 2009: The Economics of Two-Sided Markets. *Journal of Economic Perspectives*, Vol.23, No.3.

Schmalensee, R., 2000: Antitrust Issues in Schumpeterian Industries. *American Economic*

Review, Papers and Proceedings, Vol.90, No.4.

Shapiro, C., and H. R. Varian, 1999: *Information Rules: A Strategic Guide to the Network Economy.* Boston: Harvard Business School Press.

Shy, O., 1996: *Industrial Organization: Theory and Application.* Cambridge, US: MIT Press.

Shy, O., 2004: *The Economics of Network Industries.* Cambridge, UK: Cambridge University Press.

Shy, O., 2010: A Short Survey of Network Economics. Working Paper No.2010–3.

Spulber, D.F., 2010: Solving the Circular Conundrum: Communication and Coordination in Two-sided Networks. Northwestern University Law Review, Vol.104, No.2.

Spulber, D. F., and C. S. Yoo, 2009: *Access to Networks: Economics and Law.* New York: Cambridge University Press.

Spulber, D. F., and C. S. Yoo, 2015: Antitrust, the Internet, and the Economics of Networks. In: Blair, R. D., and D. D. Sokol (eds.). *The Oxford Handbook of International Antitrust Economics* (Vol.I). New York: Oxford University Press.

Stango, V., 2004: The Economics of Standards Wars. *Review of Network Economics,* Vol.3, No.1.

Tao, Y. Y., and V. Storey, 2015: A Recommender System for Two-sided Markets: Understanding Customers Sentiment in Social Networks. Twenty-first Americas Conference on Information Systems, Puerto Rico.

Viard, V. B., 2007: Do Switching Costs Make Markets More or Less Competitive? The Case of 800-number Portability. *Rand Journal of Economics*, Vol.38, No.1.

Weyl, E. G., and A. White, 2014: Let the Right 'One' Win: Policy Lessons from the New Economics of Platforms. Social Science Electronic Publishing, Vol.10, No.2.

3. 双边市场理论与平台竞争 曲 创

　　"平台"的存在可以追溯到很久以前，但"平台"得到各界的关注是在"互联网平台"出现之后。随着宽带互联网和智能手机的普及，互联网平台已经渗入了生活和生产的各个角落，并且一定会继续改写社会经济活动的模式。技术进步是理论研究背后的推动力，日新月异的现实是学术生长的沃土。自21世纪初期开始，作为网络经济学分支的双边市场理论取得了爆发式的进展。

　　本章首先梳理双边市场的属性和种类，从本质特征、功能、交易类型等方面分门别类地描述平台的特征。其次从用户、价格、新产品三个方面讨论互联网平台不同于传统厂商的竞争方式，重点关注用户和网络规模在平台竞争中的核心作用。平台兼容与用户归属是两个密切相关的平台竞争策略，与之相关的是平台独家交易行为的竞争效应。互联网本身的特征决定了对平台竞争行为的后果需要重新进行评判。最后，本章讨论了大规模平台的特征及其对市场竞争的影响。

3.1 双边市场：从古罗马集市到淘宝

　　在经济学研究中，市场是交易的空间、时间、众多交易主体、交易对象和交易规则所构成的集合的总称。就市场空间形式而言，市场可以是一个真实存在的交易场所，如"华联超市""万达广场"，也可以是一个虚拟的交易场所，如"淘宝网""亚马逊"等，这些真实的地理空间或虚拟空间都是市场的空间概念；就市场时间形式而言，一项交易必然具备对应的时序关系，是买卖双方或者说是市场供给与需求双方进行协调博弈的过程的载体。人们常说的"货比三家"就是实物交易达成过程的真实体现，是市场时间维度的构成。考虑现代金融市场时，货币的时间价值（利率）直观地体现了市场的时间属性；市场的交易主体可以是自然人，如"张三""小明"等个人，也可以是经济组织或集体概念的企业法人，如"××公司""××集团"等企业组织；市场的交易对象是指买卖双方的交易内容，即通常说的由卖方提供的商品或者服务。商品包括看得见摸得着的工业产品，也包括知识、技术等无形的智力产品；市场的交易规则是为保证经济活动可以顺利并持续进行，对市场规则进行系统描述的内容可以粗略地追溯到亚当·斯密。《道德情操论》与《国富论》构成了其对经济活动的深刻洞见，将价格机制比喻为"无形的手"。市场规则可以归结为两类，一是人们日常习惯，与当地的风土人情相关，如欧美国家习惯于支付小费，而亚洲国家就鲜有这种习惯；另一类则是法律，构成交易行为的准绳和底线，如《商法》《经济法》《反垄断法》《消费者权益保护法》等，以保障基本的公平、公正和效率。

经济学研究中实物商品、具体劳务的价值或价格的决定是经济分析的基本目标，基于对人类行为的基本假定研究资源的分配，社会的福利等问题，换而言之是研究有限资源的分配，起码在一个交易过程中不可再生的资源，也就是经济学中所谓的排他性资源，这就产生了供给与生产行为、需求与消费行为的划分。考虑到整个经济体，还会有政府行为，考虑到货币还会有金融问题，除了金融行为可能伴随着交易行为本身实现信用或价值的透支外，其他交易行为一般会消耗现有既定物质资源。

与经典理论不同的是，双边市场理论虽然诞生于对现有产品或服务本身的研究，但并非以实物产品为主要研究对象，而是注重对经济个体之间关系的研究，并且这种关系体现于交易者双方的数量与互动关系上，是一对多的关系，而非一对一的买卖关系。如消费者在选择购物平台时，可能首先会考虑到哪个平台具备更大的规模，具有更多的可选择性，通过对不同平台的预期来进行决策（Katz & Shapiro，1985），而非哪一个平台上具备"我确定需要"的产品。双边市场理论解释了这种非交易的确定结果，但构成交易的过程的市场因素。从这个意义上说，双边市场理论所描述的"市场"古已有之，从古罗马集市到"淘宝"，只要存在成群结队的买卖者，就可能存在双边市场理论所刻画的内容。

3.1.1 定义

双边市场的关键特征在于平台与用户间的特殊关系，相较于传统市场中消费者对产品或服务的需求，双边市场的本质在于用户和用户间的需求，该需求必须通过平台才能实现，表现为交叉网络外部性或价格结构非中性。双边市场理论本质上是对平台经济模式的刻画。

（1）基于用户间交叉网络外部性的定义

网络经济研究了具有实体网络的一类厂商与消费者形成的经济关系的总和，如铁路网、电信网、输电网（Economides，1996），用户加入网络的效用受加入网络的其他用户的影响，这种影响被称为网络外部性。在网络外部性的基础上，交叉网络外部性强调了不同组别用户之间的相互影响。要形成双边市场的结构，加入平台的多组用户之间至少有一类交叉网络外部性为正，即至少有一组用户的加入可以给其他用户带来好处。

交叉网络外部性较为宽泛的定义由 Rochet & Tirole（2003）给出，交叉网络外部性指不同组的用户同时加入并使用一个平台的服务时，彼此之间产生的影响，这种影响会提升用户的效用，被称作交叉网络外部性。其中平台通过设置固定费用与使用费用协调两边的用户，将这些"好处"价格化，进而实现外部性的内部化。这里，交叉网络外部性可以从使用外部性（Usage Externalities）和成员外部性（Membership Externalities）两个角度去理解，使用外部性指消费者对某项服务的使用会给同样使用这项服务的人带来好处，如电话，当消费者能够使用电话并获得便利的通话是因为其他人也使用电话服务，消费者的直接使用会体现为一种使用外部性，因此此类外部性也是网络经济中的直接外部性；另一类是成员外部性，是由于组内用户规模的扩大而使另一组用户可以进行交易的用户规模增大，从而提高了交易的潜在可能性或者从这种可能性的扩大获得直接的好处，如淘宝网上卖方的增加给消费者带来的产品多样性和价格上的好处等，此类外部性也称为间接网络外部性。

与使用外部性和成员外部性相对应的是会形成两类费用，这里称之为平台的定价策略。一是用户加入平台的固定费用，只要加入平台就会产生的固定不变的费用，如京东的"会员费"；另一类是使用费用，即只有产生交易才会收取的费用，如股票市场或借贷平台的"提成"或"佣金"。通常在难以按照交易次数计费的场合平台会采取固定收费方式，而另一些交易在可以清楚地监控并计量的场合会收取使用费。使用外部性的高低决定了单笔交易的平台价格，成员外部性的高低决定了加入平台的价格。

交叉网络外部性更加具体的定义由 Armstrong（2006）给出，用户的效用函数表达为 $u_i = a_i n_j - p_i$，当存在两边的用户 i 和 j 时，i 边用户的效用 u_i 就由 j 边用户的数量 n_j 与平台向 i 收取的价格 p_i 共同决定。用户规模衡量决定的交叉网络外部性也是 Rochet & Tirole（2003）中定义的成员外部性。

（2）基于用户间价格结构非中性的定义

基于用户间价格结构非中性的双边市场定义强调了价格结构对市场总体产出的决定作用（Rochet & Tirole，2004；Kaiser & Wright，2004）。

对价格结构非中性的讨论首先要明确两个概念，一是总体的价格水平（price level），指平台对一项具体服务向两组用户收取的总体价格，二是价格结构（price structure），指的是该产品或服务的价格水平在两组用户之间的分配。

价格结构的非中性就是指价格结构的设计会影响到总体产出水平即服务的市场需求。可用公式表示为：$p = p^B + p^S$，假定在一项交易当中的总体价格水平为 P，若改变 P^B 会影响到总体的产出时平台为双边市场结构。

满足价格结构非中性的必要条件是平台定价无法在不同组用户之间自由转嫁，即所谓科斯定理失效。由于用户之间无法通过自由协定而达成一致，必须通过平台这个"中间人"才能完成交易，而在这个过程当中平台向两边用户提供了产品或服务，并收取相应的价格。平台改变价格结构时会直接影响到两边用户的需求，进而影响到市场的总体产出。根据 Rochet & Tirole（2003）假设市场中的总体交易为 $N_0 = D^S(p^S) \times D^B(p^B)$，改变价格结构后变为 $N_1 = D^S(p^S + p^k) \times D^B(p^B - p^k)$，其中 $D(p)$ 为需求函数，那么可知除了当两边用户需求完全相同的特殊情况外，价格结构的变动会导致总交易的变动。

反之，如果平台定价可以在不同用户群组之间实现转嫁，那么价格结构实质上不会影响市场总体的产出水平，此时这是一个单边市场。当平台定价可以在买卖方之间转移，即无论如何改变价格结构，卖方可以进行调整并自由定价时，同等增加或减少买卖双方的价格，都会被买卖双方的自由协商所抵消，而买卖双方对产品或服务的各自实际支付没有改变，市场总体产出也不会改变。

现实中，平台定价可能受限于技术或商业规则，价格在不同组用户之间不能自由转嫁，此时价格结构就会影响到市场总体产出，形成双边市场结构。例如对于欧洲银行卡产业通过支付卡使用的无附加费规则

（No-Surcharge-Rule）限制了支付卡成本的买卖方转嫁。即卖方必须向使用支付卡与现金的两类消费者设定同样的价格，此时价格结构会直接影响到市场规模。相反，如果不存在无附加费规则，即商户可以向现金用户与刷卡用户实行等额于银行卡交易费用的差价，价格结构就不能影响到一笔交易完全的双方实际支付，也不会影响总体的产出，那么总体市场产出不会变，也就不是严格意义上的双边市场。

双边市场举例

从古至今，平台形式的市场组织已经屡见不鲜，沿袭至今的"集市""农贸市场"便是人们日常生活当中接触最多，交易最为频繁的双边市场。这些古老的市场形式是平台早期的雏形。这里买方的聚集给买方带来了丰富的选择，当然考虑卖方存在竞争的话买方将获得更大的好处；另一方面，大量的买方聚集也给卖方带来了好处，大大增加了客流也必然会带来销量的提升。这里交叉网络外部性更多的体现于买卖双方的"聚集"，现代化集市或农贸市场会存在一个管理性的组织，那么这个组织实际上就构成一个平台。"劳动力市场"也形成双边市场的结构，这类市场的参与者可以明显地分为两组，在劳动力市场当中一组为用人单位，另一组为劳动者，而在相亲大会上也可以分为男方女方，两组用户之间者存在正向的交叉网络外部性，大的规模通常带来更多的选择机会，进而可能形成更加合适的选择，用户将从另一组的规模上直接受益。

在现代商业活动中还存在着另一类"薄利多销"的平台，以银行卡网络和移动支付平台为代表，这类平台中的两类用户是商户与消费者，由于交叉网络外部性的存在，有大量消费者刷卡消费时商户自然更有意愿加入到平台当中，通常支付平台以补贴消费者而同时向商户收费的方式维持平台运营。其商业逻辑是支付的便利增加消费者消费的意愿，进而增强商户的使用意愿。在移动支付大行其道的当前，商户本身不得不加入支付平台以防止因支付方式的缺失而带来的销量损失，如支付宝、微信支付。

更具代表性的平台还有电子商务平台，如"淘宝网"，在其"自由开放"的商业模式下，平台聚集了大量的买方与卖方。特别是淘宝网将其平台模式与搜索排名相结合，实现大量市场资源的调动与配置。在一些小众产品市场当中消费者可能具有明确的目标甚至商家并不多，匹配的实现由买卖双方更自由地完成，但是在一些大众消费领域，存在成千上万的卖方，此时有限的消费者注意力成为了匹配的关键，卖方如何在众多卖方当中被选中，一方面要依靠商品本身的品质与价格竞争，另一方面还可依靠通过购买平台服务来获得流量和机会，而平台恰恰从这种市场资源的配置过程中获利。如何按照用户的意愿最快速地完成匹配是平台的真正价值。

3.1.2　平台分类

（1）基于平台功能的分类

按照平台的功能实现形式、用户间交易的源生性与派生性，Evans（2003）将平台分为市场创造型、受众创造型与需求创造型。市场创造型改进用户间源生交易的效率，受众创造型协接不同的供需，需求创造型创造新的供给与需求。

市场创造型平台（Market Maker）主要通过构建一个交易空间（模

式），使不同组的用户可以更高效地实现交易。如果另一组的用户越多，那么该组的用户就会越重视平台的服务，因此可以减少匹配的时间，提高匹配的概率。例如购物中心，更多的商户加入就会吸引更多的消费者，同样越大的客流也会吸引越多商户进入。互联网购物平台、股票交易所等都是市场创造型平台。

受众创造型平台主要将广告与受众相匹配，受众创造型平台首先要为受众提供有价值的产品或服务以建立用户基础，通过大量的用户基础吸引广告主投入广告获得收益。此类平台多见于杂志、报纸、互联网门户网站特别是搜索引擎。以搜索引擎为例，搜索引擎为用户提供的信息越准确，就会有越多的用户使用搜索引擎，同时有越多的用户使用搜索引擎，其对广告的价值就越大。虽然用户使用搜索引擎的初衷是信息搜索，但同时也需要忍受合理程度的广告。

需求协调型的平台在不同组用户之间提供能产生交叉网络外部性（间接网络外部性）的产品或服务。此类平台不像市场创造型平台那样直接出售"交易"或像受众创造型平台那样出售"广告信息"。如Windows、MacOS计算机操作系统和Andriod、iOS智能手机操作系统，此类平台协调使用者与开发者，当平台的使用者越多就会对开发者越有价值，而开发者越多也会对使用者有更多价值。支付系统也是需求协调型平台，例如Visa、MasterCard、银联等支付卡平台，平台向持卡人和商户提供不同的服务来刺激支付卡的需求，商户也可以从减少现金使用、支付折扣等方面获得好处。此外，Evans & Schmalensee（2005）从法律应用的角度还将平台更细致地分为交易型（Exchanges）、广告支持型媒体（Advertising-Supported Media）、交换系统（Transaction Systems）、软件平台（Software Platforms）四类。

（2）基于交易类型的分类

按照平台是否能直接观察到不同组用户之间的直接交易，

Filistrucchi, et al.（2014）将平台分为交易型平台（Transaction Platform）与非交易型平台（Non-Transaction Platform）。例如支付系统可以直接观察到消费者与商户之间的交易，是交易型平台，搜索引擎并不能直接观察到广告主与用户发生的交易情况，是非交易型平台。

3.1.3 构成要素

（1）需求不同的两（多）边用户

从平台的组织构成上分析，平台必然要连接至少两组用户，如网购平台的买方与卖方、支付卡系统的消费者与商户。有的平台会同时连接多组用户，依靠平台提供的产品或服务在多组用户间创造出相互依赖的供需关系，比如搜索引擎，搜索引擎首先满足用户对互联网信息的筛选，同时通过对用户搜索行为的分析，完成广告的投放，对于搜索用户而言，只需要忍受一定程度的广告便可以"免费"使用互联网搜索服务，而对于广告主而言可以快速、大范围地精准投放广告是有吸引力的，同时通过出售广告位而获得收入的搜索引擎可以实现平台的正常运营。

（2）至少一边用户存在正的交叉网络外部性

平台的构成需要至少存在一边的用户具备正的交叉网络外部性，即至少有一组用户是"被需求"的。这样才在能形成平台用户之间规模的维持或扩张的基础上实现平台的正常盈利。从平台的定价方式上考虑，平台本身是通过将交叉网络外部性价格化从而实现其价值，如果多边用户"彼此嫌弃"，即都会对彼此产生负的外部性，那么没有用户会愿意加入到平台当中，平台只能通过给这些用户实行补贴来吸引用户，即定为负价格，显然这样的平台是难以为继的。而只有在至少一方用户产生正外部性的条件下，其他组用户加入平台会获得好处，那么平台才可向其他组用户设定正的价格，实现正常运营。

（3）用户无法自行解决外部性，必须依赖平台

"用户无法自行解决外部性"源自 Rochet & Tirole（2003）提出的"科斯定理失效"，该理论指在没有平台出现的情况下，用户之间由于交易成本等原因无法完成自由协定，因而由于用户规模与交易带来的外部性也无法被合理地价格化。如当前消费者可以免费使用搜索引擎、购物网站等平台，正是由于平台将用户规模带来的交叉网络外部性包含在了对广告主或者商户的定价当中，使得外部性得以内部分配并交易。同样的电脑和智能手机操作系统会将众多程序的开发者带来交叉网络外部性包含在对用户的收费当中。平台通过提供相应产品或服务，实现了交叉网络外部性的经济价值。

3.1.4　平台功能

　　平台的本质功能是通过减少用户的搜索成本与交易成本（Hagiu，2009），内部化不同组用户之间的外部性，提高用户之间的交易效率，即平台内形成特定的交易机制，促成不同组用户之间的交易并将这种服务变现。平台的出现本身是将现实当中难以协商、度量的交叉网络外部性以价格的形式实现，因而可以将平台经济看作是一个将外部性明码标价的地方，此时两边用户的交易基本上是自由协商的结果，那么在这种情况下，可以近似地认为相比于无平台的情况，资源的分配更加接近科斯定理所描述的场景，因而平台内交易的达成必然提高了用户间交易的效率。换言之，经济个体的行为在有限资源的约束下达到了效用最大化，平台参与者各得其所。

3.2　互联网平台的特征与主要类型

　　互联网反映了人类社会集体属性的本质，从简单的两点通信到当前海纳百川的网络空间，数字化技术将现实事物通过数字网络联系在一起。从数字电话到电子邮件、从门户网站到搜索引擎、从电子地图与共享单车、从网络广告到购物网站，互联网不仅实现着信息的流通，更通过信息流通影响和改变着现实世界中人们的生活、工作方式。而这之中，互联网平台的出现无疑是目前为止模式创新与技术集成最为系统性的工程。

网络平台与传统生产或销售型企业存在着明显的差异，互联网平台的投入与产出也不能简单地用实物资本去衡量，甚至其可能具备完全不同于传统产业的生产函数。就经济的不同领域和互联网平台的发展历程而言，互联网平台首先涉及的是信息的交流与传播，而后是更加精确的具有明确目标的流通领域，如早期网络论坛就是一个共享性质的多边的平台，人们分享交流观点，主要实现信息的交流，而对现实经济行为的影响是间接的，随着互联网技术与移动通信技术的提高以及物流系统的进步，互联网平台逐渐向专业化进化，eBay、Amazon、淘宝、天猫、京东等专业化的电商平台，以及众多 C2C（Customer To Customer）或 B2C（Business to Customer）模式的平台不断诞生。这些平台都具有双边市场的特点，连接着具备不同供需关系的多组用户，实现用户之间的交易。

在这些平台中，借助平台提供的特定交易规则和交易工具，买卖双方都能够降低搜寻成本，同时用户规模的大小将带来单个用户不同的交易可能，较大的用户规模将带来更多的交易可能，因而消费者可能从用户规模上直接受益。平台匹配工具要依赖于用户使用数据去更新和改进，所以平台要成功地实现匹配的效率，首先要吸引足够多的用户，并且通过共赢的交易模式留住用户。由于信息产品本身的属性，平台之间的竞争关系也并非像传统生产厂商那样清晰。虽然信息产品的本质是共同的，但细分领域的现实功能则是存在差别的，所以传统的产品替代性等方式依然可以帮助我们对现有的平台进行分类。

3.2.1　特征

（1）低信息搜寻成本

互联网平台主要以网络购物、搜索引擎、社交网络为主，信息搜索成本相对线下情形较低，而这也是众多互联网双边市场的重要功能之一（曲创、刘重阳，2016）。首先在市场创造型的双边市场中，平台以匹配原有的市场供需为基本功能。如网络购物平台，将成千上万的交易双方通过搜索或列表的方式联系在一起，消费者在瞬间可以完成价格、评价、销量等多个维度的市场信息的筛选，这在线下实物市场是难以想象的，同时互联网平台不受地理空间的限制，使消费者能最大范围地搜索需要的商品，也使卖方能最大范围地寻找目标消费者；在受众创造型平台当中，依赖信息技术，广告的投放更具备靶向性，同样减少用户的搜寻成本，如搜索引擎，首先极大地降低了用户搜索互联网信息的成本，再者降低了广告主寻找目标客户的成本；最后在需求协调型的平台当中，平台实际上在某个专业性的领域构建了通用的标准和规则，如社交网络平台通过具体的规则设定可以吸引不同的人群参与平台互动，同时又如一些对抗性质的网络游戏本身会赋予参与者不同的角色分组，在个体的情节规则下实现人与人的互动。

（2）用户边际效用、平台边际收益递增

在互联网双边平台当中，用户的边际收益通常是递增的，对应平台的边际收益也是递增的（戚聿东、李颖，2018）。平台用户规模越大，那平台的交叉网络外部性就越强，给用户带来的效用就越高，如"淘宝"的卖方规模越大，消费者的选择就越多。根据平台的定价规则，用户的效用越高，平台就可以设定相对越高的价格将这种交叉网络外部性带来的好处价格化，实现外部性的内部化。

（3）用户信息在平台留存，成为平台效率的关键影响因素互联网平台本身是一种信息技术，信息技术必备的两个条件是算法和数据。算法可以保证互联网平台以某种规则完成信息的处理，可以称之为平台的"生产工具"，而信息则是平台对真实世界的认知、处理与反馈的基础，是计算过程中唯一的"生产资料"，信息之于算法就如米之于巧妇。例如搜索引擎，作为当前众多互联网平台的核心构成要素，搜索引擎要通过对用户文本的分析搜寻语义相关的互联网信息，而真实世界当中人的行为习惯通常是有差别的，所以搜索引擎不但要考虑人们输入文本所包含的通用含义，还应当考虑用户的"个性"，而考虑用户"个性"的能力则要求平台掌握必要的用户私人信息。若从用户的角度以"精确"来描述搜索引擎的结果，那么一个简单的衡量搜索平台的效率的原则就是"令用户满意"，显然个性化的结果更可能让用户满意。比如一个在校大学生与一个金融主管在购买笔记本电脑时，前者可能更关心价格而后者则更关心品质，或者前者消费更随性而后者可能更理性，此时搜索平台只有掌握了两者的职业信息或消费能力信息这些个体信息后才可能做出"精确"的推荐，才可能使用户满意。当然令用户满足并不一定总会令市场满意，因为宏观经济从来都不是微观经济的简单加总，同样消费者也千差万别，所以从另一个角度讲，平台的效率还可以是如何促进整个相关市场的良性发展，这是平台在用户偏好迎合与偏好塑造之间的平衡，也正是在"推荐者确定喜欢的"和"推荐其可能会喜欢的"之间的权衡，当然后者依然离不开平台对"个人信息"的适度掌握。

（4）基于用户信息积累和大数据，平台可以实现精确主动匹配

平台匹配功能本身要了解用户的偏好，个人偏好必然是个性化的，而要了解用户的偏好必然需要必要的用户私人信息。这是一个简单直接的逻辑，如果要求平台提供精确的符合个性化需求的推荐而又不表达和提供任何信息，那么这本身就是一个悖论。因此这里我们不讨论与用户

信息关系最为密切且最为敏感的隐私保护问题。单纯讨论平台在运用信息上的能力。

信息积累、用户行为分析是运用计算机信息技术实现匹配的重要环节。回归模型基础上的机器学习是当前主要的分析用户偏好的工具，同样依然是主流互联网企业攻克的方向。

在众多的互联网信息当中，文本信息是最直接和便于分析的，但相比之下也是信息含量最小的，而图片则是最难以分析的，但其信息含量却是最大的。Facebook 作为一家以广告业务为主要盈利来源的公司，分析用户数据实现精确匹配是其重要的产生直接利润的商业模式，因此从这个角度审视 Facebook 收购 Instagram，不仅可以在竞争策略方面减少一个强大的社交应用对手，更可为今后的用户信息收集打通一条道路。另一方面，依靠当前的信息技术，平台可能比用户自己还了解用户，2018 年 3 月，剑桥分析公司使用 Facebook 超 5000 万用户信息精确投放政治信息的案例表明了平台在使用用户信息方面的能力，同时也表明了用户面对具有"上帝视角"的互联网平台时难以防备的现实。

（5）平台转换成本与用户归属

平台的转换成本指用户在不同的平台间转换使用而付出的时间、精力甚至是资金。用户的归属性通常与转换成本相关，高的转换成本导致用户更可能单归属于个别平台，转换成本低时用户则通常会多归属。考虑平台用户的构成，转换成本的高低不尽相同，导致不同的用户归属性。对于普通消费者而言，双边市场的性质带来"免费的服务"，并且平台厂商之间通常同质化现象明显，平台的转换成本通常较低，如新闻媒体、购物网站、搜索引擎等平台，在平台之间没有"二选一"等规则的情形下，消费者通常可以方便地浏览不同的媒体、使用不同的购物网站或搜索引擎，即便对于 Windows 或 MacOS 等电脑操作系统而言，操作习惯也并不会大幅度提高转换成本。因此，普通消费者通常会拥有多个媒体 APP 或购物网站账号，形成多归属的状态，提高平台之间的竞争性。然而对于平台中的网店主、应用开发者等卖方而言，平台标准的差异大小、兼容性高低决定转换成本的高低。在转换成本高的市场中，用户会选择单归属，而对于淘宝、天猫、京东等网购平台，转换成本相对较低，卖方通常选择多归属。

（6）跨界竞争，行业界限模糊

依赖于计算机及通信技术高度的标准化，互联网平台本身具备开放的特性，只要可以实现信息化的服务或产品，通常都可以通过互联网平台来实现，正因如此，传统视角下的互联网平台之间存在着众多的跨界竞争现象，行业界限日益模糊，平台竞争越发激烈。如大众点评诉百度地图案中直观上看大众点评是一个消费推荐类的网站，而百度地图则是地图服务，似乎不存在明显的直接的竞争关系，但大众点评以百度地图、百度知道中大量抄袭、复制大众点评网点评信息，擅自使用"大众点评"知名服务特有名称以及在虚假宣传双方存在合作关系等为由向上海浦东新区法院提起诉讼，认为百度构成不正当竞争[1]。又如中国互联网第一案"3Q 大战"中，QQ 是社交通信类的软件，而 360 则是杀毒软件，更不像是存在直接明显的竞争关系（黄坤，2014），然而免费的杀毒软件 360 提供的部分服务直接作用目标是腾讯的软件模块，引起双方冲突，后腾讯 QQ 向用户提出"二选一"的排他性要求，经过多轮诉讼并在工信部的介入下双方化解冲突[2]。这些经典的案例表明，由于技术的通用和标准性，从功能替代角度对互联网平台的认识可能会忽略平台间存在的直接竞争，也表明平台的竞争界限在传统视角下是模糊的。

---

[1] https://www.chinacourt.org/article/detail/2016/05/id/1885442.shtml.

[2] https://www.chinacourt.org/article/detail/2014/10/id/1460985.shtml.

3.2.2 分类

互联网平台已经涵盖了人们生活的众多方面，根据交易型与非交易型平台的划分，电商平台如淘宝、天猫、京东，支付平台如支付宝与微信支付，网约车平台如滴滴，点评团购平台如大众点评、美团等都属于交易平台，平台可以直接掌握消费者的具体交易，同时对于此类平台而言，交易量的多少直接与平台利润挂钩；另一类平台则属于非交易型平台，如搜索引擎、新闻网站、自媒体、音乐视频网站等，此类平台一般无法观察到不同组用户之间的交易，而只能单方面地观察平台与各组用户之间的交易，用户之间的交易与平台利润不具有直接关系。

3.3 互联网平台竞争方式：用户、价格与新产品

互联网平台之间竞争的关键在于用户，用户是互联网平台的基础。价格竞争和新产品竞争的实质都在于平台之间争夺用户。互联网平台采取倾斜式定价策略是为了吸引用户加入平台从而克服鸡蛋相生问题，采取推出新产品的竞争策略是为了维持和进一步扩大用户规模。

3.3.1 最低网络规模：平台生存的首要条件

（1）最低网络规模（Critical Mass）的概念与例证

最低网络规模是指互联网平台能够在交叉网络外部性的正反馈作用下迅速扩张的最小用户数量。突破最低网络规模的限制是互联网平台生存的首要条件（Evans，2009）。如果在发展初期互联网平台能够吸引一边用户突破最低网络规模的限制，那么在交叉网络外部性的正反馈作用下，另一边用户会主动加入到平台，从而两边用户都不断地加入到平台，最终平台会成功进入市场。如果在发展初期互联网平台未能采取各

种策略吸引足够多的用户达到最低网络规模，平台将昙花一现。

如图 3.1 所示，横轴和纵轴表示平台边 A 和边 B 用户的数量；$C'\text{-}C''$ 为最低网络规模边界线，边界线以下表示平台两边用户均没有达到最低网络规模，边界线以上表示平台两边用户已经突破最低网络规模的限制；D^* 表示平台利润最大化的长期均衡点。如果平台两边用户均达到最低网络规模，那么在交叉网络外部性的作用下，平台将会到达 D^* 点；如果未能达到最低网络规模，那么平台将会退回至 0 点，进入失败。

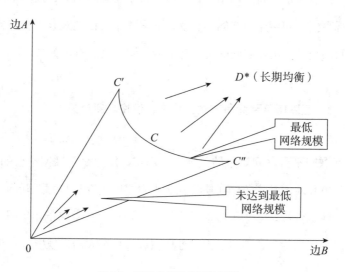

图 3.1 双边市场最低网络规模

资料来源：Evans (2009).

平台两边用户数量的成比例增长是实现最低网络规模的关建。0 – C' – C'' 是平台积累用户达到最低网络规模的最优增长路径。如果平台 A 边用户数量较多，B 边用户数量较少，那么平台将难以维持。例如，电子商务平台需要成比例地吸引卖家和买家，如果仅吸引卖家加入平台，未加入平台的卖家预期到平台上买家数量增长有限，那么卖家将不再继续加入平台；已经加入平台的卖家不能销售商品，也将退出平台。这会导致买家更不愿加入平台，从而导致平台未能达到最低网络规模，最终退出市场。

最低网络规模实例

    互联网视频平台 YouTube 属于突破最低网络规模限制，实现成功进入市场的典型例证（Evans & Schmalensee, 2016）。2005年4月23日 YouTube 平台上上传了第一个视频。为增加用户浏览量与视频上传量，YouTube 平台改变页面布局、增加标签功能等措施来优化浏览体验和用户互动体验，以及实施策略以使视频能够分享到 MySpace。这些措施使得每天上传视频的数量从初期的几个到2006年5月的3万多个。2005年11月至2006年3月 YouTube 的日访问量呈现爆发式增长，此时 YouTube 积累用户数量已突破了最低网络规模的限制，在交叉网络外部性的正反馈作用下，YouTube 平台两边用户规模不断扩大。2017年6月每月访问 YouTube 的登录用户有15亿人[1]。

    电子商务平台 Dell Marketplace 属于未能突破最低网络规模限制而失败的典型例证（Evans & Schmalensee, 2010）。Dell Marketplace 成立于2000年10月[2]。消费者不但可以在平台上购买戴尔自有品牌的商品，例如戴尔台式电脑、戴尔笔记本电脑与戴尔品牌的其他设备与服务，而且可以购买第三方商品，例如 Pitney Bowes、Motorola 和 3M。但是 Dell Marketplace 在4个月

---

[1] 资料来源：《YouTube 月活跃用户达15亿移动视频正在抢电视用户》：http://www.199it.com/archives/605306.html。

[2] 资料来源：Update: Dell to launch B2B marketplace for its customers: https://www.computerworld.com/article/2588560/e-commerce/update--dell-to-launch-b2b-marketplace-for-its-customers.html；Dell closes its online marketplace: https://www.cnet.com/news/dell-closes-its-online-marketplace/。

后被关闭了[①]。其原因在于 Dell Marketplace 平台没有在卖家边突破最低网络规模的限制：只有三个卖家加入平台。一方面，较小的卖家数量不能够吸引消费者加入平台；另一方面，较少的消费者不能够吸引更多的卖家加入平台。此时平台两边用户的数量均未能达到最低网络规模，交叉网络外部性的正反馈作用未能形成，最终 Dell Marketplace 以失败告终。

（2）最低网络规模与用户协调的关系

交叉网络外部性的存在产生了用户协调问题（Rochet & Tirole，2003；Hagiu，2006）。互联网平台成立初期面临着用户协调和最低网络规模限制。用户协调是指双边市场中平台需要首先吸引哪边用户加入，即鸡蛋相生问题（Caillaud & Jullien，2003）。用户协调与最低网络规模具有紧密的联系：用户协调是平台实现最低网络规模的前提。只有平台成功解决用户协调问题，平台才能够进一步突破最低网络规模的限制。最低网络规模与用户协调的不同之处在于：用户协调属于平台的策略问题，最低网络规模属于平台的固有属性。Economides & Himmelberg（1995）认为网络经济中最低网络规模与鸡蛋相生问题的关系为：许多消费者不愿意购买该产品，因为该产品的用户基础小于最低网络规模；导致该产品用户基础较小的原因是没有足够多的已购买该产品的消费者。引申到双边市场中，边 1 用户不愿意加入平台的原因在于平台边 2 的用户基础小于最低网络规模；边 2 用户不愿意加入平台的原因在于边 1 用户基础小于最低网络规模。当平台未能采取有效策略解决鸡蛋相生问题时，平台就不能突破最低网络规模的限制，交叉网络外部性的正反馈作用也就不能发挥作用，此时平台将不能成功进入市场。

---

① 资料来源：Dell B2B Marketplace Unplugged：https://www.ecommercetimes.com/story/7303.html。

（3）突破最低网络规模的策略和方法

第一，价格补贴策略。在位平台的用户预期构成了新平台进入市场的进入壁垒，因此新平台可以采取分而治之的策略来吸引用户，即新平台可以对一边用户实施价格补贴策略来吸引用户加入平台以达到最低网络规模；然后在交叉网络外部性的正反馈作用下，另一边用户会主动加入平台（Caillaud & Jullien，2003）。2003 年易趣网在中国 C2C 市场中占有 72.4% 的市场份额，2003 年 6 月 eBay 全资收购易趣网[①]，并对卖家收取商品登录费、粗体显示费、网上成交费、交易服务费、低价设置费[②]。淘宝网成立于 2003 年 5 月，面对强大竞争对手，淘宝网对卖家采取免费策略，从而使易趣网的许多卖家加入到淘宝网中，2005 年淘宝网的总用户数量开始不断快速增加（Chu & Manchanda，2016）。到 2007 年，易趣网的市场份额下降为 7.7%，淘宝网的市场份额上涨到 83.6%[③]。

第二，价格承诺策略。当卖家之间相互预期彼此都会加入平台时，平台可以采取向买家作出价格承诺的策略来吸引大量买家加入平台，此时平台的用户基础可以迅速扩大（Hagiu，2006）。在视频游戏平台中，游戏开发商加入平台的前提在于有大量的游戏玩家会购买游戏机。因此，视频游戏平台可以先向游戏开发商提供技术支持以开发游戏；然后，视频游戏平台向买家作出低价格承诺以吸引大量玩家购买游戏机，在交叉网络外部性的作用下迅速积累用户基础实现最低网络规模。

第三，平台一体化策略。平台与一边用户的一体化可以吸引另一边用户，从而解决用户协调问题，进而不断积累用户以达到最低网络规模，实现成功进入（Lee，2013）。Xbox 与软件开发商的一体化促使

---

① 资料来源：http://it.sohu.com/71/04/article210030471.shtml。

② 资料来源：http://it.sohu.com/20/64/article205646420.shtml。

③ 资料来源：Taobao vs. Ebay China: https://www.gsb.stanford.edu/faculty-research/ case-studies/ taobao-vs-ebay-china。

Xbox 进入视频游戏机市场是平台与用户一体化的典型例子。

3.3.2　用户竞争

用户数量是双边市场竞争的直接目标，与单边厂商的销量竞争有本质区别。平台之间对用户的竞争体现在三个阶段：成长期对新用户的吸引、发展期对老用户的维持、成熟期对用户的迁移。

在互联网平台竞争初期，获取新用户是平台之间竞争的焦点，平台厂商的首要任务是吸引新用户加入平台。竞争初期平台厂商的用户规模没有达到最低网络规模，新用户加入平台的意愿较低，此时平台厂商会采取补贴策略来吸引新用户加入平台。2014 年快的打车与嘀嘀打车的价格补贴大战 [①]，2015 年滴滴出行和 Uber 的价格补贴大战 [②]。因此，在互联网平台成长期，各个平台为了获得更多的用户数量，会牺牲自身短期利润来吸引两边潜在用户加入自己的平台，从而各个平台通过价格补贴的方式来激烈竞争潜在用户。

当互联网平台通过获取新用户达到最低网络规模，具有了一定的用户基础后，平台进入发展期。此时，平台之间竞争的焦点在于对老用户的维持。互联网平台通常采取增加用户黏性的策略来维持老用户。例如，互联网平台的签到打卡送积分活动以提高老用户的活跃度；支付宝平台的小游戏增加趣味性，投资理财功能增加支付宝平台的实用性；微信平台的朋友圈、小游戏丰富社交功能。

当互联网平台拥有庞大的用户基础，进入成熟期后，平台会采取用

[①]　2012 年称作嘀嘀打车，2014 年 5 月更名为滴滴打车，2015 年 2 月滴滴打车和快的打车合并，2015 年 9 月更名为滴滴出行，2016 年 8 月收购优步中国。资料来源：http://www.didiglobal.com/#/about-special/milestone。

[②]　资料来源：《滴滴与 Uber 的这三年：战也资本 和也资本》：https://36kr.com/p/5050393.html。

户迁移的方式将现有市场中的用户迁移到新平台，从而可以克服进入壁垒，实现另一市场进入（鲁彦、曲创，2016）。平台通过用户迁移的方式可以在短时间内促使新平台在一边市场中积累大量用户，然后在交叉网络外部性的作用下吸引另一边用户加入新平台，从而解决新平台建立之初所面临的"鸡蛋相生"问题。但平台能否成功实现用户迁移主要取决于用户的可迁移性。平台的原有市场业务与目标市场的业务相关性越高，如产品的互补程度越高，平台载体的操作方式越接近、用户体验越相似，则用户的可迁移性就越高，成功实现用户迁移的可能性就越大。例如，苹果公司进入电子书市场与微信进入移动支付市场。在进入电子书市场之前，苹果公司通过 iPod、音乐和 iPhone 三种产品的销售，促使 iTunes 账号在 2009 年增长到 1 亿个，为苹果公司积累了庞大的用户基础。当苹果公司推出 iPad 时，由于 iPad 与其他设备都是基于 iOS 操作系统，各设备之间具有兼容性，同时具备操作方式相同、用户体验高度一致的特点，这促使苹果公司较容易地将 1 亿个 iTunes 账号所形成的用户基础迁移到电子书市场。大量的 iOS 用户极为方便地迁移到 iPad 这一新产品上，成为苹果公司进入电子书市场的实质性潜在用户。再者，2018 年微信的全球月活跃用户突破 10 亿人[①]，成为即时通信和社交领域中的主导厂商。2014 年微信全球月活跃用户数为 5 亿人[②]，拥有庞大的用户规模。基于微信已经积累的庞大的用户基础，2014 年微信推出微信支付，将微信所拥有的用户迁移到微信支付平台，此时微信支付平台在消费者边拥有庞大的用户基础，然后在交叉网络外部性的正反馈作用下，吸引商家加入支付平台，从而突破最低网络规模的限制，成

---

① 资料来源：《马化腾：微信全球月活跃用户数首次突破十亿》，http://www.xinhuanet.com/2018-03/05/c_1122488991.htm。

② 资料来源：《获得 5 亿微信用户和 1 亿移动支付用户之后，腾讯还是在依靠游戏挣钱》，https://36kr.com/p/220761.html。

功进入移动支付市场。截至 2018 年第一季度，微信支付的市场份额为
40.7%，成为第二大移动支付平台[①]。

3.3.3　价格竞争

在双边市场中，互联网平台之间的价格竞争体现在平台采取策略
性定价行为吸引用户加入平台，其实质在于用户的竞争。平台的策略性
定价行为包含平台按照用户交叉网络外部性大小差异化定价、对一边用
户实施免费或者补贴定价，平台的定价方式分为固定制、比例制和两
部制。

（1）按用户交叉网络外部性大小差异化定价

平台连接两类不同的用户，一边潜在用户是否加入平台依赖于另一
边用户是否加入平台，因此平台需要决定如何定价来优先吸引哪边潜在
用户加入平台。不同的平台选择不同的用户进行差异化定价。例如，搜
索引擎平台、电子商务平台、在线视频平台、银行卡平台等对消费者实施
补贴策略，利润来源于另一边用户；操作系统平台和视频游戏机平台对软
件开发商和游戏开发商提供优惠补贴，利润来源于消费者。Parker & Van
Alstyne（2005）认为平台对不同用户的差异化定价取决于用户交叉网络
外部性的相对大小，当消费者边交叉网络外部性较大时，卖家对平台的
需求弹性较低，此时平台对卖家提高价格，对消费者进行价格补贴。由
于交叉网络外部性较大边用户数量的变化所产生的影响大于较小边用户
数量变化所产生的影响，平台应该着重吸引交叉网络外部性较大边的用
户。平台可以采取价格补贴策略来着重吸引交叉网络外部性较大边的潜
在用户，扩大该边用户基础，进而以利用交叉网络外部性吸引另一边潜
在用户加入平台（曲创等，2009）。Armstrong & Wright（2007）认为竞

---

① 2018 年第一季度支付宝的市场份额为 49.9%，http://www.iimedia.cn/61209.html。

争性平台会对具有较强交叉网络外部性、对产品或服务差异化程度要求较低的一组用户收取更低的费用，甚至可能免费。

（2）负价格竞争：免费、补贴

免费定价或者补贴策略是互联网平台经济吸引用户的常用策略，通过吸引一边用户从另一边用户获取更多利润（Rochet & Tirole，2003；Armstrong & Wright，2007；Evans & Schmalensee，2008）。例如，用户可以免费使用搜索引擎——百度、必应、谷歌等，搜索引擎平台的利润来源于广告商；用户免费使用网络社交软件——微信、QQ、Facebook等，网络社交平台的利润来源于广告商，用户免费使用电子商务平台——淘宝、亚马逊等，电子商务平台的利润来源于卖家；微软采取向软件开发商每个应用程序支付 100 美元的补贴策略来激励软件开发商开发应用程序，而其利润来源于消费者[①]。因此，在双边市场中平台采取倾斜定价策略，即平台一边价格低于边际成本甚至为零或负，以实现用户基础的积累。这是双边市场中平台竞争采取的正当竞争策略，并不等同于单边市场中的掠夺性定价。双边市场中的免费策略和补贴策略致使反垄断机构在处理互联网平台的反垄断问题时面临如何界定相关市场、如何衡量市场势力等难题（Wright，2004；林平、刘丰波，2014）。

（3）定价方式：固定制、比例制、两部制

固定制、比例制和两部制是双边市场中的三种定价方式。固定制为平台向两边用户收取的注册费，比例制为平台向两边用户收取的交易费，两部制为平台向两边用户既收取注册费，又收取交易费。双边市场分为市场创造型、受众创造型和需求协调型。不同类型的双边市场，采取不同类型的定价方式（Evans，2003）。市场创造型平台可以使两边用

---

① 资料来源：《微软愿向每个新应用支付 100 美元》，http://tech.qq.com/a/20130320/000094. htm。

户直接交易，平台一般能够观测到两边用户交易的次数和交易价格，因此平台可以采取固定制和比例制以及两部制的定价策略。但是在互联网平台经济中，互联网平台通常不采取收取注册费的定价策略而是采取交易费策略，即向用户收取的注册费为零，这也印证了（Caillaud & Jullien，2003）认为的在位平台阻止市场进入时交易费优于注册费的观点。受众创造型平台匹配消费者和广告商，虽然两边用户之间没有直接的交易，但是互联网平台的广告费用一般按照消费者点击次数收取费用，因此平台通常向广告商收取注册费用和交易费，例如搜索引擎平台、网络视频平台。需求协调型平台促使两边用户在平台上协作，平台通常采取两部收费制策略，例如苹果 iOS 操作系统平台既向消费者收取注册费，又向软件开发商收取 30% 的交易费（Evans，2011）。

3.3.4　新产品竞争

在平台竞争后期，基于已经拥有的庞大用户基础增加新产品是增强平台对消费者的锁定效应、维持或扩张用户规模的重要途径。现实中存在较多的平台维持和扩大市场份额而增加新产品的典型案例。例如，餐饮团购网站美团网成立于 2010 年，为扩大在线上餐饮市场中的市场份额，其于 2013 年引入外卖业务进入线上外卖市场①，于 2017 年推出美团打车业务进入网约车市场②，这些新产品的推出都维持并扩大了美团在团购市场中的份额。再者，网络社交平台微信成立于 2011 年，为加强对用户的锁定效应以维持现有市场份额，其于 2013 年推出微信支付，于

---

① 资料来源：《美团外卖客户端高可用建设体系》，https://tech.meituan.com/waimai_client_ high_availability.html。

② 资料来源：《美团点评在南京试运行打车业务 正申请网约车牌照》，http://tech.sina.com. cn/i/2017-02-14/doc-ifyameqr7504006.shtml。

2014年推出理财通业务，于2016年推出小程序功能①，这些新产品增加了微信的多样化服务以满足用户除社交之外的多样化需求，提高了用户使用微信的频率，增强了平台对新用户的吸引力，加强了对老用户的锁定效应。平台引入新产品增加了平台对消费者的吸引力，一方面，新产品的增加促使平台厂商边对消费者边网络外部性的提高，这会吸引更多新用户加入平台；另一方面，新产品的增加可以满足消费者的多样化需求，进一步加强对消费者的锁定。新用户加入平台促使平台用户规模扩大，在交叉网络外部性的正反馈作用下，新厂商将会不断加入平台。因此，新产品会促使平台能够维持现有市场份额以及进一步扩大市场份额。

3.3.5　平台内部一体化

平台内部一体化是指平台与一边部分用户进行一体化，视频游戏机平台与某一游戏开发商的一体化，微软 Windows 操作系统平台与 Office 的一体化，网络社交平台 Facebook 与 Instagram 的一体化。双边市场中平台内部一体化具有保证平台用户基础的存在，从而确保平台生存和扩张的促进竞争效应；但也可能具有阻止竞争对手获取用户基础以突破临界规模，从而阻碍竞争对手长期发展的反竞争效应，以及影响上游市场的定价、限制下游市场的竞争和提高下游市场的零售价格，以及致使非一体化厂商被封锁的市场圈定效应（Pouyet & Trégouët，2016）。

（1）对同边用户市场的影响

部分学者认为当平台和一边用户一体化时，对该边其他独立用户会产生圈定效应。这是因为当平台与部分用户一体化后，一体化平台有

---

① 资料来源：《微信小程序发布时间出炉！全面了解小程序的前世今生》，http://www.ifanr.com/minapp/754695。

激励采取类似非中立性策略等竞争行为为自有用户提供竞争优势，这会导致其他独立用户被排挤出市场（朱振中、吕廷杰，2007；曲创、刘洪波，2017）。随着平台与用户内部一体化程度的提高，平台为一体化用户提供竞争优势的激励也不断增强，一体化用户的市场绩效会不断提高（万兴、杨晶，2017）。然而，Li & Agarwal（2016）认为平台与用户一体化后，虽然会降低独立用户的市场份额，但是一体化会提高消费者福利。不同于以上的观点，Chiou（2017）通过研究发现平台厂商谷歌与旅游类垂直搜索引擎纵向一体化后对其他旅游类垂直搜索引擎厂商的影响，认为一体化平台对用户边的影响取决于用户之间进行的是价格竞争还是质量竞争。

（2）对另一边用户市场的影响

部分学者认为当一个平台与一边用户一体化时，对另一边用户市场将产生有利影响。平台基于自身的资金、技术优势会提供高质量产品与服务，这会提高消费者福利。Lee（2013）研究了视频游戏机平台与游戏开发商的一体化问题，平台与部分用户的一体化会促使一体化用户提供高质量的产品，这对消费者有益。Li & Agarwal（2016）研究了 Facebook 平台与 Instagram 的纵向一体化，一体化可以促使消费者获取更大的网络规模。

（3）对平台效率的影响

学者们认为平台内部一体化对平台效率的影响不确定。部分学者认为平台内部一体化具有排斥竞争对手、提高市场进入壁垒、维持市场势力的作用。例如，纪汉霖、管锡展（2008）认为当某一平台厂商采取一体化策略，另一平台厂商采取纵向分离策略时，一体化平台厂商的市场份额高于纵向分离的平台厂商，一体化具有排斥竞争对手的效果。曲振涛等（2010）认为电子商务搜索平台和第三方支付平台的一体化会导致任何一方市场的扩大，以及更大的进入壁垒和市场势力。王小芳、纪汉霖（2011）从用户部分多归属角度研究一体化平台厂商和纵向分离平台厂商的竞争问题，认为一体化平台厂商的利润高于纵向分离平台厂商，一体化具有先发制人的战略效应。另有学者认为平台内部纵向一体化能够提高市场效率。Lee（2013）认为纵向一体化策略有利于潜在进入者克服进入壁垒，实现市场进入。Gil & Warzynski（2015）基于用户一体化角度研究游戏开发商和游戏发行商一体化对平台质量的影响，研究发现消费者对一体化游戏开发商的游戏的需求更高，原因在于一体化游戏开发商提供的游戏质量水平较高。

3.4 平台兼容、用户归属与平台竞争

在双边市场中，由于网络外部性的存在，平台决策不仅仅局限于成本与产量的管理，而且包括兼容决策问题，兼容成为影响平台决策的主要因素之一（黄纯纯，2011）。平台兼容决策的选择影响用户的归属选择以及平台之间的竞争激烈程度。当平台之间实施非兼容策略时，为了获取较大规模的网络效应，部分用户将采取多归属策略；当平台实施兼容策略时，平台用户可以减少因多归属而形成的成本，可以获取更大规模的网络外部性。网络规模较大的平台倾向于反对兼容，而网络规模较小的平台倾向于支持兼容，平台兼容程度和用户多归属程度决定平台之间竞争的激烈程度。

3.4.1 平台兼容：策略问题而非技术问题

伴随着互联网和计算机技术的发展与成熟，大批新兴网络平台迅猛崛起、日趋融合，兼容性问题引发了市场竞争结构、反垄断范式的巨变，兼容性问题成为学术界和反垄断实务关注的焦点。兼容性是指不同产品、服务、流程、系统的输入／输出相互接纳的适宜性与耦合

性，即不同产品有更多的可接入性与可互换性（Katz & Shapiro，1985；Economides，2006；张运生，2009；曹虹剑、罗能生，2009）。

消费者多归属影响平台兼容的选择。如果不存在多归属，那么平台具有强烈的激励选择兼容；如果存在多归属，那么平台没有激励实施兼容策略。反垄断执法机构需要关注多归属存在情形下的平台不兼容行为。Doganoglu & Wright（2006）从消费者异质性角度分析了多归属与兼容的关系：部分消费者对网络效应的评价高，部分消费者对网络效应的评价低。当平台之间不兼容时，高评价消费者选择多归属，低评价消费者选择单归属。例如，互联网工作人员会选择同时使用微软 Windows 操作系统和苹果 MacOS 操作系统，普通互联网用户选择使用其中之一。平台之间的不兼容会导致消费者花费成本进行多归属，而此成本平台并不能内部化，从而反垄断执法机构需要密切关注平台不兼容而导致的消费者多归属所形成的福利损失问题。胥莉等（2006）[①]认为消费者多归属是影响平台定价策略和平台兼容性选择的关键因素。在平台之间完全兼容的情况下，消费者将会选择单归属。在平台之间不兼容的情况下，多归属消费者的存在降低了市场的竞争程度，使得均衡价格上升，同时部分消费者多归属引起平台面对的总需求增加，平台利润增加。因此，当多归属消费者存在时，平台不愿意进行兼容。如果平台之间进行兼容，消费者可以获得两个平台的所有厂商用户，从而不会存在多归属消费者。

双边市场中兼容策略的典型案例

2001 年 AOL 与 Time Warner 合并案中有关 AOL 即时通信

---

① 文中将多归属称之为多方持有行为。

服务（Instant Messaging Services）与其竞争对手的兼容性问题[①]。FCC 关注的焦点在于在 AOL 具有较强的网络外部性的情形下，合并会使得 AOL 享受 Time Warner 提供的数据传输服务。如果 AOL 实施非兼容策略，那么 AOL 会把在即时通信市场中的主导地位转为在基于 IM 的高速度服务（IM-based high-speed services）市场中的主导地位。AOL 辩称消费者的多归属行为可以缓解不同即时通信平台之间的非兼容性问题，但是 FCC 认为消费者多归属并不能替代兼容。

3.4.2　用户归属与平台竞争

双边市场中有关用户归属性的经典研究有：Caillaud & Jullien（2003）、Rochet & Tirole（2003）、Armstrong & Wright（2007）等。在双边市场中，用户归属性分为用户单归属和用户多归属。用户单归属是指用户只加入一个平台；用户多归属是指用户加入多个平台，具体而言，是指竞争性平台提供的产品不兼容或者不能完全兼容时，为了获取更大的网络效用，用户会同时加入多个竞争性平台（胥莉等，2006；刘丰波、吴绪亮，2014）。对于同一边用户来说，部分用户选择单归属，部分用户选择多归属，这被称为部分多归属（Poolsombat & Vernasca，2006）。用户归属性的典型例子有：部分消费者会选择在电脑上安装多个浏览器——Microsoft Edge 浏览器、Google Chrome 浏览器与 Firefox 浏览器，部分消费者会选择一个浏览器；许多消费者会选择在多个电子商务平台上购买商品——淘宝网、京东商城与亚马逊，部分消费者倾向于只在一

[①] 资料来源：《美国联邦通信委员会调查 AOL 和 Time Warner 合并案》，Case No.20544，https://www.fcc.gov/conditoned-approval-aol-time-warner-merger。

个平台购物；较多的互联网用户会使用多个搜索引擎来获取信息——百度、谷歌与必应，部分消费者只使用单一搜索引擎。

用户的归属性会影响平台之间的定价策略和竞争策略。竞争性平台之间的兼容会有利于用户获取更大的网络效应；如果竞争性平台之间不兼容，那么用户多归属也可以实现相同的效应（Doganoglu & Wright，2006）。在双边市场中，平台对一边用户的定价取决于另一边用户的多归属程度：如果厂商完全多归属两个平台，那么两个平台会在单归属的消费者边进行激烈的竞争，此时平台会采取低价格策略吸引单归属用户加入。当平台完全不兼容，消费者部分多归属时，消费者的多归属行为致使消费者边的均衡价格上升，且多归属消费者占比越高，均衡价格上升幅度越高，但单归属消费者的存在而产生的交叉网络外部性又抑制了价格的上升。当平台竞争且用户可以自由选择其归属行为时，一边用户单归属，另一边用户部分多归属时，平台对部分多归属用户边采取免费策略，对单归属用户边收取比较高的价格；两边用户都单归属的平台定价低于前者的定价；两边用户均部分多归属时的平台定价最低（胥莉等，2006；纪汉霖，2011）。

平台的市场势力受到用户归属性的影响。用户单归属会导致平台形成赢者通吃的市场格局和形成新的进入壁垒，而用户的多归属会缓解平台因交叉网络外部性所形成的市场势力（刘丰波、吴绪亮，2014）。当两个平台竞争时，如果某一平台拥有较大数量的单归属消费者，那么在交叉网络外部性的作用下，厂商预期到加入此平台会获取较高的效用，大量的另一平台的厂商会加入到此平台，以至于另一平台的两边用户数量急剧减少，最终会形成赢者通吃的市场格局。有效防止赢者通吃的措施之一为平台兼容，但是平台兼容需要满足两个条件：平台兼容的动机与兼容的维持性。在用户多归属情形下，新平台提供差异化产品时，用户就会选择加入新平台，从而降低在位平台因交叉网络外部性而形成的进入壁垒；同时，用户的多归属使得平台不能任意提高价格或者降低质量，如果平台提高价格，那么用户会转移到另一竞争性平台上，从而导致多归属用户转化为竞争性平台的单归属用户，这扩大了竞争性平台的市场份额。因此，用户多归属促使平台之间的竞争更加激烈，较高程度的用户多归属能够有效制约平台的市场势力。

（1）平台兼容（用户多归属）对市场竞争的"双刃剑"作用

平台兼容会促使用户选择多归属，用户多归属对平台竞争具有双重作用：差异化平台之间的兼容会促使用户在平台之间转移，一方面吸引其他平台用户的加入；另一方面，自我平台用户会流失到其他平台。对新平台而言，用户多归属可以促使新平台吸引在位平台的用户，积累用户基础以突破最低网络规模的限制，克服进入壁垒，成功进入市场；对在位平台而言，用户多归属会使用户转移到新平台，导致在位用户的流失。

竞争性平台的兼容会促使用户在平台之间转移。一般而言，规模较大平台倾向于实施非兼容策略，规模较小平台倾向于实施兼容策略。规模较大平台拥有庞大的用户规模，较强的网络外部性加剧了规模较小平台的竞争压力。规模较小平台需要吸引用户不断加入平台以扩大用户基础，达到最低网络规模。因此，规模较小平台倾向于采取兼容策略以实现吸引新用户加入并维持老用户的目的，从而在保持原有用户基础不变的情况下，增加新用户。大部分互联网平台都内嵌"分享、转发"的兼容功能[1]，以使用户可以较为容易地把信息转发到其他平台上。这一兼容功能增加了用户体验，促使老用户继续保留在平台上，又可以吸引其他平台的用户加入平台。因此，竞争性平台的兼容策略促使规模较小平台能够吸引新用户加入平台，这增强了规模较小平台的交叉网络外部性。

---

[1] 资料来源：《头腾大战：说"不"的底气与说"不"的权利》，https://www.yicai.com/news/5430448.html。

对新平台进入而言，新平台倾向于采取兼容策略。这可以促使新平台吸引用户从而有利于克服进入壁垒。

竞争性平台之间的兼容会促使部分用户转移到其他平台。规模较大平台与规模较小平台之间的兼容会促使规模较小平台用户转移到规模较大平台上。规模较大平台拥有庞大的用户数量和较强的交叉网络外部性，如果平台实施兼容策略，那么规模较小平台的用户会因规模较大平台的交叉网络外部性吸引到大平台上，这可能造成规模较小平台的用户流失。

（2）用户归属策略

当平台拥有庞大用户数量时，平台拥有较强控制用户归属性的能力。平台会要求用户做出加入哪个平台的选择或者通过积分制、会员制等方式增强平台的黏性。

（3）强制单归属："平台二选一"

用户的归属性影响平台用户的数量与质量，从而影响平台之间的竞争。互联网平台连接大量消费者和大量不同质量的厂商，厂商可分为高质量厂商和低质量厂商。高质量厂商所带来的网络外部性大于低质量厂商带来的网络外部性，因此在厂商数量满足消费者选择的情况下，高质量厂商成为平台之间竞争的关键。

竞争性平台为吸引消费者而强制高质量厂商单归属。当高质量厂商多归属时，消费者可以只加入一个平台并在平台上与高质量厂商进行匹配交易，此时消费者可以节约多归属成本从而获取较高的效用；且多归属厂商可以获取到两个平台的更大规模消费者，此时厂商获取到较高的效用。当高质量厂商单归属时，消费者必须加入两个平台才能够与高质量厂商进行交易，此时消费者需要付出多归属成本从而获取较低的效用；且厂商只能获取一个平台的消费者，获取较低的匹配交易效率。平台一边单归属用户越多，一方面多归属用户转化为单归属用户的可能性就越大，这会减少竞争性平台的用户数量。因此平台要求厂商单归属，可以促使更多消费者加入到高质量厂商较多的平台，从而在竞争中占据竞争优势。例如，天猫要求商家二选一：要求韩都衣舍、江南布衣、太平鸟、真维斯等44家知名服装品牌官方旗舰店从京东商城撤出。"平台二选一"造成京东服装品类的增长停滞甚至女装的负增长[①]。

用户的单归属能够通过增加用户黏性加强平台的竞争优势，因此平台致力于采取各种方式来维持老用户、增加用户黏性，从而提高消费者的购买率。平台采取积分制、会员制、会员等级制、打卡积分制等用户优惠策略来增加消费者的单归属与提高消费者购买概率。京东会员级别共分为注册会员、铜牌会员、银牌会员、金牌会员、钻石会员以及PLUS会员，每一级别的会员都有相应的权益，会员等级越高，享受到的会员权益越大[②]。当平台间的市场份额趋于稳定时，平台获取新用户的成本将很高，此时平台致力于增加现有消费者的忠诚度和黏性，提高消费者购买频次，从而增加平台利润。在我国网络零售B2C市场中形成了以天猫、京东为主导的市场格局，市场份额分别为60.9%和25.6%[③]，第三名的苏宁易购仅为4.5%。在此市场格局下，平台获取新用户的成本约为200元[④]，因此平台间致力于采取各种方式增加现有用户对平台的依赖度，从而将消费者锁定在平台上。

---

① 资料来源：《京东淘宝大战 二选一涉嫌违法》，http://cj.sina.com.cn/article/detail/170082 7801/308265；《刘强东：电商"二选一"对京东短期财务确实有影响》，http://tech.163.com/18/0509/08/DHBOIH6200097U7R.html。

② 资料来源：京东会员等级介绍，https://m.jd.com/help/app/huiyuanjieshao.html; https://vip.jd.com/help_growthValue.html；《电商付费会员制背后的经营逻辑：分等级且日趋多元》，http://tech.sina.com.cn/i/2018-05-02/doc-ifzvpats0798805.shtml。

③ 资料来源：《易观：2017年第4季度中国网上零售B2C市场交易规模达11893.5亿元，市场在高速成长中向新零售迭代》，https://www.analysys.cn/analysis/22/detail/1001183/。

④ 资料来源：《从"京东会员PLUS"看电商能否玩转付费会员制》，http://column.iresearch.cn/b/201602/759630.shtml。

3.5 大规模平台

随着互联网经济的蓬勃发展，平台型企业迅速崛起。交叉网络外部性的存在加速了平台规模的扩大，最终将会成为市场中的"赢者通吃"平台。当平台演变为"赢者通吃"平台时，其将会基于一边用户的市场势力而不断进入新的市场，演变成为大规模平台。

3.5.1 平台的平台

大规模平台／基础平台（Foundational Platform）是指某一平台为其他平台提供核心服务（Evans & Schmalensee，2016b）。平台通过积累用户基础，在突破最低网络规模限制后，在交叉网络外部性的作用下，市场变成"赢者通吃"的市场格局。当市场由竞争性平台市场演变为大规模平台时，大规模平台基于一边用户的市场势力会不断进入新的市场。对于消费者来说，消费者只需加入一个大规模平台便可以满足自己的购物、信息搜索、社交、理财、出行、旅行、支付等各种需求。对于接入大规模平台的平台来说，大规模平台可以为平台提供大量的潜在消费者。2018 年微信平台在全球拥有 10 亿用户账户[1]，在消费者边拥有庞大的用户规模：大量消费者所带来的交叉网络外部性吸引大量的厂商加入微信平台，微信平台拥有约为250万个小程序[2]。微信平台演变为大规模平台，其不但在即时通信市场中占据主导地位，而且为其他平台提供用户流量服务，如京东商城、去哪儿网、美团网、同程艺龙网、大众点评、蘑菇街、唯品会、58 同城、转转网等。

---

[1] 资料来源：http://tc.people.com.cn/n1/2018/0306/c183008-29851775.html。

[2] 资料来源：https://36kr.com/p/5138602.html。

3.5.2　大规模平台的歧视行为与市场圈定效应

作为关键性设施的大规模平台控制着消费者和厂商之间的匹配效率。大规模平台拥有庞大的消费者数量，在消费者边占有市场支配地位。如果大规模平台将在消费者边的市场主导优势传递到厂商边，那么这会影响厂商之间的有效竞争，从而影响厂商边的市场结构和绩效。

大规模平台作为关键性设施是消费者和厂商之间匹配成功与否的决定因素；在接入平台的厂商无法复制该关键性设施的条件下，利润最大化的激励促使平台把消费者边的市场主导优势传递到厂商边市场中。此时，大规模平台采取某些竞争策略（如非中立性策略）会影响厂商之间公平竞争的过程以及消费者的效用水平。例如，当大规模平台采取中立原则时，大规模平台的自有厂商和其他竞争性厂商进行自由竞争，此时自有厂商和其他厂商对消费者的定价相等，获取的利润和消费者数量相等；消费者在效用最大化前提下进行产品多样化选择，竞争会提高消费者效用水平；当大规模平台采取非中立性策略时，大规模平台自有厂商与消费者之间的匹配效率将会提高，而其他竞争性厂商与消费者的匹配效率将会降低，这会导致多归属消费者选择大规模平台自有厂商，从促使多归属消费者转化为单归属于自有厂商的单归属用户。长期来看，如果其他竞争性厂商的利润未能弥补较高的固定成本投入，那么其他竞争性厂商将会被圈定而被迫退出市场，导致厂商边市场的市场结构由竞争性变为垄断，即平台的非中立性策略具有市场圈定效应（曲创、刘洪波，2017）。

Google Shopping 案例

2010 年欧盟委员会对谷歌歧视性对待垂直搜索引擎厂商的反

竞争行为进行调查，最终于 2017 年欧盟判罚谷歌 24.2 亿欧元[1]；2011 年美国联邦贸易委员会对谷歌自然结果排序问题进行调查[2]。调查的重点都在于谷歌是否在自然搜索结果中对自有垂直搜索服务提供竞争保护而排斥其他垂直搜索引擎，这表明谷歌平台把消费者边的市场主导优势传递到了垂直搜索引擎厂商边，通过采取非中立性策略影响了垂直搜索引擎厂商之间的有效竞争。大规模平台谷歌的非中立性策略促使 Google Shopping 的独立访问量由 2011 年 1 月 790000 人次上升到 2011 年 10 月的 7212000 人次，而竞争性的比价购物垂直搜索网站 Kelkoo 的访问量由 1128000 人次下降到 762000 人次；2007 年 10 月至 2009 年 10 月英国和美国的垂直搜索引擎市场中比价购物网站的访问流量平均下降了 41%，Google Shopping 的访问流量增长了 125%；2007 年 4 月至 2008 年 11 月 Google Maps 的市场份额由 17.29% 上升到 35.67%，同期 MapQuest 的市场份额由 56.86% 下降至 43.13%（曲创、刘洪波，2017）。

本章参考文献

Armstrong, M., 2006, "Competition in Two-Sided Markets", *The Rand Journal of Economics*, 37(3).

Armstrong, M. and Wright, J., 2007, "Two-Sided Markets, Competitive Bottlenecks and Exclusive Contracts", *Economic Theory*, 32(2).

Caillaud, B. and Jullien, B., 2003, "Chicken & Egg: Competition Among Intermediation Service Providers", *The Rand Journal of Economics*, 34(2).

Chiou, L., 2017, "Vertical Integration and Antitrust in Search Markets", *Journal of Law Economics & Organization*, 33(4).

---

[1] 欧盟委员会调查谷歌案：case COMP/39740—European Commission/Google。

[2] 美国联邦贸易委员会调查谷歌案：Statement of the Federal Trade Commission Regarding Google's Search Practices in the Matter of Google Inc. FTC File No.111-163.

Chu, J. and Manchanda, P., 2016, "Quantifying Cross and Direct Network Effects in Online Consumer-to-Consumer Platforms", *Marketing Science*, 35(6).

Doganoglu, T. and Wright, J., 2006, "Multihoming and Compatibility", *International Journal of Industrial Organization*, 24(1).

Economides, N., 1996, "The Economics of Networks", *International Journal of Industrial Organization*, 14(6).

Economides, N., 2006, "Public Policy in Network Industries", *New York University Working Paper No.2451/26079*.

Economides, N. and Himmelberg, C., 1995, "Critical Mass and Network Size with Application to the US Fax Market", New York University, Leonard N. Stern School of Business, Department of Economics.

Evans, D. S., 2003, "The Antitrust Economics of Multi-Sided Platform Markets", *Yale Journal On Regulation*, 20(2).

Evans, D. S., 2009, "Two-Sided Market Definition", *Social Science Research Network*.

Evans, D. S. and Schmalensee, R., 2005, "The Industrial Organization of Markets with Two-Sided Platforms", *National Bureau of Economic Research*.

Evans, D. S. and Schmalensee, R., 2008, "Markets with Two-Sided Platforms", *Issues in Competition Law and Policy (Aba Section of Antitrust Law)*, Vol.1, Chapter 28.

Evans, D. S. and Schmalensee, R., 2016a, *Matchmakers*: *The New Economics of Multisided Platforms,* Harvard Business School Press.

Evans, D. S. and Schmalensee, R., 2016b, "The New Economics of Multi-Sided Platforms: A Guide to the Vocabulary", *Ssrn Working Paper No.2793021*.

Evans, D., 2011, "The Antitrust Economics of Free", *Cpi Journal*, 7(1).

Evans, D. and Schmalensee, R., 2010, "Failure to Launch: Critical Mass in Platform Businesses", *Review of Network Economics*, 9(4).

Filistrucchi, L., Geradin, D., Van Damme, E. and Affeldt, P., 2014, "Market Definition in Two-Sided Markets: Theory and Practice", *Journal of Competition Law and Economics*, 10(2).

Fuentelsaz, L., Maicas, J. P. and Polo, Y., 2012, "Switching Costs, Network Effects, and Competition in the European Mobile Telecommunications Industry", *Information Systems Research*, 23(1).

Gil, R. and Warzynski, F., 2015, "Vertical Integration, Exclusivity and Game Sales Performance in the U.S. Video Game Industry", *Journal of Law Economics & Organization*, 31.

Hagiu, A., 2006, "Pricing and Commitment by Two-Sided Platforms", *The Rand Journal of Economics*, 37(3).

Hagiu, A., 2009, "Two-Sided Platforms: Product Variety and Pricing Structures", *Journal of Economics & Management Strategy*, 18(4).

Kaiser, U. and Wright, J., 2004, "Price Structure in Two-Sided Markets: Evidence From the Magazine Industry", *International Journal of Industrial Organization*, 24(1).

Katz, M. L. and Shapiro, C., 1985, "Network Externalities, Competition, and Compatibility", *The American Economic Review*, 75(3).

Lam, W. M. W., 2017, "Switching Costs in Two-Sided Markets", *The Journal of Industrial Economics*, 65(1).

Lee, R. S., 2013, "Vertical Integration and Exclusivity in Platform and Two-Sided Markets", *The American Economic Review*, 103(7).

Li, Z. and Agarwal, A., 2016, "Platform Integration and Demand Spillovers in Complementary Markets: Evidence From Facebook's Integration of Instagram", *Management Science*, 63(10).

Parker, G. G. and Van Alstyne, M. W., 2005, "Two-Sided Network Effects: A Theory of Information Product Design", *Management Science*, 51(10).

Poolsombat, R. and Vernasca, G., 2006, "Partial Multihoming in Two-Sided Markets", *Dicussion Paper,* Department of Economics, University of York.

Pouyet, J. and Trégouët, T., 2016, "Vertical Mergers in Platform Markets", *Cepr Discussion Papers No.Dp11703.*

Rochet, J. and Tirole, J., 2003, "Platform Competition in Two-Sided Markets", *Journal of the European Economic Association.*

Rochet, J. and Tirole, J., 2004, "Two-Sided Markets: An Overview", *IDEI working paper.*

Shapiro, C. and Varian, H. R., 1998, Information Rules: A Strategic Guide to the Network Economy, *Harvard Business Review.*

Wright, J., 2004, "One-Sided Logic in Two-Sided Markets", *Review of Network Economics*, 3(1).

曹虹剑、罗能生，2009:《标准化与兼容理论研究综述》,《科学学研究》第 3 期。

黄纯纯，2011:《网络产业组织理论的历史、发展和局限》,《经济研究》第 4 期。

黄坤，2014:《反垄断审查中的经济学分析——以奇虎公司诉腾讯公司案为例》,《经济与管理研究》第 11 期。

纪汉霖，2006:《双边市场定价方式的模型研究》,《产业经济研究》第 4 期。

纪汉霖，2011:《用户部分多归属条件下的双边市场定价策略》,《系统工程理论与实践》第 1 期。

纪汉霖、管锡展，2008:《纵向一体化结构下的双边市场定价策略》,《系统工程理论与实践》第 9 期。

林平、刘丰波，2014:《双边市场中相关市场界定研究最新进展与判例评析》,《财经问题研究》第 6 期。

刘丰波、吴绪亮，2014:《互联互通视野的网络效应与互联网企业实力因应》,《改革》第 11 期。

鲁彦、曲创，2016:《用户迁移、单边锁定与市场进入》,《当代财经》第 5 期。

戚聿东、李颖，2018:《新经济与规制改革》,《中国工业经济》第 3 期。

曲创、刘重阳，2016:《平台厂商市场势力测度研究——以搜索引擎市场为例》,《中国工业经济》第 2 期。

曲创、刘洪波，2017：《平台非中立性策略的圈定效应——基于搜索引擎市场的试验研究》，《经济学动态》第 1 期。

曲创、杨超、臧旭恒，2009：《双边市场下大型零售商的竞争策略研究》，《中国工业经济》第 7 期。

曲振涛、周正、周方召，2010：《网络外部性下的电子商务平台竞争与规制——基于双边市场理论的研究》，《中国工业经济》第 4 期。

万兴、杨晶，2017：《互联网平台选择、纵向一体化与企业绩效》，《中国工业经济》第 7 期。

王小芳、纪汉霖，2011：《用户部分多归属条件下双边市场平台纵向一体化策略》，《系统工程》第 3 期。

胥莉、陈宏民、潘小军，2006：《消费者多方持有行为与厂商的兼容性选择：基于双边市场理论的探讨》，《世界经济》第 12 期。

张运生，2009：《兼容性经济学研究进展》，《经济学动态》第 2 期。

朱振中、吕廷杰，2007：《具有负的双边网络外部性的媒体市场竞争研究》，《管理科学学报》第 6 期。

4. 互联网领域的相关市场界定

　　基于计算机的大量应用，为提供更便捷的团队合作和信息共享，互联网应运而生，人类社会随之掀起一场信息革命，亦被称为第三次产业革命。通过互联网，人类得以将海量信息源和用户终端联系在一起，利用互联网通信技术和各类网络软件实现信息沟通和资源共享，创造出新的市场与行业（蒋岩波，2012），这从衣食住行用娱等各方面改变了人们的生活方式，网上购物、网上订餐、网络出行、共享经济等多种新型互联网市场快速涌现。伴随着互联网行业内日趋激烈的竞争，一些行业巨头企业相继卷入反垄断诉讼中，如20世纪末发生在美国的微软（Microsoft）反垄断诉讼案、谷歌（Google）和雅虎（Yahoo）在美国与欧洲受到的反垄断调查案、2008年中国人人公司诉百度公司案以及2012年360诉腾讯垄断案等。纵观这些垄断案件，争论焦点主要集中于反垄断执法的起点上——界定相关市场。究其缘由，在于与传统行业相比互联网行业瞬息万变，技术发展方向与产品替代速度难以预测，加之互联网行业的行业特性导致现行反垄断执法实践工具难以应用。互联网行业中，产品的替代速度与科技发展方向和发展速度通常超过执法机构的预测能力。当一种新产品出现后，相同或相似的产品将快速进入爆炸式增长阶段，替代产品的认定难度迅速加大。同时互联网的开放性与互通性使得时间市场和地理市场的意义也发生重大改变，这或许导致部分传统相关市场界定方法不能直接适用于新兴的互联网行业，其中最大的阻碍因素就是本章的重点——相关市场界定。因此，无论是实务界还是理论界均亟待反垄断经济学的理论创新，急需契合互联网行业自身特性的合理方法来解决这个蓬勃发展的行业反垄断执法中的相关市场界定问题。

准确合理地界定相关市场是反垄断审查中最关键的一环，也是最基础性的工作。界定相关市场，亦即明确经营者的竞争范围，无论是针对企业横向并购中的反垄断审查还是针对企业滥用市场支配地位的调查，几乎都是必由之路。美国司法部于 1982 年发布的《横向兼并指南》（*Merger Guidelines*）提出了里程碑式的假定垄断者测试（Hypothetical Monopoly Test）方法及其具体实施办法——SSNIP 方法（Small but Significant and Non-transitory Increase in Price），为各行业反垄断执法过程中界定相关市场提供了规范性与统一性兼备的理论。无论欧美国家还是日本、中国等都对 SSNIP 方法进行了充分的肯定，并在相应的法律文件中对具体实施方法进行了介绍。但是，这些界定方法未必具有普适性，特别是作为新兴产业的互联网行业。本章基于对传统相关市场界定方法的回顾与评述，结合互联网行业的实际特性，就互联网领域内的相关市场界定问题进行具体分析，尝试厘清传统相关市场界定的桎梏并就其应用于互联网行业面临的挑战提出可行的改进方向。

4.1 相关市场界定的一般方法

根据国务院反垄断委员会 2009 年发布的《关于相关市场界定的指南》，相关市场是指经营者在一定时期内就特定商品或者服务进行竞争的商品范围和地域范围。界定相关市场通常包括两个维度，即相关产品市场和相关地域市场，特殊情况下还需要增加相关时间市场的维度。在具体的反垄断执法实践中，需求替代是界定相关产品市场的主要考虑因素，具体包括商品特性、用途、消费者偏好及价格等；界定相关地域市场主要考虑的是供给替代，即考虑运输成本、商品运输特性、价格、市场进入成本以及商品自身特性等市场竞争条件的一致性；相关时间市场需要依附于前两者的界定，即前述两个维度界定结果所具有的时效性。但目前对于相关时间市场的界定还存在着一定争议，实践中主要考虑的还是相关产品市场和相关地域市场。

在反垄断执法实践中，除限制竞争协议可直接依据"本身违法原则"（Illegal *Per Se* Rule）进行判定外，绝大多数合并审查或垄断企业滥用市场地位的案件都需要依据"合理原则"（The Rule of Reason）进行判定，而这一原则的适用需要以界定相关市场为分析基础。我国2009年制定的《相关市场界定指南》第二条指出："科学合理地界定相关市场，对识别竞争者和潜在竞争者、判定经营者市场份额和市场集中度、认定经营者的市场地位、分析经营者的行为对市场竞争的影响、判断经营者行为是否违法以及在违法情况下需承担的法律责任等关键问题，具有重要的作用。因此，相关市场的界定通常是对竞争行为进行分析的起点，是反垄断执法工作的重要步骤。"与欧美的立法相比，识别竞争者这一直接目的并没有得到突出强调（许光耀，2016），界定相关市场虽非竞争影响评估的必经过程，但中国反垄断法将其视为一般情况下竞争影响评估最为重要的切入点（李青、韩伟，2013）。因此，无论是在传统市场条件下还是在互联网领域中，对反垄断案件进行相关市场界定都是反垄断审查极为关键的一环。

自相关市场理论产生以来，理论界与实务界就一直在尝试着用不同的方法对相关市场进行更为科学合理的界定。但是，目前为止，没有一个方法被认为是最科学合理的，也不存在放之四海而皆准的界定方法，相关市场方法论仍处于不断完善中。相关市场界定方法如云，分类方式各异，但通常划分为定性方法和定量方法两大类。其中，定性相关市场界定方法主要有同质产品认定法、需求替代认定法、附属市场理论、商品群理论、供给替代认定法等；定量相关市场界定办法主要有需求交叉弹性法、SSNIP 测试法、临界损失分析法、自然实验法、价格检验法、SSNDQ 方法等。

一般而言，传统的定性分析方法存在着较大的主观任意性，即相关市场的外延存在着不确定性，使得对同一企业的相关市场界定通常存在较大的争议，导致结果不准确。定性方法多应用于早期的反垄断执法审查之中，目前欧美反垄断审查中界定相关市场最主要的分析方法是定量分析法，特别是假定垄断者测试方法及其具体实现——临界损失分析法，当然需求替代的传统方法也不容忽视。但在中国由于数据获取等诸多客观困难的存在，定量方法的使用仍然偏少，目前仍大量使用定性方法，这也导致了在中国反垄断执法中，尤其是相关市场界定的司法和执法中存在着较强的结果导向性（郑鹏程，2016）。当然，我国近年来也正逐渐增加定量方法在具体案件分析中的应用，逐步增强反垄断案件分析的客观性。

4.1.1 需求交叉价格弹性分析法

需求交叉价格弹性方法是应用最早的定量方法之一，同时也是最早揭示相关市场界定基本理论的方法。早在 20 世纪 50 年代，美国最高法院在对杜邦玻璃纸案、布朗鞋业案的审理中就运用过此方法。在微观经济学中，需求交叉价格弹性是用以衡量两商品替代关系的重要指标，能够很明显地反映出相似产品之间的可替代性，此方法最符合相关市场界定的基本逻辑，也是最能揭示相关市场界定原理的方法。但是，理论上近乎无可挑剔的方法在实践中却遇到了诸多难题。具体而言：一是交叉价格弹性的临界值难以选取，即当交叉价格弹性在什么范围内可以认定为在一个相关市场之中无法准确确定；二是存在多替代品时分析困难，即随着产品数量的逐渐增多，分析难度将快速加大，甚至无法进行计算分析，在互联网领域中，产品之间高度相似，很难对产品进行合理的划分，互联网领域中普遍存在着搭售的情形更是雪上加霜[①]；三是交叉价格弹性不满足对称性，这一点最为致命。交叉价格弹性表示一种商品需求量的变动对于另一种商品价格变动的反应程度，具体而言，可以用公式表示为 $E_{xy}=(\Delta Q_x/Q_x)/(\Delta P_y)/(P_y)$。理论上而言，此项指标最能揭示相关市场的核心。然而，在针对两商品的计算之中，常常出现 $E_{xy} \neq E_{yx}$ 的情形，在具体的执法实践过程中，采用 E_{xy} 和 E_{yx} 两者中何种作为标准来界定相关市场存在着很大争议。鉴于需求交叉价格弹性过于敏感，一旦其中的某项指标选取不当或以上任一难题显现，将可能导致极不准确的相关市场界定，甚至可能会出现与现实相悖的界定结果，导致不当的案件审理，影响《反垄断法》作用的发挥。由此，在现代反垄断执法实践中，此方法也较少使用，大多应用于分析初期以确定部分商品，进而降低界定难度，在互联网领域中，需求交叉价格弹性分析方法也应用有限，但此方法揭示了相关市场界定的基本思想，在进行具体分析时具有重要指导意义，作用仍不可忽视。

4.1.2 假定垄断者测试方法

随着新技术革命的蓬勃兴起和生产力的不断发展，第二次世界大战后美国企业规模日益扩大，巨型企业不断增多，垄断组织得到迅速发展。与此同时，反垄断案件数量激增，早期相关市场理论的局限性逐渐凸显，迫切需要对相关市场理论进行创新。美国司法部在1982年《横向兼并指南》中，率先提出了"假定垄断者测试"方法。相对于早期定性分析方法而言，此方法可以很好地确定相关市场的外延，能够在一定

---

① 比如微信既提供即时通信服务，还提供信息资讯、信息发布、互联支付、网络金融、网络购物、网络游戏（小程序）等多种多样的服务；类似的产品还有腾讯QQ、支付宝、滴滴出行等多种互联网产品。产品功能的多样化为产品的划分和弹性分析带来极大挑战。

程度上降低反垄断审查的随意性，制约反垄断执法机关滥用职权。因此，一经提出就在欧美等地区广泛应用，并快速成为国际上界定相关市场的主流方法。我国《相关市场界定指南》也将其引入，并专设一章进行阐述，但目前囿于数据可得性等多方面的原因，此方法在我国还只是一种辅助性的分析方法。

具体而言，假定垄断者测试方法要求执法机关对假定垄断者施加一个"小的且重要的非临时性涨价"（Small but Significant Not-Transitory Increase in Price）后进行分析，因此又简称为 SSNIP 方法。假定利润最大化的企业在其他商品销售条件不变的情况下，在一定时间内对商品进行 5%—10% 的涨价后测试企业的利润变化和消费者转移来对相关商品市场和相关地域市场进行界定。该方法的核心思想在于当企业是市场垄断者时，即使商品价格上升，企业仍然会从涨价中获利。为方便测试，一般先从一个小范围的产品群或者地理范围出发，如果企业能够成功实施价格上涨，则将其界定为一个相关市场。如果不能，则需要进一步扩大产品群或地理范围的假定后重复施加价格上涨，直到企业涨价有利可图并确定出相关市场为止。显然，SSNIP 方法的界定结果是"最小相关市场"。

对于 SSNIP 方法，实际应用中也存在着几个难题：一是价格上涨的幅度难以控制，存在着较大的主观性，价格上涨的幅度表示反垄断执法的严格与否，小幅度的上涨表示反垄断执法较为宽松，反之则较为严厉，具体采用何种上涨幅度缺乏理论支撑，目前美国大多采用 5% 作为涨价幅度，欧盟则规定涨价幅度为 5%—10%，部分学者对此标准提出质疑，认为过于武断，但具体的标准选择缺乏理论依据；二是基准价格选取困难，基准价格的选取比价格上涨幅度的选取更困难，基准价格一般来讲应该选取相应的市场竞争价格，但是，市场竞争价格往往无法观测。如果当时的市场价格就是垄断价格，则此时进行小幅度的涨价将会导致消费者转向其他的替代产品（即使是劣质产品也是如此），则会导致得出的相关市场过宽，进而弱化反垄断法的执行，这就是著名的"玻璃纸谬误"（Cellophane Fallacy），如果基准价格选取太低，则会导致相关市场界定过窄，过分夸大涉案企业的垄断力量，造成不当的案件审判结果。在互联网领域中，企业面临多个市场，对应多个市场价格，选取哪个（些）价格进行测试目前学术界尚无定论。当互联网企业在某一侧实施免费策略时，情况将会更为复杂；三是 SSNIP 方法要求在测试期间（通常为一年）其他商品的销售条件保持不变，这在互联网领域中常常也无法满足。互联网领域风云变幻，在短短几个月的时间中市场结构等都可能会发生极大的变化；四是 SSNIP 方法所要求的数据量较大，计算较为复杂，反垄断案件中往往难以提供充分有效的数据供进行相关市场界定；五是 SSNIP 方法是完全基于单边市场条件而创造出来的界定方法，在互联网领域中，由于网络外部性、反馈效应及用户锁定效应等导致消费者转移成本高昂，使得相关市场界定结果较实际偏小，高估企业垄断势力，这一缺陷在互联网行业中尤其明显。SSNIP 方法不是完美无缺的，在实践中仍有诸多难题，但它仍然是欧美目前使用最广泛的一种方法，也是目前界定相关市场最好的范式（Scheffman, et al., 2003）。

SSNIP 方法自产生后就大量应用于反垄断执法实践并成为主流方法。如上所述，SSNIP 方法也存在着一定的应用难题，随着反垄断案件的增多，如何简化 SSNIP 方法的具体分析过程成为研究重点。基于 SSNIP 方法的分析框架，大量学者提出了更简便易行的具体分析方法。如：临界损失分析法、剩余需求弹性方法、临界弹性分析法、自然实验法、合并模拟法、共同分析法、EH 测试法等（余东华，2010）。诸多方法或昙花一现，或仅作用于特定需求系统下，临界损失分析方法（Critical Loss Analysis）以其便利性和相对科学性从众多方法中脱颖而出。

4.1.3　临界损失分析法

临界损失分析法是对 SSNIP 方法最为成功的实践，由 Harris 和 Simons（1989）提出，并在 90 年代开始应用于美国反垄断执法实践中，随后在欧洲、日本、澳大利亚等国家和地区得到广泛应用。相比于其他的方法，临界损失分析法操作简单，对数据的要求也相对较小，只需要企业的平均成本数据和商品价格数据就可以进行相应的分析。在界定相关市场时，对企业利润的计算需要综合考虑价格上涨带来的影响。一方面，价格上涨会导致销量减少，进而降低利润；另一方面，单位商品价格上涨会对企业总利润产生正向影响。具体计算时需要综合评估和测算价格上涨产生的净影响。临界损失分析法包括三个步骤，第一，在相应的假定条件下计算企业的临界损失；第二，通过实践调查等多种方式计算企业的实际损失；第三，比较实际损失和临界损失。如果临界损失小于实际损失，则企业不会提升价格；如果临界损失大于实际损失，表明企业选择价格上涨有利可图，进而相关市场得以确定，否则应扩大候选市场，重复上述步骤，直到相关市场得以界定为止。

临界损失的计算存在着两种计算方式，一种是价格上涨使得利润不变的收支平衡（Break-Even）计算方法；另一种是价格上涨使企业利润最大化的利润最大化计算方法。前者广泛应用于欧盟的执法实践中，后者多应用于美国执法实践之中。两种计算方法存在着细微的差别，当备选市场上只有一种产品时，选择线性需求函数或采用利润最大化的计算方法将界定出较宽的相关市场；当备选市场上有多种差异化产品且满足对称假定时，在线性需求函数情景下，收支平衡计算方法通常会界定出相对较宽的相关市场（黄坤、张昕竹，2013）。临界损失的计算虽然相对简单，然而估计实际损失通常比较困难，目前主流方式有两种：一种是通过对以往的实际销售情况进行分析或进行问卷调查等来估计实际损失的大小；另一种则通过对商品弹性进行计量经济学估计，然后计算出实际损失。临界损失分析法计算的具体公式如表 4.1 所示：

表 4.1　不同假定下的临界损失计算公式

方法	利润最大化计算方法	盈亏平衡计算方法
线性需求函数	$CL = X/(2X + CM)$	$CL = X/(X + CM)$
不变弹性需求函数	$CL = 1 - (1+X)^{(-1-X)/(CM+X)}$	$CL = X/(X + CM)$

其中，$CM = (P - AVC)/P$ 表示企业成本利润率，X 表示价格上涨的幅度；从以上的计算中也可以发现，相对于前述方法，临界损失分析法要求的数据量较少，可操作性更强，过程也更为简单。当然，临界损失分析法也存在一些小缺陷。如用边际成本计算企业的加成率比平均可变成本更合理，常用的平均可变成本指标时间跨度太短，而反垄断案件的分析尤其是对合并案件而言时间跨度通常较长，企业固定成本等常常会发生较大变化，如果用短期的平均可变成本代替边际成本进行估计会使得相关市场界定得过于宽泛（Danger & Frech，2001），并且互联网领域的企业边际成本几乎为零；计算中对成本的估计是基于企业的会计成本可能存在一定的误差。此外，当需求函数存在尖点时，施加 5% 的涨价企业可能不会盈利，但随着涨价幅度的不断提高，企业涨价可能变得有利可图（Langenfeld & Li Wenqing，2001）。同时，传统 SSNIP 方法基准价格选取的难题仍然存在，不仅如此，SSNIP 方法及其衍生方法在互联网领域应用时还会遇到两个市场价格的限制，目前对于两个或者多个市场价格的情形下，如何进行假定垄断者测试暂无定论。即使如此，假定垄断者测试的思想在互联网领域仍然具有一定的适用性和重要参考价值。

4.1.4 SSNDQ 方法

与 SSNIP 方法的思想相近的还有 SSNDQ（Small but Significant Not-transitory Decrease in Quality）方法，然而在传统单边市场中并未取得成功（OECD，2013）。互联网行业能满足此方法的假定，SSNDQ有可能成为解决互联网行业免费策略下界定相关市场的有效方法之一（Filistrucchi, et al.2018）。我国最高法指导案例 78 号中也对此方法进行了肯定，指出互联网提供的免费即时通信服务使用户对价格具有高度的敏感性，使用 SSNIP 方法可能会使界定结果过宽。提出可以采用变通形式的假定垄断者测试方法——SSNDQ 方法进行测试。现行的所谓"产品性能测试法"实质上就是一种产品质量下降的测试法。在谷歌垄断案中，欧盟反垄断委员会就曾假定谷歌搜索算法质量下降进行过假定垄断者测试，不过目前就此方法的具体研究和实际应用仍极度稀少。

4.1.5 自然实验法

自然实验法是一个考察外部冲击影响的方法，考察外部冲击对于不同商品的市场需求和供给是否存在一致性或相似性来判断不同的商品是否处于同一相关市场。如果两个商品对同一冲击的反应一致或相似，则可以认定两商品处于一个相关市场，否则就可能不属于同一个相关市场。唐明哲等（2015）以中国 2012 年"禁酒令"为突发事件运用自然实验法对中国高端白酒市场进行相关市场界定。在互联网领域，针对此方法的有效性的探讨目前还比较少，暂时还没有将此方法应用于互联网领域的反垄断执法实践中。

4.1.6 价格检验法

价格检验法是相关市场界定的重要方法之一，它不采用传统的"价格弹性"进行市场界定,而是基于一价定律来计算。与 SSNIP 方法相比,此方法只需要多种产品的时间序列的价格数据即可进行计算,对数据要求低、操作简单,可以作为市场界定的最佳初步分析或为其他方法提供有效补充。如果两个商品处于同一个相关市场中,则商品的价格必定相互联动,变化趋势等呈现高度相关性,而这种相关性随着计量经济学的发展,可以得到较好的证实,由此也得到了广泛应用。然而,此方法由于不采用"价格弹性"的概念而饱受批评,因为运用价格检验法只能证明两种商品价格和价格的变化趋势是"相关的",无法准确地证明产品价格的变动是基于消费者的转移和产品的替代,还是由于其他的因素,进而不能用以证明企业有直接的谋利能力,常常备受质疑。价格检验法虽有诸多弊端,仍不失为一个对相关市场界定方法的良好补充,与自然实验法相结合,对于初期分析而言有着较大参考价值。在互联网领域,运用此方法也会受制于行业特性,同样面临着其他方法面临的价格选择难题。

作为反垄断执法审查的关键环节,相关市场的界定历经百年发展,不论是理论体系抑或界定方法均日趋完善。但随着新技术和新商业模式的不断创新,传统的相关市场界定方法局限性日渐凸显,将传统的相关市场理论应用于互联网行业将出现较大的偏差,相关市场方法论亟待创新。

4.2 互联网行业的特性

4.2.1 创新性和动态竞争性

互联网行业是近代创新性最强的行业,互联网得以快速发展就是源于快速的技术创新。与传统产业不同,互联网行业处于快速发展期,并且其快速发展受到资源与环境的约束很小，互联网行业的创新成本小，创新收益较高，成果转化迅速。受行业快速创新的影响，互联网行业的垄断优势很可能只是暂时的，其垄断地位必须靠不断的技术创新来维持，否则一旦其他企业有新的技术创新，很可能将会快速丧失公司的垄断地位。正是基于互联网行业的创新性和动态竞争性，曾经是智能手机霸主的塞班平台，早已销声匿迹，取而代之的是安卓和苹果等移动操作平台。现实中的那些"当代垄断者"们如果没有持续的创新维持其现有经济地位，时刻可能会被潜在进入者所击败，整个互联网行业呈现出了显著的动态竞争性。在对互联网行业的相关市场界定时，必须考虑到行业的动态竞争性和行业的创新性。由于模仿的成本较低，市场中往往存在着大量的潜在进入者，与此同时，技术的快速发展也模糊了商品之间的界限，同类互联网产品之间逐渐趋同，不同类产品之间也出现了大量的功能交叉与融合，这给相关产品市场的界定带来了极大挑战。

4.2.2　用户锁定效应和多归属效应

用户锁定效应又称路径依赖，最早于 1989 年由阿瑟提出，用户锁定效应主要是由于其他因素导致用户转换成本大幅度提高，进而使用户难以在相同或相似产品之间进行转换。互联网行业广泛存在着用户锁定效应。其原因主要在于：一是互联网行业存在较强的网络效应。典型的是社交型产品，当用户所有的朋友、同事、同学等都使用 A 社交产品进行即时通信时，即使其他的社交产品有着相同或类似的功能，但强网络效应形成了高度的用户锁定效应，使得即使其他软件设计更好，技术更先进，功能更完善，用户也会倾向于使用网络效应更强的 A 产品。如即便协作办公中办公套件软件供应商本身就提供了极为便利的协作服务，但大量用户仍然通过广泛应用的部分即时通信工具进行沟通协作；二是数据迁移困难。互联网产品中，大多包含着大量的使用数据与用户个性化配置，而此数据为提供服务的企业所独有，用户在转换使用产品后数据难以迁移，并且大多难以快速适应新的产品，进而造成产品转换成本上升。例如用户长期使用某网络空间存储文件，随着用户文件存量的增加，用户越来越难以转移到其他企业的同类产品之中；三是学习成本高。虽然目前互联网产品的功能大多相似，在同类产品中出现趋同迹象，但不同产品在设计理念、使用方式等方面仍存在较大差异，用户使用不同的产品必然要付出相应的学习成本，因此消费者往往不愿意轻易改换产品或服务；四是兼容性问题，最典型的例子就是微软公司的办公套件对用户所形成的锁定效应。目前尚不存在一个同类产品能够完全兼容微软公司的办公软件，使得用户为了信息交换与协作只能使用微软公司的办公软件；五是预期风险的存在。即使新进入的竞争者在产品上面有诸多新功能和优势，由于新产品前途未卜，加之互联网经济显著的动态性与强竞争性，消费者很难相信新产品会获得较大的稳定市场基数，不敢贸然放弃现有产品而转向新产品的使用之中。由于以上种种原因，互联网经济下存在着巨大的用户锁定效应，形成强路径依赖，锁定效应倾向于提高市场集中度。

与锁定效应相反的是用户的多归属效应，在互联网行业中，功能相同或者相似的产品多如牛毛，不同公司的产品能为用户提供完全相同或者类似的服务。在互联网经济条件下，部分用户可能会同时使用多家企业的产品和服务，即出现用户多栖现象。如在线支付时，用户可能同时使用微信、Paypal 和支付宝等多家支付平台提供的服务；在购物平台中，同时使用京东、天猫、淘宝和 Amazon 等等。一般而言，用户的多归属源于产品的差异化，用户多归属是为了获得不同的产品所提供的差异化服务，以最大化自身效用。研究表明，在互联网经济下，多归属的一侧将会导致企业之间激烈的竞争，近年来频发的外卖红包、打车券、骑行券等就是最好的印证。多归属效应与锁定效应相反，倾向于促进互联网行业的竞争，降低市场集中度。

4.2.3 倾斜式定价

倾斜式定价实际上是一种掠夺性定价策略。企业无论是从利润最大化还是社会福利最大化的角度出发，其最优策略是在一边以低于该边边际成本定价，而在另一边的定价则高于单边边际成本，亦即会采用"倾斜式定价"的模式，即在消费者市场中采用低于边际成本的价格，而在另一方市场中制定高于边际成本的价格，最后通过企业内部业务的交叉补贴获利。当企业的间接网络外部性很强时，企业甚至会选择免费或者给予补贴的方式来增加一侧的用户数量。用户一旦超过某个临界值，企业的用户数量就会内生地增加，亦即实现"鸡生蛋，蛋生鸡"的发展，尤其是在软件平台、交易系统、支付系统和以广告收入为主的媒体中采用此种模式的动机更强。例如打车平台仅对司机端进行收费、支付机构只对商户收费而给予消费者以免费或补贴、网络新闻客户端为用户免费提供新闻内容，而向广告商等收取高额广告费用。

4.2.4 平台竞争性

平台竞争（Platform Competition）是当下互联网竞争的主要表现形式。平台企业通过在一侧向消费者以低价或者免费的方式提供优质的产品来获取并锁定用户注意力，另一方面通过积累用户资源形成与广告商谈判的资本，为广告商提供广告位，利用消费者消费和广告费获得利润。基于平台竞争，产品供应商与平台企业进行独家交易的现象屡见不鲜，如近来年常见的独播、独家版权等，主要目的在于获取消费者争夺用户资源，进而搭建相关的平台来盈利，并在不同的产品和客户群体之间进行内部业务的交叉补贴来获取总体利润。如各大搜索引擎、微博、微信等互联网产品都采用此模式，一边连接着大量消费者，另一边连接着大量广告商和增值服务供应商。其在平台两边分别开展竞争，一边争抢用户，另一边开展广告主和增值服务供应商的竞争。看似搜索引擎与通信软件之间并无太多的产品相似性，但不可否认的是脸书大量抢占了谷歌的广告市场，尤其是展示广告市场。在国内，短视频应用也大量抢占了互联网传统广告供应商的广告份额。看似毫不相关的企业和产品之间实质上存在平台竞争。那么互联网平台之间的竞争本质是什么，如何去判断两个平台之间存在着竞争？研究发现互联网平台之间的竞争实质上是用户关注力竞争，即用户时间具有稀缺性，平台之间竞争的是用户在一定时间内对该企业产品的关注度。比如，新闻客户端类的移动应用多如牛毛，而诸多产品所提供的内容大同小异，各家竞争的焦点在于如何博取用户眼球，吸引用户使用本公司的相关产品，UI、内容、算法方面的优化表面上看是技术和平台的竞争，本质上则仍然是用户注意力的竞争。

4.3　传统界定方法的适用性

在互联网企业的相关市场界定中，不能直接将传统方法应用到互联网中已形成共识，大量学者通过研究说明了直接应用会导致相关市场的界定结果出现极大偏差。由此可见，无论是从理论上还是从实践上来说，传统的用于单边市场中相关市场界定的方法在互联网双边市场中都遇到了不小的挑战。目前的研究重点在于如何更为准确合理地对互联网经济下的相关市场进行界定。

4.3.1　相关产品市场界定困难

《关于相关市场的界定指南》指出：相关商品市场是根据产品的特性、用途及价格等因素，由需求者认为具有较为紧密替代关系的一组或一类商品所构成的市场。这些商品具有较强的竞争关系，在反垄断执法中可以作为经营者进行竞争的商品范围。但是，在互联网行业中，模仿变得轻而易举，同一种类型的产品高度同质化。基于传统单边市场条件发展起来的相关市场界定方法在面临双边市场时将难以发挥作用，无法准确界定相关市场。这在广泛存在着平台竞争和搭售的互联网领域更是如此，产品之间高度同质，业务交叉与重叠广泛存在于互联网领域中，针对一家互联网企业与互联网产品，很难将其划分到某一个特定的产品市场之中。虽然如此，大量学者认为传统的相关产品市场界定方法在互联网领域仍可发挥作用，但须加以改进或调整，直接应用传统市场中的界定方法界定相关市场将会带来偏差，影响反垄断执法实践。

4.3.2 相关地域市场界定困难

从技术上讲，互联网是无国界的，因此，互联网行业的相关地域市场应该被认定为是全球市场。互联网技术虽然是无国界的，然而，互联网行业受到文化差异、政府管制等多方面的影响，其地域市场大多是有国界的。在界定相关地域市场时，应着重考察语言偏好、使用习惯、互联网管制等因素对产品供需替代性的影响。具体而言，应重点考察网络效应的强弱、语言因素、对线下服务的依赖程度、网络审查等诸多的壁垒因素[①]。一般而言，强网络效应意味着用户之间的联系与互动更多，用户更趋向于本地化，相关地域市场的界定则更窄，反之存在弱网络效应时，相关地域市场的界定则更宽泛。在实践中，往往是针对特定产品和用户分布进行具体分析。有必要指出的是，一般情况下的互联网产品的地域范围在本国国界内，常常不需要进行相关地域市场的界定也可以

[①] 在唐山人人公司诉百度案中，人民法院将该案的相关市场界定为"中国搜索引擎服务市场"；而在 Google 合并 DoubleClick 案中，在分析广告市场时并未将中国市场纳入其中。

进行反垄断的审查，在具体的执法实践中可以适当降低地域市场的重要性。

4.3.3 相关时间市场界定愈显重要

《关于相关市场的界定指南》指出当商品的特征不可避免地涉及生产周期、季节性或者知识产权保护期限等因素时，相关市场界定应当引入对时间因素的考虑。时间因素不是常规的相关市场界定因素，但是，互联网行业由于产品更新换代快、周期短等行业特性，使得时间因素在互联网行业中显得更为突出。诸多学者认为，互联网行业广泛存在着动态竞争性、市场支配地位的非永久性、强网络效应等特征，技术因素、创新因素和时间因素在互联网行业的相关市场界定中的作用越来越重要。进一步的研究甚至指出可以参考专利等知识产权保护期限来进行技术、创新和时间市场的界定。

4.3.4 传统界定方法存在适用难题

界定相关市场的方法源于传统的单边市场之中，将其直接应用于互联网行业中，必然会因为忽视互联网市场中的网络外部性而导致相应的估计偏差。在互联网行业中，单边价格并不必然与单边的边际成本相关。经济学研究表明，任何单边价格都取决于市场两边的需求价格弹性。因此，一边边际成本的上升不一定会导致该边价格上升，市场两边价格之比只与需求价格弹性有关，而与边际成本无关，不仅如此，互联网市场定价时常常可能会低于其单边的边际成本，甚至是给予补贴。这进一步给互联网市场条件下的相关市场界定带来新的困难。

传统行业中的 SSNIP 方法不适用于互联网行业已成为共识。基于互联网行业特性，界定相关市场主要存在以下几个问题：

（1）基准价格难以确定，很容易产生"玻璃纸谬误"

在互联网行业中，实行免费策略几乎成为了行业惯例，尤其是当现今免费策略已成为行业通行的商业模式时，如果将基准价格定义为零，实行价格小幅上涨会发生免费到收费的质变，并不满足 SSNIP 方法所假定的"小幅度"价格上涨。不仅如此，强网络外部性使互联网平台企业拥有强大的用户锁定能力，即使价格上涨消费者也会进行相应购买，这一点突出表现在网络外部性极强的社交产品和成瘾性极强的网络游戏产品中。因此市场现行价格往往不是竞争市场均衡价格，如果选取此价格进行假定垄断者测试将界定过宽的相关市场；此外，当网络外部性较弱，且用户缺乏付费习惯时，用户对价格极度敏感，采取基于价格的 SSNIP 测试也很可能导致相关市场界定过宽。

（2）双边市场特性导致相关市场界定存在市场选择难题

即只对免费市场进行界定还是只对收费市场界定，或是对两个市场统一界定未能达成共识。双边市场广泛分布于互联网行业，界定相关市场时，从不同的市场一侧出发可能界定出不同的相关市场。以社交平台企业为例，其作为平台企业联结了两类用户，一类是普通用户，一类是广告商。从个体用户角度来看，相关产品市场为社交网络服务市场或者即时通信市场；而从广告商一侧出发，则为互联网在线广告市场或者社交网络广告市场。社交平台对用户免费，而对广告商收费以获得利润。有学者指出不应去关注市场中的"免费"部分，认为既无价格，则不应该构成市场。应该更多地关注"收费"部分，对收费市场进行界定即可，但这一论断缺乏其理论基础。此外，国外研究表明仅用双边市场的一侧进行相关市场界定会导致严重的偏误，目前大多数学者都支持需要考虑市场两侧进行综合界定。

（3）实施假定垄断者测试所定义的"价格上涨"相对较难

互联网行业存在着多个市场价格，在价格上涨时，仅对市场一侧进行价格上涨而另一侧价格不变，或是对市场两侧各个价格或总价格进行价格上涨测试目前尚无定论。由于互联网行业价格结构的特性，大部分学者认为当对价格实行涨价测试时，应从利润最大化出发对企业价格结构进行调整，然而现实常常无法满足如此高的数据要求。因此，常常就单边价格上涨进行分析，而不调整企业的价格结构。研究表明，如果合理的涨价方式是对总价格涨价，并以企业利润最大化为基础调整价格结构的话，那么对单边价格或总价格施加涨价而不改变价格结构将会带来一个比实际情况更宽的市场界定结果。在实践中可借此特性对相关市场界定的过程进行大量简化，并对相关市场做出较为准确的推断。

（4）竞争模式与动态竞争性将使相关市场界定更加复杂

正如前文所述，双边市场下的竞争通常不以价格为主，而以产品功能、消费者体验等非价格竞争为主，是消费者"注意力"的竞争，单一地运用价格理论界定相关市场将产生较大偏差。但目前学术界无法提供一个更合理的指标，仍然普遍采用价格界定相关市场；互联网行业的动态竞争使得市场支配地位"瞬息万变"，行业的发展呈现出显著的生命周期特征，技术专利等知识产权的作用也得以进一步凸显，在界定相关市场时应将时间因素、技术因素和创新因素等纳入分析框架之中，但是传统 SSNIP 分析框架并不能将这些因素充分加以考虑。

而基于勒纳指数的临界损失方法直接应用于互联网行业中也会存在较大的偏误。在互联网市场中，一边价格的上升，除了导致单边消费者损失之外，还会导致另一边利益受损。假如百度搜索向用户收费以提供服务，那么用户可能会转向其他的搜索引擎提供商，从而使得百度公司的广告收入大大降低。使用临界损失分析法时，常常无法考虑到以上反馈效应，那么价格上涨的效应就会被低估，即真实的损失值被低估。进而导致一个过窄的相关市场界定，使得市场垄断力量被高估。而企业合并分析又会导致高估合并后的企业市场力量的增长，并过高预期单边市场的交易价格效应。

与上述效应相反，另外一个偏误存在于勒纳指数中。常用可观测的价格加成来计量自价格弹性，这个偏差会高估真实的短期自价格需求弹性，事实上，这个估计比真实的长期自价格需求弹性更高。如果定义长期为反馈效应发生的时期的话，那么这将会使得相关市场界定得较宽，并低估单边市场的价格效应。同时，临界损失分析方法也继承了 SSNIP 方法的部分缺陷，当面临免费的定价策略时，无法得出需求曲线中价格与数量的关系，无法计算临界损失值的大小，也就不可能与实际损失对比，进而得出界定结论。目前无论是理论上还是实践上仍然无法对以上诸多问题进行妥善解决。

总之，互联网行业广泛存在着与传统市场相区别的行业特性，尤其是存在着网络外部性和免费属性，这导致了在相关反垄断执法分析中，不能直接应用传统市场条件下的相关市场界定方法界定相关市场，而应对传统方法进行改进或者创造出新的界定方法来指导反垄断执法实践。

4.4 传统界定方法的改进方向

互联网行业的市场特性，导致传统方法会存在较大的偏误，传统单边市场的相关市场界定方法不能直接应用于互联网行业中已达成共识，然而，经济社会现实迫切需要一个方法来对互联网行业进行相关市场界定。改进基于单边市场的传统方法成为首要选择。因此，国内外学者对 SSNIP 等方法尝试进行一定改进，如将双边市场划分成交易型双边市场和非交易型双边市场后用单边市场的逻辑来进行相关市场界定；用免费市场的市场份额来判断是否具有垄断地位等等。国内有学者指出反垄断法应结合互联网产品或服务的特点，既可以从盈利模式、销售方式、集群市场、子市场以及次级市场等方面来界定，又可以从需求替代性、价格评估方法以及创新市场等方面来完善 SSNIP 测试法，在具体的执法实践中，还应对具体问题进行具体分析，最后综合多个结果来进行市场界定。

互联网市场中进行相关市场界定的难点在于对网络外部性和产品免费属性的处理上。由于网络外部性的存在，很可能使得对于市场的界定出现偏大或偏小的情况。而免费产品的存在主要是指以往的单边市场中的价格指标难以在双边市场中进行运用。由于互联网中的竞争是用户注意力的竞争，是产品与用户的竞争。因此，不应该过多关注于互联网产品的价格。此外，诸多的企业以免费的方式来"出售"自己的产品，其实，在价格上所有的企业制定的是同样的产品价格。因此，没有必要对价格进行过多的探讨，故而将对互联网免费产品的研究转向了除价格外的其他指标。

4.4.1　以采用价格的替代性指标来进行"SSNIP 方法"的计算

由于低价甚至免费的产品广泛存在于互联网行业中，价格因素往往不是决定消费者选择的最主要因素。在互联网行业中，为了获得更大的产品效用与网络效应，产品的外观、性能等成为左右用户选择的重要因素。价格是传统 SSNIP 方法的重要参考依据，但互联网的免费特性使其难以实施。但如果能将产品性能变化作为替代计算因子，则有可能解决这一问题。该方法被称作产品质量下降测试法（SSNDQ）或者产品性能测试法。具体而言，通过考察不同产品性能显著提高或者显著下降的变化所引起的消费者需求的变化，以此作为替代性分析的依据。但在现实的情况下，常常很难进行产品性能提高的检验，多进行产品性能下降的测试。如果产品性能显著提高，能够吸引足够多的其他产品的用户，抑或产品性能显著降低，需求者放弃该产品而更换其他具有类似功能的替代性产品，那么替代产品与待测试产品则处于同一个相关产品市场。

4.4.2 综合交叉网络外部性和利润来源等因素考虑相关市场界定

传统SSNIP方法的假定提价幅度为5%—10%，而在互联网行业中，网络效应与锁定效应或许导致对相关产品进行小幅度涨价并不会引起平台用户的转移，而从经营者角度而言，小幅度提升自身产品价格并不会无利可图。因此，在互联网行业的相关市场界定中，可适当增加提升幅度以抵消网络效应与锁定效应。互联网行业中虽然广泛存在着免费产品但实际上这种免费是以其向广告商收费为前提的，企业实施免费策略的最终目的仍旧是盈利。因此，如果能明确互联网经营者的利润来源，则可依据经营者的盈利模式进行分析，进而界定出相关市场。应用此方法，可以不考虑产品的特定技术特征和专业知识情况，只需要重点考察企业的盈利模式即可。当执法机构运用传统的方法界定谷歌、百度等互联网产品市场时，必须要了解搜索引擎产品的技术特征，但当运用盈利模式分析界定方法时，问题就得以简化。因为两公司的用户并不是真正的消费者，实质上的消费者是广告商，所购买的产品是平台另一侧用户的注意力。如果应用这种方法进行相关市场的界定，那么只需要认定两家企业的互联网在线广告服务具有替代性，就可以将二者划入到同一个相关产品市场。这种方法在美国Kinder Start诉谷歌案件中就曾实际应用过。

4.4.3 将互联网免费产品的研究重心聚焦于用户的注意力

由于运用价格进行界定存在着较大困难，因此，理论界与实务界转而关注其他指标。互联网市场的"免费"仅仅表现出"没有标示价格"，但实质上仍旧是"以物易物"的方式——向用户提供搜索、新闻、即时通信等免费产品，也是为了增加网站流量与赢得公众信赖，即交换到用户的注意力。而注意力具有价值，可以向广告商销售。由于时间的稀缺性，加之互联网行业中竞争异常激烈，争夺用户实质上是就用户注意力进行竞争。由此，在界定相关市场时可以就用户的注意力进行详细分析。受互联网行业广泛存在的交叉网络外部性的影响，互联网经营者对用户的注意力高度关注，因此可以把参与注意力竞争的平台放到一个相关市场之中（Evans，2013）。因此，如果从需求的角度出发，在互联网免费产品的一侧单边市场中，如果其他产品与待测产品的目标群体存在更大的同质性，假定该侧用户数量显著下降，收费一侧的用户放弃该平台而选择其他平台，则有理由将二者纳入同一相关产品市场。

4.4.4 直接改进传统条件下的 SSNIP 方法

在互联网反垄断执法实践中，各国也慎用 SSNIP 方法。在美国微软垄断案和谷歌收购雅虎案中，美国司法部认为互联网行业有其特殊性而不适用于 SSNIP 方法，欧盟虽在 1997 年就将 SSNIP 方法确定为界定相关市场的基本方法，但在"微软收购 Skype 案"中也认为不适用于 SSNIP 方法。对于互联网行业适用的相关市场界定方法仍在不断探索中。事实上，国外对互联网行业反垄断调查时更多考虑的是企业对于技术创新带来的影响，相较于价格因素，更多关注的是企业是否会对市场创新带来抑制作用，在位企业是否形成较强的准入壁垒。在具体的分析中，还应该注意不能仅仅就单一产品进行分析，由于互联网平台竞争的特性，执法视野应从单一产品扩大到整个平台，着重考察平台带来的注意力锁定、准入壁垒等因素。此外，国外部分学者也尝试直接对 SSNIP 方法进行改进和扩展，提出适用于互联网行业的扩展的临界损失分析方法。

Evans and Noel（2005，2007）认为互联网领域与传统市场条件最大的不同在于反馈效应，界定相关市场应对反馈效应进行重点分析。二人借鉴单边市场的临界损失分析方法，在仅提高单侧价格而保持另一侧价格不变，不调整企业价格结构并充分分析反馈效应的情况下，推导出了互联网领域的临界损失公式，但公式极为复杂，数据要求也更高，实际应用中可能存在不小的困难。

Emch and Thomson（2006）和 Filistrucchi（2008，2014）等则认为市场中的垄断者在提高产品价格的同时，会基于利润最大化调整市场两侧的价格结构。只提高价格而不对价格结构进行调整将高估企业的利润损失，导致相关市场界定偏大。基于此分析提出了改进的互联网领域的临界损失计算公式，虽然公式极为复杂，但其仍然由当期弹性、成本加成、价格和数量等因素决定。相对而言，这种方法对于数据要求更高，且计算方法过于复杂，目前仍然难以在司法实践中进一步加以运用。

互联网行业的相关市场界定方法论仍处于不断发展变化之中，从理论上看，新的界定方法和界定指标层出不穷，但都未能妥善处理互联网行业的行业特性带来的界定困难，都是不完备的方法，亟待进一步完善；从执法实践看，各国在界定相关市场时，目前均持极为谨慎的态度，受限于理论与现实数据可得性，大多仍然广泛采用了传统的界定方法以供参考，进而对相关市场进行综合的判定，虽然主观性更强，但在目前的执法条件下不失为一种次优方式。

4.5　案例分析

奇虎 360 与腾讯 QQ 争斗事件，又称"3Q"大战、360 与QQ 的纷争，是指 2010 年奇虎公司和腾讯公司之间互相指责对方不正当竞争的事件，被誉为中国互联网反垄断第一案，且本案的关键正是在于对相关市场的界定。最高人民法院将该案的争议归纳为 22 个问题，其中 9 个问题与相关市场有关。主要包括以下几个方面：是否适合应用 SSNIP 方法界定相关市场；其他同类的即时通信服务是否应纳入到具体的分析之中；其他产品如微博、手机短信、电子邮箱等是否应该纳入到相关产品市场之中；相关地域市场是全球市场还是中国市场。由此可见，我国在目前互联网行业的反垄断执法实践中，界定相关市场时仍然大量沿用了传统的界定方法和界定思路，传统的界定方法在互联网行业中仍然能发挥重大作用。

2010 年，腾讯推出界面和功能酷似 360 安全卫士的 QQ 医生。同年 5 月，升级并更名为"QQ 电脑管家"，在界面和功能上都与 360 安全卫士极为相似。随后利用腾讯 QQ 的市场地位进行大规模强制安装。2010 年 9—10 月，360 直接针对 QQ 发布"隐私保护器"和"360 扣扣保镖"的安全工具，宣称可保护 QQ 用户隐私不被腾讯侵害。2010 年 11 月，腾讯要求用户对于腾讯 QQ 与 360 安全工具两款软件进行"二选一"。"3Q"大战正式拉开。

腾讯诉奇虎 360 2011 年 8 月，腾讯向广东省高级人民法院（以下简称"广东高院"）提起诉讼。诉讼称奇虎以用户利益为名，行污蔑、破坏和篡改腾讯 QQ 软件之实，索赔 1.25 亿元。2013 年 4 月，广东高院做出一审判决，认为奇虎公司构成不正当竞争，并赔偿 500 万元。随后奇虎公司提起上诉。2014 年 4 月的二审判决维持原判。

奇虎 360 诉腾讯 2012 年 11 月，奇虎公司指控腾讯公司滥用其在即时通信软件及服务相关市场的市场支配地位，索赔 1.5 亿元。并称滥用市场支配地位主要表现在两个方面：一是限制交易。采取技术手段，强制用户在 QQ 与 360 类软件中进行"二选一"；二是捆绑销售，腾讯公司以升级的名义强制安装 QQ 电脑管家。

2013 年 3 月，广东高院一审判决认为腾讯公司不构成垄断。奇虎公司不服，上诉至最高人民法院。2014 年 10 月最高人民法院驳回奇虎 360 的上诉，维持一审法院判决。持续四年之久的"3Q 大战"终于落下帷幕。

在双方交战中，争议的焦点在于相关市场的界定。奇虎公司认为相关市场应该界定为中国大陆地区的综合性即时通信软件市场。而被告认为，本案的相关市场应为互联网应用平台，而且应将电子邮箱、社交网站、微博等与腾讯 QQ 归为同一个相关产品市场。在相关地域市场的界定中，要求将相关市场界定为全球市场。广东高院最终认为相关商品市场是综合性即时通信工具，并将相关地域市场界定为全球市场。

最高人民法院指出，一审法院直接采用的 SSNIP 方法难以在本案中完全适用，但可以采取变通形式，SSNDQ 的假定垄断者测试。此外，一审法院将 SNS 社交网络、微博等与即时通信在商品特性上存在明显差异的产品也纳入相关商品市场中的做法有失偏颇，而一审法院在分析时考虑到互联网行业的动态竞争特性，注重分析其发展现状和未来趋势的思路则值得肯定（黄坤，2014）。一审法院将相关地域市场界定为全球市场。然而，基于我国的互联网管理体制、国内消费者选择偏好、语言习惯等进行分析，不应将其认定为全球市场。二审法院对此进行了相应纠正，最高法院最终将相关市场界定为中国大陆地区即时通信服务市场。

互联网行业有其特性，潜在进入者进入门槛相对较低，在分析互联网行业时，不能仅仅依靠市场份额就判定是否具有市场支配地位。二审法院认为虽然腾讯公司在个人电脑端和移动端即时通信服务市场的市场份额均超过 80%，但仅依据市场份额证据还不能得出结论，还需要考察其他因素；并从市场竞争状况、腾讯公司对商品价格、数量和质量的控制能力、技术垄断的可能性、市场进出门槛等多方面进行详细分析。结果表明，互联网行业市场竞争激烈，腾讯公司无法形成对即时通信的技术垄断，亦有事实表明即时通信市场进入较为容易。此外，法院对腾讯"二选一"的行为对消费者和竞争造成的消极效果和可能具有的积极效果进行综合分析，法院最终认为本案现有证据并不足以支持腾讯公司具有市场支配地位，驳回奇虎公司的全部诉讼请求。

4.6 本章小结

相关市场界定是反垄断执法的前提和基础，虽然近年来出现一些新的学术动向，对相关市场的重要性进行质疑，但我国反垄断执法刚刚起步，反垄断规则有待完善、执法经验有待积累，相关市场的界定在反垄断法中的地位仍不可动摇，应当明确《反垄断法》等法律法规在反垄断执法中的重要地位和作用。

自进入 21 世纪以来，我国互联网行业飞速发展，部分领域早已走在世界前列，独角兽公司如雨后春笋般涌现。这些企业在改善人民生活、创造市场价值的同时，也在深刻改变着市场的竞争环境。大企业入股、收购兼并小企业越发常见，大型互联网企业正向多元化经营发展，可以预见未来互联网行业的反垄断案件将层出不穷。如果不从理论与实践上解决相关市场界定的问题，反垄断执法工作将难以开展。如何合理界定互联网行业的相关市场仍然需要理论界与实务界高度协同创新。

在理论上，对互联网行业仍然需要进一步研究，深刻把握其经济技术特点，由于行业特性与传统行业存在巨大的差异，应尽快把握行业核心机制，探讨出互联网行业相关市场界定的良方，为法律制定、执法实践提供坚实的理论支撑；在实践中，无论是互联网企业合并类案件还是滥用市场支配地位类案件，执法机关应注重把握行业特性，尤其要注意行业的动态竞争性、免费性等，不应直接将传统市场中的方法直接加以应用，在尚无行业通行界定方法的情况下，应结合多种方法、多方意见进行综合界定，尽量避免错误的市场界定。同时，也应该注意在实现反垄断法保护市场有效竞争、提高社会福利的同时，也应该避免竞争执法过度地干预市场的正常运行，在当前条件之下，营造健康、开放的互联网发展环境将带来巨大收益。

本章参考文献

Affeldt, P., Filistrucchi, L., & Klein, T. J. Upward Pricing Pressure in Two-sided Markets：Corrigendum [J]. *The Economic Journal,* 2018.128 (610).

Armstrong, M. (2006). Competition in two-sided Markets. *The RAND Journal of Economics,* 37 (3).

Danger, K. L., & Frech III, H. E. Critical Thinking about "Critical Loss" in Antitrust. *The Antitrust Bulletin*, 2001.46 (2)

Evans, D. S. (2003). Some Empirical Aspects of Multi-sided Platform Industries. *Review of Network Economics,* 2 (3).

Evans, D. S. (2003). The Antitrust Economics of Multi-sided Platform Markets. *Yale J. on Reg.,* 20.

Evans, D. S. (2013). Attention Rivalry among Online Platforms. *Journal of Competition Law & Economics,* 9 (2).

Evans, D. S., & Noel, M. D. (2008). The Analysis of Mergers that Involve Multisided Platform Businesses. *Journal of Competition Law and Economics,* 4 (3).

Evans, D. S., & Noel, M. D. Defining Markets that Involve Multi-Sided Platform Businesses：An Empirical Framework with an Application to Google's Purchase of Double Click. [J].2007.

Evans, D. S., & Schmalensee, R. (2013). The Antitrust Analysis of Multi-sided Platform Businesses (No.w18783). *National Bureau of Economic Research.*

Evans, D., Zhang, V. Y., & Chang, H.Analyzing Competition Among Internet Players：Qihoo

360 v. Tencent. [J]. *Antitrust Chronicle*, 12. 2013.

Filistrucchi, L. (2008). A SSNIP Test for Two-sided Markets：the Case of Media. Available at SSRN 1287442.

Filistrucchi, L. A SSNIP Test for Two-sided Markets：the Case of Media. [J]. 2008.

Filistrucchi, L., Geradin, D., Van Damme, E., & Affeldt, P. (2014). Market Definition in Two-sided Markets：Theory and Practice. *Journal of Competition Law & Economics,* 10(2).

Filistrucchi, L., Geradin, D., Van Damme, E., & Affeldt, P. Market Definition in Two-sided Markets：Theory and Practice. *Journal of Competition Law & Economics*, 2014.10(2).

Langenfeld, J., & Li, W. Critical Loss Analysis in Evaluating Mergers. *The Antitrust Bulletin,* 2001.46(2).

OECD. The Role and Measurement of Quality in Competition Analysis [M].2013.

Rochet, J. C., & Tirole, J. (2003). Platform Competition in Two-sided Markets. *Journal of the European Economic Association*, 1(4).

Rochet, J. C., & Tirole, J. (2004). Two-sided Markets：an Overview. *Toulouse, France: IDEI, mimeo*, March.

Rochet, J. C., & Tirole, J. (2006). Two-sided Markets：a Progress Report. *The RAND Journal of Economics,* 37(3).

丁春燕，2015:《论我国反垄断法适用中关于"相关市场"确定方法的完善——兼论SSNIP 方法界定网络相关市场的局限性》,《政治与法律》第 3 期。

侯利阳、李剑，2014:《免费模式下的互联网产业相关产品市场界定》,《现代法学》第 6 期。

黄坤，2014:《互联网产品和 SSNIP 测试的适用性——3Q 案的相关市场界定问题研究》,《财经问题研究》第 11 期。

黄坤、张昕竹，2013:《"可以获利"与"将会获利":基于情景分析比较相关市场界定结果》,《中国工业经济》第 3 期。

黄勇、蒋潇君，2014:《互联网产业中"相关市场"之界定》,《法学》第 6 期。

蒋岩波，2012:《互联网产业中相关市场界定的司法困境与出路——基于双边市场条件》,《法学家》第 6 期。

李平、袁波，2014:《互联网反垄断中的相关市场界定问题研究——兼评"奇虎诉腾讯案"中的相关市场界定问题》,《贵州社会科学》第 4 期。

李青、韩伟，2013:《反垄断执法中相关市场界定的若干基础性问题》,《价格理论与实践》第 7 期。

陆伟刚、张昕竹，2014:《双边市场中垄断认定问题与改进方法:以南北电信宽带垄断案为例》,《中国工业经济》第 2 期。

孙晋、钟瑛嫦，2015:《互联网平台型产业相关产品市场界定新解》,《现代法学》第 6 期。

商务部反垄断局，2009:《国务院反垄断委员会关于相关市场界定的指南》。

唐明哲、刘丰波、林平，2015:《价格检验在相关市场界定中的实证运用——对茅台、五粮液垄断案的再思考》,《中国工业经济》第 4 期。

唐绍均,2008:《反垄断法中与新经济行业相关市场的界定》,《现代经济探讨》第 11 期。

吴宏伟、胡润田,2014:《互联网反垄断与"双边市场"理论研究》,《首都师范大学学报（社会科学版）》第 1 期。

吴绪亮,2013:《反垄断法中的相关市场界定问题研究》,《中国物价》第 6 期。

徐炎,2014:《互联网领域相关市场界定研究——从互联网领域竞争特性切入》,《知识产权》第 2 期。

叶明,2014:《互联网对相关产品市场界定的挑战及解决思路》,《社会科学研究》第 1 期。

于左、高建凯、周红,2013:《互联网经济学与反垄断政策研究新进展——"互联网经济学与反垄断政策研讨会"观点综述》,《中国工业经济》第 12 期。

余东华,2010:《反垄断法实施中相关市场界定的 SSNIP 方法研究——局限性其及改进》,《经济评论》第 2 期。

郑鹏程,2016:《反垄断诉讼相关市场界定证据规则研究》,《湖南社会科学》第 1 期。

郑鹏程,2016:《反垄断相关市场界定的结果导向及其法律规制》,《政治与法律》第 4 期。

仲春,2012:《互联网行业反垄断执法中相关市场界定》,《法律科学（西北政法大学学报）》第 4 期。

朱理,2016:《互联网环境下相关市场界定及滥用市场支配地位的分析方法与思路》,《人民司法（案例）》第 11 期。

5. 搜索引擎

于　左

搜索引擎能够使信息搜寻者非常便捷地获得搜寻的信息，减少了信息不对称，降低了搜索成本。搜索引擎服务因而具有很高的应用价值，被广为使用[①]。一些提供搜索引擎服务的企业由此实现了快速发展，有些已成为行业巨头企业。部分巨型搜索引擎企业在提供搜索引擎服务时，通过不当的行为排除、限制或扭曲了竞争。具有市场支配地位的搜索引擎企业反竞争行为应当引起竞争政策及反垄断执法的关注。

本章在分析搜索引擎主要技术经济特征和搜索引擎企业商业模式的基础上，结合典型案例探讨搜索引擎的相关市场界定、搜索引擎企业市场支配地位认定、搜索引擎企业滥用市场支配地位行为及其经济影响，尝试提出搜索引擎领域竞争政策及反垄断执法应关注的重点。

5.1　搜索引擎的主要技术经济特征

搜索引擎的技术经济特征决定了搜索引擎的市场结构、搜索引擎企业的商业模式和行为。搜索引擎具有规模经济、范围经济、网络效应和学习效应等主要技术经济特征。

---

① 截至 2019 年 6 月，中国搜索引擎用户达 6.95 亿，搜索引擎使用率为 81.3%。数据来源：中国互联网络信息中心 2019 年 8 月公布的第 44 次《中国互联网络发展状况统计报告》。

162 / 互联网经济学与竞争政策

5.1.1 规模经济

搜索引擎具有很强的规模经济效应。搜索引擎的运行和维护需要大量的资金和技术研发投入。搜索引擎在运行过程中面临众多需要解决的问题和新的市场需求：搜索引擎的抓取模块（Crawler）需要解决多线程抓取过程中的任务调度、网页内容评估、实时更新和数据压缩等问题；搜索引擎的索引模块（Indexer）需要解决索引存储、索引更新和多编码、多格式支持等问题；查询模块（Searcher）需要解决查询结果相关性、查询结果的排序和查询速度等问题。搜索引擎平台解决这些问题和满足更高搜索需求，需要大量研发投入。Vaidhyanathan（2012）指出一个新的市场进入者进入网络搜索市场并在这个市场中存活下来，仅物理设备，例如实验室、服务器、数据传输网络等，就需要大量的资金投入。研发、运行和维护费用在搜索引擎企业总成本中占很大比例。只有搜索用户达到一定数量才能实现长期平均成本大幅降低，企业才能获得利润。因此，搜索引擎具有很强的规模经济效应。

5.1.2 范围经济

范围经济是指当企业同时生产两种产品的成本低于分别生产每种产品的总成本时，即存在范围经济。搜索引擎平台尤其是具有市场势力的搜索引擎平台，通常不仅仅提供一般搜索服务，还提供其他类型的互联网服务。以谷歌为例，除提供搜索服务外，谷歌同时向用户提供邮件（Gmail）、地图（Google Map）、网页浏览器（Chrome）、移动操作系统（Android）、广告中介（Adword & Adsense）等服务。谷歌通过提供不同类型的互联网服务，收集大量的用户数据。用户数据不仅有助于通过试错（Trial-and-error）和干中学（Learning by doing）提高其一般搜索结果与查询内容的相关性，而且能够帮助搜索引擎平台更好地针对用户提供更相关的一般搜索结果和赞助搜索结果（Stucke and Ezrachi，2016）。用户数据对于互联网平台的价值往往随着用户数据的增加而变大。经合组织（OECD）指出，相对于独立的数据，存在相互联系的数据集合能够实现互联网平台对用户行为超加性（1+1>2）的洞察力（insight），从而实现范围经济。数据集的价值大于孤立数据的价值，不同的数据集使得企业能够获得更详细的用户信息，这是任何一项互联网服务无法单独实现的。从用户角度看，搜索引擎平台通过提供不同类型服务共同收集用户数据集的成本低于分别独立地运行每项服务收集用户数据的总成本。因此，搜索引擎具有很强的范围经济效应。

5.1.3 网络效应

消费者使用某项商品或服务，其获得的效用与"使用该商品或服务的其他用户数量"具有相关性时，此商品或服务即具有网络效应。网络效应在互联网平台中较为常见，通常可分为直接网络效应和间接网络效应。

直接网络效应是指一项产品或服务的价值随着新进入者的增加而增加。用户数量与搜索引擎平台的发展息息相关，搜索引擎具有明显的直接网络效应。Stucke and Ezrachi（2016）提出搜索引擎的网络效应与搜索引擎处理的搜索查询规模和用户的数据紧密相关。一方面，搜索用户数量越多，搜索引擎处理的搜索查询规模越大。试错和干中学使得更大规模的搜索查询能够提高搜索引擎识别搜索结果相关性的水平。另一方面，搜索用户数量越多，搜索引擎平台能够收集的用户数据量越大。搜索引擎通过收集用户数据，能够更好地预测用户的爱好和兴趣（tastes and interests），针对搜索用户提供更相关的搜索结果。用户对搜索引擎平台服务的依赖程度越高，特定用户的个人数据量越多，搜索引擎平台可以越好地根据用户数据提供更相关的个性化搜索结果。

间接网络效应是指平台中一边的价值随着另一边参与数量的增加而提高。较高的产品使用率将促进产品相关方不断发展，产品相关方发展反过来使最初产品使用者从中获得更大好处。搜索引擎的间接网络效应非常明显。搜索引擎平台的运行离不开内容提供商提供的索引内容和广告商提供的广告。一方面，搜索引擎的用户数量越多，对广告商、内容提供商来说，该搜索引擎的商业价值越大。更多的搜索用户能够有效吸引内容网站和广告商为搜索引擎提供高质量的网页和广告。另一方面，搜索引擎的高质量网页和广告越多，搜索用户搜索时就能得到越多、越准确的结果，搜索引擎就会吸引越多的用户，其竞争优势就越明显。这种间接网络效应会导致搜索引擎市场出现"赢者通吃"（winner-take-all）的现象（详见图 5.1）。

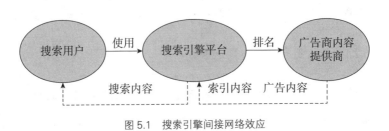

图 5.1　搜索引擎间接网络效应

5.1.4　学习效应

　　学习效应（learning effect）是指企业在生产或研发活动中随着经验的积累，生产或研发的单位成本随着生产或研发活动的增加而降低。Patterson（2012）认为搜索引擎具有学习效应，这种学习效应可以降低搜索引擎提供高质量搜索结果的成本。搜索引擎平台在日常运行的过程中，不断解决抓取模块、索引模块和搜索模块运行过程中产生的问题并满足更高的需求。在此过程中，搜索引擎平台积累了大量的研发经验。这些研发经验降低了搜索平台算法升级和改进的成本。相对于其他搜索平台，较早进入市场的搜索平台能够以更低的研发成本改进搜索技术和提供高质量的搜索结果。因此，搜索引擎具有学习效应。

5.2　搜索引擎企业的商业模式

搜索引擎企业与传统企业的商业模式不同。传统企业向下游（经销商、消费者）提供商品或者服务，通过供应链单向流动。传统企业创造价值，以产品或服务的形式销售给下游企业或需求者。而搜索引擎企业是以搜索引擎平台为交易媒介，连接免费端的搜索用户和收费端的广告商。搜索引擎企业通过搜索引擎平台免费提供搜索服务，为搜索引擎平台积累了大量的用户。搜索引擎企业将部分广告费收入投入到搜索引擎技术的研发创新中，不断提高搜索质量，进而吸引更多用户使用。

5.2.1　搜索引擎平台与双边市场

搜索用户不通过搜索引擎平台直接搜索目标信息的成本较高。广告商不通过搜索引擎平台直接寻找用户的成本也较高。搜索用户和广告商对搜索引擎平台都有需求。搜索引擎平台对搜索用户有需求，搜索用户在搜索引擎平台集聚，产生了广告价值。搜索引擎平台对广告商也有需求，平台需要广告商为其提供收入。搜索引擎平台的出现满足了搜索用户、广告商和平台自身的需要，能够有效降低搜索用户和广告商的搜寻成本。

搜索引擎平台向搜索用户、广告商提供服务，具有双边市场特征。在免费边，搜索引擎平台向搜索用户提供免费搜索服务，用户获得想要查询的信息，同时也向搜索引擎平台提供流量和搜索信息；在收费边，搜索引擎平台向广告商提供广告位，广告商向搜索引擎平台支付广告费用（图 5.2）。尽管搜索引擎平台也向内容提供商提供内容索引服务，但搜索引擎平台主要从收费边的广告商实现收入。Stucke and Ezrachi（2016）和 Patterson（2012）从搜索引擎平台的免费边和收费边两个角度研究搜索引擎市场，指出搜索引擎市场是双边市场（two-side market）。

图 5.2　搜索引擎双边平台

5.2.2　盈利来源

搜索引擎的盈利主要来源于广告收入和搜索技术授权收入。在这两种盈利模式中，广告收入为主要来源。

（1）广告

搜索引擎的广告收入来源于提供关键词广告（Adword）服务和提供广告联盟（Adsense）中介服务。

关键词广告是指显示在搜索结果页面的广告。广告商向搜索引擎平台支付广告费购买某一关键词，当用户对这个关键词进行检索时，在搜索结果页面会出现与该关键词相关的一般搜索结果和在线搜索广告结果。关键词广告主要有两种：一种是在搜索结果显示区域显示的广告，一般称为竞价排名广告；另一种是将广告置于搜索结果显示区域右侧，不会干扰自然搜索结果。竞价排名机制是通过特定规则对关键词广告进行排名并获取收入的盈利机制。搜索引擎平台将广告页面置入索引库，搜索用户对某一关键词进行搜索时，搜索引擎平台根据广告商对关键词竞价和广告的质量（如广告用词、网页布局、用户点击率）得分，将广告页面按照一定的顺序在搜索结果显示页面呈现给搜索用户。以谷歌为例，谷歌根据广告商的投标价格和广告质量决定广告排名，广告商自行设置的最高每次点击费用（Max Cost Per Click）[①]作为其投标价格，广告的质量由谷歌进行评定，广告评定的影响因素主要包括广告的点击率、广告的相关性、广告网站的质量。广告商支付的每次点击费用取决于竞争对手的广告排名得分和广告商广告质量得分。在实际操作过程中，谷歌向广告商收取的每次点击费用为广告位排名位于其后的广告排名得分除以该广告商的质量得分加上 0.01 美元（谷歌竞价排名模式、排名机制和付费机制见表 5.1）。2006 年之前，百度的做法是对部分类别的关键词分别设定每次点击费用（Cost Per Click），广告商根据用户点击次数向百度支付广告费用；广告商参与每次点击费用竞价，广告商出价越高，其广告在相关关键词搜索结果中的排名越靠前；2006 年百度引入质量得分；2009 年百度全面启用搜索引擎营销专业版（凤巢系统），凤巢系统全面替代了原有的搜索营销经典版。百度凤巢系统在出价机制方面参考了谷歌的关键词广告（Adwords）系统，广告商质量得分越高，支付的每次点击费用越低。

表5.1　谷歌竞价排名模式、排名机制和付费机制

	投标价格	质量得分	广告排名得分	广告排名	每次点击费用
1	6.5	2	13	4	—
2	5	9	45	1	2.01
3	3	6	18	2	2.68
4	2	8	16	3	1.64

注：（1）假设共有 4 位竞价者参与 3 个广告位的拍卖。（2）广告排名得分 = 投标价格 × 质量得分。（3）每次点击费用 = 广告位排名位于其后的广告排名得分 / 该竞价者的质量得分 +0.01。

广告联盟（Adsense）是指内容提供商（Publisher）通过搜索引擎

---

① 最高每次点击费用是广告商愿意为其广告获得的每次点击支付的最高价格。

平台将自己网页内的广告位销售给广告商。广告商根据用户点击量向搜索引擎平台支付广告费，搜索引擎平台和内容提供商再对广告收入进行分成。广告商与内容提供商不进行直接的交易，是因为广告商往往不清楚在哪些网站中投放广告会取得更好的效果，而内容提供商也缺乏推销自己网站中广告位的渠道。因此，搜索引擎平台起到了中介的作用，相当于在广告商和内容提供商之间架起一座桥梁，在节约双方交易成本的同时，使得投放广告更具有针对性，由此可提高广告的点击率。

（2）搜索技术授权

搜索技术授权是指搜索引擎平台允许被授权方使用其搜索技术，并收取技术使用费或搜索结果使用费（图5.3）。因开发搜索引擎技术成本较高，一些搜索引擎平台或网站采用付费方式使用搜索引擎技术。搜索技术授权是搜索引擎早期的商业模式。百度在2000年至2001年向新浪等门户网站提供搜索技术服务并收取相应的技术使用费用（王知津、潘颖，2012）。在搜索技术授权模式下，广告商直接向门户网站投放广告并支付广告费用，无需向搜索引擎平台支付广告费用。这一模式存在的问题是，一方面，搜索引擎平台难以直接接触搜索用户，难以收集用户数据，从而难以有效提高搜索用户的使用体验；另一方面，搜索引擎平台获得的技术使用费有限，且无法获得广告商支付的广告费用，搜索引擎平台难以持续发展。因此，搜索技术授权模式逐渐被关键词广告模式取代。

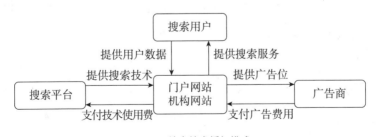

图5.3　搜索技术授权模式

5.3 搜索引擎的相关市场界定

相关市场界定是分析经营者是否具有市场支配地位的前提。搜索引擎平台具有双边市场的特征，本部分结合欧盟委员会诉谷歌垄断案，重点探讨对于涉及搜索引擎服务的双边市场应如何界定相关市场。

5.3.1 涉及双边市场的相关市场界定

对于涉及双边市场的相关市场界定，已有研究存在不同的观点。有学者认为应重点界定免费边市场，Filistrucchi, et al.（2014）强调了免费边市场在界定具有双边市场特征的相关市场中的重要性，企业通过免费服务获得用户，在收费边弥补免费边的收入损失，同时平台在收费边的行为也会影响免费边。于左、张容嘉（2019）认为互联网企业免费边的用户数量决定了收费边的收入，免费边市场是很多互联网企业产生市场势力的根源，因此，在对互联网企业涉及双边市场的产品或服务进行相关市场界定时应重点界定免费边。也有学者认为在双边市场情况下应该考虑每一边市场及两边市场间的相互影响，Evans and Schmalensee（2005）提出分析双边市场某一边价格上涨的影响时，需要在考虑每一边市场需求变化的同时注意到另一边市场对价格上涨的那一边市场的影响。

有研究进一步将双边市场分为不同类型，并提出对不同类型的双边市场应采取不同的界定方法。Wright（2004）以银行卡市场为例，提出在界定银行卡市场的相关市场时，界定两个市场还是只界定一个市场取决于平台索取成员费还是交易费。如果平台只索取交易费，就不需要界定两个市场；若平台既能索取交易费又能索取成员费，则需要分别界定两个市场。蒋岩波（2012）认为因双边市场存在交叉网络外部性，故对于涉及双边市场的相关市场界定需要同时关注市场的两边。若交叉网络外部性为正，则平台市场势力能够通过平台传递到平台另一边，此时应根据企业盈利模式界定相关市场。若交叉网络外部性为负，则不存在界定相关市场的必要。林平、刘丰波（2014）认为在进行相关市场界定时需要将两边的市场均考虑在内，且需要根据双边市场的类型确定是界定一个相关市场还是两个相关市场。对于交易型双边市场，仅需界定一个包含两边的相关市场，这时相关市场应该就是交易本身；对于非交易型双边市场，需要界定两个相互关联的相关市场。对于只有一边存在网络外部性的特殊非交易型双边市场，在界定相关市场时，可以仅考虑不存在网络外部性的一边。

5.3.2 涉及双边市场的相关市场界定方法

界定相关市场的常用方法有替代性分析法和假定垄断者测试法（SNNIP 测试法）。在反垄断执法实践中，界定相关市场可以基于商品的特征、价格、用途进行需求替代分析；必要时也可根据其他经营者进入相关市场的难易程度（如资本投入、技术壁垒、承担的风险）进行供给替代分析。在竞争市场范围不够清晰或难以确定时，可以使用假定垄断者测试法界定相关市场。但传统的假定垄断者测试法并不适用于涉及具有免费边的双边市场的相关市场界定。Evans（2005）提出 SNNIP 测试，尤其是 SNNIP 测试中常用的临界损失分析并不适用于涉及双边市场的相关市场界定。这是因为界定涉及双边市场的相关市场，需要同时考虑价格上涨对两个市场的影响，双边市场中另一边的存在使得价格上涨一边的临界损失增加。

Filistrucchi（2008）针对传统 SNNIP 测试存在的局限，提出一种适用于双边市场的 SNNIP 测试方法。在双边市场背景下，进行 SNNIP 测试需要在传统 SNNIP 测试方法的基础上考虑间接网络效应。尽管 Filistrucchi 针对双边市场提出了新的相关市场界定方法，但这种方法建立在两边价格均不为零的基础上，并不适用于搜索引擎平台这种一边价格为零的情况。Schmalensee and Evans（2007）也指出传统的 SNNIP 测试没有考虑反馈效应，估计的需求弹性过大，导致相关市场界定过窄。Filistrucchi（2014）提出针对双边市场设计的 SNNIP 测试在具体应用过程中，因为双边市场中两边的价格和利润最大化是相互依赖的，假定垄断者仅提高一边价格、同时提高两边价格还是提高两边价格的总和仍是不明确的。林平、刘丰波（2014）认为 SNNIP 测试不能直接应用于双边市场，若将 SNNIP 测试扩展至双边市场，需要解决基准价格的选择、利润的选择和是否允许垄断者调整价格结构三个问题。黄坤（2014）提出了隐性价格、影子价格和假定垄断者行为测试等概念，并将假定垄断者行为测试应用于 3Q 案的相关市场界定（假定垄断者行为测试与假定垄断者测试的唯一区别是其考察了假定垄断者的某种垄断行为是否有利可图），其结果表明中国大陆即时通信软件市场可以构成该案的相关市场。

经济学者的研究已经证明传统的 SNNIP 测试分析方法并不适用于双边市场界定，但具体使用何种方法，仍存在分歧。各国反垄断执法机构逐渐认识到传统 SNNIP 测试存在的局限，但因为新方法有其严格的适用条件，现并未使用改进的 SNNIP 测试方法界定涉及双边市场的相关市场，更多地采用替代分析法界定相关市场。

5.3.3　搜索引擎平台的相关市场界定

搜索引擎平台同时向搜索用户和广告商提供服务，属于双边市场。对于涉及搜索引擎平台的相关市场界定，一度存有争议。以唐山人人公司诉百度案为例，北京市第一中级人民法院从搜索用户的需求角度将相关商品市场界定为"搜索引擎服务市场"。佟姝（2010）认为搜索引擎服务并无有效的替代品，因此将相关商品市场界定为搜索引擎服务市场是合理的。而林平、刘丰波（2014）则认为法院仅从搜索用户的需求角度将相关市场界定为搜索引擎服务市场存在问题。百度搜索引擎仅存在搜索用户对广告商的单向正网络外部性。涉及双边市场的相关市场界定仅需在不存在网络外部性的一边界定一个相关市场，即仅界定一个广告市场，而法院的做法恰恰相反。但在2017年欧盟委员会诉谷歌案中界定相关市场时，界定的是免费边市场，即一般搜索服务市场。

本章认为应结合搜索引擎平台的技术经济特征和搜索引擎企业的商业模式考虑如何界定相关商品市场。搜索用户的数量是搜索引擎平台市场势力的根源所在。从技术经济特征看，搜索用户数量是影响搜索结果准确性最关键的因素。用户的点击量能真实地反映用户的实际选择，用户数量越多，搜索结果的排序才能越准确。没有搜索用户的参与，搜索服务的完善也就无从谈起。从商业模式看，广告商支付的广告费用是搜索引擎平台最主要的收入来源。搜索用户的数量是决定搜索引擎平台能否实现盈利的关键所在。搜索用户数量越多，广告的受众越广，能够为广告商带来的收益越高，广告商为搜索引擎平台支付广告费用的意愿越强，即搜索用户对广告商具有正的网络外部效应。而在搜索引擎平台的收费边——在线搜索广告市场，广告商不但未对搜索用户产生正向网络外部效应，反而产生负向网络外部效应——广告数量越多，搜索用户体验越差。因此，搜索用户数量规模决定广告收入规模、免费边市场决定收费边市场的盈利；而可是由广告收入规模决定搜索用户数量规模、收费边市场发展决定免费边市场的发展。因此，本章提出应重点从搜索引擎平台的免费边界定相关商品市场。

因改进的SNNIP测试法并不成熟，主要应根据替代性分析法对搜索引擎平台提供的一般搜索服务市场进行界定。相关市场不可能只有一个商品维度或只有一个地域维度——它必然是一种产品在一个特定区域的集合（Bishop & Walker，2016）。相关市场具有多个维度，商品市场和地域市场[①]。

5.3.3.1 搜索结果的分类

搜索引擎搜索结果页面显示的搜索结果可分为三类，分别是一般搜索结果（Generic Search Result）、专业搜索结果（Specialised Search Result）和在线搜索广告结果（Online Search Advertisements Result）。

一般搜索结果是用户查询关键词后显示的结果，通常以蓝色链接的形式出现在搜索结果页面的左侧，一般搜索结果可以链接到互联网上的任何页面。

专业搜索结果显示的是专业领域内特定分类的信息和收费内容。它既可以出现在一般搜索结果中，也可以通过菜单类型的链接显示在搜索结果页面顶部。在大多数情况下，专业的搜索结果显示具有视觉冲击的特点，如大型图片（large scale picture）和动态信息（dynamic information）。以谷歌为例，谷歌同时运营着几项专业搜索服务，如"谷歌购物""谷歌视频""谷歌学术"等。

在线搜索广告结果并不局限于特定类型的产品、服务或信息。它通常出现在一般搜索结果页面上方或下方，标签中显示"广告"字样。

5.3.3.2 相关商品市场

一般搜索服务构成了一个独立的商品市场，原因是：首先，提供一般搜索服务是一项经济活动；其次，一般搜索服务与其他网络搜索服务（如内容网站、社交网站、专业搜索服务）之间的需求替代性和供给替代性是有限的；最后，桌面端和移动端的一般搜索服务属于相同的相关商品市场。

（1）提供一般搜索服务是一项经济活动

以谷歌案为例，谷歌在欧盟委员会的反垄断审查过程中，以"一般

---

① 部分情况下，时间也是界定相关市场的重要维度。

搜索服务不能构成一项经济活动"为由进行抗辩。谷歌认为因一般搜索服务是免费提供的，因此不能构成一项经济活动，欧盟委员会将一般搜索服务界定为相关商品市场是不合理的。无独有偶，在"人人公司诉百度案"中，也有人认为百度免费提供搜索引擎服务使得百度公司提供的服务具有"非市场"属性，不应将该案的相关商品市场界定为搜索引擎市场。最终，欧盟委员会将相关商品市场界定为一般搜索服务市场，北京市第一中级人民法院将相关商品市场界定为搜索引擎市场。

欧盟委员会认为提供一般搜索服务构成了一项经济活动，理由是：首先，搜索用户在免费使用一般搜索引擎服务的同时也向搜索引擎平台提供搜索数据和流量，其实质是货币化的数据交易。搜索用户提供的搜索数据对搜索引擎服务提供商来说很有价值。这些数据可以被用来提高搜索结果的相关性、展示更相关的广告。这使得使用一般搜索服务的用户与提供一般搜索服务的搜索引擎平台存在实际上的契约关系。以谷歌为例，搜索用户免费使用谷歌提供的一般搜索服务需要同意谷歌根据其隐私政策使用搜索用户的搜索数据。其次，免费提供一般搜索服务是搜索引擎平台的商业模式。一般搜索服务和在线搜索广告构成搜索引擎平台业务的两个方面。搜索引擎平台可以获得的广告收入与一般搜索服务的用户数量有关：一般搜索服务的用户数量越多，搜索引擎平台的在线搜索广告位对广告商的吸引力越大。免费提供一般搜索服务的目的在于吸引用户使用，增加用户数量，进而吸引广告商合作，最终实现广告收入的增加。最后，尽管一般搜索服务不存在价格上的竞争，但一般搜索服务之间存在质量方面的竞争，质量方面的竞争包括搜索结果的相关性、搜索的速度、搜索界面的吸引力等。

（2）一般搜索服务与其他网络搜索服务的替代性

一般搜索服务与其他在线搜索服务存在有限的需求替代性和供给替代性。

1）需求替代性

一般搜索服务和内容网站之间存在有限的需求替代性。首先，这两种服务具有不同的目的，即两种服务的用途不同。一方面，一般搜索服务的主要目的是提供用户所需内容相关网站的链接，引导搜索用户到其他网站找到其需要的信息。另一方面，虽然内容网站可能也提供其他网站的链接，但它们的主要目的是直接提供用户所需的信息、产品或服务。例如，维基百科向搜索专业词汇的用户提供参考文献链接，目的在于帮助用户查找词汇来源。其次，这两种服务的特征不同。内容网站提供的内容搜索功能仅局限于内容网站自身或合作伙伴的内容，搜索用户无法搜索网络上的所有信息。而搜索引擎平台提供的一般搜索服务涵盖了整个互联网的信息，其范围更广，搜索结果相关性、准确性更高。

一般搜索服务和社交网站之间存在有限的需求替代性。首先，一般搜索服务和社交网站的主要功能不同。虽然一般搜索服务能够帮助用户找到他们想要的内容，但社交网站通过社交平台使用户能够与其具有相同兴趣爱好的用户进行联系和互动，进而引导用户寻得其感兴趣的内容。其次，尽管某些社交网站在其页面上提供一般搜索服务，但没有一个社交网站使用自己的一般搜索技术，它们需要依靠搜索引擎平台提供的一般搜索技术支持。例如，脸书（Facebook）曾使用必应搜索引擎平台提供一般搜索技术。最后，在社交网站进行的一般搜索只占一般搜索总量的很小部分，无法与搜索引擎平台提供的一般搜索服务相比较。欧盟委员会在对谷歌判决书[①]中提到，以欧洲最大的社交网络平台——脸书为例，2011 年在欧洲通过脸书进行的一般搜索仅相当于在谷歌搜索

---

① CASE AT.39740 Google Search（shopping）ANTITRUST PROCEDURE Council Regulation（EC）1/2003 Article 7 Regulation（EC）1/2003 Date:27/06/2017.

引擎平台进行的一般搜索的 3.2%。

一般搜索服务和专业搜索服务之间存在有限的需求替代性。一方面，一般搜索服务和专业搜索服务的搜索范围不同。专业搜索服务专注于提供它们各自专业领域内的信息、特定分类下的购物信息和收费内容。一般搜索服务恰恰相反，它在整个互联网中搜索目标内容，不局限于某个特定的领域或者分类，搜索范围更广。另一方面，尽管一般搜索服务提供的搜索结果有时可能与专业搜索服务提供的结果相互重叠，但这两种搜索服务更多地呈现出互补关系而非替代关系。专业搜索服务提供某些搜索功能在一般搜索服务中无法使用。例如，搜索用户在使用旅游相关的专业搜索服务搜索酒店信息时可以对酒店的星级、酒店的评分、酒店的地域范围进行筛选。不仅如此，搜索用户还可以查看这些酒店的用户评论。在使用一般搜索服务搜索酒店信息时，这些功能往往无法使用。

2）供给替代性

提供一般搜索服务，需要企业投入大量资金，特别是在开发程序和检索数据方面。此外，提供一般搜索服务也需要深厚的技术积累和充足的技术人才储备，以克服搜索引擎在运行过程中遇到的种种问题。其他在线服务提供商的主要业务并不是一般搜索服务，没有必要在这方面进行大量的投资。因此其他在线服务提供商往往通过使用搜索引擎企业提供的搜索技术，向用户提供一般搜索服务。

3）桌面端与移动端一般搜索服务

搜索引擎平台在桌面端（台式机、笔记本电脑等）和移动端（智能手机、平板电脑等）提供的一般搜索服务属于同一相关商品市场。从需求替代角度分析，桌面端和移动端的一般搜索服务功能相似。搜索用户在移动端和桌面端搜索同一关键词得到的搜索结果往往是一样的，两者具有很高的需求替代性。从供给替代角度分析，桌面端、移动端一般搜索服务的底层技术没有明显差别，搜索引擎平台在桌面端、移动端提供一般搜索服务没有明显的技术障碍。搜索引擎平台，如谷歌、百度、必应，它们都同时在桌面端和移动端提供一般搜索服务。因此，无论从需求替代角度还是从供给替代角度分析，桌面端和移动端一般搜索服务属于同一相关商品市场。

根据 Statcounter 发布的报告[①]，2009 年至 2016 年期间，全球范围内移动端网站的访问流量和传统桌面端网站的访问流量间的差距逐渐缩小。2016 年 10 月，全球移动端网站的访问流量首次超过了桌面端网站的访问流量。搜索引擎平台则是移动端网站访问流量逐渐反超桌面端网站访问流量的一个缩影。2015 年 5 月，全球最大的搜索引擎平台 Google 就已经出现移动端搜索次数超过桌面端搜索次数的情况。2018 年 12 月，Google 公司在官方博客[②]宣布，谷歌在全球超过一半的搜索结果页面使用移动优先索引（mobile-first-indexing）。这些都表明，搜索引擎的流量已经从桌面端逐渐转向移动端，移动端市场成为未来搜索引擎平台关注的焦点。

5.3.3.3 相关地域市场

一般搜索服务的相关地域市场为世界上使用同一语言的国家、地区。原因有以下两点：

首先，从需求替代角度分析，不同国家、地区的文化和习俗各不相同，这种不同很大程度上源于语言的不同。搜索用户更习惯于使用母语版本的一般搜索服务。针对搜索用户的这一需求，主要的搜索引擎平台往往提供不同语言版本的本地化站点。英语国家的用户，如美国、英

---

① 报告来源：Statcounter：http://gs.statcounter.com/press/mobile-and-tablet-internet-usage-exceeds-desktop-for-first-time-worldwide.

② Google 官方博客：https://webmasters.googleblog.com/2018/12/mobile-first-indexing-structured-data.html.

国、澳大利亚、加拿大，主要使用谷歌提供的一般搜索服务。其他语言的国家往往使用其他搜索引擎平台提供的一般搜索服务。如俄罗斯（俄语国家）用户主要使用 Yandex 提供的一般搜索服务，而中国（汉语国家）用户主要使用百度提供的一般搜索服务。

其次，从供给替代角度分析，由于语言和基于语言的文化、习俗不同，搜索技术的扩展面临国家、地区边界和语言的障碍。某些较小的一般搜索服务提供商将自己的搜索技术主要用于本国、本地区的网站，使用本国、本地区的语言。在其他国家、地区则使用其他搜索引擎的搜索结果，并使用其他国家、地区的语言。

5.4 搜索引擎企业的市场支配地位认定

具有市场支配地位的企业在开展经营活动时可以不考虑竞争者或交易对象的状况，实施排除或限制竞争等滥用市场支配地位的行为。欧洲法院在 United Brands 案（1978）中，将市场支配地位定义为企业能够独立于其竞争对手以及消费者实施阻碍有效竞争行为的能力。欧盟委员会、英国公平交易局使用"市场势力"（Market Power）一词描述企业是否具有市场支配地位。欧盟委员会在《欧盟运行条约》第 102 条中将市场势力定义为在较长一段时间内将价格提升至高于竞争水平的能力。英国公平交易局的定义类似，其公布的《市场势力评估》将市场势力定义为持续使价格高于竞争水平并从中获利的能力。具体到搜索引擎企业，由于提供一般搜索服务是免费的，因此无法根据欧盟委员会和英国公平交易局给出的市场势力定义直接判断搜索引擎企业是否能够行使市场势力，但可以根据市场份额、市场进入障碍等进行经济分析。

5.4.1 竞争主体及市场份额

一般搜索服务主要由谷歌、微软、百度、阿里巴巴等公司提供（一般搜索服务市场主要企业及对应搜索引擎品牌见表 5.2）。

表 5.2 搜索引擎市场主要竞争主体

序号	搜索引擎品牌	公司	主要经营范围	主要使用语言
1	谷歌搜索	谷歌	全球	英语
2	必应搜索	微软	全球	英语
3	百度搜索	百度	中国大陆	汉语
4	神马搜索	阿里巴巴	中国大陆	汉语
5	Yandex 搜索	Yandex	俄罗斯	俄语

谷歌搜索是由谷歌公司推出的互联网搜索引擎。它是全球市场份额最高、影响范围最广的搜索引擎。除了一般搜索服务，谷歌搜索还向用户提供图片、新闻、地图、视频、邮件等服务。

必应搜索是微软公司于 2009 年 5 月推出，用以取代微软智能搜索（Live Search）的全新搜索引擎。2009 年 7 月，微软与雅虎公司就搜索引擎业务合作达成长达 10 年的协议，雅虎为微软提供搜索技术，微软将必应搜索净利润的一部分支付给雅虎。截至 2018 年，必应已成为全球第二大搜索引擎，占 4.58% 的全球市场份额。

百度搜索是百度公司的主要产品，它是中国市场份额最大的搜索引擎。一方面，百度拥有全球最大中文网页库，用户能够通过百度搜索引擎搜索到全世界最新最全的中文信息。另一方面，百度在中国各地分布的服务器能够从最近的服务器将搜索用户所需信息呈现给用户，使用户能够享受较快的搜索速度。

神马搜索是 UC 优视与阿里巴巴在 2014 年合作发布的搜索引擎，

致力于为用户创造方便、快捷的移动搜索体验。神马搜索聚焦解决智能手机用户的需求和痛点，推出应用（APP）搜索、小说搜索、周边搜索等特色功能。截至 2018 年，神马搜索已经成为中国第二大移动端搜索引擎。

Yandex 搜索是俄罗斯市场份额最高的搜索引擎，1997 年首次上线。Yandex 自比为中国的百度，基于俄语开发，为俄语用户提供全方位的搜索服务。因 Yandex 主要经营范围在俄罗斯，Yandex 主要在俄罗斯设立数据研究中心、培养技术人才、开展搜索业务。Yandex 非常重视自主搜索技术的研发，因而能够不断发展并最终成为俄罗斯市场份额最高的搜索引擎。

市场份额是判定企业是否具有市场支配地位的重要依据。市场份额指标的选取很关键。一方面，一般搜索服务由搜索引擎企业免费提供给用户使用，因而无法按照实际价值计算一般搜索服务市场份额。另一方面，搜索引擎企业主要通过向广告商收取广告费盈利，搜索引擎用户使用情况是广告商决定是否投放搜索广告的重要依据，因此可以根据搜索用户的使用情况统计一般搜索服务市场份额。

基于用户使用情况计算一般搜索服务市场份额的方法主要有两种：一种是基于网站访问量（Site Visit）[①] 计算一般搜索服务市场份额，另一种是基于页面浏览量（Page View）[②] 计算一般搜索服务市场份额。在实际统计一般搜索服务市场份额的过程中，互联网咨询公司 AT Internet 使用第一种计算方法，市场调研公司 Nielsen 和网站流量分析公司

[①] 网站访问量是评价网站的重要指标之一。网站访问是一个连续的过程，从网站首次点击开始一直持续到网站关闭结束。

[②] 页面浏览量是评价网站流量最常用的指标之一，简称 PV。用户每次对网站中的任意一个网页的访问记录都会被计入 PV，用户对 Flash、AJAX、RSS 等特定资源的访问也会被计入 PV。

StatCounter 使用第二种计算方法。因 AT Internet 和 Nielsen 统计数据存在缺失[①]，故根据 StatCounter 的统计数据判定搜索引擎企业在一般搜索服务市场是否具有市场支配地位。在谷歌案中，欧盟委员会也是参考了 StatCounter 的统计数据。

2015—2018 年谷歌提供的一般搜索服务在全球、欧洲一般搜索服务市场的份额一直高于 90%，在美国一般搜索服务市场的市场份额持续高于 80%（表 5.3）。根据中国《反垄断法》和俄罗斯《保护竞争法》（*On Protection of Competition*），只有当一个经营者在相关市场的市场份额达到 50% 时，才可以推定该经营者具有市场支配地位。根据《欧盟运作条约》第 102 条，只有当一个企业市场份额超过 40%—45%，才可被视为具有市场支配地位。谷歌在全球大部分国家、地区市场占有率长期高于 80%，甚至能够达到 90%。

百度在全球一般搜索服务市场的市场份额仅为 1% 左右，在美国和欧洲一般搜索服务市场的市场份额不足 0.1%，在中国一般搜索服务市场的市场份额在 75% 以上（表 5.3）。

表 5.3　2015—2017 年主要国家或地区一般搜索服务的市场份额（%）

国家 / 地区	年份	谷歌	必应	雅虎	百度	神马	搜狗
全球	2017	92.09	2.76	2.12	1.34	0.13	0.06
	2016	92.01	2.79	2.62	1.02	0.07	0.05
	2015	90.61	3.02	3.4	0.96	0.01	0.07
中国	2017	1.91	1.12	0.42	77.31	7.72	3.56
	2016	2.39	1.41	0.63	77.07	5.63	3.93
	2015	1.97	1.12	1.01	78.75	0.58	6.17

---

① AT Internet 和 Nielsen 公司仅统计个别年份一般搜索服务市场份额，存在数据缺失。

国家 / 地区	年份	谷歌	必应	雅虎	百度	神马	搜狗
美国	2017	87.24	6.57	5.05	0.07	—	—
	2016	85.65	6.7	6.38	0.05	—	—
	2015	81.32	8.49	8.71	0.05	—	—
欧洲	2017	91.92	3.6	1.6	0.03	—	—
	2016	92.6	3.3	1.67	0.02	—	—
	2015	92.55	2.73	2.06	0.02	—	—

注：一般搜索服务的市场份额是网站流量分析公司 StatCounter 基于全球范围网页访问样本统计用户搜索引擎使用频率估计得出。本数据包括移动端和桌面端一般搜索服务的市场份额。

资料来源：StatCounter（http://gs.statcounter.com）。

仅仅依据市场份额无法完全判断搜索引擎企业是否具有市场支配地位，还要看市场进入障碍或潜在竞争情况。Gandal（2001）认为先发优势是构成搜索引擎市场势力的重要因素。Haucap & Heimeshoff（2014）指出历史数据是搜索引擎企业维持市场支配地位的重要因素。Patterson（2012）认为具有市场支配地位的搜索引擎企业在提供低质量搜索结果的条件下仍能阻止用户转到其他搜索引擎平台体现了该搜索引擎企业的市场势力。

5.4.2 市场进入障碍

市场进入障碍是判断企业是否具有市场支配地位的重要因素。市场进入障碍越高，市场竞争或潜在竞争越小，对在位企业的竞争约束越小。沉没成本和企业进入市场的预期盈利能力是影响企业是否进入市场的重要因素。Sutton（1991）指出进入成本和预期进入市场后价格竞争激烈程度之间的相互作用决定了市场结构。进入成本或沉没成本越高，预期进入市场后价格竞争程度越低，市场进入障碍就会越高。Carlton and Perloff（2004）认为进入障碍是进入企业必须承担而现有企业不用承担的成本。Gilbert（1989）指出进入障碍的关键在于何种因素导致在现有企业赚取高于正常水平利润的同时而其他效率相同甚至效率更高的企业被排除在外。分析一般搜索服务市场是否存在市场进入障碍，Gilbert（1989）的观点更具有指导意义。Gilbert 发现规模经济、网络效应、用户粘性和转换成本是形成一般搜索服务市场进入障碍的重要因素。判定搜索引擎企业是否具有市场支配地位至少需要对这些因素进行深入分析。

（1）规模经济

一般搜索服务具有很强的规模经济效应。一般搜索服务的研发、运行和维护需要很高的资金和技术投入（表 5.4），研发、运行和维护费用在一般搜索服务企业总成本中占很大比例。只有搜索用户达到一定数量才能实现长期平均成本大幅降低，才能保证企业获得利润。新进入企业，一方面缺乏资金和技术积累，另一方面又缺乏与内容网站、广告商的深度合作，因此难以与在位搜索引擎企业展开竞争。Etro（2013）认为规模经济是一般搜索服务市场进入障碍的源头。

表 5.4　谷歌、雅虎在一般搜索服务上的资金投入（亿美元）

年份	2011	2012	2013	2014	2015
谷歌	34.38	32.73	73.58	109.59	99.15
雅虎	5.93	5.06	3.38	3.72	5.43

数据来源：谷歌比较购物案：CASE AT.39740 Google Search（shopping）ANTITRUST PROCEDURE Council Regulation（EC）1/2003 Article 7 Regulation（EC）1/2003 Date:27/06/2017.

（2）网络效应

一般搜索服务具有很强的网络效应。从直接网络效应看，搜索引擎平台的运行离不开搜索用户提供的搜索查询和用户数据。一方面，搜索用户数量越多，搜索引擎处理的搜索查询规模越大，更大规模的搜索查询能够提高搜索引擎识别搜索结果相关性的可能。另一方面，搜索用户数量越多，搜索引擎平台能够收集的用户数据量越大，针对搜索用户提供更相关的搜索结果。从间接网络效应看，搜索引擎平台的运行离不开内容提供商提供的索引内容和广告商提供的广告。一方面，搜索引擎平台的用户数量越多，对广告商、内容提供商来说，该搜索引擎平台的商业价值越大。另一方面，搜索引擎平台的高质量网页和广告越多，越有可能吸引更多的新用户。

潜在进入者进入一般搜索服务市场，与在位的搜索引擎平台竞争需要大量的用户数量作为基础。只有新进入的搜索引擎企业积累足够多的用户搜索行为和用户数据，才能吸引内容网站和广告商与其合作，为搜索用户提供内容和广告。在位的搜索企业，例如谷歌，从网站访问量看，占全球超过 90% 的市场份额（表 5.4），大量的网站访问为谷歌带来大量的用户搜索行为和用户数据。即使是全球市场份额排名第二的必应搜索，基于网站访问量的市场份额也仅为谷歌的 3% 左右。新进入的企业几乎不可能拥有谷歌甚至是必应的网站访问量，难以收集足够多的用户搜索行为和用户数据。缺乏用户搜索行为和用户数据积累的新进入企业难以与在位的谷歌、必应等搜索引擎平台展开竞争。因此，一般搜索服务市场因网络效应而存在很高的市场进入障碍。

（3）范围经济

具有市场支配地位的搜索引擎平台，通常不仅提供一般搜索服务，还提供其他类型的互联网服务。以谷歌为例，除提供一般搜索服务，谷歌同时向用户提供邮件（Gmail）、地图（Google Map）、网页浏览器（Chrome）、移动端操作系统（Android）等服务。从用户数据角度，一方面，搜索引擎平台通过提供不同类型服务共同收集用户数据集的成本低于分别独立地运行每项服务收集用户数据的总成本。另一方面，相对于仅通过提供一般搜索服务收集的用户数据，搜索引擎平台通过提供不同类型的互联网服务收集的数据集在提高搜索的相关性和搜索广告的针对性方面具有更高的价值。新进入的搜索引擎平台，往往仅提供一般搜索服务和专业搜索服务，无法通过提供不同类型的服务收集用户数据。即使通过其他途径收集不同类型用户的数据，也需要付出较高的成本。相对于新进入的搜索引擎平台，在位搜索引擎平台能够以更低成本获取具有更高价值的数据集。Daly（2014）认为谷歌通过提供不同服务收集和分析用户数据是必应和雅虎难以与谷歌展开竞争的关键原因。因此，范围经济构成一般搜索服务市场的进入障碍（Stucke & Ezrachi，2016）。

（4）用户粘性

用户粘性是指用户对于品牌或产品的忠诚、信任和良性体验等结合起来形成的依赖程度和再消费期望程度。对于一般搜索服务，用户使用习惯、品牌效应和良性体验是影响用户粘性的重要因素。当搜索用户长时间使用某搜索引擎提供的一般搜索服务，如谷歌搜索、百度搜索，就会习惯于使用该搜索引擎平台提供的一般搜索服务。出于对谷歌、百度公司品牌的考虑，搜索用户信任谷歌、百度搜索引擎提供的搜索引擎结果的相关性。由于规模经济、范围经济、网络效应，较大规模的搜索引擎企业提供一般搜索服务的质量通常优于较小规模搜索引擎企业或新进入的搜索引擎企业。搜索用户对较大规模搜索引擎企业提供的一般搜索服务产生了用户粘性。这种用户粘性可从搜索用户中多归属用户占比较低得到印证。以一般搜索服务为例，用户可以同时使用多个搜索引擎平台提供的一般搜索服务。但由于用户粘性的存在，搜索用户很少同时使用两个及两个以上搜索引擎。欧盟委员会曾在 2010 年至 2011 年对欧盟五个国家搜索用户行为进行调查。该调查将多归属定义为用户使用第二使用频率搜索引擎的次数至少占总使用次数的 5% 以上。但调查结果显示，多归属用户只占少数（表 5.5）。

表5.5　一般搜索服务用户中多归属用户占比（%）

国家	德国	西班牙	意大利	法国	英国
多归属用户占比	12	12	12	15	21

数据来源：谷歌比较购物案：CASE AT.39740 Google Search (shopping) ANTITRUST PROCEDURE Council Regulation (EC) 1/2003 Article 7 Regulation (EC) 1/2003 Date:27/06/2017。

（5）转换成本

转换成本是指用户从购买一个供应商的产品或服务转向购买另一个供应商的产品或服务时所需的费用。Fiveash（2012）认为在谷歌比较购物平台，用户的转换成本并不低，因为个人的数据无法随着使用数据主体的意愿而移动。从现实角度出发，用户面临巨大的数据迁移（data portability）成本，即互联网用户很难将其个人数据从一个平台转移到另外一个平台。不仅仅是搜索用户，广告用户也面临很高的转换成本。Newman（2013）认为广告商从谷歌提取数据是十分困难的，而广告商不会轻易放弃他们积累的用户数据，这导致广告商会被锁定在谷歌搜索引擎平台和在线网络广告平台。转换成本的存在导致即使新进入的搜索引擎平台能够提供和在位搜索引擎企业同等质量的一般搜索服务，用户也很难放弃使用在位搜索引擎企业提供的一般搜索服务。不仅是搜索用户，广告商的转移也是非常困难的。因此，转换成本也构成一般搜索服务市场的进入障碍。

5.5　滥用市场支配地位行为及经济影响分析

从已有的理论研究及反垄断执法实践看，搜索引擎企业滥用市场支配地位行为主要涉及排他性捆绑式预安装搜索引擎、操纵搜索结果等滥用行为。

5.5.1 排他性捆绑式预安装

谷歌在 2005 年收购安卓移动操作系统之后一直从事安卓移动操作系统的研发和推广。2017—2018 年，在世界范围内，大约 70% 的智能手机（Smart Mobile）使用安卓操作系统（图 5.4）。

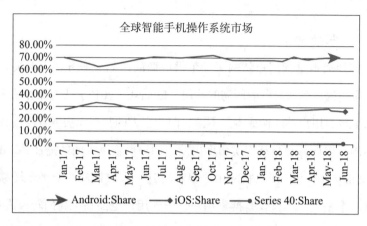

图 5.4　全球智能手机操作系统市场份额

数据来源：Net Market Share（https://www.netmarketshare.com/）.

根据欧盟委员会诉谷歌案的判决结果，谷歌利用其在移动智能操作系统市场的支配地位，在安卓操作系统智能移动设备中预安装谷歌搜索应用程序。具体的行为包括：一是捆绑谷歌的搜索和浏览器应用程序。谷歌将其移动应用程序和服务打包给设备制造商，其中包括谷歌商店（Google Play）、谷歌搜索 APP 和谷歌浏览器（Chrome）。预安装会造成现状偏好。用户在设备上预装了搜索引擎和浏览器应用程序很可能会坚持使用这些应用程序。例如，欧盟委员会发现，谷歌搜索应用程序在已预装的 Android 设备上的使用率一直高于在没有预装的 Windows Mobile 设备上的使用率，在没有预装的 Windows Mobile 设备上，用户若使用谷歌搜索应用程序则必须下载它。2016 年，在 Android 设备上（预装谷歌搜索和 Chrome），超过 95% 的搜索查询是通过谷歌搜索完成的；在 Windows Mobile 设备上（没有预装谷歌搜索和 Chrome），只有不到 25% 的搜索查询是通过谷歌搜索完成的。而超过 75% 的搜索查询是通过在微软的必应搜索引擎实现的，微软的必应搜索引擎预装在 Windows Mobile 设备上。预安装影响了其他搜索引擎企业与安卓移动智能设备制造商合作推广其搜索引擎。谷歌的做法排除、限制了其他没有实施预安装的搜索引擎和浏览器制造商的市场竞争。二是通过财务激励实现在安卓设备中独家预装谷歌搜索引擎。谷歌向一些大型设备制造商和移动网络运营商提供了重大财务奖励，条件是它们必须在全部 Android 设备中预装谷歌搜索。这大大降低了它们预装其他搜索应用程序的动机，从而损害了竞争的公平性。三是阻止安卓操作系统竞争对手的开发和发布。谷歌禁止设备制造商使用任何未经谷歌（Android fork）批准的安卓（Android）替代版本。为了能够在它们的设备上预装谷歌专有应用程序，包括应用程序商店（Play Store）和谷歌搜索引擎，制造商必须承诺不开发或销售任何一台使用 Android fork 的设备。阻止那些已经同意预安装谷歌应用 APP 的大型制造商，向没有经过谷歌认证的安卓系统售卖哪怕一个智能手机零件。谷歌的上述滥用行为增强了谷歌搜索在一般搜索服务市场的支配地位，排除、限制了市场竞争，使竞争对手失去了创新和竞争的机会，剥夺了有效竞争在移动领域可能给消费者带来的好处。

5.5.2　操纵搜索结果

比较购物服务是指当用户搜索商品时，可以将商品在不同网站的价格与详细销售内容展示出来的服务。比较购物用户通过搜索引擎提供的一般搜索结果使用比较购物服务。搜索引擎提供的一般搜索结果，尤其是排名靠前的一般搜索结果是企业能够较好地提供比较购物服务的关键。谷歌对比较购物歧视性排名或操纵搜索结果行为引起欧盟竞争执法机构的关注。谷歌的比较购物服务和竞争者的比较购物服务都显示在一般搜索结果中，但谷歌因在一般搜索市场具有市场支配地位，将其比较购物服务在一般搜索结果中的位置和展示形式远比竞争者突出。比较购物服务在很大程度上依赖于流量以保持竞争力。更多的流量带来更多的点击量和收入。更多的流量也吸引了更多的零售商，零售商希望通过比较购物服务来列出他们的产品。谷歌搜索引擎是其比较购物服务的重要流量来源。根据欧盟委员会的判决，谷歌的不当做法有：一是系统地突出了自己的比较购物服务。当消费者在谷歌搜索引擎中输入与谷歌比较购物服务较相关的查询时，谷歌想显示出来的结果显示在搜索结果的顶部或接近顶部。二是降低了竞争对手比较购物服务的排名。即使是排名最高的竞争对手比较购物服务，平均也只出现在谷歌搜索结果的第4页，其他比较购物服务的搜索结果甚至更靠后。谷歌的比较购物服务在谷歌的搜索结果中更容易被消费者看到，而竞争对手的比较购物服务则难以被发现。

　　一般搜索结果是比较购物服务最有效的推广途径。以欧盟经济区竞争者比较购物网站的流量来源为例，源自一般搜索结果页面的流量占竞争者比较购物服务总流量的60%以上（表5.6）。而在一般搜索结果中，仅排名靠前的结果被消费者关注。排名靠前的一般搜索结果才是比较购物服务推广的关键途径。尽管用户还可以通过其他途径使用比较购物服务，但这种途径并非是有效的。

表5.6　欧盟经济区竞争者比较购物网站的流量来源（%）

年份	一般搜索结果	关键词	APP 等直接导航	其他来源
2011	83	1	7	9
2012	82	4	7	7
2013	75	7	11	7
2014	75	12	8	6

年份	一般搜索结果	关键词	APP 等直接导航	其他来源
2015	66	21	8	5
2016	61	24	9	6

数据来源：谷歌比较购物案：CASE AT.39740 Google Search (shopping) ANTITRUST PROCEDURE Council Regulation (EC) 1/2003 Article 7 Regulation (EC) 1/2003 Date: 27/06/2017。

一方面，在谷歌搜索的搜索结果页面，谷歌比较购物服务显示内容丰富，有产品价格和图片信息，而竞争者的比较购物服务只以普通的一般搜索结果显示，对用户缺乏足够的吸引力。另一方面，谷歌利用算法对竞争者比较购物服务在一般搜索结果中排名降级，但没有对谷歌的比较购物服务排名降级。在 2007 年 10 月至 2010 年 6 月期间，超过 80% 的谷歌比较购物服务结果出现在一般搜索结果第 1 页的顶部或中间位置，而竞争者比较购物服务则出现在一般搜索结果页面的靠后位置（表 5.7）。

表 5.7　英国谷歌竞争者的比较购物服务平均排列位置

	ciao	bizrate	kelkoo	nextag	dooyoo	dealtime	shopping
2015	65	79	70	69	67	81	77
2017	53	57	71	72	55	70	59

数据来源：谷歌比较购物案：CASE AT.39740 Google Search (shopping) ANTITRUST PROCEDURE Council Regulation (EC) 1/2003 Article 7 Regulation (EC) 1/2003 Date: 27/06/2017。

在一般搜索结果中排列位置越靠前，点击率越高。竞争者的比较购物服务排列位置靠后会对其点击率造成巨大影响。在一般搜索结果中，若排名在第 4 页或之后，则用户平均点击率将不足 7%（表 5.8）。

表 5.8　2010 年谷歌一般搜索结果第一页链接平均点击率（%）

位置	1	2	3	4	5	6	7	8	9
点击率	34	17	11	7	6	5	4	3	2

数据来源：谷歌比较购物案：CASE AT.39740 Google Search (shopping) ANTITRUST PROCEDURE Council Regulation (EC) 1/2003 Article 7 Regulation (EC) 1/2003 Date: 27/06/2017。

点击率越高，获得流量越多。竞争者比较购物服务流量大部分来自谷歌的一般搜索结果页面提供的流量。一般搜索结果排名是影响比较购物服务网站流量的主要因素。谷歌将自己的比较购物结果显示靠前，将与其竞争的比较购物结果显示靠后，使其比较购物服务流量增加，竞争者比较购物服务流量降低。根据欧盟委员会的调查，自滥用行为开始，谷歌的比较购物服务流量增加。其中在英国增加了 45 倍，在德国增加了 35 倍，在法国增加了 19 倍，在荷兰增加了 29 倍，在西班牙增加了 17 倍，在意大利增加了 14 倍。在谷歌给竞争对手降级之后，竞争对手的比较购物服务流量则显著下降。例如，某些竞争对手网站的流量突然下降，在英国下降了 85%，在德国下降了 92%，在法国下降了 80%。这些突然下降不能用其他因素解释。

流量对于比较购物服务至关重要，它能够丰富比较购物服务的搜索结果，增加比较购物服务的广告收入。谷歌操纵一般搜索结果的排名，可能会通过更高的广告费、较低质量的搜索结果以及阻碍创新损害消费者福利。Edelman（2014）认为谷歌对搜索结果产生误导损害消费者。谷歌操纵搜索结果暗含广告价格提高，广告商将额外的成本转嫁给消费者。

谷歌将自己的比较购物服务放在突出位置，并将竞争对手降级，这使得谷歌的比较购物服务相对于竞争对手具有显著优势。谷歌操纵搜索结果的行为剥夺了其他公司竞争和创新的机会，剥夺了消费者对服务的真正选择和创新所带来的全部好处。

5.6 搜索引擎领域竞争政策关注重点

搜索引擎具有规模经济、范围经济、网络效应、学习效应等主要技术经济特征，这些技术经济特征决定了搜索引擎的市场结构、企业的商业模式及行为。竞争政策应重点关注数据整合和数据封锁对搜索引擎市场竞争的影响，重点关注排他性捆绑式的预安装等排他行为对竞争的损害，重点关注具有市场支配地位搜索引擎企业操纵搜索结果。

5.6.1 重点关注数据整合和数据封锁对搜索引擎市场竞争的影响

数据在互联网平台的竞争中起着至关重要的作用。Pasquale（2013）认为用户数据的积累是互联网企业服务创新的关键。他以谷歌为例，论证了用户的数据可以被用来完善互联网服务的算法。即拥有更多的用户数据即可拥有更先进的算法。具体到搜索引擎平台，搜索引擎的用户数量对搜索结果的准确性起到至关重要的作用。用户数量越多，用户点击次数越能代表用户最真实的选择；搜索引擎统计的用户点击次数和实际用户点击次数的偏离值越小，搜索引擎统计的用户点击次数越准确，搜索结果的排序也越准确。在某种程度上，搜索引擎平台收集的用户数据决定了搜索引擎平台提供的一般搜索服务质量的优劣。Newman（2014）认为用户数据是谷歌市场势力的来源。一方面，谷歌通过扩展新业务，加强对用户数据的控制，巩固其在搜索广告市场的支配地位。另一方面，谷歌将用户配置文件（user profiles）作为追踪用户行为的工具。通过追踪用户行为收集用户数据，不断改进其搜索算法，进而巩固其在搜索引擎市场的支配地位。

用户数据不仅能够用于互联网平台更新算法，使互联网平台直接地享受到用户数据带来的好处。用户数据还能够提升广告的投放效果，使互联网平台间接地享受用户数据带来的好处。互联网平台的收入和利润主要是由广告商直接、平台用户间接提供（Gjorgievska，2016）。以搜索引擎平台为例，搜索引擎平台的收入主要来源于广告商支付的广告费用。在现行商业模式下，广告商按照广告的点击次数支付广告费用。因此搜索引擎平台盈利的关键在于如何将广告商提供的广告展示给目标用户，吸引他们点击广告。为了向用户更加精准、有效地投放广告，互联网平台企业需要大量的用户信息（如用户搜索的关键词、用户的地理位置）实现广告与用户的精准匹配。对搜索引擎平台而言，掌握的用户数据越多，广告与用户的匹配程度越高，广告的点击数量越多，搜索引擎平台获得广告收入、利润的可能性越高。此外，搜索引擎平台可以通过媒体（例如用户的个人计算机、智能手机和平板电脑）和不同类型的服务（例如地图、视频）将个性化广告推广给用户。这也增加了用户点击在线网络广告的可能性。随着积累的用户数据量增加，搜索引擎平台能够更有针对性地投放在线网络广告，降低广告商管理多个广告活动的固定成本。

数据不仅对于搜索广告平台十分重要，它对于广告商同样重要。一方面，广告商可以通过分析用户数据更好地追踪用户，进行直接的广告投放。另一方面，广告商可以向搜索广告平台提供用户数据，帮助搜索广告平台更精准、有效地投放广告。总之，数据是广告商能否有效投放广告的关键所在。

数据对于搜索引擎平台起着至关重要的作用，在某种程度上，搜索引擎平台之间的竞争实质上是搜索引擎平台在用户数据层面开展的竞争。正如 Newman（2013）所言，谷歌与其他搜索引擎平台开展竞争，并不需要控制与之相关的手机操作系统或网络邮件市场，它唯一需要做的是使它的竞争对手无法接触到其拥有的用户数据。谷歌通过控制搜索用户数据，将潜在的竞争对手排除在搜索引擎市场之外，维持其在一般搜索服务市场的市场支配地位。2012 年，欧盟委员会就曾提到"谷歌对广告商的交易限制有可能涉及垄断"。谷歌被怀疑限制广告商将它们在谷歌广告平台的活动数据迁移到谷歌竞争对手的平台。谷歌在软件中设置数据转移限制，使得广告商无法将谷歌平台的广告数据转移到其他搜索引擎的广告平台。《通用数据保护条例》第二十条规定数据主体有权以结构化、机器可读取的形式，收回数据主体提供的个人数据，并且在不受阻碍的情况下将数据从一个数据平台转移到另一个数据平台。若广告商无法从谷歌搜索的广告平台提取广告活动数据，广告商将被锁定在谷歌搜索广告平台。这是因为数据对于广告商至关重要，广告商不会轻易放弃自己积累的活动数据。谷歌限制数据迁移，实际上限制了广告商的迁移，其他搜索引擎平台的广告收入也受到影响。谷歌限制数据转移，导致其他搜索引擎平台无法与谷歌进行充分竞争。

谷歌捆绑预安装的行为确保了谷歌的搜索引擎和浏览器在几乎所有谷歌 Android 设备上预先安装，排他性财务激励大大降低了预先安装谷歌以外竞争性搜索引擎的动机。谷歌还阻碍了 Android fork 的开发，Android fork 本来可以为竞争对手的搜索引擎提供获得流量的平台。更主要的是，谷歌的上述行为阻止了竞争对手的搜索引擎从智能移动设备收集更多数据，包括搜索和移动位置数据，这有助于谷歌巩固其在搜索引擎市场的市场支配地位。

其他提供互联网服务的企业同样需要搜索引擎平台收集的用户数据。以在线购物为例，网络购物平台通过获得搜索引擎平台提供的用户数据能够更加准确地把握用户的需求。当用户以"耐克鞋"为关键词进行搜索时，这表明用户很可能需要购买耐克鞋。网络购物平台在掌握这一信息后，就会针对该用户将耐克鞋的商品信息推送到网络购物平台首页，实现用户与商品之间的准确匹配。若具有市场支配地位的搜索引擎平台对其他提供互联网服务的企业封锁用户搜索数据，互联网行业的公平竞争将受到影响。搜索引擎企业在多个领域开展业务，通过对多种用途获取的数据实施有效整合及通过数据封锁维持并强化市场支配地位，应成为竞争政策与反垄断执法关注的重点。

5.6.2　重点关注排他性捆绑式的预安装等排他行为对竞争的损害

具有市场支配地位的搜索引擎企业通过排他性捆绑式的预安装以及其他排他行为排除、限制市场竞争。Edelman（2015）指出，谷歌要求所有制造商预安装谷歌的产品（如谷歌搜索）是不合理的，谷歌的预安装排除了替代品的竞争。Newman（2014）认为谷歌通过预安装收集更多的用户数据，进而维持其市场支配地位。谷歌事实上要求设备制造商和移动网络运营商排他性捆绑式地预安装了谷歌搜索引擎、谷歌浏览器、谷歌商店等，即只能预安装谷歌的应用程序，不能预安装其他的应用程序，这排除了非谷歌搜索引擎、浏览器和商店与谷歌进行竞争。将谷歌搜索引擎、谷歌浏览器、谷歌商店等捆绑式预安装，有利于谷歌收集用户多方面的数据，通过数据整合更精准地实现定向广告，增加对广告商的吸引力和谈判能力。谷歌通过规模经济、范围经济、网络效应、学习效应和大数据整合增强了市场支配地位。谷歌在搜索引擎市场具有市场支配地位，将谷歌浏览器、谷歌商店与搜索引擎捆绑安装，有利于将其在搜索引擎市场的市场支配地位传导到浏览器市场和应用程序商店市场。在互联网领域，企业通过最初专长产品或服务的发展取得市场支配地位后，通过不当手段将市场支配地位传导到之后所进入的业务领域，使其在多个业务领域都具有市场支配地位。互联网企业的市场支配地位传导行为应受到竞争政策和反垄断执法的重点关注。

谷歌除了采取排他性捆绑式的预安装维持并强化其市场支配地位

外，还通过与第三方网站等签订独家交易协议的方式，维持并强化其在在线搜索广告市场的市场支配地位。欧盟委员会在调查过程中审查了数百项此类协议，发现从 2006 年开始，谷歌在其合同中加入了排他性条款。从 2009 年 3 月开始，谷歌逐步开始用所谓的"高端位置"条款取代之前的附加款项。要求第三方网站在其搜索结果页面上为谷歌的广告保留最赚钱的空间，以放置最少数量的谷歌广告。谷歌由此阻止了竞争对手在最显眼的位置和搜索结果的某些位置放置搜索广告。谷歌还要求第三方网站在改变竞争对手广告显示方式之前，需要向谷歌申请书面批准。这种独家交易合同意味着谷歌可以控制搜索广告的竞争性、对用户的吸引程度和点击率。独家交易或类似的"换汤不换药"的"二选一"等排他行为在互联网领域广为存在，竞争政策及反垄断执法应及时给予重点关注。

5.6.3 重点关注具有市场支配地位搜索引擎企业操纵搜索结果的行为

具有市场支配地位的搜索引擎企业有动机操纵搜索结果。Pan, et al.（2007）提出提高广告商为赞助搜索支付费用的意愿和从利润率较高的企业获利是谷歌实施搜索偏见的两个动机。Introna & Nissenbaum（2000）提出搜索引擎平台是以牺牲一部分人的利益为代价突出另一部分人。Edelman & Lockwood（2011）提出谷歌的搜索偏见提高了谷歌自身内容和服务的排名。Cave & Williams（2011）提出搜索引擎能够选择不向用户提供其查询最相关的结果，搜索引擎平台提高赞助搜索结果排名、降低一般搜索结果排名。搜索引擎平台这样做的目的在于激励搜索用户点击赞助广告或其附属业务的搜索结果。White（2013）认为，即使能够无成本地提高搜索质量，搜索引擎平台也具有通过降低搜索质量获取更多广告收入的动机。Langford（2013）认为操纵搜索结果排名源于搜索引擎平台对利益的追逐。Burguet & Caminal（2015）提出，提高内容显示效果较差和利润率较高内容提供商的赞助广告付费意愿是垄断搜索引擎平台操纵搜索结果的动机。Stucke & Ezrachi（2016）提出竞争性的市场环境能够促使企业提高服务质量。然而当企业主要从平台的一边赚取利润（例如在线搜索广告市场）时，其在平台另一边投资的动机可能会被扭曲。在这种情况下，企业可能会通过将平台免费边商品的质量降低到低于消费者期望的水平，以增加其盈利能力。曲创、刘重阳（2018）研究发现，搜索引擎平台的最大利润随着低质量广告主的比例和低认知水平用户比例的上升而增加。在缺乏外部监管的情况下，搜索引擎平台具有提高广告投放量并降低广告可识别度的动机。

具有市场支配地位的搜索引擎企业有能力操纵搜索结果。操纵能力首先源于搜索引擎企业的市场支配地位。Patterson（2012）提出评估搜索结果困难使得具有市场势力的谷歌等搜索引擎不太可能受到竞争约束。以谷歌为例，即使消费者发现谷歌操纵搜索结果、降低搜索质量，消费者仍会选择使用谷歌搜索。其源于用户难以观测搜索质量，缺乏有效监督机制。Animesh，et al.（2005）研究产品特征对广告商投标策略的影响，发现广告商对于不确定性越大的商品的逆向选择越显著。Animesh，et al.（2010）使用了关键词赞助搜索的数据，研究按业绩付费的在线赞助搜索广告是否会降低广告质量，发现尽管赞助搜索市场可能会降低消费者搜索成本，但搜索结果质量特征不可观测，使消费者的收益可能因卖方潜在的扭曲和隐藏关键信息而受损，搜索引擎企业的干预可能会对市场结果和消费者福利产生重大影响。Eliaz & Spiegler（2011）提出垄断的搜索引擎有动机吸引相关性低的广告客户进入搜索池（search pool），有动机提高直接搜索成本（例如故意将不相关的链接放入搜索结果）。消费者拥有的信息和知识有限，难以识别搜索质量。即使搜索引擎平台的搜索结果质量降低，用户也难以观察和识别。

Ezrachi & Stucke（2015）提出，在双边市场中，企业可能会在某些方面降低免费产品的质量，质量降低的程度取决于竞争程度和消费者识别、评估质量变化的能力。当企业意识到其竞争对手不能轻易地或者低成本地向搜索用户传递搜索结果质量差异这一信息时，搜索质量下降的情况也会存在。评估搜索结果是否被操纵是非常困难的，搜索用户很难观察到搜索引擎平台是否有操纵行为，更谈不上采取应对措施。例如，当搜索用户通过搜索引擎平台使用比较购物服务时，搜索引擎平台将自己的比较购物服务排名靠前，用户往往忽略了排名靠后的其他比较购物服务，即使其他的比较购物服务质量更好。

降低搜索结果质量严重损害消费者福利。具有市场支配地位的搜索引擎平台，通过增加广告投放量、减少对广告宣传的产品或服务质量的有效审查、降低广告可识别度，降低了一般搜索结果质量。消费者在使用一般搜索服务时需要付出额外的成本甄别信息的真实性和有效性，其中的时间成本不容忽视，此外，购买不合格产品或服务的风险也随之增加。在竞价排名模式下，付费竞价权重过高，质量得分权重较低。若具有市场支配地位的搜索引擎平台缺乏对广告宣传的产品、服务质量的有效审查、监督，越是质量差的产品就越有动力出高价获得最优广告位。商品质量较低、出价较高的广告可能会被排在前边，甚至虚假广告会随之而来。搜索引擎企业之所以能够操纵搜索结果，原因在于市场缺乏有效竞争。当具有市场支配地位的搜索引擎企业操纵了搜索结果，降低搜索质量，搜索用户和内容提供商通常也不会转向使用其他搜索引擎。因此，具有市场支配地位的搜索引擎企业操纵搜索质量问题应引起竞争政策及反垄断执法的高度关注。

本章参考文献

Animesh, A. Ramachandran, V., et al., 2005: Online Advertisers Bidding Strategies for Search, Experience, and Credence Goods: An Empirical Investigation. *Second Workshop on Sponsored Search Auctions. EC.*

Animesh, A. Ramachandran, V., et al., 2010: Research Note-Quality Uncertainty and the Performance of Online Sponsored Search Markets: An Empirical Investigation. *Information Systems Research.*

Burguet, R. and Caminal, R. and Ellman, M., 2015: In Google We Trust?. *International Journal of Industrial Organization.*

Carlton, D. and Perloff, J., 2004: *Modern Industrial Organization.* Pearson/Addison Wesley.

Cave, M. and Williams, H., 2011: The Perils of Dominance: Exploring the Economics of Search in the Information Society. *Initiative for a Competitive Online Marketplace,* http://www.i-comp. org/en_us/resources/resources/download/1043, Date Accessed, 20, 2012.

Daly, A., 2014: Dominating search: Google before the law. *Socitey of the Query Reader: Reflections on web search (pp.86-104).* Amsterdam: Institute of Network Cultures.

Edelman, B. and Lockwood, B., 2011: Measuring Bias in 'Organic' Web Search. *Working paper.* Available at http://www.benedelman.org/searchbias/.

Edelman, B., 2014: Leveraging Market Power Through Tying: Does Google Behave anti-competitively? *Journal of Competition Law and Economics.*

Edelman, B., 2015: Does Google Leverage Market Power Through Tying and Bundling? . *Journal of Competition Law & Economics* 11.2.

Eliaz, K. and Spiegler, R., 2011: A Simple Model of Search Engine Pricing. *The Economic Journal,* 121(556).

Etro, F., 2013: Advertising and Search Engines. A Model of Leadership in Search Advertising. *Research in Economics,* 67(1).

Evans, D. S. and Schmalensee, R., 2005: The Industrial Organization of Markets with Two-sided Platforms (No.w11603). *National Bureau of Economic Research.*

Evans, D. S. and Noel, M., 2005: Defining Antitrust Markets When Firms Operate Two-sided Platforms. *Columbia Business Law Review.*

Ezrachi, A. and Stucke, M. E., 2015: Online Platforms and the EU Digital Single Market. *University of Tennessee Legal Studies Research Paper.*

Filistrucchi, L., 2008: A SSNIP Test for Two-sided Markets: The Case of Media. *Net Institute Working paper, No.08-34.*

Filistrucchi, L., Geradin, D., et al., 2014: Market Definition in Two-sided Markets: Theory and Practice. *Journal of Competition Law & Economics,* 10(2).

Fiveash, K., Brussels Throws Antitrust Settlement Lifeline to Google: Almunia Urges Schmidt to Offer Quick Fix or Face Possible Abuse Charges [EB/OL]. https://www.theregister.

co.uk/2012/05/21/joaquin_almunia_google_statement/, 2012-03/2019-08.

Gandal, N., 2001: The Dynamics of Competition in the Internet Search Engine Market. *International Journal of Industrial Organization, 19*(7).

Gilbert, R., 1989: Mobility Barriers and the Value of Incumbency. *Handbook of Industrial Organization.*

Gjorgievska, A., 2016: Google and Facebook Lead Digital Ad Industry to Revenue Record. *Bloomberg.* Available at http://www.bloomberg.com/news/articles/2016-04-22/google-and-facebook-lead-digital-ad-industry-to-revenue-record.

Haucap, J. and Heimeshoff, U., 2014: Google, Facebook, Amazon, eBay: Is the Internet Driving Competition or Market Monopolization? *International Economics and Economic Policy, 11*(1–2).

Introna, L. D. and Nissenbaum, H., 2000: Shaping the Web: Why the Molitics of Search Engines Matters. *The Information Society, 16*(3).

Langford, A., 2013: gMonopoly: Does Search Bias Warrant Antitrust or Regulatory Intervention. *Indiana Law Journal, 88*(4).

Newman, N., 2013: The Cost of Lost Privacy: Search, Antitrust and the Economics of the Control of User Data. SSRN Working paper. Available at http://ssrn.com/abstract=2265026.

Newman, N., 2014: Search, Antitrust, and the Economics of the Control of User Data. *Yale Journal on Regulation, 30*(3).

OECD. Data-driven Innovation for Growth and Well-being: Interim Synthesis Report[EB/OL]. http://www.oecd.org/sti/inno/data-driven-innovation-interim-synthesis.pdf, 2014-10/2019-08.

Pan, B. Hembrooke, H. Joachims, T. et al., 2007: In Google We Trust: Users' Decisions on Rank, Position, and Relevance. *Journal of Computer-mediated Communication, 12*(3).

Pasquale. F., 2013: Paradoxes of Digital Antitrust: Why the FTC Failed to Explain its Inaction on Search Bias. *Harvard Journal of Law & Technology Occasional Paper Series.*

Patterson, M., 2012: Google and Search Engine Market Power. Fordham Law Legal Studies Research Paper.

Schmalensee, R. and Evans, D. S., 2005: The Industrial Organization of Markets with Two-sided Platforms (No. 11603). *National Bureau of Economic Research.*

Stucke. M, E. and Ezrachi, A., 2016: When Competition Fails to Optimise Quality: A Look at Search Engines. *Yale Journal of Law and Technology, 18*, 70.

Sutton, J., 1991: *Sunk costs and market structure: Price Competition, Advertising, and the Evolution of Concentration.* MIT Press.

White, A., 2013: Search engines: Left Side Quality Versus Right Side Profits. *International Journal of Industrial Organization, 31*(6).

Wright, J., 2004: One-sided Logic in Two-sided Markets. *Review of Network Economics, 3*(1).

Vaidhyanathan, S., 2012: *The Googlization of everything: (and why we should worry).* University of California Press.

〔英〕Simon Bishop Mike Walker 著，《欧盟的竞争经济学：概念、应用和测量》，董红霞等译，北京：人民出版社，2016 年。

黄坤，2014:《互联网产品和 SSNIP 测试的适用性——3Q 案的相关市场界定问题研究》，《财经问题研究》第 11 期。

蒋岩波，2012:《互联网产业中相关市场界定的司法困境与出路——基于双边市场条件》，《法学家》第 6 期。

林平、刘丰波，2014:《双边市场中相关市场界定研究最新进展与判例评析》，《财经问题研究》第 6 期。

曲创、刘重阳，2018:《平台垄断、劣币现象与信息监管——基于搜索引擎市场的研究》，《经济与管理研究》第 7 期。

佟姝，2010:《百度被诉垄断案背后的思考——唐山市人人信息服务有限公司诉北京百度网讯科技有限公司垄断纠纷案评析》，《中国专利与商标》第 1 期。

王知津、潘颖，2012:《中文搜索引擎商业模式比较：以百度和谷歌为例》，《图书馆工作与研究》第 11 期。

于左、张容嘉，2019:《互联网企业涉及双边市场的相关市场界定、市场支配地位认定及滥用行为分析》，《反垄断研究》第 1 期。

6. 电子商务

李三希

电子商务引领的线上消费浪潮冲击了传统线下消费模式：在降低了消费者购物成本的同时，提高了企业的经营效率，促进了经济发展。电子商务的普及也使得更多企业可以通过观察消费者过去的消费选择来对其类型做出判断，使企业可以进行个性化定价或精准营销等。随之兴起的电商平台企业，更是凭借极低的边际成本和不断累积的双边用户基础飞速扩张。电子商务行业存在的诸如价格歧视、"赢者通吃"以及相应的竞争政策等问题值得进一步研究与讨论。

本章将探讨线上交易与传统线下交易之间的差异；在 SCP 的分析框架下深入讨论电子商务行业的发展现状及市场结构，行业内平台及个体企业厂商的竞争行为以及市场绩效；分析国家应如何制定竞争政策，以对电子商务行业的企业可能存在的垄断、滥用市场势力等不正当的竞争行为进行公正、合理的约束。

6.1 概念与发展历程

6.1.1 基本概念

电子商务，通俗地讲就是通过信息网络技术进行的买卖双方不谋面的商品交换活动。它将传统买卖交易与物流过程置于以计算机和互联网为基础的信息技术路径上（寸守栋，2019），是传统商业活动的电子化，是一种新型的交易模式。

Gordijn，et al.（2000）认为电子商务模型主要由三大部分构成：买方、卖方和信息网络提供者。买方是有意愿通过互联网等电子网络，在交易平台上购买商品的自然人或企业；卖方是有意愿在平台上提供商品，通过互联网销售商品的商家；信息网络的提供者是连接买卖双方的平台，是在电子商务活动中为交易双方或者多方提供交易撮合及相关服务的信息网络系统的总和，按业务模式可分为第三方平台和自营型平台。平台可以选择对买方收取费用、对卖方收取费用或对买卖双方收取费用来作为盈利手段。除此之外，物流系统和电子支付是买卖双方完成交易必不可少的要素。

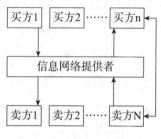

图 6.1　电子商务模型

6.1.2　发展历程

美国是全球电子商务发展最早的国家，在技术的快速革新、完善的信用、金融支付体系以及发达的物流系统的支持下，美国电子商务系统蓬勃发展，出现了以亚马逊为首的一系列优质企业。

我国电子商务起步于 20 世纪 90 年代，20 年来迅速发展，2018 年我国电子商务交易规模已经达到 31.6 万亿元（表 6.1），利润额已经超过美国 [①]，位居世界第一。

---

① 排名数据来自 statista.com 和 Roland Berger.com。

表6.1　2005—2018年中国电子商务交易规模及增长率

年份	电子商务交易规模（万亿元）	增长率
2005	1.3	44%
2006	1.6	23%
2007	2.2	38%
2008	3.1	41%
2009	3.7	19%
2010	4.6	24%
2011	6.1	33%
2012	8.1	33%
2013	10.4	28%
2014	16.4	58%
2015	21.8	33%
2016	26.1	20%
2017	29.2	12%
2018	31.6	8%

数据来源：《中国电子商务报告2018》，国家统计局，商务部。

　　我国互联网普及率在2002年仅为4.6%，伴随着基础电信行业的大力发展（表6.2），于2016年已经达到了53.2%[①]，庞大的网民基础以及消费思维的线上化为我国的电子商务的发展提供了充足的需求。为了缓解2008年国际金融危机给国内制造业造成的冲击，我国投入大量资金至基础设施建设，公路、铁路的完善为物流运输打下了基础，乘着我国人口红利的东风，低廉的运输成本也促进了我国电子商务的发展。技术方面，从外部环境来看，由于我国互联网相对起步较晚，许多领域已存

———————————

① 国家统计局最新数据。

在高度开发的开源平台，这使得我国可以实现技术跳跃式发展；从内部
环境来看，近年来我国也愈发重视技术的自主研发，致力于打造科技领
先的互联网企业，内外发展环境共同促进了我国电子商务相关技术的快
速发展。

表 6.2　2010—2018 年中国基础电信行业发展情况

年度	电信业务总量增速 （％）	移动电话基站数 （万个）	移动电话普及率 （部／百人）	3G/4G 用户数 （亿户）
2010	17.4	140.7	64.4	0.5
2011	15.2	192.5	73.6	1.3
2012	10.7	207.0	82.5	2.3
2013	15.4	241.0	90.8	4.0
2014	15.5	339.7	94.5	5.8
2015	28.7	466.8	92.5	7.8
2016	33.9	559.0	95.6	9.4
2017	76.7	619.0	102.0	11.3
2018	137.9	648.0	112.2	13.0

数据来源：2018 年《全国通信业发展统计公报》，工信部。

6.2　线上线下对比

电子商务的兴起对供给端和需求端都产生了很大影响，本节将主要
从信息不对称、买卖双方成本、地理位置、供应链、税收等方面分析线
上销售和线下销售的不同之处。

6.2.1　信息不对称

相比于线下购物方式，线上购物模式存在很大的信息不对称现象，

主要表现为消费者事前处于产品信息的劣势方。进行线上购物时，消费者无法亲自检验商品的质量信息，对只存在线上销售渠道而没有线下实体店的品牌而言，消费者对商品质量及是否购买商品的判断完全依赖于网上图片、评价等。Smith and Brynjolfsson（2001）在研究线上书籍市场时发现，高信誉品牌对于消费者的需求有显著促进作用，消费者愿意额外支付 $1.72（标价 $50）从亚马逊等三家最大网络书籍零售商上购买商品。Cabral and Hortaçsu（2010）通过面板数据回归发现，线上商家的平均销售量会因为第一个"差评"从 +5% 下降到 –8%。

　　这种买方的信息劣势会造成一种经典的逆向选择问题——柠檬市场效应，即好的商品会遭到淘汰，劣等品逐渐占领市场。为了解决这一信息不对称问题，近年来，线上购物平台加大力度完善在线评价体系，力图使消费者通过查看商品的买家评论、商家信誉等了解更多有关商品质量的信息；其次，线上商家通过提高自身商品质量、建立自己的品牌效应等来提升销量；此外，平台提供担保服务，消费者可以自由退换货，减轻了线上购物时信息不对称给消费者带来的影响。

　　但上述举措仍然存在许多问题。首先，消费者没有动力去认真公正地评价商品，商家可能通过"好评返现"等方式诱导买家给予商品好评。同时，竞争对手也有激励进行恶意评价以引导市场需求的变动，这些都导致了在线评价机制很难完全意义上地促进消费者对产品质量信息更好地把握。其次，在线上购物中，退货现象普遍存在，据 2017 年人民网统计，25% 的服饰电商存在退货现象，退货极大地增加了商家的经营成本和社会运行成本，不利于市场的发展。相比于信息不对称问题至今仍未得到妥善解决的线上市场而言，消费者在线下实体市场中更能做到"所见即所得"，线下销售为消费者提供了线上购物时最缺乏的"购物体验"。

　　线下购物的另一缺陷是消费者线下获取价格信息能力有限。线下市场中不同商家较为分散的地理位置导致消费者很难在短时间内"货比三家",且由于对分销渠道、产品定价等不了解,消费者的搜寻成本较大,很难买到"物美价廉"的商品,相比之下,线上市场在搜寻信息方面给了消费者很大的便利。

6.2.2 买卖双方成本

线上购物同时改变了消费者的消费方式和商家的销售经营模式,总体上降低了消费者的消费成本,也改变了商家的经营成本构成。

从消费者的角度来看:在支付方面,目前移动支付已经深入渗透到了我国消费者生活当中,在日常消费领域几乎已经进入了"无现金"时代,线上购物的一键购买既方便又安全。在产品价格方面,线上购物时间地点更随意,价格更实惠,吸引着越来越多的消费者,而传统的线下购物则更多地成为一种消费者体验或者放松的社交休闲模式。其背后的直觉如下:由于互联网便利了消费者"货比三家",越来越多的商家可以通过低价促销的策略吸引消费者购买,促销方式包括"关注减 5 元""买三免一"等。一个商家降低价格会快速导致整个市场的价格战,商家都有动力去降低一点价格来获取更多消费者,因而线上市场竞争行为更接近伯川德价格竞争,这就导致了线上商品价格更低廉。

在搜寻成本方面,目前学术界广泛认同的观点是消费者线上购物时的搜寻成本低于线下购物时的搜寻成本(Brynjolfsson and Smith,2000)。例如,当消费者在电商平台购物时,可以相当便捷地通过关键字搜索需要的商品,按销量、收藏或者价格排序,很容易找到满足自身需要的商品;与此同时,近年来随着互联网技术升级,平台更容易获取消费者的偏好,消费者感兴趣的商品经常会以"猜您喜欢"等弹窗形式出现,这使消费者购物搜寻更便捷。

线上销售也对市场上卖方的成本构成造成很大的冲击。在线上销售渠道中，传统的企业经营成本被大大压缩。如以传统的线下销售模式经营的企业需要承担高额的房租、雇员工资等成本，大型企业或商家还需注册公司，缴纳各种税收、费用等。而线上销售的商家只需在淘宝等所在平台缴纳极少的注册费等就可以进行经营活动，像微商等甚至不需要注册，仅在微信朋友圈发布商品信息即可进行交易，成本极低，电商的税收缴纳等亦存在许多不规范之处，这会在后文中详细介绍。

线上销售还有效地降低了商家的广告投放支出。在互联网大数据盛行的今天，商家可以通过分析消费者的消费偏好，更有针对性地实现广告精准投放，降低无效成本；由于商品链接等信息都可以在网页或者微信小程序上查看，广告的宣传很容易借助社交平台等传播，转发即可，不需要大量的电视广告或者大海报宣传，在节约了推广成本的同时还克服了传统的宣传方式接触用户数量不足的限制；另外，许多电商还采取明星代言的方式，许多明星、网红的小品牌通过网络直播的形式先吸引粉丝消费，继而扩大消费群体。而线下销售多采取传统的广告形式宣传，不如线上宣传更容易渗透到广大消费者的生活中去。

但另一方面，线上销售增加了商家的物流成本和管理费用等支出。2016 年亚马逊仅在运输成本上的投入就超过了 160 亿美元，但顾客和零售商支付的运费以及 Prime 会员缴纳的年费总和仅占其投入的 55%。相比传统线下销售模式，在线上销售模式中，商家的商品主要通过快递物流转移给消费者，企业的物流成本大大增加，这是传统零售转型新零售时必须面对的问题。此外，虽然在网上开店注册成本不高，但商家必须向平台支付不小的成本以获取更多的流量。

6.2.3　地理位置

电子商务的发展导致了"距离的死亡"（Lieber and Syverson，2011）。传统的线下销售往往将销售区域集中在市中心等繁华地区，消费者去线下实体店消费需承担交通成本，且许多来自其他地区或国外的商品一般不方便买到，因而地区间的商品流通较差。对商家来说，由于市中心等繁华地段的商铺租金远远高于城乡接合部等略偏僻地区，因而当有了线上销售渠道后，线下的实体店铺只需要提供体验店的作用和少量的库存任务，库存任务可以直接由租金低廉地段的仓库来负责。这能够显著地降低商家成本，原本横亘在不同地区消费者与商家之间的障碍被打破了，跨地区的交易变得不再困难。线上销售这一渠道发展以来，消费者不仅能很轻松地购买全国各地的商品，像"代购""海淘"等服务更让消费者了解到了国外商品，并很容易买到心仪的国外商品。

线上销售让一些西部山区或者偏远农村地区更好更快地发展起来，比如云南地区的石榴在当地供大于求，当地果农通过线上销售扩大了消费者群体，大大增加了收入；对于消费者来说，不仅能够很方便地购买到云南地区的石榴，还可因省去了中间分销商而降低购买石榴的成本。

总之，由于消费者在任何地方都可以进行线上购物，地理位置的差异开始变得不再重要。有很多文献论述了这一观点（Forman，et al.，2005；Kolko，2000）。Loginova（2009）基于消费者几乎可以同成本地访问线上商家，但是无法同成本地抵达线下实体商店这一特点，构建了一个 Salop 圆周模型，并特别地假定传统厂商均匀分布于 Salop 圆周上，而电商处于圆心，对所有消费者来说距离相同，模型证明，在均衡结果下，电商可以获得圆周上的很大一部分消费者，但传统线下厂商只能覆盖到就近的两端客户，就是说，传统的位置差异只会影响线下实体商店的消费者分布，但不会影响电商的消费者群体。

然而，当消费者进行线上购物时，在其下单购买和收到商品之间存在时间差，而往往这类商品在线上线下都可以被购买，当消费者在线下购物此类商品时，付款后即可拿到商品，这是线上购物所无法解决的地理位置差异带来的不便利。

6.2.4 供应链

在传统的线下销售渠道中，商家的产品往往需借助代理商、分销商、经销商、批发商、零售商等多个中间环节的传递才能最终交付到消费者的手上，这些中间环节的存在大大地提高了消费者的消费成本，减少了厂商的生产利润并延长了交易达成的时间。但在线上销售渠道中，电商平台可以将生产厂商和最终消费者直接相联系，消费者可以直接面对厂商提出产品需求，使消费者的产品选择更多样，而不必受中间代理商的影响而限制消费选择的可能性；厂商直接面对消费者，可以直接了解市场对产品的意见和态度，以便更有效地对产品做出调整；平台取代了传统线下销售模式下的中间部门，起到了连接消费者和生产厂商的作用。这种线上销售渠道，不仅有效地缩短了产品的供应链长度，还能提高整个社会的福利水平。

对于厂商而言，在传统线下销售模式中，厂商往往以产品、渠道为中心，厂商需要花大量的费用和精力来寻找零售商、代理商等，且由于不能与消费者直接接触，对产品的市场需求需要通过中间商层层反馈和传递，在一定程度上缺乏效率。但在线上销售模式下，厂商与消费者之间的中间环节大大减少，可以很大程度地拓宽厂商的利润空间，且由于供应链更短，传统线下销售模式中的"长鞭效应"——市场对产品的需求波动通过供应链层层放大，最终对生产源头造成很大的影响——大大改善，消费者需求波动造成的经营成本大大减少，有利于厂商更好地经营和发展。

从库存角度来看，供应链的缩短能够显著地减少厂商的库存量并放松对库存位置的限制。在传统线下销售模式中，由于消费与生产之间环节众多，存在较长的时滞，厂商不得不准备大量的库存以应对市场需求的波动；但在线上销售模式下，零售厂商无需大量库存，这在很大程度上可以减少成本支出。对于仓储地点，传统线下销售模式中，库存地与实体店铺距离较近，因而常常需设立在高房租地段，但在线上销售模式下，由于产品主要通过物流系统流通，仓储地点选择更灵活，成本可以大大减省。

对消费者而言，在线上购物模式下，消费者可以直接与厂商沟通，往往能够更有效地了解产品信息，购买自己心仪的产品，且没有中间环节的存在，沟通更高效，大量的消费者信息的直接传递可以让生产厂商了解到市场的真实信息，避免中间商为了自身利益而扭曲信息，这能够显著提升市场的经营效率和产品质量。

6.2.5 税收

电子商务的税收问题一直以来都备受世界各国的关注，新兴销售模式下，厂商的纳税行为亟需完备的法律法规约束。以亚马逊平台为代表，大部分第三方电商卖家已经逃避纳税长达数年之久。在美国，销售税问题也被称作"亚马逊税"问题，但美国众议院多次会议都未通过让网络零售商缴纳州销售税的法案。

2017 年 8 月，美国州际税务委员会（MTC）在 13 个州宣布一项销售税特赦方案：有纳税义务的第三方卖家在 2017 年 10 月 17 日前到 MTC 进行注册，就可以按照规定交税并免除之前税款。2017 年 12 月，亚马逊在卖家论坛发布消息，表示 2018 年将对其在华盛顿州的第三方卖家征收销售税；同时亚马逊还指出，税收是亚马逊的一项新服务，将自动计算、收集和减免向某些州客户销售产品的第三方商家的销售税。

目前学术界对于电子商务的税收问题的观点主要分为两种，其一是免税观点。美国法律有过规定，唯一有义务缴纳电商州销售税的零售商，是那些在买方州内有实体店的零售商。目前，电商征税还面临解决数据信息的不对称、税源地确认以及纳税凭证管理等各方面的困难。由于这些原因，目前现实的情况是电商享有比传统销售商更优惠的税收政策。

还需要认识到，征收"电商税"将打击新兴产业的发展，增加中小微企业的负担。在中国，贫富差距仍然是不可忽视的问题，电子商务的出现，催生了一批小微企业、微商等，这些企业增加了许多就业机会，激发了经济增长新活力。

另一种观点认为税收对于电子商务而言是必要的，电商不纳税或未足额纳税将会导致不公平竞争以及政府的税收流失。2013年商务部曾公开表示，"税法对传统企业和电子商务企业是统一适用的。"《电子商务法（草案）》的二审稿也说明，"电子商务经营主体应当依法履行纳税义务，并有依照专门税收法律规定享受税收优惠的权利。"从事电子商务经营的企业和传统的线下经营者一样，都需缴纳增值税，并根据所得情况缴纳企业所得税、个人所得税等。事实上，"电商税"并不是一种专门针对线上经营活动的新税种，也并不区分经营活动是在线上还是线下开展。因此对电商进行征税并不是额外加税，而是落实税收法定，对电商的税收加强征管。

目前，大型B2C平台已进行了税务登记且积极履行纳税义务，入驻的B端商家均需进行资质审核流程，包括工商登记和营业执照登记等。目前京东、苏宁易购等自营B2C电商，还有同样通过工商注册的天猫和京东平台的商家，均依法在公司注册地纳税，这部分已经具备相当大的体量。不纳税的企业主要是一些电商平台上的小规模个体卖家以及朋友圈中的微商等。

6.3　电子商务行业发展现状

电子商务作为新兴的商业模式，先进入的企业或商家相对于后进入者天然地具有竞争优势，如寡头厂商能根据累积的用户信息精准营销。为了明确电子商务行业制定竞争政策的背景，本节将分别从商品服务供给者和作为电子商务中介的平台企业两个角度来梳理当前电子商务行业的市场结构。

6.3.1　商品服务供给者

在电子商务环境中，入驻电子平台的商品或服务的供给者形成了明星效应和长尾效应并存的市场结构。Bar-Isaac, et al.（2012）结合长尾理论提出，优势大的企业偏好选择更广泛品种的商品，而劣势企业则更加专一地生产一类产品。

一方面，电子商务模式中消费者搜寻成本低，高质量厂商更容易被消费者搜寻到，从而占据更大的市场份额，形成明星效应。从结构性进入壁垒来看，借助平台的大数据收集，电子商务模式能帮助垄断和寡头厂商建立起强大的数据积累，为厂商的产品设计、产品服务改进及新业务增长等提供基础，这些都是该产业的潜在进入厂商无法具备的信息优势；在策略性进入壁垒方面，供给商可以通过声誉、在线评价体系等树立品牌形象，提升网站的用户知名度和信任度，而新进入市场的企业必须从头开始建立在线交易的好评度等信任感，这种从无到有的进入过程通常需要一个较长的过程和很高的广告费用。在上述因素的共同作用下，电商时代中高质量厂商占据更大市场份额的明星效应更容易出现。

另一方面，由于劣势企业的专一化发展，电商市场中的"长尾"产品正逐渐占据总体市场的一席之地。搜寻成本的降低打造接受度高的明星产品的同时，以专一度见长的小众化产品也获得了更多的生存机会，供应商可以针对小众消费群体销售专业化、个性化的产品，从而每一件新产品的出现都可能促进形成一个垄断竞争的微观市场，最终形成在电商市场出现大量长尾产品的现象。

从动态的角度来看，当前电子商务背景下，服务或商品供给商对顾客展示的信息越多，就越有可能被其他竞争对手复制。当产品的个性特征被别的企业仿制并销售后，原有垄断竞争供给商就会遭受冲击，市场的变化频率会加快，这也会促使退出原有垄断竞争市场的供给商寻找新的领域发展，从而提高整个市场的动态效率。

6.3.2　平台企业

为了帮助商家实现规模经济和专业化要求，同时缓解线上交易活动中存在的信息不对称、交易成本高等问题，作为电子商务中介的平台企业应运而生，且电商环境中寡头现象更为突出。

赢者通吃的现象在电子商务平台企业内十分显著。平台型的电子商务企业汇集了大量商品服务供给商以及需求方的消费者群体，由于网络外部性带来的正反馈效应，最大的网络平台对于消费者而言往往最具吸引力。在"丛林法则"的作用下，中小型电子商务平台在激烈的竞争中生存艰难。另外，基于杠杆效应的市场控制力的提升，即从某一领域向另一领域扩张的潜在能力，也有利于提高电子商务平台企业的市场份额：比如阿里巴巴借助淘宝网的巨大流量以及余额宝的众多客户快速扩大了其零售电商产业的市场份额，基于规模经济的组织特性和强大的融资能力，平台就更可能以低价进行价格竞争以争取更多客户来扩大市场份额。"强者愈强"的马太效应在电子商务行业尤其明显。

在市场集中度方面，根据《2017年中国电子商务市场数据检测报告》，我国B2C市场份额占比已趋于稳定，"第一梯队"的天猫份额占比第一，高达网络零售B2C企业市场交易总额的52.73%，京东名列第二；唯品会、苏宁云商、国美等为 B2C 市场"第二梯队"；同时也不乏拼多多等"黑马"企业迅速发展。张云（2016）根据中国电子商务研究中心统计数据测算了我国电子商务企业的市场集中度，并计算出了 CR4、HHI 指数等数据，判断我国电子商务行业属于极高寡占型市场。

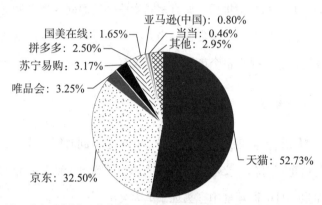

国美在线：1.65%　亚马逊(中国)：0.80%
拼多多：2.50%　当当：0.46%
苏宁易购：3.17%　其他：2.95%
唯品会：3.25%
京东：32.50%
天猫：52.73%

■天猫 京东 ■唯品会 ■苏宁易购 ＼拼多多 ／国美在线 ■亚马逊(中国) ■当当 ✕其他

图 6.2　2017 年网络零售 B2C 企业市场交易份额

　　在进入壁垒方面，由于我国零售电商市场龙头平台企业已经占据明显的、稳定的有利地位，电商领域的进入门槛会非常高。但我国政府正积极鼓励扶持电子商务市场的发展，因此电商平台市场的政策进入壁垒比较低。此外，由于必要的资本和网上销售成本及信息技术已经不再能够制约电子商务平台企业的发展，目前电子商务平台的进入壁垒主要体现在资本壁垒和产品差异壁垒上。

　　资本壁垒方面，不同于必须建设厂房和门店等的实体店，作为线上媒介的电商平台非流动资本需求很低，传统意义上的前期最低资本投入量并不高。但平台中用户的效用依赖于常驻平台的用户数量，维持用户粘性又需要平台企业降低服务费或给予用户补贴，因此新生电商平台由于双边用户较少且不稳定，在运营初期往往需要投资方大量注资来支撑导致无法盈利，例如淘宝网创立之初，为吸引顾客曾发起大量优惠活动补贴用户，阿里巴巴对其三次注资总金额达 64.5 亿元。强大的资本后盾才能破除该行业的资本进入壁垒，投入超越临界值后，平台用户数量激增、忠诚度提高，从而处于优势地位的平台企业开始盈利。因此，电子商务平台领域很容易出现巨头垄断的情况，许多没有强大资金支持的小微企业难以立足，被迫退出市场，主要用户都被具有垄断地位的巨头获取。

产品差异壁垒与资本壁垒的建立是相辅相成的，差异化产品吸引资本，资本投入提高支撑技术创新、打造产品差异性。电子商务平台潜在进入者需要提供有别于在位企业的、差异化的产品才有可能吸引客户。考虑到消费者大多是多栖于各电商平台的，新进入的企业必须在技术和服务方面有迎合用户需求的突破性进展，才能吸引潜在用户，进而吸引更多风险投资，以加大技术创新方面的投入来创造更有特色的产品和服务，进一步提高用户粘性。只有在这种良性循环下，才能够逐步解决资本壁垒问题。

从退出壁垒来看，电子商务平台的绝对开放、虚拟交易等特性，使得其资产专用性较低，固定资产较易转让，沉没成本仅与平台企业规模有关。整体来看，电子商务市场的平台企业退出壁垒是很低的，因此经常能看到因营销失败、资金运转困难或技术落后等原因倒闭或转型的电商平台企业。

6.3.3 电子商务平台企业主要运营模式

由于进入电子商务平台领域的资本壁垒以及产品差异化壁垒的存在，新进入的企业纷纷选择差异化的经营模式以避免激烈的价格竞争，各种运营模式纷纷出现，表 6.3 列出了目前电商行业主要的运营模式及典型案例。

表 6.3　电子商务平台企业主要运营模式定义及典型案例

平台企业主要模式		定义	典型案例
零售 电商	B2C	企业通过自营网络平台或第三方网络平台，跨越分销等步骤，直接面向消费者销售产品和服务的零售模式。消费者直接在网上进行购物并在网上支付，企业通过快递物流的外包来节约运营成本	综合类[①]：京东 垂直类：当当网 厂商自建类：苏宁
	C2C	互联网中个人对个人的电子商务模式，类似于现实生活中的跳蚤市场，但在线的 C2C 销售平台没有了空间和时间的限制，可以将更多的买卖双方集中在同一个平台上，双方按照自身的需求与偏好进行商品交易	淘宝网 拍拍网 易趣网
产业 电商	B2B	企业对企业的电子商务模式，按照交易模式可以分为综合 B2B 电商、垂直 B2B 电商、自建 B2B 电商以及关联行业 B2B 电商	综合类[②]：慧聪网 垂直类：上海钢联 自建类：聚饰云
跨境电商		打破国家间的地域障碍，是海外商品陈列、浏览的媒介，也是达成跨国商品交易的场所，起着衔接全球商品供应与消费桥梁的作用。包括第三方跨境电商平台和自建跨境电商平台	平台类[③]：天猫国际 自营类：亚马逊
O2O		线上和线下渠道有机结合的一种电子商务模式，指线上营销、购买、支付，带动线下经营、消费，即将传统商业与互联网技术结合，让互联网成为线下交易的前台	美团网 盒马鲜生

注：①综合类 B2C，在线上销售多重类型的商品和服务，大多与线下销售企业共同建立；垂直类 B2C，经营商品种类专一的平台，更新速度较快，市场反应灵敏；厂商自建的 B2C，企业为在互联网时代的竞争中夺取线上销售的份额，而自建的互联网零售平台。②综合类 B2B，平台自身没有买卖需求，只是作为供给方和需求方匹配的平台存在；垂直类 B2B，建立上下游零售商企业之间的零售关系的 B2B 平台。③平台型跨境电商，本身不参与商品的销售和购买环节，而只是作为连接买卖双方的平台而存在，大量国外品牌企业入驻平台，商品类型十分丰富；自营型跨境电商，参与购买的平台，作为购买主体前往海外备货，自营商品销售。

6.4 电子商务企业的竞争行为

在电子商务行业中，商品服务供应商以及平台企业的竞争相较于传统商务体系更为激烈。由于供应商和电商平台的盈利模式不同，竞争行为也有较大差异，本节将分别讨论二者在电子商务环境下的竞争行为。

6.4.1 商品服务供应商的竞争行为

商品或服务供应商在市场上的竞争行为可分为价格行为和非价格行为。

首先考虑企业在不同销售渠道的定价行为。电子商务模式普及后，供应商企业存在三类营销渠道：仅线上销售、仅线下销售和线上线下同时销售。对于已建立实体店的传统品牌的电子商务网站，在定价时必须考虑线上价格对线下价格体系的影响，因为在大部分行业中，传统线下渠道仍是最主要的收入来源，对于非单一品牌的 B2C 网站来说，线下价格通常是线上价格的上限。同时，消费者往往默认网上购物价格更低，如果线上价格与线下相同或更高，由于线下购买能够更加真实地了解产品且相对节约了时间成本，线上销售渠道可能失去优势（盛昭瀚和徐峰，2010；田林和徐以汛，2015）。此外，消费者还会根据对商品估值的高低，自动地选择购买途径：低支付意愿的消费者会在线上购买，高支付意愿的消费者从线下购买（Loginova，2009）。这种消费者行为一定程度上使得商家不断降低价格，最终同类产品的线上价格往往低于线下价格。

从价格歧视的角度来看，消费者个人信息的披露有利于企业进行价格歧视，如一些线上零售商会基于对消费者的位置（距离线下实体店的物理距离）的预测来进行动态定价等。被广泛讨论的价格歧视主要分为以下三种：一是一级价格歧视，即以不同的价格向每位用户出售商品，销售商可以借此榨取更多的消费者剩余；二是二级价格歧视，即提供不同的产品菜单，让用户自行选择购买方案（如一次性购买三个、五个或者十个产品时，对应的产品单价不同）；三是三级价格歧视，即对不同群体的消费者设置不同的价格，在电子商务中最明显地表现为基于消费者购买行为的价格歧视（Behavior Based Price Discrimination）——基于消费者上一阶段的购买历史，将消费者划分为两类群体以分别定价。网络外部效应、数字产品的锁定效应和共享效应使得在电子商务市场上实行价格歧视更具优势。

供应商还经常采取模糊定价的策略，通过列出产品低配版本的低价吸引消费者，当消费者准备购买时却发现所需产品标配版和高配版的价格几乎和其他商家定价一样。由于搜寻成本的存在，第一家被消费者浏览的商家会获得更多的潜在客户（Armstrong，2011），电子商务平台提供的价格排序使这种定价策略被越来越多的商家采用。

再来考虑供应商企业的非价格行为，包括合理定位和设计产品、产品推广和经营模式的创新。

电子商务的线上销售过程面向众多消费者，合理定位和设计产品是厂商重要的前期非价格行为。产品设计主要分为产品的规格和质量的设计。在规格方面，由于线上购物的搜寻成本低，完全同质的商品价格竞争激烈，商家往往通过更换包装、改变规模等方式将同类产品区分开来，通过丰富的非价格信息降低消费者对价格的敏感程度，从而降低价格竞争的强度。此外，"长尾理论"在线上的电子商务市场中得到了很好的体现。从降低成本和提高效率的角度考虑，互联网的发展普及便利了消费者搜寻购买商品，使商品流通更迅捷、展示的场地和渠道更宽广，即使在传统线下销售渠道中看似需求极低的产品，在线上销售中只要有供给就会有消费者购买。供应商的需求和销量不高的产品所占市场份额总和，可以与主流产品的市场份额相媲美，甚至更大。因此，绝大部分新进入的小微供应商，更专注于差异化的尾部产品，减少和巨头们在主流产品市场的竞争。线上定制商品越来越受到消费者的青睐，如文化衫、手机壳来图定制等。电子商务的发展使供应商企业开始转变生产经营模式，如红领的 C2M 颠覆模式：传统的服装行业模式是生产之后再销售，产品同质化严重，且中间环节层层加价、投资与成本较高；而红领模式凭借世界上 90% 以上的人体大数据模型准确地根据消费者下单的尺寸和偏好定制服装。客户工厂直接对接的模式实现了零库存、投资低、回报高的目标，通过数字化的 IT 系统精简了所有的研发、生产等中间层，实现直接从用户到厂商的高效沟通。

在产品推广方面，电子商务平台展示商家商品的顺序一定程度地影响着消费者的购买决策，进而影响商家的销量和最终利润。由于消费者在筛选及购买商品时一定会产生搜寻成本和转换成本，越早被消费者了解的产品及商家具有越大的优势（Armstrong and Zhou，2011）。也就是说，商家更有可能向平台付费以使自己的搜索位靠前，或者增加商品分类标签使更多消费者看到该商品。此外，电子商务的线上购物模式使消费者之间的信息传递更加便捷，病毒式营销的方式在电子商务中也越来越多地被应用。例如推行将某商品加购物车并转发给朋友可以获得一定金额代金券的活动，商家可以通过消费者之间的互相推荐来进行商品的推广。与此同时，饥饿营销的方式也被越来越多商家采用，即使是有相当大库存资源的企业也倾向于采用饥饿营销的策略。线上浏览时经常可以看到亚马逊的"库存 3 件"、Groupon 的"仅剩 4 个名额"、存在未付款成功的商品时其余买家可以进入"waiting list"，等等（Koch，2015）。

在经营模式方面，不少商家开始走线上线下一体化的道路：线上网站扮演"推广"的角色，传统实体店扮演"销售"角色；或线下实体店提供体验服务，线上可自助下单购买，线下随时退换货等。这种经营模式有助于吸引更多潜在消费者，增加销售量。2014 年出台的新《消费者权益保护法》规定，消费者通过网络购买的商品，自收到货品七天内都可以无理由退货。越来越多的商家开始免费为部分消费者提供试用产品，在吸引消费者购买的同时，降低退货率从而减少退货成本。也有不少电商从初始的纯粹的自营模式转变为引入第三方企业的经营模式，即电商平台化。对于平台而言，引入第三方一定程度上相当于拥有了进入新市场的"问路石"。平台不需要承担第三方企业的损失而只分取利润，这也一定程度上解释了淘宝利润额高于京东利润额的现象。

6.4.2 平台企业的竞争行为

与商品和服务供应商的竞争行为类似，电子商务平台企业的竞争行为也可以分为价格行为和非价格行为。

首先，对于平台企业竞争的价格行为。

从平台的收费机制来看，电子商务平台往往采取对卖家收费，对消费者优惠收费甚至给予补贴的收费方式。这是由于平台发展的核心在于同时吸引双边用户，而在电子商务中，消费者可多栖于多个平台，因而平台企业面临一个较高的需求价格弹性，这意味着降低收费对消费者的影响程度更大，平台可以将成本更多地转移给供应商，于是消费者群体实际上享受到"补贴"。这具体表现在，平台对消费者群体一般采取前期"烧钱"的策略，以实现平台用户"从0到1"的转变，对卖家的收费方式则包括按销售额固定比例收费、按交易量收费、广告位排名、按点击量收费等。

从平台的促销活动来看，电子商务中盛行的优惠券活动是非常典型的平台促销行为，一般平台通过向购物的新老客户提供满减、折扣、节假日买100返20、定金1抵20等优惠活动，以激发众多消费者的购物兴趣，最终给企业带来销售额的迅速增长，如淘宝网的"618"购物津贴由天猫官网发放，参加相同满减活动的店铺可跨店满减，并发起"限时秒杀"等活动，吸引消费者浏览并购买。这种优惠活动不仅是商家的促销行为，还增加了消费者的转换成本，有助于提高用户的忠诚度。平台借促销可以增加销量，扩大平台双边用户规模，通过商家的广告费用等赚取大量利润。

从平台可能存在的价格歧视来看，与实体市场相比较，平台更有能力收集并利用消费者的浏览、搜索、购买历史及收货地址等信息，因而更可能在销售自营产品时对消费者进行价格歧视。消费者因被收集消费记录等个人信息而被商家收取更高价格的事件早已屡见不鲜，日前有网友控诉某订票应用软件的价格歧视行为：为购买机票，该网友初次搜索机票时价格显示为 1104 元，至购买时显示需支付 2322 元，几小时后机票价格涨至 2706 元，而他朋友购买同一航班机票则最终花费了 2500 元。还有网友称对一段相同起点和终点的车程，某网约车 APP 对 iOS 系统设备用户收取的价格比对安卓系统设备用户收取的价格要高。

其次，考察平台企业竞争的非价格行为。[①] 为了在需求端吸引更多消费者，平台越来越重视企业品牌、服务的差异化。例如，天猫拥有 7 万多个品牌商和 5 万多家生产商，凭借其有质量保障的商品和有力的售后保障体系吸引大量用户；京东商城则是以快速的物流运输服务吸引快节奏生活的消费者，以立足于电商市场。平台企业在不断引入商家以扩大规模时，由于难以像出售自营商品那样保障第三方企业提供的商品与服务的品质，还面临着质量把控的难题。因此，越来越多的平台开始注重品牌建设，为保证产品质量而不断提高商家准入门槛，如向入驻商家收取保证金等措施来控制入驻企业质量，一个典型的案例是，2017 年，天猫要求入驻商家公司注册资本高于 100 万元人民币、开店公司依法成

---

① 目前也有许多文献研究了这类问题：Fan, et al.（2016）利用来自淘宝的随机样本面板数据，研究了声誉对收入、价格、交易量、存活率以及卖家竞争行为的影响；Ba, et al.（2003）通过引入可信赖的第三方，实现了经济角度的激励机制，使得线上市场交易更加可信；Xu, et al.（2018）构建了一个 C2C 电子商务模式下的动态评价激励机制，证明一个设计较好的激励机制可以激励所有交易者自愿提交真实的反馈，帮助线上市场的健康发展。

立并持续经营两年以上及须提供营业执照等文件。

　　为了应对平台企业间存在的竞争，平台往往采取争夺利润池、补贴和差异化等措施。近年来，一些已拥有较大规模的消费用户群的平台被指控滥用垄断地位妨碍竞争。同时，随着平台的快速发展，跨领域的平台间的竞争越来越普遍，如阿里巴巴进军在线旅游业，美团进军网约车市场等。为了避免激烈的价格竞争，合并往往成为平台企业最后的选择。如 2016 年滴滴收购优步中国，2015 年美团和大众点评合并，携程收购去哪儿和艺龙，2018 年沃尔玛收购印度电子零售商 Flipkart，Adobe 收购电商营销平台 Marketo 等。

平台并购行为的反垄断问题

　　2019 年 6 月 3 日，美国众议院司法委员会宣布将会对亚马逊（Amazon）就反垄断问题进行彻查。亚马逊在美国的电子商务领域占据着不可撼动的巨头地位，回溯其发展历史，在占领了网络图书市场之后，亚马逊于 1998 年开始进军 CD 音像市场。而早在亚马逊只专注于图书时，CD Now 就已经开始在线销售音像制品，并成为了美国最大的 CD 音像制品电商，为避免竞争并迅速占据市场，亚马逊于 2003 年收购了 CD Now。据 Tim Wu 的统计数据，截至 2018 年亚马逊共计完成 91 项类似的收购，一直在不断通过并购扩大自身营业范围，消除竞争对手，这是亚马逊被列入反垄断调查名单的原因。

　　目前关于反垄断目的之观点，学术界主要分为两派：其一是芝加哥学派，他们认为反垄断的主要目标是提高企业效率、维护消费者福利；其二是布兰代斯学派，他们认为捍卫竞争、追求自由民主才是反垄断的核心目标。如果将追求消费者福利作为反垄断第一要务，那么为消费者

带来优质服务与低廉价格的亚马逊似乎无可厚非，强行拆分、削弱其规模反而可能损害消费者福利；但是如果从捍卫自由竞争的角度来看，亚马逊又的确在电子商务领域形成了严重的垄断势力，究竟以何依据判断反垄断、用何手段制裁反垄断，仍然需要进一步更加全面地研究与讨论。

6.5　电子商务市场绩效

电子商务市场上供应商及平台企业的竞争性行为会进一步影响企业经营、消费者福利及社会总福利。

6.5.1　商品服务供应商

电子商务环境下的供应商有能力实施三类不同的价格歧视，价格歧视会带来两个截然相反的效应。一方面，价格歧视使厂商能够从自己的忠诚消费者那里榨取更高的消费者剩余，从而提高厂商的利润，降低消费者剩余，这个效应叫"剩余榨取效应"；另一方面，价格歧视使厂商对品牌不敏感型消费者的竞争加剧，从而降低厂商利润，增加消费者剩余，这个效应叫做"竞争效应"。价格歧视到底增加利润还是降低利润，增加消费者福利还是降低消费者福利，取决于哪个效应占优。从实证上来看，有些文章发现消费者信息的披露（或缺乏对消费者隐私的保护）会损害厂商利润（Feri, et al., 2016）；而有些则证明了消费者个人信息的披露会减少消费者福利：如 Mikians, et al.（2012, 2013）发现厂商通过针对不同消费者的个人信息定价，同种商品的价格差异可达到 10% 到 30%；Shiller（2013）通过对 Netflix 公司的研究发现，利用网络上消费者数据进行个性化定价，可以使公司利润提高 12.2%；此外，Choudhary, et al.（2015）研究发现，由于个性化定价使得市场占有率增大，市场上企业间的价格竞争也更加激烈，生产高质量产品的企业如果采取个性化定价，其利润反而会降低；Shaffe and Zhang（1995），Fudenberg and Tirole（2000）证明了价格歧视对企业而言是一个占优策略，尽管这最终会导致企业的利润降低，即企业最终会陷入制定低价的"囚徒困境"。

近年来商家越来越多地通过提高折扣比例来进行价格促销。美国的大型连锁商店 JC Penny2012 年的平均折扣从十年前的 38% 提高到了 60%，平均而言，每 500 件商品中仅有一件以正价销售（Kapner，2013）。从消费者的选择来看，当许多卖家通过激烈的价格竞争来促销商品时，消费者会对产品折扣的可信度产生一定的怀疑（discounting of discounts），折扣越高，消费者往往更怀疑或看低折扣的真实力度，这一定程度上导致了最低折扣门槛的存在，即商家必须在促销时提供一个足够低的折扣力度才有可能吸引消费者的注意（Gupta and Cooper，1992）。从这方面来看，电子商务的发展会造成个体企业间更剧烈的价格竞争，压缩个体企业的利润。

利润空间的压缩迫使商家追求更大程度的产品差异化。得益于互联网先进的信息收集技术，商家能够获取更多的消费者偏好信息，从而更精确地进行产品差异化，并以更低的成本实现向目标客户群体的定向宣传，从而提高商家利润。C2B 与 B2B、B2C、C2C 等传统电商相比，更注重用户的差异化需求。

在产品质量方面，Chen（2017）研究了厂商线上店和实体店的产品差异化选择的异同，发现线下市场更吸引提供高质量商品的厂商，线上厂商提供的商品质量平均而言低于现有线下在位者的商品质量。

6.5.2　平台企业

短期来看，平台对消费者或供应商进行补贴会迅速吸引更多双边用户，平台在短期内盈利较少甚至"入不敷出"。一般新进入市场的平台往往采取补贴的方式吸引第一批用户，然而如果两个及以上平台同时采取"烧钱"的策略行动，很有可能会造成两败俱伤的局面；而一旦企业不再提供价格福利补贴或降低补贴力度，由于消费者可多栖于各个平台，用户很有可能放弃该平台，转向其他更加优惠的平台。

长期来看，对于电子商务商家，尤其是平台企业而言，消费者使用平台就会产生数据（如消费者的购买记录、消费偏好等）。平台企业通过长久的积累可以形成来源广、数量多的消费者数据，有了这些数据，企业就可以借助统计方法来分析消费者的偏好以及消费模式进行预测和推断，进一步调整销售商品的种类，如多生产、销售热销产品等。另外，商家还可通过这些消费者信息，有策略地进行产品改进和定价，实现商家的利润最大化。在数字经济时代，数据作为一种重要的资源和生产要素被广泛关注，平台企业一旦获得了过多的消费者个人信息，就有可能侵犯消费者个人隐私。电商平台掌握大量消费者数据，很有可能构成数据垄断。当这些平台企业掌握足够多数据后，就可以将这些数据进行分析，转化为巨大的竞争优势，甚至可能向其他企业销售数据。近年来，通过大数据技术利用信息创造最大价值的公司（如起源于美国的Acxiom公司）越来越多，商业智能和数据库营销将大大增加企业福利。

实行差异化策略，如平台个性化运营，将吸引更多消费者到平台上进行交易，提高平台利润。诚然，模仿策略会节省开发设计等成本，但依然面临来自同类平台的激烈竞争，而平台企业的差异化战略能避开激烈的同质化竞争，真正吸引消费者，除此之外，还很有可能吸引资金投入，帮助平台在获得资金后进一步扩大规模。

6.5.3 消费者和社会总福利

电子商务的产品服务供应商和平台企业等的竞争行为也对消费者和

社会生活产生一定影响。从消费者的角度来看，主流的观点认为电子商务的发展提高了消费者福利。前文提到的声誉评价体系以及平台的准入政策都有利于消费者买到物美价廉的商品，尤其是电子商务平台的用户评价机制，一方面为新消费者提供了产品信息，使他们于购买前获得更多产品的信息，另一方面，由于买家的评价直接影响商家的销量，这一机制增加了消费者的话语权，也使商家更有激励提高产品质量以达到留住老顾客和吸引更多新顾客的目的。此外，线上购物的越来越宽松的退货政策（如"运费险""七天无理由退货"等）也为消费者购物过程中的合理权益提供了保障。

在搜寻方面，电子商务平台上商品种类众多，消费者足不出户就能利用关键词准确搜索到自己心仪的商品，进行消费；电子商务还使消费者更容易进行产品价格、质量等信息对比，不论对于价格敏感型消费者还是质量敏感型的消费者都是一大便利；另外，随着"大数据"的日益发展，网站可以轻松地根据消费者的浏览、搜索记录推测消费者的偏好并进行相关产品的推送，使消费者得到极大便利的、个性化定制的服务。谢康和肖静华（2010）研究了电子商务环境中的价格离散程度和搜寻特征，认为消费者在线搜寻效率的提升直接影响其购物的交易成本，由于消费者的搜寻成本较传统市场显著更低，市场总交易量增加，买卖双方的福利都得到了提升。

Choudhary, et al.（2015）研究发现生产高质量产品的企业如果采取个性化定价，其利润反而会降低；而采取个性化定价的企业的最优选择是增加产品的差异化程度。个性化定价一定程度上增加了供应商的销量，然而市场上的价格竞争也更加激烈。尽管存在一级价格歧视，竞争的厂商间采取价格歧视总体上会带来消费者福利的增加。

但也有观点认为，电子商务的普及会损害消费者福利。传统的理论认为，互联网降低了搜寻成本，因此网上产品的价格离散程度将会大大低于线下市场（Bakos，1997；Smith and Brynjolfsson，2001），然而在有些情况下，线上市场的价格离散程度反而会更高[①]。由于电子商务平台中，商家掌握更多信息的信息不对称是天然存在的，这必然会产生逆向选择的问题。这时，价格一定程度上成为向消费者传递商品质量好坏的信号，即"一分钱一分货"，这导致线上市场价格离散程度反而更高，消费者为买到高质量商品可能需要花费更高的价格。有相关研究发现：品牌的差异化、消费者的忠诚度等因素是异质性产品价格离散的主要原因（Pan，et al.，2002），消费者搜寻成本的存在一定程度上导致了同质的产品价格离散现象（Stigler，1961），然而对书籍、CD 市场以及航空业的实证研究发现，即使线上搜寻成本是"0"，线上市场的价格离散程度仍可能比线下市场价格离散程度高[②]。

由于担心厂商利用个人信息从事对其不利的商业行为，目前越来越多的消费者开始重视对个人隐私信息的保护[③]。在讨论消费者如何隐藏自己的信息方面，最早一类文章研究了基于消费者行为的价格歧视（BBPD），即在两期的动态区别定价下，部分策略性的消费者是如何隐藏自己的信息从而避免被价格歧视的（Acquist and Varian，2005）。还有一类文献考虑了消费者如何以一定成本策略性地隐藏自己的信息来避免厂商的价格歧视，如 Conitzer，et al.（2012），Montes，et al.（2018）等。文献发现，均衡下消费者是否对厂商隐藏信息与模型的市场结构设定有关：当市场上有两个以上厂商竞争时，所有消费者都会选择向厂商披露信息；当市场上仅有一个垄断厂商时，所有消费者均对厂商隐藏信息。

[①] 参见 Clay，et al.（2001）；Degeratu, Rangaswamy, and Wu（2000）。还有一些文献考虑了多个市场上的价格竞争，从分销商的营销渠道类型来解释线上价格离散程度更高的问题（Ailawadi and Farris, 2017; Cao and Li, 2015; Herhausen，et al., 2015; Verhoef，et al., 2015; Yurova，et al., 2017）。

[②] 参见 Bailey（1998）；Brynjolfsson and Smith（2000）；Clemons，et al.（2002）。

[③] Acquisti，et al.（2016）详细归纳了与隐私经济学有关的各类文献。

若存在多个厂商进行竞争，企业个性化定价会增益那些对各厂商产品无特别偏好的消费者，但是会损害那些对某个特定厂商产品具有强烈偏好的消费者。如 Liu and Serfes（2005）的研究发现企业的价格歧视行为会损害对质量具有高支付意愿的消费者，但是对质量具有低支付意愿的消费者会受益。

从社会角度看，随着我国网络、物流交通等基础设施的不断完善，我国农村网民规模持续增长，电子商务的盛行也降低了偏远地区消费者的交通成本，使他们也能便利地购买到先进的产品，促进国家的消费升级。同时，偏远地区的农民等也可以借助电子商务的平台，将当地的农产品、手工艺品销售到全国各地，拓宽收入来源，有利于缩小收入差距，提高社会总福利。电子商务的运行需要电子支付系统的支撑，从社会总福利变化角度来看，这种对电子支付系统的需求加快了互联网金融、网页搜索、物流基础设施等配套产业的发展。

然而，由于电子商务环境下消费者能够更加便捷地比较商品信息，厂商间的价格竞争也更加激烈，企业为了保证利润很有可能会通过降低质量等方式来达到缩减成本的目的。电商平台也出现低价的劣质品或仿品，"Sansang""addidas"等仿制品牌层出不穷。这类"消费降级"在损害消费者福利的同时也一定程度上降低了厂商提高产品质量、完成产品升级的可能性，从这个角度看，电子商务带来的商家间激烈的价格竞争有可能会降低社会总福利。此外，由于过于透明的价格会导致竞争过于激烈，商家也会策略性地模糊其产品定价，比如在宣传商品时通过增加商品分类标签，或用其他规格的低价产品混淆价格范围以吸引消费者，从而会增加消费者在购买时需要承担的搜寻成本。

由于个体企业在平台上无照经营成本低、违法经营收入高，且监管相关的法律法规滞后，总有一些不法商户或个人会用虚假广告吸引消费者，用极低的价格诱导消费者购买后销声匿迹。这种低违规成本现象的存在会破坏市场上的公平竞争、损害其他企业的合法权益，甚至导致消费者对整个电子商务平台逐渐丧失信任。中央网信办对电子商务的发展也提出了新的要求：加强对电子商务领域知识产权侵权假冒行为的专项整治；加大电子商务领域知识产权执法监管力度，充分运用大数据等信息技术手段，创新监管方式，促进线上监管与线下监管的衔接、国内监管与跨境监管的结合。这将保护消费者的权益，同时改善市场的竞争环境，有利于社会总福利的提升。

6.6　中国电子商务发展与政策支持

中国的电商在过去的 20 年中迅猛发展，到如今电子商务这一消费模式已经成为人民群众生活中密不可分的一部分。根据《中国互联网经济白皮书》的调查和统计数据，我国的阿里零售平台在 2013 年的交易额就达到了 2480 亿美元，超过了亚马逊和 eBay 的总和；到了 2015 年，阿里零售平台以 4900 亿美元的网站成交总额，首次超过了沃尔玛成为了全球最大的零售平台；2016 年，我国移动支付交易规模已经达到 8.5 万亿美元，是同期美国的 70 倍以上；2017 年，余额宝也以 1656 亿美元的资产管理规模成为了世界上最大的货币市场基金……

20 年间我国网络零售市场交易规模一路增长，其中有过两次大的跳跃性增长，分别为 2005 年的增长 192.3% 以及 2008 年、2009 年和 2010 年的增长 116.7%、100% 和 97.7%。其中，第二次爆发型增长的时点是 2008 年之后的几年，金融危机抑制了我国制造业的发展，不景气的制造业中出现了大量的剩余劳动力，这为电子商务模式的快递行业提供了大量的廉价劳动力储备。另外，在经济危机的冲击下，我国直接的政策就是依赖于基础设施建设和房地产来拉动虚弱的经济，在这一时期我国公路、铁路运输得以完善和发展，同时基础电信行业也得到了极大的发展。基础设施的建设首先有利于互联网在国内的扩散，同时也为物流行业运输成本的下降打下了良好的基础。同时，房地产行业的发展使房价一直居高不下，这反过来提高了实体店铺的租赁成本。另外，电商行业的竞争政策也一直强调公平竞争，《电子商务法》就明确规定了禁止电子商务经营者滥用支配地位限制竞争，同时还对滥用市场支配地位做出了具体规定。总体来讲，2008 年的金融危机事件和我国采取的对策，导致了实体线下店铺的成本提高和线上电子商务快递成本的降低，这一推一拉导致了电子商务网上零售的迅速增长。

改革开放以来，由于廉价劳动力市场中的巨大人口红利和国际上的大量外资投入，我国制造业得到迅速发展。在 2010 年，我国终于超过了美国成为世界第一的制造业大国，"在 500 种主要工业品中，中国有 220 种产品产量位居世界第一位"。制造业的大力发展使我国具备雄厚的产能，产品种类丰富多样，且价格低廉，竞争力极强。近年来我国面临人口红利优势逐渐消失的劣势，制造业呈现出产能过剩的态势，发展跨境电子商务也是解决产能过剩问题的重要途径之一。根据财政部、海关总署和税务总局联合下发的《关于完善跨境电子商务零售进口税收政策的通知》，按照党中央、国务院决策部署，我国自 2019 年 1 月 1 日起，提高跨境电商享受税收优惠政策的商品限额上限。政府也在大力扶持和引导跨境电商的发展，为中国企业在国际电子商务市场的竞争提供了充足的后备支持。

针对电商企业及商家的竞争性行为，政府部门也出台了相应的竞争政策以促进电子商务行业健康发展。2018 年，国务院办公厅公开发布了《关于推进与快递物流协同发展的意见》，意见强调，要健全企业间数据共享制度，完善电子商务与快递物流行业中消费者的数据保护并建立开放共享规则等[①]。我国《电子商务法》也明确规定了电子商务平台经营者不得对平台内的经营者进行不合理的限制。当然，由于平台上的经营者不论在搜索排序、广告推送、入驻费或交易提成约定等方面都受平台约束，平台对经营商户的限制又难以明文界定，在实际中平台仍旧有可能滥用其垄断地位对平台上的商家采取限制竞争的行为，这对相关部门的立法和执法提出了更大的挑战。

本章参考文献

Acquisti, A., Taylor, C. and Wagman, L., 2016, The Economics of Privacy, *Journal of Economic Literature*, Vol.54, No.3.

Ailawadi, K. L. and Paul W. F., 2017, Managing Multi-and Omni-Channel Distribution: Metrics and Research Directions, *Journal of Retailing*, Vol.93, No.1.

Armstrong M., and Zhou J., 2011, Paying for Prominence. *Economic Journal*. Vol.121, No.556.

Bakos, J. Yannis, 1997, Reducing Buyer Search Costs: Implications for Electronic Marketplaces, *Management Science*, Vol.43, No.12.

Ba, S., Whinston A. B., Zhang H., 2003. Building Trust in Online Auction Markets Through an Economic Incentive Mechanism. *Decision Support System*s, Vol.35, No.3.

Bailey, J. P. 1998. Intermediation and Electronic Markets: Aggregation and Pricing in Internet Commerce. Massachusetts Institute of Technology.

Bar-Isaac, H., Caruana, G., and Cuñat, V., 2003. Search, Design, and Market Structure, *American Economic Review*, Vol.102, No.2.

Brynjolfsson, E. and Smith, M.D., 2000 Frictionless Commerce? A Comparison of Internet and Conventional Retailers. *Management Science*, Vol.46.

Cabral, L., and A. Hortaçsu. 2010. The Dynamics of Seller Reputation: Evidence from eBay. *Journal of Industrial Economics*, Vol.58, No.1.

Cao, L. and Li L. 2015. The Impact of Cross-Channel Integration on Retailers' Sales Growth, *Journal of Retailing*, Vol.91, No.2.

Chen, Y., Hu, X., and Li, S. 2017. Quality Differentiation and Firms' Choices Between Online and Physical Markets. *International Journal of Industrial Organization*, Vol.52.

Choudhary, V., Ghose, A., Mukhopadhyay, T., and Rajan, U. 2005. Personalized Pricing and

---

① 国务院办公厅关于推进电子商务与快递物流协同发展的意见。https://baijiahao.baidu.com/s?id=1590378303812088907&wfr=spider&for=pc。

Quality Differentiation. *Management Science*, Vol.51, No.7.

Clay, Karen, Ramayya K. and Wolff E., 2001. Prices and Price Dispersion on the Web: Evidence from the Online Book Industry, *The Journal of Industrial Economics*, Vol.49, No.4.

Clemons, E. K., Hann, I. H., and Hitt, L. M., 2002. Price Dispersion and Differentiation in Online Travel: An Empirical Investigation. *Management Science*, Vol.48, No.4.

Conitzer, V., Taylor, C., and Wagman, L., 2012. Hide and Seek: Costly Consumer Privacy in a Market with Repeat Purchases. *Marketing Science,* Vol.31, No.2.

Degeratu, A.M., Arvind R. and Wu, J., 2000. Consumer Choice Behavior in Online and Traditional Supermarkets: The Effects of Brand Name, Price, and Other Search Attributes. *International Journal of Research in Marketing*, Vol.17, No.1.

Fan Y., Ju J. and Xiao M., 2016. Reputation Premium and Reputation Management: Evidence from the Largest e Commerce Platform in China. *International Journal of Industrial Organization*, May, No.46.

Forman C., Goldfarb A., Greenstein S., 2005. How Did Location Affect Adoption of the Commercial Internet? Global Village versus Urban Leadership. *Journal of Urban Economics*, Vol.58, No.3.

Fudenberg, D., and Tirole, J. 2000. Customer Poaching and Brand Switching. *Rand Journal of Economics* Vol.31, No.4.

Gordijn J., Akkermans H., and Vliet H. V., 2000: *What's in an Electronic Business Model?*, *European Workshop on Knowledge Acquisition*, Springer-Verlag.

Gupta, S., and Lee G. C., 1992. The Discounting of Discounts and Promotion Thresholds. *Journal of Consumer Research*, Vol.19, No.3.

Goolsbee, A., 2000. In a World without Borders: The Impact of Taxes on Internet Commerce. *Quarterly Journal of Economics*, Vol.115, No.2.

Herhausen, D., Jochen B., Marcus S., and Andreas H., 2015. Integrating Bricks with Clicks: Retailer-Level and Channel-Level Outcomes of Online–Offline Channel Integration, *Journal of Retailing*, Vol.91, No.2.

Kapner, S., 2013. The Dirty Secret of Black Friday 'Discounts'. *Wall Street Journal*, Nov 25.

Koch O. F., and Benlian, A. 2015. Promotional Tactics for Online Viral Marketing Campaigns: How Scarcity and Personalization Affect Seed Stage Referrals. *Journal of Interactive Marketing*, Vol.32, No.5.

Kolko, Jed, 2000. "The Death of Cities? The Death of Distance? Evidence from the Geography of Commercial Internet Usage." in *The Internet Upheaval* (Ingo Vogelsang and Benjamin M. Compaine, eds.), Cambridge: MIT Press.

Lieber, E.and Syverson, C., 2011. "Online vs Offline Competition." *Peitz*, Vol.21, No.1-2

Liu, Q., and Serfes, K., 2002. Quality of Information and Oligopolistic Price Discrimination. *Journal of Economics & Management Strategy*, Vol.13, No.4.

Liu, Q., and Serfes, K., 2005. Imperfect Price Discrimination in a Vertical Differentiation Model.

International Journal of Industrial Organization, Vol.23, No.5.

Loginova, O., 2009. Real and Virtual Competition. *Journal of Industrial Economics*, Vol.57, No.2.

Mikians, J., Erramilli, V., and Laoutaris, N., 2012. Detecting Price and Search Discrimination on the Internet, Conference Paper, Hotnets.

Mikians, J., Gyarmati, L., Erramilli, V., and Laoutaris, N., 2013. Crowd-assisted Search for Price Discrimination in E-commerce: First-Results. CoRR abs/1307.4531.

Montes, R., Sand-Zantman, W., and Valletti, T., 2018. The Value of Personal Information in Online Markets with Endogenous Privacy. *Management Science*.

Pan, X., Ratchford B.T., and Shankar V., 2002. Can Price Dispersion in Online Markets Be Explained by Differences in E-tailer Service Quality? *Journal of the Academy of Marketing Science*, Vol.30, No.4.

Shaffer, G. and Zhang Z. J., 1995. Competitive Coupon Targeting, *Marketing Science*, Vol.14, No.4.

Shiller, B., 2013. First Degree Price Discrimination Using Big Data, Working Papers, Vol.64, No.518.

Smith, M. D. and Brynjolfsson E., 2001. Consumer Decision-making at an Internet Shop Bot: Brand Still Matters, *The Journal of Industrial Economics*, Vol.49, No.4.

Stigler, G. J., 1961. The Economics of Information. *Journal of Political Economy*, Vol.69, No.3.

Verhoef P. C., Kannan P. K., and Inman, J. J., 2015. From Multi-channel Retailing to Omni-channel Retailing, *Journal of Retailing*, Vol.91, No.2.

Xu Yi., Zhang Y., Yu C., and Liu A., 2018. Optimal Control of an Online Reputation Dynamic Feedback Incentive Model, *Communications in Nonlinear Science and Numerical Simulation*. Vol.63.

Yurova Y., Cindy B. Rippé, Weisfeld-Spolter S., Sussan F., and Arndt A., 2016. Not All Adaptive Selling to Omni-consumers is Influential: the Moderating Effect of Product Type, *Journal of Retailing & Consumer Services*, Vol.34, No.1.

寸守栋，2016:《我国电子商务发展研究述评》,《中国集体经济》。

盛昭瀚、徐峰，2010:《地区差异化背景下制造商双渠道定价策略研究》,《管理科学学报》。

田林、徐以汎，2015:《基于顾客行为的企业动态渠道选择与定价策略》,《管理科学学报》。

谢康，肖静华，李礼编著，2010:《电子商务经济学》,高等教育出版社。

张云，2016:《基于 SCP 范式的中国电子商务平台产业分析》,浙江财经大学。

7. 游戏与虚拟世界经济学

陈维宣　吴绪亮

虚拟世界经济（Virtual Economy）有时也被称为人造经济（Synthetic Economy），是存在于虚拟世界中的经济活动，通常是在网络游戏的环境中出现的[①]。目前，随着技术的发展，虚拟世界的范围正在迅速扩大，逐渐从 MMO（Massive Multiplayer Online，大型多人在线游戏）扩展到生活模拟游戏和基于浏览器、移动端的网络游戏中。在虚拟世界经济中通常也存在着与真实世界中的生产、交换、消费或劳动力相似的活动。游戏及虚拟世界经济学研究是一个相对较新的领域，卡斯特罗诺瓦对虚拟世界经济学的研究做出了开创性的贡献，目前，微观经济分析可能是虚拟世界经济学中相对比较成熟的领域，而宏观经济模型还处于探索阶段。

本章首先简要介绍游戏及虚拟世界经济学的兴起与发展；然后从稀缺性、生产技术、市场交易等方面阐述虚拟世界经济学的微观分析领域；接着从经济增长、货币体系、虚拟资产等方面阐述虚拟世界经济学的宏观分析领域，随后介绍虚拟世界和真实世界之间的互动，包括真实货币交易、边界的模糊与融合、虚拟世界经济对真实经济的影响等；鉴于虚拟世界对真实世界的作用逐渐增强，从制度规则、虚拟实验室、财

[①] 我们认为，虚拟世界经济不同于虚拟经济（Fictitious Economy）、可视化经济（Visual Economy）等概念。虚拟经济通常指的是证券、期货、期权等虚拟资本的交易活动，国内相关研究始于 1997 年东南亚金融危机，代表性人物包括曾任全国人大常委会副委员长的成思危先生。而可视化经济指的是用计算机模拟的可视化经济活动。

政税收等角度阐述了对虚拟世界的监管与公共政策的制定。最后，对真实世界经济学理论在虚拟世界经济学研究中的适用性和未来可能的研究方向做简要说明。

7.1 游戏及虚拟世界经济学的兴起

7.1.1 虚拟世界与虚拟世界经济

自 20 世纪 70 年代末以来，网络在线环境中的人们创造、占有并交易了对他们有价值的持久的数字产品，这些活动都符合经济学的合理定义。到 90 年代末，持久在线环境被称为"虚拟世界"，因此其中的经济被称为"虚拟世界经济"。第一个虚拟世界是由埃塞克斯大学的两名本科生理查德·巴特尔和罗伊·特鲁伯肖（Richard Bartle and Roy Trubshaw）在 1978 年设计的，它被称为多人地下城或 MUD（Multi-User Dimension），并将玩家置于当代单人冒险游戏的奇幻世界中。MUD 和其他早期的虚拟世界是爱好者们创造和占据的空间，他们中的一些人允许持久性物品在玩家之间进行交易，使得它们成为最早的虚拟世界经济的家园。

虚拟世界经济（或人造经济）是存在于虚拟世界中的新兴经济，通常是在网络游戏的环境中出现的，在 MUD 和大型多人在线角色扮演游戏（MMO 或 MMORPG, Massive Multiplayer Online Role-Playing Game）中最早观察到虚拟世界经济的存在。MMO 是第一个大规模建立虚拟世界经济先决条件的计算机系统，而且目前最大的虚拟世界经济体就存在于 MMO 中（Constantin, 2008）。人们进入这些虚拟世界是出于娱乐的目的，而不是出于生活必要。然而，随着技术的发展，虚拟世界的范围正在迅速扩大，逐渐从 MMO 扩展到生活模拟游戏和基于浏览器的网络游戏中；与此同时，在这些与真实世界紧密相连的虚拟世界中，人们进入虚拟世界的意图也发生了相应的变化，从娱乐的目的转向真实的经济利益驱动。

市场经济要在虚拟世界中存在，就必须从交易中获益。根据经济学原理，这意味着至少有两种商品由两种不同的人拥有，非所有者比所有者更重视商品，并且商品可以交换。生产经济需要生产技术，包括获得投入并将其转化为新产品的能力。因此，在虚拟世界中，虚拟世界经济由以下几个部分组成：用户可以在虚拟世界中相互收集、使用和 / 或交易的一组货币、商品和服务（统称为虚拟资产）；在虚拟世界中，用户可以使用的生产技术；用户相互之间或与虚拟世界经济所有者进行交易的市场（Knowles，et al.，2015）。

7.1.2 游戏与虚拟世界经济学

游戏及虚拟世界经济学研究是一个相对较新的领域。早期的游戏学研究主要集中在心理学、媒体研究、文学评论、语言学和计算机科学等学科领域，比如电子游戏对玩家可能的负面影响（McClue and Mears，1986），对游戏事件的情感反应（Ravaja，et al., 2005），大型多人游戏的社会动态学（Kolo and Baur，2004）等等。经济学家最初完全缺席这一研究领域（Castronova，2002；Shankar and Bayus，2003）。

经济学通常是一门与网络游戏无关的学科，当代主流经济学是一门依赖严格的数学论证来推导出正式模型的社会科学，这些模型通常旨在解释经济现象或者预测未来的经济结果。但是，随着越来越复杂的网络游戏的开发，尤其是大型多人在线游戏模拟真实经济活动的制度环境与交易机制，如生产、消费、货币和贸易，以及越来越多的游戏商品和真实货币之间的交易，以网络游戏为典型代表的虚拟世界、虚拟世界经济与我们所处的现实世界之间的互动不断增加。与此同时，经济科学对解释和处理虚拟世界中的资源配置问题正在发挥越来越大的作用，从而游戏及虚拟世界经济学研究正在引起越来越多经济学家，甚至经济学之外的游戏研究者、游戏设计师和产品经理们的关注。

爱德华·卡斯特罗诺瓦（Edward Castronova）可能是第一个对虚拟世界产生兴趣的经济学家（Lehdonvirta，2005）。他的第一篇论文《虚拟世界：网络前沿市场和社会的第一手描述》（2001）考察了一款流行的 MMO——《无尽的任务》（*Ever Quest*）中的虚拟世界诺瑞斯（Norrath）。这篇论文把诺瑞斯当成一个真实的国家，宣称其人均国内生产总值介于俄罗斯和保加利亚之间。卡斯特罗诺瓦的第二篇论文《关于虚拟世界经济》（2002），通过构造经济模型，解释了人们如何在虚拟世界和现实世界之间分配时间。

在这两篇开创性的论文中，卡斯特罗诺瓦对虚拟世界中的基本经济学假设做了界定。在他看来，消费者认为虚拟资产具有实际价值。从主流经济学的角度来看，它们的价值与任何有形的现实物品一样"真实"。卡斯特罗诺瓦（2002）总结了主观性的价值理论结论如下："物品的价值不取决于它们的特性或组成部分，而是取决于它们对使用者的福利的贡献。"卡斯特罗诺瓦以类似的方式指出，在虚拟世界里度过的时间可以替代现实世界里的活动，他形象地把那些在虚拟世界里花费大量时间的人称为"移民"。他还观察了在现实世界中熟悉的劳动力专业化和比较优势的概念如何在虚拟世界发生作用，以及如何通过外汇市场能够对诺瑞斯的资产进行真正的美元价值评估。

大型多人游戏的兴起代表了游戏产业的一场革命，引发了前所未有的技术需求（Esbensen，2005），产生了深远的社会影响（Kolo and Baur，2004）以及与之相关的新的商业模式（MacInnes，2005）。大型多人游戏也将游戏的复杂性提升到了一个新的高度，通常涉及与经济学家所说的现实世界中的生产、交换、消费或劳动力相似的活动，从而使得人们开始用虚拟世界或虚拟世界经济等词语来概括与我们真实世界并存的另一个游戏世界。因此，游戏及虚拟世界经济学也逐步发展起来。

7.2 游戏及虚拟世界的微观经济分析

在简单的游戏中，虚拟世界经济的特征可以直接从游戏机制中衍生出来。例如，在《超级马里奥兄弟》中，生产要素是马里奥的劳动力和盒子，但是，这种分析并没有给游戏机制带来任何额外价值。在更复杂的游戏中，尤其是大型多人游戏，仅通过参考游戏机制将很难理解虚拟世界经济。这可能是由于集聚效应，即大量个体或玩家的联合行动，或者是动态效应，即个体或玩家之间互动的随时间变化而变化。

7.2.1 核心概念：稀缺性

经济学家通过对虚拟世界的考察发现，基本经济学的典型假设在虚拟世界中并不完全有效，但同时也指出，稀缺性的作用可能是最重要的，任何市场经济都是以稀缺为基础的（Lehdonvirta，2005）。稀缺是经济学的核心概念，尤其是在新古典经济学中，是我们考察市场时经常用到的概念。这意味着永远没有足够的资源来满足每个人的需求。因此，我们需要一些机制来配置资源，市场通常是一个有效的选择。如果有无限的资源，就不需要市场，因为每个人都可以拥有一切，福利将会达到最大化。

在虚拟世界中，大多数资产的边际成本为零，所以实际上每个人几乎都可以拥有一切。至少，每个人都可以拥有最好的盔甲和湖边漂亮的别墅。但是直觉告诉我们，这样的设计理念不会产生一款好游戏。卡斯特罗诺瓦（2001）认为，这是因为人们喜欢游戏所带来的挑战，如果没有稀缺，就不会有任何成就感或获得感。只要有一丝迹象表明任何资源不那么容易获得，市场就会出现；相反，市场会因充足而消亡。当人们可以很容易地下载音乐时，他们就会停止购买 CD。你不可能对无限的资源收费，而且它的生产成本几乎为零。

起初，这似乎是真实经济和虚拟世界经济之间的巨大差异，但事实上，在实体经济中也可以观察到类似的稀缺反应。考虑奢侈品，比如钻石戒指。它的价值在很大程度上源自于它的稀缺性和排他性的内涵。如果钻戒突然大量出现，它们就会变成小饰品，需求量就会直线下降。经济学家将之称为"凡勃伦效应"（Veblen Effect）。与之形成对比的是水，水对生命至关重要，无论水有多丰富，对水的需求总是不变的。有时，虚拟世界的资产既有凡勃伦商品的特点，也有普通商品的特点。一个美丽的城堡坐落在湖边，如果只有很少的玩家拥有它，它就意味着成就。如果状态值消失了，城堡仍然是一个方便的存储场所。综上所述，在虚拟世界经济中，这种稀缺性与在完全物质的、物理的真实世界经济中一样多（Shaviro，2008），微观经济概念可以很好地用于研究虚拟资产市场——人们只需要预测略微不同的需求曲线就可以了。

7.2.2　虚拟生产技术

虚拟世界经济之所以存在，是因为开发人员为用户提供了一种生产资源和分配资源的方式；然而，开发人员也可以向用户提供他们可以用来操作这些资源的技术。生产的复杂性因环境而异。对开发人员而言，向用户提供原始资产相对更加容易，为用户提供允许他们在这些资产上进行生产操作的系统则要困难的多。这样一个系统可能非常复杂。也就是说，越来越多的虚拟世界确实提供了各种复杂的生产技术。例如，许多传统的 MMORPG，如《网络创世纪》（UO，Ultima Online）等都有简单的生产树，在那里生产被限制在一个预定义的和已知的食谱列表（list of recipes），用户不能发明新的虚拟资产。一些虚拟世界通过使生产树变得非常大和复杂，或者允许对生成的虚拟资产进行某种程度的定制，从而增加了模型（经济系统）的复杂性。还有更复杂的生产系统可供使用。例如，《第二人生》（SL，Second Life）允许玩家用代码构建虚拟资产，《军团要塞 2》（TF2，Team Fortress 2）允许玩家用 Photoshop 和 3D 模型构建软件构建虚拟资产。

在大多数虚拟世界中，简单的生产技术反映了这样一个事实：对于资源如何进入和退出经济，它们有一个同样简单的系统（Knowles，et al.，2015）。在真实经济中，资产通过企业、政府和消费者循环流动，但世界上的总资产数量是固定的。虽然可以从地球上开采出更多的石油，但这造成了原材料的稀缺，只有在其他地方和时间更换这些原材料才能解决这一问题。这与虚拟世界形成了对比，在虚拟世界中，原始和加工的资产在交换和生产过程中被创建和摧毁。虚拟世界经济中可以存在的内容数量仅受跟踪玩家库存的数据库大小的限制。这就是所谓的"水龙头系统"，因为资产进出经济是完全独立的，就像水槽中的进水流量与排水大小无关一样。商品和货币通过玩家活动（水龙头）进入经济，当它们被出售或者交易给由操作者控制的 NPC（非玩家角色，Non-Player Character），或者它们磨损或被使用，它们从经济中消失（排水沟）。一般来说，资产是在玩家和游戏之间的交换中创造和摧毁的。

7.2.3　虚拟世界中的市场和交易

早期的虚拟世界通常不会为促进交易提供一个受认可的市场，而且玩家难以找到并交易他们所需要的物品。作为回应，游戏运营商以基于位置的用户界面的形式引入交易平台，允许玩家可以提供他们自己的资产，搜索资产以及与他人交换资产。如今，大多数虚拟世界经济运营商为玩家提供了参与交易的机会，玩家可以在游戏中出售自己的商品或资产，无论是与其他玩家，还是与运营商本身。然而，虚拟世界经济中的经济活动受到约束。一般来说，这些约束决定了：可交易商品的交易量；可交易的项目、货币和服务；可以进行的交易类型，包括哪些项目/货币可以相互交换，以及是否和哪些合同（通过时间和空间进行交换）可以执行（Knowles，et al.，2015）。

在虚拟世界中，交易量的约束是由市场供求关系自然产生的，但是开发人员也可以对交易量进行限制，以防止由于交易量过大而产生的交易欺诈或其他问题。就像个人银行账户一样，一次不寻常的大规模交易也会发出一个警告信号，即用户的账户可能已经被破解盗取，或者用户正在通过参与真实货币交易获取虚拟资产。在这两种情况下，运营商通常会联系用户或限制交易量，直到交易的有效性被确认为止。

在虚拟世界中，对用户可以相互交换的资产类型的限制是不同的。许多现代游戏和虚拟世界都适用双重或多重货币系统。在这些系统中，用户可以通过在游戏中执行操作（完成任务）获得所谓的软货币。游戏可以有许多软货币，例如《魔兽世界》有很多不同的货币可以兑换；有些货币可以兑换任何资产；其他货币则只能兑换一些特定资产，这些资产被特意保护起来不与其他货币进行交易。在多货币系统中，用户只能用软货币交换由运营商在游戏中确定的部分商品。游戏也越来越多地向用户提供硬通货，即运营商用真钱向用户出售的货币，可以用来购买不能用软货币购买的物品。虽然在很多游戏中，这两种货币是不可交换的，但在由运营商控制的内部市场上，软货币和硬通货的交换变得越来越普遍，例如《星战前夜：克隆崛起》（*EVE Online*）、《激战2》（*Guild War 2*）。初看起来，多重货币体系可能会使经济复杂化；然而，通过创建几个不同的、不那么复杂的市场，使运营商简化了对经济的管理。虽然许多开发人员试图阻止与多种货币进行不必要的交换，限制交易并管制市场，但是无论如何，交易仍然是虚拟世界的一个重要特征。

7.3 游戏及虚拟世界的宏观经济分析

7.3.1 虚拟世界的经济增长

在虚拟世界经济学的开创性文献中，卡斯特罗诺瓦（2001）描述了诺瑞斯的经济活动，包括生产、劳动力供给、收入、通货膨胀、对外贸易和货币兑换等。他发现，在诺瑞斯这个虚拟世界中，名义工资约为每小时 3.42 美元，国内生产总值约为 1.35 亿美元，人均国内生产总值介于俄罗斯和保加利亚之间，诺瑞斯的货币单位在外汇市场的交易价格为 0.0107 美元，高于日元和里拉。同时指出，诺瑞斯这个虚拟世界国家的经济特征是极度不平等的，但那里的生活对许多人颇具吸引力，人口和劳动力在迅速增长，每天都有数百名来自世界各地的移民涌入，尤其是美国。虚拟世界的实际 GDP 增长速度远远超过许多现实世界经济体（Castronova，2006；Lehdonvirta and Ernkvist，2011），至少有一个虚拟世界经济在五个月内实现了 50% 的实际 GDP 增长（Castronova，et al.，2009）。

虽然虚拟世界经济中存在着非常正常和世俗的东西，人们在那里生活、工作、消费、积累财富，就像在地球上一样，但是，将真实世界的经济现象与理论应用到虚拟世界中时却需要格外的小心谨慎。卡斯特罗诺瓦（2001）收集数据并计算了诺瑞斯的一些宏观经济变量，值得注意的是，他没有尝试去应用已经建立起来的宏观经济模型来说明这些变量之间的关系。如国民收入核算理论在真实世界宏观经济学中居于核心位置，国民经济收入核算恒等式表明 Q=C+I+G+X–M，其中 Q 为国内生产总值，C 为消费，I 为投资，G 为政府支出，X 为出口，M 为进口，但这个恒等式明显不适用于诺瑞斯。

此外，卡斯特罗诺瓦（2001）注意到诺瑞斯的实际工资不断上涨。

换句话说，玩家可以以更低的价格购买更多的游戏。这是因为新产品的生产速度快于旧产品的消耗速度。在现实世界中，这被称之为经济增长，被认为是一种积极的现象。然而，在诺瑞斯这个虚拟世界中，由于凡勃伦效应，实际工资的上涨实际上是摧毁了价值，而不是创造了价值。对于玩家来说，这种感觉就像是所有东西突然变得越来越容易获得，游戏变得越来越容易。他们拥有的资产比以往任何时候都多，但这些资产的实际美元价值却直线下降。这种现象有时也被称为"泥流"（Mudflation）。

与虚拟世界经济相比，真实世界经济有着非常不同的结构与体制。尽管两者在微观层面上存在着明显的相似性，但在宏观层面，真实经济和虚拟世界经济之间的类比却被打破了。宏观经济理论并不适用于虚拟世界。任何在宏观层面上对虚拟世界经济进行的分析都必须依赖于其自身的概念和模型，而不是借鉴最终与之不同的真实经济。

7.3.2　虚拟货币体系

在大多数虚拟世界中都存在虚拟货币体系，人们可以在其中赚取和积累金钱。这种虚拟货币的用途非常广泛，并且因游戏而异，一些虚拟货币被用来购买虚拟世界中的财产、工具和其他资产。然而，大多数游戏都是为了激励玩家并允许他们升级而设计的。尽管许多游戏发行商严格禁止虚拟货币兑换现金，但被称为"淘金者"的玩家试图通过赢得虚拟资产并将其以现金出售给不太成功的玩家来赚钱。日本国际金融中心的 Yamaguch（2004）在他的工作论文《网络游戏中的虚拟货币分析》中对虚拟货币进行了深入的研究。

在实体经济中，货币通常具有如下三个特点：第一，它必须是一种交换媒介；第二，它必须是一种价值度量；第三，它必须是价值储藏。一种物体作为货币的功能，它的价值应该在某种程度上得到保证，因为货币之所以成为货币是因为人们相信它就是货币。因此，只要人们信任他们背后的制度，虚拟货币的运作方式与其他任何货币一样。从这个意义上讲，虚拟货币通常也都具有以上定义的实际货币的特点。

当然，虚拟货币主要是只在相应的虚拟世界中有效，但同样的情况也适用于真实货币及其发行国。关键是货币是否可兑换。如果它可以与其他货币兑换，那么无论是在虚拟世界还是在现实国家中发行，它在全球都是有价值的。从这个意义上说，虚拟货币是真正的货币。当今，大多数真实货币都是所谓的法定货币，例如纸币，本身没有内在价值。它们的价值是基于人们愿意接受它们作为支付手段这一事实。这进一步模糊了真实货币与虚拟货币之间的界限。因此，Yamaguch（2004）将虚拟货币视为本地外汇交易系统，因为它们用于有限的社区，不受中央银行货币供应的控制，也不受利率的影响。

由于这些货币不受地理边界的限制，它们甚至可以是全球性的本地外汇交易系统。尽管真实货币与虚拟货币本身之间并没有本质上的区别，但仍存在两个方面的主要差异。一方面支持这些货币的机构是不同的。真实世界中的央行有多种手段来收紧和放松货币供给，目的通常是保持价格稳定。但在虚拟世界中，没有中央银行发行货币，虚拟世界没有办法控制货币供应，商品和货币的均衡是由玩家的集体消费和储蓄行为决定的。理论上，开发人员应该能够控制他们所创造的经济的每个方面，但实际上，这些系统似乎过于复杂，导致了不同的结果。设计虚拟世界经济需要高超的艺术性，这方面还在不断改进。因此，一种典型的虚拟货币的价值可能比一种主要的真实货币的波动更加剧烈，使真实货币暂时成为一种更安全的价值储藏手段。另一方面，虚拟世界中通常没有利率。利率的缺失降低了储蓄动机并提高了消费动机，由于许多虚拟世界中不存在通货膨胀现象，我们无法笼统地认为虚拟世界中的消费比真实世界中更受欢迎。然而，与有利率的情况相比，虚拟世界中仍然有更大的消费动机。

7.3.3 虚拟资产

在虚拟世界中，虚拟资产为用户提供价值和财富。虚拟资产的价值通常与它们赋予其所有者在游戏里的权力联系在一起。这种能力通常允许用户获得更稀有和更有价值的物品。在这方面，虚拟资产不仅仅是可交易的对象，而且可以起到资本的作用。虚拟资产是指由权限控制的任何资源，它包括虚拟对象、虚拟化身或用户账户的全部内容。举例而言，虚拟资产包括虚拟世界里的各种装备，如《魔兽世界》（*World of Warcraft*）或《网络创世纪》中的剑和魔杖，或者《军团要塞2》中的帽子；它们还包括游戏货币，比如《星战前夜：克隆崛起》中的星际信用货币，或者 *Xbox Live* 中的微软点；服务包括游戏公司向部落玩家出售的体验点提升器等。

虚拟资产通常具有以下常见特征，但同时需要注意的是，虚拟资产可能有时并不同时具备这些全部特征，需要以灵活的方式来解释它们。第一，竞争性，即财产的占有仅限于一人或少数人。第二，持久性。在用户未使用资产时，能够长期保持对其的占有权。第三，网络外部性。一个人的虚拟资产可以影响其他人和其他资产，或者受到他人和其他资产的影响，即资产的价值取决于一个人使用它创造或体验某些效果的能力。第四,二级市场。即可以创造、交易、购买和出售虚拟财产的市场，此时实际资产（通常是货币）可能会面临风险。第五，用户增值。即用户可以通过对虚拟资产进行定制和属性改进来提高虚拟资产的价值（Constantin，2008）。

这些条件的存在创造了一个与当代真实世界经济性质相似的虚拟世界经济系统。因此，真实世界中发展出的经济理论常常可以用来研究这些虚拟世界。在大多数情况下，虚拟世界的开发人员通过计算机代码定义资产的所有属性，如用途、颜色、重量等，这些属性决定了资产的最终价值。然而，在一些虚拟世界中，比如《第二人生》和《安特罗皮亚世界》，用户可以对虚拟物品的属性施加很大的控制，还可以相互提供一系列虚拟服务。许多（但不是所有）虚拟世界允许用户与其他用户或运营商交换部分虚拟资产。在虚拟世界之间，这个可交易资产子集的大小存在巨大差异。同时，很少有资产可以在同一运营商拥有的不同世界之间进行交易。

除此之外，虚拟资产也会对真实世界中的资本产生影响。当玩家变得更加强大时，他们也会获得人力资本。强大的公会经常会招募强大的玩家，这样玩家就可以获得更好的物品，而这些物品只能通过许多玩家之间的合作才能获得。

7.4 虚拟世界与真实世界的互动

7.4.1 真实货币交易

真实货币交易包括虚拟资产与实物的交换，这是虚拟世界经济中一个非常重要的问题，也是虚拟世界经济首次引起学者和公众兴趣的主要原因（Castronova，2005）。真实货币交易的出现，也推动游戏运营商开始重视游戏及虚拟世界经济学的研究，因为公司可以通过出售虚拟世界经济中的资产来实现利润。

直到 21 世纪头十年的中期，批准的真实货币交易及其一级市场几乎都是闻所未闻的，仅有《冒险岛》（MapleStory）和《第二人生》等少数例外。在此之前，玩家和开发者都倾向于将参与真实货币交易的玩家标记为骗子和虚拟世界破坏者，但是这种观点面临的问题是真实货币交易既流行又有利可图。最初，以真实货币出售虚拟资产是一种家庭手工业，卖家主要是在美国。然而，在短短几年内，网络游戏行业的成功推动了中国和其他亚洲国家的专业"淘金者"的诞生。这些淘金者受雇于一个组织，他们进入虚拟世界的唯一目标就是生产尽可能多的虚拟资产，然后卖给西方国家的用户。尽管运营商尽了最大的努力来控制它，但未经批准的真实货币交易二级市场在规模和范围上都有所增长（Heeks，2008）。

现在，开发者以这样或那样的形式将曾经被视为是有害的和具有破坏性的活动——真实货币交易（RMT）嵌入到大多数虚拟世界经济中，真实货币交易发展的大部分内容都是用户试图改变甚至是颠覆虚拟世界经济交易规则的结果（Knowles，et al.，2015）。根据虚拟世界经济的不同，真实货币交易可以被批准或禁止，可能有一个一级或二级市场，或者两者都有。真实货币交易的一级市场是虚拟资产的创造者将这些资产在虚拟世界经济中以真实货币出售给用户的市场，二级市场则是指虚拟资产持有人相互交换资产并与第三方交换真实货币的市场。只有经过虚拟世界经济开发者同意并且授权批准的真实货币交易才是有效的，而未经批准的 RMT 则是违反规则的，并且不受开发者的保护。

真实货币交易还可以通过引入通胀来破坏虚拟世界经济，其中包括一种特殊形式的真实货币交易，俗称"泥流"，是指虚拟资产在用户升级并变得更强大时失去价值的过程。随着资产供给的增加，玩家获得资产效率的提高，以及其他更强大资产可用性的提高，资产就会失去价值。如果 RMT 导致每项资产的货币数量增加，则可能导致通货膨胀。如果它导致玩家不得不增加虚拟资产的数量，其结果就会产生"泥流"。这一现象与真实世界里经济增长的情况类似，只是在游戏中经济增长使得游戏变得不那么具有挑战性了。

真实货币交易问题不仅仅是概念性的。早期芬兰一家虚拟世界运营商 Sulake 率先探索成功地实现了这一模式，其大约 1500 万欧元的收入大部分来自虚拟家具销售（Sulake，2004）。到 2007 年，即使考虑到 RMT 在技术上被大多数虚拟世界运营商所禁止，虚拟世界资产中的真实货币交易估计也达到约为 18 亿美元的规模（Heeks，2009）。另一项估计也表明，全球虚拟资产的真实货币交易规模超过 20 亿美元，并且其中大部分交易发生在中国和韩国（Constantin，2008）。第三方市场也是一种以真实货币交换虚拟物品的方式而存在。对于运营商来说，为真实货币交易（他们通常是唯一的卖家）提供认可的市场变得越来越普遍，Lehdonvirta（2008）详细分析了真实货币交易的可能的市场结构，以及管理它们的政策。

7.4.2　虚拟与真实的边界融合

虚拟世界的疆域正在迅速拓展，MMO 游戏中的虚拟世界通常被认为是传统的虚拟世界。但是，现在存在一些非传统虚拟世界，它们创建持久性的混合空间，其中玩家在临时世界之间跳跃以获得奖励，并存储在一个持久性的个人画像或用户角色中。《魔法风云会》（*Magic the Gathering Online*）、《军团要塞 2》、《英雄联盟》（*LOL, League of Legends*）、《暗黑破坏神 Ⅱ》（*Diablo Ⅱ*）和《暗黑破坏神 Ⅲ》（*Diablo Ⅲ*）等游戏都以这种方式运行，并且拥有大量的虚拟世界经济，这些虚拟世界经济的用户总数达到了数亿人（Superdata Research，2014）。最近，在线社交网络开始为各种半持久游戏空间和服务中的玩家提供持久的个人画像，并开始满足功能性虚拟世界经济的需求，如 Xbox Live、Steam、Facebook 和 PlayStation Network 等。非游戏虚拟世界也出现了，如《第二人生》和《哈宝酒店》（*Habbo Hotel*），玩家可以在那里进行社交、购买数字房地产，并参与用户创造的生产经济。这进一步模糊了真实世界和虚拟世界之间的界限，因为它们不再是游戏空间。

最令人惊讶的是，Dibbell（2006）发现一些企业家已经建立了"游戏工厂"或者被称为"黄金农场"。玩家可以玩 MMO 游戏，制作虚拟物品或赚取虚拟黄金。企业家通过将它们支付给工人的工资（真实货币）与他们在游戏外出售虚拟物品和黄金所得（真实货币）之间的差额来获取利润。

黄金农场标志着超现实世界的一个新前沿，因为它付出的劳动和生产的产品本身都是虚拟的。但是，作为参与虚拟游戏空间的回报，工人们将得到真实的货币工资，以维持他们的物质生活。这反过来又会产生一连串的虚拟利润，这些利润从游戏世界转移到真实世界中，然后这些资金又被投入到虚拟生产业务，或者以其他方式投资于全球资本流动。因此，Dibbell（2006）将虚拟世界经济定义为"无原子的数字产品在无摩擦的数字环境中以无纸的数字现金进行交易的领域"。在这样一个世界里，所有东西都被转换成比特，而数字就是生命。市场的无形之手至高无上，虚拟现金和虚拟身份的平滑空间完全是放松管制和免税的。

虚拟世界和真实世界之间不断地相互渗透，导致两者之间的界限变得模糊。因此，一些学者提出，把虚拟世界作为一个独立的、与现实隔绝的幻想世界是毫无意义的，从而导致我们看待虚拟世界的态度必须采取一种激进的一元论：虚拟世界不是与真实世界相反的空间，它们本身就是真实的一部分（Shaviro，2008），或者说真实世界与虚拟世界之间没有区别（Constantin，2008）。虚拟世界呈现了一个实际上存在的"自由市场"资本主义经济的理想化简化版本。

7.4.3 虚拟世界经济的宏观经济影响

事实上，如果虚拟世界真的像人类真实经济一样在发展，那么这可能会对地球经济产生一些重要的影响。

首先，重要的是要认识到这种变化并不一定意味着人们的生活变得更糟。过去生产真实商品的劳动时间现在正在生产虚拟化身，这一事实对社会财富水平没有任何意味，产出的一篮子商品正在发生轻微的变化。玩家将在网络世界中创造具有真正经济价值的新资产，适当的会计方法可以很容易地表明人均财富正在上升。困难在于当前的国民收入和产品账户对在线资产没有任何价值可言，而且短期内也无法实现较大的转变。像 GDP 这样的概念是以国家为基础的，但是虚拟世界中的资产属于哪个地球国家呢？目前的答案是"没有"。因此，价值创造在从地球经济向虚拟世界经济的转移，以标准衡量指标（如 GDP）测算的地球经济活动似乎正在下降。

第二个影响涉及人口结构的转变。一方面，如果对虚拟世界经济的时间投入与工资有 U 形关系，我们可能会预测，向虚拟世界的迁移将像地球上通常的迁移一样。来自地球的绝大多数移民将是那些地球上的工资相对于他们在网络空间的工资而言较低的人；同时还会有相当多的高薪人士，对他们来说，世界旅行的成本相对较低。这两个群体可能代表了地球经济的重要人才流失，前者是因为技术精英可能会在网络空间获得比地球上更高的回报，后者因为高薪人士可能会发现虚拟世界通常比地球更有趣。在另一方面，网络空间边境的开放，像其他的边境一样，将会产生一种令人耳目一新的平衡效应：那些在地球上受到暴行、羞辱和难以忍受的限制的人，如果能够让他们生活在不那么污浊的虚拟世界中，他们将会发现自己得到了自由与解脱。

最后一个值得注意的影响涉及地球政府的财政平衡。如果经济活动迁移到没有地球管辖权的虚拟世界经济体，那么地球经济中应税的资产和收入将会出现净损失。与此同时，对地球政府服务的需求可能会大幅减少。在很长一段时间内，税基可能会比公共服务需求更快地受到侵蚀，并且不同司法管辖区之间也可能存在严重的税率不平等。

考虑到这些财政政策效应，再加上可能出现的劳动力供给和国内生产总值冲击，向网络边境的大规模迁移可能会给地球政治体系带来严重压力。这些冲击和压力是否真正出现，取决于连接、界面和内容行业在大规模生产沉浸式游戏体验方面的成功程度。

当然，不可能准确地看到未来的具体方面。在更广泛的层面上，似乎最有可能的是，经济活动向网络空间的大规模迁移，必然会对人们构想宏观经济的方式产生一些影响。可能必须制定新的统计和经济管理政策。然而，如果虚拟世界的出现最终确实需要一些政府的反应，还不清楚哪些地球政府应该参与其中。目前，虚拟世界似乎以独立的政治实体存在，这引发了新的宪法问题。

7.5 公共政策设计与监管问题

虚拟世界的公共政策设计与监管问题涉及对现实世界管辖权的边界范围的讨论，如果虚拟世界确实是虚拟的，那么其中的任何活动都不需要适用于现实世界的政策与法律；然而，如果这些虚拟世界并不是真正的虚拟，那么公共政策设计与监管问题就会出现（Chambers，2011）。简言之，虚拟世界的公共政策设计与监管的出发点，正是基于虚拟世界与真实世界的边界不断融合这一基本事实。因为虚拟世界是现实世界的延伸，所以在许多地方虚拟世界经济的正常活动最终都会引发某种政策问题，如虚拟世界经济中的生产、交换和货币都会对真实世界的交换、货币政策和政府有影响，因此，虚拟世界应该服从现实世界的法则。总之，在过去的十年中，虚拟世界经济资产的交易、接触或参与该交易的人数以及虚拟世界经济活动对虚拟世界内外人们和政府影响的重要性都有了显著的增长（Lehdonvirta and Ernkvist，2011）。

7.5.1 法律诉讼成为新的市场竞争策略

随着信息技术的发展，游戏给玩家提供的体验日渐提升，虚拟世界中的"移民"规模也随之呈现出快速增长态势。这不仅推动了游戏产业的发展，而且给虚拟世界运营商带来高额利润。与此同时，运营商之间的竞争程度也愈加激烈，竞争策略也变得更加多样化，其中法律诉讼成为一种新的市场竞争策略。根据诺诚游戏法律师团队的调研数据，近几年游戏行业的诉讼案件数量呈上升趋势，中国在 2016 年的增速为 24.7%，诉讼类型则主要包括著作权、不正当竞争、玩家用户纠纷、运营代理纠纷和委托外包等方面（诺诚游戏法，2016）。竞争者通过提出法律诉讼，试图利用法院判决对手存在侵权或向对手发出禁令，这样一来，对手的游戏将无法上线，从而使竞争者从中获利或扩大市场份额。因此，法律诉讼在很大程度上成为运营商为扩大市场份额或者限制潜在竞争者进入市场的一种新型竞争策略。游戏产业作为一种新兴业态，监管体系存在一定程度的滞后性，在制定监管政策时一方面需要注意要给新兴业态充分的竞争空间，另一方面也要加快探索新兴业态的监管模式。

7.5.2 虚拟世界中的真实货币交易备受监管关注

真实货币交易使虚拟世界中的货币体系与现实世界的金融体系联系起来，使虚拟货币在发行、交易、流通、兑换环节极易对现实世界产生影响，严重情况下可能会在现实世界中引发通货膨胀，并对金融市场秩序和国家货币政策产生冲击。银杏金融危机事件使得林登实验室意识到，不受监管的虚拟银行将会对虚拟世界经济产生风险，并波及到现实世界中来[①]。

尽管目前的虚拟货币总量有限，但每年的增长速度达到 20% 以上

---

① 银杏金融（Ginko Financial）是游戏《第二人生》中的一家大型投资银行，后来这家投资银行被发现实际上是一个庞氏骗局。

（卜英华、吴洪，2011）。随着虚拟货币的市场规模不断扩展，流动性不断增强，一些国家的监管机构认为有必要限制虚拟货币的使用。值得注意的是，2019年6月18日下午，全球最大社交网络平台Facebook正式发布服务于全球数十亿人的简单无国界的数字加密货币Libra，这将虚拟世界与真实世界货币体系关系的讨论引入了更复杂的层面。在这样一个全球竞争的大背景下，任何一个国家的监管者采取"一刀切"的简单模式都已经无法适应快速发展的行业变化，并且会损害该国的行业创新活力和国家数字竞争力的提升。因此，如何在加强风险管控与促进行业发展中取得平衡，是虚拟世界经济监管过程中一个需要长期探讨的话题。

7.5.3 从"代码即法律"到"法律即代码"

游戏及虚拟世界的一个有趣的方面是，虚拟世界的规则可以比现实世界的规则更广泛、更容易地被制订，产品开发者可以通过修改代码轻松地操纵它们。因此，对于玩家而言，"代码即法律"，虚拟世界经济的开发者在游戏中影响玩家生活和福利的能力，远远超过了现实世界中的立法与执法机构。在游戏中，开发者是真正意义上的决策者，他们的决策影响着玩家在游戏内外的生活。

开发者作为决策者的概念引发了关于开发者的责任边界以及政府和其他外部力量对虚拟世界监管的问题。近期，"付费开箱"越来越受到世界各国监管当局的重视，因为这种随机性和不确定性的设计使得付费开箱与赌博行为变得极为相近。来自英国、美国、比利时、爱尔兰、西班牙等的15个赌博监管机构签署了名为《赌博监管者关于赌博和游戏之间界限模糊的担忧的声明》的文件，重点"打击热门视频游戏有关的非法赌博网站"，督促游戏发行商必须"确保战利品箱等游戏内的特性，没有构成国家法律下的赌博"，而且美国和韩国的公平贸易委员会等监管机构已针对付费开箱现象展开调查，审查游戏战利品箱是否构成赌博。这些举措表明，越来越多的国家正在将现实世界中的法律写进游戏代码中，也就是"法律即代码"行为。通过对游戏代码的规范以划定开发者的责任边界，限制现实世界中违法行为向虚拟世界的延伸，成为游戏监管和公共政策设计的重要方向之一。

7.5.4 探索数字时代的虚拟世界经济征税

游戏玩家通过使游戏的任何方面与真实世界直接联系起来，从而将现实世界的价值赋予了虚拟物品，因此销售虚拟物品的收入可以被视为真正的收入。游戏中的虚拟奖金、战利品一旦兑换成实际货币，这些奖金在一段时间内都是可以用实际物品衡量的。这就是为什么参与这种兑换的游戏玩家和公司，在获得开发商许可的情况下，现在被鼓励根据欧盟的法律申请许可证。

用魔法杖交换一块金币和用书籍交换一张礼品卡在经济上没有区别，但后者将被以易货方式征税，前者则不会。最终，世界各地的税收机构将不得不对虚拟物品的税收状况作出规定，并做出他们能够做出的任何区分。随着这种价值被越来越多地转化为真正的美元，税法和政府部门也开始关注这一问题。

2019 年 5 月 21 日，法国参议院投票通过数字税法律草案。因为该项数字税的主要征税目标是以谷歌（Google）、苹果（Apple）、脸书（Facebook）、亚马逊（Amazon）等为主的大型互联网公司，因此又被称为 GAFA 税。美国有专家认为，法国这一税收政策对美国企业具有"歧视性"，违反了公平竞争原则，不利于鼓励数字经济发展。

随着互联网技术与虚拟世界的快速发展，虚拟世界经济领域的"数字税"可能会对国际税收制度、税率、税基和结构产生深刻影响，因此需要加强研究，并推进税收改革的国际合作，以实现通过税收政策促进公平竞争和行业创新发展的目的。

7.5.5　虚拟世界充当经济政策实验室

经济学家面临的一个令人痛苦的现实问题：人类经常不理性地行动，这可能会破坏许多基本理论。如果经济学理论能在实验室环境中得到检验，将会对公共政策的制定大有裨益。尽管行为经济学领域正在蓬勃发展，但测试成本高昂且难以实施。从理论上讲，虚拟世界可以充当检验经济模式和公共政策的实验室，比如第三条道路或统一税制。随着游戏越来越先进，或许它们可以用来研究更复杂的概念，比如工会化、学券制和单身人士医疗保健。游戏设计师的经验可以帮助测试制度的意外后果，这显然对未来的公共政策设计具有重要的价值。

7.6　研究展望

总结起来，游戏及虚拟世界的经济分析可能产生既有学术意义又对游戏开发人员有用的结论。一个基本的共识是，虚拟世界经济和现实经济之间存在差异，这些差异取决于网络空间生活的具体特征，因此在一个经济体中有效的假设在另一个经济体中不一定有效，对虚拟世界经济的分析将需要使用与我们习惯的工具和方法略有不同的工具和方法。然而，两者之间也有相似和可借鉴之处。严格的分析方法和建模技术无疑可以从现实世界经济学中引入到游戏及虚拟世界。微观经济分析可能是虚拟世界经济中相对比较成熟的领域，而宏观经济模型还处于探索阶段。可以预期，关于游戏及虚拟世界经济学的相关研究成果将稳步增长。近期一些可能的研究议题包括：虚拟世界经济体的工资是趋同还是分化？在虚拟世界经济中不平等和稀缺如何影响玩家的福利？在虚拟世界中消磨时间不会给生存带来任何风险？在虚拟世界经济中，玩家的资产是否会承担更大的风险，如果是这样，这对虚拟世界经济稳定性有何影响？如何实现在现实世界中对虚拟世界运营商进行有效监管并促进竞争和创新？如何通过虚拟世界经济中的政策实验来帮助改进真实世界的公共政策？关于这些问题的回答将是一个非常有前瞻性且非常有趣的研究探索。

本章参考文献

卜英华、吴洪，2011：《虚拟世界的发展与监管思路》，《北京邮电大学学报》（社会科学版），第 13 卷第 6 期。

诺诚游戏法，2016：《2016 游戏行业民事诉讼大数据：诉讼已成游戏公司市场竞争策略》，http://www.sootoo.com/content/669061.shtml，2016-12-30.

Boyland, K., 2013, 8 Hot Industries for Start-ups, http://www.ibisworld.com/media/2013/02/06/8-hot-industries-for-start-ups.

Castronova, E., 2001: Virtual Worlds: A First Hand Account of Market and Society on the Cyberian Frontier. CESifo Working Paper Series, No.618.

Castronova, E., 2002: On Virtual Economies, CESifo Working Paper Series, No.752.

Castronova, E., 2005, *Synthetic Worlds: The Business and Culture of Online Games*. Chicago, IL: University of Chicago Press.

Castronova, E., 2006. One the Research Value of Large Games: Natrual Experiments in Norrath and Camelot, *Games and Culture*, Vol.1, No.2.

Castronova, E., Williams, D., Shen, C., et al., 2009: As Real as Real? Macroeconomic Behavior in a Large-Scale Virtual World, *New Media & Society*, Vol.11, No.5.

Chambers, C., 2011: How Virtual Are Virtual Economies? An Exploration into the Legal, Social and Economic Nature of Virtual World Economies, *Computer Law & Security Review*, Vol.27, No.4.

Constantin, J., 2008: The Impact of Virtual World Economy in Real World Economy, *Manager*, Vol.7, No.1.

Dibbell, J., 2006: *Play Money: Or, How I Quit My Day Job and Made Millions Trading Virtual Loot*. New York: Basic Books.

Esbensen, D., 2005: Online Game Architecture: Back-end Strategies. Gamasutra, March 10, 2005, http://www.gamasutra.com/gdc2005/features/20050310/esbensen_pfv.htm.

Heeks, R., 2009: Understanding 'Gold Farming' and Real-money Trading as the Intersection of Real and Virtual Economies, *Journal of Virtual Worlds Research*, Vol.2, No.4.

Knowles, I., Castronova, E., and Ross T., 2015: *Virtual Economies: Origins and Issues, The International Encyclopedia of Digital Communication and Society,* Edited by Robin Mansell and Peng Hwa Ang, Published by John Wiley & Sons, Inc.

Kolo C. and Baur T., 2004: Living a Virtual Life: Social Dynamics of Online Gaming, *The International Journal of Computer Game Research*, Vol.4, No.1.

Lehdonvirta V., 2005: Virtual Economics: Applying Economics to the Study of Game Worlds, Proceedings of the 2005 Conference on Future Play (Future Play 2005), Lansing, MI, October 13-15.

Lehdonvirta, V., 2008: Real-money Trade of Virtual Assets: New Strategies for Virtual World Operators, in M. Ipe (ed.), *Virtual Worlds*, Hyderabad, India: Icfai University Press.

Lehdonvirta, V., and Ernkvist, M., 2011: Converting the Virtual Economy into Development Potential: Knowledge Map of the Virtual Economy, Washington, DC; infoDev/World Bank.

MacInnes, I., 2005: Virtual Worlds in Asia: Business Models and Legal Issues, Paper presented at DIGRA 2005, Simon Fraser University, Burnaby, BC, Canada.

McClure, R.F. and Mears, F.G.,1986: Videogame Playing and Psychopathology, *Psychological Reports*, Vol.59, No.1.

Ravaja, N., Saari, T., Laarni, et al., 2005: The Psychophysiology of Video Gaming: Phasic Emotional Responses to Game Events. Paper presented at DIGRA 2005.

Shankar, V., and Bayus, B.L., 2003: Network Effects and Competition: An Empirical Analysis of the Home Video Game Industry, *Strategic Management Journal*, Vol.24, No.4.

Shaviro S., 2008: Money for Nothing: Virtual Worlds and Virtual Economies, in *Virtual Worlds*, ed. Mary Ipe (Hyderabad: The Icfai University Press, 2008).

Sulake, 2004: Strong Growth in Sulake's Revenues and Profit—Habbo Hotel Online Game Will Launch in the US in September, 6 September 2004, http://www.sulake.com/pressroom_releases_06092004_1.html.

Superdata Research, 2014: Comparing MMO ARPU for Major Free-to-play Titles, http://www.superdataresearch.com/blog/mmo-arpu/.

Yamaguchi, H., 2004: An Analysis of Virtual Currencies in Online Games, SSRN Working Paper, September 1.

8. 在线广告

甄艺凯　甄小鹏

21 世纪 10 年代互联网广告在中国获得了飞速发展。从市场规模来看，2010 年，在广告市场最主要的三种媒介中，电视广告居首，其次为报纸，互联网广告居于末位；而到了 2016 年这一情况则发生了反转，互联网广告超过电视和报纸居于首位。随着数字技术的进步，互联网广告发展出了程序化的交易模式，与大数据结合则使互联网广告可以做到精准投放，这些特点大大改善了广告市场的效率。但技术的发展并不改变互联网广告市场作为一个"市场"的本质。互联网广告的需求方是有推广商品需要的广告主，广告增加了他们的销售收入，但广告带来的边际收入增量却是递减的，因而广告市场完全符合需求规律。广告的供给者是各个互联网媒体，媒体受众的注意力是有限的，有限资源可以分配在不同用途，因此，广告市场的短期供给曲线是向右上倾斜的。广告受众是互联网媒体的消费者，广告给他们带来了负外部性（或正外部性），这种"负外部性"最终转化为互联网媒体的成本（制作有价值的内容并"免费"提供）（Anderson and Coate，2005；Anderson，2012）。主流经济学文献对互联网广告有过大量有趣而深刻的研究，这些研究成果构成理解互联网市场的基础，本章 8.3 和 8.4 节的内容可以视为一个学习者针对这些理论的学习笔记。特别需要说明的是，Simon P. Anderson 等学者早已编写过关于互联网的类似经济学手册，互联网广告市场的基本特征、可能的福利状况以及垄断市场结构下的互联网广告等内容可参阅 *The Oxford Handbook of the Digital Economy* (eds: Peitz, M. and Waldfogel, J.) 一书中 "Advertising on the Internet (S. P. Anderson)" 一章第 3.4 小节，本章不再额外叙述。

本章对互联网广告市场基本状况的描述，意在使读者对真实的市场有一些基本的了解。借助已有研究成果提供了从经济学角度对互联网广告市场的理解，并基于经济学理论讨论了互联网广告的竞争政策含义。

8.1　在线广告的发展及现状概况

随着经济的发展和消费的增长，我国广告市场的规模也在不断扩大。图 8.1 反映了 2005—2017 年我国广告总营业额及增长率情况。从图中可见，我国广告营业额逐年增加，由 2005 年的 1416 亿元增加到 2017 年的 6896 亿元，年均增长 32.3%。分段来看，2009 年之前广告营业额增速基本维持在 10% 上下，但逐年放缓，到 2009 达到最低为 4.4%；而 2009 年之后则出现了短暂的爆炸式增长，至 2012 年增速达到 50.3%，但 2013 年又猛然跌至 6.9%；2013—2017 年间，广告营业额增速又基本维持在 6%—12% 的范围内，逐年波动。

互联网、电视、报纸、杂志和广播是目前最为主要的五种广告媒介。互联网迅速崛起则使互联网广告在我国广告市场中占据了最主要地位，成为近年我国广告市场增长的最主要引擎。图 8.2（a）是 2010—2016 年基于五种媒介的广告营业额规模。从图中可以看到，2010 年互联网广告规模甚至不及报纸广告，仅为 337 亿元，而到 2016 年，互联网广告规模已增长至 2885 亿元，年均增长 43.2%。相比之下，2010 年电视广告规模为 797 亿元，是互联网广告规模的二倍；而在 2015 年时电视广告规模仅为 1005 亿元，不到互联网广告规模的一半；二者规模大小关系在 4 年间发生了颠覆性转变。

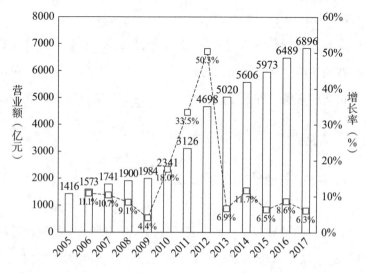

图 8.1　2005—2017 年中国广告市场营业规模

数据来源：《2018 年中国广告市场发展现状及行业发展趋势分析》，http://www.chyxx.com/industry/201804/629545.html。

　　图 8.2（b）展示了 2010—2016 年，五种媒介广告营业额增长率的变化情况。其中互联网广告规模的增速虽然逐年放缓，但总体放缓幅度不大，一直维持在 35% 以上。与之相比，电视广告市场规模增速放缓更为剧烈，在 2014 年出现增长停滞，而 2015 年则出现负增长。报纸广告在 2012 年出现负增长，随后负增长速度还在持续加快，2015 年时达到 -30% 左右。

　　上述增长变化过程导致的规模占比结果反映在了图 8.2（c）中。2010 年广告市场中最为主要的三种媒介是电视、报纸和互联网；互联网广告市场规模占比最低，仅为 14%，其次是报纸广告，占比 19%，而电视广告规模占比为 34%；与此同时广播和杂志广告占比仅分别为 4% 和 1%，在广告市场中较为边缘。但在随后五年中，五种媒体中只有互联网广告市场规模占比逐年扩大，电视和报纸广告规模则逐年递减，广播和杂志广告规模基本维持不变。仅经过 2011—2013 两年时间，互联网广告与电视广告的市场规模已基本持平，均为 22% 左右；而又经过三年到 2016 年，互联网广告规模的市场占比达到 44%，电视广告规模占比则降低至 15%，这与 2010 年的情况刚好相反。与此同时，报纸广告的市场规模占比则从 2010 年的 19% 迅速降低到了 2016 年的 3%，与广播和杂志广告的市场规模基本相当，说明在 2010—2016 的 6 年时间内，报纸广告已经从主要广告载体成为边缘化载体。

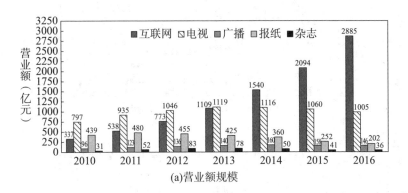

(a)营业额规模

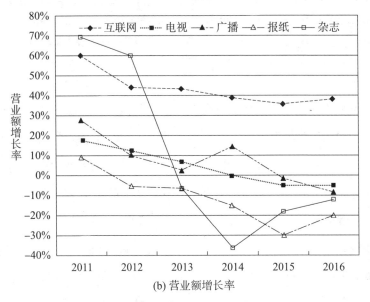

(b) 营业额增长率

图 8.2　2010—2015 年五类媒介的广告营业规模、市场占比及增长率

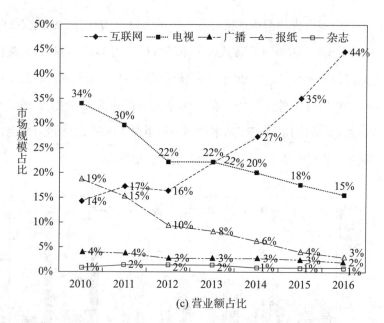

(c) 营业额占比

续图 8.2　2010—2015 年五类媒介的广告营业规模、市场占比及增长率

数据来源:《2017 年中国广告服务行业发展概况及发展现状分析》,http://www.chyxx.com/industry/201705/521000.html;《2017 年中国网络广告市场年度监测报告》,http://report.iresearch.cn/report/201704/2980.shtml;《2018 年中国网络广告市场年度监测报告》,http://report.iresearch.cn/report/201808/3264.shtml。

　　互联网广告一度以 PC 端广告为主,但随着移动互联网的快速普及,移动端广告增速更快,其规模在近年甚至超过了前者。图 8.3(a)和(b)分别反映了 2009—2017 年 PC 端和移动终端互联网广告的规模和增速情况。从图 8.3(a)中可以看到,在 2009—2017 年间 PC 端和移动终端两类互联网广告规模出现了较大增长,但 PC 端互联网广告在 2009—2014 年处于较快增长期,2014 年之后增长停滞,并在 2016 年出现微弱下滑;而移动端互联网广告规模在 2009—2012 年间并无太大变化,但在 2013—2017 年间出现了爆炸式的增长。

　　从图 8.3(b)中可以看到,PC 端互联网广告增速逐年放缓,从

2009 年的 50%一路跌至 2017 年的 0%左右；与此同时，PC 端互联网广告在互联网广告市场中的占比也从最初的接近 100%降低至 2017 年的 32%。相比之下，移动终端广告一直处于较快增长中，其增长率在 2013—2015 三年间甚至保持在 150%以上，即便在 2017 年也处于 50%左右。移动端互联网广告在互联网广告市场中的占比，在 2009 年时接近 0%，随后迅速扩大，至 2015 年与 PC 端互联广告规模相当，并在 2016 年超过 PC 端互联网广告，2017 年则达到了 68%。

互联网广告具有丰富多样的形式，不同形式的互联网广告在互联网广告市场中的份额有着较大差异。根据图 8.4 中描述的情形，互联网广告被分为了搜索引擎广告、电商广告、品牌图形广告、视频贴片广告、信息流广告、富媒体广告和其他类型广告。从图 8.4（a）中可以看到，在 2012—2016 年间搜索引擎广告、电商广告和品牌图形广告是市场规模最大的三类广告，并且这三类广告的规模也在逐年扩大。图 8.4（b）显示，这三类广告占据互联网广告市场的绝大多数份额，在 2012 年三者合计占比为 90%左右，但在随后的几年逐年降低，至 2016 年降至 70%左右。这三类广告中，搜索引擎广告占比最大，除 2016 年下降到 26%，在其余年份则围绕 30%波动；其次电商广告占比则基本呈上升趋势，2012 年占比 23%，至 2016 年增加至 30%；而品牌图形广告的市场占比则总体呈下降趋势，由 2012 年的 26.2%下降至 2016 年的 13.4%。

搜索引擎广告、电商广告和品牌图形广告三类广告规模逐年增加，但市场占比下降，说明其他类型的广告在 2012—2016 年间的增速更快。在图 8.4（b）中可以观察到其余类型广告的市场占比呈不断扩大的趋势；而从图 8.4（c）中可以发现，视频贴片广告、信息流广告和富媒体广告的增长速率普遍高于前三类广告。其中信息流广告的增长速度最快，2015 年达到 210%，该类型广告在 2012 年的市场规模基本为零，但到 2016 年该类广告规模达到 325.1 亿元，相应市场占比达到 11.2%。

此外，视频贴片广告也增长较快，增长速度与电商广告持平，基本保持在 40%—65% 的范围内。

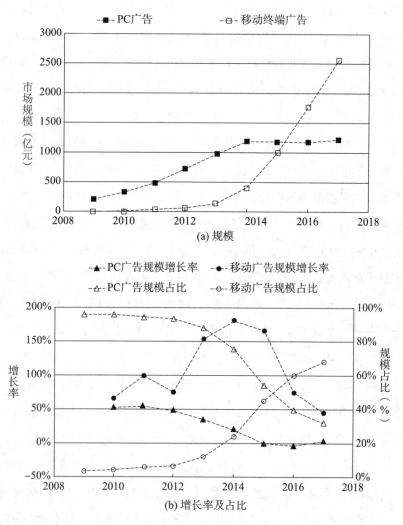

图 8.3 2009—2017 年我国 PC 和移动终端的互联网广告规模、占比及增长率

数据来源：《2018 年中国程序化购买展示广告市场发展前景分析》，http://www.chyxx.com/industry/201802/611574.html；《2018 年中国网络广告市场年度监测报告》，http://report.iresearch.cn/report/201808/3264.shtml。

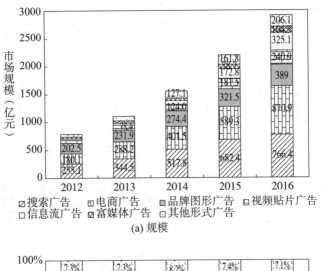

(a) 规模

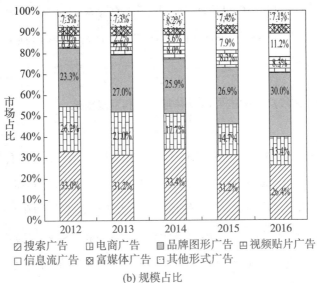

(b) 规模占比

图 8.4　2012—2016 年我国不同形式的互联网广告规模、市场占比及增长率

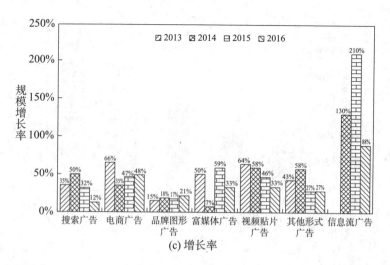

续图 8.4　2012—2016 年我国不同形式的互联网广告规模、市场占比及增长率

数据来源:《2017 年中国网络广告市场年度监测报告》, http://report.iresearch.cn/report/201704/2980.shtml。

8.2　在线广告的主要市场参与主体和交易模式

在线广告市场的商业模式处于不断变化之中，就目前而言以程序化广告交易（Programmatic Advertising）模式为主。相较于传统广告主与互联网媒体直接进行交易的传统模式，在作为广告需求方的广告主和广告供给方的媒体间已演化出多级代理平台（DSP、SSP、ADX、DMP、Ad Network 等）和多种交易模式，形成了更为复杂的市场结构。因此本部分将首先对在线广告市场参与主体加以介绍，然后进一步通过阐述各个广告市场行为主体之间的供需关系及盈利模式来说明在线广告的交易模式。

8.2.1 程序化在线广告交易的主要市场参与主体 [1]

（1）Advertising Agency

广告代理商，习惯上也称为"广告公司"。代理商一般由创作人员和经营管理人员所组成，设有许多职能和业务部门，能够为广告客户制定并实操完整的广告计划或商业宣传全案。代理商往往在制作广告和文案创意上有极强的实力，并且也能够提供其他促销工具，主要通过垫资和返点来争取和维护大客户。其主要收入来源为服务费和合作的各大广告平台的返点。

（2）DSP（Demand Side Platform）

广告需求方平台，是服务于甲方（广告主）或广告代理公司的一类平台，该类平台往往集媒体资源购买、投放策略制定、投放实施优化和出具分析报告等功能为一体。通过 DSP，广告主可以投放 PC 端的视频广告、条幅展示广告（banner）、移动端的各种广告、原生广告（如 Facebook），或通过智能电视或机顶盒投放电视广告。DSP 广告投放的核心特征是精准投放。DSP 平台依据历史的数据预先建立起一套预测算法或预测模型，依据这个模型能够预测的结果是，一个既定的广告对于一个具有某些特征或者历史行为的访客而言，这个访客会关注、点击甚至转化为广告主的客户的可能性有多大，进一步 DSP 就可以在依据不同概率来制定竞价策略。在实际的程序化广告交易中，DSP 平台在收到流量请求信号的同时，还会收到发出该请求访客的设备识别号、历史行为，甚至是某些访客特征信息，当 DSP 平台接受到新的访问请求和附带信息时，便可以预测出相应的转化概率，然后再依据这一概率值来做出具体的购买和出价决策。

---

[1] 本节内容基本上是对《计算广告》（刘鹏，王超）和《互联网 DSP 广告揭秘——精准投放与高效转化之道》（曲海佳）中相关内容的转述，个别地方本文作者有所补充。

（3）ATD（Agency Trading Desk）

直译为"程序化广告购买交易桌面"，但 ATD 并非是在线广告程序化交易中的某种操作界面，而是比 DSP 更高级别的加强版或是整个产业链条的一个更高环节。它可以基于 DSP 的能力与技术为 VIP 大客户提供更高质量的方案与服务。除了部分独立 ATD（也称为 ITD，Independent Trading Desk）之外，它们中的大多隶属于以 4A 公司为代表的广告代理商。

（4）SSP（Supply Side Platform）

即供应方平台，是面向媒体主的供应方管理平台，可以帮助媒体主进行流量分配管理、资源定价、广告请求筛选等，更好地进行自身资源的定价和管理并优化营收。

（5）AD Network

广告网络，是在 PC 端介于想出售广告资源的 Web 网站与想在 PC 端发布广告的广告主之间的平台。广告网络拥有大量的媒体资源，一方面帮助媒体将广告位资源整合打包出售，另一方面帮助广告主定向目标人群。广告网络与 DSP 最本质的区别在于，广告网络并不能像 DSP 那样做到真正的精准投放，而是以媒体内容为投放导向。例如，将一个健身器材的广告投放到几家健身网站上，而这一投放只是建立在"访问健身网站的访客购买该健身器材的可能性更大"这一基本的经验认识基础之上。

（6）DSPAN（DSP+AD Network）

有的 DSP 会绕过 ADX 和 SSP 直接对接一些媒体，如果这些媒体的类型或者所面向的消费者群体接近，DSP 将这些媒体组织成一个广告联盟，那么实际上这意味着 DSP 平台对接了一个自有的 Ad Network，从而形成了一个 DSP+AD Network 的混合体。

（7）ADX（Advertisement Exchange）

广告交易平台是将媒体和广告主／广告代理商联系在一起的在线广告市场。该市场的主要功能是撮合双方的在线广告交易，具体而言，该平台首先将广告展示供给方的信息传递给广告需求方，然后组织广告需求方进行集合竞价，最后再将赢得展示机会的广告主的广告内容投放给公告展示机会的供给方。

（8）DMP（Data Management Platform）

直译为"数据管理平台"，其功能主要为收集数据并对数据进行挖掘分析，用获得的分析结果指导决策，必要时还可以直接使用这些经过梳理的数据来自定义广告受众，提高广告投放的效果。不但甲方和乙方可以使用 DMP，媒体方也可以使用。

8.2.2 程序化在线广告主要交易模式[①]

传统的在线广告市场参与主体类型较少，市场结构相对简单，因而交易模式也相对单一。部分情况下，作为广告需求方的广告主和广告供给方的媒体之间可能会发生直接交易，一些情况下广告公司会作为广告主的代理，与媒体进行广告交易。传统在线广告交易的交易对象主要是静态的展示广告，即广告主包段媒体的某个展示位置来展示自己的广告内容。例如，某个广告主在 3—5 月三个月，每天早晨 8 点至 11 点，在某个门户网站的条幅位置展示自己的广告，所有在该时段访问该网站的消费者，都将看到该展示广告。这种在线广告交易也被称为合约广告。

近年来，网络和计算机技术的进步在很大范围内极大地改变了上述传统在线广告交易模式。目前最为主流的交易模式被称作"程序化在线

---

① 本节内容是由作者在互联网上调查并收集的碎片化材料整理加工而成。作者在写作过程中依据这些碎片化信息进行了系统化思考，形成了本节的内容。这些材料来自于百度百科、知乎等互联网平台，限于篇幅及材料细碎性，在此不一一列举。

广告交易"，2012 年被认为是我国在线广告程序化交易元年。"程序化交易"最早是被用于股市等金融市场中的一种交易方式或行为，我国证监会 2015 年 10 月 9 日公布了《证券期货市场程序化交易管理办法（征求意见稿）》，其中对程序化交易的定义是"通过既定程序或特定软件，自动生成或执行交易指令的交易行为"。当然，软件和计算机程序只是程序化交易的载体和实现方式，而本质上程序化交易其实是一种被程序化了的交易策略，当交易策略所考虑的某些与交易相关的参数以及变量确定后，计算机程序便会依据程序化的交易策略做出具体的交易决策，当变量发生变化时计算机则会相应地调整交易决策。

但对于在线广告而言，程序化的交易不仅在于广告交易双方所依赖的程序化的广告交易策略，还在于在线广告交易模式的巨大改变。在程序化在线广告交易中，传统合约广告的静态包段变为针对单次展示的动态支付，传统的固定包段广告内容也变为根据每次访问请求而动态加载的广告文案。

具体而言，例如在传统的广告交易模式中，如果广告主想在某个网站的某个广告位置上展示自己的广告内容，就必须在某些固定的时段包段该广告展示位置。当用户访问该网站时，网站将会加载网页中该广告主想展示的广告内容。因此无论是哪个用户，只要在该广告主包段的时段内访问该网站，都将会看到这些包段广告主的广告。

然而在程序化在线广告交易中，一种最常见的模式是，当某个用户访问网站时，网站在加载网页内容前，会首先将用户的访问请求连同该用户的一些特征及历史行为等数据（cookies）传递给所有广告需求方。广告需求方接收到这一信号后，便会依据该用户的特征和历史行为数据来决定，是否购买针对该用户的这一次广告展示机会，如果要购买那么又要以多少价格购买。然后当这些需求方作出决定后，其中出价最高者将获得该次广告展示机会，此时网站便会加载赢得该次展示机会的需求方所要展示的广告内容。目前一般会要求交易各方要在 100 毫秒内完成这一系列的交易动作，显然依靠人工几乎不可能达到这样的速度要求，因此必须依靠相应的计算机程序来完成这一交易过程。上述广告交易过程中的竞价被称作"实时竞价"（Real Time Bidding），通常以其英文名称的字母缩写表示为 RTB。

在线广告程序化交易当然并不仅限于上述这种以 RTB 为竞价基础的模式。例如还有广告位预留，价格固定的保价保量模式，在这种模式中，广告主与媒体方是一对一的关系，广告位固定而且有机会独占排他，广告主可以在排期内保质保量地获得广告位资源。在此基础之上，广告主可以全盘接受对所有受众投放广告，也可以按照自己广告的受众定位针对媒体的受众进行筛选展示，这种形式常被称为 PDB（Programmatic Direct Buying）。

此外还有一种模式被叫做 PD（Preferred Deals），即广告位不预留，价格固定的保价不保量模式。这种模式与 PDB 在实际情况中常常伴生，即预先已经有其他广告主以 PDB 的形式购买了一定量的媒体资源，接下来的广告主可以针对媒体已有排期的余量进行购买，因为每天的流量都是不同的，所以余量也可多可少，所谓的不固定是指量的不固定。而采用这种购买形式的广告主同样既可以购买所有余量，也可以针对余量进一步挑选。

腾讯公司的实时广告交易平台就提供 RTB、PDB 以及 PD 三种程序化在线广告交易模式。图 8.5、图 8.6 以及图 8.7 连同每幅图后的文字说明，是腾讯实时广告交易平台官网对上述三种交易模式的介绍。

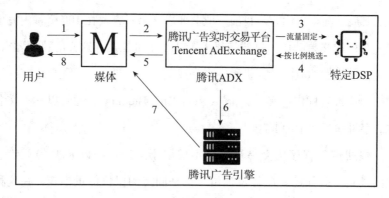

图 8.5　在线广告程序化交易的 PDB 模式示意图

资料来源：腾讯实时广告交易平台官网，https://adx.qq.com/index/help。与官网原图有所不同，但内容完全一致。

（1）用户（user）向媒体（publisher）发起访问请求；

（2）产生广告请求时，媒体将携带用户标识（一般是 cookie 或设备号）的流量发送到 Tencent AdExchange；

（3）Tencent AdExchange 向广告主指定的 DSP 发起曝光竞标请求；

（4）DSP 在满足 N 倍推送比例的约束下，进行估值后决定是否选择本次流量，将结果返回给 Tencent AdExchange；

（5）如果 DSP 选择本次流量，Tencent AdExchange 按照媒体广告模板进行样式渲染后，将 DSP 的广告返回给用户展示；

（6）如果 DSP 没有选择本次流量，Tencent AdExchange 将流量重新返回给广告引擎；

（7）广告引擎重新选择其他广告后，返回给用户展示；

（8）用户浏览页面，看到广告，广告产生曝光。

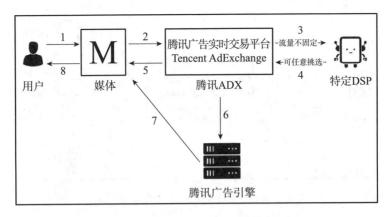

图8.6　在线广告程序化交易的 PD 模式示意图

资料来源：腾讯实时广告交易平台官网，https://adx.qq.com/index/help。与官网原图有所不同，但内容完全一致。

（1）用户（user）向媒体（publisher）发起访问请求；

（2）产生广告请求时，媒体将携带用户标识（一般是 cookie 或设备号）的流量发送到 Tencent AdExchange；

（3）Tencent AdExchange 向广告主指定的 DSP 发起曝光竞标请求；

（4）DSP 进行估值后决定是否选择本次流量，将结果返回给 Tencent AdExchange；

（5）如果 DSP 选择本次流量，Tencent AdExchange 按照媒体广告模板进行样式渲染后，将 DSP 的广告返回给用户展示；

（6）如果 DSP 没有选择本次流量，Tencent AdExchange 将流量重新返回给广告引擎；

（7）广告引擎重新选择其他广告后，返回给用户展示；

（8）用户浏览页面，看到广告，广告产生曝光。

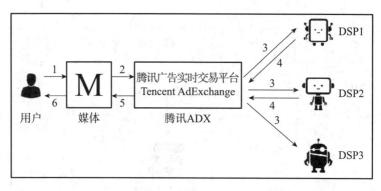

图 8.7　在线广告程序化交易的 RTB 模式示意图

资料来源：腾讯实时广告交易平台官网，https://adx.qq.com/index/help。与官网原图有所不同，但内容完全一致。

（1）用户（user）向媒体（publisher）发起访问请求；

（2）产生广告请求时，媒体将携带用户标识（一般是 cookie 或设备号）的流量发送到 Tencent AdExchange；

（3）Tencent AdExchange 向众多家 DSP 并行发起曝光竞标请求；

（4）DSP 进行估值后决定是否参与出价并给出此次曝光的报价，Tencent AdExchange 集齐 DSP 报价返回后进行拍卖；

（5）Tencent AdExchange 按照媒体广告模板进行样式渲染后，将获胜 DSP 的广告返回给用户展示；

（6）用户浏览页面，看到广告，广告产生曝光。

围绕在线广告程序化交易模式所需的网络技术，以及相应在交易中所发挥的功能，在广告主和媒体间衍生出了多级市场参与主体，进而形成了十分复杂的市场结构。图 8.8 简单地描述了在线广告交易中各类参与主体之间的供需关系。其中虚线框代表了某一类参与主体，实线框则代表某一个参与主体；图中的所有箭头代表广告需求的方向，粗线箭头代表某一类参与主体与另一类参与主体间的广告需求关系，细线箭头则仅代表某一具体参与主体与其他具体参与主体间的广告需求关系。

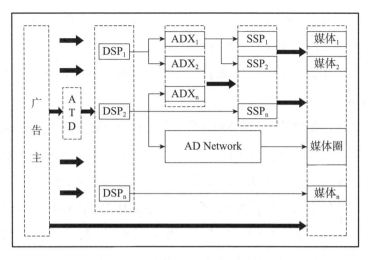

图 8.8　在线广告交易模式图

资料来源：作者整理。

在图 8.8 中可以看到，广告主可能会绕过所有的中间代理环节而直接与媒体建立交易，显然这种在线广告的交易要么只是传统的交易模式，要么需要广告主和媒体自身即可建立起程序化在线广告交易的全部机制，这显然需要交易双方花费很大的成本，从而导致严重的规模不经济问题，因此这种模式可能会比较少地出现。通常情况下，有广告展示需求的企业会首先与广告公司（Advertising Agency）、ATD（Agency Trading Desk）或者 DSP（Demand Side Platform）之间建立联系。如果广告主对于广告投放业务非常不专业且不愿意花费时间自己处理投放广告的相关事务，那么广告公司（Advertising Agency）可以为广告主提供比较全面的广告服务；而如果广告主自身可以解决除投放外的大部分工作，例如广告文案设计等，那么广告主可能就会抛开广告公司而直接与 ATD 或者 DSP 建立联系；如果广告主首先对接了 ATD 而非 DSP，这说明广告主可能需要同时对接多家 DSP 平台，或者在 DSP 平台的选择、监督等方面缺乏专业知识和技术，因为 ATD 可以帮助广告主代理这些业务。ATD 通常都隶属于大的广告公司，或者是广告公司中的一个部门，而在实际当中还有一部分被叫做 ITD（Independent Trading Desk）的机构，这些机构向广告主提供与 ATD 几乎相同的服务，但是是独立公司。

DSP 提供的最核心服务就是广告的竞拍和投放。DSP 通常对接的是 ADX（Adverting Exchange），而 ADX 另一侧则对接了 SSP。ADX 是一个虚拟的在线广告交易市场，其主要功能是接受 SSP 的访问请求信息并传递给参与 ADX 的需求方，然后再对包括 DSP 在内的所有需求方进行集合竞价。正如图 8.8 中所表示的那样，DSP 所对接的 ADX 数量并没有限制，一些比较大的 DSP 可能要对接较多的 ADX 才能满足广告主的需求。有时候，DSP 对接较多的 ADX 意味着该 DSP 单位时间内收到的访问请求就会更多，而这对于广告主而言意味着更多更适合的展示机会，从而成为 DSP 平台的一种优势。

在图 8.8 中还可以发现，有时候 DSP 可能会绕过 ADX 而直接对接 SSP，这可能发生在 DSP 和 SSP 规模都很大的时候，或者 DSP 和 SSP 本质上是一家企业。除此之外，很多 DSP 平台会直接对接一些比较优质的媒体，这些媒体能够为广告主提供质量相对高于市场平均水平的广告展示机会，或者说流量。在必要的情况下，DSP 会将这些流量作为竞争的杀手锏。如果这些媒体的类型或者所面向的消费者群体接近，DSP 可能将这些媒体组织成一个广告联盟，那么实际上这意味着 DSP 平台对接了一个自有的 Ad Network，这种类型的 DSP 被称为 DSPAN，即 DSP+Ad Network。

在图 8.8 中，SSP 和 ADX 被分为了两类市场参与主体，但实际上二者往往缺乏一个明确的界限。那些提供 ADX 功能的主体往往首先都是一个 SSP，例如腾讯实时广告交易平台[①]（Tencent AdExchange），从其英文名称来看似乎是一个 ADX 平台，但实际上从其官网上的介绍来看，它其实是一个 SSP+ADX，因为它的流量供给侧对接了互联网媒体，而广告需求一侧则只对接外部 DSP。当然，有的 ADX 在流量供给侧也会对接其他外部 SSP。

8.3 在线广告的经济学含义

关于互联网广告平台的理论（互联网广告是双边或多边市场中的"一边"），大体上从三个维度展开：（1）平台的市场结构，即垄断还是竞争，竞争程度如何。（2）平台是否对消费者收取类似订阅费一样的费用，即平台以广告获利还是二者兼有。（3）消费者和广告主分别是单归属还是多归属（只参加一个平台还是参加多个平台）。互联网广告的基本供求特征和可能的福利状况可参阅 *The Oxford Handbook of the Digital Economy* (Eds: Peitz, M. and Waldfogel, J.) 一书中"Advertising on the Internet"（S. P. Anderson）一章第 3 节，垄断的结构可参阅该章第 4 节。8.3.1 节将以竞争的市场结构开始介绍。在互联网内容中植入广告并非平台经营者唯一的盈利方式，而对内容直接收费构成了另外一种互补的方式，但对互联网广告市场将会带来很大影响。8.3.2 节讨论了上述这一影响。对互联网精准广告和搜索引擎广告的理论研究，则脱离上述经典的双边市场理论框架。8.3.3 与 8.3.4 节依据较为经典的经济学文献，分别对上述两项内容做了介绍。

---

① 腾讯实时广告交易平台官网对其所对接媒体资源有所介绍，详见 https://adx.qq.com/index/help。

8.3.1　竞争的在线广告市场 [1]

考虑两家在线内容提供商,他们一方面向消费者提供免费的新闻、视频等内容,另一方面则在免费的内容中植入广告而从广告主那里获取利润。竞争的平台一方面需要吸引尽可能多的消费者并诱使其在平台上花费尽可能多的时间,以吸引更多的广告或者索要更高的广告价格(一个平台的观众越多,观众在平台上的在线时间越长,对广告主将越有吸引力);另一方面,过多的广告植入将使得消费者转向另一家平台,因"掉粉"而可能招致广告主的离开从而减少其利润。平台一边消费者数量的增加将给广告主带来正的外部性,而广告主的增加却只能给消费者带来负外部性。最终激烈竞争的双边平台到底各自能吸引多少消费者与广告主以及收取多少广告费将变得有趣而重要。为了解决上面的问题并获得经济学家的直觉和更深的理论洞见,我们将在 Anderson and Coate (2005) 所提供的模型基础上做适当简化,以讨论这一问题。Anderson and Coate (2005) 在一个基本的 Hotelling 模型 [2] 框架下展开。

考虑在均匀分布着无数消费者的长度为 1 的线段两头有两家在线内容供应商,对消费者提供免费的商品(视频、信息),但从广告中获利。x 处的消费者选择平台 1 的理由取决于平台 1 本身带来的效用 v,广告

---

① 本节核心观点均来自 Anderson and Coate (2005), Reisinger (2012), Anderson (2012)。双边市场广告模型来自 Anderson and Coate (2005), 但做了适当简化, 目的是帮助读者能够迅速透过模型理解背后关于竞争的洞见。

② 使用 Hotelling 模型讨论双边市场可能使人自然联想到 Armstrong (2006) 的模型。这里需要说明的是在互联网广告的双边市场上, 平台一边的广告数量给另一边消费者带来了负外部性, 但广告构成了平台的收入。这一特点和双边市场两边彼此给对方带来正外部性有所不同。Rochet and Tirole (2003), Armstrong (2006) 最初对双边市场的刻画基本上都是聚焦于"双边"给彼此带来正外部性。Rochet and Tirole (2003) 讨论的是银行卡与 POS 机的关系, 需求函数彼此相乘而放大。Armstrong (2006) 则是让一边的消费数量以递增的关系进入到另一边消费者的效用函数中。在互联网广告市场, 双边市场是一个非常普遍的模式。

带来的负效用 γa〔假设负效用与广告数量线性相关。其中 a 广告数量，γ 为单位广告带来的令人厌烦的负效用或打扰成本（nuisance cost）〕，以及距离平台的远近与单位交通成本之积 tx（衡量了消费者对媒体的偏好程度）三者。故而消费者的效用函数可以描述为：$u_1 = v - \gamma a_1 - tx$，相应的选择平台 2 的效用为：$u_2 = v - \gamma a_2 - t(1-x)$。给定两边平台的广告数量，平台 1、2 的需求分别为：$x = \frac{1}{2} + \frac{\gamma}{2t}(a_2 - a_1)$，$1-x = \frac{1}{2} + \frac{\gamma}{2t}(a_1 - a_2)$。利润函数相应为：$\pi_1(a_1) = R(a_1)x$，$\pi_2(a_2) = R(a_2)(1-x)$。这里，$R(a) = a \cdot P(a)$ 为平台在每一位消费者那里取得的广告收入，其中 $P(a)$ 为广告主对第 a 单位广告的支付意愿，即为需求函数。根据利润最大化一阶条件以及在对称解的假设下[①]，发现均衡时的广告数量满足：$\dfrac{R'(a_1^*)}{R(a_1^*)} = \dfrac{R'(a_2^*)}{R(a_2^*)} = \dfrac{\gamma}{t} > 0$。首先，$\dfrac{R'(a)}{R(a)}$[②] 是一个减函数比值大于零意味着广告出清数量小于 $R'(a) = 0$ 时的数量；当 $\gamma = 0$，$t > 0$ 时，广告出清数量等于 $R'(a) = 0$ 时的数量（针对单个消费者利润最大化的广告数量）。这说明平台之间只要存在差异化，哪怕这种差异化很小（$t > 0$ 即可），平台总是可以通过广告获取收入；并且广告干扰成本 γ 越小，平台利润越高，当 $\gamma > 0$ 时，平台之间的竞争方式是通过减少广告以吸引更多的消费者。其次，$\dfrac{R'(a)}{R(a)}$ 是一个减函数意味着较小的 t 或者较大的广告干扰成本 γ 都会导致更低的广告出清数量。这意味着，平台之间激烈的竞争（t 越小竞争越激烈）和消费者对广告更多的不耐烦都会导致平台利润下降。

上述介绍只包括单归属的情况，即消费者和广告主在两个平台中都

---

① 以平台 1 为例，对价格和广告数量的一阶条件分别为：
$$\frac{\partial \pi_1}{\partial p_1} = \left(\frac{p_2 - p_1}{2t} + \frac{\gamma(a_2 - a_1)}{2t} + \frac{1}{2} \right) - \frac{1}{2t}(p_1 + R(a_1)) = 0$$
$$\frac{\partial \pi_1}{\partial p_1} = R'(a_1)\left(\frac{p_2 - p_1}{2t} + \frac{\gamma(a_2 - a_1)}{2t} + \frac{1}{2} \right) - \frac{\gamma}{2t}(p_1 + R(a_1)) = 0$$

② Anderson（2012）假定 $R(a)$ 是对数凹函数（log-concave function），并认为这一假定是一个相当"弱"（fairly weak）的条件。由 $R(a)$ 是对数凹函数可知 $\dfrac{R'(a)}{R(a)}$ 是减函数。

是"二选一"的，而不能同时选择两个。广告主多归属的情况依然可以在上述框架下进行〔Reisinger（2012）一文第五部分讨论了广告主的多归属问题〕。

8.3.2 可以对内容收费的广告平台竞争者[①]

平台不仅可以在消费内容中植入广告还可以直接向获取内容者收费（例如高质量的新闻门户网站、视频网站），更多的经营策略将使竞争状况变得更复杂。为了理解更复杂的竞争状态，我们依然通过 Anderson and Coate（2005）所提供的模型（做适当简化）来讨论这一问题。

考虑消费者的效用函数可以描述为：$u_1 = v - p_1 - \gamma a_1 - tx$，$u_2 = v - p_2 - \gamma a_2 - t(1-x)$。这里 p_1 和 p_2 分别为平台向消费者额外收取的价格。消费者对平台 1、2 的需求分别为：$x = \frac{1}{2} + \frac{\gamma}{2t}(a_2 - a_1) + \frac{1}{2t}(p_2 - p_1)$，$1 - x = \frac{1}{2} + \frac{\gamma}{2t}(a_1 - a_2) + \frac{1}{2t}(p_1 - p_2)$。利润函数分别为：$\pi_1(a_1, p_1) = [p_1 + R(a_1)]x$，$\pi_2(a_2, p_2) = [p_2 + R(a_2)](1-x)$。在对称解的假设下[②]，我们可以发现均衡时的广告数量满足：$R'(a_1^*) = R'(a_2^*) = \gamma > 0$，这说明，在平台可以制定会员价（收取会员费是对内容收费的典型形式）的竞争状况下，广告均衡数量只取决于广告的打扰成本，而与平台差异化程度 t 无关。更重要的发现是广告的边际收益与其边际社会成本相等，仅以广告而言，这是资源配置的帕累托最优状

---

① 本节核心思想来自 Anderson and Coate（2005），Anderson（2012），本节模型是在 Anderson and Coate（2005）的模型基础上的简化。而其中"不对称竞争"与"付费免广告"两个模型及相关结论来自本章作者在 Anderson and Coate（2005）简化模型基础上的推演，当然文责自负。

② $\dfrac{\partial \pi_1}{\partial p_1} = \left(\dfrac{\gamma(a_2 - a_1)}{2t} + \dfrac{1}{2} - \dfrac{p_1}{2t} \right) - \dfrac{1}{2t}(p_1 + R(a_1)) = 0$；

$\dfrac{\partial \pi_1}{\partial a_1} = R'(a_1) \left(\dfrac{\gamma(a_2 - a_1)}{2t} + \dfrac{1}{2} - \dfrac{p_1}{2t} \right) - \dfrac{\gamma}{2t} R(a_1) = 0$；

$\dfrac{\partial \pi_1}{\partial a_2} = R'(a_2) \left(\dfrac{\gamma(a_1 - a_2)}{2t} + \dfrac{p_1}{2t} + \dfrac{1}{2} \right) - \dfrac{\gamma}{2t} R(a_2) = 0$。

态。事实上，这种状态是激烈竞争带来的"好处"，虽然企业数量并没有增加，但竞争手段多了一个。针对内容的定价演变为（以平台 1 为例）：$p_1^*=t-R(a_1^*)$。当 $t<R(a_1^*)$ 时，$p_1^*<0$。这意味着当跑完整个市场的"交通成本"小于在一个消费者身上获取的收益时，竞争将导致平台选择"倒贴"，以尽可能多地从竞争对手那里获取消费者，转而利用流量仅从广告商那里获利。反之，价格为正，即当平台差异化程度足够高，而广告收益相对不高时，平台将把收取会员费作为其获利的一个来源。而当 $t=R(a_1^*)$ 时，$p_1^*=0$，平台将放弃收取会员费的手段而只在广告上展开竞争。此外，当 t 增加时，会员价格上升，说明平台之间因为更高差异化带来的市场势力将通过会员费变现而非广告。在纯粹的 Hotteling 模型上，均衡价格为 $p_1^*=t$①，而引入广告竞争后的价格显然更低，这一点继续印证了上文谈及的多了竞争手段后的好处。事实上，这里的价格也可以理解为为了改进平台内容提高消费者费用的某种努力（当价格为负时）。

为了更充分地理解平台相互竞争的市场上不同竞争手段之间的复杂关系，事实上可以考虑一个不对称的模型，假设平台 1 可以运用会员价格和广告费两类途径获取收入，而平台 2 仅能通过广告获取收入。则消费者的效用函数演化为：$u_1=v-p_1-\gamma a_1-tx$，$u_2=v-\gamma a_2-t(1-x)$。消费者对平台 1、2 的需求相应分别为：$x=\dfrac{1}{2}+\dfrac{\gamma}{2t}(a_2-a_1)-\dfrac{p_1}{2t}$，$1-x=\dfrac{1}{2}+\dfrac{\gamma}{2t}(a_1-a_2)+\dfrac{p_1}{2t}$。利润函数分别为：$\pi_1(a_1,p_1)=[p_1+R(a_1)]x$，$\pi_2(a_2,p_2)=R(a_2)(1-x)$。通过均衡结果可知：$p_1^*=\left[\dfrac{\gamma}{R'(a_1^*)}-1\right]R(a_1^*)$。即当 $\gamma>R'(a_1^*)$ 时，$p_1^*>0$；当 $\gamma<R'(a_1^*)$ 时，$p_1^*<0$；而当 $\gamma=R'(a_1^*)$ 时，$p_1^*=0$。当广告的打扰成本超过边际收益时，平台转而更多地从会员价格处获利；而当广告打扰成本小于广告边际收益的时候，平台将通过"负价

---

① 在厂商生产成本为 c（$c>0$）的假定下均衡价格为 $p_1^*=t+c$，本文假设生产成本为零。

格"补贴消费者从而吸引更多的"流量"以达到以在广告商处赢利的目的。最后，逻辑上的一个显然的推论是，平台 1 的经营收益至少会和平台 2 一样好。因为平台 1 总可以利用"会员价格"这个手段帮助其直接获利，或者"倒贴"以获得更多可以推送广告的会员，最坏的情况也无非是，在无利润可图的情况下，平台 1 选择不使用"会员价格"这个竞争手段。

在商业实践中，互联网平台企业往往推出付费去广告的商业模式（例如视频网站推出免广告的会员服务）。消费者需要在付费获得无广告纯净版与"免费"获得广告版之间做出选择。我们在上文模型基础上略做变化，以便获得关于此种现象更深刻的洞察。假设存在某种商业管制政策，平台 1 只能选择广告模式来经营而不能收费，而平台 2 只能收费却不能植入任何广告。则消费者的效用函数演变为：$u_1 = v - \gamma a_1 - tx$，$u_2 = v - p_2 - t(1-x)$。消费者对平台 1、2 的需求相应分别为：$x = \dfrac{1}{2} + \dfrac{p_2 - \gamma a_1}{2t}$，$1 - x = \dfrac{1}{2} + \dfrac{\gamma a_1 - p_2}{2t}$。利润函数分别为：$\pi_1(a_1) = R(a_1)x$，$\pi_2(p_2) = p_2(1-x)$。通过均衡结果可知：$p_2^* = \dfrac{t + \gamma a_1^*}{2}$，$\dfrac{2R(a_1^*)}{R'(a_1^*)} + a_1^* = \dfrac{3t}{\gamma}$。首先，当 t 增加即平台之间差异化扩大的时候，广告数量增加[1]，收费平台企业提高价格。理解这一点很容易，当平台拥有更大市场势力的时候，消费者将不得不付出更高的价格或者被迫忍受更多令人厌烦的广告。其次，当单位广告厌烦成本 γ 增加的时候，广告数量减少而平台价格上升。这说明经营广告的平台将处于劣势，而收费的平台则可以乘机加价。最后，均衡时广告数量越多，收费平台的价格也会越高。

---

① 因为 $\dfrac{R'(a)}{R(a)}$ 为减函数，则 $\dfrac{R(a)}{R'(a)}$ 为增函数。所以 $\dfrac{2R(a_1^*)}{R'(a_1^*)} + a_1^*$ 为增函数。

8.3.3 互联网精准广告 [①]

互联网广告和传统广告相比，最大的特征在于可以根据消费者的偏好特征做到精准投放，精准广告将极大提高广告的匹配效率。精准广告意味着精准推送。例如，可以通过对用户浏览历史记录的分析（cookies）而对用户的特征加以分类，进而根据其类别进行广告投放。据百度百科的分析，精准广告大致经历了三个阶段，即定向区域投放，根据客户偏好特征（通过分析浏览记录）投放，以及行为投放。目前已进入第三阶段即行为投放 [②]。

为了更深刻地理解精准广告的经济学含义，本节将对 Athey and Gans（2010）所建立的模型作一介绍。Athey and Gans 借助一个生动的例子来说明自己的模型。考虑存在 $m \in \{1, \cdots, M\}$ 个地方媒体（例如地方电视台）和一个全国性媒体（g）。假设消费者是单归属的，只能在地方性媒体或者全国性媒体中二选一。假设所有地方电视台所在的区域消费者数量都一致（N），并且都有同样比例的消费者选择了地方性电视台 [③]。假设所有广告主代理的产品都只在各自的城市才有顾客（例如属于各个城市的百货大厦等），因此，广告主只会选择在自己所在城市的地方性媒体或者全国性媒体做广告。每个消费者的一次浏览给广告主带来的价值为 v，且并不随消费者人数而变化。广告主对广告的价值评价服从 $[0, 1]$ 上的分布函数 $F(v)$。

无论全国媒体还是地方媒体都会先确定广告供给量：$a_j, j \in \{1, \cdots, M, g\}$；同时最后一个做广告的代理商（可以理解为每个广告主只做一

---

① 本小节主要内容和模型完全来自 Susan Athey, Joshua Gans. The Impact of Targeting Technology on Advertising Markets and Media Competition[J]. *American Economic Review,* 2010, 100 (2):608–613.

② https://baike.baidu.com/item/%E7%B2%BE%E5%87%86%E5%B9%BF%E5%91%8A.

③ 在 Athey and Gans（2010）原文中，这一点被称为对称性假设（用大写的 S 代表）。

单位的广告）的广告价值（边际广告价值）也将被确定：$a_j=1-F(v_j)$。当媒体 j 确定广告的价格为 p_j 时，只有广告价值超过价格的代理商才会打广告，即 $\theta_j v_i \geqslant p_j$（假定第 i 个广告主的价值超过了 p_j）。这里 θ_j 是匹配概率，对于地方媒体来说：$\theta_l=1$，而全国性媒体则为：$\theta_g=\dfrac{1}{M}$。匹配概率是衡量广告市场是否精准匹配的关键。这里地方性媒体相当于一个精准匹配的广告市场。根据前文对广告主的假设，媒体确定的广告供给数量为：$a_j=1-F\left(\dfrac{p_j}{\theta_j}\right)$。地方媒体和全国性媒体的供给数量分别为 $a_l=1-F(p_l)$；$a_g=1-F(Mp_g)$。所有媒体通过选择广告数量（价格）实现在每一位消费者[①]处的利润最大化：

$$\max_{p_l} \pi_l=p_l[1-F(p_l)]$$

$$\max_{p_g} \pi_g=p_g M[1-F(Mp_g)]$$

显然，上述两个优化问题的解将存在这样的关系：$p^*_l=Mp^*_g$；$a^*_g=Ma^*_l$。以上是全国性媒体没有采用精准广告的市场均衡结果。如果采用精准广告投放技术，则全国媒体的最优决策将和地方媒体一样（因为优化函数完全一致）。而全国媒体是否采用精准广告技术并不影响地方媒体的决策，也不影响其利润。

因为 $a_g=M[1-F(Mp_g)]$，所以 $p_g=(1/M)F^{-1}(1-(1/M)a_g)$。假设全国性媒体的广告数量是外生给定的，则其是否采取精准广告技术只取决于以下条件是否成立：

$$F^{-1}(1-a_g)>(1/M)F^{-1}(1-(1/M)a_g)$$

观察上述公式将发现一些有趣的结论：如果 M 增加，则右式第一个 $1/M$ 倾向于减少该式的值从而使不等式更有可能成立，第二个 $1/M$ 增加则倾向于增加该式的值（$F^{-1}(*)$ 为增函数），从而使不等式更不容

---

① 这里假设消费者对广告的接收是同质的，在对称假设下，消费者总数与优化广告数量无关。

易成立。第一个 M 的增加代表全国性媒体上有广告需求的地方市场数量的增加，从而使得精准投放技术更有价值；第二个 M 的增加则意味着全国媒体的广告位置更稀缺，从而降低了精准投放技术的价值。而是否采取精准投放技术将是这两项效果权衡的结果。

这里假设增加广告供给并没有增加成本。事实上，增加广告既可能增加如广告内容制作等直接成本，也可能增加打扰成本等间接成本。现在考虑增加广告是有成本的。对于全国性媒体来说，广告制作是有成本的，意味着它不能像上文模型所表达的那样"随心所欲"地增加数量（是否采取精准技术无差异的原因在于全国性媒体可以尽可能扩大数量从而抵消匹配的低效率）。考虑全国性媒体受到了一个数量约束 $\bar{a}<a^*_g$，这意味着其将不得不采取精准广告技术。从而市场出清的广告价格更高，但同时能够带来更多的社会福利。采取精准广告技术有利地避免了广告错配带来的效率损失。

通过上文分析，我们至少可以得到关于互联网精准广告的三项经济学含义：（1）互联网媒体是否采取精准投放技术投放广告取决于其提供的广告空间的稀缺度与匹配效率，进而可以推知，竞争程度更高的市场中，媒体更有可能采取精准广告匹配技术。（2）精准广告技术带来了更高的广告价值从而提高了广告市场的价格。（3）精准广告投放有效避免了广告的错配从而提高了社会福利。

8.3.4　搜索引擎广告的经济学含义 [①]

搜索引擎广告已成为互联网广告最主要的组成部分。事实上搜索引擎公司（谷歌、百度）的主要营收也来自广告。而有趣的是，淘宝作为

---

① 本节主要内容与模型完全来自 Chen, Y. and He, C.（2011）: Paid Placement: Advertising and Search on the Internet, *Economic Journal*, Vol.121, No.556, pp.309–328. 关于搜索引擎位置拍卖的文献，读者亦可参阅 Athey and Ellison（2011）。

一个 C2C 平台，通过搜索引擎"直通车"为卖家提供广告服务（俗称"开车"），其运作机理与百度等搜索引擎完全类似。对卖家而言，搜索引擎通过两种渠道对卖家产生重大影响：其一，在搜索结果中显示卖家的链接信息（将消费者输入的关键词和卖家相匹配）；其二，在一系列搜索结果中对卖家进行排名。卖家出现在搜索结果中，意味着其获得了优先被消费者选择的权利，在一些存在高昂（消费者）搜索成本的市场中，优先出现意味着同等条件下更大的竞争优势。可以想象，其同行被高昂的搜索成本所阻挡，竞争力将受到削弱。当然，搜索引擎最终发生作用还取决于消费者的信念（beliefs），消费者相信搜索结果包含着卖家的某种信息。例如，消费者认为搜寻结果排序是按相关性从高到低排列的，或者按照质量高低排序。市场演化至均衡状态时，消费者会正确地推测到企业排列顺序背后所蕴含的如"相关性"（消费者信念与企业策略相容）这样的知识（消费者信念与企业策略一致），而这正是博弈论均衡概念贝叶斯纳什均衡概念（PBE）的题中之义。

为了更好地理解搜索引擎广告的经济学含义，下文将对 Chen and He（2011）所开创的理论模型进行较为详细的介绍，以便对搜索引擎所蕴含的市场机制做一番考察。考虑某搜索引擎 E 提供了 3 个有先后顺序的位置：E_1、E_2、E_3，（3 个位置可使理论结果不失一般性）。搜索引擎采取二价拍卖机制（second price auction）拍卖其位置，即出价最高的前三名卖家按出价高低获得上述三个位置，但支付给搜索引擎的广告费只是其下一个卖家的出价。具体而言，假设卖家 S_i 出价为 b_i。不失一般性，令出价从高到低的顺序分别为：b_1、b_2、b_3、b_4（考虑参与竞拍的企业数量一定超过了搜索引擎提供的拍卖位置数量），则卖家 S_1、S_2、S_3 相应获得了搜索引擎排名中的 E_1、E_2、E_3，出价分别为：b_2、b_3、b_4。

一个很自然的问题似乎是，企业通过竞拍所获得的排名顺序和企业（企业所提供的商品）的哪些特征相关。当消费者在搜索引擎中输入某某关键词后，和这个关键词相关性最高的企业是否有动机获得排名更靠前的位置？答案如果是的话，这事实上意味着搜索引擎为消费者的搜寻行为提供了某种更有效率的指引。Chen and He（2011）提供了排名和商品相关性关系的理论证据。他们做了如下巧妙的设计：假设 S_1 所提供的商品相关性为 β，则 S_2、S_3 的相关性分别为 $\gamma\beta$ 和 $\gamma^2\beta$，S_4 之后的所有企业的相关性皆为 $\gamma^3\beta$，这里 $0<\beta<1$，$0<\gamma<1$，则相关性分 4 个梯度按等比关系逐次递减。考虑消费者一旦与某企业商品相互匹配成功后，其所能获得的效用为 v，v 服从累计分布函数为 $F(v)$（密度函数 $f(v)$）的连续分布。消费者在未匹配之前并不知道具体的效用值，企业也无从知道。考虑所有消费者都存在大于零的搜寻成本，则企业的最优定价将是垄断价格 p^0 [①]。在这样的市场中，消费者搜寻到企业 S_i 的期望效用为 $\gamma^{i-1}\beta\int_{p^0}^{\bar{v}}(v-p^0)f(v)dv$（$i=1,2,3,4$）。消费者的搜寻过程是对所有链接（包括搜索引擎所展示结果之外的链接）按照某种顺序逐次点击，直到与其偏好相匹配为止。考虑每一次搜寻需要付出诸如等待时间这样的机会成本，则消费者的最佳搜寻行为将是按照匹配可能性从大到小逐次展开。此外，消费者总会有一定的时间约束，例如，搜索若干次后（在理论模型中假设为 4 次），无论是否成功匹配，他们都将不得不结束这次市场活动。假设搜寻成本为 t 和 t^h，并且满足 $t<\gamma^3\beta\int_{p^0}^{\bar{v}}(v-p^0)f(v)<t^h$，其中 t 为序贯搜寻 4 次以内的单次成本，4 次以后为 t^h。容易理解，给定搜索

---

① 当所有消费者存在不为零的搜寻成本时，企业竞争均衡时的价格为垄断价格。这一推论来自 Diamond（1971），后被称为戴蒙德悖论（Diamond's Paradox）。在对称均衡情况下，如果均衡解不是垄断价格，则企业有动机在此价格基础上增加不超过搜寻成本的数额以改善自己的利润。并且这样的行为不会引起消费者行为（搜寻一次并购买）的改变。以此类推，直到加价到垄断价格为止。届时，考虑到所有企业都制定垄断价格的话，消费者将只搜寻一次；而消费者只搜寻一次就会购买，企业没有理由不选择垄断价格。在 Chen and He（2011）中，基于消费者效用分布的假设，p^0 满足 $p^0=\text{argmax}(p-c)(1-F(p))$。

引擎显示的排列顺序为（按相关性从高到低）：S_1、S_2、S_3，消费者的最佳选择行为是按照上述排列顺序依次搜寻直到匹配为止（并在 $v>p^0$ 的情况下选择购买，否则退出）；若在搜索引擎所展示的全部链接中均未找到合适的商品，则他们还可以在搜寻引擎所展示结果之外的链接中再找一次。届时，无论是否找到合适的商品，他们都将结束这一市场过程。给定上述这一排名次序，以及消费者的搜寻与购买策略，企业的利润将分别如下：

$$\pi_1 = \beta\pi_0$$
$$\pi_2 = (1-\beta)\gamma\beta\pi_0$$
$$\pi_3 = (1-\beta)(1-\gamma\beta)\gamma^2\beta\pi_0$$
$$\pi_4 = \frac{1}{m-3}(1-\beta)(1-\gamma\beta)(1-\gamma^2\beta)\gamma^3\beta\pi_0$$

观察利润函数的具体形式是有趣的。以 π_3 为例，当消费者和企业 1（匹配不成功概率：$1-\beta$）以及企业 2（匹配不成功概率 $1-\gamma\beta$）均无法匹配时，与企业 3 恰好匹配成功时的利润如上文所示。当企业 4 取代了企业 3 的位置成为搜索引擎最后一位时，其利润将为：

$$(1-\beta)(1-\gamma\beta)\gamma^3\beta\pi_0 = \gamma\pi_3$$

显然，其为"僭越"所愿意支付的最高代价为：

$$\gamma\pi_3 - \pi_4 = (1-\beta)(1-\gamma\beta)\gamma^3\beta\pi_0 - \frac{1}{m-3}(1-\beta)(1-\gamma\beta)(1-\gamma^2\beta)\gamma^3\beta\pi_0$$
$$= \left(1 - \frac{1-\gamma^2\beta}{m-3}\right)(1-\beta)(1-\gamma\beta)\gamma^3\beta\pi_0$$

而企业 3 为了保住这一位置所愿意支付的最高"反击"成本为：

$$(1-\beta)(1-\gamma\beta)\gamma^2\beta\pi_0 - (1-\beta)(1-\gamma\beta)(1-\gamma^3\beta)\frac{\gamma^2\beta}{m-3}\pi_0 = \left(1 - \frac{1-\gamma^3\beta}{m-3}\right)(1-\beta)(1-\gamma\beta)\gamma^2\beta\pi_0$$

两者做差，容易发现"反击"成本超过"僭越"收益，因而企业 3 在竞拍中不会让出自己的位置，企业 4 也不会上位。沿着相同的思路，依次可以分析出企业 2 与企业 1 为保住自己位置所愿意支付的最高代价，并且这一最高代价将成为日后二价竞拍时各自的真正出价，并成为其上家真实支付的代价。最后，上述结果构成一个二价竞拍机制下的可能均衡[1]。

最后 chen and He（2011）提供了三种可能的市场均衡结果[2]：（1）如果消费者的信念是，搜索引擎所展示的结果按照相关性从高到低排序，并且比搜索引擎所展示结果之外的结果相关性更高的话，则存在分离均衡：企业按照二价拍卖的机制竞拍出来的均衡结果也将是上面这个顺序（按照相关性从高到低排序）。（2）如果消费者认为，搜寻引擎所展示的结果虽比未展示的相关性高，但其顺序是随机的，则均衡结果就真的会出现 3 家相关性最高的企业出价相同且最高，并获得在搜索引擎的显示结果中随机展示的权利。（3）如果消费者认为，搜索引擎所展示的结果相关性是随机的，则所有企业在搜索引擎的拍卖中不会支付正的价格，搜索引擎也将随机选择它们的出场顺序。

8.4 互联网广告的竞争政策含义

8.4.1 普通的在线广告（非搜索引擎广告）市场的竞争政策含义

本节将重点讨论非搜索引擎广告市场上的竞争政策问题。考虑到搜索引擎广告市场是互联网时代比较特殊的广告形式，需要单另讨论。这里先分析除搜索引擎外的其他广告形式。例如，门户网站广告、视频广告等。这些广告市场与传统媒体广告并无本质不同。

在互联网广告市场中，最终需求方是产品市场上的销售者。由于

---

[1]　更进一步的具体结果和相关证明可参阅 Chen and He（2011）一文中的 Theorem1。限于篇幅，此处不再赘述。

[2]　这一均衡结果是 Chen and He（2011）一文中的 propostion1，有兴趣的读者可继续参阅其文后的证明。

互联网广告市场买卖的专业性质，广告实际需求方很多时候并不直接参与交易，而是寻找广告投放代理商。同时，互联网广告供给一方也会通过中间代理商出售自己的广告空位。例如，一个拥有图片广告展示位置的门户网站会把自己的广告供给信息及时传递给代理商（见 8.2 节的分析）。借助于数字技术，互联网广告市场很容易发展出标准化的交易合约，并普遍采用了竞价拍卖的市场制度。以上两项制度安排使得互联网市场摩擦极小[①]，供需信息都将及时传递给代理商，并通过竞价实现实时匹配。并且不会出现由于信息不对称和交易成本而导致的竞争不充分的问题。

　　某种程度上，在互联网广告市场的福利分析中忽略中间代理商（考虑代理商市场是竞争充分的）将使我们关注的问题变得更清晰。由此，福利分析将主要涉及作为供给者的互联网平台，有真实需求的广告主，以及互联网平台上的内容消费者。这里广告主"扮演"了传统市场分析中消费者的角色。考虑到广告收益边际递减，广告主将面临向右下方倾斜的需求曲线（Anderson and Coate，2005）。因而价格下降的过程总比对称上升的过程产生更多的社会福利，更低的价格意味着更多的消费者剩余和更大的效率改进。互联网平台在收取广告费的同时需要向终极（内容）消费者免费提供吸引他们的内容，内容制作成本和平台运行成本构成了平台公司的供给成本。内容消费者可以免费获取平台提供的各种信息，但同时需要忍受广告造成的痛苦，这两者之差则是内容消费者

---

① 大多数产品市场都或多或少会出现，由信息不对称或搜寻成本、交易成本的存在而引起的市场失灵。这种失灵是相对理想状态的完美市场而言。在物理学中，牛顿第一定律是在无摩擦的理想环境中展开的，真实世界或多或少都有些摩擦。出于几乎完全一致的类比原则，真实的市场中或多或少都有些摩擦。

参与这一市场的剩余[①]。最后，社会总福利由广告主的消费者剩余、互联网广告平台的利润以及内容消费者的剩余三者共同构成。内容消费者的效用取决于平台公司的成本，平台公司的"效用"取决于广告主的成本（广告费），广告主的效用取决于内容消费者的成本，如此形成了一个交易闭环。这个交易闭环的运行将产生一定量的社会剩余。一个拥有市场势力的互联网广告平台，既可能通过更高的广告费损害广告主的福利，也可能通过制作低劣的互联网消费内容而损害内容消费者的福利。而这两种方式都可能使其利润得到改善。但竞争则可以改变这种局面。一个竞争者既可以通过降低广告费吸引广告主，也可以通过提高内容质量从竞争对手那里吸引更多的消费者。后者的动因是，当广告是按照点击率或转化率付费时（互联网广告大多如此），更多的消费者意味着可以收取更高的广告费；当改善内容质量所费与由此而引起的广告收费所得有差距时，提高内容质量总会有利可图。竞争者总会利用上述这两种手段直到利润改善的空间完全消失为止。

以上分析视角完全遵照经典的双边市场竞争理论展开[②]。另一种分析视角是，互联网广告可以视为有纵向差异的产品，每一个广告位置连同它们后面的点击率构成了事实上的一个广告产品。可以想象，更高质量的广告位置意味着其背后更高的点击率，更高的点击率由更多的内容消费者创造。吸引更多内容消费者的方法是制作更精良的内容消费品，但这会增加平台公司的成本。因此，互联网广告市场可以视作是，平台公司提供存在质量纵向差异化的产品市场。关于商品质量纵向差异化的

---

① 广告作为特殊的商品还需要受众，需要一般意义上的内容消费者。互联网平台给（内容）消费者提供免费的信息，消费者则需要付出浏览广告的代价。有趣的是，广告对消费者并不总是有害的，当广告中的信息真正帮到你时，广告将是有益的，但通常平台无法区分谁会喜欢广告或者厌恶广告。

② 读者可进一步参阅 Anderson and Coate（2005），Armstrong（2006）等文献，或本章前述相关各节。

相关结论可资借鉴 [①]。

在相关市场界定中，沿用上述"差异化产品"思路考虑互联网广告作为一种商品也存在着横向差异。当横向差异足够大，则可以认为是不同的市场。造成横向差异的原因是，平台的受众可能因为内容而导致其受众完全不同。例如，一个专门讨论汽车的论坛可能吸引更多的男性受众，在这个论坛中投放如女性化妆品这样的广告可能效果很差。因而，不同的互联网广告平台是否可以视为同一个市场，取决于平台背后的受众。此外，需要考虑传统媒体的广告市场和互联网数字媒体市场之间的替代关系。当出现数字鸿沟的时候，传统媒体广告（如电视广告）与互联网广告可能是两个不同的市场。上述这一结论的成立需要满足两个条件：一是游览网页的人不看电视，看电视的人不浏览网页；二是广告中的产品（能否成功销售产品对应着广告的效用）只能卖给一个媒体的受众。以上分析将尝试为互联网广告的相关市场界定提供一个基本的思路。

8.4.2　搜索引擎广告市场的竞争政策含义

搜索引擎广告市场更趋向于集中，因而存在更大可能滥用市场势力的风险。搜索引擎在某些产品的广告市场中拥有市场支配势力的证据是，该产品下游产业链上的利润大部分以广告费的形式被搜索引擎公司拿走。拥有市场支配势力，并不意味着一定会滥用市场支配势力或妨碍竞争。只有当其在搜索结果的显示中，出现方向性导向，例如导入和自己利益有关的链接，才会涉嫌妨碍竞争。例如，FTC 起诉谷歌违反了FTC 法案（FTC Act）的第 5 部分。其中一项主要指控就是，谷歌操纵其搜索结果，使搜索结果出现某种导向性显示。这里 FTC 委员会主要依据的事实是，谷歌优先展示自己的内容，将非谷歌公司的链接排在和

---

① 读者可参阅 Chioveanu（2012），Wolinsky（1983）。

谷歌公司有关联的链接之后 ①。

上述这些分析可以启发我们关于互联网广告商业模式与竞争政策关系的进一步猜想。一些超级大平台存在所谓的"流量"导入一说。如果导入的"流量"来自于自己的公司或者和自己有共同利益关系的公司时，是否在本质上和搜索引擎的"搜索偏误情况"类似，存在滥用市场支配势力的嫌疑？事实上，这里或将涉及网络中立政策的讨论。

这里我们对搜索引擎广告市场可能涉及的主要竞争政策略加分析，从而使 8.4 节看起来比较完整。读者可进一步阅读本书中与搜索引擎相关的专门章节。

8.4.3 广告对其他市场竞争状况的影响

广告作为一种特殊的产品，一方面，广告内容中可能包含对商品关键信息的介绍（如价格、质量等）；另一方面，广告开支以广告量的形式表现出来更容易被观察到，于是，广告本身可以作为企业或产品特征（如企业生产成本高低或商品质量高低）的信号（Bagwell and Ramey，1988；Milgrom and Roberts，1986）。因此，当我们把注意力集中到与广告有关的竞争政策时，除了评估广告市场本身竞争状况之外，另一个值得讨论的问题或许是，广告对其他产品市场竞争状况的影响。事实上，这里涉及的根本问题是，广告本身是促进了还是阻碍了其他市场的竞争。而无论是促进还是阻碍，互联网广告很可能会放大这些效果。

当广告在传递关于价格、商品特征、商品质量等信息时，通常将促

---

① Hauck R., 2015: "FTC v. Google：the enforcement of atitrustlaw in online markets" pp.55-61. in: *Competition on the Internet*, Surblytė G. (Ed.), Vol.23, MPI Studies on Intellectual Property and Competition Law（第 56 页）。在 Hauck（2015）中，FTC 对谷歌公司的起诉还包括：禁止谷歌的广告主在与其有竞争关系的其他平台上开展广告业务（即"二选一"或"多选一"）；谷歌被指控从其他网站抽取信息，包括有明确知识产权归属的信息。

进竞争。尤其是当消费者的搜寻成本很高时，传递价格信息的硬性广告（informative advertisement）促进竞争的作用将十分明显。在一个所有消费者都需要付出搜寻成本的市场上，当广告被禁止时，市场出清价格将是垄断价格，而与市场中企业数量多少无关（Diamond，1971）[1]。也就是说，企业数量——这个经常用来衡量竞争程度的指标，在这里是"失灵"的。而即便部分消费者搜寻成本为零，也会出现企业数量增加而导致市场均衡价格上升的情况（Rosenthal，1980；Sthal，1989；Chen and Zhang，2011；Janssen & Moraga-González，2004）[2]。相反，不考虑消费者搜寻（搜寻成本太高），广告是唯一传递商品价格和其他特征信息的工具时，市场均衡价格将在成本（生产成本与广告成本之和）与垄断价格（或消费者保留价格）之间的连续区间上以随机形式分布（Butters，1977）[3]。这意味着，企业在市场均衡中所选择的策略将可能是有利于竞争的（避免了所有企业制定垄断价格的戴蒙德悖论）。并且广告成本越低，市场平均价格越低；而当广告费用很高时，市场均衡价格会接近垄

---

[1] Diamord（1971）提出并证明了这一均衡结果，因此又被称为戴蒙德悖论（Diamond's Paradox）理解这一均衡结果并不十分困难。假设存在一个市场均衡是，某个企业制定的价格低于垄断价格（高于垄断价格的策略被垄断价格占优），则该企业有动机在原有价格基础上增加不超过搜寻成本的额度以改善利润。对该企业来说，价格的增加幅度并不足以导致消费者改变其搜寻策略，因而需求不会因为价格的上升而改变，进而加价确实有利可图。以此类推，直到该企业加价到垄断价格为止。

[2] 这与传统经济学理论得到的结论截然相反。造成这一结果的原因是，在市场中存在搜寻成本为零和大于零两类不同消费者的情况下，当企业数量增加的时候，竞争获利的空间将越来越小，每个企业都有充足的动机把盈利对象转向各自的忠实客户（搜寻成本大于零的消费者），制定高价以最大程度榨取这部分消费者的剩余。关于这一点，在甄艺凯博士的论文《消费者信息不完美的价格理论研究》中有更加详细的介绍和说明。

[3] 各企业价格竞争的均衡是混合策略纳什均衡，均衡策略表现为连续区间上的随机分布函数。具体可参见 Butters（1977）。此外，Varian（1980），Stahl（1989）等也是价格竞争均衡为混合策略纳什均衡（企业的价格策略是连续区间上的随机分布函数）的经典文献。

断价格。从这个角度说，广告对竞争是必要的（Butters，1977）。当消费者搜寻行为和广告同时存在时，Butters（1977）发现，当搜寻成本很高或者广告费用很大的时候，消费者支付的价格将更高（无论是市场中的最低价、最高价还是均价），价格波动范围更大，且波动更频繁（以方差衡量）；如果搜寻成本增加，消费者会减少搜寻，企业会投放更多的广告；当广告成本增加的时候，消费者会增加搜寻，企业会减少广告投放量；但即便搜寻成本低于广告，如果禁止广告的话，市场仍会损失效率；当消费者搜寻被禁止而广告被允许的时候，市场是最有效的。Grossman and Shapiro（1984）发现，当不同消费者通过广告寻找适合他们口味的商品时（广告传递关于商品特征的信息），广告将增加消费者与商品之间的匹配程度，并且提高了每一家企业所面临的需求弹性。因此，按照 Grossman and Shapiro 的这一发现，广告会促进市场竞争[1]。

广告如果能够阻碍潜在进入者进入市场的话，可能会妨碍竞争。Milgrom and Roberts（1982）构建信号博弈模型表明，在位者自己知道而潜在进入者并不知道其类型时（低成本或高成本），一个低成本的在位者可能会把价格有意定得过低（limit price）以宣示其作为低成本的真实类型，达到阻碍潜在进入者进入的目的。Bagwell and Ramey（1988）在上述理论基础上把"信号"扩展到价格和广告两个维度。在位企业不仅制定比较低的价格，而且投入更高的广告费用（这里广告费用的增加将促进在位企业需求的增加，但投入数量会超过一个垄断企业本来利润最大化的应有数量），来显示自己的类型以阻止潜在进入者的进入。但在 Bagwell and Ramey 的这一理论模型中，只有在位企业是高成本类型时，进入才是有利可图的。因此，信号机制下分离均衡（separating

---

[1]　但 Grossman and Shapiro（1984）一文的结论依然包括，给定产品的差异化程度，市场均衡时的广告花费仍然是过度的（按照帕累托标准）。

equilibrium）的存在保证了不会发生两败俱伤的"误会"。（Bagwell，2005；Bagwell，2007）而我们所担心的一种"不好"的进入阻止将出现在混同均衡中（pooling equilibrium）。即高成本的在位者模仿低成本企业制定同样的低价和高额广告费来阻止更高效率企业的进入。Bagwell（2007）通过引入满足 Cho-Kreps（1987）直觉条件的完美贝叶斯纳什均衡（PBE）证明了 Bagwell and Ramey（1988）中的混同均衡并不存在，而只存在唯一的满足 Cho-Kreps（1987）直觉条件的分离均衡，即低成本的在位者"扭曲"价格和广告费以达到阻止进入的目的。但当 Bagwell（2007）引入另外一个关于在位企业类型的私人信息——企业是否有耐心（patience or impatience）时[①]，情况将发生一些变化。两种不同性质的私人信息将使得在位企业有四种可能的类型组合：低成本/高成本类型与有耐心/缺乏耐心组合。而根据 Bagwell（2007）的假设，阻止进入对有耐心的在位者更值得。最后，在 Bagwell（2007）所展示的均衡结果中，依然会存在 Bagwell and Ramey（1988）所讨论过的分离均衡，即低成本并且有耐心的在位者会通过压低价格和扩张广告费用来达到阻止进入的目的。所不同的是，却会存在其他各种混同均衡。如Bagwell（2007）文中所列示的 A 类型均衡（kind A），除了低成本有耐心的企业能从其他类型中分离出来之外，其他类型则会互相混同。例如，低成本并且缺乏耐心可能会和有耐心的高成本类型混同。这意味着一个有耐心的高成本在位者，会通过定更低的价格和更高的广告费而"假装"成为低成本但缺乏耐心的同类，从而阻止了对潜在进入者来说

有利可图的进入（profitable entry）。

有趣的是，Bagwell and Ramey（1988），Bagwell（2007）两篇文献中所设定的广告都是有助于企业增加需求的（demand-enhancing advertising）而非完全耗散型广告（dissipative advertising），后者指的是毫无信息含量的花费。但看似没有信息含量的广告可能是产品质量的信号，Milgrom and Roberts（1986）依然运用信号博弈说明了这一点。广告作为产品质量的信号，在市场竞争中出现分离均衡，意味着高质量的企业通过广告显示其商品质量。相比于没有广告的市场环境，广告（信号）机制将更有利于改善消费者的福利。

最后，Anderson（2012），Ma and Wildman（2016），Anderson, Waldfogel and Strömberg（2015），Surblytė（2015）是与互联网广告经济学或竞争政策相关，且大多在形式上是与本章相类似的"手册"或"综述"类著作。建议读者阅读本章时，可与上列作品相互参阅。

本章参考文献

Anderson, S. P., Waldfogel, J. and Strömberg, D (Eds.), 2015：*Handbook of Media Economics*, Vol. 1A, Vol.1B, North Holland & IFIP.

Anderson, S. P. and Coate, S., 2005：Market Provision of Broadcasting：A Welfare Analysis. *The Review of Economic Studies*, Vol.72, No.4, pp.947–972.

Anderson, S. P.,2012：Advertising on the Internet. *in: The Oxford Handbook of the Digital Economy*., Peitz, M. and Waldfogel, J.(Eds.) Oxford University Press.

Armstrong., M., 2006:Competition in Two-sided Markets. *Rand Journal of Economics*, Vol.37, No.3, pp.668–691.

Athey, S. and Ellison, G., 2011：Position Auctions with Consumer Search, *Quarterly Journal of Economics*, Vol.126, No.3, pp.1213–1270.

Athey, S. and Gans, J., 2010：The Impact of Targeting Technology on Advertising Markets and Media Competition. *American Economic Review*, Vol.100.No.2.pp.608–613.

Bagwell, K., 2005: The Economic Analysis of Adertising, Discussion Paper, No. 0506–01, Department of Economics Columbia University.

Bagwell, K., 2007：Signalling and Entry Deterrence：A Multidimensional Analysis, *Rand

Journal of Economics, Vol.38, No.3, pp.670–697.

Bagwell, K. and Ramey, G., 1988: Advertising and Limit Pricing. *RAND Journal of Economics*, Vol.19, No.1, pp.59–71.

Butters, G.R.,1977:Equilibrium Distributions of Sales and Advertising Prices, *Review of Economics Studies*, Vol.44, No.3, pp.465–491.

Chen, Y. and He, C., 2011: Paid Placement: Advertising and Search on the Internet, *Economic Journal*, Vol.121, No.556, pp.309–328.

Chen, Y. and Zhang, T., 2011: Equilibrium Price Dispersion with Heterogeneous Searchers, *International Journal of Industrial Organization*, Vol.29, No.6, pp.645–654.

Chioveanu, I., 2012: Price and Quality Competition, *Journal of Economics*, Vol.107, No.1, pp.23-44.

Cho, I. - K.and Kreps, D.M., 1987: Signaling Games and Stable Equilibria, *Quarterly Journal of Economics*, Vol.102, No.2, pp.179–221.

Diamond, P.A., 1971: A Model of Price Adjustment, *Journal of Economic Theory*, Vol.3, No.2, pp.156–168.

Grossman, G.M, and Shapiro, C., 1984: Informative Advertising with Differentiated Products, *Review of Economic Studies*, Vol.51, No.1, pp.63–81.

Hauck, R., 2015: FTCV. Google: The Enforcement of Antitrucst law in Online Markets. pp.53–61. in:*Competition on the Internet*, surblytė, G.(ED.),Vol.23, MPI Studies on Intellectucal Property and Competition Law.

Janssen, M. and Moraga-González, J.L., 2004: Strategic Pricing, Consumer Search and the Number of Firms, *Review of Economic Studies*, Vol.71, No.4, pp.1089–1118.

Ma, W. and Wildman, S. S., 2016: Online Advertising Economics, pp.426–442. in: *Handbook on the Economics of the Internet*, Bauer, J. M. and Latzer, M. (Eds.), Edward Elgar Publishing.

Milgrom, P. and Roberts, J., 1982: Limit Pricing and Entry under Incomplete Information: An Equilibrium Analysis, *Econometrica*, Vol.50, No.2, pp.443–459.

Milgrom, P. and Roberts, J., 1986: Price and Advertising Signals of Product Quality, *Journal of political Economy*, Vol.94, No.4, pp.796–821.

Reisinger, M., 2012: Platform Competition for Advertisers and Users in Media Markets .*International Journal of Industrial Organization*, Vol.30, No.2, pp.243–252.

Rochet, J.-C. and Tirole, J., 2003: Platform Competition in Two-sided Markets, *Journal of the European Economic Association*, Vol.1, No.4, pp.990–1029.

Rosenthal, R.W., 1980 : A Model in Which an Increase in the Number of Sellers Leads to a Higher Price, *Econometrica*, Vol.48, No.6, pp.1575–1579.

Stahl, D.O., 1989: Oligopolistic Pricing with Sequential Consumer Search, *American Economic Review*, Vol.79, No.4, pp.700–712.

Surblyte, G. (ed.), 2015: *Competition on the Internet.*, Vol.23, MPI Studies on Intellectual Property and Competition Law.

Varian, Hal R., 1980：A Model of Sales, *American Economic Review*, Vol.70, No.4, pp.651–659.

Wolinsky, A., 1983：Prices as Signals of Product Quality, *The Review of Economic Studies*, Vol.50, No.4, pp. 647–658.

刘鹏，王超，2015：《计算广告》，人民邮电出版社。

曲海佳，2016：《互联网 DSP 广告揭秘——精准投放与高效转化之道》，人民邮电出版社。

甄艺凯，2019：《消费者信息不完美的价格理论研究》，冶金工业出版社。

附表 1　网络数据、资料来源一览表

序号	内容	来源
1	2005—2017 年中国广告年营业额	http://www.chyxx.com/industry/201804/629545.html
2	2010—2015 年各传统与互联网广告营业收入	http://www.chyxx.com/industry/201705/521000.html
3	2009—2016 年全球及中国移动与 PC 广告规模	http://www.chyxx.com/industry/201802/611574.html
4	2017 年中国网络广告市场年度监测报告简版	http://report.iresearch.cn/report/201704/2980.shtml
5	2018 年中国网络广告市场年度监测报告简版	http://report.iresearch.cn/report/201808/3264.shtml
6	腾讯广告实时交易平台简介	https://adx.qq.com/index/help

9. 共享经济

许　恒

　　在当今互联网、大数据、云计算以及人工智能等信息技术不断发展的过程中，随着移动设备的迅速普及，共享经济（又称"分享经济"）快速地进入人们社会和经济生活中。普华永道（PwC）发布的研究报告预测，共享经济相关行业收入将会从 2013 年的不足 200 亿美元飙升至 2025 年 3350 亿美元。[①] 在中国，共享经济的发展尤为明显。2018 年中国共享经济市场交易额约为 29420 亿元，较 2017 年增长 44.6%。无论是交通出行领域、房屋住宿领域、金融领域，还是知识技能领域、生活服务领域、生产能力领域，在共享经济土壤里孕育出的商品或服务，如滴滴出行、爱彼迎（Airbnb）、团贷网、知乎、美团点评以及运满满等，无时无刻不潜移默化地影响着人们的生活。[②] 随着信息技术的不断成熟与创新应用，"共享"变得愈加数字化与多元化，使人们在社会与经济生活中对共享以及共享资源愈发依赖，也使人们的消费习惯发生深刻的改变。

　　本章通过厘清共享经济的特征，对其理论进行梳理，同时，界定与划分共享经济的不同类型，研究个体参与共享经济的动因与共享经济对经济社会产生的影响。此外，对在共享经济特定环境下所产生的反垄断问题进行探讨，并提出探索性的思路。

[①]　Pricewaterhouse. (2015). Consumer Intelligence Series. "The Sharing Economy". http://pwc. lu/en/information-communication-technology/docs/pwe-ict-the-sharing-economy.pdf.

[②]　根据《中国共享经济发展年度报告（2018）》，滴滴出行、爱彼迎、团贷网、知乎、美团点评以及运满满分别属于共享经济的交通出行、房屋住宿、共享金融、知识技能、生活服务以及生产能力六大重点领域。

9.1 共享经济

互联网、大数据、云计算以及人工智能等技术带动着产业变革的车轮不断向前，在消费需求快速升级、消费结构复杂化的过程中，共享经济的大势仿佛是在产业变革的环境下之所趋，快速地渗入居民的经济生活和社会生活中。在信息通信技术的助力下，共享经济市场打破了时间和空间的局限、有形商品与无形信息的边界，产生了生产者与消费者的角色互换，也改变了商品的内在特征与交易路径。

中国国家信息中心发布的《中国共享经济发展年度报告（2019）》显示，2018 年中国共享经济市场交易额约为 29420 亿元，较 2017 年增长 41.6%。其中生活服务、生产能力与交通出行等三个领域的共享经济市场交易规模位居前三，分别为 15894 亿元、8236 亿元和 2478 亿元。不难发现，信息通信技术的发展再一次开拓了共享经济"实现资源有效配置"的突破口。据 CB Insights 公布 2018 年全球"独角兽"企业榜单显示，共享出行、共享教育、共享知识、共享短租与医疗共享等领域将成为中国"独角兽"企业在全球范围内的制高点，总值超过 600 亿美元。[①]

快速发展的共享经济在满足消费者巨大需求、培育增长新动能和推进产业转型升级的同时，也产生了诸如共享经济平台"二选一"、协同应急处置机制不完善、平台算法合谋的潜在风险等问题。而这些貌似相去甚远的问题背后，牵引出的症结却大多是共享经济中市场竞争政策的缺位。因此，本章将通过对共享经济特征的梳理与相关问题的分析，探讨竞争政策在共享经济各主要领域中的作用点，探索共享经济在闲置资

---

① 其中，滴滴以 560 亿美元的估值高居榜首，全球共享教育平台 VIPKID 则以 30 亿美元的估值处于教育行业第一。而知乎、途家、丁香园等在知识共享、住宿共享、医疗共享方面领先的企业，估值也均超过 10 亿美元。

源释放过程中平衡效率与公平的有效路径。

9.1.1　共享经济的概念：争论与统一

"共享经济（sharing economy）"一词最早出现于20世纪初，Lawrence Lessig 教授在2008年首先使用"共享经济"来描述市场中参与者的借贷交易与所有权的买卖交易之间的区别。2010年以来，"共享经济"一词被广泛使用。共享经济的概念被普遍认为是源于开放资源共享，即商品或服务的使用权在个体之间进行共享的行为（Hamari，et al.，2016）。随着技术、经济、政治以及社会的深层次变革，共享经济应运而生（Ertz，et al.，2017）。

曾任 JustPark 首席执行官的共享经济专家 Alex Stephany 在其2015年出版的 *The Business of Sharing: Making It in the New Sharing Economy* 一书中提到："共享经济"一词从何而来不得而知，导致该词的定义亦不明确。这也使目前的共享经济存在多重而复杂的定义。其中"参与共享的个体特征"是最为宽泛的定义之一（Matofska，2016）。[①] 而学术界对共享经济的定义则相对严格，共享经济在学理上通常被定义为"个体对个体的交易"，有时被进一步定义为"与实物暂时交换有关的个体对个体的交易"（Goudin，2016）。此外，共享经济的范围也一直是学术界争论的话题。例如，Wang（2013）指出共享经济提供了超越一对一或者单一所有权的商品或服务的使用权，有时被形容为"无所有权"。个体作为产品或服务的使用者、获得者、提供者积极参与各种各样且不断发展的个体对个体的交换，在信息通信技术时代，这种交换通常以网络

---

① Matofska（2016）指出，共享经济是一种包含了众多交易有价值商品或服务形式的混合经济，它包含了交换、协同购买、协同消费、所有权共享、价值共享、共创、外包、借贷等一系列相关的形式，而参与这些形式的个体都可称之为共享经济的参与者，他们具有了共享经济参与者的特征。

为媒介。

另一方面，"共享经济"一词时常受到一些学者的批评，称其具有误导性（Kessler，2015）。一些学者认为"共享经济"是一种误称，其正确的说法应该是"使用经济"（access economy）——所有权没有发生转移或不以市场为媒介的交易。Eckhardt and Bardhi（2015）指出，"共享"是在相互认识的个体之间进行的不追求任何利益的社会交换的一种形式，当公司成为互不认识的消费者之间的媒介时，"共享"就不再被视为共享，而是消费者付费使用其他人的商品或服务的行为。这是一种经济交换，此时的消费者追求的是个人福利，而非社会价值。Slee（2015）也认为"共享经济"一词是对现实商业交换的误称；同时，Arnould and Rose（2016）提出应用"互惠"来代替具有误导性的"共享"。

"共享"反映了个体将自己的价值物分配给他人使用的行为与过程和/或从他人那里获取价值物供该个体使用的行为与过程（Belk，2007）。因此，共享强调的是商品或服务使用权的暂时让渡，而并不过多地关心该商品或服务所有权的转移（Dillahunt and Malone，2015；Goudin，2016；Taeihagh，2017）。商品或服务的所有者必然拥有使用该商品或服务的权利，要实现真正的"共享"，一定是在不具备商品或服务所有权的情况下也能够使用该商品或服务。这样的共享，让商品或服务的使用不再受到所有权的限制，使更多的个体在更大范围内使用该商品或服务。

由于私人物品在消费中具有竞争性，个体间就私人物品的使用便形成了一种无形的屏障，因此，由商品或服务的使用权暂时让渡而形成的共享则反映出其所共享的商品或服务具有闲置的属性，进而形成了突破上述屏障的前提。当商品或服务由于某种原因没有被（充分）使用——具备闲置资源的属性时，其所有者便能够将其以某种形式提供给其他个体使用——进而形成共享。因此，共享通过减少商品或服务的闲置程度提高了其利用率，使商品或服务在使用过程中产生了更高的使用价值。

因此无论个体之间是否相互认知、个体间的交互是否借助某种媒介、商品或服务的使用是否有偿，只要某种商品或服务在闲置时被除其所有者之外的个体使用，就实现了该商品或服务的共享。

基于上述关于"共享"的讨论，我们可以将共享经济定义为：

"以提高有价值的商品或服务的利用率与减少交易成本为目的，通过个体间直接或者间接（借助某种媒介）交互实现商品或服务使用权暂时让渡而不改变其所有权的一种新经济形态。"

共享经济的定义符合现行共享经济的表象和内涵，恰当地描述了当前共享经济的运行状况与实现路径。以共享空间为例，房东将其闲置房屋或房间的信息发布在共享经济平台（媒介）上，有住宿需求的房客通过平台寻找合适的房源，最终找到心仪的房屋或房间入住。在此过程中，房东始终拥有房屋的所有权，房客只是暂时使用房东的房屋或房间，共享经济平台作为房东和房客之间的媒介，促进两者实现房屋或房间的共享，降低房屋或房间的闲置率。

9.1.2 共享经济与协同消费

协同消费（collaborative consumption，CC）是 Felson and Spaeth（1978）将 Hawley（1950）的人类生态学理论应用于消费经济学领域中而提出的一个概念，它描述了个体在消费活动中与其他个体的关联行为。因此，协同消费可被定义为：使个体通过与其他个体直接互动或通过某种媒介从而暂时或永久地获得与提供有价值的商品或服务的资源循环系统（resource circulation system）的集合（Ertz, et al., 2016a, 2016b；Taeihagh, 2017）。

协同消费虽不是一个新事物，但近十数年信息通信技术发展而形成的相关产物，尤其是 Web 2.0、移动互联网技术以及社交媒体唤起了协同消费崭新的活力点（Botsman and Rogers，2011；Belk，2014；Hamari，et al.，2015）。Hamari，et al.（2015）指出，点对点（peer-to-peer，P2P）技术使协同消费中的个体通过网络平台更容易地获得与提供商品或服务，极大地降低了个体的搜寻成本。同时，个体通过互联网获得与提供的商品或服务不再局限于实体形式，而开始逐渐涉及非实体形式。维基百科（Wikipedia）便是协同消费中个体获得与提供非实体商品（内容产品）的一个典型例子。因此，现行的协同消费涵盖了线下、线上以及线下与线上混合的商品或服务的获取与提供。

协同消费的主体——消费者——的特征是在既定的资源循环系统中具有了商品或服务的获得者和提供者的双重身份。换言之，在协同消费中，个体不再局限在商品或服务的消费者集合中，还可以是商品或服务的获得者（obtainer）或提供者（provider）（Scaraboto，2015；Ertz，et al.，2016b）。正如 Botsman and Rogers（2011）所述，在传统消费中，商品或服务是单向流通的；而在协同消费中，商品或服务可以双向或多向流通（如图 9.1 所示）。

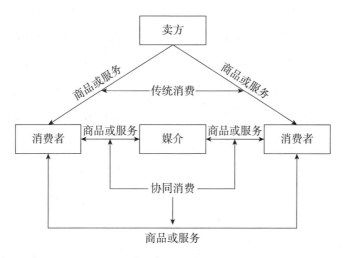

图 9.1　协同消费与传统消费

协同消费行为的具体表现形式有以下两种：（1）互惠/使用系统，即个体有偿或无偿地暂时获得与提供商品或服务的资源配置系统（Arnould and Rose，2016）；（2）再分配系统，即个体有偿或无偿地永久获得与提供商品或服务的资源配置系统（Botsman and Rogers，2010；Taeihagh，2017）。具体而言，个体可以通过与其他个体协商或合作，以交换、租赁、捐赠、转售等方式共同消费有价值的商品或服务。其中，租赁等属于互惠/使用系统；交换、捐赠、转售等属于再分配系统。协同消费使商品或服务的所有权通过交换、捐赠、转售等方式在个体间转移，抑或在不改变商品或服务所有权的情况下仅使其使用权以租赁等方式在个体间转移。在协同消费的过程中，由于商品或服务的所有权或使用权会发生转移，协同消费中的商品或服务一定是闲置资源。协同消费使闲置资源在"互惠/使用"与"再分配"的过程中进行二次或多次循环，提高了商品或服务的利用率。

关于协同消费，有以下五个特征需要强调：（1）不同于传统消费，在协同消费中的个体不仅仅是商品或服务的消费者，而是可以同时扮演商品或服务的获得者或提供者的双重角色。（2）协同消费既可以通过个体间的直接互动完成，也可以通过个体间的间接（借助某种媒介）互动完成。（3）在协同消费中，商品或服务的获得与提供可以是有偿的可以是无偿的。（4）随着信息技术的不断完善，协同消费的商品或服务涵盖了线上线下有形和无形的各种形式。（5）协同消费中商品或服务的获得与提供既可以是暂时的（如互惠或使用系统），也可以是永久的（如再分配系统）。值得注意的是，（5）强调了协同消费既包含商品或服务使用权的让渡又包含商品或服务所有权的转移——当商品或服务的获得与提供是暂时的，该商品或服务的使用权发生改变；当商品或服务的获得与提供是永久的，则该商品或服务的所有权发生改变。商品或服务使用权的让渡表明商品或服务产生了更多的价值，而其所有权的转移表明对商品或服务进行了再交易。

综上所述，协同消费包含共享经济（如图 9.2 所示）、共享经济是协同消费的子集，仅涉及商品或服务的暂时获得与提供，不涉及商品或服务的永久获得与提供。在共享经济中，商品或服务的使用权发生改变，而其所有权不发生改变。

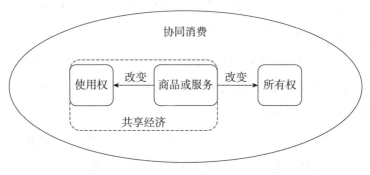

图 9.2　共享经济与协同消费

9.1.3　共享经济与租赁

上述关于互惠与使用系统中的租赁属于协同消费中不同于其他形式的一种类型，类似租赁的形式也普遍存在于与共享经济相关的市场中。例如，共享单车（汽车）就因类似于分时租赁自行车（汽车）而被误称为"互联网租赁自行车（汽车）"。但是，租赁不属于共享，也不是共享，换言之，它只能被认为是共享的一种运行路径。租赁与共享的根本区别在于以下两个方面。

首先，共享追求商品或服务的价值最大化，而租赁的目的是实现商品或服务所有者的利润最大化。就租赁而言，在利润最大化的驱使下，所有者对商品或服务的定价可能过高，导致需求萎缩，使商品或服务仍然长时间处于闲置状态、使用率低下。然而，有偿的共享仅仅是为了弥补在共享过程中商品或服务所有者产生的成本或者给予商品或服务所有者一定的经济报酬，因此，共享的商品或服务的定价普遍较低。这不仅不会削弱个体使用商品或服务的意愿，而且还会吸引更多的个体，从而保证共享达到充分发挥商品或服务价值的目的。例如，有偿共享的共享单车，其骑行价格低，并且共享单车公司经常会推出免费骑行、折扣骑行等优惠活动。因此，共享单车的骑行价格几乎不影响个体使用共享单车的意愿，甚至由于共享单车的廉价、可获得性高、使用便利，激发了更多个体使用共享单车进行短途出行的意愿。这使共享单车被更多个体共享，大大提高了共享单车的利用率，充分发挥了共享单车的价值。

其次，共享的商品或服务既可以在所有者与使用者之间流通，又可以在使用者之间流通，而租赁的商品或服务只能在所有者与使用者之间流通。具体而言，在租赁中，商品或服务的所有者对于个体使用其商品或服务有明确的交易条款与监督机制并形成商品或服务在流通过程中的必要节点，这使得个体在使用商品后必须归还给所有者，然后再由所有者将该商品提供给其他个体，或者个体使用的服务必须由所有者提供。在共享中，虽然也存在商品或服务在所有者与使用者之间的流通，但更多的是商品或服务在使用者之间的高效流通。换言之，共享弱化了所有者在其商品或服务流通中的主导地位，突出了商品或服务在使用者之间的流转，有利于提高闲置商品或服务的利用率。

从共享经济的概念中不难发现，现有的共享经济形式大多是基于与其伴随左右的互联网与信息通信技术的发展而演变的，因此，共享经济中行业和经营者的特征融入了互联网相关行业与经营者的部分特征。例如，网络效应与网络外部性、零边际成本所带来的急速规模经济的生成以及大数据杀熟和算法合谋，大多能够在共享经济行业中与其经营者之间被发现，产生了反竞争的效果。而同时，共享经济也因自身的独有特征掣肘了上述行业内的竞争政策与规制路径，这也推进共享经济环境下竞争政策的思考与探索。

9.2 共享经济的类别、参与动机与主要影响

9.2.1 共享经济的类别

环顾生活中共享经济的各种形式不难发现，其类别可以依据不同的维度进行划分。例如，基于共享的商品或服务所在的领域对共享经济进行分类，可以将其分为共享出行、共享空间、共享金融、共享知识等；基于共享商品或服务的平台性质对共享经济进行分类，可以将其分为线下共享与线上共享。

本章偏向于按照以下两个维度划分共享经济：（1）商品或服务共享的参与主体；（2）商品或服务共享的有偿性。本文选取以上两个维度作为共享经济分类依据的主要原因如下：

首先，在共享经济中，商品或服务的提供者既可以是消费者，也可以是企业、非营利组织或者政府等机构。因此，共享商品或服务的主体可以为消费者—消费者（Consumer to Consumer，C2C）或机构—消费者（Organization to Consumer，O2C）。不同的商品或服务提供者的共享动机不尽相同，该差异化的共享动机会通过商品或服务的价格、质量等因素影响商品或服务的获得者，形成不同的共享经济市场特征。

商品或服务在消费者之间的共享类似于传统的共享——有价值的产品或服务的使用权在个体之间流转。信息技术的发展与移动设备的普及打破了消费者在共享过程中的时间和空间限制、降低了消费者参与共享的边际成本。网络平台的出现使消费者—消费者的共享由最初相互认识的个体之间的共享扩展到如今互不相识的个体之间的共享。这种促进个体之间实现商品或服务共享的网络平台通常被称为共享经济平台。共享经济平台的经营与竞争具有双边市场（two-sided market）的特征。共享经济平台作为媒介，连接商品或服务的获得者与提供者，对两者的信

息进行匹配，从而实现商品或服务的共享。共享经济平台的出现极大地减少了共享双方的交易成本，提高了共享的效率。共享经济平台的出现打破了个体间在潜在共享时所面临的时间和空间的限制，伴以成熟的支付、甄别、监督和反馈机制，吸引更多个体参与到共享中，使共享的规模不断扩大，进一步提高了闲置商品或服务的利用率。

机构与消费者之间关于商品或服务的共享不同于传统意义上的共享，商品或服务的获得者仍然是个体，而商品或服务的提供者则是机构。在机构—消费者的共享中，机构与个体之间一般没有媒介——机构直接与个体进行商品或服务的共享。不同于消费者个体之间的共享，商品或服务一般在提供者与获得者之间流通，机构与消费者之间的共享通常是在机构提供商品或服务之后，该商品或服务主要在获得者之间流通。机构提供的商品或服务几乎没有排他性与竞争性，因此，机构与消费者之间的共享可以被认为是机构提供了一种准公共物品。

此外，上述关于两种共享主体维度类别的另一特征是，前者并不侧重于对消费品市场的资源投入——共享经济平台能够整合市场中现存的闲置资源，而后者则侧重于向消费品市场进行资源投入——提供一系列可供消费者共享的产品。因此，前者可以被看作是一种"轻资产"的共享经济模式，而后者则可以被认为是一种"重资产"的共享经济模式。轻资产共享经济大多涉及技术的投入，而重资产共享经济通常涉及技术与资本的共同投入，这也改变了共享经济市场的架构。例如，轻资产的共享经济市场更易形成以平台为主导的双边市场格局；而重资产的共享经济市场虽具有共享经济所独有的特征，但从运行形态上则更靠近传统的单边市场。

其次，在共享经济中，提供商品或服务既可以是有偿的也可以是无偿的，这取决于商品或服务提供者在共享过程中产生的成本与商品或服务提供者的共享动机。具体而言，当共享的机会成本或共享产生的边际成本较高时，商品或服务的提供将趋于有偿。理想情况下，有偿的共享通常可以弥补商品或服务提供者由于共享其商品或服务产生的成本；反之，商品或服务的共享将是无偿的。在现实市场运行中，共享经济经营者通常在市场中具有一定程度的市场势力，使其在经营过程中的定价偏离成本补偿的原则而更加偏向于利润最大化。

对商品或服务提供者共享动机的进一步讨论也可以确定共享是否有偿。若将"经济人"假设弱化并考虑"社会人"特征则可发现，参与共享不仅受到外在的经济报酬的驱使，还受到内在的利他主义（altruism）动机的影响。外在的经济报酬刺激使有偿的共享普遍存在，内在的利他主义动机使无偿的共享大量出现。商品或服务的提供者本着共享可以提升社会可持续性的信念，无偿地提供商品或服务（Prothero，et al.，2011；Phipps，et al.，2013）。

综上，依照共享主体与共享的有偿性这两个维度，可以将现行共享经济分为四类，如表 9.1 所示（同时给出了对应于每个共享经济类别的实例）。

表 9.1　共享经济的类别

		共享主体	
		C2C	O2C
共享的有偿性	无偿	维基百科	M 地铁·图书馆
	有偿	滴滴出行	ofo 小黄车

资料来源：作者整理。

9.2.2　参与共享经济的动因

Deci and Ryan（1985）在其所提出的自我决定理论（self-determination theory，SDT）中强调，人类在决定自身行为的过程中同时受到了内在动机与外在刺激的影响。因此，个体参与共享经济是内在动机和外在刺激共同作用的结果。内在动机一般源于利他主义，外在刺激通常来自于经济报酬。除此之外，参与共享经济还有利于个体积累社会资本（social capital）。因此，利他主义、经济报酬以及社会资本等可以成为个体参与共享经济活动的主要动因。

利他主义使个体愿意通过共享获取与提供商品或服务，成为共享经济中商品或服务的获得者与提供者。具有利他性的个体在消费商品或服务时会考虑除商品或服务自身特性之外的诸多因素。例如，生产商品或服务对环境所产生的负外部性与商品或服务的循环使用所降低的负外部性等。在共享经济中，闲置的资源被盘活和／或提高了资源的使用率，资源的获得者减少了对新商品或服务的购买，资源提供者降低了商品或服务在闲置状态下的浪费。例如，滴滴出行、货拉拉这类的共享出行、共享劳动力在盘活闲置的交通客运、交通货运的同时，降低了资源的潜在获得者对新产品或服务的购买，提升了闲置资源的使用率，降低了提供新资源而产生的负外部性，为缓解城市交通拥堵与降低空气污染做出了贡献。因此，共享商品或服务符合个体的利他主义（Luchs, et al., 2011），利他主义使个体提升了参与共享经济来获得与提供商品或服务的动机。

当商品或服务处于闲置状态时，不仅不能充分地发挥其价值，还会产生相应的成本。该成本主要来自资源的所有者对商品或服务的维护与存储，例如空房间的打扫翻新、车辆的停放与保养等产生的费用。在共享经济中，闲置商品或服务的所有者参与有偿共享可以得到经济报酬。虽然在提供商品或服务的过程中也会产生成本，但是经济报酬几乎可以完全补偿该成本。例如，网约车司机在汽车闲置时为乘客提供出行服务会产生流量费、燃油费、车辆折旧费等，但在司机完成行程后可以收到车费，该车费不仅可以补偿司机在提供出行服务过程中的所有成本，还会有盈余。由此可见，在有偿共享中，商品或服务的提供者不仅可以避免商品或服务由于闲置而产生的成本，还可以获得经济报酬。因此，个体会由于经济报酬的刺激而参与共享，成为商品或服务的提供者。

随着信息技术的不断进步，互不相识的个体之间共享商品或服务变得愈发普遍。当今的"共享"更像是一种非人格化交易（impersonal exchange）——在不了解合作伙伴过去的行为、没有未来与合作伙伴进行贸易的期望或者不具备向将来贸易伙伴揭发不当行为的能力的情况下进行的交易（Greif，2006）。在共享商品或服务的过程中，互不相识的个体之间建立的社会网络（social network）与相识个体之间加深的信任、互惠以及合作是个体由于参与共享经济得到的社会资本，该社会资本能够在共享经济之中以及之外给个体带来利益与创造价值。例如，社会资本的不断积累可以减少个体之间由于信息未知而产生的交易成本。正如诺斯（1996）所述，当非人格化交易逐渐转变为人格化交易时，交易成本将随之降低。

共享经济的参与者类型与参与动机直接影响了共享经济相关行业的产生与发展，在此基础上所产生的相关竞争政策问题则是良性地激发共享的产生、稳定地保持共享环境与科学地促进共享经济行业发展的联络线。围绕本章前两节关于共享与共享经济的概述的引导，余下部分将在此基础上讨论共享经济环境中的反垄断问题，并探索共享经济环境中竞争政策的关注面与调节点。

9.3 共享经济市场结构与竞争行为：一些导入问题

竞争政策实施的核心目标之一就是消除市场中反竞争的（潜在）因素。不同于传统市场，共享经济市场具有其独有的特征，因此，使其产生较为特殊的反竞争因素。本节通过讨论现行共享经济市场中若干值得关注的问题，厘清其中可能存在的反竞争因素。需要注意的是，反竞争因素可以出现于各类市场中，为避免不必要的讨论，本节所探讨的反竞争因素主要是以市场特征为导向的，即相关因素是来自于共享经济市场环境特征的，而非来自于传统市场。

9.3.1 规模经济、范围经济与市场势力

共享经济市场中技术导向的格局加速了市场内规模经济的形成，使市场内经营者的平均成本已不再受到经营周期的严格约束。这种规模经济一方面来自于共享经济市场所依赖的技术不断的提升，另一方面，也来自于相关产品和服务所产生的网络效应与网络外部性。除此之外，共享经济市场内的经营者往往不局限于单一产品或服务的供给。例如，滴滴出行同时将快车、专车、豪华车、公交、代驾、单车等相关产品融入其共享出行平台；小猪短租同时将普通民宿、农家院、别墅等融入其共享住宿平台，进而形成范围经济。不难发现，范围经济为共享经济特征框架下的规模经济内核构建了推力。

共享经济市场内的规模经济与范围经济使具有技术优势与共享资源规模优势的经营者在短期显著地降低了单位成本，在既定市场价格水平上，经营者获得盈利缘于其价格高于长期平均成本的结果。同时，随着技术和共享资源结构的不断创新和优化，这种盈利又能在长期得以保持稳定水平，反映出规模经济与范围经济在共享经济市场中为经营者形成的市场势力是显著而持续的。而这恰恰是反垄断市场相较于常规经济市场中所格外需要关注的一个问题。

当共享经济市场中经营者的市场势力由于成本的降低而提升时，在给定交叉价格弹性的条件下，该竞争者的市场份额则会显著提升，导致了其在相关市场内的集中度提高。一个典型的例子是德克萨斯州共享短租对传统酒店的冲击，Zervas, et al.（2017）研究发现，爱彼迎（Airbnb）市场份额每增加 10 个百分点，传统酒店的平均收入则下滑 0.39%。市场势力的提升带来的另一个间接结果便是共享经济平台扩充了其"超共

享"的市场范围，"超共享"市场范围类似于基于"共享"的主体而衍生出的"触角"，伸入了并不完全属于共享的其他领域，即具有了"超级平台"的特征。例如，一些（娱乐）内容共享（如短视频）平台，在流量快速积累后逐渐扩充至社交、线下产品、内容产品制作等领域，形成了市场势力的一种"外溢"。而"外溢"所产生的后果不仅限于共享经济的市场中，而更多地蔓延至其他可能的非共享市场。换言之，"超共享"的市场势力所产生的潜在的反竞争效果并不一定封闭在一个独立市场中，有可能延续至其他的市场。

随着共享经济市场中强市场势力的出现，经营者的支配地位也会逐渐显现。自共享经济诞生以降，其深入领域大多为消费者刚性需求方面，如共享出行、共享短租、共享信息以及消费者精神消费层面的共享内容产品等。则在其发展包括技术改造的过程中，对消费者的控制、对实际竞争者的限制以及对潜在竞争者的进入难度均产生收紧的效果。大多路径指向了相关市场内竞争程度的弱化，成为共享经济市场内一个相关于反垄断的主要议题。

9.3.2 同质产品与价格竞争

在共享经济出现较为频繁的领域中，由于其主要产品的"刚需"特征而使该产品（或服务）本身的差异化不甚明显。不同于上述范围经济或"超级平台"中的产品线扩充，这里的产品差异化源自于产品对自身的横向或者纵向的相较于竞争品的不同。产品差异化的乏力带来的是激烈的价格竞争，由于有形产品在消费者过程中的不可组合，引致了消费者对于有形产品在消费过程中的"单归属"，因此，价格竞争在有形产品中间相较于无形产品更为激烈。例如，共享单车的价格战、网约车市场中的低价竞争等。

无论是共享单车还是网约车，经营者在竞争过程中总是乐于在消费者资源上追求"零和博弈"所带来的"赢者通吃",但最终往往换回伯特兰德悖论(Bertrand paradox)所导致的结果——价格成本差被极度挤压直至完全竞争水平。本章并不着重探讨共享经济环境中同质产品竞争过程与其盈利模式,而仅从竞争政策角度而言,这种价格成本差的压缩的确能够给消费者带来福利。

但是,从另一角度讲,在共享经济市场内,是否有可能存在一个外力将竞争者推向"囚徒困境"中的"合作"一端,即形成某种形式的垄断协议?该假设的来源是经营者动机来自于共享经济经营者可能具有相同投资机构,为控制某一相关市场内竞争,投资方则会出现可能约束被投资经营者的竞争程度。该假设可能的体现形式主要为价格和非价格两个方面:无论是直接的价格协议还是非价格的,两种形式均指向了恶化实际竞争者的经营环境、阻击潜在竞争者的进入。此类达摩克利斯之剑式的竞争猜想虽亦能够发生在非共享经济市场中,但是它所牵连出的结果恰恰是相去于共享所建立的目标,因此,它应被视为是共享经济中所需要关注的一个问题。

9.3.3 新兴业态与相关市场

共享经济的本质虽然来自于较为传统的协同消费行为,但它在科技不断发展的环境下逐渐融入了新的交易形式,从而构成新的业态与市场。例如,共享出行中的网约车具有了传统出租车(巡游车)的功能,又具有了顺风车的部分特征;共享短租中的产品兼具了传统房屋中介和传统酒店的部分特征;共享知识与共享劳动力具有了传统教育机构与传统劳动力的部分特征。不难发现,现行的共享经济市场是传统市场(或多个市场)的特征与互联网技术相互融合而形成的一个新兴业态。

共享经济新业态所产生的直接问题是:共享经济市场应被视为是一个独立的市场还是与其他市场构成相关市场?其次,如果存在相关市场，这个相关市场应如何界定？正如前文所述，大多共享经济市场兼具了互联网与双边市场的特征，因此，对于共享经济市场的界定可借鉴本书第三、四两章相关内容。而本章主要强调的是具有共享经济特征的所有市场，并不限于互联网市场与双边市场，旨在突出共享经济的市场界定问题，对其他相关的行业进行补充。

新兴业态所带来的共享经济市场范围与边界的界定所面临的主要问题首先在于应合理地避免"玻璃纸谬误"所产生的影响。这一方面要考虑共享经济中新业态与相关传统业态的相互替代程度，另一方面，需要思考新业态的经营者所处（竞争）环境中的初始水平与基准价格。其次，对于具有双边市场特征的共享经济业态，应充分考虑双边市场中网络外部性所带来的影响。因此，由于共享经济特征所带来的关于市场范围与边界的思考则引出在共享经济市场中的反垄断与竞争政策相关问题，尤其是在滥用市场支配地位与经营者集中的考察的探索。

9.3.4　内容共享与知识产权

上文关于共享经济的分类指出，共享产品不仅包括有形商品，也包括无形商品。随着互联网技术和网络设备的普及，以及消费者对于非物质消费、精神消费的需求不断扩大，内容产品的消费（这里即为内容产品的共享）也随之提升。根据中商产业研究院《2019—2023年中国短视频市场前景及投资机会研究报告》数据显示，2018年中国短视频用户达到3.53亿人，预计2019年这一规模将达到5亿人。

不同于传统的网络视频，内容产品的共享使内容的提供者（权利人）与接受者（观众）在共享平台的互动更为紧密，同时也内容产品的权利人更加分散且可控。内容分享平台则可通过控制权利人的知识产权转移而形成对自身的"保护"，即通过某种独家版权的形式制造一种垄断。在双边市场的环境下，这种对共享内容提供者的控制能够将多归属的平台特征压制为某种形式的"竞争瓶颈"（competitive bottleneck），从而控制用户侧的规模。这种情况所导致的一个可能的后果便是内容共享平台对于内容提供者的"争夺"，通过独家版权的形式垄断某种类型的内容，从而人为地形成一种垄断，抑制了内容共享市场的竞争活力。

9.4 共享经济与竞争政策

上述导入性问题引出了共享经济市场中可能存在的或潜在的反竞争行为的思考。而作为一种新兴的经济形态，共享经济相关行业具有与以往传统行业不同的性质。因此，一些在传统行业中的反垄断识别与研究范式与过往经验则不再完全适用于共享经济相关行业中。基于此，本节尝试探讨基于共享经济特征下的反垄断问题，并提出针对性的探索路径，以期为之后的共享经济中的反垄断研究提供考察依据。

9.4.1 共享经济中的垄断协议风险

共享经济市场乃至其他传统市场中明示的垄断协议现象并不常见，而更易发生且具有发生风险的为默示的合谋行为。虽然，合谋行为被普遍认为造成了限制竞争的效果，但在共享经济市场中，由于更多的元素融入竞争市场，则应对合谋行为与潜在合谋行为进行进一步厘清。结合上一节所引出的几个共享经济中的若干问题，本小节对共享经济中的潜在垄断协议风险从以下几个方面展开讨论。

首先，资本投入的复杂结构模糊了合谋的边界。相当数量的共享经济市场都是由若干初创公司形成的（如共享单车、共享出行、共享短租等），而初创公司前期大多需要资本注入。当公司竞业禁止协议不明确或执行该协议的成本过高时，初创公司存在接纳竞争者投资方注资的动机。此时，投资者对于初创公司在前期与其竞争者在市场的引导则会模糊合谋的边界。换言之，共同投资者具有一种潜在的"平台"，提供了"意思联络"或"信息交流"的空间和机会。共同投资者亦可进一步被认为具有一种潜在的"引导"力量来"拉动"被投资者进行合谋。因此，在很多共享经济市场中，合谋的边界则从竞争层面提升至资本层面，即合谋行为反映在共享经济市场，而驱动力则在资本市场。这对反垄断审查提出了深度层面的要求，也对反垄断执法提出了维度层面要求。

其次，算法合谋带来了对反垄断的挑战。算法是通过不断的"输入"——信息的收集以及多种方式进行"输出"——事件和复杂问题的预测和决策的一个过程。在数字经济背景下的共享经济市场存在大量的竞争互动与数据输入，通过算法，经营者在整合了市场、共享偏好、共享交易等数据的基础上能够更加有效地分配资源。例如，共享单车企业能够通过个体单车的移动大数据（OD 数据）明确在"潮汐"周期内的地区单车投放量，提高了单车的使用效率。在另一方面，竞争者数据交互频繁可以形成一个近乎于"透明"的竞争市场，使其趋于一种"打明牌"的局面。而由此带来的直接影响是竞争者的定价、产品的投放、差异化的制定是否有效地"阻击"了其他（潜在）竞争对手。因此，在进行反垄断调查的过程中，传统的"市场行为一致性""经营者之间的意思联络或信息交流"已不足以对算法合谋的风险起到有效的限制作用，而更需要进一步对竞争市场内的算法环境与一致性的行为进行关联，对一个协同的层面——行为的一致性是否来自于基于算法输出信息的人为引导——进行探究。

最后，"大共享"环境下的协议界定。共享经济市场不同于传统交易市场和互联网市场的一个主要特征在于其能够尽可能地降低资源限制程度，同时提升资源的使用效率，并以此为主要发展方向。在共享经济市场中进行竞争的经营者边界虽十分明晰，但其所动用的闲置资源以及闲置资源的使用范围却较为模糊，这便引出了一个闲置资源是否能够在整个共享经济市场中进行"大共享"的讨论。例如，网约车市场中的闲置交通运输资源能否在竞争者间共享；共享单车的用户活动信息能否基于合理投放的目的进行竞争者间共享；共享知识、共享劳动力市场中的供需信息能否因防止和降低资源错配而进行竞争者间共享，都属于"大共享"所讨论的范畴。在"大共享"环境下为了实现更大范围的资源共享而形成的协议大多可以归属至我国《反垄断法》第十五条的规定，但经营者应证明其协议不会"严重限制相关市场的竞争"，且"能够使消费者分享由此产生的利益"。"大共享"的形成不无例外地能够满足消费者对此的利益分享，因为消费者大多为此环境的受益者。但是，"大共享"的形成却有可能存在基于价格、产品数量、技术、数据、交易行为上的限制竞争的后果，这种后果会同时发生在现实竞争者和潜在竞争者中间。因此，在共享经济市场中的竞争政策应同时考虑"大共享"所带来的利与弊之间的平衡，尤其在于其"弊端"所可能造成的限制竞争的后果，应围绕不同行业、不同特征进行差异化调查与规制。

9.4.2 共享经济中的滥用市场支配地位行为

本章第三节所讨论的第一和第三个问题都涉及了共享经济市场中经营者滥用市场支配地位的行为。滥用市场支配地位行为在任何形式的市场中都有发生的可能，但是由于共享经济市场具有不同于传统市场的特征，因此，应对共享经济中市场支配地位滥用的行为进行差异化的分析。

分析滥用市场支配地位的前提是界定相关市场，在共享经济市场中亦不例外。但正如本章第三节所述，共享经济中的市场界定应充分考虑新业态的特征，因此，传统的相关市场界定和分析方法虽可以起到借鉴的作用，但完全依照其方法行事，则不甚准确。其中最重要的一个问题是如何在共享经济新业态出现时避免"玻璃纸谬误"所带来的相关市场界限模糊。

例如，在共享经济市场中争论较多的是网约车是否与巡游车处于同一相关市场。[①] 根据我国国务院反垄断委员会颁布的《关于相关市场界定的指南》中关于相关市场考虑的主要因素，网约车与巡游车从需求替代角度与供给角度都具有交易甄别的类似程度。一个主要的原因是现行的网约车呼叫系统中已经嵌入的大部分的巡游车信息。因此在界定出租汽车相关市场中更应关注的是，假定垄断者测试中所选取的基准价格是否为"充分竞争"的市场价格。不难发现，自 2016 年以来，网约车市场便具有了单一主导市场特征，其头部主导公司为滴滴出行。因此，在出租汽车相关市场中的假定垄断者测试则是在一个刚性价格产品提供者（巡游车）与已经形成市场支配地位的产品提供者（滴滴出行）间进行，而此时的滴滴出行所提供的服务很有可能形成了 1956 年杜邦（Du Pont）案中的"玻璃纸"。

在共享经济中的相关市场界定的另一要点在于共享经济蕴含的互联网特征，因此，在上述相关市场内的消费者行为就应进行进一步界定。具体而言，共享经济市场中的市场份额并不仅是由参与交易的消费者数量而决定，还应涵盖单位消费者的活跃程度。换言之，具有互联网特征的共享经济经营者在相关市场内的市场份额并非是"平面"的，而是"立体"的，即由"流量"而决定的。这个特征导致了在同一相关市场内，即便共享经济经营者保有相对于传统经济经营者较少的消费者，但前者的消费者活跃度显著高于后者，从而形成了前者具有更高的实际市场份额。这种情况能够普遍出现在共享出行、共享住宿、共享劳动力、

---

① 事实上，共享短租与传统酒店也一度被质疑是否存在于同一相关市场，但相较于网约车与巡游车，共享短租（如民宿）与传统酒店在"商品外形、特性、质量和技术特点"方面、"商品之间差异"方面以及部分"商品"销售渠道等方面存在较大不同。而更加类似于网约车与巡游车的共享经济行业则为共享劳动力、共享物流等。

共享信息等领域。这体现出在共享经济环境下，在界定相关市场的基础上进一步确定经营者支配地位的重要环节。

在明确相关市场与支配地位情况下，共享经济经营者的市场支配地位滥用行为则与大多传统经济中的相关行为类似。在现行共享经济中讨论较多的便是"大数据杀熟"的情况，即共享经济经营者"没有正当理由，对条件相同的交易相对人在交易价格等交易条件上实行差别待遇"的市场支配地位滥用的行为。虽然该现象并未得到充分证实，但是却给执法机构在未来共享经济不断发展并充斥消费者生活过程中提供了一条规制路径。这要求共享经济竞争者尤其是具有超级平台特征的共享经济平台数据向监管者积极、持续、准确披露的必要性，披露数据包括共享经济资源的提供者、接受者的交易数据、经营者的成本数据以及相关定价算法。这一方面能够使监管者与经营者在数字环境下持续保持信息对称，另一方面，能够通过提高经营者滥用行为的机会成本降低其滥用动机。

9.4.3 共享经济中的经营者集中

共享经济中关于经营者集中的讨论大多集中在相关市场的界定层面。关于共享经济中相关市场的界定，上文已经进行了较为全面的叙述。而相关市场的界定也恰恰成为共享经济中经营者集中主要掣肘之一。

相关市场界定后面的深层因素之一应是共享经济中经营者集中的潜在反竞争效果。结合共享经济中经营者的特征，同一相关市场的经营者进行集中之后，合并后经营者对于市场中闲置资源的集成与分配可能产生的控制效果增强。这种增强的效果会潜在地限制共享资源的供给或需求，从而对共享市场整体的供销体系产生较为显著的负面影响。从另一角度而言，类似于大多数互联网经营者，共享经济经营者往往能够在合并后由于信息、技术、数据等因素的整合而形成协调效果。在共享经济供销市场中，较好的协调效果往往反映在共享过程的高效性，在高效共享下，即便合并会造成市场集中度一定程度的提升，其整体效果也可以被视为是"竞争的"而不是"非竞争的"。

作为协调效应的"另一面"，共享经济经营者的集中亦能够提升市场中进入难度。正如大多互联网经营者一样，共享经济行业中具有较为明显的规模经济，同时，由于一些共享经济市场具有双边市场的平台特征，闲置资源的提供者与接受者在交互过程中的网络外部性能够再一次激发经营者规模经济的形成与扩张。因此，对于经营者集中而产生的对共享资源市场的控制与排他则成为这一方面的重点论题之一。

共享经济市场中不乏混合合并的情况。在反垄断的框架下，混合合并所产生的竞争效应比横向合并或者纵向合并更难以观察到。例如，2018 年 4 月美团收购当时全国第二大共享单车公司摩拜，这一收购直接产生的效果可以被认为是美团公司的又一次"价值互补"行为。[①] 价值互补能够在大数据时代帮助互联网公司完成对其消费者的"画像"，进而更全面、更充分地捕捉每一位消费者的具体需求、了解消费者的偏好，从而进行针对性的销售。但从另一方面，数据信息的扩张提升了共享经济公司控制消费者的能力，助推了其市场支配地位的产生。

除此之外，我们不难发现作为"重资产"共享经济的共享单车行业，由于加入了"独角兽"企业的资本助力，使其能够更好地补偿经营和运维成本，进而能够以较强的竞争力在共享单车行业进行低价竞争。混合合并所产生的一个隐含的问题便是潜在竞争的削弱。作为一个以娱

---

① 美团自 2015 年起通过连续的并购完成了在餐饮、住宿、旅游、外卖、出行等全方面建设。例如，2015 年 9 月美团收购酷讯，完善酒店、旅游业务；2015 年 10 月，美团与大众点评合并，完善餐饮业务；2016 年 9 月，美团收购钱袋宝，完善移动支付业务；2017 年 2 月，美团推出打车业务；2018 年 4 月，美团收购摩拜，完善短途出行业务。

乐、餐饮、出行为主营业务的公司，美团可以被认为是共享单车相关市场的潜在进入者，当它收购摩拜后，弱化了潜在的竞争，可能产生消费者的潜在收益被合并所消除的效果。[①]

9.4.4 共享经济中的知识产权问题

一般而言，反垄断执法机构的目标是使市场中具有更多的竞争，而知识产权法则希望通过给予专利更多的保护来激励创新，两者在制度层面的目标是相反的。在共享经济环境下，这一矛盾又因共享资源的差异而变得更加复杂。例如，基于高科技的共享经济经营者的数据和算法等能够被视为是其专利和商业秘密，共享资源（尤其是共享知识、共享医疗、共享娱乐内容）的提供者对其所具有的资源具有知识产权。前者属于经营者所具有的常规的知识产权，是促进经营者不断创新的原动力，后者属于共享经济中实际产品提供者的知识产权，是促进共享经济市场中供给侧活跃的原动力，两者缺一不可。

处理反垄断与知识产权的核心思路是知识产权是否被滥用而造成了限制竞争的后果。虽然我国《反垄断法》指出"经营者依照有关知识产权的法律、行政法规规定行使知识产权的行为，不适用于本法"，但其也同时明确"经营者滥用知识产权，排除、限制竞争的行为，适用本法"。如上文所述，在技术层面由于竞争者对于算法可能的滥用则会导致某种合谋的效果。这一问题的来源路径主要在于竞争者对于数据和算法的使用是否给予了其对手"捕捉"信息的空间。这便要求反垄断执法机构在调查过程中不再限于对市场信息的分析，而同时需要对竞争者的内部数据与算法进行平行分析。

---

① 这一案例类似宝洁公司（Procter & Gamble Co.）于 1957 年收购高乐士公司（Clorox）。在收购发生后，宝洁公司被诉抑制了家庭日用品市场中的潜在竞争，最后，与 1967年美国最高法院要求宝洁公司从高乐氏公司剥离其股权。

进一步地，共享经济市场中主要"内容"的提供者是否被要求转让其知识产权亦是竞争政策需要厘清的一个环节。如上一节第四个问题所提出的，当共享内容权利人的知识产权并未进行转让时，其能够自由地在不同的共享经济平台间转移，并不会受制于给定的平台，同时，共享内容的接受者也不会因共享内容的分享范围而被"锁定"。从反面而言，当共享内容的提供者的知识产权被要求转让时，相关的共享平台则形成潜在的控制从而构建单归属环境。正如双边市场环境下的结果，这种单归属的共享内容提供环境直接限制了共享经济平台的竞争，同时约束了共享资源接受者的选择路径。

本章通过对共享经济现象与相关理论的梳理，探讨了共享经济的概念、产生条件、运行范围以及带来的相关影响。同时，探讨了在共享经济特定环境下的反垄断议题。作为一种新经济形态，共享经济改变了传统经济中商品或服务较为单一的供需模式，使商品或服务的单向流通渠道转变为商品或服务的循环流通系统，降低了商品或服务的闲置程度，减少了参与者的交易成本，对传统的商品或服务的交易模式进行了多元化的补充。同时，也为理论工作与政策实践提出了新的范式要求。

在全球化共享发展的需求中，深入理解共享经济模式、明确共享经济核心、探索共享经济影响是对共享经济平稳发展的宏观要求。在微观层面，处理共享经济新业态下的反垄断议题也是确保共享经济相关行业健康发展的必要基础。本章从尽可能全面的角度将上述宏观、微观的讨论展现出来，以期为今后关于共享经济的研究提供合理有效的方向与路径。

本章参考文献

Arnould E. J., Rose A. S. Mutuality: Critique and Substitute for Belk's "Sharing", *Marketing Theory*, Vol.16, No.1(2016), pp.75–99.

Bardhi F., Eckhardt G. M. Access-Based Consumption: The Case of Car Sharing, *Journal of Consumer Research*, Vol.39, No.4(2012), pp.881–898.

Belk R. Why Not Share Rather Than Own? *Annals of the American Academy of Political and Social Science*, Vol.611, No.1(2007), pp.126–140.

Belk R. You are What You Can Access: Sharing and Collaborative Consumption Online, *Journal of Business Research*, Vol.67, No.8(2014), pp.1595–1600.

Botsman, R., Rogers R. *What's Mine is Yours: The Rise of Collaborative Consumption*. Harper Business, 2010.

Botsman, R., Rogers R. *What's Mine is Yours: How Collaborative Consumption is Changing the Way We Live*. Harper Collins, 2011.

Deci E. L., Ryan R. M. *Intrinsic Motivation and Self-Determination in Human Behavior*. Springer US, 1985.

Dillahunt T. R., Malone A. R. The Promise of the Sharing Economy among Disadvantaged Communities, *ACM Conference on Human Factors in Computing Systems*. ACM, 2015:2285–2294.

Eckhardt G. M., Bardhi F. The Sharing Economy isn't About Sharing At All, *Harvard Business Review*. 2015-01-28.

Ertz M., Durif F., Arcand M. Collaborative Consumption: Conceptual Snapshot at a Buzzword, *Journal of Entrepreneurship Education*, Vol.19, No.2(016a), pp.1–23.

Ertz M., Durif F. Arcand M. An Analysis of the Origins of Collaborative Consumption and its Implications for Marketing, *Academy of Marketing Studies Journal*, Vol.21, No.1(2017), pp.1–16.

Ertz M., Durif F., Arcand M. Collaborative Consumption or the Rise of the Two-Sided Consumer, *International Journal of Business and Management*, Vol.4, No.6(2016b), pp.195–209.

Felson M., Spaeth J. L. Community Structure and Collaborative Consumption, *American Behavioral Scientist*, Vol.21, No.4(1978), pp.614–624.

Goudin, P. The Cost of Non-Europe in the Sharing Economy: Economic, Social and Legal Challenges and Opportunities, European Parliament, 2016.

Hamari J., Sjöklint M., Ukkonen A. The Sharing Economy: Why People Participate in Collaborative Consumption, *Journal of the Association for Information Science and Technology*, Vol.67, No.9(2016), pp.2047–2059.

Hawley, A. H. *Human Ecology: A Theory of Community Structure*. New York: Ronald Press, 1950.

Luchs M., Naylor R. W., Rose R. L., Catlin J. R., Gau R., Kapitan S., Mish J., Ozanne L., Phipps M., Simpson B., Subrahmanyan S., Weaver T. Toward a Sustainable Marketplace: Expanding Options and Benefits for Consumers, *Journal of Research for Consumers*, 19(2001): 1-12.

Prothero A., Dobscha S., Freund J., Kilbourne W.E., Luchs M.G., Ozanne L.K., Thogersen J. Sustainable Consumption: Opportunities for Consumer Research and Public Policy, *Journal of Public Policy & Marketing*, Vol.30, No.1(2011), pp.31–38.

Phipps M., Ozanne L.K., Luchs M.G., Subrahmanyan S., Kapitan S., Catlin J.R., Gau R., Naylor R.W., Rose R.L., Simpson B., Weaver T. Understanding the Inherent Complexity of Sustainable Consumption: A Social Cognitive Framework, *Journal of Business Research*, Vol.66, No.8(2013), pp.1227–1234.

Schor J. Debating the Sharing Economy, *Great Transition Initiative*. 2014(Oct.).

Slee T. *What's Yours is Mine*. New York: OR Books, 2015.

Taeihagh A. Crowdsourcing, Sharing Economies and Development, *Journal of Developing*.

Wang R. Monday's Musings: Four Elements for A Sharing Economy Biz Model in Matrix Commerce, *Software Insider*, 2013.

Zervas G., Proserpio D., Byers J. The Rise of the Sharing Economy: Estimating the Impact of Airbnb on the Hotel Industry, *Journal of Marketing Research*, Vol.54, No.5(2017), pp.687–705.

10. 互联网金融

金融业具有一般性网络产业的特征，其网络外部性有自己独特的表现。在早期的网络产业经济学以及后来的双边市场理论研究中，支付体系、银行业和证券交易市场等都是研究者们关注的行业。新世纪以来，移动互联网、大数据、云计算等新型信息技术在金融领域的应用，让金融网络的构建更加容易、金融交易中的摩擦成本降低，使得金融业网络产业的特征得到更大程度的发挥，催生了互联网金融的蓬勃创新和发展。

本章包括四个方面的内容。第一，分析金融领域的网络外部性表现，以及互联网对金融业的影响；第二，介绍互联网金融的业态形式和技术经济特征；第三，以初创的互联网金融机构为主要对象，探讨互联网支付和众筹领域的竞争策略和市场特征；第四，探讨互联网金融的创新对金融产业整体带来的变化、风险，以及给监管带来的挑战。

10.1 网络经济学与金融

网络经济学的研究很早就涉及了支付工具、银行业以及证券交易市场等金融领域。Oz Shy 和 Matutes 在 20 世纪 90 年代关注了银行的转换成本、ATM 机网络的兼容性和支付工具的市场竞争问题，发现网络外部性的存在对银行业的竞争有着重要的影响，并说明在 ATM 机网络的兼容性选择上，存在市场失灵（Oz Shy，2010；Matutes & Jorge，1994）。David Evans & Richard Schmalesee（1995）研究了银行卡产业的竞争和反垄断政策。新世纪以后，对双边市场的研究成为网络产业经济学研究的重点，Jean Rochet 和 Jean Tirole 这个时期有非常多的文章研究了银行卡组织的合作与竞争以及交换费率（interchange fee）的问题（Rochet，2003；Rochet & Torole，2002）。同一时期 Julian Wright 和 Joseph Farrel 也在双边市场的视角下研究了卡支付产业的定价、竞争和最优系统等问题（Julian Wright，2003，2004；Joseph Farrel，2006）。以互联网为代表的数字技术在金融领域的广泛应用，降低了信息的不对称和交易成本，提高了金融服务的包容性和覆盖范围，使金融作为网络产业的一些特征更为突出地表现出来，因此在网络经济学视角下研究互联网金融的创新和发展具有双重的意义。

金融业天然具有网络产业的特征，货币、银行、保险以及资本市场都有其独特的网络外部性表现（Economides，1993）。当以互联网为代表的新型信息技术应用到金融领域之后，金融业的这种特征表现得更加充分。

首先，货币是一种典型的网络产品。一种货币的用户数量越多，它可媒介的交易范围就越广，对于持有者来说就越有用，这是非常明显的直接网络外部性。此外，在信用货币体系中，一种主权货币的用户规模和交易范围越大，就越容易获得市场的信赖，相比于其他货币的币值就越稳定，这可以看做是货币的间接网络外部性表现。无论在商品货币时代，还是信用货币时代，货币形态和种类的演变都存在标准化和统一化的趋势，也具有明显的强势货币不断淘汰弱势货币的"马太效应"（Economides，1993；程华，2005）。导致货币这种演变规律的重要力量就是强烈的网络外部性的存在。

其次，作为间接融资中介的银行和保险业也存在其独特的网络外部性表现形式。一家银行如果能够聚集更多的储户和借款人，就可以吸收更多存款，能够更灵活地进行金额、期限转换，匹配资金供求双方的不同诉求，完成其作为中枢节点的转换功能。更重要地，在现代商业银行普遍面临流动性管理的情况下，大银行拥有更加稳定和均匀的流动性需求和回收，相比于小银行，能够以相对更低的准备金率来保证流动性。保险公司业务得以成立的基本原理是"大数定理"，投保人越多，保险公司面对的赔偿比率就越稳定，就更容易进行投保人之间的风险对冲，从而保证更稳定的经营。

最后，直接融资的资本市场具有典型的双边市场特征。在一级市场上，融资企业的增加能够给市场提供更多的投资品种，使投资者进行更广泛的多元化配置。而投资者越多，融资企业就能够更顺利地获得认购。在二级市场上，投资者越多，一般意味着市场具有更活跃的交易，既可以提高市场流动性，也可以汇集更多元信息，提高价格的有效性。正因为这个原因，各个国家的证券交易所都表现出高度的垄断性，自上个世纪 90 年代以来，甚至发生了多起同类交易市场的跨国、跨洲的合并。这是因为，在网络外部性强烈的行业中，聚集在一个平台上，网络效应可以最大化。

在信息技术，尤其是互联网应用到金融领域之后，金融体系的网络产业特征更加充分地体现出来。一方面，从金融机构内部来说，IT系统的普及，可以用更快的速度和更大的容量进行业务数据处理，从外部来看，借助于各类电子网络，金融机构可以触达更多的用户和需求，以更低成本获取用户的信息，面临的逆选择和道德行为风险得以降低。这种来自技术进步的冲击，导致了近年来金融体系非常明显的变化。

10.2 互联网金融的业态形式及技术经济特征

2010 年代以来，移动互联网、大数据和云计算等新兴信息技术与金融的融合，在全球范围内对金融业产生了广泛的影响。对于新型的金融产品、机构以及服务方式，不同国家不约而同地构造了新的名词，如美国的金融科技（Fintech）、英国的替代性金融（Alternative Finance）和中国的互联网金融（Internet Finance）。不同语境的这三个词汇，在内涵和外延上有一些差别，但主要指向是一致的，即新型信息技术和金融融合出现的金融创新。

"互联网金融"是中国在数字金融实践中创造出来的词汇（黄卓等，2017）。在最早提出这个概念的谢平等人的研究中，互联网金融被定义为"以互联网为代表的现代信息技术，特别是移动支付、社交网络、搜索引擎和云计算等，将对人类金融模式产生颠覆性影响。可能出现既不同于商业银行间接融资，也不同于资本市场直接融资的第三种金融融资模式，可称为互联网金融模式"（谢平等，2012）。这个定义主要关注了基于互联网技术开展的新型融资业务，是狭义的定义。

在人民银行和其他十部门出台的《关于促进互联网金融健康发展的指导意见》中，给出了互联网金融的定义："互联网金融是传统金融机构与互联网企业利用互联网技术和信息技术、通信技术实现资金融通、支付、投资和信息中介服务的新型金融业务"。这是一个比较广义并涵盖了中国互联网金融创新主要内容的定义，可以从三个方面理解这个定义：

首先，互联网金融一定是各类信息技术与金融业务融合创新的结果。移动互联网、智能手机、云计算的应用促进了全球互联网支付、P2P网络借贷的发展，未来随着人工智能、物联网和区块链等技术的成熟和应用，也会产生新的互联网金融创新；其次，提供互联网金融服务的主体有两大类：传统的金融机构和互联网技术背景的新兴企业。最后，从业务形态来看，互联网金融可以分为分互联网支付、网络借贷、股权众筹融资、互联网银行、互联网基金销售和互联网保险等多种形

式。这些业务中既有互联网金融特有的业务形态，如网络借贷、股权众
筹和移动支付，也有与传统金融服务相对应的业务形态，如互联网银
行、互联网保险和互联网基金销售等。

10.2.1　互联网金融的业态形式

对互联网金融的分类非常困难。巴塞尔银行监管委员会将金融科技
分为支付结算、存贷款与资本筹集、投资管理和市场设施四类。从全球
范围看，这四类业务所包含的不同业态形式在发展规模、市场成熟度等
方面存在很大差异，与传统金融业的竞争关系也不尽相同（李文红、蒋
则沈，2017）。互联网支付是目前发展较为充分且金融科技机构占据主
导地位的领域，P2P 网络借贷和股权众筹被认为是最具创新性的互联网
融资形式，而数字货币和区块链则对传统金融最具冲击力，是最不确定
的领域，本节以下部分着重于这三个领域的介绍，也为本章后面关于互
联网金融的竞争分析提供一些背景。

表 10.1　巴塞尔银行对金融科技的业务模式分类

支付结算	存贷款与资本筹集	投资管理	市场设施
* 零售类支付 移动钱包 点对点汇款 数字货币 * 批发类支付 跨境支付 虚拟价值交换网络	* 借贷平台 P2P 网络借贷 线上贷款平台 信用评分 * 股权融资 股权众筹	* 智能投顾 财富管理 * 电子交易 线上证券交易 线上货币交易	* 跨行业通用服务 客户身份数字认证 * 技术基础设施 分布式账簿 大数据 云计算

资料来源：李文红、蒋则沈（2017），《金融科技发展与监管：一个监管者的视角》。

（1）互联网支付

支付方式可以分为现金支付和非现金支付，传统的非现金支付又可
以分为银行卡支付和支票支付等。上个世纪 70 年代以来，依托 POS 机

和 ATM 机网络的卡支付获得了极大的发展。特别是信用卡支付，在发达国家普及率很高，为银行业带来了丰厚的利润。同时，经过几十年的竞争和联盟，也形成了以维萨（Visa）和万事达（Master）卡组织为中心的全球支付清算体系（Evans and Schmalensee，1999）。但是卡支付也存在对硬件设备要求较高、只能进行面对面的近程支付等问题，因此对现金支付的替代率有限。互联网支付作为一种新型的非现金支付方式，在很多方面克服了卡支付的缺点，呈现出对银行卡及现金非常大的替代效应。目前，在全球范围内，由非传统金融机构推广的线上远程支付、扫码支付、手机 NFC 支付等依托互联网的支付方式已在线上和线下支付中占据日益重要的位置，对由商业银行、卡组织等构成的传统支付清算体系产生了很大的冲击。

支付是金融体系最基础的服务，也是其他类型金融业务开展的基础。货币的支付过程只涉及与货币所有权转移相关的实物货币或相关数据的转移、确认过程，相对简单，不存在其他后续的债权债务关系，因此互联网技术在金融领域的应用是从支付开始，随后才延伸到融资、保险等领域。

互联网支付的早期创新或者填补传统支付工具的市场空白，或者连接传统支付网络的断点，与银行卡支付是互补的关系。但随着新兴支付企业的不断创新，互联网支付从早期的远程支付拓展到 O2O（online to offline）近场支付，侵入到银行卡 POS 支付的领域。同时，特别是中国的第三方支付机构，从开始就建立了以互联网支付平台为主导的"三方模式"，整个支付流程不经过银行卡组织，平台自身承担跨行的支付清算职能。当市场份额不断增长时，这一支付方式就对原有支付清算体系的商业格局产生了冲击。

首先，支付流程的主导权向互联网支付服务商转移。从支付清算结构上看，由发卡行、收单行和卡组织构成的银行卡支付清算结构发生变化。线上支付平台设有用户的虚拟账户，虽然这些账户需要与银行账号关联才能使用，但由于终端消费者直接通过虚拟账户进行收付款，传统银行账号和银行卡退居后台，支付流程的主导权逐步转向互联网支付的提供商。下图显示了这一支付流程，付款方和收款方直接从微信或支付宝的 APP 进行日常操作，相关交易信息也留存在支付平台上，商业银行和银行卡组织成为支付流程的通道。在跨行支付中，互联网支付平台可以完全抛开卡组织，提供清算服务[①]。

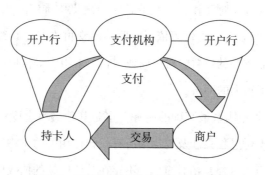

图 10.1　互联网支付平台主导的"三方模式"

其次，互联网支付服务商参加支付手续费分成，甚至主导价格的制定。传统的银行卡支付中，银行卡组织是价格制定的主导者，并确定分润结构。在互联网支付的流程中，除发卡行、收单行和卡组织外，新型的第三方支付服务商加入进来，如第三方担保支付的服务商、NFC 移动支付的硬件制造商、扫码支付的支付平台，甚至于聚合支付服务商也加入进来，这使支付环节增加，参加手续费分成的主体增加，大大减少了传统银行卡支付中商业银行和卡组织的利润。此外，在第三方担保支付和移动扫码支付流程中，因为消费者或者商户的开拓由互联网支付服务商进行，它们主导着支付流程，甚至手续费率的制定。

_____

① 中国监管当局关注到了这个问题，2018 年官方主导成立网联组织，已经要求所有互联网支付机构断开与商业银行的直联，重新建立了互联网支付的"四方模式"。

互联网支付二十年的创新，不仅提高了支付清算效率，为其他互联网金融业务的开展奠定了基础，同时也对原有支付清算体系的利益格局产生了冲击，使支付市场的构成更加复杂，竞争更加激烈。

（2）P2P 网络借贷和股权众筹

解决借贷双方的信息不对称、防止借款者的逆选择和道德风险行为是金融体系在设计融资方式时关注的核心问题。为减轻这一市场摩擦，现代金融体系设计了多种多样的融资产品和中介机构来进行应对，如商业银行和保险机构的间接融资模式，资本市场的直接融资模式等。互联网在金融领域的应用，降低了人们收集、处理信息的难度和成本，大大减轻了信息的不对称，也为对借款人的监督和约束提供了更多的手段（谢平、邹传伟，2017）。由此，这个世纪初出现了基于互联网平台的 P2P 网络借贷和股权众筹两种非常具有创新性的融资方式。

1）P2P 网络借贷

在互联网经济学的讨论中，P2P 网络借贷（Peer to peer Lending，个人对个人的借贷）被当做"平等信贷"或"社会信贷"的共享经济模式。基于网络社会建立的信誉系统，人们在零边际成本的基础上进行资金使用权的共享（杰里米·里夫金，2015）。在金融学领域里，P2P 网络借贷则被认为是最具创新性的、不同于以往金融体系融资方式的一种融资信息中介模式。个人对个人的借贷自古就存在，基本发生在熟人之间，凭借社会关系网络的信任和声誉机制，约束借款人行为，保证出借者的权益。P2P 网络借贷则突破了熟人网络的局限，凭借互联网提供的低信息成本和低交易成本优势，把这种个体对个体的借贷关系，拓展到更大网络中。

Zopa 是全球第一家网络借贷平台，2005 年成立于英国伦敦。Zopa 提供的个体对个体借贷中介服务一经推出，就受到广泛关注和模仿。

2007年美国的首家P2P平台Prosper上线，2009年中国的首家P2P平台拍拍贷上线（第一财经新金融研究中心，2013）。之后，这三个平台都成长为各自市场上的知名企业，带动了P2P行业全球性的发展。

在P2P借贷模式中，债权债务关系发生在投资人和借款人之间，平台只充当信息中介。对于借款人来说，P2P模式下借款手续简单，期限、利率灵活，对投资人来说，利息收益高于银行存款，要承担投资人的违约风险。无抵押的信用借款是P2P的主流类型，借款人往往具有次级借款人的特征，资产规模小，难以从银行等传统金融机构获得贷款，因此愿意承担更高的借款成本。

平台虽然只扮演信息中介的角色，但在P2P借贷过程中的作用举足轻重。投资人对借款人一无所知，关于投资的决策信息完全来源于平台，因此平台展示的信息和信用评级是否完善、准确，是借贷风险控制的关键。从各国的实践看，P2P平台的数据获取能力和信用评估模式是整个业务的核心，也决定了平台本身能否持续经营。一旦出现投资人逾期、无法还本付息等行为，平台还需承担催账、坏账处理等职能，以对借款人有效地施压和实施惩罚。因此，在P2P蓬勃发展的过程中，各国对这个行业的监管重点都放在了平台的准入和合规上。

从2005年到2018年，P2P在全球走过了十几年的发展历史。虽然在一些国家经历了一段时间的快速增长，但整体上看，P2P借贷模式具有风险水平高的特质，以小额、短期的借款为主，服务的借款对象以个人和小微企业为主，起到了对传统金融体系的补充作用。以全球P2P平台数量和融资规模最大的中国市场为例，2017年年底P2P网络借贷行业的借款余额为1.22万亿元[①]，约为银行业金融机构提供贷款余额的1%，所占的比重不大。

---

① 数据来源于网贷之家，www.wdzj.com。

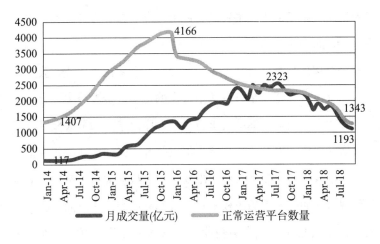

图 10.2　中国 P2P 网络借贷行业的规模变化

数据来源：网贷之家，www.wdzj.com。

此外，P2P 网络借贷行业在全球还处在摸索阶段，行业本身还在不断变化。英国的 Zopa 已经申请了商业银行牌照，美国的 Lending Club 则为了符合监管需求经历了从本票模式到银行模式，再到证券模式的多次转型。中国市场由于行业风险的集中式爆发，危及到投资者的利益，监管机构也对这个行业制定了严格的监管细则，市场的清理整顿和优胜劣汰还没有完成，因此行业在 2014 年至 2018 年期间经历一个快速扩张和收缩的周期。

2）股权众筹

众筹（Crowdfunding）指以感谢、实务、股权等为回报方式，通过互联网平台向公众募集资金的融资方式（姚文平，2014）。按照回报方式的不同，众筹可以分为股权众筹和产品众筹两类。股权众筹（Equity-based crowdfunding）指公司通过网络平台出让公司股份、向投资者募集资金的融资行为，与传统资本市场上的公开上市、私募股权融资一样，属于向企业外部投资者以股权方式募集资金的行为。与债权众筹的 P2P

网络借贷模式相比，股权融资具有风险更高、投资方与融资方之间契约关系更复杂的特征。

对公众以股权方式募集资金，有公募和私募两种方式。公募就是在资本市场上市，其特点是可以从不特定的众多投资者募集资金，这种方式的融资对上市公司的标准要求较高，程序复杂。私募股权融资对公司没有严格的要求，但各国都规定不能以公开方式向普通投资者推介，对股东有合格投资者条款和人数上限要求。股权众筹从严格意义上说，与这两种现有法律框架下的股权融资方式都有冲突。一方面，股权众筹融资的主体主要是初创的小型企业，难以满足公开上市的要求，另一方面，其借助网络"众筹"的性质，又决定了投资金额小而分散的特点，与私募股权融资高起投金额、投资者人数受限的要求不相吻合。美国最早在这个问题上做出了反应，在 2012 年奥巴马签署的 JOBS 法案里，放松了对"新兴成长型公司"（Emerging Growth Companies，EGC）的融资要求，简化和降低了这类公司实施 IPO 和公开披露的相关要求和标准，同时通过修改现行法律法规，放松对网上小额融资、小额公开发行的限制条件（郭勤贵等，2017）。

在实践中，美国的股权众筹也是全球发展最好的，目前有 100 多家股权众筹平台，著名的平台有 AngelList、Wefunder、CircleUp 和 RockThePost等。AngelList 是美国最早成立、也是目前最大的股权众筹平台，由创业家 Naval Ravikant 和风险投资家 Babak Nivi 于 2010 年联合创立。截至 2016 年 8 月，平台已经为 21077 个公司完成融资，绝大部分融资处于种子阶段。平台还聚集了 4 万多个合格投资者、7000 多家创投机构和 4899家创业孵化器。其构建的众筹平台生态系统已经成为全球创业体系的重要组成部分（廖理，2017）。

（3）数字货币与区块链

货币体系的演进可以分为两个层面：信用的演进和载体的演进（钟

伟、魏伟和陈骁，2018）。本章上文提到的互联网支付创新，可以归结到货币载体的演进，是货币信用形式没有发生变化下的货币支付形态的变化。无论是中国的支付宝、微信支付，还是美国的 PayPal 和 Apple Pay，都是围绕着商业银行的账户体系展开的支付和转账，即使其虚拟账户中有货币余额，其背后的价值仍然是银行存款这一法币信用在支撑（程华，2015）。2008 年，一个化名为中本聪（Satoshi Nakamoto，2008）的人发表名了《比特币：一种点对点的电子现金系统》的论文，并以此为基础在网上发布了 P2P 形式的数字货币——比特币（Bitcoin）。2010 年之后，围绕着比特币以及区块链（Blockchain）技术，全球范围的实业界发生了价格激烈波动的投资交易，可理论界则展开了观点截然相反的激烈争论，虽然至今一切都还未尘埃落定，但可以肯定的是，数字货币和区块链背后的技术和理念将对金融体系产生深远的影响，是互联网金融的研究者需要长期关注的话题。

1）比特币与数字货币

与传统法币相比，以比特币为代表的数字货币有两个核心特点：

第一，去中心化。数字货币没有发行机构，一旦被设计出来放在互联网的世界里，就像地球上的黄金一样，总量固定，需要有人花费成本去"挖矿"才能获得。是否能被作为货币来使用，也像黄金一样，完全没有发行主体的信誉支撑，而是取决于使用者能否达成共识。数字货币可以进行点对点的支付转移，不需要在传统货币体系里承担支付清算功能的中介机构。

第二，去信任化。数字货币不能够被伪造和篡改，可全程追溯。数据对所有节点公开透明，任何人都可以审查、核实，节点之间无法欺骗彼此，可以完全避免"双花"（即一票多卖）的问题。不会产生中心化数据库被攻击的可能，其分布式结构和非对称加密算法的技术基础，也使数字货币具有强大的抵御外部攻击的能力。目前发生的比特币被盗事件，是存放比特币的交易所遭到攻击，并不是数字货币系统本身被攻破造成的。

在国家信用的主权货币体系里，中心化和信任化是相互依存、不可或缺的两个性质。为了获得公众的信任，需要有公信力的机构做背书，发行货币，并主导和构建货币存放、支付和清算的体系，防止被伪造、篡改或双花。越是经济实力强大的发行主体，越能够获得市场的信任，越可以获得发行、审核、认证、验伪等中心化的权利。而数字货币去中心化和去信任化的特点完全颠覆了自"二战"以后建立起来的货币体系，引起了诸多问题的思考和争议。这些问题包括并不限于：

- 数字货币是否会威胁到法币的垄断地位？
- 是否会出现哈耶克在《货币的非国家化》一书中所设想的自由竞争的非国家化货币体系？
- 中央银行是否应该发行数字货币？
- 政府应该对数字货币持怎样的监管态度？
- 数字货币的出现对市场流动性、对央行货币政策的效果将产生怎样的影响？

从目前的实践来看，全球数字货币创新非常活跃，截至 2018 年 3 月 10 日，数字货币种类超过 1500 种，合并市值高达 3891 亿美元，市值最高时在 2017 年超过了 6000 亿美元[1]。各国政府对待数字货币的态度并不相同。委内瑞拉宣布于 2018 年发行全球第一个由国家支持的法定数字货币"石油币"，加拿大、德国已经承认了比特币的合法币地位，但中国和韩国则不承认数字货币的这一地位[2]。

2）区块链的金融应用

---

① 中国银行，《2018 二季度全球经济金融展望报告》。
② 亿欧未来财经，《数字货币和各国政府那点事儿》，www.iyiou.com。

相比于比特币，区块链被认为是对金融产业更加有影响力的新生事物（布莱恩，2017）。金融业需处理大规模价值的流通，对风险极端厌恶，故对价值信息的可靠性、稳定性以及交易的安全性、便捷性有刚性要求。在目前中心–外围（Core and Periphery）结构的中心化金融中介系统中，存在遭受攻击的外部风险和遭受内部人控制的内部风险问题。为了防止上述问题的发生，金融体系内部设置了诸多隔离、认证等防止风险发生的措施，但这并不能完全防止问题的发生，同时也降低了金融系统的运行效率（刘冬明等，2018）。而区块链技术的去中心化特征可以解决中心化金融系统的内在脆弱性，透明可追溯的去信任化特征可以解决内部人控制问题，因此区块链与金融有着天然的契合性，金融行业已经成为区块链应用创新最活跃的领域。除上文提到的数字货币外，区块链还被应用于下述金融场景中。

● **跨境支付**。传统的跨境支付周期长、费用高，流经的机构环节多，而以 Ripple 为代表的跨境支付平台则大大缩短了支付周期，降低了相关费用，并保持全程信息透明。

● **数字票据**。数字票据领域的三个痛点是操作风险、市场风险和"双花"。国际区块链联盟 R3 联合以太坊、微软共同研发了一套基于区块链技术的商业票据交易系统，这套系统目前已被证明比传统体系更安全、智能和快捷。

● **供应链金融**。这是在互联网金融发展背景下获得快速发展的一种融资方式。传统供应链金融的痛点在于上下游企业供应链交易复杂、数据审核难度大、融资费用高。区块链技术下，系统自动跟踪、审核相关凭证，通过智能合约发出相关指令，减少了融资周期和成本。

● **资产证券化**。底层资产复杂、参与主体多、业务环节缺乏透明度导致资产证券化过程中资产流传效率不高、清算对账和资产监控花费成本高等诸多问题。区块链去中介化、共识机制、不可篡改的特点，可以全程监控资产的真实情况，保证交易链条各方机构对底层资产的信任。

● **保险管理**。对投保财产和投保人信息的获取是保险公司风险控制的核心。传统的保险流程是在事后确认相关信息，区块链技术下，相关信息实时动态上传，可有效降低投保人的逆选择和道德风险问题，降低保险公司的管理和运营成本。

当然，关于区块链的金融运用，存在去中心化、高效低耗与安全三者不可兼得的"不可能三角"问题[①]，同时由于目前技术瓶颈和金融监管的存在，也还制约着区块链的金融应用。但是毫无疑问，正如布莱恩·凯利（Brain Kelly）所说，区块链是游戏规则的改变者，有潜力终结身份冒认，创造一个安全、不需要密码的互联网，将改变企业的经营方式，改变世界（布莱恩，2017）。

10.2.2 互联网金融的技术经济特征

Nicholas Economides 是很早从产业经济学角度关注互联网对金融产生影响的学者。在 2004 年的一篇文章中，Economides 富有前瞻性地指出，互联网将对金融市场产生多方面的深远影响。首先，互联网推动了信息的流动，这包括评估行为的信息（如分析师的报告）、便于信息交换、扩散和评估的软件等；第二，互联网使代理人之间的交互更加方便，这包括金融工具和物理产品的交换、市场的创造和加强、金融市场中多主体的实时讨论等；第三，互联网促进各类主体直接进入市场。因此，在整体上，互联网既可以加强原有的交易流程和市场，也会创造出新的工具和市场。同时互联网会激发金融领域的网络外部性，市场竞争将加剧，赢者通吃的马太效应得到强化（Economides，2004）。

[①] 区块链技术的"不可能三角"，指无法同时达到可扩展性（Scalability）、去中心化（Decentralization），和安全（Security），三者只能得其二。

在经济学的框架下，新技术所引发的金融业发展和创新都是交易成本不断降低、交易摩擦不断减少的结果。近年来随着移动互联网、大数据、区块链技术在金融领域的应用，一些学者在更微观的层面上分析了数字技术对金融领域交易成本的影响。Jiaqi Yan 等人认为，大量、快速、多元的大数据应用，提高了借贷市场对债权人进行信息分析的质和量，通过降低信号成本和搜寻成本，减轻了信息不对称，因此促进了 P2P 借贷市场的产生和发展（Jiaqi Yan，et al.，2015）。但是，也有学者认为，数字技术的应用，可能导致新的交易成本和风险的发生。Kaivanto and Prince 的研究表明，分布式账本（distributed ledgers）技术和智能合约虽然提供了更快、更易接近和可靠安全的金融服务，但同时也带来了新型的风险，如代码风险和新型的道德风险行为，从而增加了交易成本（Kim Kaivanto and Daniel Prince，2017）。

整体上看，新世纪以来，数字技术在金融领域的应用，深刻地改变了金融服务的供给成本结构，降低了信息搜集、传输和处理的成本，因而提供了更加丰富的风险控制手段，从而对金融服务范围、产品创新和定价等产生了重要影响。

首先，数字技术使金融网络的构造更加容易，降低了金融服务的固定成本。传统的银行业依托物理店铺网络和 ATM 网络提供服务，支付体系需要商业银行和银行卡组织构建基于专用电子网络的 POS 机网络提供银行卡支付服务，互联网金融则通过网络银行、网上支付、移动支付的形式依托开放的因特网提供服务，极大降低了金融基础设施的构建成本。特别是近年来，云计算技术的逐步普及使金融机构可以租用存储空间和软件服务，避免了自建硬件、软件系统的高昂成本。

其次，数字技术的应用大大降低了金融服务的边际成本，互联网金融环境下里夫金所描述的零边际成本社会得到了充分体现。人工智能和大数据的应用，使算法和模型替代了许多需要人工来进行的客户服务、风险控制、投资顾问等专业化的服务。一些金融服务的整个流程，从获客、开户、信用审核、房贷、事前事中跟踪和还款等，都可以完全基于线上展开。

此外，**金融服务机构面对的不确定性和信息不对称大为缓解**。风险控制几乎是所有金融机构业务运营的核心，多维、动态、实时数据的可得，为金融机构对用户进行精准画像、行为特征分析，对市场变化进行追踪和应对，对事后责任进行举证和认定，提供了坚实的信息基础，因而在一定程度上改变了风控的理念和逻辑，这是互联网金融发展背景下产品创新、业务创新，甚至机构创新的重要原因。

成本结构和风险应对能力的改变，对零售金融行业已经产生了颠覆性的影响。与传统金融服务相比，互联网金融的变化可以归结为以下几点：

第一，初创型金融科技机构和小型金融机构面临更多的市场机会。固定成本的大幅度下降减弱了传统大型金融机构的规模经济优势，初创型金融科技机构和小型金融机构可以在更平等的层面进入市场，参与竞争。同时，互联网的应用，让后进入者可以快速构造用户网络，激发出金融领域的网络外部性，在局部金融服务市场获得商业成功，并逐渐侵蚀传统金融机构的业务。例如，美国的 PayPal、中国的支付宝、印度的 Paytm，这几大全球性电子钱包从线上电子商务切入支付行业，对银行卡支付产业形成了有力的威胁。债权众筹、股权众筹平台的全球发展和线上小额贷款企业的兴起，为创业型企业和消费者提供的融资通道，有效地补充了传统金融体系的缺陷。

第二，金融服务价格下降，精准定价成为可能。1995 年全球第一家互联网银行——安全第一网络银行（Security First Network Bank, SFNB）出现，随后它引领了几十年无线下网点、以提供 3A 服务（anytime、anywhere and anyhow）为特征的数字银行的探索。这些机构与传统银行最重要的区别就是存款利率高、贷款利率和手续费率低。在中国支付市场上，由于支付宝和微信支付等新型支付机构的进入，零售领域的平均非现金支付手续费率在 2010 年之后降低了 50% 以上。在小微贷款领域，传统服务的逻辑是以高利率覆盖高成本和高风险，但基于场景和大数据的线上小额贷款服务，因避免了线下审核、实物抵押等流程，又可以进行准确的大数据信用评估，探索出了小微贷款低利率且可持续的商业模式。基于风险水平确定贷款利率和保险费率是金融产品定价的基本原则，但传统技术下，金融机构受到可得信息的限制，只能按照可观察维度对用户进行分类，按照类别定价。例如，寿险产品按照年龄和性别分组，同一组别统一定价。但可穿戴设备、物联网、大数据技术的发展，以及随之带来的基础性金融征信行业的进步，金融机构可以对用户及行为进行精准画像，准确判断风险高低，从而提供精准化的定价。信用卡产业提供的消费金融产品，不区分用户类别，完全统一定价，而基于互联网平台的个人信贷服务，如网络借贷平台 Lending Club，互联网平台支付宝和京东金融等，根据平台的个人信用评级实行差别利率，已经是常见的做法。在保险行业，健康保险和车辆保险领域的 UBI[1] 产品也在快速普及，成为保险行业未来的定价趋势。

第三，金融市场范围扩大。谢平等人关于互联网金融的理论研究指出，互联网使交易成本和信息不对称逐渐降低，金融交易可能性集合拓展，原来不可能的交易成为可能（谢平、邹传伟，2012）。众筹行业的小微融资、保险行业的碎片化场景低额保险产品、移动支付对现金支付的替代和对边远经济落后地区的覆盖，这些产品和服务都是传统金融机构难以提供的。互联网金融的出现，像数字技术渗透的其他产业一样，

---

[1] UBI 是 Usage Based Insurance 的缩写，指基于用量的保险产品。通过车载芯片和人体可穿戴设备，保险公司收集相关信息，根据车辆使用情况和人体生活习惯等进行一对一定价的保险产品。

扩大了整个产业的规模和市场覆盖范围，增强了市场的竞争性和有效性。

10.3 互联网金融的市场竞争分析

在互联网金融领域存在着新兴的互联网金融机构之间、传统金融机构之间，以及新兴的互联网金融机构与传统机构之间的复杂竞争关系。网络经济学所关注的标准、兼容性、路径依赖、垄断等问题，以及平台理论所提出的市场"双边性""鸡蛋相生"难题、交叉价格补贴、跨界竞争在这个领域都有充分的体现。这一部分，我们以发展相对成熟的互联网支付行业和在线融资行业为背景，以新型的金融科技机构为主要考察对象，对互联网金融领域的市场竞争进行分析。

10.3.1 兼容性与标准之争

网络组件之间的相互兼容是网络运行、网络外部性得以实现的前提（Economides，1996）。在具有竞争关系的支付网络之间，如果不兼容，意味着用户被分割在不同的支付网络中，如果相互兼容，则意味着不同的支付品牌和工具可以互联互通，用户可以获得更大的网络外部性。在新型支付工具出现的早期，往往服务商数量较多，相互不兼容的状况较多。随着市场的发展，则可以通过合作、加盟或者自上而下的统一标准推广实现网络间的互联互通。

上个世纪中期，美国信用卡产业开始快速发展。由于银行业市场集中度低，银行跨州设立分支机构受到监管限制，信用卡跨州和跨行使用非常困难，这严重束缚了信用卡行业的发展。后来，美洲银行（Bank of America）允许其他银行通过加盟的方式使用其信用卡品牌，加盟银行之间可共用用户网络。另外一些银行为了对抗美洲银行，共同成立了信用卡协会，协会成员共用商户和持卡人网络，这两个组织后来经过演变，分别成为了维萨（VISA）和万事达卡（Master Card）这两家全球最大的银行卡组织，主导了信用卡在全球主要地区的联网通用过程。可以说，美国信用卡产业的兼容性实现是一个自下而上的由市场力量主导的过程（Evans and Schmalensee，1999）。

中国银行卡产业的兼容实现则走的是另一条道路。上个世纪80年代开始，中国的大型商业银行开始了银行卡的发行和ATM机、POS机的布设过程，但一直到这个世纪初期，各家银行卡体系之间相互不兼容，一家银行发行的卡不能在另一家商业银行的POS机和ATM机使用，数量本就不多的持卡人和商户网络被分割在工商银行、建设银行、中国银行等几个相互隔离的网络中，银行卡产业的网络外部性难以得到发挥，银行卡产业发展迟缓。一直到2002年，中国人民银行主导成立了银联组织，在全国范围内推行统一的银行卡标准和银联标志，规定中国境内发行的银行卡必须采用银联标准，所有POS机和ATM机必须接受银联标准的银行卡。从而通过自上而下的方式很快实现了银行卡产业的联网通用，并随即迎来了银行卡的快速普及和银行卡产业的发展。

应该说，无论是美国自下而上还是中国自上而下所形成的支付网络的兼容都极大推动了银行卡产业的快速扩张，同时也成就了具有垄断性力量的银行卡组织的发展。这些卡组织在后来支付产业的定价、标准选择以及政府的支付产业政策制定中都起到了重要的作用，也成为网络产业经济学关于市场竞争和政策研究的重要对象。

（1）兼容与开放

互联网支付发展至今经历了线上支付和移动支付两个阶段。线上支付服务商主要是适应电子商务远程交易的需要而出现的，美国的PayPal和中国的支付宝是其中最大的两个服务商。在这个领域中，提供相同服务的支付服务商之间几乎看不到互联互通、相互兼容的例子，各家机构独立发展C端和商户端用户。在中国市场上，有几十家提供线上支付的企业，每一家企业的用户网络都是独立的。但需要注意的是，在中国市场，因为支付宝和财付通所占线上支付市场份额非常高，多数消费者有双栖行为，因此并没有感受到支付的不便。

移动支付在 2010 年以后发展较快，全球涌现出数量较多的新型支付服务商。在美国，出现了苹果支付、Square、Stripe、Amazon 以及 Facebook 等类型众多的服务商，技术路径、支付流程等都有差别，整个行业处在早期的竞争激烈、相互割据的状态。中国的移动支付行业，条码支付方式占据了主导地位，支付宝和微信支付两家机构合计占有 90% 以上的市场份额[①]，并且都拥有数亿的用户。在零售领域，移动支付的使用频率已经超过银行卡支付和现金支付。从市场竞争格局看，两家机构各自发展 C 端和 B 端，各自开拓行业应用场景，用户网络是相互不兼容的。

有趣的是，条码支付市场也出现了新的实现兼容的方式。在中国香港、印度和新加坡，政府机构主导推出了统一的二维码标准，试图解决多个条码支付服务商网络不兼容的问题。在中国大陆，出现了几十家聚合支付服务机构，相当于在支付宝、微信、银联云闪付这些相互不兼容的支付网络中加入了聚合转换器，实现了不同条码支付网络的消费者和商户间的兼容。

在大部分国家，互联网支付是建立在银行卡和银行账号网络基础之上的，因此后者的开放性在很大程度上决定着互联网支付的发展速度。通过非银行支付机构与商业银行的合作，中国市场在 2010 年左右开通了"快捷支付"，即经过用户授权后，商业银行的网关和银行卡账号向支付机构开放，消费者收付款时可以通过支付机构账号直接转移银行账

---

① 2018 年，在移动支付市场，支付宝占据 50% 以上、财付通占据 40% 以上的市场份额。

号的资金，商业银行与支付机构之间的这一合作是推动中国互联网支付快速普及的重要原因。事实上，商业银行的这一做法，可以说是开放银行（open Banking）建设的一个早期尝试。

（2）技术标准与兼容性

同一技术标准的采用是实现兼容、推动网络产业发展的重要因素，支付行业同样如此。日本是基于 NFC 方式进行移动支付商业化推广最早和最成功的国家。在 21 世纪初，日本以公共交通运营商 JR、移动通信服务商 NTTDoKoMO 等为主体推出了各自的电子货币支付品牌。早期的网络虽然并不兼容，但因为各家机构都采用了相同的由日本索尼公司发明的 Felica 非接触支付技术，因此在随后的市场推广中，通过机构间合作很快实现了不同支付品牌共用 POS 的兼容格局。一部手机几乎可以乘坐所有地区的地铁和公共交通，日本在 2005 年左右就已经实现（曾航、刘羽等，2014）。

中国的 NFC 支付从发展历史和市场推广时间来看，都要早于二维码扫码支付，但因为早期的技术标准之争，错过了发展时机。在新世纪之初，中国移动、中国联通和中国银联开始探索手机移动支付，在 2010 年左右，国内形成了两大标准阵营：以银联和联通为主的基于 13.56MHz 的支付技术，中国移动力推的 2.4GHz 的支付技术。前者是当时在日本、韩国、中国香港等地已经非常成熟的移动支付国际标准，后者是中国移动研发的中国标准。中国当时的情况是，在 POS 机布设领域，银联拥有优势，在手机终端用户领域，中国移动拥有 70% 的市场份额，因此银联和中国移动两大阵营都只在双边市场中的一边用户上具有优势，不同标准形成的不兼容导致两大阵营都培育不出足够的用户群体来。虽然，2012 年在工信部的协调下，上述各方达成协议，统一到 13.36MHz 标准上来，但此时支付宝已开始大力推广二维码支付，NFC 支付错过了中国最好的发展时机。

10.3.2 用户锁定与路径依赖

在 Oz Shy 的《网络产业经济学》一书中，有专门的章节探讨了商业银行的转换成本和新型电子支付工具的双边用户协调问题（Oz Shy，2010）。当存在网络外部性时，因为用户面对转移成本，在位银行对消费者形成一定的锁定，银行的规模越大，其用户的转移成本就越高。在现金、电子支付工具的选择中，存在消费者和商户的行为协调问题，每一边用户都会根据收益和成本按照顺序选择支付方式。只有当新型支付工具产生使各方都受益的帕累托改进时，才能够顺利替代旧的支付方式。在仅一方受益的希克斯改善情形下，这一替代不能发生，会产生先进支付方式对落后支付方式的拖累。

NFC 支付、条码支付以及基于手机 APP 等多种移动支付方式的安全和便利性已经得到了实践的检验，但从全球的发展状况来看，各国的普及程度非常不均衡。非常有趣的是，在中国、印度和肯尼亚这样一些人口众多的发展中国家，移动支付和手机银行的普及率较高，但在日本、德国和英国这样一些发达国家，人们还固执地停留在信用卡和现金支付上，移动支付远不是一种流行的方式。造成这一差别的重要原因是，发达国家早年培育出了发达的信用卡产业，市场已经形成了对信用卡的依赖，而发展中国家许多人口根本没有银行账号或者银行卡的受理环境并不理想，支付转账更多依赖现金，因此对移动支付的需求更加强烈。肯尼亚最大的移动手机品牌在 2007 年推出 M-pesa 时，肯尼亚只有 20% 的人口拥有银行账号，远程的转账汇款是普通人面临的一大困难，M-Pesa 的出现恰好解决了这一问题。印度最大的移动支付钱包是 Paytm，目前也是仅次于中国微信支付和支付宝的世界第三大电子钱包，它获得快速发展的契机是 2014 年莫迪的"废钞"运动。大量印度人口没有银行账号和银行卡，依靠现金进行支付交易。在现金的使用受到限制、银行卡和受理机具的布设又成本高昂的情况下，成本低廉、覆盖性强的二维码移动支付自然成为市场的选择。可以说夏皮罗和范里安在《信息规则》（夏皮罗、范里安，2017）一书中所描述的消费者锁定和路径依赖，在移动支付产业得到了充分的体现。

10.3.3 市场竞争结构及影响因素

在网络外部性强烈的产业中，马太效应发生作用的结果，是大网络淘汰小网络，市场集中度提高，垄断特征明显。但同时，消费者行为的多栖、平台定位的差异化、平台间的互联互通和消费需求异质等因素又会降低市场的集中度。支付行业具有较强网络外部性和较小需求差异性的特点，因此行业演变具有支付工具统一化和标准化、市场集中度不断提高的内在倾向。

在信用卡蓬勃发展的时期，商业银行是主要的支付服务商，各家平台相互不兼容，市场整体比较分散。但在行业的竞争中，演变出了银行卡组织，如维萨、万事达卡和银联组织，这些组织出现后，都致力于银行卡和相关设备的标准化，推动不同发卡机构间的互联互通，因此在全球形成了银行卡组织垄断性较强，发卡市场虽然分散但兼容性很强的行业特征。

进入到互联网支付时代，支付网络互联互通、标准化强的内在演变趋势没有变化，但不同国家的实现形式和路径有所不同。日本是 NFC 支付发展较早、商业推广较成功的市场。在 21 世纪初以移动服务通信商、公共交通运营部门为主体推出了许多电子货币平台。因为这些厂商都基于相同的技术标准，因此很快通过企业间的双向开放和协同合作，实现了电子货币平台的互联互通，使电子货币成为与现金、银行卡并列的日常支付工具（曾航、刘羽等，2014）。

中国互联网支付发源于大型互联网企业的第三方支付平台，因为有强大的母公司和先天庞大的用户基础优势，很快在线上远程支付领域形成了支付宝和财付通寡头垄断的格局。在 2010 年代后，这两家机构又通过条码支付的技术路径进入线下移动支付市场，延续了线上支付的市场格局。2018 年中国移动支付的市场格局呈现出典型的网络产业头部平台寡头垄断的特征，支付宝和财付通的合计市场份额在 90% 以上。支付宝和财付通之间并不兼容，对其他条码支付平台，如银联云闪付，也不开放。但是，条码支付方式下，消费者和商户端的多栖非常容易，消费者只需点击不同的 APP，商户端只需张贴两张二维码，双边用户在两个平台间的转换成本很低，因此这种双寡头的垄断格局既让市场不缺乏竞争，同时又把用户集中在规模庞大的网络中，享受到大网络所带来的网络效应。

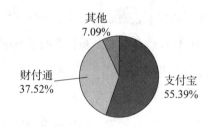

图 10.3　2018 年中国移动支付行业的市场结构

数据来源：艾瑞咨询。

　　被视为金融科技最具创新性的众筹行业，在全球则呈现出市场分散、平台数量较多的特征。如美国的产品众筹行业，出现了 KicStarter、Iindiegogo、Artistshare 等数量不少的平台，中国 P2P 网络借贷行业最多时多达数千家平台，股权众筹平台也有数百家。造成众筹行业这一市场结构特征的主要原因是，需要融资的一方，规模、行业、风险水平差异很大，需要中介平台用不同的风控手段、商业模式来对应，因此行业内部平台间异质性很强，跨边的网络外部性就不能成为主导市场结构的主要因素。此外，投资者一方，出于"不能把所有的鸡蛋放进一个篮子里"的资产配置动机，也会在不同平台分散投资，有典型的多栖特征。

此外，金融行业由于外部溢出性很强，受到较强的监管，政府的准入监管也是考察互联网金融行业市场竞争性和垄断性的重要因素。

10.3.4　双边市场与互联网金融平台

在关于双边市场的早期研究中，银行卡是最早受到关注的行业。互联网金融蓬勃发展的背景下，诞生了另一个具有典型双边市场特征的行业——众筹，这包括 P2P 债权众筹、商品众筹和股权众筹等形式。众筹平台必须在同时获得融资者和投资者两类用户群体的前提下，才可以提供相应的金融信息中介服务。同时，为保证平台上两类用户的良性互动，即融资方给投资方带来本息安全或高的投资回报，众筹平台需要在用户准入、信用评级、交易规则制定等方面承担相应的职责，以建立良好的平台生态。

Hagiu 和 Wright 将双边市场的平台分为了集市型平台（Marketplace）和转售者平台（Reseller）两种类型（Hagiu & Wright，2014），集市性平台指平台只提供买卖双方的交易中介，不获得商品的所有权，交易涉及的权利、责任和义务由买卖双方来承担。平台只提供交易场所，大家都可以到这里来进行交易。转售者平台指平台购入商品所有权，再转卖给消费者，平台扮演了经销商的角色。所有融资中介都可以被视为由投资者和融资者构成的双边市场，作为中介平台，商业银行可以被认为是资金使用权的转售者平台，资本市场则可以看做进入门槛很高的资金使用权的集市型平台。

表 10.2　不同行业的转售者平台与集市型平台

行业	集市型平台	转售者平台
银行卡组织	万事达卡	美国运通卡
房屋中介	我爱我家	自如
视频网站	哔哩哔哩	爱奇艺
线上融资	P2P 网络借贷 股权众筹	互联网小额贷款公司
网约车	滴滴	神州专车
电子商务	阿里、拼多多	京东自营、本来生活网

　　对平台这个维度的分类给我们提供了观察金融科技背景下融资方式变迁的很重要的视角。数字技术的发展降低了点对点的交易成本和平台的监督规制成本，使传统技术下无法出现的点对点的集市型平台大量出现，如电商平台淘宝和拼多多、网约车平台 Uber 和滴滴、房屋共享租赁平台 Airbnb 和小猪短租，以及自媒体视频平台哔哩哔哩和抖音等。在互联网金融领域则表现为 P2P 债权众筹、产品众筹和股权众筹等形式。这些平台的出现，在融资者一端连接了被传统金融体系所歧视的小微企业和低收入个体，在投资者一端则连接了投资规模不大、可承受一定风险并寻求高收益的出借人，相比于银行的间接融资模式和资本市场的直接融资模式，这种具有典型双边性的众筹平台把更多的决策和选择权给予个体，可以动员更多的金融资源进入到金融市场中，正如网约车平台和房屋租赁平台把更多闲置的车辆和房屋资源动员到市场中一样，提高了金融资源的利用效率。

　　当从平台经济学的视角考察互联网金融行业时，中国市场上综合性互联网金融平台的出现是一个非常值得关注的独特现象。关于大型互联网平台，目前的研究大多聚焦于脸书、亚马逊、谷歌、苹果和腾讯等，关注这些平台对社交、零售、资讯行业的颠覆性影响。事实上，在中国的互联网金融领域，一些聚焦于金融服务的平台型企业，如蚂蚁金服、腾讯金融和京东金融，都拥有上亿级别的活跃用户，通过自营或外接其他金融机构的方式，平台向这些用户提供支付转账、投资理财、消费金融和借贷、保险和证券等几乎无所不包的金融服务，非常成功地从商业银行、证券公司、基金公司那里抢夺了众多的用户，改变了零售金融行业的竞争格局。2018 年蚂蚁金服的评估市值是 1500 亿美元，超过了 1 万亿元人民币，这个估值与中国第四大商业银行中国银行的 1.1 万亿元相当。如果从用户数量和用户活跃度考量的话，蚂蚁金服的表现已经超越了排在第一位的中国工商银行。这样一种新型金融科技平台与传统金融机构的竞争态势，是其他国家尚没有出现的。对这些平台的观察和研究也会为互联网经济学和平台企业的研究提供非常有价值的成果。

10.4　互联网金融创新与金融体系演变

互联网对传统产业的改造是有顺序的，最早发展的互联网产业是资讯、搜索、游戏等完全以信息为交换内容的行业，然后是电子商务、旅游、共享经济等涉及实体物流和复杂交易关系的行业。《平台革命》一书认为，具有信息密集和高度不对称、需要人力进行筛选和高度分散的行业容易被互联网平台侵入和颠覆，金融产业是具有上述这些特征的。但另一方面，金融业又具有严监管和高风险的特征，变革的进程中会遇到许多阻碍和困难（帕克等，2018）。如果以 1995 年第一家互联网银行上线为标志，互联网金融在全球的发展已经走过了二十多年的历史。期间经历了新经济泡沫破灭和全球金融危机的影响，也受到移动互联网、云计算、人工智能和区块链等与金融服务高度契合的新技术的催化，一直到 2010 年代后，金融科技（Fintech）或者互联网金融的热潮才让金融行业的消费者、供给者和监管者真正领略到金融变革时代的到来。虽然到目前为止，这场变革还仅体现在零售金融领域，即直接向个人和家庭提供金融服务的领域，整个金融体系最重要的变革还没有到来。关于互联网金融的观察和研究将是研究者们需要继续完成的任务，也将为互联网经济学提供丰富的素材和课题。

10.4.1 互联网金融背景下金融体系演变的特征

（1）金融市场的包容性扩张

谢平在 2012 年最早的关于互联网金融的研究中就指出，在互联网金融模式的资源配置过程中，信息不对称程度和交易成本大幅度降低，"交易可能性集合"大为拓展，金融发展会更加普惠和民主化（谢平等，2012）。事实上，谢平等人的这一结论不过是克里斯·安德森著名"长尾理论"（安德森，2006）在金融领域的拓展和具化。

从各国的实践来看，一方面，互联网金融把传统金融无法覆盖的消费者包括进来，提供可持续的商业化金融服务。如移动支付的发展使过去没有银行账号和银行卡的消费者可以使用非现金支付工具，P2P 和股权众筹的出现向个人、小微企业提供了融资等。另一方面，互联网金融也面向传统金融的消费者提供更加多元、深化的服务，给予了消费者更多的金融服务选择空间。例如，智能投顾使投顾服务从高净值人群普及到了一般消费者，互联网理财的发展帮助消费者进行更灵活、多元化的资产配置等。整体上来说，互联网金融所带来的金融市场服务范围扩张，主要来源于互联网技术提高了金融服务的可触达性和运营成本，同时赋予了金融机构更多的风险控制手段。

联合国在 21 世纪初提出了"普惠金融"的概念，此后金融体系的普惠性被提到与金融体系稳定性相同的高度上，在国际组织和国家层面被广泛地关注（贝多广等，2016）。在传统技术下，金融产业面临着低价格供给、广范围覆盖和商业可持续的内在冲突，是一个具有典型"嫌贫爱富"

特质的产业，互联网金融的发展则大大缓解了这一冲突，为全球普惠金融发展提供了崭新的思路。同时也大大拓展了金融业本身的市场边界。

（2）金融产业的不平衡发展

在关于网络产业的早期研究中，有很多学者指出由于网络外部性的存在，庞大的人口基数是新兴网络产业发展的先天优势，因为这更容易让创业企业达到临界规模，触发市场的正反馈。同时用户锁定和路径依赖会导致新技术商业推广在某些市场的迟滞以及在某些市场的爆发式发展，从而造成新兴产业的不均衡发展（奥兹·谢伊，2010；夏皮罗和范里安，2017）。上述这两个原因也导致了互联网金融产业在全球发展的不均衡。

一些新型的互联网金融模式在人口较多的发展中国家获得了率先发展，发达国家则相对滞后。比较典型的例子有移动银行服务 M-Pesa 在肯尼亚的成功，以及中国在移动支付领域的全球领先发展。发达国家传统商业银行的服务覆盖率很高，多数消费者习惯了信用卡支付，因此金融科技企业提供的新型银行和支付服务并不能获得迅速的发展。下表的数据明显反映了这一特征，中国、印度和巴西在金融科技业务的各个领域应用水平都普遍高于发达国家。

表 10.3　各个金融科技业务领域应用水平最高的前五个市场

业务领域	资金转账与支付	理财规划	储蓄和投资	借款	保险
1	中国（83%）	中国（22%）	中国（58%）	中国（46%）	印度（47%）
2	印度（72%）	巴西（21%）	印度（39%）	印度（20%）	英国（43%）
3	巴西（60%）	印度（20%）	巴西（29%）	巴西（15%）	中国（38%）
4	澳大利亚（59%）	美国（15%）	美国（27%）	美国（13%）	南非（32%）
5	英国（57%）	香港（13%）	香港（25%）	德国（12%）	德国（25%）

资料来源：安永，《2017 年金融科技应用指数报告》（EY FinTech Adoption Index 2017）。

当然，需要指出的是，导致互联网金融发展格局不平衡的另一个原因来自于监管。相对而言，金融不发达国家缺乏完善的监管法规，新兴的金融科技企业可以在相对宽松的环境下开展业务，而发达国家一般具有完善和严格的监管体系，金融创新面对较多的规制成本。在中国，因为"分业经营、分业监管"的结构下"交叉地带"的存在，在准入严格、有明确监管机构对应的行业，互联网金融业务的发展相对滞后于发达国家，如互联网银行、保险和证券业务。而在一些崭新的互联网金融行业，如第三方支付、P2P网络借贷，早期监管比较宽松，则获得了快速发展的空间。因此，呈现出不同互联网金融行业发展不平衡的状态。

互联网金融发展的这一特征可能意味着，发展中国家因为缺少传统金融体系的锁定和路径依赖，可以更快、更容易进行金融科技的推广，从而实现跨越式的发展。而发达国家的金融体系数字化转型，可能面对较大阻力，速度缓慢。

（3）金融机构的平台化趋势

平台被看做是"看不见的引擎"，驱动了20世纪90年代以来主要的产业创新和转型（David Evans 等，2006），也被认为是数字经济的主要配置资源和组织方式（方军等，2018）。虽然由于具有的严监管、高风险特征，金融行业至今并没有出现像颠覆零售行业的阿里、颠覆社交方式的 Facebook 那样的大型互联平台出现，但是观察互联网金融所带来的诸多变化，不难发现金融体系的平台化趋势。

首先，具有高度中心化特质的金融体系出现了脱媒、去中心化的倾向。P2P网络借贷、股权众筹、互助保险都有着点对点的共享经济的特质，在这些金融资源配置的组织过程中，没有了银行、证券公司、保险公司这些金融中介机构的存在，代之以互联网平台的民主化组织方式。数字货币的出现让人们开始质疑央行货币发行者的权威，区块链商业应用的逐渐成熟，未来会影响到许多以登记结算、资产托管和交易撮合为主要功能的金融机构的存在价值，区块链平台将自行运转完成这些功能。

其次，新型的互联网平台企业正在崭露头角，并在许多方面超越传统金融机构。2018 年年初由《彭博商业周刊》推出的"中国科技互联网企业"前二十的排名中有三家互联网金融企业：蚂蚁金服、京东金融和陆金所，它们的市场估值是 1500 亿、200 亿和 185 亿美元[①]，分别与中国银行、海通证券和华夏银行的市值相当。这三家互联网金融企业的发展历史平均不到五年，但用户数量和业务扩张速度远远快于后一类在中国可称之为行业巨头的传统金融机构。

最后，传统金融机构也在不断转型，呈现出开放合作和以消费者为中心设计产品和流程的平台化特征。传统金融机构具有"管道"化企业的特征，垂直而封闭，与市场边界清晰，所有流程在企业内部完成，向消费者提供标准化的产品。但近年来，众多商业银行、投资银行和保险公司开始注重内外部资源的整合，在风控、获客等环节与金融科技企业合作，围绕用户的诉求提供定制化的产品和服务，强调各方主体的交互行为和生态建设等，积极向互联网平台企业转型。例如，印度最大的商业银行印度国家银行（SBI）已经宣布与日本日立公司合作建立一个全国性的数字支付平台[②]，中国的平安集团多年前就进行内部资源整合和组织机构调整，成功推出了陆金所、众安保险、一账通等互联网金融的业务板块。事实上，这样的例子不胜枚举，几乎所有大型的传统金融机构都展现出构建互联网平台的意图。

10.4.2　风险与监管

互联网金融创新像历史上任何一次金融创新一样，伴随着新型风险的发生。2015 年一家仅成立一年多的中国网络科技公司"e 租宝"涉

---

① *Bloomberg Business Week*，2018.10，www.bbwc.cn.

② 微信公众号"区块链铅笔"，2018 年 10 月，"日立集团和印度政府银行合作开发大型数字支付平台"。

嫌非法集资 500 多亿元人民币，被警方查处，这个案子的涉案金额和投资者人数打破了中国以前民间金融犯罪的纪录。毫无疑问，互联网的力量在其中起到重要作用。无独有偶，全球第一家上市的美国 P2P 企业 Lending Club 也于 2016 年传出违规放贷丑闻，股价大跌，创始人离职。同一时期，在 P2P 发展规模最大的中国市场上，几千家的 P2P 平台中有相当部分以平台"跑路"、涉嫌违法警方介入等极端方式离场，给众多投资者带来了损失。显然，基于互联网"开放""分享"等精神的金融创新，给投资者利益保护带来了严峻的考验。

此外，人类经过多次金融危机的洗礼所建立起来的金融风险防护体系也受到冲击。数字货币、区块链的出现提供了原有金融体系之外的金融服务，给洗钱、走私、恐怖活动等犯罪行为提供了方便。通过资本市场的管制和监控防止大规模的投机行为和资本外流是许多国家保持金融稳定的重要手段，但无时空界限的开放网络则削弱了这些措施的有效性。虽然政府的机会主义行为会带来通货膨胀、资产泡沫等不稳定因素，让人们质疑建立在国家主权信用之上的金融体系的安全性，但近年来数字货币的价格剧烈波动以及所谓 ICO（Initial Coin Offering，首次代币发行）的融资行为，又一次让人们感受到"郁金香泡沫"的气息。

金融具有广泛的外部溢出效应，对实体经济运行的影响很大。伴随着技术进步的金融创新在提高了市场有效性和资源配置效率的同时，也带来信用危机、泡沫和欺诈等诸多风险。对于互联网金融创新，我们始终不能忘记这一点。

从理论上讲，金融的基本功能不会因为技术的改变而变化，互联网金融仍然是提供支付工具、融资和风险管理等职能的金融行为。因此，在监管方面，各国政府的基本姿态是把互联网金融尽可能纳入到已有的监管法规和体系下，构建公平的监管环境。

但实践中，存在现有监管体系与互联网金融相冲突的地方，也存在现有监管体系不能覆盖的领域，需要监管方面的调整。互联网金融模式下的众筹融资方式为解决初创企业的融资提供了新的通道，但其分散、小额、涉众的特点与现有各国证券市场关于公募和私募的规定有内在的冲突。2012年，美国总统奥巴马签署了JOBS法案[1]，该法案通过修订美国《证券法》《证券交易法》中的相关规定，在私募、小额、众筹等发行方面改革注册豁免机制，以便利中小型企业融资，为股权众筹提供合法依据。针对P2P的债权融资，各国都没有相应的法规，美国、英国和中国等都是在探索和试错中逐步完善这个领域的监管规则。

数字货币是目前最具有挑战性的金融创新，因影响力日趋扩大，各国金融监管机构不得不做出回应。但又由于发展前景不明，全球主要国家的监管框架各不相同。目前，中国、韩国主张私人数字货币的发行或交易不合法，美国、英国、法国、俄罗斯等国主张私人"数字货币"不违法但需要监管，日本、德国、印度、澳大利亚、加拿大等国主张私人"数字货币"合法并需要监管[2]。

"监管沙盒"（Regulatory Sandbox）正是在金融创新产品和服务尚需观察的背景下，由英国金融行为监管局推出的监管机制。这是一种允许金融科技企业在有限业务牌照下，利用真实或模拟市场环境开展业务测试，然后再推广、纳入正式监管的理念（黄卓等，2017）。目前新加坡、澳大利亚、韩国、瑞士都在引入这一监管机制。

综上所述，互联网金融监管可能是比互联网金融创新本身更加复杂和富有挑战性的领域，后者只需关注市场需求、技术可能以及利润回报，但前者需要在鼓励创新与控制风险、协调新型和传统金融机构利益、鼓励竞争与保护消费者利益等方面进行权衡取舍。如果如本章前面

---

[1] JOBS法案，*Jumpstart Our Business Startups Act*。

[2] 搜狐网站，"数字货币冰与火之歌：全球监管趋严中迈向规范，法定数字货币或是大势所趋"，http://www.sohu.com/a/257641724_118392。

所述，互联网金融创新对金融体系的改变已经开始展现，但远远没有完成，那么，互联网金融监管则更是一个充满挑战和不确定性的领域，需要监管机构和研究者们认真对待。

本章参考文献

Bernardo Nicoletti, 2017: *The Future of Fintech: Integrating Finance and Technology in Financial Services*, Palgrave Macmillan.

David Evans, Andrei Hagiu and Richard Schmalensee, 2006: *Invisible Engines: How Software Platforms Drive Innovation and Transform Industries*, MIT Press.

David Evans and Richard Schmalensee, 1999: *Paying with Plastic: The Digital Revolution in Buying and Bor rowing*, MIT Press.

David Evans and Richard Schmalensee, 1995: Economics Aspects of Payment Card System and Antitrust Policy toward Joint Ventures, *Antitrust Law Journal*, 63(3).

David Evans and Richard Schmalensee, 2016: *Matchmakers*: *The New Economics of Multisided Platforms*, Harvard Business School Press.

Jean-Charles Rochet, 2003: The Theory of Interchange Fees: A Synthesis of Recent Contributions, *Review of Network Economics*, 2(2).

Jean-Charles Rochet and Jean Tirole, 2002: Cooperation among Competitors: Some Economics of Payment Card Associations, *Rand Journal of Economics*, 33(4).

Joseph Farell, 2006: Efficiency and Competition between Payment Instruments, *Review of Network Economics*, 5(1).

Julian Wright, 2003: Optimal Card Payment System, *European Economic Review*,47(4).

Julian Wright, 2004: The Determinants of Optimal Interchange Fees in Payment Systems, *Journal of Industrial Economics*, 52(1).

Hagiu, Andrei and Julian Wright, 2014: Marketplace or Reseller? *Management Science* 61, No.1.

Matutes C. and A. Jorge Padilla, 1994: Shared ATM Network and Banking Competition, *European Economic Review* 38(5).

Satoshi Nakamoto, 2008: Bitcoin: A Peer-to-Peer Electronic Cash System, Consulted.

Nicholas Economides, 2004: The Impact of Internet on Financial Markets, *Journal of Financial Transformation*, Capco Institute, Vol.1.

Nicholas Economides,1993: Network Economics with Application to Finance, *Financial Markets, Institutions & Instruments*, Vol.2, No.5.

Nicholas Economides, 1996: The Economics of Networks, *International Journal of Industrial Organization*, Vol.14, No.2.

Jiaqi Yan, Wayne Yu and J. Leon Zhao, 2015: How Signaling and Search Costs Affect Information Asymmetry in P2P Lending: the Economics of Big Data, *Financial Innovation*, 19(1).

Kim Kaivanto and Daniel Prince, 2017: Risks and Transaction Costs of Distributed-Ledger Fintech: Boundary Effects and Consequences, Research Gate, www.researchgate.net.

贝多广、李焰，2016:《好金融 好社会》，经济管理出版社。

布莱恩·凯利（Brain Kelly），2017:《数字货币时代：区块链技术的应用与未来》，中国人民大学出版社。

卡尔·夏皮罗、哈尔·范里安（Carl Shapiro and Hal Varian），2017:《信息规则：网络经济的策略指导》，中国人民大学出版社。

克里斯·安德森（Chris Anderson），2006:《长尾理论》，中信出版社。

程华，2005: 金融领域中的网络外部性分析，《教学与研究》，第6期。

程华，2015: 网络外部性、需求异质性与电子支付创新，《经济理论与经济管理》第9期。

第一财经新金融研究中心，2013:《中国P2P借贷服务行业白皮书》，中国经济出版社。

方军、程明霞、徐思彦，2018:《平台时代》，机械工业出版社。

弗里德里西·哈耶克（F. Hayek），2007:《货币的非国家化》，新月出版社。

郭勤贵、程华、赵永新、王海军、钟杰，2017:《互联网金融原理与实务》，机械工业出版社。

黄卓、王海明、沈艳、谢绚丽，2017:《数字金融12讲》，中国人民大学出版社。

杰里米·里夫金（Jeremy Rifkin），2015:《零边际成本社会：一个物联网、合作共赢的新经济时代》，中信出版社。

杰奥夫雷·G. 帕克、马歇尔·W. 范·埃尔斯泰恩、桑基特·保罗·邱达利（Geoffrey G. Parker, Mashall W. Van Alstyne and Sangeet Paul Choudary），2018:《平台革命：改变世界的商业模式》，机械工业出版社。

李文红、蒋则沈，2017：金融科技（FinTech）发展与监管：一个监管者的视角，《金融监管研究》第3期。

廖理，2017:《全球互联网金融商业模式：格局与发展》，机械工业出版社。

刘冬明、刘彭辉，2018：区块链的金融应用，《财经网》www.caijing.com.cn。

让·梯诺尔（Jean Trole），2016：支付卡行业规制及经济分析在该行业反垄断中的应用，《创新、竞争与平台经济——诺贝尔经济学奖得主论文集》，法律出版社。

奥兹·谢伊（Oz Shy），2010:《网络产业经济学》，上海财经大学出版社。

人民银行等十部门，2015:《关于促进互联网金融健康发展的指导意见》，www.gov.cn。

谢平、邹传伟、刘海二，2012:《互联网金融模式研究》，中国金融四十人论坛课题报告。

谢平、邹传伟，2017:《Fintech：解码金融与科技的融合》，中国金融出版社。

姚文平，2014:《互联网金融：即将到来的新金融时代》，中信出版社。

钟伟、魏伟、陈骁等，2018:《数字货币：金融科技与货币重构》，中信出版社。

曾航、刘羽、陶旭骏，2014:《移动的帝国：日本移动互联网兴衰启示录》，浙江大学出版社。

11. 网络拍卖

孟　昕

随着互联网技术和电子商务的飞速发展，网络拍卖在传统拍卖基础上迅速发展成为公平、高效、大众化的新型电子商务交易形式之一。网络拍卖亦称为线上拍卖或者在线拍卖，泛指所有利用现代互联网技术在网络平台上通过竞标方式将竞标物品交给出价最高的竞标者的一种网络交易活动。包括传统的实体拍卖公司依托互联网技术将实地拍卖现场从线下拓展到线上的交易模式，以及网络平台服务商向竞标物品所有者提供相应的网络平台服务，竞标物品所有者在网络平台上独立进行物品网络竞拍的新型互联网电子商务模式。由于网络拍卖的第一种模式仅仅是单纯地将传统拍卖的实地拍卖现场由线下真实的空间延伸到互联网的线上虚拟空间，这种模式的网络拍卖的主体、竞标物品以及法律纠纷等与传统的现场拍卖并无二致，仍然受到现行拍卖法律法规等规制和约束。本章主要探讨的是第二种模式：竞标物品的买卖双方通过网络交易平台并采用竞价拍卖的方式达成交易的一种新型电子商务模式。网络交易平台仅仅提供互联网技术服务，并不实际参与具体拍卖交易的过程，竞标物品的买卖双方完成拍卖并顺利交付等全部的交易过程。网络拍卖不仅仅是传统拍卖线下到线上的技术空间转移，而是以互联网为平台实行竞价的新型网络交易机制，尤其在拍卖模式和规则方面与传统拍卖大相径庭，由此也引发了很多网络拍卖凭借自身特有的技术算法等实施合谋、不公平竞争以及垄断等问题，而这些新问题极大地增加了网络拍卖平台规范和交易监管的难度。

本章主要探讨网络拍卖及其与竞争政策有关的问题，介绍网络拍卖的特征、模式以及网络平台的作用，通过案例和理论探讨网络拍卖中出现的不正当竞争与垄断问题，在此基础上提出完善与网络拍卖相关的竞争政策，包括关于网络拍卖欺诈等不正当竞争、合谋、滥用市场支配地位以及网络安全问题的相关立法，规范网络拍卖机制，保护各方合法利益，营造公平网络拍卖竞争环境。

11.1　网络拍卖的特征与模式

　　传统经济学理论认为，商品的市场交易价格由市场交易双方确定的市场供给和需求共同决定。但是，当交易双方对商品的价值都不确定时，则可以通过竞价拍卖的方式发现商品价格，并最终形成交易双方认可的市场均衡价格，实现买卖交易双方价值的最优资源匹配。《大英百科全书》将拍卖定义为："拍卖是以公开竞价方式买卖不动产和个人财产。"《美国百科全书》将拍卖定义为："将财产交给出价最高者的公开售卖形式。"美国经济学家普雷斯顿·麦卡菲（Preston McAfee）从经济学角度将其定义为："拍卖是具有明确规则的市场制度，在参与者标的基础上，通过拍卖规则来决定资源的配置和价格。"也就是说拍卖本身就是一个市场价格形成和资源实现最优配置的过程。根据《中华人民共和国拍卖法》的定义，"拍卖是指以公开竞价的形式，将特定物品或者财产权利转让给最高出价者的买卖方式。"虽然定义的描述不尽相同，综上所述，拍卖是一种通过公开竞价形成成交价格，最终将有形或无形的竞标物品交付给赢得拍卖并支付成交价格的最高出价者，完成资源配置的一种买卖交易方式。由于拍卖机制本身具有高效率、低成本、公平、公开、公正等特点，尤其凭借与生俱来的"发现价格"的优势，能为买卖交易双方都难以确定价格的竞标物品找到一个合理且双方都接受的成交价格，拍卖机制已经被广泛地应用到艺术品、热销品、大众商品等有形资产以及机动车牌照、采油采矿权、排污权、无线电频谱使用权等无形资产的市场化最优配置中。

随着无线电信息技术和互联网的广泛应用，电子商务随之飞速发展，拍卖这一古老的交易方式已经发生了翻天覆地的变化，尤其是网络拍卖，不再是价值连城的古董艺术品、西装革履的竞拍者、拍卖师和高大上的拍卖行，取而代之的是各种新奇特甚至二手或破旧的竞标物品、遍布世界各地的各式各样竞标者以及人工智能虚拟的拍卖师。时间、地点、人员固定的举槌竞拍也逐渐发展为一个互联网连接无数拍卖网络平台的任意时间、任意地点、任意人员的电子竞拍。最早的网络拍卖平台易趣网（eBay）是 1995 年由法国年轻人皮埃尔·奥米迪亚（Pierre Omidyar）以拍卖网站（Auctionweb）为名创立的，初衷仅仅是为了帮助其女朋友收集置换 Pez 糖果盒。结果令人意外的是，eBay 不但受到糖果盒爱好者的欢迎，更是受到很多收藏稀奇古怪物品的年轻人的追捧。很快，eBay 就将网络拍卖业务拓展到了数以万计的各种各样新旧商品，更是由此拉响了传统拍卖业的警报：在互联网经济环境下，互联网企业已经成为跨界且强劲的竞争对手，杀入了拍卖行业，传统拍卖企业逐步全面触网，网络拍卖成交额逐年飞速增长（图 11.1）。随后世界著名的苏富比（Sotheby's）和佳士得（Christie's）等拍卖行快速进入网络拍卖领域。2006 年佳士得率先推出"Christie's LIVE TM"网络实时竞投平台服务并逐年快速发展（图 11.2）。2007 年苏富比紧随其后开通"mySothebys"网站拓展网络拍卖业务，也想在网络拍卖市场分得一杯羹。

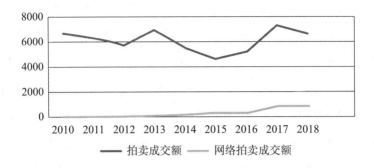

图 11.1　全国拍卖成交额与网络拍卖成交额变化图（亿元）

数据来源：商务部拍卖信息系统权威数据并由商务部和中拍协联合推出的 2016—2018 年《中国拍卖行业发展报告》及 2011—2015 年《中国拍卖行业经营状况分析及展望》。2018 年网拍数据按照中拍平台数据：网拍总成交额比 2017 年增长 9% 估算。2019 年数据按照中拍平台数据估算。

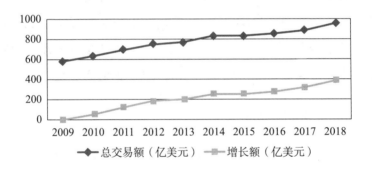

图 11.2　eBay 网络拍卖平台服务总交易额趋势图

数据来源：eBay，2009—2019 财报。

随后"eBay 效应"风靡全球，越来越多的中国网络拍卖平台也如雨后春笋般涌现。1999 年中国雅宝拍卖网（www.yabuy.com）正式运营；2003 年以拍卖模式为主的淘宝网诞生，2012 年阿里重新上线拍卖业务；2011 年，中国首个由拍卖行业协会组建的网络拍卖平台正式开通。2013 年苏宁易购开始在线上进行艺术品拍卖；2016 年，京东自己建立的全品类综合性网络拍卖平台也开始正式上线。截止到 2019 年，国外各种拍卖网络平台近两千家，国内网络拍卖平台超过两百家，年成交额超过千亿元。各类拍卖网络平台采用的拍卖方式也千差万别，有传统的英式升价拍卖、荷式降价拍卖、首价密封拍卖和次价密封拍卖等，也有在此基础上衍生出的适合不同类别商品、不同平台特色的网络英式拍卖、网络荷式拍卖、一口价、扬基拍卖、团购、逆向拍卖、广义次高价拍卖、VCG 拍卖等拍卖网络平台本身创新开发的具有特色的新型拍卖方式。权威独立研究机构佛罗斯特研究公司（Forrester Research Inc.）调研数据显示，网络拍卖在 1998 年的交易额仅为 38 亿美元，而 2018 年电子商务交易总额高达 3070 亿美元，仅 eBay 一家网络拍卖交易额就达 950 亿美元，约占全球电子商务交易总额的 31%。而中国最大的网络拍卖平台阿里拍卖 2018 年全年交易额达到 5000 多亿元人民币，比 2015 年翻了近 10 倍，成为超越 eBay 的全球最大的网络拍卖平台，囊括高端的司法拍卖、资产拍卖、珍品拍卖、房车拍卖以及更接地气的大众拍卖，网络拍卖已经成为一种新型的资产配置和大众网购消费方式。

11.1.1 网络拍卖特征

由于网络拍卖（Auction Online）也称为互联网＋拍卖，即网络拍卖兼具互联网的高效率、高创新、高价值、高盈利、高风险的全新商业特点和拍卖机制本身的高效率、低成本、公开、公平、公正等特点，所以，网络拍卖（网络拍卖平台为主体）相对于传统拍卖（拍卖公司为主体）在拍卖交易渠道、拍卖模式、拍卖效率、拍卖收入、拍卖成本和拍卖监管等方面都有很大差异。

（1）网络拍卖拓展了买卖双方的交易渠道和标的

网络拍卖将传统拍卖中少数人参与的现场实物交易，转变成大众网民随时随地可以参加的自己报价的无场地虚拟的电子交易。各种类型的网络拍卖平台取代传统拍卖行成为网络拍卖的媒介，物品的所有者取代传统拍卖行成为真正的拍卖者，每一位互联网用户都成为潜在竞拍者。网络拍卖的出现不但带来了新的交易模式，而且为交易双方拓展了多种交易渠道。对于物品的所有者而言，不再是将物品委托给传统拍卖行，面向特定地域的社会公众，而是直接在网络拍卖平台上面向全球公众展示商品，制定适合自己需求的网络拍卖机制，通过网络效应进行全球竞价，提高拍卖收益。根据《中华人民共和国拍卖法》规定，传统拍卖中拍卖行本身不得拍卖自己的物品，但在网络拍卖中，拍卖者本身就是物品的所有者，不但可以委托传统拍卖行进行现场拍卖，也可以在网络拍卖平台上自行组织拍卖。对于竞拍者而言，网络拍卖平台给竞拍者买家提供跨越时间和空间地域的竞拍渠道，竞拍者可以随时关注各个地区、各个种类、各个拍卖平台的网络拍卖动态，更加高效便捷地完成电子交易。

　　网络拍卖通过互联网不仅拓宽了买卖双方的拍卖渠道和范围，还大规模地拓展了拍卖物品的范围，尤其为传统拍卖中不受理的价格不确定的物品（如抵押房地产、二手物品和小众物品等）、非正常流通物品（如执法机关缉私罚没物品、无人认领的物品等）提供了高效便捷的交易渠道，进而发现并实现这些物品的最大潜在市场价值。例如，2017年最高人民法院以正式的法律规定[①]依法实行网络司法拍卖。并将淘宝网（www.taobao.com）、京东商城（www.jd.com）、人民法院诉讼资产网（www.rmfysszc.gov.cn）、公拍网（www.gpai.net）和中国拍卖行业协会网（www.caa123.org.cn）五家平台纳入网络司法拍卖名单库。公开高效、灵活便捷的网络拍卖已经成为新型灵活的各类资源和资产处置的新渠道。

[①] 参见《最高人民法院关于人民法院网络司法拍卖若干问题的规定》。

（2）网络拍卖创新和丰富了传统的拍卖模式

网络拍卖模式一般来说是根据传统的英式拍卖、荷式拍卖、首价密封拍卖以及次价密封拍卖模式，加上互联网自身的特点和竞拍者的偏好等转变而来。主要有以下几种相对于传统拍卖创新性比较强的拍卖模式。

表 11.1　网络拍卖模式

网拍模式	英文	网站	时间	特点	相似模式	实例
固定一口价	Fixed Price	taobao.com eachnet.com	2003	只有一个选择"一口价"，没有"竞价"选择	固定价格交易	淘宝的"一口价"
临时一口价	Bid &Buy It Now	eBay.com	2002	买方可以选择竞价或立即购买，任意选择将导致另一种功能立即消失	网络英式拍卖	eBay 固定价格直接购或竞拍购
持久一口价	Permanent Buy Out Price	yahoo.com Amazon.com	1999	竞价和一口价两种选择并存至拍卖结束	英式拍卖	Amazon "Take-it" 和 yahoo "Buy now" 竞拍一直持续到超过一口价，选择一口价交易结束
扬基拍卖/美式拍卖	Yankee Auction	Onsale.com auctionzip.com	——	价格优先，数量优先，时间优先的同质多物品多价格拍卖	美国式拍卖	外汇信贷等多重价格拍卖或者差别价格拍卖

网拍模式	英文	网站	时间	特点	相似模式	实例
集体议价	Collective Bargaining	mercata.com moshop.com Letbuyit.com yabuy.com ju.taobao.com meituan.com nuomi.com t.dianping.com pinduoduo.com	2001	由卖家根据不同的竞标者集体购买数量确定不同价位的动态定价	团购	"拼多多"众人一起下大单以超低价获得高价值商品
双向拍卖	Double Auction	FastParts.com LabX.com Dallas Gold and Silver Exchange	1956	同质商品的多个买方和卖方自由出价,只要一方中有人接受另一方的出价,交易达成	多对多拍卖	证券交易所、商品交易市场等连续竞价阶段的交易采用不同形式的双向拍卖模式
逆向拍卖	Reverse Auction	Priceline.com	1998	多卖方单买方的由买方提供商品,卖方出价,出价最低卖方获得商品	反向拍卖或招标	美国人杰伊·沃克通过自助定价系统 NYOP（Name Your Own Price）在线拍卖过剩的机票酒店房间等

网拍模式	英文	网站	时间	特点	相似模式	实例
广义次价拍卖	Generalized second-price auction（GSP）	Google.com Baidu.com	2002	竞拍者讲真话且评价最高者胜出且仅支付次高竞价加上最小竞价单位（0.01元）的广义密封第二价格拍卖机制	次高价拍卖	Google关键词竞价广告——Ad Words
VCG拍卖	VCG Auction（Vickrey-Clark e-Groves Auction）	Facebook.com	2007	价高者得，但是最大化参与者福利的拍卖	最优拍卖机制	Facebook广告系统采用VCG网上拍卖机制最大化参与者利益而非公司的短期利益

数据来源：根据各网站信息对比整理。

（3）网络拍卖提高了拍卖的效率和收入

网络拍卖较之传统的现场拍卖，打破了时间和地域空间的限制，随时随地可以参与世界各地任意竞标物品的拍卖，进入门槛更低、交易更为便捷、公众参与度更高、时间成本和交通住宿等成本更节约、拍卖方的边际成本几乎趋近于零，而拍卖收益和效率不断提高，加之互联网特有的创新型拍卖方式，极大增加了电子交易的趣味性和娱乐性，调动起全民的竞价拍卖热情，从珠宝玉石、古董艺术品、奢侈品，到锅碗瓢盆、烟酒糖茶、房屋产权、二手商品，以及专利权、采矿权等无形资产，拍卖物品无所不包、无所不有。作为新型电子商务形式之一，网络拍卖的优势便是利用互联网平台将网络拍卖变成了低成本、高效率的大众交易方式，更是成为了继团购、拼单、秒杀、砍价之后，又一个让大众拔草剁手的无所不拍的新型网络购物方式。

但是，由于网络拍卖的网络特性，竞拍者可以随时进入或退出拍卖，以及参与竞拍人数的不确定性等都会对网络拍卖的效率和拍卖收入产生一定的影响。在传统拍卖现场，参与竞拍人数是拍卖开始之间确定的，拍卖过程中只能退出而不能临时中途进入，由此，与参与竞拍人数相关的竞拍者的最优出价策略是拍卖开始前就可测算，并随着退出拍卖人数的减少，进行动态的调整和预测。然而，在网络拍卖中参与竞拍人数是不确定的，随时可增可减，由此导致竞拍者的最优出价策略成为很难预测的动态调整的过程。例如，在多物品序贯拍卖中，多需求竞标者的收益目标方程、社会总福利或者效率方程以及最优出价策略分别为[1]：

$$\max_{p} E\pi(N_j) = \int_0^p \left[\int_0^{\min\{v_{Gj}+\alpha,1\}} (v_{Gj}+\alpha-v_{Lj}) dG_{v_{Lj}}(N_j) + (v_{Gi}-v_{Li}) \right] dG_{v_{Lj}}(N_i) +$$
$$\int_p^1 \left[\int_0^{v_{Gj}} (v_{Gj}-v_{Lj}) dG_{v_{Lj}}(N_j) \right] dG_{v_{Lj}}(N_i)$$

$$\max_{p} SW(N_j) = \int_0^p \left\{ \int_0^{\min\{v_{Gj}+\alpha,1\}} (v_{Gj}+\alpha) dG_{v_{Lj}}(N_j) + \int_{\min\{v_{Gj}+\alpha,1\}}^1 v_{Lj} dG_{vLj}(N_j) + v_{Gi} \right\}$$
$$dG_{v_{Li}}(N_i) + \int_p^1 \left[\int_0^{v_{Gj}} v_{Gj} dG_{v_{Lj}}(N_j) + \int_0^{v_{Gi}} v_{Lj} dG_{v_{Lj}}(N_j) \right] dG_{v_{Lj}}(N_i)$$

其中，v_{Gi} 和 v_{Li} 分别为多需求竞标者对物品 i 的私有评价并服从均匀分布 F。

α 为多需求竞标者赢得物品 i 和 j 所获得的额外收益或者协同效应。

$G_{v_{Lj}}(N_j) = F_{v_{Lj}}^{N_j} =$ 为参与物品 j 拍卖的出价最高竞标者概率，与参与竞标人数相关。

p 为多需求竞标者在首场拍卖中最优退出价格。

通过求解最优化，可得：

$$\frac{dE\pi}{dp} = 0 \Leftrightarrow p^* = v_{Gj} + \int_0^{\min\{vGi+\alpha,1\}} (v_{Gi}+\alpha-v_{Lj}) dGv_{Lj}(N_j) - \int_0^{v_{Gi}} (v_{Gi}-v_{Lj}) dGv_{Lj}(N_j)$$

---

[1]　参见 Meng 和 Gunay（2019）。

$$\frac{dp^*}{dN_j} = \int_{v_{Gi}}^{\min\{vG_j+\alpha,1\}} G_{v_{Lj}}(N_j) \ln F_{v_{Lj}}(N_j) d_{v_{Lj}} < 0$$

$$\frac{dE\pi}{dp} = \frac{dSW}{dp}$$

同时我们发现在序贯博弈下与 Goeree 和 Lien（2014）同时博弈类似的结论：即多需求竞标者最优退出价格不但是满足其效益最大化的最优解，同时也是满足社会总福利或配置效率最优化的最优解。并且第二场序贯拍卖中参与竞标者的人数会直接影响首场拍卖中多需求竞标者的最优退出价格，而首场拍卖中参与竞标者的人数对多需求竞标者的最优退出价格并没有影响。

传统拍卖模式下，参与物品 j 竞标人数 N_j 是外生变量且在拍卖前是已知定值，多需求竞标者可随着竞标人数的减少从而提高其在首场拍卖中的最优出价。然而在网络拍卖中，参与物品 j 竞标人数 N_j 是随机动态变量，多需求竞标者不但要估计竞标人数减少的概率，而且还有估计竞标人数增加的概率，从而测算出其在首场拍卖中的最优期望出价。由此导致传统拍卖中多需求竞标者在首场拍卖中最优退出价格要高于其在网络拍卖中首场拍卖的最优期望出价，由此给网络拍卖带来收入的负效应，进而导致网络拍卖由于竞标人数的不确定引致的拍卖效率的损失。但由于网络拍卖竞标者预期可变人数高于传统拍卖固定人数，网络效应更容易导致竞标者之间有效竞争，进而提高网络拍卖收入和配置效率。

（4）网络拍卖加大了平台规范和监管难度

网络拍卖不只是传统拍卖的线下到线上的简单的技术转移或拍卖地点的空间延伸，还是互联网上以竞价拍卖为主的一种新型网络交易机制。首先，网络拍卖交易平台仅仅是作为网络交易的中介，为买卖双方提供网络交易的平台，即拍卖的场地，和相关网络拍卖规则有关的信息技术以及支付等服务，所以，不对买卖双方的网络拍卖行为和竞拍物品真伪等承担任何法律责任。尤其平台仅展示拍卖品的图片影像而非实物，增加了平台对拍卖品的质量监管难度和网络拍卖交易欺诈等道德风险。其次，网络拍卖平台进入门槛比传统拍卖要低，网络拍卖机制大众化、趣味化和简易化的设计对竞拍者的网络拍卖技术要求也相对低，对于网络技术相对较高的拍卖者或竞拍者更容易通过技术手段实施不公平竞拍"抬价"，甚至默契合谋损害其他拍卖者或竞拍者的利益，影响网络拍卖平台的声誉。最后，网络拍卖交易平台的交易主体的复杂性和普遍性，导致网络平台上买卖双方用户真实信息安全性存在一定隐患。网络平台是一把双刃剑，网络拍卖在享受网络平台的便捷性和高效性的同时，还要承受网络平台相关的技术规范与监管漏洞所引起的高流拍率和低成交率等问题。

11.1.2　网络拍卖模式

网络拍卖模式一般分为以下四种：

表 11.2　网络拍卖模式

种类	传统拍卖公司是否参与网拍	网络平台是否参与拍卖服务	提供交易平台服务和交易程序	实际应用网络平台
eBay 模式	否	否	是	eBay
淘宝模式	否	是	是	taobao
佳士得模式	是	是	是	Christie's live
苏富比模式	是	是	是	Sothebys+eBay, iBid

eBay 模式指单纯的网络拍卖平台只向拍卖双方提供交易所需的平台中介和信息服务，并不是作为买家或者卖家身份进行交易。淘宝模式则是网络公司不但为网络拍卖买卖双方提供平台服务和交易程序，而且自己也经营网络拍卖业务。佳士得模式是传统拍卖公司利用自己的网络

竞投交易平台进行的网络拍卖，即传统拍卖活动在网上的延伸。苏富比模式则是网络公司与传统拍卖公司的混合。传统拍卖公司利用网络公司的竞拍技术和支付系统，共同开发网络拍卖平台和市场，实现优势互补。

11.1.3　网络拍卖的平台作用

（1）网络拍卖平台的中介作用

不同于传统拍卖公司在《拍卖法》中确定的与拍卖品所有者的委托代理关系，并且要对拍卖品真实性负责，对于委托人信息也负有保密责任。网络拍卖中网络交易平台的作用在 2016 年正式公布实施的《网络拍卖规程》中明确规定为仅仅是为买卖交易双方提供网络在线拍卖信息服务的中介。因而对于物品真伪以及合法性、拍卖后的一切纠纷不承担责任。其主要作用包括：拍卖开始前，买卖双方进行平台信息注册以及商品展示和不同竞价方式选择等。在拍卖过程中，为双方提供互联网通信技术服务和交易所需的技术支持，例如，对卖方提供最低保留价功能，对买方提供 AI 自动出价功能等。同时作为双方信息沟通媒介收取一定的中介费。拍卖结束后，提供平台信誉评价机制，可以作为以后买卖双方是否继续合作的一个参考因素。

（2）网络拍卖平台的网络效应

当双边市场一方的用户数量吸引了另一方的更多用户时，就产生了所谓的网络效应，而网络拍卖平台就是网络效应的典型例子之一。以eBay 为例，越来越多的潜在买家会吸引越来越多的卖家进入 eBay，从而极大丰富了商品的种类和数量，买家之间的竞价会更加激烈，因此拍卖收入可能会更高（Rochet 和 Tirole，2006；Evans 和 Schmalenasee，2005）。卖家数量和商品种类的增加反过来又使网络拍卖平台吸引更多潜在买家进入。这些间接网络效应是双边市场的重要特征，双边市场一方的参与者越多，即便对这一方的参与者没有直接的效用提升，但却提高了另一方的参与者的效用。而互联网市场的竞争程度和配置效率的提升往往取决于直接和间接网络效应和转换成本（Evans 和 Schmalenee，2005），由于这些间接网络效应，网络拍卖平台市场可能比其他传统拍卖行业更加集中。例如，在网络拍卖平台中，1998 年，eBay 在美国在线拍卖市场的份额为 80%（Lucking Reiley，1999），2008 年市场份额已经达到近 99%（Haucap 和 Heimeshoff，2014）。并且在海外市场中，eBay占了德国电子商务市场的 37.7%，位居首位。虽然随着亚马逊、谷歌和雅虎等网络平台的崛起，eBay 丧失了部分美国在线拍卖市场，在海外市场尤其中国市场受到淘宝网的免佣金策略的挑战，全球在线交易份额持续下滑，全球最大的在线交易平台地位已经被阿里巴巴所取代，但eBay 仍然是网络拍卖市场的巨头之一。Ellison，et al.（2005）认为间接的网络效应是 eBay 能够在大多数国家长期保持领导地位的主因。正因为这些双边市场上的网络效应导致网络拍卖平台的相应行为更易受到各国反垄断执法机构的关注和审查。

（3）网络拍卖平台的锁定效应

网络拍卖平台的规则制度设计，会一定程度上给买卖双方造成锁定。对于网络拍卖平台的卖方来说，从事多平台拍卖无法形成规模效益，并且各个平台拍卖机制设计和信誉很难保持一致，同时网络拍卖平台前期开发管理的沉没成本以及平台创新的机会成本都会对网络拍卖平台自身产生锁定。事实上，平台本身良好的信誉评价对卖家来说意味着可以定更高的价（Melnik 和 Alm，2010；Bajari 和 Hortacsu，2004；dellarocas，2006；Resnick，et al.，2006）。同时，平台间转换成本的存在也使得多平台拍卖并不经济。一些网络平台为了锁定买家，不断创造出各种内生的转换成本，以约束锁定既定的买家。转换成本与网络锁定效应成正比，转换成本越高买卖双方被锁定的概率越大，反之亦然。

例如，所谓的 eBay 大学提供如何更有效地使用 eBay 的课程，使其网络拍卖过程更为大众化、趣味化和专属化。并且 eBay 在匿名反馈评级上进行了大量投资，这又进一步加速其网络拍卖市场的平台效应和锁定效应。所以，eBay 在绝大多数国家网络拍卖平台上拥有巨大的市场份额和市场地位。凭借平台和卖家声誉、沉没成本、机会成本、间接网络效应以及内生的转换成本等进入门槛，eBay 的市场份额和市场地位在可预见的时间范围内很难被动摇（Haucap 和 Heimeshoff，2014）。

11.2　网络拍卖中的不正当竞争与垄断

11.2.1　网络拍卖中的不正当竞争问题

2019 年 2 月 6 日，美国肯塔基州列克星敦（Lexington, Kentucky）的联邦大陪审团在美国审判一个大规模网络拍卖欺诈案，罪犯们利用网络拍卖的信息不对称问题，在热门的在线拍卖网站——如 Craigslist 和 eBay 上发布虚假广告，竞价拍卖虚构的高价值商品[①]。实际上，网络信息的不对称，一方面会导致竞拍物品共同价值模型下的赢者诅咒现象或者私有价值模型下的暴露问题[②]，即在网络拍卖中，竞拍者可能会过高估计甚至会更为激进报价以赢得竞拍物品，这种激进的报价会使得竞拍者面临赢得拍卖却发生真实损失的情况。另一方面买卖双方信息的不对称，买方可能会产生道德风险或逆向选择，卖方可能会提供虚假或质次价高的商品，形成新型网络拍卖的陷阱。甚至买卖双方为了各自利益，利用虚假身份或雇用拍托进行恶意竞拍，要么故意抬高竞标价格，要么故意使用掠夺性竞价驱逐其他竞标者，侵害竞拍者和拍卖者的正当权益。

[①]　参见 https://www.ftc.gov/。

[②]　参见 Meng 和 Gunay（2017）。

11.2.2 网络拍卖中的垄断问题

关于网络拍卖平台涉嫌垄断问题，David S. Shevitz（2009）就对 eBay 进行过分析并认为对 eBay 对于在线支付 PayPal 的排他性要求进行一定程度的干预是必要的，以防止其进一步损害在线拍卖市场和在线支付系统市场的竞争。并建议 eBay 允许卖家索取汇票、支票和电汇；以及接受目前被禁止的 P2P 在线支付系统的其他方法。由于网络拍卖平台本身涉及双边市场，其在相关市场上的控制价格或者限制排除竞争的垄断性的界定一直存在很大争议。网络平台通过其互联网技术或者信息服务，追求规模经济或范围经济从而达到利润的最大化。通过双边市场和网络效应，网络用户数量不断增加，当网络买卖双方数量达到一定规模时，就会使需求量变成正的（Png and Lehman，2007），这种网络效应导致的进入壁垒使得与网络拍卖平台竞争变得越来越困难，而网络拍卖的边际成本几乎为零，尤其当拍卖双方对网络拍卖平台产生很强使用黏性后，新进入其他平台的转换成本的存在以及平台自身的锁定效应都使得网络拍卖平台有了可以实施垄断定价，以及滥用市场支配地位排除或者限制竞争的条件，尤其当网络平台用户不断增加，网络效应不断增强后。拥有垄断地位或市场支配地位，并收取高于竞争市场的垄断价格，利用垄断势力或滥用市场支配地位限制或排除有效竞争、实质性阻碍市场的有效进入，将竞争对手排除在网络拍卖市场之外，网络拍卖市场的这些垄断行为应受到反垄断执法部门的审查。

11.2.3 网络拍卖中的合谋问题

2016 年，美国最大隐形眼镜在线零售商"1-800 Contacts"与其他 14 家零售商达成在线广告竞拍合谋，以低价中标获取在线广告位，网络拍卖平台间合谋不但妨碍了在线广告拍卖市场的有效竞争，损害了在线广告拍卖平台声誉和最终消费者的合法权益，而且还违反了美国的反不正当竞争法案[1]。无论是传统拍卖还是网络拍卖中都存在各种形式的合谋，而不同形式的合谋会对最终拍卖结果产生不同的影响，不仅损害了拍卖各方的收益，而且还会降低市场资源配置的效率。最普遍的竞拍者间合谋的形式就是竞拍者通过协议串通操纵竞标价格，就很大可能会损害市场竞争有效性。例如，2017 年美国佛罗里达州地方法院提起了第一起与网上房产止赎拍卖中竞标者操纵投标有关的诉讼，该合谋压制了正常的竞争，损害了其他弱势竞拍者的利益[2]。而网络经济和双边平台市场兴起了很多网络拍卖特有的默契合谋形式。

其一，新型的拍卖算法合谋，比传统的合谋形式更加隐蔽。Ariel Ezrachi 和 Maurice Stucke（2016）首先提出利用人工智能的算法可能会导致相互勾结问题的产生，而算法设计又影响市场上的竞争结果，有可能导致拍卖者对竞拍者提供歧视性价格，还会导致在线拍卖中定价机制扭曲（例如不同的拍卖者彼此串谋定价之后再提交出价）。由于网络拍卖平台拍卖物品的同质性、网拍价格的小额性以及网拍交易的高频性等都为网络拍卖通过算法尤其是人工智能设定算法进行默契合谋创造了有利条件。在经典的博弈论模型囚徒困境中，如果背叛的收益足够大，那么合作或者合谋便很难达成；反之，如果背叛的收益足够小（单笔网拍小额收益或价格）那就不是囚徒困境了，就可以达成合谋。同样，未来竞争或合作的概率越大（网拍交易的高频性），即贴现因子越大，则通过触发策略或者一报还一报策略进行合谋的可能性越大（Meng 和 Gunay，2019）。这也是很多网络拍卖平台通过人工智能盯住其他竞争者的价格并自动比价，进而调整相应的惩罚或奖励策略的默契合谋的原

---

[1] 参见 https://www.ftc.gov/。
[2] 同上。

因。例如，在简单的囚徒困境——价格战模型中。

竞标者 2

		合作	背叛
竞标者 1	合作	a, a	b, c
	背叛	c, b	d, d

在有限次博弈中，当 $c>a>d>b$，即背叛的收益远远大于合作的收益，博弈结果为囚徒困境，双方都陷入（背叛，背叛）；反之，当 $a>c>d>b$，即背叛的收益小于合作的收益，博弈均衡结果为双方会选择默契合谋（合作，合作）或者囚徒困境（背叛，背叛）。在无限次博弈中，如果双方都采用触发策略，当贴现因子足够大时，即便背叛的收益大于合作的收益，双方也可以达成长期的默契合谋。即合作的期望收益 $EU_C=\dfrac{a}{1-\delta}$ 大于触发策略（即对方如果合作，就选择一直合作下去；如果对方一次背叛，则永远选择背叛）下背叛的期望收益 $EU_C=c+\dfrac{d\delta}{1-\delta}$。当 $\delta>\dfrac{c-a}{c-d}$，即贴现因子足够大时（未来竞争或合作的概率越大或网拍交易的高频性），竞标者双方均会选择默契合谋并实现最大收益；或者在贴现因子固定时（未来竞争或合作的概率或网拍交易频率固定时），分子 $(c-a)$ 背叛合作所获得的额外收益越小（网拍单笔小额导致背叛的激励不足）或者分母 $(c-d)$ 惩罚背叛产生的额外损失越大（网拍单笔小额陷入价格战会导致双方受损），都会导致竞标者双方选择默契合谋。

其二，在线的拍卖机制合谋，包括最低加价机制合谋、特定时限机制合谋和信用评级机制合谋等。最低加价机制合谋最常出现在各国无线电频谱拍卖合谋中，合谋者可以利用最低加价规则针对不同偏好的标的发送或高或低的报价，并以此为信号向对方传递默契合谋的信息。例如 1999 年德国无线电频率公开增价拍卖中，两个最具竞争力的竞标者 Mannesman 和 T-Mobile 便利用最低加价机制达成完美默契合谋。Mannesman 对 1—5 区出价 2000 万德国马克，而对 6—10 区报价金额达到小数点后三位的 1.818 千万，收到这一默契合谋信号后，T-Mobile 把 6—10 区报价仅提高到 2000 万，而 1—5 区报价极其低，双方通过放弃对方目标标的进行合谋，最终分别以低价中标。特定时限机制合谋主要表现在确定和特定的拍卖时限机制更有效激励竞标者选择较晚地投标，即大部分竞标者会默契地选择在网络拍卖即将结束前几分钟或几秒钟时间内进行"末尾阻击抢标竞价"。Ockenfels 和 Roth（2002）指出事先确定的网络拍卖结束时间的时限规则对竞拍者形成了末尾抢标激励，即默契合谋激励。同时，网络平台的拍卖者还可以利用信用评级机制高频率地相互评价进行合谋，某些平台机制为来自未接受过评估的同行的评级赋予更高的权重，并且根据评级人的全球声誉为评级赋予权重（Kamvar, et al., 2003）。Ze Li 等（2013）也认为现有的声誉系统在处理合谋方面不够有效，而社会信任可以发挥重要作用并且提高排名平台有效打击勾结的能力。

其三，在线的拍卖方式合谋，网络拍卖方式的选择在一定程度上也有利于合谋。首价密封拍卖和荷兰式拍卖都比次高价密封拍卖和英式拍卖更有利于防止竞买人之间的串通和合谋（杨剑侠等，2013）。而网络拍卖通常采用的公开升价方式会使得拍卖过程中的竞拍者之间更加容易获得各方竞价信息，便于在线的隐性沟通和默契合谋，以及进一步的策略性价格操纵和低效资源配置（Porter and Vragov，2006）。而在在线广告拍卖市场中，Facebook 采用的传统拍卖中的最优拍卖机制 VCG 机制，而 Google、Yahoo、Microsoft 和淘宝等都采用次高价拍卖机制（Decarolis, et al., 2017）。尽管国际程序化广告行业一直在积极推动首价拍卖，并且 Google 也宣布将在 2019 年年底之前，将首价拍卖方式应用到 Google Ad Manager。但是，Shengwu Li 和 Mohammad Akbarpour（2017）认为，首价拍卖和次高价拍卖都可能受到竞拍者合谋的影响。

其四，在线的团购竞标合谋。在线竞标团购拍卖中的竞标者之间的公开的合作，也是一种公开合谋的形式，然而这种合谋与传统意义上的合谋受益方截然不同。网络拍卖市场的默契合谋通常是被法律法规所禁止的，这是因为它对拍卖者或者网络拍卖平台的利益有负面影响，且对其他不能进行合作合谋的竞标者利益有损害。但是 Chen 等（2009）认为网络团购拍卖可能是一个合谋特例，竞拍者之间的合作团购不但可以带来更高的社会福利和市场占有率，而且有利于拍卖双方和网络拍卖平台总福利的改善和提升。他们通过建模分析提出了关于拍卖者如何可以更有效地设置团购拍卖价曲线，以便利用竞标者的公开合作从而提高拍卖效率和拍卖收入。并提出网络拍卖中介平台的目标应该提供一个信息共享机制来促进投标环集的形成，而这个投标环集是由所有竞拍者的最优竞价策略构成，并且可以实现这种市场资源配置机制的价值最大化。

11.3　与网络拍卖相关的竞争政策

11.3.1　关于不正当竞争行为的相关立法

网络拍卖的最大特征是非完全信息和虚拟性，这使得拍卖双方对对方展示的信息无法充分信任，拍卖方会尽力隐藏对自己不利的真实信息，竞拍者通过平台很难去验证和揭示其真实身份。因此，网络拍卖这种新型电子商务模式严重削弱了拍卖双方的责任义务和权利，使得网络欺诈频发。网络拍卖中的欺诈问题包括拍卖者的"拍托"或虚假、以次充好、非法商品以及竞拍者的恶意拍卖等非法行为。电子商务和网络拍卖在美国起步较早，而美国一般通过一系列法律法规专门防范网络拍卖欺诈，包括 1996 年通过的《电子商务示范法》、2000 年颁布的《电子签名统一规则》、1986 年制定并于 2000 年修订的《计算机反欺诈与滥用法》（王满船，2004）以及后续的涉及网络反欺诈的法律法规《电子签章法》、《统一电子交易法》、《统一计算机信息交易法》和《国际与国内商务电子签章法》等。在中国，由于网络拍卖本质上与传统拍卖竞价交易没有差异，所以网络拍卖的欺诈问题首先应依据现行的《拍卖法》和《拍卖管理办法》等法律法规以及《拍卖术语》等行业标准要求进行规范，同时由于网络拍卖的"互联网+"的电子交易特性，还可以依据 2016 年正式实施的《网络拍卖规程》和 2019 年正式实施的《中华人民共和国电子商务法》进行规范。尤其是专门针对网络拍卖制定的《网络拍卖规程》首次明确定义了网络拍卖平台仅仅为拍卖双方提供信息系统服务，同时增加了专门应对互联网技术环境等复杂性导致的各种突发事件影响网络拍卖的公开公平公正和配置效率，以及网络拍卖信息系统的安全稳定的应急专业技术要求和应急预案。《中华人民共和国电子商务法》还专门规范了网络拍卖平台依法必须取得从事相关拍卖业务的行政许可，否则将依照该《电子商务法》进行行政处罚。

网络拍卖的虚拟性和技术专业性，导致通过网络技术手段实施的新型不正当竞争问题层出不穷：网络虚拟虚假商业广告、恶意伪造或者冒用商标以及恶意评价等人为干扰有效竞争的问题。例如，某个网络拍卖平台在中介服务合同终止后仍被仿冒使用其网络拍卖服务，某网络拍卖平台在按点击量付费广告的"竞价排名"中，仿冒他人企业或商品名称发布虚假广告，甚至通过商业贿赂或默契合谋，人为提高侵权关键字广告的网络链接位置，损害其他竞拍者和消费者的合法利益。根据我国《反不正当竞争法》的规定，仿冒并发布虚假广告已经构成不正当竞争行为，需要承担相应的民事责任、行政责任和刑事责任。而 2018 年 1 月 1 日起施行的新《中华人民共和国反不正当竞争法》，对网络拍卖中的欺诈和不公平竞争行为给予了新的定义和规定。除了原定义中的"商业贿赂、侵犯商业秘密、虚假广告、倾销等损害其他经营者的合法权益，扰乱社会经济秩序的行为"，"不正当竞争行为"在新《反不正当竞争法》中增加了"损害消费者合法权益"的内容，且明确界定了包括"商品名称、包装、装潢、企业名称、字号、姓名、域名、网站名称、网页"等合法标识，并对互联网平台的虚假拍卖交易，利用软件优势进行刷单、删除差评、屏蔽别人广告、互联网劫持等行为做出了明确定义。此次新《反不正当竞争法》规制互联网领域特有的、利用技术手段进行的欺诈行为和不正当竞争行为，包括"插入链接、强制进行目标跳转""误导、欺骗、强迫用户修改、关闭、卸载其他经营者合法提供的网络产品或者服务"等行为，同时增加兜底性条款，并规定最高可处三百万罚款，以适应当前网络拍卖双边市场的发展需要。

11.3.2 关于垄断问题的相关立法

无论是传统拍卖还是网络拍卖，合谋总会或多或少地存在，合谋不仅损害利益相关方的收益，更重要的是降低了资源配置的效率。拍卖中的合谋在《拍卖法》中被称为"恶意串通"。串通拍卖行为，与串通竞标拍卖一样，都属于限制竞争的行为，并且违背了竞争政策中关于禁止限定价格和串通投标的限制竞争的协议和默契合谋进行相互协调市场的行动。网络拍卖合谋主要包括竞拍者之间的合谋、竞拍者和拍卖者之间的合谋以及网络拍卖平台、竞拍者、拍卖者之间的合谋。例如，在 2017 年，美国联邦贸易委员会（Federal Trade Commission）下令禁止 1–800 Contacts 在线眼镜商参与搜索广告拍卖。因其与其他眼镜零售商的竞价合谋协议限制了网络搜索拍卖市场中的有效价格竞争，违反了联邦法律并构成了相关市场的不公平竞争。而与网络司法拍卖有关的串谋腐败、暗箱操作问题更频频暴露。为了规范网络司法拍卖行为，2017

年施行的《最高人民法院关于人民法院网络司法拍卖若干问题的规定》明确指出竞拍者之间合谋以及竞拍者与网络拍卖平台间恶意默契合谋，损害相关方利益，应撤销网络司法拍卖交易，并将网络拍卖平台从名单库中除名。而且对于串通合谋拍卖行为依据《拍卖法》第六十五条规定，即"竞拍者之间、竞拍者与拍卖者之间恶意串通，给其他相关利益方造成损害的，拍卖交易无效，应当依法承担赔偿责任。由工商行政管理部门对参与恶意串通的竞买人处最高应价 10% 以上 30% 以下的罚款；对参与恶意串通的拍卖人处 10% 以上 50% 以下的罚款。"《反不正当竞争法》也规定，串谋投标会产生两方面的法律后果，其一，由监督管理部门追究行政责任，并处以行政罚款；其二，判决拍卖无效。

2008 年 8 月 1 日起施行的《中华人民共和国反垄断法》对垄断协议、滥用市场支配地位、经营者集中、滥用行政权力排除、限制竞争、对涉嫌垄断行为的调查及法律责任等进行了详细规范。《反垄断法》明确规定，禁止企业凭借优势或垄断市场地位损害消费者利益。但是为了适应网络经济的迅速发展，在网络经济条件下，通过现行《反垄断法》以及新的释义与修订，有效地规范网络平台经济行为、依法在双边市场上进行平台垄断认定、正确定义规范网络拍卖市场上垄断高价，以此促进网络拍卖市场的公平竞争。例如，2015 年公益梦之队诉上海国拍行案中，对于网络拍卖中出现的技术升级系统故障等网络信息技术问题并不能成为网络平台收取拍卖佣金或者保证金和服务费的根本依据，反而涉嫌利用市场垄断地位人为不合理地定价，收取 100 元费用，网络提交标价的技术系统的低效率导致最终出价最高的竞拍者的竞标价格无法正常提交，网络拍卖的资源配置效率大打折扣。随着平台经济和互联网的迅速发展，很多网络拍卖平台凭借大量的市场份额和网络集聚效应处于网络拍卖市场的优势支配地位，形成强者愈强和赢者通吃的网络拍卖平台垄断状态。例如，可能存在涉嫌利用网络拍卖平台的网络效应和锁定效应滥用市场支配地位的 eBay 于 2008 年受到集体诉讼，被指控为滥用网络拍卖相关市场支配地位，参与了一系列反竞争行为，包括"迫使拍卖卖家接受 Paypal 作为唯一支付手段，禁止卖家使用可能对其构成严重竞争威胁的在线支付系统"，以及"收购战略竞争对手以保护 eBay 垄断在线市场和防范个人对个人在线支付系统的威胁"。很多在双边用户规模、相关市场地位和用户粘性等方面具有超级网络拍卖平台特点的互联网服务平台可能会在广告位竞价排名、网络拍卖平台等处于绝对优势地位极大可能会涉嫌滥用相关市场支配地位，这将对现行的《中华人民共和国反垄断法》等竞争法律法规政策在网络拍卖市场和平台的实施与规制提出新的课题和巨大的挑战。

11.3.3　关于网络安全问题的相关立法

拍卖双方在网络拍卖平台中竞拍或拍卖物品时一般需要用个人真实信息在平台上进行登记注册，由此网络平台存在用户信息泄露的隐患，2016 年京东被曝出包含用户姓名、电话、邮箱、身份证等个人隐私信息数据泄露门事件。同年，雅虎（Yahoo）也被曝出 5 亿用户个人信息泄露，领英（LinkedIn）也公开承认，网络黑市 The Real Deal 平台上出售的数据为 2012 年遭遇黑客攻击时所泄露的多达 1.67 亿个用户的账户数据。2012 年谷歌（Google）因侵犯隐私被罚 2250 万美元，而 2019 年美国联邦贸易委员会（FTC）针对脸书（Facebook）因与第三方开发商共享用户数据泄露甚至故意瞒报用户隐私而被破纪录地罚款高达 50 亿美元，对网络平台侵犯隐私的处罚越来越大。网络拍卖系统的高技术依赖性导致其信息安全保密性存在很大隐患，计算机黑客可以利用其计算机网络技术攻击网络拍卖平台、篡改拍卖信息网络竞价等进而人为操纵网络拍卖结果、阻碍网络拍卖系统正常运行、异常中止拍卖或者因技术故障导致数据异常和资源错配。2017 年 6 月 1 日起正式施行的《中华人民共和国网络安全法》明确规定网络拍卖平台不得有意或无意泄露或篡改买卖双方的真实个人账户信息，要采取严格的用户信息保密和监管措施，一旦违反《中华人民共和国网络安全法》中的相应规定，最高处以五十万元以下罚款，并关闭网站平台、吊销网络拍卖业务许可证等。

　　网上拍卖与传统拍卖的竞价实质是一样的，但由于拍卖形式不同，一方面，网络拍卖具有传统拍卖无法比拟的跨越时空和低成本、高效率的优势外，另一方面，由于网络拍卖更多依靠互联网技术和网络平台，网络拍卖会出现完全不同于传统拍卖的问题，虚假宣传、网络欺诈等不正当竞争以及合谋、滥用市场支配地位问题。网络拍卖门槛低，导致任何人都可以在网络开放虚拟平台上参与竞拍，不但拍卖标的物真伪难辨，网络平台仅提供网络技术服务支持，并不承担标的物保真的担保责任；而且竞拍参与双方可以利用网络技术恶性抬价串谋或者合谋压价等，同时还存在竞拍者个人身份信息被交易平台泄露的隐患。因此，规范网络拍卖机制，营造公平竞争的网络拍卖市场环境，保障竞拍双方合法权益，还需完善现行《拍卖师操作规范》《拍卖法》和各类专项拍卖法规《机动车拍卖规程》《不动产拍卖规程》等，以及《电子商务法》《反不正当竞争法》《反垄断法》以及《网络安全法》等。

本章参考文献

Bajari, P., Hortacsu, A., 2003: The Winner's Curse, Reserve Prices, and Endogenous Entry: Empirical Insights from eBay Auctions, *RAND Journal of Economics,* Vol.34, No.2.

Bajari, P., Hortacsu, A., 2004: Economic Insights from Internet Auctions, *Journal of Economic Literature,* Vol.42.

Cramton, P., Scwartz, J.A., 2000: Collusive Bidding: Lessons from the FCC Spectrum Auctions[J]. *Journal of Regulatory Economics,* Vol.17.

Chen, J., Chen, X ., and Kauffman, R.J., et al., 2009: Should We Collude? Analyzing the Benefits of Bidder Cooperation in Online Group-buying Auctions, *Electronic Commerce Research and Applications,* Vol.8, No.4.

Decarolis, F., Goldmanis, M., and Penta, A., 2017: Marketing Agencies and Collusive Bidding in Online Ad Auctions, Nber Working Papers.

Dellarocas, C., 2006: Research Note: How Often Should Reputation Mechanisms Update a Trader's Reputation Profile? *Information Systems Research*, Vol.17, No.3.

Ezrachi, A., and Stucke, M.E., 2016: *Virtual Competition: The Promise and Perils of the Algorithm-Driven Economy*, Harvard University Press.

Ellison, G., D. Fudenberg and M. Möbius (EFM), 2004: Competing Auctions, *The Journal of the European Economic Association*, Vol.2, No.1.

Ellison, G., and Ellison, S. F.,2005:Lessons about Markets from the Internet. *Journal of Economic Perspectives*, Vol.19, No.2.

Evans, and D. S.,2005: United States v. Microsoft: did Consumers Win? *Journal of Competition Law and Economics*, Vol.1, No.3.

Goeree J K, and Lien, Y., 2014: An Equilibrium Analysis of the Simultaneous Ascending Auction. *Journal of Economic Theory*, Vol.153:506-533.

Haucap, J., Heimeshoff, U., 2014: Google, Facebook, Amazon, eBay: Is the Internet Driving Competition or Market Monopolization? *International Economics and Economic Policy*, Vol.11, No.1.

Ivan, Png and Dale Lehman, 2007: *Managerial Economics*, Routledge press.

Jean - Charles Rochet, Tirole J., 2006: Two-sided Markets: A Progress Report, T*he RAND Journal of Economics*, Vol.37.

Kamvar, S.D., Schlosser, M.T., and Garcia-Molina, H., 2003:The Eigentrust Algorithm for Reputation Management in P2P Networks, In *Proc. of Www*.

Keith, Regan, 2008: eBay Puffs Up PayPal With Fraud Protection Upgrade, *ECOMMERCETIMES*.

Krishna, Vijay, 2009: *Auction Theory*, 2nd Edition, Academic Press.

Lucking-Reiley, David, 1999: Using Field Experiments to Test Equivalence Between Auction Formats: Magic on the Internet, *American Economic Review*, Vol.89, No.5.

Li, Z., Shen, H., and Sapra, K., 2013: Leveraging Social Networks to Combat Collusion in Reputation Systems for Peer-to-Peer Networks, IEEE Transactions on Computers, Vol.62, No.9.

Melnik, M.I., and Alm, J., 2010: Does a Seller's eCommerce Reputation Matter? Evidence from eBay Auctions, *Journal of Industrial Economics*, Vol.50, No.3.

Meng, X., and Gunay, H.,2017: Exposure Problem in Multi-unit Auctions. *International Journal of Industrial Organization*, Vol.52.

Meng, X., and Gunay, H.,2019: Which Sells First in a Sequential Auction? Working paper.

Png and Lehman,2007: *Managerial Economics*, Blackwell Publishers.

Porter, D., and Vragov, R.,2006:.An Experimental Examination of Demand Reduction in Multi-unit Versions of the Uniform-price, Vickrey, and English Auctions. *Managerial & Decision Economics*, Vol.27, No.6.

Resnick, P., Zeckhauser, R., and Swanson, J., et al., 2006: The Value of Reputation on eBay: A Controlled Experiment, *Experimental Economics*, Vol.9, No.2.

Roth, A.E., and Ockenfels, A., 2002: Last-minute Bidding and the Rules for Ending Second Price Auctions: Evidence from eBay and Amazon Auctions on the Internet, *American Economic Review*, Vol.92, No.4.

Rochet, J. C., and Tirole, J.,2006: Two-sided Markets: A Progress Report, *The RAND Journal of Economics*, Vol.37, No.3.

Sherstyuk, K., 2002: Collusion in Private Value Ascending Price Auctions, *Journal of Economic Behavior and Organization*, Vol.48, No.2.

Shevitz, D.S., 2009: Does Current Antitrust Regulation Provide Free Parking for eBay and PayPal in The Monopoly Game of Online Auction Sites and Person-To-Person Online Payment Systems? Loy.l.a.ent.l.rev.

Stucke, M . E, and Ezrachi, A.,2016:When Competition Fails to Optimize Quality: A Look at Search Engines, Social Science Electronic Publishing, Vol.18.

Akbarpour, M., and Li, S.,2017:*Credible Mechanisms*, Social Science Electronic Publishing.

Vickrey, W., 1961: Counter Speculation，Auctions and Competitive Sealed Tenders, *Journal of Finance*, Vol.16, No.1.

陈剑、陈熙龙、宋西平，2005:《拍卖理论与网上拍卖》，清华大学出版社。

国瀚文，2019:《中国新"反不正当竞争法"的司法适用——基于"互联网专条"的分析与实践》，《商业研究》第 3 期。

韩冀东、成栋、张艳妍，2002:《网上拍卖模式和传统拍卖模式的比较研究》，《管理现代》第 3 期。

黄正伟，2006:《在线拍卖系统研究》，《中国管理信息化》第 8 期。

黄正伟、高银枝，2006:《在线拍卖安全研究》，《计算机安全》第 7 期。

吉吟东，2009:《网上英式拍卖中的卖方策略研究》，《电子科技大学》。

雷波、冯中越，2010:《网上拍卖研究的进展》，《产业经济评论》第 9 期。

刘宪勇，2016:《艺术品拍卖公司线上拍卖业务发展模式分析》，《艺术科技》第 10 期。

王满船，2004:《国外电子政务相关立法及其对我国的启示》，《中国行政管理》第 9 期。

肖建国、黄忠顺，2018:《中国网络司法拍卖发展报告》，法律出版社。

孙晔，2001:《美国对于网络欺诈的立法规制和实践》（下），《信息网络安全》第 12 期。

杨屹、张熙良、钱进宝，2009:《网上拍卖竞买者行为研究：综述与展望》，《经济学动态》第 1 期。

杨剑侠、陈宏民、王宏，2013:《拍卖领域的新前沿——网络拍卖的理论与经验研究》，《系统管理学报》第 6 期。

郑鑫尧，2010:《世界拍卖史》，上海财经大学出版社。

张金城、卢锐，2004:《网上拍卖研究综述》，《管理世界》第 12 期。

周黎安、张维迎、顾全林，2006:《信誉的价值：以网上拍卖交易为例》，《经济研究》第

12 期。

朱冰芝，2009:《网上拍卖和网络拍卖的特点》,《中国拍卖》第 3 期。

王玉霞，2005:《从一起串通投标案看招投标与拍卖的区别》,《中国拍卖》第 10 期。

吴云飞，2003:《串标案给我们的启示》,《中国拍卖》第 5 期。

12. 互联网市场反垄断经济学

乔 岳

过去十几年中，随着计算机技术和信息技术的快速发展，互联网市场和电子商务平台厂商高速发展，商业模式推陈出新，线上、线下加速融合，使得互联网在我们的经济活动和日常生活中扮演着越来越重要的角色。在如此迅速且大规模的商业化发展中，学界和实务界也开始关注互联网市场的反垄断问题。"究竟是互联网市场促进了竞争，还是增加了市场集中度而促进了垄断"，在实践中，来自互联网自身的特点的此类问题也给反垄断法的适用提出了诸多挑战（Haucap and Heimeshoff，2014）。

本章归纳了互联网市场的经济学特征和市场结构特点，并对互联网企业限制竞争的行为、互联网企业合并带来的影响、算法应用引发的合谋问题及其他互联网领域的反垄断问题进行了讨论。

12.1 互联网市场经济学特征

互联网市场由互联网企业组成，互联网企业的快速兴起支撑了整个产业的高速发展。互联网企业是指通过互联网经营平台、以提供电子信息和数据服务为主营业务，以互联网交易为主营收入的轻资产企业（翁卫国，2016）。互联网市场属于知识密集型产业，主要特点有网络效应和转换成本、特殊的成本结构、非对称的定价结构等。

12.1.1 网络效应

网络效应是考量互联网市场竞争程度的主要指标（Even and

Schmalensee，2007）。"网络效应是指随着用户数量的增加，网络的价值可能快速增加，使用该网络的其他用户从中获得的效用也随之增加"（Shapiro and Varian，2000）。网络效应分为交叉网络效应和自网络效应。交叉网络效应是指在双边市场中，平台一边用户数量的增加会显著影响另一边用户的效用（Armstrong，2006）。自网络效应是指在同一个市场中出现的效应溢出现象。自网络效应一般分为直接网络效应和间接网络效应。其中，直接网络效应是指网络的价值随着用户数量的增加而增加（如电信网络）；间接网络效应是指网络中丰富的互补品带来的用户效用的提升（Katz and Shapiro，1994）。

网络效应与市场上的转移成本、锁定、正反馈等现象有关。使用某网络的用户基数越大，该网络对其他用户的价值就越大，达到用户基数临界值的产品会形成正反馈，网络就会自发地产生价值，吸引几乎全部的用户蜂拥而入，形成"赢者通吃"的冒尖现象（尚芹，2014）。在网络效应下，由于存在学习成本、专用性投资等关键因素，即使物质性转移成本很低，用户仍会被锁定（傅瑜，2013）。

网络效应的存在使得网络中用户基数迅速扩大，卖方可以运用大数据、数据挖掘等技术在海量信息中发现用户的多元化、异质性需求，实现对潜在客户的精准营销与互动，挖掘客户的市场需求，克服传统工业经济条件下信息不易获得的问题，促成长尾市场的出现（赵立昌，2015）。买方则可以通过互联网克服大多数信息不对称（Rezabakhsh，et al.，2006），从而获得高水平的市场透明度，在价值链中发挥更积极的作用，并根据个人喜好实现多元化需求的定制（Levin，2011）。

12.1.2 成本结构与定价结构

互联网市场的产品是基于信息技术开发的无形的知识产品，例如基于互联网的软件应用程序。知识产品的特点是固定成本高而边际成本可以忽略不计，即研发知识产品需要很高的成本，一旦研发成功，复制一个新的产品的成本非常低。这种特殊的成本结构使得互联网企业可采用"地板价格"或零价格策略吸引新用户，用户基数的增加也会提高人们的消费体验和存在感（翁卫国，2016）。互联网市场具有边际成本递减与边际收益递增的特征，这与传统产业中的边界成本和边界收益规律截然相反（马俊涛，2017）。

互联网企业利用其双边市场特点和网络效应，一般采取非对称的价格结构，将价格在双边用户中进行合理配置，在一边实行免费策略，而在另一边则收取高价，以此实现平台规模的最大化（傅瑜等，2014）。例如搜索引擎平台一方面为普通用户提供免费邮箱，但同时寄希望于从在平台上投放广告的广告商身上挣钱。

平台企业对双边用户的定价策略取决于双边用户的需求价格弹性、网络效应强度和用户归属性的差异，一般而言具有以下三种定价策略。第一种定价策略称为需求弹性定价。在这种定价策略下，平台企业根据不同市场中不同的需求价格弹性进行定价。在一个双边市场中，如果一个市场中的用户具有较大的需求价格弹性，而另一个市场中的用户具有较小的需求价格弹性，那么平台企业就可以选择在需求价格弹性较小的市场中提高价格，而对需求价格弹性较大的市场采取免费甚至补贴的价格策略。第二种定价策略称为网络效应强度定价。平台企业根据市场中网络效应强度的大小选择价格。例如在双边市场中对网络效应强度较大的市场免费或补贴，借此吸引另一个市场中更多的用户参与到交易当中。网络效应强度直接影响用户的收益，如果一边市场的网络效应较大，低价策略有利于该边用户基数的扩大，其效果是能够吸引到更多的另一边用户参与。因此，平台企业会对网络效应强度较大的市场实施低价或免费策略，促使用户留在该市场中，进而促使平台中其他市场的用户也继续参与平台交易。第三种定价策略称为归属性差异策略。平台企业对单归属性参与者实施价格补贴或免费定价。而对多归属参与者，由于价格不会影响其参与平台交易，因此平台会对其实施价格加成。平台企业的定价策略通常会基于双边用户的需求价格弹性、网络效应和归属性差异制定。具体来说：对需求价格弹性大的参与者免费，对需求价格弹性小的参与者价格加成；根据网络效应强度的差异，对网络效应较大的一边免费，有利于迅速扩大平台规模，促使更多用户留在平台，进而吸引对方参与者；对单归属性参与者实施价格补贴或免费定价（杨文明，2015；程贵孙、黎倩，2016）。

12.2 互联网市场结构

传统市场结构的研究把市场结构分为完全竞争、垄断竞争、寡头和垄断四种基本形态。对市场结构的分析通常从市场集中度、市场竞争程度、进入退出壁垒、产品定价等多个角度进行。互联网市场的经济学特征决定了互联网市场的结构也具有新的特点。此外，关于互联网市场的市场界定问题，请见本书第 4 章，此处不再赘述。

12.2.1 市场集中度

互联网市场中的市场集中度较高。网络效应可以使消费者在厂商数量多、产品同质化的情况下仍然能够集聚于某一个厂商，导致较高的市场集中度；同时，较低的运输成本使消费者集中到虚拟的统一市场当中，这一方面为市场集中度较高的平台厂商实现规模经济创造了条件，另一方面又为那些市场集中度较低但能够满足细分市场需求的小厂商实现规模经济创造了条件。因此，互联网市场可以容纳多个厂商，可以出现寡头平台厂商与多个小厂商共同经营的网络生态现象。寡头厂商负责构造网络生态体系并具有市场势力，多个厂商负责满足消费者多元化需求、进入细分市场并做大规模。市场内排名靠前的企业几乎囊括了整个市场份额，市场结构极不均衡，属于高寡占市场。市场集中度提高的同时企业数量也是增加的，竞争呈现加剧趋势。而排名第二的企业无法撼动排名第一企业的寡头地位，整个市场呈现"一大众小"的竞争性垄断的格局。互联网的单寡头竞争性垄断结构本身并不会妨碍竞争效率，为互联网反垄断诉讼给出了理论解释和实证结论（傅瑜等，2014；张益群等，2018；胡楠等，2018）。

12.2.2 进入、退出壁垒

互联网技术的快速发展，使得一些由高沉没成本形成的进入壁垒逐渐下降，甚至消失。新企业可以更容易地进入市场，并能在短时间内获得市场势力，这给占主导地位的厂商带来了威胁，而在这个过程中消费者也有了更多选择权（Yoo，et al.，2013）。互联网市场是在创新中被驱动的，市场中资金充裕，有创意的商业模式背后总是有风险资本的追逐，所以资本壁垒并不存在。而互联网市场中的最重要的商业模式并不受知识产权保护，只能称为"商业秘密"。而代码的开源性又为产品模仿提供了便利条件，导致产品同质化严重，故技术壁垒也不存在。综上，互联网市场中除了人为的政策壁垒，不存在进入、退出壁垒（傅瑜，2013；杨希，2018）。

但也有学者认为：互联网市场的进入壁垒较高，但该壁垒不是企业造成的，而是在需求方规模经济及正反馈机制的作用下，由消费者造成的。互联网企业规模越大、用户覆盖面越广泛，对消费者越有利。因此，用户基数和粘性是互联网市场中最大的结构性进入壁垒（秦明、周泓，2011；孙慧霞，2014）。

12.2.3 垄断与竞争

互联网市场供给方规模经济和网络效应导致其定价机制不再由成本和供求关系主导，而是由用户体验和价格敏感度决定，因此会强化个别企业的控制力，出现"赢者通吃""输者出局"的垄断局面（李怀、高良谋，2001；程立茹，2013）。但"赢者通吃"的游戏并没有结束，而是一场接一场的竞争，暂时的垄断地位不能让主导厂商高枕无忧，因为"一旦有别的好东西降临，垄断地位就会消失"（克鲁格曼，2000）。互联网市场的竞争并不是简单的争夺市场份额，而是破坏性创新（郭萍，2016），新企业取代原有的垄断企业登上垄断位置，赢得整个市场。这种竞争的动态性使得市场结构并不稳定（张坤，2016），竞争也更加激烈，垄断在竞争中产生又被竞争打破（高孝平，2016）。因此，互联网市场具有寡头竞争或垄断竞争的特点。

总结互联网市场的结构，我们可以发现以下特点：一是由于互联网特殊的成本结构导致互联网企业的供给能力几乎趋于无限大，互联网市场天然就是寡占型的市场。最大的企业占据显著的市场份额，或是少数寡头占据显著的市场份额；二是除了政策壁垒（例如第三方支付需申请金融牌照和业务许可），几乎不存在其他进入壁垒，并且退出壁垒不受任何限制；三是高强度的竞争与高强度的垄断同时存在，并且不断相互强化。

12.3 滥用市场支配地位行为

12.3.1 搭售

互联网产业与传统产业最大的不同是网络效应的存在。互联网企业利用网络效应形成的市场垄断地位，实施搭售行为，将其在搭售品市场上的市场力量传递到另一个被搭售品市场上，排挤竞争对手、限制竞争（翁卫国，2016；尚芹，2014）。

我国对搭售行为的定义是"将不同商品强制捆绑销售或组合销售"，强调"强制性"。互联网企业的搭售行为是将两个或两个以上的互联网产品或服务捆绑在一起，消费者购买所需产品或服务的同时必须强制购买被搭售品（袁雅琴、蔡鸿霞，2016）。如腾讯和360之战中，被告腾讯公司对即时通信软件QQ和QQ软件管家进行捆绑销售，因为腾讯公司既没有强制要求用户安装QQ软件管家，也没有对QQ软件管家收费，所以最高法院依据《反垄断法》判定腾讯公司并不构成搭售行为。而美国对搭售的界定则更加宽泛，认为通过回扣、折扣等诱导消费者自愿购买被搭售品，也属于搭售的范畴。在这种情况下，搭售变成了一种诱人的产品或服务的包装方式。

互联网市场中的搭售行为与传统产业相比，具有普遍性、隐蔽性、搭而不售等特点（祝琳玲，2017；涂燕辉，2017）。在网络效应的作用下，由于互联网产品以信息产品和服务为主，搭售不仅有利于降低交易成本、提高效率，还可以更加便利地在市场间传递市场支配地位，阻止被搭售市场的新进入者或排除竞争（尚芹，2014）。

对互联网企业搭售行为的认定存在以下困境：一是互联网产品的免费模式和用户自愿安装（静默安装）加大了判断产品独立性的难度；二是互联网市场特殊的成本结构和定价策略挑战了市场支配地位的认定方法；三是对竞争实质性影响的考量（叶明、商登珲，2014；王磊、张昕竹，2012；王少南，2016）。

相应的解决新思路主要有：一是从消费者感知角度出发，把消费者需求、互联网市场的技术进步、创新和平台集聚等因素结合起来判定搭售品和被搭售品的独立性（涂燕辉，2017；王磊、张昕竹，2012；王健，2003）；二是界定相关市场和市场支配地位时，要充分考虑互联网市场垄断性竞争的动态市场结构，不能僵硬地应用传统认定方式，应以行为主义规制模式为主，创新思路、审慎评估市场行为（王妮妮，2015；Liebowitz and Margolis，2008）；三是从互联网企业搭售的主观目的、排斥、限制竞争行为、是否抑制技术创新、损害消费者福利等多个维度考察搭售是否实质性的损害竞争（叶明、商登珲，2014）。

12.3.2 拒绝交易

拒绝交易是指处于市场支配地位的互联网企业，在缺乏合理理由的情况下，拒绝与交易相对人的行为（刘佳、张伟，2017）。拒绝交易属于具有市场支配地位的经营者滥用市场支配地位的表现形式之一。

互联网市场拒绝交易的行为表现有：一是拒绝兼容。近年来互联网市场的蓬勃发展与其兼容性息息相关，软件、硬件的相互兼容不仅创造了有效需求，还为各种应用开发商生产互补品提供了条件。但具有市场支配地位的互联网企业为了实现阻止竞争对手进入或将现有竞争对手排除出市场的目的，会采用不兼容策略，从而构建市场进入壁垒（张坤，2016）。二是拒绝知识产权许可。互联网产品多是创新的知识产品，其产品受到知识产权保护。知识产权具有排他性，在网络效应、锁定效应共同作用下，知识产权所有者可以快速抢占市场份额（张谧，2014）。知识产权受法律保护，有利于激励创新，但也不能滥用（丁铭，2015）。互联网企业一方面可利用自己控制的标准阻止竞争对手的进入或者通过对标准的不断升级改进为现有的竞争对手扩大业务制造障碍，另一方面还能通过与合作方相互交叉许可知识产权形成利益联合体。企业利用这种对知识产权的控制不断强化其支配地位，打压竞争对手，限制竞争（Liebowitz and Margolis，2008）。三是拒绝关键设施接入。某些关键设施对于开展竞争而言确实是不可或缺的，拒绝使用会对竞争造成严重影响（刘佳、张伟，2017）。互联网经济时代，数据逐渐成为经营者的核心竞争资源。在网络效应的作用下，海量数据汇集于若干平台的数据仓库中，会引发人们对平台拒绝数据共享带来的竞争问题的担忧。

12.3.3 独家交易

独家交易是指交易相对人在具有市场支配地位的企业的要求下，只能与其交易而不能与其竞争对手进行交易的行为（谭春林，2014）。传统企业独家交易的目的是为了控制交易自主权。互联网企业实施独家协议的目的是为了争夺用户资源，利用网络效应和锁定效应抢夺市场份额（叶明，2014）。

在具体操作方式上，互联网企业的独家交易行为更具有隐蔽性，通常没有公开的独家协议，只需要通过技术措施就可以强制实施独家交易行为。独家交易对竞争有双重影响，一方面独家交易排除了交易相对人在销售该互联网企业的产品或服务的同时，销售竞争对手类似的产品或服务的可能性，减少"搭便车"的可能（Marvel，1982），维护自己的商誉；同时，互联网企业通过独家交易与交易相对人长期合作，有利于提高效率，保证交易安全。另一方面，独家交易为竞争对手设置了进入壁垒，排除竞争，扼杀创新，损害了消费者的合法权益（肖江平，2009）。

12.3.4 价格歧视

价格歧视行为是企业为获得较高的垄断利润，对不同的交易相对人的同一商品设计不同的价格。价格歧视的目的是：当交易相对人是消费者时，通过剥削、转化消费者剩余获得垄断利润。互联网市场的网络效应使互联网企业很难在免费提供的商品上实施价格歧视（翁卫国，2016；张坤，2016），而在收费一侧进行价格歧视。

互联网厂商所采用的基础服务免费增值服务收费、单边收费、捆绑和搭售等策略是较为常用的歧视性定价手段。基础服务免费增值服务收费策略是通过免费提供服务增加用户数量，通过增值服务满足具有付费意愿用户的差异化需求；单边收费是利用双边市场特征，通过交叉补贴的方式，对消费者免费，而向另一边市场中需求价格弹性较低的厂商收取广告费等费用实现盈利；捆绑和搭售是通过特定的定价策略将相关产品打包销售，从而占有更多的消费者剩余（傅瑜，2013）。

杨希（2018）认为"基础免费＋增值收费"的歧视化模式满足了不同支付能力消费者的需求，增加了用户规模，带来社会总福利的提升。蒋传海（2010）认为根据用户购买历史进行竞争性歧视与统一定价相比会损害社会总福利。Sundararajan（2004）得出在非完全信息和消费者需求异质性的网络外部性市场中实施歧视定价能增加垄断企业的利润。吴绪亮、刘雅甜（2017）给出了平台间网络外部性条件下歧视定价获得利润的条件，即随着平台间网络外部性的提高，平台企业实施价格歧视的动力会下降。巩永华、李帮义（2010）分析了具有网络外部性的垄断企业二级价格歧视动态定价策略，得出价格随网络外部性的增强而相应提高，同时第一阶段的价格高于第二阶段的贴现值。Yong and Derdenger（2013）发现混合捆绑作为价格歧视工具能更有效地分割市场。

互联网市场的网络效应和特殊的成本结构特点使其市场结构呈现垄断性竞争的格局，而搭售、限制交易和价格歧视等行为也体现了互联网市场的新特点。

12.4　企业合并

12.4.1　合并与市场结构

合并和收购是一种伴随着快速执行，突然变化和高风险的无机增长的方式（Durmaz and İlhan，2015）。虽然高科技产业特别是互联网市场的并购时有发生，互联网市场特点决定了其市场结构是少数主导厂商和无数小型厂商的共存。王领、刘融（2016）的研究表明：互联网巨头的并购绩效与市场集中度有关，在并购中小企业处于被动地位，其并购收益取决于巨头间的博弈结果。戎珂等（2018）用实证方法得出了虽然不同业务类别的互联网公司倾向的并购类型有所不同，但所有的互联网公司对于垄断性并购都有相同程度的追求，而垄断性并购的诉求就是谋求市场势力。

12.4.2　合并与创新

互联网企业并购的动因主要有：用户偏好、抢占市场份额、与传统经济整合（赵庞晶，2013）、市场价值提升（Uhlenbruchk，et al.，2010）、对投资者的财务回报（Kohers，2000）等。互联网市场属于知识密集型产业，用户、技术、信息在企业经营中扮演着极为重要的角色。Miguel and Casado（2016）在研究美国四大互联网巨头生态系统时认为互联网企业把并购看成一种互补资源的手段，各成员虽然没有直接的业务联系，但在用户、流量等资源上具备互补性。而互补的科学知识以及技术知识都可以通过激发更高质量和更新颖的发明来促进合并后的发明绩效（Makri，et al.，2009）。由于互联网市场的并购和创新绩效之间关系的研究很少，所以这部分主要就互联网相关的高科技产业并购和创新绩效的文献进行梳理。高科技产业并购和创新绩效之间的关系研究的结论大致分为三类。第一类研究结论是并购有利于创新，如 Bena and Li（2014）考察了 1984—2006 年专利并购的数据，发现在并购前有技术重叠的并购交易双方在并购后的创新绩效会更好，并认为由合并后创新能力提升带来的协同效应才是并购的真正动机。周城雄等（2016）通过对 A 股上市公司的并购和创新绩效进行实证分析得出：并购后创新能力较弱的公司提高了创新能力。长期来看，中国企业的并购有利于创新水平的提高，创新对企业绩效产生了积极效果，但与美国企业不同的是，中国企业的并购并非是以创新为动机。第二类研究结论是并购不利于创新，如 Ornaghi（2009）的研究发现并购后目标公司的研发活动显著减少，并购者的研发强度因为销售额大增而锐减。第三类结论是并购对创新绩效的影响不确定，如 Cloodt, et al.（2006）考察了四大高科技领域公司并购后的创新绩效，发现非技术并购对收购公司并购后的创新业绩产生了负面影响，而技术并购对创新绩效的影响取决于获得的知识库的相对大小，被收购企业的知识基础对收购公司的创新绩效产生曲线影响。Desyllas and Hughes（2010）发现研发强度在并购后第一年降低，在随后三年内显著上升。赵定涛、王双双（2015）对中国互联网企业并购的创新绩效进行实证检验，发现并购对创新绩效的影响呈倒 U 形，纵向一体化并购削弱了其对创新绩效的正向影响。

12.4.3　横向合并的反竞争效应

横向合并的反竞争效应主要指单边效应和协调效应。单边效应是指合并放松了竞争对手之间的竞争约束使得合并后的企业市场势力上升，这种市场势力上升是并购企业并购独享的效应，而不是源于企业之间的协调行动（Werden and Froeb，2004）。协调效应是指企业合并减少了竞争对手的数量，企业间合谋难度降低，发现背离合谋和惩罚背离行为变得更加容易，因此产生了企业之间更有可能合谋的效应。反竞争效应主要通过产品价格上涨、产量降低、产品品种数量下降等形式表现出来（王燕，2018）。

国内反竞争效应的理论研究重点集中在传统产品差异化市场，很少涉及互联网市场。如张兴（2011）对差异化市场中多产品合并和合并后重新定位的单边效应进行了理论拓展和实证，得出了结论：产品之间替代性越强，单边效应发生的可能性越高、涨价幅度也越大以及合并后的企业对产品进行重新定位更加有利。张曦（2010）应用 Bertrand 价格竞争模型对差异化行业中横向兼并的单边效应进行分析，发现：没有效率改进的横向兼并会导致价格上涨和消费者福利受损，而价格上涨幅度与产品的分流率和边际利润率有关。黄坤等（2010）、王继平等（2010）、刘丰波等（2012）、刘晓燕（2016）、余东华等（2014）运用并购模拟的方法对传统行业（如家用空调、电冰箱、服务器、可口可乐）横向合并的单边效应进行了量化评估。

对线上市场合并的反竞争效应，部分学者认为可结合互联网双边市场和网络效应的特点建立理论研究框架。Güakaynak, et al.（2017）认为多边市场合并不仅会影响价格水平，还会影响价格结构，合并带来了要计算不同边消费者盈余等具有挑战性的问题。平台型企业横向合并后可以将原来分散在几个平台上的用户集中到一个平台上，增强了的交叉网络效应可以为用户带来更多的消费者剩余。对于搜索引擎、社交网站等比较新的创新行业应尽量避免形式主义方法，从灵活和现实角度考虑为宜。Waehrer（2016）建立了在线服务合并竞争效应的研究框架，将对反竞争效应考量的维度从价格因素拓展到了用户隐私保护，为评估双边市场中消费者侧的竞争效应提供了新的方法。谢运博、陈宏民（2017）建立了互联网平台企业横向合并对社会总福利影响的理论模型，得出了结论：交叉网络外部性限制了合并后企业提价的能力；互联网企业横向合并后的社会总福利变化与交叉网络外部性强度的大小有关，交叉网络外部性强度大，横向合并不会对社会总福利有不利影响，反之则会产生不利影响。实证研究方面，An Yonghong, et al.（2010）对在线零售市场的横向合并的反竞争效果进行评估，得出了结论：在线市场横向兼并基本不影响平均交易价格，合并会使价格敏感型购物者平均交易价格上升 2.88%，但那些忠诚于特定商品的客户的价格却下降了 1.37%

的结论。案例研究方面：Khan（2016）对亚马逊的结构和行为进行分析，认为亚马逊可以借助为其他平台提供关键中介的便利条件，通过跨业务线整合这些平台的方式达到控制其竞争对手所依赖的基础设施的目的，然后利用收集信息的优势排除竞争。

12.5　算法合谋

算法是为了完成特定任务，按照一定顺序执行的规则的连续序列（韩伟，2017）。在互联网时代，算法在人们生活和工作中扮演着重要的角色。算法改变了人们处理日常事务的方式，如搜索引擎、电子商务、社交网站等都在数据的驱动下运用算法提供服务。可以说，我们所看到的互联网上的世界都是由算法呈现的。

12.5.1　算法促进竞争

在对市场结构的影响方面，算法使得市场透明度上升，海量的信息减少了信息不对称；算法降低了交易成本，为消费者提供了便利，有利于买方势力的提升，如当下流行的比价软件大大减少了消费者的搜寻时间；算法有利于降低商品价格，压缩卖方势力，如比价网站算法的广泛应用使得卖方利润被压缩；算法有利于创新和效率提升（Li and Xie，2017），如开源算法的广泛应用带来的技术上的改进等。总体来说，算法使得市场结构向完全竞争市场靠拢，改善了效率，价格不断下降至边际成本，竞争更加充分。

12.5.2　算法对合谋的影响

算法合谋是算法所产生的主要反竞争效果之一。算法作为合谋促进因素，导致以前没有出现过的或者以前不可能出现的新式合谋，这类合谋被称为"算法合谋"（韩伟，2017）。

算法与合谋的关系，可分为三类：一是不确定。目前尚不清楚算法如何影响企业数量和进入壁垒。一方面，小型互联网公司可以通过破坏式创新开发出新的技术或算法进入市场并颠覆现有的主导企业的市场地位，这样的案例屡见不鲜，另一方面，大型互联网公司利用其网络效应收集更多的用户信息，不断改善其算法，而精准的算法对潜在进入者又构成了进入壁垒；二是算法减少了合谋。算法带来的创新和成本不对称因素使得各方很难发现一个合作的基础（聚点），成本较低的企业达成合谋的动机较弱，合谋变得更加难以维持（韩伟，2017）。三是算法促进合谋，扼杀竞争。市场透明度和互动频率的上升提高了算法共谋的风险。由于算法的发展，市场变得高度透明，企业之间的市场行为相互依赖，各方都可以立即发现背叛合谋的行为并惩罚背叛，算法驱动下的合谋可能比传统市场中用协议进行联结的合谋产生的反竞争效果更强，也更加有害（Ballard and Naik，2017）。

计算机算法促成合谋的四种情况有："信使"类合谋（Messenger）、"轴辐"类合谋（Hub and Spoke）、"预测"类合谋（Predictable Agent）以及"自主"类合谋（Autonomous Machine）（阿里尔·扎拉奇、莫里斯·E. 斯图克，2018）。信使类合谋是人类将计算机设为辅助共谋的工具，用来定价、监督竞争对手达到合谋的效果，是人类合谋意志在技术层面的延伸。轴辐类合谋是指市场中的参与者通过使用同一个算法，该算法开发者作为轴以纵向协议的方式连接多个市场竞争对手形成的合谋。预测类合谋是指算法充当代理人，不断根据竞争对手的价格和市场数据调整自己的定价。自主类合谋是指计算机通过深度学习自发找到了一条优化利润的途径。前两类算法的特点是存在人为因素，即存在垄断协议；后两类算法的特点是没有明确的协议，而是以计算机为主导自发形成共谋，如一家企业的 AI 与另一家企业的 AI 相互勾结实现共谋。

12.5.3 算法合谋的反竞争效果

算法合谋的反竞争效果主要有：一是算法合谋使得市场价格高于竞争价格，甚至连市场基准价格也会发生变化（Mehra，2015）。与人类相比，算法能够更快、更准确地监测到价格和市场需求的变化，并迅速对竞争对手的策略做出回应。市场透明度越高，算法反应越快，率先降价的企业获利空间越小，降价动力也就越小，可能会产生默许共谋。默许共谋是指处在一个集中市场环境中的几家企业以一些心照不宣的方式同时限制产量或提高价格，从而共享垄断利润（Khemani and Shapiro，1990）。默许共谋会使价格升高，如公司将价格在极短的时间内调高，竞争对手收到调价信号后迅速跟进；公司开发算法紧盯领导厂商的价格，而领导厂商识别该行为后立刻调高价格；公司将其自用的定价算法开源，竞争对手下载算法并用其定价；一家公司为价格设置阈值，一旦竞争对手价格低于阈值就触发其反竞争价格，因此竞争对手识别该算法后总是将价格设置在阈值之上（Capobianco and Gonzaga，2017）。二是算法合谋使得市场分割变得容易。深度学习算法可以通过数据甄别出竞争对手的核心客户，并有效限制自己对这类客户群体发出促销消息，这种"竞争的自我克制"可以在无形中有效化解价格战的危机（阿里尔·扎拉奇、莫里斯·E. 斯图克，2018）。三是算法被用来阻碍其他竞争者进入市场，进入壁垒不断抬高。算法作为竞争的技术优势使企业可以迅速洞悉市场变化，而那些不具备这种竞争优势的企业的市场份额会逐渐减小直至退出市场。McAfee and Brynjolfsson（2012）发现在330家美国公司中，大数据决策与公司的市场表现密切相关，行业内数据驱动决策指标排名前三分之一的企业的决策效率比竞争对手要高出5个百分点，而利润率高出6个百分点。因此，企业有动力争相采集海量数据并进行算法训练（阿里尔·扎拉奇、莫里斯·E. 斯图克，2018）。不断高涨的算法研发成本和经网络效应带来的海量用户信息训练后的越来越精准的算法将构成市场越来越高的进入壁垒。

12.6 网络中立性

互联网市场的竞争问题在网络的基础设施层面也有所体现,"网络中立"(Network Neutrality)是其中最突出的问题。网络中立一般被理解为"基础电信运营商应作为中立性的创新平台,杜绝对互联网应用的控制和歧视,坚持自由和开放"(王春晖,2018)。后来被一些学者引申为互联网平台企业是否也应该对下游企业采取中立策略。这里主要讨论后者,即互联网平台企业常见的网络非中立性问题,如 APP 商店之间的互相封杀、搜索引擎的竞价排名和电子商务网站的广告竞价展示等。

根据在平台上发布内容的内容提供商(包括 APP 应用开发者、广告商家、电子商务网站中的卖家)与平台之间的关系不同,我们将内容提供商分为两类,一类是独立第三方内容提供商,另一类是被平台垂直整合的内容提供商。而平台的网络非中立性主要表现为:互联网平台在展示搜索内容的过程中,除了基于客观(质量)标准显示搜索内容外,还引入了收费来获得突出显示位置的可能性的机制。这一类促销和赞助搜索广告经常通过拍卖机制来实现,拍卖机制将出价最高者显示在搜索结果的上方或旁边的显著位置。这种机制对资金雄厚的大企业可能比较有利,因其可能会增加小企业进入市场的开支,当然如果小企业愿意付费,它们也可以在较短的时间内通过付费提高自己的曝光率(Krämer and Schnurr,2018)。

12.6.1 网络非中立性对独立第三方内容提供商的影响

对于提供同质商品的独立第三方内容提供商来说,参与竞价排名可带来流量并提高利润，并把相应竞价的费用转嫁给消费者，导致消费者福利向内容提供商转移，而互联网平台也乐见其成，坐收利润（Rhodes，2011）。在消费者搜索成本相同的情况下，排名最靠前的内容提供商虽然价格低，但由于市场份额大，仍然可以获得有利的市场地位（Zhou，2011）。在消费者搜索成本不同的情况下，产品价格和利润按搜索顺序下降。于是为了获得更高的排名，内容提供商之间的竞争可能会越来越激烈，拥有更高搜索成本的消费者将会被索取更高的价格，而内容提供商的大部分利润都转移到了互联网平台的口袋中，社会总福利受损（Arbatskaya，2007）。如2016年爆出的国内外卖平台竞价排名导致不愿意在外卖网站间比价的消费者最终花更多的钱却买到更差的餐食的案例。

对于提供异质性商品的独立第三方内容提供商来说，高质量的内容提供商更有动力和财力参与互联网平台的竞价排名，同时也更有动力进行投资以提升内容的质量。对消费者来说平台由此呈现的搜索结果的质量更高，若不考虑内容提供商投资的因素（即给定内容质量时），消费者福利会随之提高（Chen and Zhang，2011；Taylor，2017）。

12.6.2　网络非中立性对平台垂直整合的内容提供商的影响

对于与平台垂直整合的内容提供商，平台可以优先展示其自有内容提供商或者采取直接封杀竞争对手的方式。如谷歌的竞争对手曾声称用户使用谷歌搜索时，谷歌总是优先显示自己的购物服务，阻碍了竞争。Iacobucci and Ducci（2018）考察了谷歌推介自己的购物搜索的案例，认为两个双边平台的捆绑行为导致了捆绑品市场竞争强度减弱进而可以吸引更多客户。而平台的收入来源——广告商们正是看重这些客户，因而平台可以谋求更高的利润。另外平台通过降低捆绑商品组合的质量或提高价格降低了福利水平。Lao（2013）则认为谷歌的排序算法包含众多因子，在搜索过程中包括或排除某些因子以及应给予每种因子多少权重可能会有所不同。而搜索活动本身就是很主观的行为，如果谷歌没有特定的排斥行为，即使有人不同意其优先级和搜索排名，也很难得出搜索引擎采用"错误"标准的结论（Lao，2013）。

本章参考文献

An Y., Baye M. R., Hu Y., et al., 2010: Horizontal Mergers of Online Firms: Structural Estimation and Competitive Effects, Working papers//the Johns Hopkins University, Department of Economics.

Arbatskaya M., 2007: Ordered Search, *Rand Journal of Economics*, Vol.38, No.1.

Armstrong, M., 2006: Competition in Two-sided Markets, *Rand Journal of Economics,* Vol.37, No.3.

Ballard D. I., Naik A. S., 2017: Algorithms, Artificial Intelligence, and Joint Conduct, *CPI Antitrust Chronicle*.

Bena, J., Li, K., 2014: Corporate Innovations and Mergers and Acquisitions: Corporate Innovations and Mergers and Acquisitions, *Journal of Finance*, Vol.69, No.5.

Capobianco A, Gonzaga P., 2017: Algorithms and Competition: Friends or Foes, *Competition Policy International-Antitrust Chronicle*, Vol.1, No.2.

Chen Y, Zhang T., 2018: Intermediaries and Consumer Search, *International Journal of Industrial Organization*, Vol. 57.

Cloodt M., Hagedoorn J., Kranenburg H. V., 2006: Mergers and Acquisitions: Their Effect on the Innovative Performance of Companies in High-tech Industries, *Research Policy,* Vol.35, No.5.

Gönenç Gürkaynak, Öznur İnanılır, Diniz S., et al., 2017: Multisided Markets and the Challenge of Incorporating Multisided Considerations into Competition Law Analysis, *Journal of Antitrust Enforcement*, Vol.5, No.1.

Evans, D.S. and R. Schmalensee., 2007: The Industrial Organization of Markets with Two-sided Platforms, *Competition Policy International*, Vol.3 (1), 151–179.

Haucap, Justus and Heimeshoff, Ulrich., 2014: The Happiness of Economists: Estimating the Causal Effect of Studying Economics on Subjective Well-Being, *International Review of Economics Education*, Vol.17, 85–97.

Iacobucci E., Ducci F., 2018: The Google Search Case in Europe: Tying and the Single Monopoly Profit Theorem in Two-sided Markets, *European Journal of Law and Economics*, 1–28.

Khan L. M., 2016: Amazon's Antitrust Paradox, *Yale Law Journal*, Vol.126.

Kohers N., 2000: The Value Creation Potential of High-Tech Mergers, *Financial Analysts Journal,* Vol.56, No.3.

Krämer J., Schnurr D., 2018: Is There a Need for Platform Neutrality Regulation in the EU?, *Telecommunications Policy,*. Vol.42, No.7

Levin J. The Economics of Internet Markets. http://www.nber.org/papers/w16852.

Li S., Xie C. C., 2017: Rise of the Machines: Emerging Antitrust Issues Relating to Algorithm Bias and Automation, *The Civil Practice & Procedure Committee's Young Lawyers Advisory Panel: Perspectives in Antitrust*, Vol.3.

Makri, M., Hitt, M. A., & Lane, P. J.,2009 : Complementary Technologies, Knowledge Relatedness, and Invention Outcomes in High Technology Mergers and Acquisitions, *Strategic Management Journal,* Vol.31, No.6.

Marina Lao, 2013: 'Neutral' Search as a Basis for Antitrust Action?, *Harvard Journal of Law and Technology Occasional Paper Series*.

Marvel H. P., 1982: Exclusive Dealing, *Journal of Law & Economics,* Vol.25, No.1.

McAfee A., Brynjolfsson E., Davenport T. H., et al., 2012: Big Data: The Management Revolution, *Harvard Business Review*, Vol.90, No.10.

Mehra S. K., 2015: Antitrust and the Robo-seller: Competition in the Time of Algorithms, *Minnesota Law Review*, Vol.100.

Michael L. Katz, Carl Shapiro., 1994: Systems Competition and Network Effects, *The Journal of Economic Perspectives,* Vol.8, No.2.

Miguel J.C., Casado M.Á. GAFAnomy. (Google, Amazon, Facebook and Apple): The Big Four and the b-Ecosystem, https://doi.org/10.1007/978-3-319-31147-0_4.

Ornaghi, C., 2009: Mergers and Innovation in Big Pharma, *International Journal of Industrial Organization,* Vol.27, No.1.

Panos Desyllas, Alan Hughes., 2010: Do High Technology Acquirers Become More Innovative?, *Research Policy*, Vol.39, No.8.

R. S. Khemani and D. M. Shapiro, 1990: Glossary of Industrial Organisation Economics and Competition Law, http:// www. oecd. org/ dataoecd/ 8/ 61 /2376087. pdf.

Rezabakhsh B., Bornemann D., Hansen U., et al., 2006: Consumer Power: A Comparison of the Old Economy and the Internet Economy, *Journal of Consumer Policy*, Vol.29, No.1.

Rhodes A., 2011: Can Prominence Matter even in an Almost Frictionless Market?, *Economic Journal*, Vol.121. No.556.

Stan Liebowitz, Stephen Margolis. 2008: Bundles of Joy, the Ubiquity and Efficiency of Bundles in New Technology Markets, *The Journal of Competition Law & Economics*, Vol.5, No.1.

Sundararajan A., 2004: Nonlinear Pricing and Type-dependent Network Effects, *Economics Letters,* Vol.83, No.1.

Taylor G., 2017: A Model of Biased Intermediation, *Toulouse School of Economics*.

Uhlenbruck K., Hitt M. A., Semadeni M., 2010: Market Value Effects of Acquisitions Involving

Internet Firms: A Resource-Based Analysis, *Strategic Management Journal*, Vol.27, No.10.

Waehrer K. Online Services and the Analysis of Competitive Merger Effects in Privacy Protections and other Quality Dimensions, http://waehrer.net/Merger%20effects%20in%20 privacy%20protections.pdf.

Werden G. J., Froeb L. M. Unilateral Competitive Effects of Horizontal Mergers: Theory and Application Through Merger Simulation, http://www2.owen.vanderbilt.edu/lukefroeb/froeb. papers/Merger/2004.HANDBOOK.AANTITRUST.ECON.pdf.

Yakup Durmaz, Ahmet İlhan.,2015: Growth Strategies in Businesses and A Theoretical Approach, *International Journal of Business and Management,* Vol.10, No.4.

Yong C., Derdenger T., 2013: Mixed Bundling in Two-Sided Markets in the Presence of Installed Base Effects, *Social Science Electronic Publishing,* Vol.59, No.8.

Yoo, Christopher S. and Spulber, Daniel F., 2013: Antitrust, the Internet, and the Economics of Networks, *Faculty Scholarship*. http://scholarship.law.upenn.edu/faculty_scholarship/568.

Zhou J., 2011: Ordered Search in Differentiated Markets, *International Journal of Industrial Organization*, Vol.29, No.2.

P. 贝伦斯，1998：《对于占市场支配地位企业的滥用监督》，王晓晔编《反垄断法与市场经济》，法律出版社。

阿里尔·扎拉奇、莫里斯·E. 斯图克，2018：《算法的陷阱：超级平台、算法垄断与场景欺骗》，中信出版社。

保罗·克鲁格曼，2000：《肢解微软的后果》，《书城》http：//business.sohu.com/20060824/n244976845.shtml。

程贵孙、黎倩，2016：《软件保护对软件平台商双边定价策略的影响研究》，《中国管理科学》第 9 期。

程立茹，2013：《互联网经济下企业价值网络创新研究》，《中国工业经济》第 9 期。

丁铭，2015：《网络产业滥用市场支配地位的法律规制》，郑州大学。

傅瑜，2013：《中国互联网平台企业竞争策略与市场结构研究》，暨南大学。

傅瑜、隋广军、赵子乐，2014：《单寡头竞争性垄断：新型市场结构理论构建——基于互联网平台企业的考察》，《中国工业经济》第 1 期。

高孝平，2016：《互联网产业的垄断及规制调整》，《改革与战略》第 3 期。

巩永华、李帮义，2010：《非线性需求下具有网络外部性的二级歧视定价研究》，《中国管理科学》第 1 期。

郭萍，2016：《互联网行业破坏性创新研究》，中国科学技术大学。

韩伟，2017：《算法合谋反垄断初探——OECD〈算法与合谋〉报告介评》（上），《竞争政策研究》第 5 期。

胡楠，2018：《基于 SCP 范式的我国第三方支付产业组织研究》，《大庆社会科学》第 4 期。

黄坤、张昕竹，2010：《可口可乐拟并购汇源案的竞争损害分析》，《中国工业经济》第 12 期。

黄勇、蒋潇君，2014：《互联网产业中"相关市场"之界定》，《法学》第 6 期。

蒋传海，2010：《网络效应、转移成本和竞争性价格歧视》，《经济研究》第 9 期。

蒋岩波，2012：《互联网产业中相关市场界定的司法困境与出路——基于双边市场条件》，《法学家》第 1 期。

卡尔·夏皮罗、哈尔·瓦里安，2000：《信息规则：网络经济的策略指导》，中国人民大学出版社。

李怀、高良谋，2001：《新经济的冲击与竞争性垄断市场结构的出现——观察微软案例的一个理论框架》，《经济研究》第 10 期。

刘丰波、吴绪亮，2012：《中国空调业横向合并的竞争效应及其模拟分析》，《东北财经大学学报》第 2 期。

刘佳、张伟，2017：《"互联网＋"语境下拒绝交易行为的反垄断法规制》，《商业研究》第 11 期。

刘晓燕，2016：《横向并购单边效应的模拟分析——以中国家用空调市场为例》，山东大学。

罗少校、张亚鹏，2016：《互联网反垄断领域相关时间市场界定研究》，《江苏科技信息》第 14 期。

吕明瑜，2011：《网络产业中市场支配地位认定面临的新问题》，《政法论丛》第 5 期。

马俊涛，2017：《互联网经济发展对浙江经济转型的影响研究》，浙江财经大学。

秦明、周泓，2011：《中国社交网站竞争分析——基于产业组织理论》，《科技广场》第 4 期。

戎珂、肖飞、王勇、康正瑶，2018：《互联网创新生态系统的扩张：基于并购视角》，《研究与发展管理》第 4 期。

尚芹，2014：《互联网企业滥用市场支配地位的反垄断法规制研究》，辽宁大学。

孙慧霞，2014：《平台化战略下互联网企业边界扩张策略研究》，东北财经大学。

孙晋、钟瑛嫦，2015：《互联网平台型产业相关产品市场界定新解》，《现代法学》第 6 期。

谭春林，2014：《互联网企业独家交易的法律规制研究》，西南政法大学。

涂燕辉，2017：《互联网产品搭售行为的法律认定》，《山东行政学院学报》第 4 期。

王春晖，2018：《从网络中立废止看通信规则构建 网络安全是首要问题》，《通信世界》第 17 期。

王继平、吴瑨，2010：《差异产品市场横向兼并单边效应的 Logit 模拟——以中国服务器产业为例》，《财经问题研究》第 7 期。

王建文、张雯嘉，2017：《论互联网企业相关市场界定的挑战与解决思路》，《商业经济研究》第 6 期。

王健，2003：《搭售法律问题研究——兼评美国微软公司的搭售行为》，《法学评论》第 2 期。

王磊、张昕竹，2012：《论搜索结果操纵行为的限制竞争效应》，《财经问题研究》第 4 期。

王领、刘融，2016：《基于演化博弈论视角的互联网巨头并购研究》，《电子商务》第 9 期。

王妮妮，2015：《互联网搭售行为的反垄断规制——"3Q 案"与"微软案"的比较》，《江西社会科学》第 4 期。

王少南，2016：《双边市场中的搭售：问题与规制思路》，《南京理工大学学报（社会科学版）》第 29 期。

王燕，2018：《中国经营者集中反垄断审查事后评估》，山东大学。

翁卫国，2016：《互联网企业滥用市场支配地位的法经济学研究》，西南政法大学。

吴宏伟、胡润田，2014：《互联网反垄断与"双边市场"理论研究》，《首都师范大学学报（社会科学版）》第 1 期。

吴绪亮、刘雅甜，2017：《平台间网络外部性与平台竞争策略》，《经济与管理研究》第 1 期。

肖江平，2009：《滥用市场支配地位行为认定中的"正当理由"》，《法商研究》第 5 期。

谢运博、陈宏民，2017：《互联网企业横向合并、价格合谋与反垄断监管建议》，《工业工程与管理》第 6 期。

杨文明，2015：《互联网平台企业免费定价反垄断规制批判》，《广东财经大学学报》第 30 期。

杨希，2018：《基于多边市场理论的平台型企业的竞争机制研究》，北京邮电大学。

叶明，2014：《互联网企业独家交易行为的反垄断法分析》，《现代法学》第 4 期。

叶明、商登珲，2014：《互联网企业搭售行为的反垄断法规制》，《山东社会科学》第 7 期。

余东华、刘滔，2014：《基于 H-PCAIDS 模型的横向并购单边效应模拟分析——以中国电冰箱行业为例》，《中国工业经济》第 11 期。

袁雅琴、蔡鸿霞，2016：《基于互联网产业的"R-SCP"理论对搭售行为的规制研究》，《现代经济信息》第 3 期。

张坤，2016：《互联网行业反垄断研究》，湖南大学。

张谧，2014：《互联网企业拒绝交易的反垄断规制研究》，西南政法大学。

张曦，2010：《横向兼并的反垄断分析》，南开大学。

张昕竹、占佳、马源，2016：《免费产品的需求替代分析——以奇虎 360/ 腾讯案为例》，《财贸经济》第 8 期。

张昕竹、黄坤，2013：《免费产品的经济学逻辑及相关市场界定思路》，《中国物价》第 12 期。

张兴，2011：《横向合并的单边效应理论、实证与反垄断政策》，东北财经大学。

张益群、高丛、吕廷杰，2018：《中国电子商务第三方支付市场的单寡头竞争性垄断市场结构实证研究》，《商业经济研究》第 1 期。

赵定涛、王双双：2015：《互联网公司并购行为与创新绩效的关系》，《上海管理科学》第 3 期。

赵立昌，2015：《互联网经济与我国产业转型升级》，《当代经济管理》第 12 期。

赵莉莉，2018：《反垄断法相关市场界定中的双边性理论适用的挑战和分化》，《中外法学》第 2 期。

赵庞晶，2013：《以电子信息时代为背景互联网公司的并购战略动机分析》，《电子测试》第 7 期。

郑友德、伍春艳.《我国反不正当竞争法修订十问》，《法学》第 1 期。

周城雄、赵兰香、李美桂，2016：《中国企业创新与并购关系的实证分析——基于 34 个行业 2436 个上市公司的实证分析》，《科学学研究》第 10 期。

祝琳玲，2017：《互联网领域搭售行为的反垄断法分析》，《劳动保障世界》第 24 期。

13. 平台规制与竞争政策

刘泉红　刘志成

　　互联网时代是一个创新模式层出不穷，创新思维竞相涌现的时代。在"互联网＋"潮流引领下，以网络为依托的新技术、新模式以迅雷不及掩耳之势踏破藩篱，切入一个个传统领域，零售、住宿、餐饮、支付、交通等传统行业已经或正在被市场新势力颠覆。一些异军突起的公司不曾拥有传统思维中企业扩张的必要资源，为何能迅速增长并征服市场？答案是"平台"的力量。近年来，平台经济已经成为发展迅猛、广受关注、引领经济发展潮流的经济形态。平台经济不仅是政府推动经济转型升级，实现创新发展的重要引擎，也是部分企业创新商业模式、确立竞争新优势、占领行业制高点的成功秘诀。据不完全统计，全球最大的 100 家企业中，有 60 家企业的大部分收入来自平台类业务。苹果、谷歌、脸书、阿里巴巴、百度、腾讯、京东、小米等近些年受到广泛瞩目的企业都在某种程度上具备了平台型企业的特征，平台思维正带来全球企业一场战略革命。

　　平台经济风起云涌，商业变革如火如荼，但平台型企业的发展并非没有争议。平台企业在推动市场集中的同时，是否也抑制了竞争？平台到底是促进创新，还是阻碍创新？平台企业的免费策略、业务类型拓展到底是造福了消费者，还是伤害了消费者？这些问题的答案并非显而易见，平台商业模式快速发展也在呼唤经济学的理论创新。伴随着平台经济发展，双边市场和平台经济理论逐渐引起学术界的广泛关注。以现代经济学理论为依据，强化平台规制、加强平台经济领域的竞争执法也日渐成为社会共识。本章以广告媒体、电子商务、软件平台、支付清算、服务中介等为例阐释现实经济中的平台商业模式，在剖析平台竞争策略的基础上，分析平台企业的创新行为、竞争与垄断行为的福利影响。通过厘清平台规制的经济学基础和平台企业的主要反竞争行为，探讨平台规制政策存在的必要性。同时，论述平台规制中的政策原则与救济方式，分析举证责任、反垄断政策与行业监管政策之间的关系等现实问题。结合近年来的两个典型案例说明平台经济理论如何应用于平台规制的政策实践，并进行总结与展望。

13.1 平台商业模式与竞争策略

平台的兴起，可能是新世纪以来最重要的商业事件。互联网时代的平台，受助于数字技术打破了时间和空间的阻碍，利用智能软件工具准确、迅速、便捷地连接供应商和用户，实现从传统的线性价值链向复杂的平台价值矩阵的转变，颠覆了传统的竞争局面，创造出奇迹般的成果。同时，平台也以前所未有的速度积累着财富。互联网时代异军突起的公司多有平台属性（Evans 和 Gawer，2015）。

13.1.1 平台商业模式

作为互联网时代最亮眼的商业模式，平台商业模式在现实生活中广泛存在，典型案例见表 13.1。

表 13.1 双边市场平台的相关例子

产业	平台企业	买方（B）	卖方（S）
广告传媒	电视、报刊	读者、观众	广告商
电子商务	淘宝、京东等	购物者	特约商户
软件	操作系统	消费者	软件开发商

产业	平台企业	买方（B）	卖方（S）
互联网	搜索引擎	搜索用户	被搜索的企业
移动通信	移动运营商	消费者	服务提供商
银行卡 POS 业务	支付清算平台	消费者	特约商户

资料来源：参考吴汉洪和孟剑（2014）整理。

（1）广告媒体平台

运行模式。杂志、报纸、免费电视和门户网站等支持广告的媒体平台可同时服务于两类不同的客户：观众和广告商。该平台可以生产或购买内容，无论哪种情况，内容都被用来吸引观众，而观众则被用来吸引广告商。

网络效应。广告商和观众之间存在网络效应。广告商重视更多观众的平台，因为可以获得更多曝光度。观众看重更多广告商的平台，要么是因为他们重视广告，要么是因为拥有更多广告商的平台能提供更好的内容。

价格结构。通常广告媒体从广告商那里获得大部分收入。此外，除广告时长外，媒体平台通常还会根据流通量或用户群向广告商收费；媒体平台从广告商收取的费用的一部分用于支付平台向观众提供的内容（Anderson 和 Coate，2005）。一些平台，比如免费电视，只能向观众收取隐含的费用：观看广告或等待节目恢复的费用。其他平台（如杂志和报纸）则向读者收取费用，而价格往往接近或低于印刷和分销的边际成本（Kaiser 和 Wright，2006）。

（2）电子商务平台

运行模式。电子商务企业提供一个网络平台，以便生产者和消费者在其中进行产品与服务交易。这是平台商业模式的最典型、最直观的代表。在日常生活中常见的电子商务模式有 B2B、B2C 和 C2C 三种。

网络效应。消费者和商家之间存在网络效应。从交易双方看，供应商数量越多，消费者用更低价格获得商品的机会越大，就会有更多消费者加入平台。而平台的消费者数量越多，商家以高价出售产品的机会越大，就会有更多商家入驻。

价格结构。基于平台供需双方用户群的非对称需求，电子商务企业往往采取差异化定价的方式，甚至采取一边免费的方式。例如，京东商城向入驻平台的企业收取开店费用和销售扣点，而对消费者免费开放。

（3）软件平台

运行模式。软件平台服务于软件开发商和用户，在个人电脑、移动电话、视频游戏和数字音乐设备等多个行业中发挥着重要作用。软件平台将代码集成到平台中，该代码的功能通过应用程序界面提供给软件开发商。用户可以直接从软件平台获益，因为它可以减少计算机上所需的代码总量，减少程序之间的不兼容性，并降低学习成本，增加了最终用户使用软件平台的价值，并为软件开发商带来了正反馈影响。

网络效应。软件开发商和用户之间也存在网络效应。对于软件开发商来说，在软件平台上编写的应用程序只有当用户在其硬件上运行软件平台时才有价值。而对于用户来说，只有当软件开发商在软件平台上编写应用程序时，他们在硬件上运行软件平台才有价值。软件开发商和用户数量的增长都会给对方带来更多价值。

价格结构。软件平台通常从用户方赚取大部分收入。开发人员通常可以免费获得平台服务，并获得各种软件产品，以便以相对较低的代价编写应用程序。视频游戏机制造商是一个例外（OECD，2009）。通常情况下，他们以接近或低于制造成本的价格销售视频游戏机，并从游戏开发商的软件和硬件平台许可访问中获得大部分收入。

（4）支付清算平台

运行模式。诸如现金、银行支票和支付卡等支付系统可以同时服务于两个不同的客户群：消费者和商家。他们为客户提供交易商品和服务的便利。只有买卖双方都使用它，支付系统才是可行的。

网络效应。消费者和商家之间存在网络效应。如果有更多的消费者使用某支付系统，该支付系统对商家更有价值，如果更多的商家使用某支付系统，该支付系统对消费者更有价值。例如银行卡签约的特约商户越多，消费者获得的便利也就越多（程贵孙、孙武军，2006）。

价格结构。由于支付系统的种类较多，其价格结构有多种。现金不涉及对任何一方的直接收费，但可能涉及大量隐含成本，如与通胀、存储或盗窃风险相关的成本。在一些国家，支票服务由商家付费，在其他国家会对买卖双方收费。银行卡可能涉及对双方的收费，但商家往往支付大部分费用。

（5）服务中介平台

运行模式。服务中介平台涵盖电商、旅游、票务、求职、相亲、房屋中介等服务，B2B、P2B、P2P 等各种配对活动的互联网站。服务中介平台同时服务于两个不同的客户群体，即"买家"和"卖家"。服务中介平台让参与者能够搜索另一方的参与者，并有机会完成匹配。

网络效应。买家和卖家之间存在网络效应。双方用户规模的扩大都会增加参与者找到有价值匹配的可能性。然而，对于特定的交换类型，用户规模的扩大可能导致拥塞。物理平台就是这种情况，例如单身俱乐部或交易大厅。此外，通过平台提供的预先筛选等功能，参与者可以增加高质量匹配的可能性。

价格结构。服务中介平台的价格结构也是多种多样的，但总的来看，向双方收取的价格通常与边际成本几乎没有关系。例如，异性交友网通常会对男性收费，对女性打折或不收费。

13.1.2 平台竞争策略

尽管与传统企业类似，平台企业往往通过定价策略、差异化策略等方式实现竞争，但由于平台具有多属性、网络性等开放特征，定价和差异化策略的具体内涵发生了巨大变化，其潜在效应也更为复杂。

（1）平台企业的定价策略

与单边市场相比，平台企业的定价策略更为复杂。它的初始成本非常大，但边际成本接近于零，尤其是在平台有第三方、第四方等等不断进入以后，平台产品和服务的价格就更加难以确定。大量研究表明，传统理论中的供需关系、边际成本等因素对网络与数字产品和服务的价格形成中的作用非常弱，平台本身的性质是更为关键的因素。

Rochet 和 Tirole（2003）以及 Armstrong（2006）提供了两个基本的平台定价模型。其中，Rochet 和 Tirole（2003）的模型刻画了只有用途的外部性而没有成员的外部性的双边垄断平台。结果表明，垄断均衡的一阶勒纳条件仍然满足，即平台任何一方的需求弹性越高，平台的利润就越低。但二阶条件则与通常的多产品企业不尽一致。一般而言，多产品企业采取的策略是在其他条件相同的情况下，产品的定价与其需求弹性成反比，但平台企业的最优定价与需求弹性成正比。Evans 和 Schmalensee（2013）对此提供了一个直觉性的解释，即平台企业需要使平台参与的双方尽量平衡，而对通常的多产品企业而言无需考虑这种平衡。现实中的软件平台、支付系统等大量平台对消费者收取的价格往往都低于边际成本甚至趋近于免费。Armstrong（2006）的模型则正好相反，它刻画的是只有成员的外部性而没有用途的外部性的双边垄断平台。与 Rochet 和 Tirole（2003）的模型不同的是，Armstrong（2006）仅在需求函数为线性的特殊情况下，得到了利润最大化的一阶条件。在平台两侧互补的情况下，交叉效应的存在使得产品的定价更低。以上述两个模型为基础，越来越多的学者尝试修改模型以捕捉更多对平台企业定价存在影响的因素。例如，Hagiu（2009）修正了Armstrong（2006）的模型并考虑平台将卖家进行细分的策略，研究表明消费者对多样性的偏好越强烈，平台的垄断利润中来自销售方的比例就越大。这解释了为何视频游戏平台中的大部分利润来自卖方，而微软的Windows和苹果的iOS平台的主要利润来自消费者。Carlton和Frankel（1995）以及Jullien（2011）都描述了一种"分而治之"的策略，即对价格最为敏感的群体给予补贴以吸引他们成为平台的使用者，再以他们的参与吸引更多群体加入。这种策略可以成为新建平台挑战在位平台的一种策略。

定价中涉及的另一个突出现象是免费。但需要注意的是，这种免费本质上具有"拆东墙补西墙"的特征。现实中表现为要么针对的是平台的部分特定客户免费（例如对基础用户免费但对高端用户收费，或对缺乏弹性的用户免费但对富有弹性的用户收费，用高端用户或富有弹性用户弥补基础用户或缺乏弹性用户），或者仅仅在特定时期内对更广泛的用户予以免费（例如部分供应商提供一个相对较长的免费周期以培养用户习惯，用"未来"补贴"现在"），要么是通过其他的收入渠道对现有业务进行补贴（例如通过广告和流量收入补贴搜索引擎的用户，用"其他收入"补贴"既有支出"）。此时，企业价格结构设计需要考虑免费的外部性、用户筛选机制、范围经济等诸多因素（吴绪亮，2018）。

（2）平台企业的差异化策略

为了能在两侧拥有足够多的用户，平台往往使用定价、产品设计、营销等手段。其中，价格、服务和产品的差异化都是平台竞争的重要手段。当双边市场的客户存在差异性，就可以通过一些基于价格、服务和产品差异化的选择机制，尽可能多地吸引双边用户在平台上达成交易。研究表明，当平台的差异化水平较高时，平台对用户的定价能力就会提高，这有助于提升平台企业的利润（Armstrong和Wright，2007）。当平台企业向两边客户提供差别服务时，双边用户都只会选择其中一个平台交易；如果平台企业仅为一边用户提供差别服务，另一边用户将选择在多个平台上交易（Armstrong，2006）。Halaburda 和 Piskorski（2013）还发现，平台可以通过限制一侧客户的数量来增强对同一侧客户的吸引力，因为这意味着已有的客户可以面对较少匹配上的竞争。

（3）平台企业的开放策略

Rysman（2009）认为，在双边市场中，平台企业开放策略涉及两个问题：一是决定"边"的数量，是单边、双边还是多边；二是如何与其他竞争的平台相处，兼容、不兼容还是某种一体化。以微软为例，与苹果相比，它只控制了操作系统，而将硬件制造交给了单独的制造商，因此它是一个"消费者—软件提供者—硬件提供者"的三边市场。但随着市场的演进，微软认为在商业模式中减少平台的"边"是一个有价值的选择，因此它逐渐将部分软件提供商通过一体化整合的方式纳入操作系统。虽然这项举措仍有争议，但它反映出随着市场的变化，企业是如何对开放进行决策的。

如果一个企业决定要成为双边或多边平台，那么兼容与否就是一个重要策略。通常而言，兼容性指的是使用某一平台的消费者能否通过另一平台触达同一卖家，这意味着消费者不用作出"非此即彼"的选择。现实中平台提供商往往可能因为想"锁定"用户或"排除"竞争者而采取不兼容的策略，但用户却很容易通过使用多个平台来规避这种不兼容。为了防止出现这种情况，一些平台会采取例如专属会员或专属用途的措施。

（4）平台企业的其他策略

平台企业可以使用的其他策略总体上可分为两类，一类是在单边市场中就可以使用的策略，如创新、广告和质量投资，这些策略在双边市场中同样可以使用。另一类策略是主要在双边市场中使用而在单边市场少有使用。例如，平台可以控制卖方与买方互相呈现的方式进而使搜寻或转换更加容易或困难。再如，可以对平台的组织结构进行选择，或者采用标准的公司形式，由诸多投资者拥有。但更多的情况是，平台是由市场参与者来拥有。这样做的一个好处是，前者遇到反竞争诉讼时，企业往往面临垄断的指控，而后者往往只会被质疑内部政策是否会加速共谋。

13.1.3 平台企业行为的福利分析

（1）平台创新行为

创新本身就是双边或多边市场的一种重要竞争策略。从现实中的许多例子可以看到，平台企业的创新动力和能力都十分强劲。一方面，它们自己有创新的需求以提供更为差异化的产品和服务。另一方面，平台企业也意识到他们的政策可以影响参与平台的企业的创新投资水平。现实中，由于很难识别和证实相关改进的程度，因此平台通过收费、间接排除某些企业来改变市场结构，达到为创新提供激励的效果（Aghion, et al., 2005）。

多边平台的出现也在特定情况下有力地促进了竞争。例如，有了网络平台作为连接生产和消费的渠道之后，小微企业依然可以发挥非常显著的规模优势和分工的优势。另外，用户的多属行为也是激励平台不断创新的一个重要方面。Armstrong 和 Wright（2007）发现对于两个互相竞争的平台企业而言，如果平台一侧用户认为平台提供的产品服务是同质的而另一侧用户认为是异质的，那么后者将是单属的，前者将呈现多属行为。为了避免竞争和增加用户黏性，平台一定会努力提供差异化的产品与服务。多属行为还使得平台在选择竞争行为时会有很多顾虑，因为某种错误的行为可能导致消费者以非常低的转移成本转而选择其他的平台。买方多属在福利提升上具有十分显著的积极意义，它既有利于推动企业通过技术创新和模式创新升级产品和服务，还利于优化宏观资源配置，促进社会效率的提高和经济的发展（李云尧等，2013）。

（2）平台竞争与垄断行为

在平台环境下，仅仅用传统的市场集中度指标并不足以分析垄断，因此也很难直接得出平台环境下会催生垄断进而降低社会整体福利的结论。在传统的产业组织分析中，哈佛学派十分强调市场结构，认为垄断的市场结构必然导致垄断，芝加哥学派则强调不能仅仅看是否存在垄断的市场结构，更需要观察是否存在危害竞争的垄断行为。但在多边市场中，传统的垄断行为远未像单边市场中那样充分显现。Evans 和 Schmalensee（2013）认为，简单模型忽视了平台市场的三个重要特征，这些特征可以解释为什么平台市场中垄断行为很难长期存在。

一是互相竞争的平台中往往提供的是差异化的产品或服务。在传统的单边市场中，产品和服务的差异化往往是基于纵向或横向的差异化。但在多边市场中，这种差异化还会影响平台的另一方。而且，对一侧的客户的选择也可以成为平台横向或纵向一体化的方式。跨界竞争的普遍存在和技术的迅速迭代导致即便是拥有高市场份额的平台也难以长期保持市场力量。由于平台会把差异化策略作为平台竞争的重要维度，因此要向长期维持垄断优势是非常困难的。

二是在多边市场中存在着多属行为。多归属性质的存在，导致平台在选择竞争行为时会有很多顾虑。事实上，即便平台在差异化的过程中稍有违背消费者意愿或难以匹敌其他平台优惠措施的情况出现，消费者就可以用很低的转移成本实现向其他平台的转移。更为重要的是，网络外部性中存在着自我增强的动态效应，即平台一侧的用户离开后会导致另一侧的用户继续离开，进而陷入平台规模不断缩小的恶性循环。因此，需要重点防范的是当平台通过足够的差异化或大幅提升消费者转移成本时可能采取的垄断行为。

三是平台的非对称竞争。Evans 和 Schmalensee（2013）认为，现实中的平台所面临的竞争环境远比 Evans 和 Noel（2005）所描述的要复杂。例如，一个 N 边平台可能面临来自任何一侧的单边企业（例如双边支付平台受到一个单边门店卡的竞争）、仅部分侧的多边企业（例如安卓系统与苹果系统的竞争，因为苹果没有向手机制造商许可使用其操作平台）、除了相同侧还有更多侧的多边企业的竞争（例如搜索平台与社交网络平台，两者都能从广告中获取收益但后者还能从游戏开发者那里获取收益）。

（3）社会福利

在平台经济中，福利分析从传统的"消费者—生产者"拓展为"消费者—平台—生产者"框架。Evans 和 Schmalensee（2013）认为，这会带来两个福利方面的问题：一是由于间接网络外部性的存在，平台需要平衡三方的利益，在为各方提供价值的同时实现自身最大利润；二是基于平台利润最大化决策和社会福利最大化决策之间的关系问题。

多边市场中存在着两种潜在市场失灵。一种是传统的市场势力。由于多边平台中往往缺乏完全竞争，平台会收取高于社会合意水平的价格，至少在短期内超过完全竞争的水平。但由于大多数企业都具有市场势力并且需要利用市场势力补充其固定成本和风险，多边市场中的市场势力并不会像单边市场那样显著。另一种可能的市场势力是由于平台的价格结构并没有使社会福利最大化。例如，平台两侧的群体对价格的敏感度往往并不相同，这就决定了平台企业在定价中需要对不同群体制定不同价格，这种价格上的扭曲可能并未使社会福利最大化。此外，对支付卡收取中介费的也是一个价格扭曲的例子。Bedre-Defolie 和 Calvano（2013）的研究表明，由于用户在支付方式上拥有更大的话语权而商家往往是被动接受，因此平台会以牺牲商家的福利为代价来补贴用户。在一定的假设下，支付网络的中介费水平将高于社会最优水平。

尽管平台市场中消费者的多属行为在微观和宏观层面对社会福利的改进都具有积极意义，但也有部分学者指出，多边平台战略也产生了负的外部性和不良行为，它们不仅降低经济效率，甚至还会造成共同体的悲剧（Evans，2012）。现有文献讨论了政府规制和平台方治理这两种典型治理模式的动因、应用范围和局限性。总体来看，两种治理模式各有优劣，只有在满足特定条件的情况下才可能得出一种模式优于另一种模式的结论。例如，平台方治理的主要依据是所有权，他们有强烈的动力设计出符合自身及共同体利益的治理规则并予以严格执行。现实中典型的例子包括出行平台不断出台措施，并利用各种技术手段防止乘车人受到人身伤害，还有一些大型的电子商务平台积极利用群众举报和技术对比等方式查处假冒伪劣商品等。但没有充分的理论依据表明，它们的治理规则会完全从社会最优出发。关于治理模式的选择，Doganoglu 和 Wright（2006）给出了一个初步的研究结论。他们的研究表明，现实中用户的多属行为会在一定程度上减弱平台兼容的意向，而政府的促进平台兼容的相关政策将会在一定程度上提高资源的利用效率。这一研究的直接政策含义是，政府监管部门应从社会整体福利出发，促进竞争，防范平台方的不当排他行为。

13.2　平台的反垄断经济学

　　随着平台经济成为一种流行的商业模式，平台企业的竞争行为日趋多样化。相应地，平台企业排除和限制竞争的行为也受到越来越多的关注。与单边市场中的企业不同，平台企业存在一些新的经济特性，其特定市场行为的福利后果在很多情况下也与传统企业不同。本节结合经济学理论和实证研究的新进展对多边平台的并购、滥用市场支配地位以及合谋行为进行分析。

13.2.1 多边平台的并购分析

并购是传统企业实现规模扩张和竞争力提升的一种重要方式。对于平台企业而言，由于网络外部性的存在，并购更是企业培养竞争优势的重要手段。滴滴并购优步中国、滴滴并购摩拜单车、美团并购大众点评、携程并购艺龙和去哪儿网等案例都曾引起广泛关注。与单边市场类似，针对平台企业并购的反垄断审查需要考虑的基本问题是，在分析单边效应和协同效应，以及并购可能带来的效率提升的基础上，判断拟议的并购是否可能降低消费者福利或社会总体福利。考虑到对传统单边市场的并购分析已经有大量的理论和实证文献，相关方法也在一些具体的反垄断案件中得到了广泛应用，本节重点分析平台企业并购审查需要考虑的、区别于传统单边市场的新特性。

首先，分析单边市场中企业并购行为所使用的一些分析工具可能并不适用于对平台企业的分析。简单采用单边市场模型评判平台企业并购的影响可能得出错误结论。因为传统模型难以解释平台不同参与方之间需求的相互依赖性，也未考虑到平台企业的网络外部性等特征。在进行并购审查时，简单将单边市场分析所采用的 UPP 方法、SSNIP 测试等扩展到多边市场不太可能产生合理的结论。如 Affeldt、Filistrucchi 和 Klein（2013）以及 White 和 Weyl（2012）探讨了 Farrell 和 Shapiro（2010）提出的 UPP 方法对于平台企业的适用性，并指出在使用 UPP 方法时必须考虑间接网络效应。Filistrucchi、Klein 和 Michielsen（2012）阐述了分析双边市场并购行为时应该如何进行 SSNIP 测试，相关分析需要建立一个关于企业需求的完整结构模型，既反映交叉价格效应，又反映间接网络效应。与传统单边市场相比，相关计量分析需要更多关于需求的信息。

其次，与传统单边市场不同，即便没有并购带来的效率收益，在某些情况下平台企业并购也可能在理论上降低平台各方需要承担的价格水平。如 Chandra 和 Collard-Wexler（2009）对报纸市场并购行为进行了分析，发现在特定的假设下，并购后降低报纸价格会提升企业的利润水平。需要注意的是，多边平台并购区别于传统单边市场中企业的特殊结果取决于模型假设，价格上涨还是下跌取决于模型中一些特定参数。换言之，对平台企业并购行为的分析结果可能对参数非常敏感。

第三，基本所有多边平台的并购都会通过增加其平台的客户数量来提升间接网络外部性，并因此具备提升潜在效率的可能。对于单边企业而言，由于不存在网络外部性，也就没有这一效率提升途径。为了评估平台企业并购的福利影响，需要评估这种外部性提升所产生的价值。即便平台一方的消费者在并购后承担了更高的价格，但网络外部性的存在，可能使消费者由此产生的收益超过其承担更高价格带来的福利损失，最终消费的福利水平得到了提升。

第四，为了评估平台企业并购的福利影响，必须充分考虑并购对平台各参与方的影响。并购可能使平台一方的消费者受益，但也可能会损害另一方的利益，因此，并购对所有客户群体的净影响可能是正面的，也可能是负面的。以外卖平台的并购为例，即使并购后的企业对接入平台的餐馆收取更高的平台服务费用，并不意味着餐馆或消费者会在并购后受损。因为，对于餐馆而言，并购可能带来更多的消费者，这可能会弥补平台服务费用提升给餐馆带来的损失。如果平台和餐馆都不采取激进措施向消费者收取更高的订餐费用，那么消费者也可能在不支付更高价格的情况下获得更多选择，进而在并购中受益。

13.2.2 多边平台滥用市场支配地位行为分析

经济学家们建立了各种模型，用于分析企业特定的商业行为是否排除了竞争对手从而损害了消费者利益，或者是否降低了产品和服务的价格、提升了质量从而使消费者获益。这些模型往往基于各种假设，并且模型的结果对假设比较敏感（Evans 和 Padilla，2005），而这些假设可能只适用于特定的市场。当假设发生变化时，结果会发生变化，尤其是一些纵向约束行为在某些条件下可能促进了竞争，而在另外一些条件下则妨碍了竞争。当模型分析的对象从单边市场转向多边平台时，这种"结果依赖于假设"的特点将更加突出。现有的研究表明，用于分析单边市场企业的模型结论往往并不适用于多边市场。产生这种变化的原因不在于平台企业不能实施单边市场中企业的各种反竞争行为，而在于平台企业自身的经济特性。事实上，平台企业完全可以实施与单边市场中企业相同的各种反竞争做法，甚至是实施传统市场中并不常用的反竞争行为。因此，经济学家们不得不建立一些新的模型来分析多边市场。

（1）平台运行的最低有效规模及其对平台行为的影响

多边平台可能会尝试使用排他性做法来阻止新的平台进入以维护其市场支配地位。多边平台之所以能够实施这种行为，与影响平台企业盈利能力的"最低有效规模"（Critical Mass）有关。"最低有效规模"这一概念由 Evans（2010）及 Evans 和 Schmalensee（2010）提出，对于平台企业的商业行为有重要影响。以 B2B 平台为例，对于平台而言，为了给买家提供价值必须有卖家，为了给卖家提供价值也必须有买家。为了保证买卖以一定的频率发生，还必须保证买卖双方达到一定的数量。基于平台的一些特性，任何买方或卖方能够参与交易的可能性，随着潜在贸易伙伴的数量而增加，这导致了众所周知的交易环境中的流动性问题（Harris，2003；O'Hara，1995；Pagano，1989）。如果流动性不足，买家和卖家都不会来到平台。只有具备足够的流动性，更多的买家和卖家才会参与，平台才可能维持一定的增长。但如果没有足够的买家和卖家，市场将不会对作为买方或卖方的流动性提供者有吸引力。所谓最低有效规模就是指平台在各方面必须具有的最低需求水平。达到该水平的平台可以有效运转，并且通过积极的反馈效应扩大规模，而达不到这个水平的平台则无法有效运转。

当企业建立新的平台时，它可能没有任何一个客户。因此，新平台面临的挑战是达到最低有效规模。在某些情况下，这涉及一方建立需求然后吸引另一方的过程，即 Jullien（2011）讨论的"分而治之"定价策略。在这种情况下，阻止平台进入者获得最低有效规模或推动平台低于最低有效规模的策略可以排除竞争对手。可以采用一系列排他性策略，包括独家交易，捆绑以及掠夺性定价。但与传统市场不同，平台的排他性行为并不必然损害消费者，甚至在某些情况下会增进消费者福利。通过排他性行为，平台可以保持较高的规模，其提供的价值也会增加。尽管价格可能上涨，但只要价值增加超过价格，消费者福利就会增加。

最低有效规模的存在以及网络外部性导致的平台企业各种行为福利后果的新特性，将对多边平台实施的掠夺性定价、搭售、独家经营等滥用市场支配地位行为的分析结果产生关键影响。

（2）掠夺性定价

由于平台存在最低有效规模的临界点，并具有"鸡生蛋、蛋生鸡"的性质，因此，对于平台企业而言"掠夺性定价"（Predatory Pricing）是一个一举多得的策略，它可以帮助平台规模迅速扩张（Armstrong，2006；Rochet 和 Tirole，2003,2006），也可以帮助平台阻止竞争对手进入。通过实施掠夺性定价，平台可以降低其服务的价格，甚至是提供更多或更好的免费产品和服务，或者增加一方或多方的补贴来阻止竞争对手进入市场。在将竞争对手拒之门外或者使其破产之后，平台企业就可以像单边市场中的企业一样，通过提高价格、减少补贴来获取高额利润。

在单边市场的理论模型中，利润最大化的价格永远不会低于边际成本。因此，认定企业的掠夺性定价行为相对简单。但在多边市场的理论模型中，平台企业一方或多方的利润最大化价格可能低于边际成本或其他单位成本指标。现实中，许多多边平台通常会收取低于边际成本的价格，并且至少在一方通常为零或甚至为负。

但平台企业掠夺性定价的行为并非完全无迹可寻。现实中，平台企业可能对平台一方维持补贴，并同时降低平台另一方的价格来实施掠夺性定价。在这一策略下，平台整体维持亏损状态，以加大竞争对手进入市场的成本，或者改变竞争对手实现盈利的长期预期，达到把竞争对手阻止在市场之外的目的。但这种分析比单边市场中的边际成本与价格水平的对比这种单一标准更为复杂，实际操作中也更为困难。

（3）搭售

在多边市场中，搭售可以被平台企业当作一种隐性补贴，实现提高用户数量和提升企业利润等方面的目标，因此平台会有较高的积极性来实施搭售。例如，Google 等搜索引擎会在提供信息搜索的同时，提供邮件、地图等很多其他服务；腾讯在提供社交软件的同时，也搭载了搜索、软件下载等一系列服务。对于搭售会如何影响消费者剩余与社会福利，一系列文献进行了研究。Amelio 和 Julien（2012）分析了一个双边市场模型，其中搭售既对企业而言有利可图，又能有效增进福利。当企业对平台一方的利润最大化价格为负，而实际上收取负价并不可行时，通过捆绑其他商品或服务，可以使有效价格成为可能。这种情况下，搭售在垄断市场中增加了消费者的福利，但如果存在竞争时企业则可能不会这样做。Rochet 和 Tirole（2008）也提出了一种搭售增加社会福利的情况。他们考虑两个竞争平台，平台 A 提供信用卡和借记卡，平台 B 只提供借记卡。如果允许 A 将其两张卡绑在商家一侧，商家必须接受两张卡或都不接受，这种情况下会增进社会福利。因为，搭售允许 A 通过实施高于竞争水平的借记卡服务费并降低信用卡服务费来重新平衡其定价。虽然这在简单模型中搭售总是提高福利，但在更复杂的模型中，搭售的净福利后果是模糊的。

（4）独家经营

通过签订独家经营协议，从而达到独占某种上游资源或者某一类型客户群体的做法是平台企业常用的一种竞争策略。由于这种策略的福利影响并不确定，相关行为容易引起争议，也是分析平台企业滥用市场支配地位时关注的一个焦点。

平台企业实施独家经营的方式有多种。一种是通过与平台一方的参与者签订独家经营合同来排斥竞争对手。在单边市场中，Segal 和 Whinston（2000）证明，存在规模经济的情况下，通过说服足够的客户在进入者出现之前签署独家交易合同，现有的垄断经营者可以有效地阻止更有效率的竞争对手进入。那么，在多边市场中这一策略仍然有效吗？Doganoglu 和 Wright（2010）研究了在一个没有规模经济但存在网络效应的市场中这种策略的有效性。他们发现，在双边市场中通过在进入者出现之前向平台的一方提供具有吸引力的独家交易合同，并向另一方收取高价，在位者可以排除更有效率的进入者，进而获取更高利润。与具有规模经济的单边市场类似，通过使潜在的进入者无法获得足够的客户，平台企业达到了阻止新企业进入的目的。

另一种是平台通过获取某种特定的上游资源来达到排斥竞争对手的目的。《达拉斯晨报》与环球出版辛迪加（Universal Press Syndicate, UPS）之间签订的独家合同就是一个典型例子。Chowdhury 和 Martin（2013）分析了这一案例。《达拉斯晨报》和《达拉斯时代先驱报》在德克萨斯州达拉斯的报纸市场上展开竞争。他们都从 UPS 获得了诸如专栏和漫画等内容。1989 年 8 月，《达拉斯晨报》与 UPS 签订了独家合同，使《达拉斯时代先驱报》失去了读者群，《达拉斯晨报》母公司还在 1991 年收购了《达拉斯时代先驱报》并关闭了它。Chowdhury 和 Martin（2013）的研究表明，如果消费者对一种报纸的偏好不高于另一种报纸，并且固定成本很高，那么在独家经营合同下，尽管消费者福利会受到损害，但垄断均衡中社会福利可能更高。

除了通过独家经营阻止竞争对手进入外，也有一些研究发现独家合同可能产生了促进竞争对手进入的效果。Lee（2013）在对视频游戏行业的实证研究中发现，独家合同可以促进进入而不是阻止进入。视频游戏控制平台作为游戏玩家和游戏开发者的中间人提供游戏硬件，开发者编写游戏软件，而玩家则参与游戏。视频控制平台有时会编写自己的游戏，这些游戏对他们来说是独家的，有时会与游戏提供商签订合同，专门为他们的控制台开发游戏。这些做法会降低购买其他游戏机的消费者的游戏可用性。然而，Lee（2013）发现，在第六代视频控制台的情况下，独家交易促进了竞争对手的进入。在没有排他性协议的情况下，游戏开发者会因为其庞大的用户群而首先为现有平台编写游戏。如果有竞争对手进入，他们会将这些游戏移植到竞争对手的平台上。因此，竞争对手将无法匹配现任运营商的一系列游戏，并且很难以积极的方式区分自己。但是，在有排他性协议的情况下，只要有未与在位者签订独家协议的游戏开发者，新进入的竞争对手就可以提供在位者不能提供的游戏，从而使他们能够与众不同。在这种情况下，新进入者更容易在市场上站稳脚跟。

13.2.3　多边平台之间的合谋行为分析

对多边平台合谋行为的分析，既能帮助我们认识多边平台之间达成垄断协议行为的福利后果，也能为分析平台企业实施并购的协同效应提供借鉴。与平台并购和平台滥用市场支配地位类似，基于多边平台的经济特性，在分析平台合谋行为时也衍生出两个重要问题。

第一个问题是多边平台在进行合谋定价时，其福利分析变得更加复杂。当具有竞争关系的单边市场中的企业达成价格垄断协议时，经济学的一般理论都认为垄断协议提高了价格水平，减少了产量，最终损害了消费者剩余和社会总福利。多边平台理论对企业达成垄断协议如何影响福利的结论并不明确。具有竞争关系的平台在追求利润最大化时，可能压低平台一方的价格，而抬高平台另一方的价格。因此，无法保证竞争会导致平台采用最大化消费者福利的定价结构。因此，当平台之间达成垄断协议时，可以使平台一方价格上涨，而另一方价格下降，新的定价策略反而可能提高消费者福利。Rochet 和 Tirole（2008）的分析表明，在银行卡市场中，在某些特定条件下，合谋会提升社会福利。当然也有一些文献得出了与传统单边市场类似的结论。在一个考虑政治定位分化的报纸开展竞争的模型中，Antonielli 和 Fillistruchi（2012）发现，定价和政治定位的竞争比共谋产生更大的消费者福利。但他们也发现，美国允许的一种联合经营协议，使报纸在定价和生产方面进行合作，但在编辑方面进行竞争，导致消费者的福利水平低于允许报纸就其业务的各个方面进行合作的情况。

第二个问题是平台各方价格之间的关联性，使我们更难判断平台企业之间的合谋比单边市场中的企业更难还是更容易。很明显，在其他条件相同的情况下，需要就多种价格达成一致意见，这使得平台企业之间的合谋更加困难。事实上，平台企业之间合谋的难易程度与间接网络外部性以及企业之间的竞争程度密切相关。Ruhmer（2011）建立了一个双平台模型，平台的各参与方都会选择单一平台，更强的间接网络外部性增加了平台降低价格带来的收益，从而使合谋难以维持。这一结果表明，与单边市场中的企业并购相比，在分析多边平台企业拟议的并购行为时，执法机构可能不太关心并购的协同效应。但如果间接网络外部性比较弱，那么上述结论是否成立就会存疑。Evans 和 Schmalensee（2007）认为，双方平台之间激烈的竞争可能会消除平台企业合谋带来的收益。在 Ruhmer（2011）的模型中，两个平台对消费者来说是不完美的替代品，竞争并不是特别激烈，因此，企业有可能只在平台一方的价格上进行合谋，这种不完全合谋给企业带来的收益取决于平台在不能实施合谋一侧的竞争强度。

13.3 平台垄断行为的反垄断执法与竞争政策

13.3.1 反竞争行为的救济方式

与传统市场的竞争一样，虽然在数字市场上取得市场支配地位并不意味着必然违法，但由于创新行为产生的巨大力量，数字市场中的竞争更容易产生"赢者通吃"的结构，使竞争法规则始终如达摩克利斯之剑一般悬在这些"垄断性"经营者头上。因此，要对相关的救济制度进行研究。

在使用救济原则时，首先要明确救济的目标和条件，这样能够给实际执法设定较好的政策框架，还能在实际执法中赋予其一定的灵活性。因此，救济制度可以促进市场的充分竞争，还能保持合理的市场结构。其包含了两方面目的，一方面是致力于反垄断层面，尽可能避免垄断行为发生，同时阻断已经对市场产生影响的垄断苗头继续生长。另一方面是以保持市场公平竞争秩序为前提，适度给予厂商一定的自由，以激励其进行技术创新，提升自我竞争优势，从而激发市场活力。救济制度要遵循必要性、充分性、有效性、消费者福利性、透明和可预期性的原则。

（1）结构性救济

结构性救济指可以影响市场竞争结构的救济方式，主要包括剥离参与集中的经营者的部分业务、部分资产，或者要求转让其部分股权。由于结构性救济措施能够较为彻底地改善市场竞争结构，且不需要对当事人的市场行为进行监督，所以这种救济方式受到大多数国家反垄断执法机构的青睐。当市场因为经营者合并或市场支配地位滥用而产生反竞争状况，改变市场竞争结构可以使得竞争问题得到解决时，就应该适用结构救济措施来调整。

在实际应用中，大部分反垄断执法机构认为结构救济的利大于弊。并进一步指出结构救济的最大优势在于能够较好地恢复原来的市场结构，进而实现救济目的，最终为公平的市场竞争提供稳固的基础。美国的《合并救济指南》中说："救济的效率、成功率、成本使用和收益都是救济措施的潜在效力的重要部分，结构救济可以做到彻底、有效地解决市场需求。同时，结构救济很多时候还可以避免政府为干预市场而产生大量成本，所以结构救济优于行为救济。"英国竞争委员会认为结构救济对竞争市场结构的恢复是从源头解决公司合并的有效措施，同时实施后续难度要小于其他救济措施。但结构救济需要反垄断执法机构投入大量时间和精力针对相关市场进行调研，在此基础上做出精确的审查和合理的分析，这些前期工作难度很大，一旦分析出现问题就会直接导致结构救济措施运用错误，会对市场产生极大负面影响。

（2）行为救济

行为性救济是指集中后的经营者不得采取滥用市场优势的行为。在不可避免的某些情况下，结构救济的实施难度较大或效果并不理想，这时就需要用行为救济来填补缺陷，行为救济通常是通过制定限制性条款来规定相关的企业行为，通过对企业行为的控制达到消除市场反竞争效果，维护市场秩序和经营者合法权益的救济措施。

行为救济分为积极行为救济和消极行为救济，积极行为救济包括知识产权许可、提供基础设施和技术性帮助、供应关键性投入、提供核心人员和客户名单等。消极行为救济包括禁止签署排他性规则、禁止提高价格、禁止限制数量、禁止再次引诱雇用已经为竞争者雇用的员工等。

行为救济的优点体现在：一是救济方式具有更高的灵活性。救济方式是设置相应规则来调控市场，或者对企业提出相应要求，这就使得行为救济具有很大的自由，运用起来更加自由，尤其在处理涉及平台垄断、数字市场的相关问题时，情况较为复杂。反垄断机构可以根据具体的案例做出适当的要求，针对市场的具体情况和相关企业的情况进行调控。二是并不会改变企业的性质。行为救济并不会对企业的性质产生影响，而是通过后期调控来恢复市场结构，可以说，结构救济的救济方式类似于"断臂"，而行为救济则类似于"输血"，而且避免了政府过度干预的现象出现。行为救济的缺点在于执行存在较大的现实障碍。行为救济的监督和执行与其他救济方式相比困难得多，虽然反垄断执法机构会要求必须遵循防火墙条款等禁止某些行为，但很多时候反垄断执法机构无法通过正常的监督渠道确定企业按照要求实施或禁止，这就使得行为救济对恢复市场的意义大打折扣，行为救济也就失去了意义。

13.3.2 反垄断政策与规制政策的关系

（1）数据安全问题

用户数据在以广告为重要收入渠道的互联网领域起到了关键性作用。社交网络提供者有动机尽可能地收集用户信息，且希望用户能够透露其信息用于商业用户，以增强平台的吸引力。但用户公布自己信息的意愿取决于第三方获取该信息的难易程度。因此，需要制定合理的数据保护标准至关重要。

平台提供者因发布广告，会加工、处理用户信息，进而获取相应的利益。社交网络的格式条款经常会要求用户统一处理相关信息，有时还要求用户统一将其信息用于商业目的。如果相应的监管政策不到位、不透明，就会助长此类行为。

此外，数据保护相对严格也可能产生负面效果。一方面，可能会影响到平台广告的效率和结构，尤其是非常依赖数据的个别广告可能被阻碍，进而影响互联网广告市场的竞争，带来消极的竞争结果。另一方面，经营者为了免除责任，无论消费者是否需要以及能否理解，其在格式合同中会列出大量信息，而现实中较多用户会忽略该信息，进而产生潜在危害用户数据安全的问题。

（2）行业发展问题

对数字经济竞争政策的制定和执行，还需要对新业态的行业发展问题统筹考虑。要明确经营者的产品或服务是否能够锁定最终用户，其提供的产品或服务是否可以替代，是否会阻碍行业的竞争和创新，最终影响行业的可持续发展。要将数字市场的多变性和持续创新动机纳入政策制定考虑的范畴，平衡竞争活力和政府监管之间的关系，既对损害竞争的行为进行严格规制，也对数字市场上的创新商业模式留有余地和空间。

13.4　平台规制和反垄断政策的典型案例

本节分别遴选了两个经典的平台垄断行为规制案件，其一是在全球司法判决中首次正式运用双边市场理论的美国运通反垄断案；其二是全球在双边环境下对平台企业的行政管制案例，即 1984—2004 年航空计算机订票系统（Computer Reserve Systems，以下简称 CRSs）管制案例。这两个案例充分反映了多边市场环境对平台企业反垄断和政府规制的复杂性。

13.4.1　反垄断规制：俄亥俄州诉美国运通案

2018 年 6 月 25 日，美国最高法院（以下简称最高法院）就俄亥俄州诉美国运通公司案（Ohio, et al. v. American Express Co., et al.，以下简称"美国运通案"）作出终审判决，裁定美国运通公司与商家签订的纵向限制协议中禁止转向条款（anti-steering provisions）没有违反美国反垄断法。最高法院在案件分析中，正式运用了双边市场理论，按照普通法系传统，最高法院的判例将对未来平台反垄断判罚提供重要参考，同时，鉴于美国作为全球领先的反垄断辖区，此次判决也将对未来全球各反垄断辖区在涉及平台企业的反垄断判罚起到重要示范作用。在本案中，最高法院重点对信用卡交易网络相关市场界定、信用卡交易网络倾斜式定价、纵向约束（反转向条款）进行了深度分析。

首先，最高法院裁定应将信用卡的相关市场界定为双边市场。在美国运通案中，对美国运通所处的相关市场界定一波三折。最初，纽约东区法院认为，美国运通卡在两个相互独立的产品市场提供信用卡服务，其一是持卡人所在的市场；其二是在商家所在的市场，并且对美国运通商业行为的竞争影响评估必须仅限于每个单独的市场。[①] 而联邦第二巡回法院判罚则在二审判决中，推翻了纽约东区法院的裁定，认为其相关市场界定错误，没有考虑到双边市场特性，进而指出美国运通所处的相关市场是一个统一的双边市场，由"高度相互依赖的"持卡人和商家构成市场的两边，在进行市场界定和竞争影响评估时应考虑到平台市场的两边。[②] 最高法院再次肯定了第二巡回法院的分析，强调信用卡交易网络相关市场界定应包括平台市场的两边——商家和持卡人。[③]

其次，最高法院裁定运通公司倾斜式定价没有违反反垄断法。第二巡回法院和最高法院认识到，信用卡交易网络相关市场作为双边平台，交叉网络外部性使其有别于传统市场，这种交叉网络外部性体现为当更

---

①   United States, et al. v Am Express Co, et al. (ED NY 2015)88 F Supp 3d 143, 151.

②   United States, et al. v Am Express Co, et al. (2ndCir 2016)838 F 3d 179, 185. (2ndCir. 2016).

③   Ohio v. Am. Express Co., 138 S. Ct. 2274, 201 L. Ed. 2d 678 (2018)。在判决中，大法官 Thomas 大量引用了 Rochet 和 Tirole（2003）等学者的研究。

多的商人接受信用卡时，信用卡对持卡人更有价值，当更多的持卡人使用信用卡时，信用卡对商家更有价值。这种交叉网络外部性会对双边平台的定价结构产生重要影响，最优价格结构设计通常是向需求更有弹性的一方收取更低（低于边际成本甚至负）的价格，向需求缺乏弹性的一方收取更高的（高于边际成本）价格，故而美国运通卡对商家收取更高价格，对持卡人收取更低费用甚至对其进行补贴，有其经济效率基础。本案中，原告和纽约东区法院将美国运通卡对商家手续费价格微弱上涨作为损害竞争的直接证据，然而，第二巡回法院和最高法院则指出，不能将价格上涨作为损害竞争的直接证据。根据先例判决，"通过市场力上涨价格通常表现为限制产出而增加垄断者的利润率"，而本案中美国运通卡的产出（交易额）并未减少，相反 2008—2013 年美国运通卡的交易额增加了 30%，而对商家的手续费价格仅仅上升了 0.09%。也就是说，美国运通卡能够向商家收取高于成本的价格，更多地是反映了双边市场需求的弹性变化，而不是反映了美国运通卡滥用了市场支配力进行限制竞争定价。同时，最高法院认为，美国运通增加的商人费用反映了其服务价值和交易成本的增加，而不是高于竞争性价格的能力。

最后，最高法院裁定美国运通反转向条款并没有违反反垄断法。美国运通采取与维萨卡和万事达卡不同的商业模式展开竞争，后两者在向商户收取手续费的同时，还向持卡人收取支付款项的利息，但美国运通则仅向商家收取手续费，不向持卡人收取利息（相反还对其消费予以奖励）。美国运通更侧重于持卡人消费，而不是持卡人贷款。为了弥补给予持卡人消费的奖励，美国运通卡向商家收取的手续费高于竞争对手的手续费标准。这种商业模式刺激了信用卡市场的竞争性创新，增加了交易量，提高了服务质量，但在交易过程中，商家会支付更高的手续费，因此，实践中商家可以在持卡人确定购物并结算时，推荐、诱导持卡人选择其他信用卡进行消费，这种做法就是所谓的转向行为（steering practice)。为了预防这种转向行为，美国运通卡在与商户签订的信用卡服务协议中，明确约定商家在接受持卡人使用美国运通卡进行结账消费时，不得推荐持卡人改为使用其他信用卡进行结算。原告和纽约东区法院认为，这种禁止转向条款构成了对商家的纵向限制，并阻碍了其他信用卡公司对于商家可展开的竞争，违反谢尔曼法第一条。第二巡回法院和最高法院的裁定则是美国运通的反转向条款并不是反竞争的，也没有违反谢尔曼法第一条。最高法院指出，美国运通的商业模式促使其竞争对手提供更多的信用卡类别，增加了信用卡服务的可获得性；同时，还增强了不同信用卡网络在商家侧的价格竞争，限制了其自身提价的能力；维萨卡等竞争对手还利用美国运通商业模式的不足，通过收取较低手续费扩展了其商家规模，使得其商家规模远超美国运通；此外，这些反转向协议实际上阻止了信用卡市场的负外部性，并促进了不同信用卡品牌间的竞争，提高了信用卡交易的质量和数量，因此，最高法院裁定美国运通的反转向条款本质上没有违反竞争法。

俄亥俄州诉美国运通案是司法判决中首次对双边市场理论广泛而又深入的应用，最高法院的判例也将对涉及双边市场相关案件判罚产生重要影响。然而，值得注意的是，对于本案中所关注的相关界定，倾斜式定价结构、反转向条款是否限制竞争、举证责任、分析方法等问题，仍未达成共识。首先，最高法院大法官们之间存在较多争论。例如，少数派代表法官斯蒂芬·布雷耶就支持纽约东区法院的判定，认为相关市场应界定为商家这一单边市场，反转向条款涉嫌违反反垄断法；[①]其次，学界对此认识不一。例如，法学家 Geoffrey A. Manne 和 Tim Wu 就持不同立场，前者认为最高法院和第二巡回法院适用理论完全正确，后者则认为最高法院适用理论可能存在问题，体现了反托拉斯法中一个不幸的趋

---

① Ohio v. Am. Express Co., 138 S. Ct. 2274, 201 L. Ed. 2d 678 (2018)。

势，就是将理论提升为证据的倾向。简言之，这些不同认识也都充分反映了双边市场理论适用的复杂性。

13.4.2 行政规制案例

航空计算机订票系统是包含并提供有关航班时刻表，票价及其他航空服务信息的计算机系统。在美国放松航空规制管制浪潮中，航空计算机订票系统作为一门新兴技术和商业模式，不仅没有获得反垄断／规制豁免，反而因为其特殊的多边平台商业模式和策略性商业行为，受到政府严格的行政规制，成为全球首例多边平台行政规制案。

纵向一体化企业向平台商业模式转型极大地改变了美国航空计算机订票行业。20 世纪 70 年代初，伴随信息通信技术发展，部分航空公司开发出用于航线信息和票务预订管理的航空计算机订票系统（CRSs）。一开始，CRSs 运营商作为一体化企业，在系统中主要显示自家航线信息，旅行社可以通过安装 CRSs 软件接入到系统，帮助旅客选择航线和预订机票，并向 CRSs 运营商支付设备租赁和相关服务费用。此后不久，CRSs 运营商由上游纵向一体化企业转变成为连接众多航空公司和旅行社的多边平台运营商，没有自主开发 CRSs 的航空公司接入 CRSs 系统，并在系统上显示它们的航线和票务信息，旅行社则负责处理订票信息和机票销售。

CRSs 运营商市场势力的增长及其潜在的展示信息操纵行为引发了政府对其规制。作为信息技术应用和商业模式创新，在技术创新和多边市场的交叉网络外部性作用下，CRSs 市场集中度迅速提升，并成为航线管理和票务预订最主要的渠道。截至 1983 年，CRSs 市场，仅有联合航空（United Airlines）运营的 Apollo 和美国航空（American Airlines）运营的 Sabre、德克萨斯航空运营的 System One 以及 TWA（PAR）四家运营商，其中，Apollo 和 Sabre 的市场占有率超过了 80%，并在许多区域市场上具有绝对市场地位。在此背景下，CRSs 运营商的部分商业行为可能造成的潜在市场竞争损害，引起了美国民航委员会（CAB）/交通部（DOT）、司法部（DOJ）等监管部门的关注。例如，监管部门发现，CRSs 运营商操纵其航线信息展示算法和排序方式，在展示结果页面上，优先或突出展示自家或者合作伙伴的航线信息，便于旅行社优先购买这些公司的机票，而对竞争对手的航线信息采取模糊化、降权、延迟展示、遗漏关键内容、展示错误等控制手段，以所谓的"展示偏差"策略（Display Bias or Prejudice）来巩固其市场支配地位，打击竞争对手（CAB,1984; DOT,1984; DOJ，1985）[1][2][3]。此外，监管部门还发现，在航空公司侧，CRSs 运营商对不同的航空公司进行价格歧视，收取不同接入费；在旅行社侧，CRSs 运营商通过签订独家协议或者补偿和奖励等手段，鼓励旅行社仅接入其系统，禁止其接入竞争对手的 CRSs[4]。无论是展示偏差、还是价格歧视和忠诚折扣等商业行为均涉嫌妨碍市场竞争[5]，为此,1984 年，美国民航委员会正式发布了针对 CRSs 运营商的规制条例（Final Rule）[6]，紧接着，在 1984 年美联航诉美国民航委员会案中，联邦法院裁定 CAB 胜诉，CAB 规制条例继续执行。1984 年后直至 2004 年，美国交通部还接连发布了新的 CRSs 规制条例。

---

[1] 见 CAB. Final Rule. EDR-466，July 27，1984。

[2] 见 DOT Proposed Rules, supra note 3, at 12,586，1984。

[3] 见 U.S. Department of Justice. 1985 Report of The Department of Justice to Congress on The Airline Computer Reservation System Industry，1985。

[4] 见 U.S. Department of Justice. 1985 Report of The Department of Justice to Congress on The Airline Computer Reservation System Industry，1985。

[5] 相关研究也发现 CRSs 运营商的商业行为存在损害市场竞争的行为，如 Borenstein（1992）、Borenstein and Rose（1994）。

[6] CAB. Final Rule. EDR-466，July 27，1984.

表 13.2   CRSs 规制条例演进

发布年份及监管部门	主要内容
1984（CAB）	禁止展示偏差 禁止歧视性接入费 禁止与旅行社签订长期合同 禁止最低预订数量和翻转条款 要求提供平等的系统更新 必须根据要求提供营销信息
1992（DOT）	继续实施 1984 年规制条例 要求提供相同的服务（包括系统所有者） 禁止机构强制参与规则 禁止最低预订数量条款 禁止第三方硬件、软件和数据库的限制 要求 CRSs 运营商披露接入费用安排
1997（DOT）	继续实施 1992 年规制条例 修改和扩展显示偏差禁令 禁止平价条款
1997—2003（DOT）	多次推迟中止监管日期：从 1997 年 3 月推迟到 2003 年 3 月，再到 2004 年 1 月
2004（DOT）	正式取消对 CRSs 全部规制条例

资料来源：根据美国交通部网站资料整理。

技术进步与产业重组形成的动态竞争推动着 CRSs 管制解除。20 世纪 90 年代以后，在互联网、移动通信等信息技术推动下，美国 CRSs 市场竞争格局发生了重大变化。一方面，互联网技术应用加速普及，新兴机票分销渠道的出现，使得传统的 CRSs 航空机票分销渠道面临新的竞争。互联网在线旅游代理，航空公司自建机票预订和销售网站等新增的机票分销渠道，直接绕开 CRSs，对旅客直接销售机票，对 CRSs 运营商施加了较大的竞争压力，在一定程度上抑制了 CRSs 运营商垄断势力，削弱了它们运用展示偏差等策略性行为的能力。另一方面，CRSs

运营商纷纷进行结构重组，重塑了 CRSs 市场竞争格局。受政府严格规制和市场竞争环境的变化，截至 2003 年，所有拥有 CRSs 的航空公司均进行了产业组织重构，对 CRSs 系统进行了分拆，不再拥有 CRSs 的所有权，后者成为独立的市场竞争主体，这在很大程度上解决了监管部门以及社会各界对航空公司利用 CRSs 系统滥用市场支配力的可能性。与此同时，伴随着市场竞争格局的变化，监管部门也开始重新评估 CRSs 行政规制的理论依据。从 1997 年起，美国交通部经过长期审慎评估，于 2003 年 12 月 31 日，正式宣布计划终止有关 CRSs 行政规制，2004 年 7 月，CRSs 行政规制全部解除。

在 CRSs 长达 20 多年的规制历程中，可以看到，伴随技术进步和理论发展，监管部门和学术界对 CRSs 的商业模式、市场行为以及规制需要的认识在不断演进。例如，在早期，监管部门和学术界普遍认为展示偏差行为是滥用市场支配地位的行为，而到了后期，部分学者和监管部门也认识到展示偏差本身可能是有效率的，一方面，展示信息的位置是按照利润最大化原则进行分配的，另一方面，CRSs 运营商本身是大型航空公司，其服务质量通常要更好，对消费者更有利。同时，CRSs 是动态创新性行业，其成长本身就降低了交易成本，提高了整个航空市场的运行效率。政府对其进行严格监管，不仅可能降低了潜在竞争者进入市场的动力，而且还损害了在位者创新的动力。总体来看，CRSs 规制的建立到解除，充分反映了新兴行业规制的动态性和复杂性，应坚持前瞻性视角，做好规制成本和收益分析，避免规制错误阻碍市场发展。

13.5 总结

平台经济的快速发展已经成为我国经济增长的重要引擎，也对公众的生活产生了日益广泛和深刻的影响。但与平台商业模式所发生的各种实实在在的影响不同，人们对于平台竞争行为及其福利后果的认识仍有待进一步深化，尽管多边市场相关文献的研究进展令人振奋，人们对平台企业的技术复杂性已经有了一定的认识，但我们仍需对相关问题的复杂性保持清醒认识。正如本章所指出的，平台企业可能产生与单边市场企业完全不同的行为模式和市场结果，忽略平台企业复杂性容易犯下严重错误。

平台规制以及与平台企业有关的竞争政策是一座需要经济学家和政策执行者们努力构建的大厦。在构建这座大厦的过程中，人们必须认识到传统反垄断大厦的各种建造方法仍然有用，但平台企业远比单边市场中的企业复杂，相关理论切不可照搬照抄。人们必须发展更多的分析方法，进行更多的实证研究，来加深对平台企业垄断行为的认识。

本章参考文献

Affeldt, P., Filistrucchi, L., and T.J. Klein, Upward Pricing Pressure in Two-Sided Markets, *Economic Journal*, 2013, 123(572), 505–523.

Aghion, P., et al., Competition and innovation: An inverted-U relationship, *The Quarterly Journal of Economics*, 2005, 120(2), 701–728.

Amelio, A. and B. Jullien, Tying and Freebies in Two-Sided Markets, *International Journal of Industrial Organization*, 2012, 30(5), 436–446.

Anderson, S. and S. Coate, Market provision of broadcasting: A welfare analysis, *The Review of Economic Studies*, 2005, 72(4), 947–972.

Antonielli, M. and L. Filistrucchi, Collusion and the Political Differentiation of Newspapers, TILEC Discussion Paper 2012–014, 2012.

Armstrong, M., Competition in Two-Sided Markets, *The RAND Journal of Economics*, 2006, 37(3), 668–691.

Armstrong, M. and J. Wright, Two-sided Markets, Competitive Bottlenecks and Exclusive Contracts, *Economic Theory*, 2007, 32(2), 353–380.

Borenstein, S., The Evolution of U.S. Airline Competition, *The Journal of Economic Perspectives*, 1992, 6(2), 45–73.

Borenstein, S. and N.L. Rose, Competition and Price Dispersion in the US Airline Industry, *Journal of Political Economy*, 1994, 102(4), 653–682.

CAB, Alleged Competitive Abuses and Consumer Injury. 48 Fed. Reg. 41.171. & 41.173 .& 41.175.(1983), 1984.

Carlton, D.W. and A.S. Frankel, Antitrust and payment technologies, *Federal Reserve Bank of St. Louis Review*, 1995, 77(6), 41–54.

Chandra, A. and A. Collard-Wexler, Mergers in Two-Sided Markets: An Application to the Canadian Newspaper Industry, *Journal of Economics and Management Strategy*, 2009, 18(4), 1045–70.

Choi, J.P. and B.C. Kim, Net neutrality and investment incentives, *RAND Journal of Economics*, 2010, 41 (3), 446–71.

Chowdhury, S.M. and S. Martin, Exclusivity and Exclusion on Platform Markets, Working paper, 2013.

Doganoglu, T. and J. Wright, Exclusive Dealing with Network Effects, *International Journal of Industrial Organization*, 2010, 28(2), 145–154.

Doganoglu, T. and J. Wright, Multihoming and compatibility, *International Journal of Industrial Organization*, 2006, 24(1), 45–67.

DOJ, 1985 Report of The Department of Justice to Congress on The Airline Computer Reservation System Industry, 1985, 12.

DOT, Department of Transportation Computer Reservations System (CRS) Regulations; Final Rule (14 CFR Part 255), *Federal Register*, 2004, 69(4).

Economides, N. and J. Tåg (2012), Network neutrality on the Internet: A two-sided market analysis, *Information Economics and Policy*, 24 (2), 91–104.

Evans, D.S., Governing Bad Behavior by Users of Multi-Sided Platforms, *Social Science Electronic Publishing*, 2012, 41(11), 2119–2137.

Evans, D.S., The Web Economy, Two-Sided Markets, and Competition Policy, Working paper, University of Chicago, 2010.

Evans, P. and A. Gawer, The Rise of the Platform Enterprise: A Global Survey, The Center for Global Enterprise, 2015.

Evans, D.S. and A.J. Padilla, Designing Rules for Assessing Unilateral Practices: A Neo-Chicago Approach, *University of Chicago Law Review*, 2005, 72(1), 73–98.

Evans, D.S. and M. Noel, Defining antitrust markets when firms operate two-sided platforms, *Columbia Business Law Review*, 2005, 667, 101–134.

Evans, D.S. and R. Schmalensee, Failure to Launch: Critical Mass in Platform Businesses, *Review of Network Economics*, 2010, 9(4), 1–26.

Evans, D.S. and R. Schmalensee, Failure to launch: Critical mass in platform businesses, *Review of Network Economics*, 2010, 9(4).

Evans, D.S. and R. Schmalensee, The antitrust analysis of multi-sided platform businesses, National Bureau of Economic Research, 2013, No.w18783.

Evans, D.S. and R. Schmalensee, The Industrial Organization of Markets with Two-Sided

Platforms, *Competition Policy International*, 2007, 151–179.

Farrell, J. and C. Shapiro, Antitrust Evaluation of Horizontal Mergers: An Economic Alternative to Market Definition, *The B.E. Journal of Theoretical Economics, Policies and Perspectives*, 2010, 10(1), Article 9.

Filistrucchi, L., T.J. Klein, and T. Michielsen, Assessing Unilateral Effects in a Two-Sided Market: An Application to the Dutch Daily Newspaper Market, *Journal of Competition Law and Economics*, 2012, 8(2), 297–329.

Hagiu, A., Two-sided platforms: product variety and pricing structures, *Journal of Economics & Management Strategy*, 2009, 18(4), 1011–1043.

Halaburda, H. and Piskorski M.J., Competing by Restricting Choice: The Case of Search Platform, Harvard Business School Working Papers, 2013.

Harris, L., *Trading and Exchanges: Market Microstructure for Practitioners*, Oxford: Oxford University Press, 2003.

Hermalin, B.E. and M.L. Katz, The economics of product-line restrictions with an application to the network neutrality debate, *Information Economics and Policy*, 2007, 19(2), 184–215.

Jullien, B., Competition in multi-sided markets: Divide and conquer, *American Economic Journal: Microeconomics*, 2011, 3(4), 186–220.

Kaiser, U. and J. Wright, Price structure in two-sided markets: Evidence from the magazine industry, *International Journal of Industrial Organization*, 2006, 24(1), 1–28.

Lee, R.S., Vertical Integration and Exclusivity in Platform and Two-Sided Markets, *The American Economic Review*, 2013, 103(7), 2960–3000.

O'Hara, M., *Market Microstructure Theory*, Cambridge, MA: Blackwell, 1995.

OECD, Two-Sided Markets, DAF/COMP, 2009, 215–216.

Özlem Bedre-Defolie and E. Calvano, Pricing Payment Cards, *American Economic Journal: Microeconomics*, 2013, 5(3), 206–231.

Pagano, M., Trading Volume and Asset Liquidity, *The Quarterly Journal of Economics*, 1989, 104(2), 255–74.

Parker, G.G. and M.W. Van Alstyne, Internetwork Externalities and Free Information Goods, In *Proceedings of the 2nd ACM Conference on Electronic Commerce*, New York: Association for Computing Machinery, 2000, 107–116.

Reggiani, Carlo & Valletti, Tommaso. Net neutrality and innovation at the core and at the edge, *International Journal of Industrial Organization*, Elsevier, 2016 Vol.45(C), pp. 16–27.

Rochet, J.C. and J. Tirole, Platform Competition in Two-Sided Markets, *Journal of the European Economic Association*, 2003, 1(4), 990–1029.

Rochet, J.C. and J. Tirole, Two-Sided Markets: A Progress Report, *The RAND Journal of Economics*, 2006, 37(3), 645–667.

Rochet, J.C. and J. Tirole, Tying in Two-Sided Markets and the Honor All Cards Rule,

International Journal of Industrial Organization, 2008, 26(6), 1333–47.

Ruhmer, I., Platform Collusion in Two-Sided Markets, Working paper, University of Mannheim, 2011.

Rysman, M., The Economics of Two-Sided Markets, *The Journal of Economic Perspectives*, 2009, 23(3), 125–143.

Segal, I.R. and M.D. Whinston, Exclusive Contracts and Protection of Investments, *The RAND Journal of Economics*, 2000, 31(4), 603–633.

White, Alexander, and E. Glen Weyl. 2012. Insulated Platform Competition. Working paper, Tsinghua University and University of Chicago.

程贵孙、孙武军，2006：《银行卡产业运作机制及其产业规制问题研究——基于双边市场理论视角》，《国际金融研究》，39—46。

李允尧、刘海运、黄少坚，2013：《平台经济理论研究动态》，《经济学动态》，123—129。

陆伟刚，2013：《用户异质、网络非中立与公共政策：基于双边市场视角的研究》，《中国工业经济》，58—69。

吴汉洪、孟剑，2014：《双边市场理论与应用述评》，《中国人民大学学报》，149—156。

吴绪亮，2018：《现代经济学的数字化革命》，《财经问题研究》，16—20。

14. 互联网行业创新与知识产权

唐要家

创新是推动互联网经济发展和保持互联网企业竞争力的根本驱动力量，知识产权则是互联网企业最重要的战略性资产。知识产权制度是促进创新的重要制度安排，但同时互联网支配企业的知识产权许可行为也可能会成为影响竞争的策略手段。因此，知识产权是互联网经济领域竞争政策的重要热点问题。在最广泛的意义上，知识产权是一种对智力创造成果所享有的排他性财产权。在互联网经济领域的反垄断执法主要涉及的是专利、版权、商业方法等。版权主要涉及数字音乐、电子图书、视频作品的授权问题。

本章重点介绍和分析标准必要专利的专利劫持行为、专利许可横向协调行为、专利许可单边垄断行为的经济学理论基础及反垄断政策，以及专利流氓的竞争政策设计问题。

14.1 互联网行业创新、知识产权与竞争政策

14.1.1 创新竞争与最优知识产权保护强度

在互联网行业，创新是决定互联网企业能否生存和发展的根本驱动因素。互联网行业的创新不仅体现为产品和过程的创新，而且更多地体现为软件和商业模式的创新。面对互联网行业大量的软件和商业方法的创新，一些互联网企业积极推动知识产权行政管理机构对商业方法授予知识产权保护，以保证企业的创新激励，目前美国、欧盟、中国等国

家和地区的知识产权立法都对此做出了回应。但与此同时，一些学者认为，大量授予软件和商业方法专利会带来专利体制失灵问题（贝森和缪勒，2008），从而反对授予商业方法专利权并主张提高软件专利授予门槛和缩短软件专利保护期。这些学者认为，互联网行业的创新发展本身并不是在强知识产权保护下实现的，恰恰相反互联网行业的创新发展是在开放、无知识产权保护下进行的，所谓的"知识产权赋予发明人排他性垄断权将促进创新"的观点在互联网行业不再成立。在激烈竞争的互联网行业，即使没有知识产权保护，企业也会具有巨大的商业模式创新激励，因为即使是暂时的商业模式领先，巨大的网络效应也足以为创新企业提供高额的利润回报（莱姆利和莱斯格，2001）。在互联网企业占据市场支配地位后再授予其软件或商业方法同传统产业相同的专利保护强度，实际上是保护在位企业的市场支配地位，这会阻碍创新和竞争。因此，在互联网行业实行长保护周期和宽保护范围可能不利于市场竞争，有可能成为在位企业排斥和封锁竞争对手的工具。

14.1.2 创新驱动的动态竞争与知识产权反垄断的行为主义

网络效应和知识产权的共同作用，能够使一个互联网企业具有较强的市场支配地位，市场体现出明显的"赢者通吃"或一家独大的"冒尖"现象。互联网产业的市场结构更多的是高集中，少数大企业占据主要的市场份额。因此，很多学者主张应该对这些互联网高科技企业实行更严格的反垄断执法，甚至应该对其采取拆分等结构性救济措施。但即使一个企业具有市场支配地位，其并不一定具有实施垄断势力行为的能力。这是因为互联网行业存在激烈的潜在竞争，争夺市场的竞争仍然很激烈，不同商业模式和不同平台之间的竞争强度要远远高于同一商业模式内的竞争。市场结构特征是垄断性结构和动态性竞争的结合，可称之为"动态竞争性垄断结构"。互联网行业竞争的本质特征是动态的。熊彼特（1942）所描述的创造性毁灭是互联网行业的真实写照。在创造性毁灭中，一连串的短暂的垄断使创新实现利润最大化，并给社会带来巨大的利益。互联网企业基于网络外部性和专利保护等原因形成的市场支配地位本身并不违法，但是如果其滥用其市场支配地位，排斥其他企业的进入竞争和技术创新，以维持或加强自己的市场垄断地位，则会违反反垄断法。"反垄断行为、不反垄断结构"是互联网行业知识产权反垄断的基本原则，并且反垄断执法并不认为知识产权持有企业对创新成果的排他性权利必然具有垄断市场势力。因此，在互联网行业，竞争政策执法的重点不再是传统的价格垄断行为以及静态效率问题，竞争政策应该更多地关注知识产权获取和运用行为，将维护创新激励和追求动态效率放在更优先的位置。

14.1.3 破坏性创新与破坏性监管

互联网行业的创新具有典型的破坏性创新特征。克里斯滕森（1997，2002）指出破坏性创新过程是决定企业长期生存的重要基础。创新分为两种类型：一是维持性创新，是指在原有产品基础上进行改良、改进，从而满足消费者更多的需求；二是破坏性创新，是指具有高度革命性或非连续性特质的创新。破坏性创新为消费者提供了以前不曾存在的产品或服务，对在位企业、市场和行业产生了巨大的冲击乃至颠覆性影响。破坏性创新代表了一种新的顾客供给模式或破坏性商业战略，它会改变或取代某些已有的市场，甚至可能导致在位企业完全失去市场。因此，破坏性创新会给在位企业带来巨大的不确定性。[1] 破坏性创新是互联网行业创新的重要特征，它改变了传统上认为的市场进入障

---

[1]　由于破坏性创新对经济社会的剧烈影响，一些国内学者也将其翻译成"颠覆性创新"。

碍会导致市场集中和企业拥有市场势力的观点，破坏性创新破坏了现有市场的进入壁垒，使得更多新兴企业进入市场参与竞争，而这些企业大多数是依靠"搭便车"进入市场，促进了整个市场的竞争。在破坏性创新下，整个社会原有的供给模式和商业业态将面临巨大的冲击，从而带来整个社会生产和生活方式的巨大变革。由此，破坏性创新将对原有产业利益集团的利益造成巨大的冲击，其有激励来俘获行业监管机构以保护其利益并限制破坏性创新商业模式的发展。破坏性创新下的竞争政策应该重在保护竞争过程，保证竞争过程的开放性和私人主体的竞争自由，维护市场自由竞争和企业的创新激励，竞争政策执法既要禁止在位企业联合或单独从事的封锁新业态发展的限制竞争行为和互联网行业主导企业利用知识产权封锁竞争的滥用行为，也要消除阻碍破坏性创新发展的行政性监管政策，确立竞争政策的基础性地位。

14.1.4 互补性创新与累积性创新下的创新激励平衡

在互联网产业，不同企业间的创新是互补关系。在互联网产业，大部分产品是分级嵌套的系统，产品实体是由不同层级的组件或子系统组成。由于这些产业最终产品是由很多的互补性子系统来组成，不同的互补模块只有在共同构成了一个完整的产品系统时才有价值，任何单个模块是没有价值的。因此，在互补性创新模式下，合作比独占更重要。专利池等创新许可合作方式通常具有较强的效率收益。动态来看，互补性创新带来非常强的累积性创新特征，新技术是建立在已有技术的基础上实现的，新技术往往是已有技术的升级版（斯科特其莫，1991）。在互补性创新体制下，企业联合行为的主要动机不是通过垄断技术来排斥竞争者，而是通过网络化、联盟化、社区化等开放的组织形式来实现互补性创新的有效利用，实现在相同架构规则下的系统效应或不同架构规则下的网络效应。在互补性创新模式下，合作和兼容是企业的重要策略行为选择，创新主导企业不仅不会排斥其他企业，反而会通过外包、许可资助等方式来邀请其他企业进入产业网络和生产价值链当中，共同促进产业生态的发展。在互补性创新的情况下，如果赋予原始技术发明人过度的知识产权保护，则很多的后续创新将不可避免地侵权，这反而会阻碍后续的技术创新。知识产权制度需要平衡原始创新人和后续创新人的利益，防止原始创新人利用专利技术阻碍后续创新。

14.1.5 "保反兼顾"的竞争政策导向

互联网行业是一个快速创新的行业，创新竞争成为市场竞争和促进商业模式变革的根本力量。激烈的市场竞争会激励企业进行创新，同时网络效应也使成功的创新者能够在较短的时期内获得巨大的回报，因此企业会具有较强的创新激励。同时，互联网知识产权保护和反竞争问题也日益突出：一方面互联网知识产权更多地体现为数字版权、软件或商业方法等形式，这不仅缩短了知识产权获取合法垄断利润的周期，同时也使盗版侵权变得更为容易，保护版权的难度更大；另一方面知识产权日益成为在位支配平台企业排斥竞争对手的策略工具，知识产权滥用问题更为突出。为此，需要将反垄断法和知识产权法有机结合起来，实现"保反兼顾"，既维护市场竞争，也维护创新激励。知识产权相关的反垄断执法主要涉及三个市场：创新市场、技术市场和产品市场。于立、吴绪亮（2010）提出了相应的知识产权"保反三分法"，在图 14.1 中，Ⅰ区对应创新市场，创新激励应要得到充分的保护，并且一般不会产生垄断行为，因此需要较强的知识产权保护和较弱的反垄断，简称"高保低反"。在技术市场的Ⅱ区，既需要适度保护知识产权持有人的创新激励同时也要防止其在技术许可中实施伤害技术市场竞争的反竞争行为，基本政策取向是"既保又反"。在产品市场的Ⅲ区，知识产权持有人有激励在产品市场对竞争对手实施滥用行为并会对产品市场竞争造成较严重的伤害，因此需要较弱的保护和较强的反垄断，简称"低保高反"。

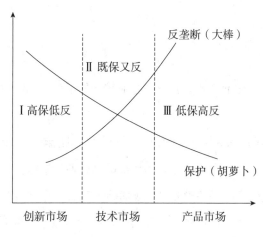

图 14.1　知识产权竞争政策的"保反三分法"

14.2　标准必要专利的专利劫持

在互联网经济中，大部分终端设备需要接入互联网以实现相互连通和互操作，这需要所有设备统一互联技术标准为前提。标准会使不同企业生产的产品部件、系统或网络实现兼容和互操作，既促进供给侧生产组织形式的专业化分工体系，也促进需求侧的产品兼容性和互操作性，从而实现更大的网络效应。因此，标准在互联网行业和数字经济中起到重要的基础性作用。

在网络宽带、数字通信、视频技术、计算机、智能手机等互联网行业，技术标准往往是由多项受到专利保护的互补性专利技术所构成，由于标准是企业生产相关产品不可或缺的必要投入品，企业采用该标准必然要使用其包含的专利技术，因此标准中不可或缺的专利就成为标准必要专利。莱姆利和夏皮罗（2013）对标准必要专利的界定为，如果任何一个产品采用该标准将会对该专利造成侵权，则该专利就是标准必要专利。对于一个实施企业来说，其实施标准就必须要使用该标准包含的专利技术。

14.2.1 专利劫持

标准会赋予标准必要专利持有企业较强的事后市场势力，从而其有可能趁机向实施人索要高价格等行为，这些行为也被称为"专利劫持"（夏皮罗，2001）。专利劫持行为的发生可以从供给侧和需求侧来进行分析：首先，从供给侧来看，专利和标准的结合使标准必要专利成为下游企业从事产品生产的必要投入品，下游企业对标准必要专利具有较强的依赖性；在标准实施过程中，标准实施企业为实施标准会进行大量针对特定标准的专用性投资，其采用包含该专利的技术标准就会被锁定在该技术路径中，由于标准实施企业为采用标准支付巨额的沉淀成本投资（主要是研发和生产设备投资），如果不采用该必要专利技术而是采用其他替代性非必要专利技术或非专利技术，则其已经支出的标准专用性投资将变得毫无价值。因此，从供给侧来看，专利实施企业被专用性投资所锁定，面临事后被劫持的风险。其次，从需求角度来看，在标准必要专利的情况下，由于标准会使实施标准企业的产品实现与其他产品的互操作或兼容，需求侧网络外部性会使其生产与标准兼容的产品获得较大的收益。如果实施企业转向其他替代性技术标准，一方面会发生新的研发投入和专用性资产投资，另一方面，在标准之间竞争有限的情况下，其采用替代标准生产的产品将无法与原有的相关产品实现互操作或兼容，由此可能造成其采用替代标准生产的产品销量有限甚至没有销路，造成巨大的转换损失。

综上，巨大的专用性资本投资和高转换成本造成标准必要专利实施者无法在事后转向替代性技术或者替代性标准。一个专利技术一旦被认定为标准之后，竞争性技术替代将消失，标准必要专利持有人就会具有很强的市场势力，它有激励在事后利用标准化赋予的市场势力来向被许可人索要不合理的高许可费、实施专利伏击、实施不公平许可条款、对善意被许可人寻求禁令救济等行为。专利持有人的上述行为也统称为广义的"专利劫持"行为，狭义的"专利劫持"特指必要专利持有人事后收取不合理的高许可费。美国联邦贸易委员会2003年发布的《促进创新：平衡竞争和专利法与政策的关系》报告指出"专利劫持是指专利持有人索要和获得基于被诉侵权人转换成本而非基于事前其专利发明相对于其他替代技术价值许可费的行为。"[①] 美国联邦法院在微软公司诉摩托罗拉公司案的裁决中指出，"专利劫持是指专利持有人要求超过其专利技术价值和试图获取标准价值的能力。"[②]

专利劫持行为不仅会阻碍下游企业技术创新也会阻碍技术标准的扩散适用。莱姆利和夏皮罗（2007）指出，当一个专利是复杂产品的一个组件时，专利持有人可能会在生产商做出针对专利的专用性投资后套牢生产商并索要过高的许可费。由于生产商知道在商业化复杂技术过程中进行大量专用性投资后将会面临专利持有人的剥削，因此生产商将减少创新投入和新产品开发，最终会造成对消费者的伤害。盖里托韦克和哈勃（2017）指出，专利劫持理论包含五个具体的观点：一是在专利技术许可过程中，专利持有人通过套牢机制系统地向生产商索要高许可费，从而趁机占有下游企业的准租；二是当存在多个互补专利持有人时，每个专利持有人都劫持下游生产商，累积的专利许可费率可能会非常高，从而产生"许可费叠加"问题；三是当专利技术被纳入产业标准中，由于标准化具有的产品之间互操作和兼容性要求，标准必要专利会产生更加严重的专利劫持问题；四是专利劫持、许可费叠加和专利技术的标准

---

① Federal Trade Commission, Promote Innovation：The Proper Balance of Competition and patent law and Policy (2003).

② Microsoft Corp. v. Motorola Inc., 696 F.3d 872 (9th Cir. 2012).

化会严重阻碍创新；五是由于市场机制并不能有效消除专利劫持问题，以反垄断执法为核心的政策干预就有必要。

标准必要专利下的专利劫持与交易成本理论中的专用性投资交易套牢问题既有联系也有区别，专利劫持并不是专用性投资下交易套牢的变体，两者具有不同的理论逻辑和政策含义。夏皮罗（2001）、史万森和鲍莫尔（2005）、法瑞尔、海耶斯、夏皮罗和苏利文（2007）等都将专用性投资看作是专利劫持的必要充分条件。这就是说，在标准必要专利的情况下，仅仅因为专用性投资所带来的交易套牢行为并不一定违反反垄断法，只有在此基础上还涉及滥用事后标准赋予的市场垄断势力的情况下，专利劫持行为才构成反垄断法所禁止的非法滥用。标准必要专利劫持行为是市场势力滥用和机会主义行为结合的产物，属于非法滥用行为。

14.2.2 专利丛林与许可费叠加

在互联网经济中，很多产品或服务的生产或运营需要同时获得多个互补性专利的许可。众多互补性专利会增加专利实施人实施专利的障碍，在一定程度上产生阻碍创新的作用。这被称为"专利丛林"现象。"专利丛林"则是指，由于专利数量过多所导致专利权交叉重叠现象严重，错综复杂的专利之间具有复杂的相互依赖关系。美国学者夏皮罗（2001）指出，"专利丛林是密集的专利网，一个企业要想实现对新技术的商业化必须清除这些相互交织的专利网。"

专利丛林通常具有三个主要特征：一是包括众多专利，二是这些专利往往具有互补性关系，三是这些专利分别被不同的所有人所拥有。由于最终产品生产需要同时获得多个互补性专利持有人的专利许可，实施人只有在获得所有专利权利人的许可后，才能合法地进行商业化生产，这在一定程度上增加了许可的协调成本。在专利交叉重叠的情况下，一个专利就可以阻止成千上万的专利的实施，从而使单个专利具有了较大的许可谈判力。如果每个互补性专利持有人在事后都索要较高的专利许可费，则会导致被许可人支付的总许可费过高，从而带来"许可费叠加"问题。许可费叠加是指单个专利持有人在设定专利许可费时没有考虑其他互补性专利持有人，各自都索要不合理的高许可费，这导致专利实施企业支付的总许可费过高，限制了产品产量并提高了产品销售价格（夏皮罗，2001）。

在专利丛林的情况下，过强的专利保护会带来"反公地悲剧"问题，从而阻碍创新。根据海勒（1988）的定义，反公共地悲剧是指，在多个个体对稀缺资源拥有排他性权利但无人具有相对于他人特权的情况下，理性所有人的单独决策行为会导致资源的使用不足。这与哈丁（1968）所指的，当多个个体对稀缺资源拥有特权但不具有排他性权利时，每个个体的理性行为会导致整体对稀缺资源的过度使用的"公地悲剧"存在相反的结果。在"反公地悲剧"的情况下，强调每个所有人具有严格的排他性权利的专利制度，会使每个专利持有人都具有较强的许可谈判力并索要不合理的高额许可费，这造成同时使用多个专利技术的实施人面临的总许可费过高，从而使实施人没有激励采用专利技术。海勒和艾森伯格（1988）指出，在半导体等行业，多个专利权所有人会导致使用专利技术的成本太高，从而阻碍有利于社会并且消费者能够负担得起的发明技术的商业化应用。

14.2.3 标准必要专利 FRAND 许可承诺机制

在标准制定组织将某一专利纳入标准后，标准必要专利持有企业往往具有较强的市场势力，其有可能会通过专利许可来劫持被许可人以索要高价格或不合理的许可条款。为了规制标准必要专利持有人的专利劫持行为，标准制定组织在标准制定时都要求标准必要专利持有人做出

"公平、合理、非歧视"（FRAND）许可承诺，从而降低专利标准化之后专利劫持行为发生的可能性，消除标准必要专利许可潜在的竞争伤害问题，并合理平衡各方的利益。但目前标准制定组织并没有对 FRAND 许可承诺的具体含义做出明确的界定，FRAND 仅仅是一个基本的必要专利许可的原则性规定，这在一定程度上限制了其约束专利劫持行为作用的发挥。一些学者甚至认为 FRAND 许可承诺的含义模糊性是导致必要专利被滥用的重要原因（斯科特尔，2005）。因此，如何界定 FRAND 许可承诺、如何科学计算 FRAND 许可费成为各国法院与反垄断执法机关面临的重要挑战。

对于 FRAND 许可承诺的概念界定问题，目前大多数学者认为反垄断执法机构不应采取一刀切的概念界定，而是应在明确基本目标和原则的情况下基于个案来灵活处理。米勒（2007）指出 FRAND 承诺的核心作用就是消除标准采用后的劫持行为。塞蒂科（2013）指出，FRAND 许可承诺应该满足四个目标：一是确保专利持有人持续参与标准制定；二是不会排斥专利技术实施人获取标准；三是单个标准必要专利的许可费应与其在由多个互补专利构成的标准中的价值贡献相一致；四是相同被许可人应该支付大致相同的许可费率。这里前三个目标满足"公平、合理"要求，即保证专利持有人获得合理的创新补偿，被许可人不能支付过高许可费，第四个目标是保证许可费不会造成被许可人受到歧视性待遇和处于不利的竞争地位。从激励性合约设计的角度来说，FRAND 许可费需要同时满足专利持有人和专利潜在实施者的参与约束和激励相容约束，即保证专利持有人有激励研发并参与许可谈判，保证潜在实施者有激励参与许可谈判并应用标准专利技术，即达成许可协议带来的收益要高于不参加许可协议，并且还会带来社会公共利益的最大化，任何单方利益最大化的制度安排都不是最优的。

14.2.4 标准必要专利 FRAND 许可费确定方法

在涉及 FRAND 承诺标准必要专利案件中，科学确定 FRAND 许可费是判定专利持有人是否违反 FRAND 许可承诺的重要基础。奥德佛和山姆派恩（2014）认为，FRAND 承诺应遵循四个经济目标：一是合理的许可费应该反映事前竞争情况而非事后市场状况。因为在标准必要专利被采用后，专利持有人将拥有明显的标准赋予的市场势力，并有可能从事专利劫持行为；二是对相同情况下的被许可人实行非歧视的相同许可条款，从而确保实施标准必要专利的产品之间的有效竞争；三是公平合理许可费应该有助于促进标准的广泛使用，即有助于解决许可费叠加问题；[①] 四是许可费应该为所有企业的创新提供有效激励。目前，经济学家提出了事前递增价值法、有效成分定价法、夏普利值法等多种方法，同时美国联邦法院在具体案件的审理中也逐步应用更为科学和具有操作性的方法，典型的为"乔治亚－太平洋"要素法和"自上而下"（Top-Down）法。

目前，比较认可的确定 FRAND 许可费的经济学方法是"事前递增价值"法。经济学家史万森和鲍莫尔（2005）提出了确定 FRAND 许可费的"事前递增价值"法。根据确定合理许可费的事前竞争规则，在事前竞争的情况下，由于不同专利技术之间存在替代竞争，因此在竞争市场情况下一个专利技术所能索要的最高许可费是被许可人采用该专利所能带来的相对于其最佳替代技术的递增价值。在具体的案件中，执法机构需要区分特定专利技术的递增价值贡献与专利对标准的价值贡献。欧盟委员会 2011 年发布的《横向合作协议指南》指出，FRAND 合理许可费应该基于知识产权的经济价值，这主要是通过比较专利持有人在事前

---

① 如在美国 Ericsson v D-Link, Davis 案中，法院要求专利持有人需要提供证据证明其主张的合理许可费充分考虑了许可费叠加问题。

标准制定时索要的许可费和事后整个行业被标准锁定后索要的许可费，或者由独立的专家对必要专利的必要性和价值贡献进行评价，以及根据事前标准制定过程中专利持有人披露的许可条款来确定。①

在美国法院关于标准必要专利的执法中，FRAND许可费的确定主要是采用修正的"乔治亚–太平洋"要素法。该方法是美国法院在1970年乔治亚–太平洋公司案中，法院基于专利"假设谈判"提出了专利侵权损害情况下计算合理专利许可费率需要考虑的15个要素，具体包括：专利曾收取的许可费、许可协议的性质、许可人与被许可人的市场竞争状况、其他类似专利许可费水平、专利对被许可人产品的边际价值贡献、专利产品的获利能力、专利许可的范围、专利许可期与许可条款、专利特征与性质、专利创新程度、使用专利产品的销售价格、双方自由谈判可能达成的价格、专家意见等。在2013年微软公司诉摩托罗拉公司案中，美国第九地区巡回法院认为传统15要素中的第4、第5和第7这三个要素并不与FRAND承诺特别相关，因此不予考虑，并将第10要素和第11要素合并。罗伯特法官采用修改的"乔治亚–太平洋"要素法确定FRAND许可费分为三步：第一步，法院分析专利族对标准的重要性，既要同时考虑所有标准必要专利对标准的贡献比例，又要考虑专利族作为一个整体对标准的技术贡献；第二步，法院分析专利族作为整体对被诉侵权产品的重要性或贡献；第三步，法院分析其他可比较的专利许可费作为参照基准来确定该专利族的FRAND许可费率，可比较许可费的选择主要是依据专利对标准的重要性和对被诉侵权产品的重要性来判断。

在美国2011年Innovatio公司案中，法院直接根据必要专利的价值

---

① European Commission, Guidelines on the Applicability of Article 101 of the Treaty on the Functioning of the European Union to Horizontal Co-operation Agreements, 2011 O.J.（C 11）1, 289.

贡献来计算 FRAND 许可费,并强调要充分考虑专利持有人的创新补偿问题,采用最小可售单元作为计算许可费的基础。法院采用了下游生产商经济学家证人雷纳德提出的自上而下法。霍尔德曼法官认为自上而下方法符合递增价值方法的思想,更接近 FRAND 许可费。自上而下方法的分析过程是:首先,基于 Wi-Fi 芯片(最小可售实施单元)的平均价格;其次,在基础上计算生产商生产每个芯片所能获得的平均利润,这构成许可费的上限;再次,计算出 Innovatio 拥有的标准必要专利数量在 802.11 必要专利总数量中的比重或者该企业拥有的必要专利对标准价值的贡献比重。具体的 FRAND 许可费计算公式为:

$$\text{FRAND 许可费} = \text{最小可售单元价格} \times \text{每个可售单元平均利润边际} \times \frac{\text{该专利技术贡献}}{\text{标准价值}}$$

总体来说,自上而下法较好解决了多个互补性专利组成标准的情况下如何科学确定单个必要专利的许可费,其确定的许可费非常接近事前谈判许可费,并能有效防止出现许可费叠加问题,因此目前被多个国家的法院在标准必要专利案件中借鉴应用,但是该方法应用面临的一个尚未很好解决的问题是如何确定多个互补专利的总体许可费率。

14.3 知识产权许可横向协调行为

在互联网行业,以交叉许可、专利池、联合许可等为主要形式的企业间研发与许可合作行为日益成为知识产权许可的重要组织形式和企业创新策略行为选择。由于这些组织形式往往是企业之间的横向合作协议,因此它也引起了各国反垄断机构的关注。对于互联网相关产业日益增多的研发合作行为,传统的以追求垄断为目的的创新理论是无法有效解释的,因为在该理论中合作与独占存在根本的冲突。在互联网经济中,由于专利门票现象带来的多许可方谈判和机会主义行为问题,许可交易中企业之间的横向协调能整合互补技术，降低交易成本，排除专利实施中的交互限制，避免昂贵的法律诉讼。由于互联行业独特的互补性创新模式和研发合作的内在效率效应，不适当的反垄断执法可能会阻碍技术创新。因此，对专利池、交叉许可、联合制定标准等知识产权许可横向协调行为的反垄断政策应该相对宽松，采用合理推定原则，并指导相关知识产权合作组织的知识产权政策和许可行为规则的制定，促进其合规。

14.3.1 专利池

专利池是指各专利权人将它们的专利权或委托代理权集中在一个专门的法人实体或组织，通过该法人实体或组织实现成员之间的相互许可或向第三方许可。它通常应用在生产某一标准化产品需要多项专利的情况下。专利池协议通常在技术的生命周期内都是有效的，当这一技术生命周期结束后该协议也自然地终止。从反垄断经济学的角度来说，专利池既有效率效应，也有竞争损害效应，应该基于个案采取合理推定的原则进行反垄断审查（勒纳和泰勒尔，2007）。

专利池具有促进创新和竞争的效率效应理由主要有三个：一是专利池是清除"障碍专利"的有效方式。专利池清除了障碍专利并降低了实施人支付的总许可费，专利池促进了技术的商业化应用和扩散。二是专利池有助于降低专利许可的高交易费用。在专利池中，专利所有人将它们的专利集合起来并建立一个独立的组织负责处理所有的专利许可业务，降低众多专利单独谈判的交易成本。三是专利池能有效降低专利诉讼的成本和风险。由于专利池是一种私人的专利协调组织，能在一定程度上促进相互交叉的专利持有人之间的争议解决，成为一种诉讼阻止机制（乔伊和葛莱士，2013）。

专利池作为具有互补性知识产权企业之间的一种合作方式也可能产

生限制竞争的结果，具体来说：第一，专利池有可能成为企业之间的一种合谋机制。由于专利池企业之间就专利许可问题达成了有一定约束力的协议，如果专利池的协议中还包含相互限制专利产品的销售价格、生产量、销售量、销售渠道、销售地域等内容，就可能阻碍下游市场的竞争。第二，专利池有可能成为市场优势企业联合滥用市场势力排斥竞争对手的手段。由于专利池往往是由知识产权和技术标准交织在一起，因此具有了"准自然垄断性"。在面对新进入者进入或潜在进入者竞争时，专利池企业可能会通过联合拒绝许可、一揽子许可、歧视性许可、纵向限制和强制性排他回授等手段，来排斥和阻碍竞争者的市场进入和创新竞争。第三，专利池有可能阻碍创新。专利池可能是市场主导企业将企业事实标准变成行业标准的一种隐蔽策略，从而阻碍了其他企业的创新和标准发展。由于行业主要企业都参加了专利池，在协议对未来的创新成果也规定了共享要求的情况下，这会阻碍企业的创新激励，影响行业的技术发展。

目前关于专利池的反垄断经济学理论研究主要集中在哪些因素决定了专利池可能具有反竞争效应上，从而为反垄断审查提供依据。关于专利池的经济理论分析显示，不会引起限制竞争问题的专利池一般具有以下的特点：一是互补性专利组成的专利池。由于专利池是由互补性专利所组成，其往往具有较明显的效率效应，不应该受到反垄断法的禁止；如果专利池的专利是替代性的，则它可能会成为价格合谋机制，伤害市场竞争，可能会受到反垄断禁止（勒纳和泰勒尔，2004）。二是专利池中的所有专利是合法的并且在专利保护期内。通常包括一个识别和清除非必要专利和无效专利程序机制的专利池是不会引起限制竞争的后果。三是专利池的开放性。由于封闭性专利池的联营协议排除其他企业的参加，致使被排除的企业失去在采用被许可技术的产品市场上与其进行有效竞争的能力。开放性专利池对企业的参与保持开放性，并且也不禁止单个企业的单独许可行为，因此是促进竞争的。四是专利池对第三方的许可条款体现了"公平、合理和非歧视"的 FRAND 许可原则。由于必要专利具有"必要设施"的性质，如果专利池中的专利许可都遵循 FRAND 许可原则，则会有效约束专利持有人的过高要价，避免出现专利劫持和许可费叠加问题。五是被许可方拥有生产和经营的自主权，不受专利池的严格限制。六是专利池对被许可方设定非强制的、非排他的回授条款，以保证专利池内部成员企业之间的创新竞争。上述这些因素也成为对专利池进行反垄断审查进行分析的主要因素。

1995 年美国司法部和联邦贸易委员会发布的《知识产权许可反垄断指南》中就指出对涉及协调定价、产量限制等专利池采用本身违反原则，对其他的专利池行为则适用合理推定原则。美国司法部和联邦贸易委员会 2007 年发布的《反垄断执法与知识产权：促进创新与竞争》明确指出，在通常情况下将采用合理原则判定专利池是否违法。根据美国司法部和联邦贸易委员会 2017 年版《知识产权许可反垄断指南》，判断专利池是否违法主要考虑的因素为：专利池中包含的专利技术是否有效；专利池中的技术之间是否互补以及是否为必要专利；专利池中的技术在许可时是否是排他性的；专利池技术许可协议中的回授条款是否合理；专利池对敏感信息的传递是否进行一定程度的限制。

根据欧盟委员会 2014 年发布的《技术转让协议指南》，欧盟委员会对于专利池反垄断审查采取合理推定原则。在评估专利池的竞争风险和效率效应时，执法机构主要考虑的因素为：专利池是否是具有开放的参与机制，对所有参与人开放；纳入专利池的技术性质（互补性技术与替代性技术、必要技术与非必要技术）；独立专家的选择与职能，以及争议解决机制；确保敏感信息不被交换的保障措施等。由于认识到了在标准必要专利的情况下，专利池对促进许可和创新的积极意义，欧盟委员会 2017 年发布的《针对标准必要专利的欧盟方法》指出，在欧盟竞争法的范围内，标准必要专利的专利池及其他许可平台应该被鼓励。[①]

14.3.2 联合制定标准

目前，在互联网相关的网络通信等行业，标准制定组织对标准的制定和推广应用发挥了主导性作用，是互联网相关行业标准化的重要推动力量。标准制定组织主要是从事标准的开发、协调、推广、修订、发布、解释等活动的组织。标准制定组织的一个重要工作是召集产业相关利益主体来开发标准，在竞争性技术中选择行业技术标准，并促进标准的广泛采用。这不仅会促进标准的形成，也会促进产品之间的兼容和互操作性，从而促进事后的市场竞争。但是，标准制定组织的联合标准制定活动也会引起反垄断组织的关注。传统上，各国反垄断执法机构一直担心相互竞争的企业在联合制定标准的过程中会从事协调价格或者联合抵制等合谋行为。

目前，私人行业标准制定组织的目标一般包括如下几个方面：促进标准的广泛实施；确保标准必要专利的可获得性；确保标准必要专利以合理的许可费许可或以合理和无歧视的条款许可；确保所有标准必要专利的累积许可费以总体合理的许可费许可；确保在多个互补性专利持有人之间公平分配标准化带来的经济价值；确保对标准必要专利持有人的公平补偿；消除潜在的恶意参与人并保证善意参与人的合法权益。为了实现上述目标，标准制定组织的主要政策工具是其知识产权政策，并且将专利持有人是否接受知识产权政策作为是否将其专利技术纳入标准的重要依据。目前大多数标准制定组织的知识产权政策主要包括必要专利信息披露政策、FRAND 许可条款政策、谈判规则和禁令救济政策等。

[①] 具体参见 European Commission, Setting out the EU Approach to Standard Essential Patents, Brussels, 29. 11. 2017, COM (2017) 712 final 第 2.3 节。

标准制定组织的知识产权政策是应对专利劫持行为并促进标准实施的一种重要的私人规制治理机制。万恩（2006）指出，标准制定组织是协调各种经济活动和相互冲突利益的灵活的自我规制组织。目前，大多数标准制定组织是建立在成员自愿参与和一致认同的基础上，它是基于成员之间有长期的共同利益的基础上，通过一系列的政策和组织运行规则来保证其有效运行，既促进标准的制定，也促进标准的推广应用。标准制定组织主要通过知识产权政策来实现其治理目标。勒纳和泰勒尔（2006）对标准制定组织之间竞争的经验分析发现，知识产权合约条款是标准制定组织用来吸引专利技术贡献者的主要机制，标准制定组织试图利用知识产权政策来向专利技术持有人显示其是"友好的支持者"角色，从而实现制定更高质量标准的目标并实现作为一个平台的组织价值最大化。

标准制定组织是解决知识产权法基本困境的重要私人制度安排，它能缓解高技术产业知识产权交叉重叠问题，具有明显的效率促进意义。巴尔和李伯宁（2014）分析指出，标准制定组织会促进关于研发和产品设计的信息交换，帮助企业更方便地获取互补性技术或知识资产。巴伦和鲍尔曼（2013）指出，标准制定组织能通过协调降低重复性研发投入，降低标准形成的成本。总体来说，标准制定组织在大多数情况下是促进竞争的。因此，对标准制定组织的许可协调行为应采取宽松的反垄断政策，避免严格的反垄断政策对其造成的过度限制和对创新与标准化的阻碍。

标准制定组织是横向合作组织，反垄断执法应对其采取宽松的政策，鼓励标准制定组织根据自身的情况采用针对性的应对专利劫持的知识产权政策。反垄断法应该允许标准制定组织在标准制定之前可以组织成员企业就许可费率进行谈判，尤其是达成专利许可的最高许可费承诺，鼓励联合许可的标准必要专利池的建立和运营。标准制定和实施应该以非排他的方式来进行，确保竞争性标准制定过程。如果标准制定过程没有包含充分的行业代表，或者限制特定企业参与标准制定，则标准制定组织的标准制定就可能成为一种排除竞争者的工具。

美国司法部和联邦贸易委员会 2007 年联合发布的《反垄断执法与知识产权：促进创新与竞争》的报告中针对标准制定组织进行了专门的讨论，报告总结指出标准制定组织的成员在标准制定之前就许可条款进行共同协商是促进竞争的并且不构成对反垄断法的当然违反，即"在标准制定过程中，事前集体协调许可条款将不会面临本身违法的处罚，因为它有助于缓解专利持有人劫持标准实施者"。反垄断执法机构在对这些行为进行审查的时候采用合理推定原则，即使标准的采用将创造或提高单个专利持有人的市场势力，其也可能是合理的。报告明确指出如下三点：一是必要专利持有人自愿和单方面披露许可条件（包括许可费率）的行为并不构成违法；二是在标准制定的事前，标准制定组织单个专利持有人和单个潜在实施者之间就许可条款进行的协商并不违法；三是在事前标准制定组织成员就缓解专利劫持问题而就许可条款进行的集体协商并不适用本身违法原则，而是适用合理推定原则。但是如果集体协商涉及统一价格或限制产量等"赤裸裸协调行为"，则适用本身违法原则。①

根据欧盟委员会 2011 年发布的《横向合作协议指南》第 7 章的规定，标准制定组织的标准制定行为也称为企业之间横向的"标准化协议"。②《横向合作协议指南》指出，标准制定通常会对经济产生显著的

---

① 目前关于是否应该允许标准制定组织实行最高上限许可费政策还存在一定的争议，反对者认为相互竞争的企业之间协调最高许可费是一种价格协调行为，对其应适用本身违法原则。

② Commission Notice 2011/C 11/01.Guidelines on Horizontal Cooperation Agreements Comprise Specific Guidance for Standardization.

积极影响，但是在特定情况下，标准制定也可能会产生限制竞争的效果，如通过潜在的限制价格竞争、封锁技术创新以及以阻止有效获取标准的方式排除或歧视性对待某些企业。上述表述显示，欧盟对联合标准制定采用合理推定的执法原则。欧盟《横向合作协议指南》指出，在如下几种情况下，联合标准制定不会产生反竞争效应：（1）不具有市场势力；（2）标准制定组织的成员是否继续有权自由开发不遵循约定标准的替代性标准或技术；（3）标准制定过程不排斥其他经营者，标准制定过程是开放的；（4）具有透明的信息公开程序和义务要求；（5）具有FRAND 许可规则。

14.4　知识产权许可中的单方垄断行为

在互联网行业一家独大的市场结构下，居于市场支配地位的互联网平台企业往往有激励利用自己知识产权垄断地位来排斥竞争对手，因此知识产权许可中的单方滥用行为成为各国制定知识产权反垄断指南和反垄断执法关注的重点问题。典型的反垄断案件为各国反垄断机构对高通公司的反垄断执法。自 2009 年以来，日本、中国、韩国、欧盟、美国都对高通公司专利许可滥用行为采取执法行动，重点针对高通公司在专利许可中的搭售、许可回授、拒绝许可、排他性协议、违背 FRAND 承诺的剥削性高许可费等行为。

表 14.1　高通公司许可滥用行为反垄断执法的国际比较

国别	指控的高通违法行为
日本 （2009）	①高通要求日本生产商免费反向许可；②日本生产商承诺不向高通、共同用户和高通被许可人主张知识产权。
中国 （2015）	①收取不公平高价专利许可费；②没有正当理由搭售非无线通信标准必要专利许可；③在基带芯片销售中附加不合理条件

国别	指控的高通违法行为
韩国 （2016）	①拒绝向芯片制造商许可拥有的标准必要专利；②在芯片销售中搭售必要专利，实施了不公平许可协议；③实施一揽子许可并要求手机生产商免费交叉许可。
欧盟 （2017）	高通公司与最大的终端产品生产商苹果公司签订排他性芯片交易合约（含价格折扣）。
美国 （2017）	①高通实行反竞争的"无许可则无芯片"政策；②高通向使用竞争对手芯片的手机制造商征收较高许可费；③高通拒绝向芯片竞争对手基于 FRAND 许可 SEP；④高通与苹果公司签订排他性许可协议。

资料来源：根据有关国家反垄断执法机关或法院发布的通告或裁定书整理。

近年来，谷歌公司知识产许可滥用行为也成为欧盟委员会及欧盟成员国竞争执法机构关注的重点。典型的案例为 2018 年欧盟委员会对谷歌公司在安卓操作系统市场实施滥用行为的处罚。欧盟委员会调查发现，谷歌在欧盟和全球市场有 80% 左右的智能移动设备运行安卓系统，在相关市场具有市场支配地位；为了应对移动互联网对谷歌搜索支配地位的冲击，谷歌在 2005 年收购了安卓移动操作系统，并且在安卓操作系统的授权中实施了通过向大的移动设备制造商和移动运营商付费来换取其排他性预先安装谷歌搜索 APP，禁止移动设备制造商使用任何替代性版本的安卓操作系统，以及非法搭售谷歌搜索 APP 和谷歌浏览器 APP 等排他性合约限制。欧盟委员会认为，上述行为强化了谷歌在通用搜索引擎市场的支配地位，排斥了竞争性搜索引擎的发展，阻碍了可能为竞争性搜索引擎获取流量以及其他 APP 提供支持的平台出现，排斥了竞争性搜索引擎平台从智能移动终端设备收集大量的信息，因此构成非法的滥用，做出总额 43.4 亿欧元的罚款。

知识产权许可中的单方垄断行为涉及多种，本节重点讨论许可搭售、排他性许可、许可回收、拒绝许可这四个目前仍然存在较大争议和互联网支配平台经常采用的策略行为。

14.4.1　许可搭售

在许可交易中，搭售行为是指许可人要求被许可人向其购买其他的产品或服务，以作为许可一项技术的条件。许可搭售是专利技术许可中一个非常普遍的行为，也是反垄断法禁止的主要许可滥用行为。如2018年欧盟委员会对谷歌利用在通用搜索市场的支配地位在安卓系统移动设备市场等实施排他性协议的滥用行为案件中，欧盟委员会调查发现谷歌在许可安卓系统中实施了包括非法搭售谷歌搜索和谷歌Chrom浏览APP等行为。欧盟委员会认为，上述行为强化了谷歌在通用搜索引擎市场的支配地位，构成非法的反竞争行为。[①]

对于搭售行为，芝加哥学派提出"单一垄断利润"理论，认为搭售不可能构成市场势力的延伸，垄断企业只能在搭售品市场赚取垄断利润（波斯纳，1976；博克，1978）。由于这些理论分析是建立在上游垄断和下游竞争基础上的市场结构，因此无法反映捆绑与搭售的策略效应，更多地认为捆绑与搭售是促进效率的。现代策略性捆绑和搭售理论重点分析寡头市场的捆绑和搭售行为，认为捆绑和搭售是多产品在位垄断者排斥潜在竞争者的重要机制，具有反竞争的效应，但并不一定总是伤害社会总福利。一种观点基于传统的进入阻止理论认为，捆绑和搭售排他的作用机制是，在市场进入需要较高固定成本投资或规模经济要求的情况下，捆绑或搭售通过降低进入者的预期利润而实现进入封锁。温斯顿（1990）强调的是搭售通过更具攻击性价格在被搭售品市场实现对现有竞争对手的排斥；纳里贝夫（2004）指出搭售使进入者无法实现规模

---

① European Commission Press Release, *Antitrust: Commission Fines Google €4.34 Billion for Illegal Practices Regarding Android Mobile Devices to Strengthen Dominance of Google's Search Engine*, Brussels, 18 July, 2018.

经济而被排斥进入被搭售品市场；乔伊和斯坦芬迪丝（2001）、卡尔顿和沃德曼（2002）则强调搭售的策略目的是封锁潜在进入者进入在位者垄断的搭售品市场，以保护垄断租金；法瑞尔和卡兹（2000）的分析则指出在位企业的搭售具有价格压榨、投资压榨和排他性压榨效应。另一种观点则集中针对高技术行业的捆绑与搭售行为并采用动态模型分析认为，捆绑和搭售是降低潜在竞争者创新收益的一种机制，降低了创新竞争。乔伊（2004）的分析指出，在位垄断企业能够通过搭售来降低竞争对手的创新激励。

对许可搭售的反垄断审查应采用合理推定原则。在美国司法部和联邦贸易委员会 2007 年发布的《反垄断执法与知识产权：促进创新与竞争》的报告中指出，对于知识产权许可中的捆绑和搭售行为，反垄断审查将采用合理推定原则，要同时考虑专利许可搭售的反竞争效应和效率效应。美国司法部和联邦贸易委员会 2017 年联合发布的修订版《知识产权许可反垄断指南》重申对于搭售许可反垄断执法需要同时考虑反竞争效应和效率效应，并指出反垄断执法机构对搭售许可行为的反垄断审查主要分析以下三点：知识产权持有人在搭售品市场具有市场势力；搭售对相关市场的竞争会产生不利影响；搭售的效率理由没有超过限制竞争效应。

长期以来，欧盟反垄断执法机构认为支配企业的搭售是一种典型的滥用支配地位行为，并倾向于采用更严格的执法原则。欧盟委员会2009 年发布的《滥用市场支配地位指南》指出，如果一个在搭售品市场占支配地位企业同时满足下列两个条件则会被认定为违法：一是搭售品和被搭售品是不同的产品；二是搭售行为产生反竞争的市场封锁效应。欧盟委员会 2014 年发布的《技术转让协议指南》第 4.2.6 节指出，搭售的反竞争效应主要有以下三种：（1）将下游市场被搭售品竞争性供应商排挤出市场；（2）提高进入者进入上游搭售品市场的壁垒，从而在搭售品市场维持市场势力，或者迫使进入者同时进入几个产品市场；（3）在搭售品和被搭售品存在部分替代且两种产品使用是变动比例时，搭售会使被许可方不能转向替代品，从而使许可方有能力提高许可费。搭售的效率效应主要是搭售遵守质量标准所必需和搭售使被许可方实质上更有效地使用被许可技术。

14.4.2 排他性许可

排他性许可是指许可人同意在特定地域或领域内仅向一家或特定被许可人许可知识产权。这就是说在特定地域或领域内，只有被许可人可以使用相关的知识产权，其他人（也包括许可人）被排除开发应用这些知识产权。排他性许可有时也称为独家许可，它实际是一种独占交易行为。

对独占交易合约，芝加哥学派经济学家指出，除非卖方能够补偿买方由于丧失了从低价格进入者那里购买产品造成的福利损失，否则买方不会接受独占交易合约，但是由于消费者剩余损失超过垄断企业利润，这样的排他性行为是无利可图的。因此，独占交易合约是一种非理性的行为。只有在效率收益大于利润损失时，它才可能会出现。因此，现实当中的独占交易合约一定是出于效率原因。后芝加哥学派重点提出了独占交易的市场封锁理论，认为支配企业可以通过独占交易来排斥竞争者，会严重伤害市场竞争。

根据芝加哥学派的效率主义观点，独占交易能够在买方和卖方之间建立稳定的交易关系，降低不确定性和交易成本，提高在位生产商的经营效率，在独占交易契约保证下，下游企业获得关键投入品，增强了下游企业讨价还价的能力，从而提高投资的积极性，促进专用性投资。独占交易可以防止竞争对手的"搭便车"，减少品牌间的外部性，从而产生增加投资效应。为了能与垄断的零售商签订独占交易契约，生产商将不得不用降低价格的方法去贿赂零售商。因此，尽管独占交易会降低产品选择的多样性，但是它会带来较低的批发价格和零售价格，降价的收益会大于多样性减少的损失。因此，独占交易能够增强竞争并对消费者有利，是提高社会福利的，它不应受到反垄断法的禁止。

后芝加哥学派在承认纵向限制效率基础的同时，主要是证明了独占交易是能够产生反竞争效应的。后芝加哥学派的市场封锁理论认为，具有市场支配地位的企业能通过独占交易，利用其在垄断市场上的市场势力，限制竞争对手的产出或阻止其进入。当支配企业垄断的产品被下游企业用来作为向最终消费者提供产品或服务的一种必要投入品或一种互补品时，独占交易通常就会产生纵向市场封锁，造成社会福利损失。根据独占交易市场封锁效应的实施机制的不同，可以分为三类观点：降低市场竞争的合约排他、提高竞争对手成本的合约排他和外部性效应下的合约排他。

一是降低市场竞争的合约排他。当上游市场和下游市场都是不完全竞争时，独占交易能够用于减少下游的竞争，也能弱化上游的竞争。林（1990）分析了存在品牌竞争的两个寡头厂商，得出寡头上游企业采用独占交易会弱化市场竞争以攫取更多利润的结论。假如两个生产商供应两个替代品，在生产商的价格选择之间存在着一个正的外部性。如果它们把价格决策权授予了进行伯特兰德竞争的零售商，批发价格之间相同的外部性仍然出现。任何允许生产商或零售商提高零售价格的机制都应当对生产商有利。一个机制是让生产商把独占交易权利分配给它们的零售商。这种安排消除了品牌内竞争，并且每一个零售商享有一部分对最终需求的垄断势力并有收取比没有独占交易情况下更高价格的趋势，从而批发价格将会高于没有独占交易的情况，生产商然后使用特许费的方法从他们的排他性零售商处攫取剩余。由于独占交易引起了更高的价格和利润，因此降低了消费者剩余和社会总福利。

二是提高竞争对手成本的合约排他。萨罗普和谢弗曼（1983）认为，独占交易作为一种非价格竞争手段，提高了竞争对手的成本，达到反竞争效果。根据提高竞争对手成本理论，在位企业有激励通过纵向控制等方式来提高竞争对手的成本来排斥竞争者。在销售具有规模经济或范围经济的情况下，在位企业通过与销售商签订独占交易合约，将迫使竞争者建立自己的销售网络，从而提高进入者的成本，以将竞争者排挤出市场或压低其市场份额。这里独占交易的反竞争效应是通过提高竞争对手成本来实现的，其效果是实现了对市场的封锁。提高竞争对手成本理论提供了一个包含各种不同策略性行为的概念框架。由于提高竞争对手成本理论过于宽泛，在反垄断执法当中的可操作性差，因此该理论并没有在反垄断法中得到充分的运用。

三是外部性效应下的合约排他。阿洪和博尔顿（1987）模型关注的是买者和卖者的独占交易合约对进入者的外部性问题，这里独占交易合约是通过违约消费者支付违约金来实现的；在拉斯穆森等（1991）、辛格和温斯顿（2000）分析模型关注的是一个买者签约时没有考虑对其他买者所产生的外部性，即买方群体存在协调失灵。由于在与上游企业签订合约的过程中，每个购买者没有考虑自己的签约行为对其他买者产生的外部性，即如果所有的其他人接受了排他性合约，任何单个买者不会有激励拒绝该排他性合约。在此情况下，如果进入成本较高或生产具有规模经济性，独占交易会使其他进入者无法获得足够的市场份额和销售收入，从而被封锁。

目前，对于独家许可的反垄断审查主要采用合理推定原则。美国司法部和联邦贸易委员会于 2017 年发布的《知识产权许可反垄断指南》第 5.4 节指出，对于知识产权的独家许可应按照合理推定原则进行评估，反垄断执法机构将综合考虑独家许可促进许可方技术利用与开发程度的效率效应和其对竞争性技术利用与开发的反竞争封锁程度或者限制程度的反竞争效应。独家许可是否具有反竞争效应的反垄断审查主要关注如下的要素：其在相关市场上的封锁程度、持续时间、投入与产出市场的特征（如集中度、进入壁垒以及相关市场上供求对价格的影响力等）。如果反垄断执法机构认为某一独家许可可能产生反竞争效应，将评估该行为对被许可方开发和销售许可技术的限制程度，以及其提高许可方开发和改进许可技术的动机，或者促进相关市场的竞争以提高产出，充分权衡效率效应与反竞争效应。

欧盟竞争政策对独家许可的反垄断审查的突出特点是区分竞争者之间的独家许可与非竞争者之间的独家许可，并针对双方之间竞争关系的不同实施差别化的竞争政策。根据 2014 年欧盟颁布的《技术转让协议适用〈欧盟运行条约〉第 101 条的指南》第 4.2.2 节的规定，对于非竞争者之间的独家许可，欧盟竞争法持更加宽容的态度，认为在大多数情况下是促进技术许可和创新的，竞争执法机构仅在极特殊的情况下才会禁止非竞争者之间的独家许可协议。如果双方是竞争的关系，在双方合计的市场份额不超过 20% 时，独家许可可以获得集体豁免；超出 20% 的，就有必要分析该独家许可的反竞争效应，条约指出需要特别评估许可人的市场势力、技术市场的进入难度等因素。

14.4.3 许可回授

许可回授是指在许可协议中许可人要求被许可人同意将其对许可技术改进成果回授给许可人。许可回授分为独占性回授和非独占性回授。独占性回授是指禁止被许可方利用该改进技术，即禁止其自行实施运用于生产或者向第三方许可基于原始专利技术的改进技术；非独占性回授是指被许可方对专利技术改进获得的专利技术在回授给原始专利许可人的同时还可以自己使用或许可给第三方。在各国反垄断法中，独占性回授是反垄断法关注的重点。

互联网领域的技术创新具有明显的累积性特点，即技术创新更多地体现为不同代际技术的升级演进。格林和斯特格其莫（1995）指出，当第二代技术是基于原始技术创新出来的，则第二代技术创新带来的竞争会使第一代技术的创新收益耗散掉。如果原始技术创新者分割的累积创新收益过多，则第二代技术创新者可能无法补偿其创新成本，则会出现创新动力不足，反之如果第二代技术创新者占有的创新收益过多，则原始技术创新者的创新激励也将不足。因此，在累积创新的情况下，创新激励很大程度上取决于创新收益在不同代技术创新人之间是如何分配的。许可回授实际是累积创新下原始创新人和二次创新人之间的一种收益共享机制，其总体上是有利于创新的。

目前经济学理论对许可回授条款竞争效应的理论研究文献较少。万蒂科（2000）证明，在许可回授条款下，回授要求有助于解决创新外部性问题，尽管单向回授要求会降低被许可人的创新激励，但是社会总的创新激励仍然接近或高于社会最优研发激励，双向回授则会产生社会研发投入不足的问题。乔伊（2002）是较早对回授条款的经济效应进行深入理论分析的经济学家，他指出回授条款是不完全许可合约下许可人和被许可人纠正关于未来创新扭曲的私人救济机制，促进技术转让和社会创新，大多数情况下它是提高社会总福利的，而对许可回授的反垄断禁止会扭曲创新和影响市场竞争。凯撒沃亚奇（2008）在肯定上述结论的同时指出，双向互惠回授会同时降低许可人和被许可人的创新激励，双向互惠回授更可能带来较低的社会研发激励。塞拉利昂和瑞奇斯坦（2012）的实证分析发现，回授条款会降低被许可人的创新激励，但是它会促进原始专利持有人的创新，而且当许可的专利是被许可人熟悉的技术时，回授条款这种不利于创新的影响则明显降低。这就是说，在专利技术会很大程度上引发二次创新的情况下，许可回授是有利于社会的。

总体来说，许可回授的效率效应主要体现在以下三个方面：首先，许可回授可以促进创新。回授条款为许可人在基于原始专利基础上的创新提供了一些知识产权保护，可以促进原始创新和创新成果的后续许可。其次，许可回授可以节省交易费用。由于许可中的高交易费用和潜在的市场失灵，如果没有回授，许可人和被许可人可能会设计更复杂的许可合约条款。再次，回授条款有利于促进竞争。回授条款会促进许可人许可技术，并保持与竞争者之间的有效竞争。但在某些特定情况下，许可回授也可能会产生伤害竞争的效应，具体来说：首先，回授条款有助于许可人维持其技术垄断地位，不利于市场竞争。其次，回授条款可能会破坏被许可人进行研发的积极性，削弱被许可人进行研发的动力，并因此限制了创新市场的竞争。一般说来，非独占性回授允许被许可人自己使用，并允许被许可人向他人许可，这通常会促进竞争和创新；而独占性回授禁止被许可人向他人许可，会阻碍竞争和创新。由于许可回授既有效率效应并且在特定情况下也会产生反竞争效应，因此应该采用合理推定原则并基于个案来进行分析。

20 世纪 80 年代之前，美国政府对知识产权的反垄断政策主要是坚持"九不原则"，明确禁止独占性回授，适用近似于本身违法的反垄断执法原则。1995 年美国司法部和联邦贸易委员会制定的《知识产权许可反垄断指南》首次明确指出对许可回授适用合理推定原则。在 2017 年美国司法部和联邦贸易委员会修订的新版《知识产权许可反垄断指南》第 5.6 节对回授的反垄断政策做出了更具体的说明：首先，回授条款具有很大的促进竞争的益处，回授（尤其是非独占性回授）往往具有促进竞争效应。2017 年版《知识产权许可反垄断指南》指出，"回授安排为许可人和被许可人提供了一种共同承担风险的方法，并使许可人可以获得基于许可技术或被许可技术所激发的进一步创新的回报，这既促进了原始技术的创新，也促进了后续创新成果的许可。"其次，回授条款的反竞争效应重点是对研发市场的创新阻碍。2017年版《知识产权许可反垄断指南》指出，"如果回授明显降低了被许可人的研发激励，并由此限制了创新市场的竞争，则回授可能会对竞争产生不利的影响。"再次，非独占性回授通常不会造成反竞争效应。2017年版《知识产权许可反垄断指南》指出，"相对于独占性回授，非独占性回授允许被许可人实施专利技术和向其他人许可改进的技术，因此不太可能产生反竞争效应。"最后，对许可回授条款，反垄断执法机构采取合理推定原则。反垄断审查主要分析许可安排的总体结构和相关市场情况，主要综合考虑许可人在相关技术或创新市场是否具有支配地位、回授条款是否会降低被许可人二次创新的投资激励、回授条款是否会增加许可人的创新激励等。

欧盟2014年版《技术转让协议指南》第3.5节针对独占性回授做出具体的规定，规定指出，独占性许可回授要求可能会降低被许可方的创新激励，对于独占性回授，反垄断审查要素包括：（1）许可方是否为改进技术或为取得独占性回授而支付了对价，如果许可方支付了合理的对价，则独占性回授对被许可人的创新阻碍效应会相对较低；（2）许可方在相关市场的市场地位，许可方的市场支配地位越强，独占性回授的反竞争效应将越大；（3）独占性回授条款是否是相关市场主要企业普遍采用的合约要求，如果平行网络中仅有少数几个许可方控制了可用的专利技术，并且这些许可方都对被许可方实施了独占性回授要求，则反竞争效应会更突出；（4）许可回授是双向互惠回授还是单向非互惠回授，非互惠回授时被许可人有权将专利技术的改进技术许可给其他人使用，这会有助于技术扩散和被许可人的研发激励，但是当竞争者之间交叉许可且存在双向互惠回授时，竞争者之间共享所有改进技术会对技术创新和市场竞争造成负面影响。

14.4.4 拒绝许可

拒绝许可是指知识产权人利用自己的垄断权,拒绝授予竞争对手合理的使用许可,从而排除有效竞争以达到巩固和加强自己垄断地位的行为。如果一项知识产权人拥有一个有市场需求的新产品所必不可少的技术,并且对该技术存在一种事实上的垄断,该知识产权人没有正当的理由利用该技术来阻止新产品的出现,而且新产品是该知识产权人本身所不提供的,那么拒绝技术许可就构成了市场支配地位的滥用。

各国专利法都赋予专利权人在一定时期内排除他人制造、使用或销售专利所主张的发明的权利。专利法赋予专利持有人排他性权利的根本目的是让专利持有人获得合理的利润来补偿其研发投入,并激励其持续地进行研发投入。在一般情况下,知识产权持有者的拒绝许可,是专利法赋予专利持有人的基本权利,是激励研发和鼓励创新的重要激励性制度要素。因此,在大多数情况下,拒绝许可不会与社会利益发生冲突,应当受到法律的尊重和保护。但是在特殊情况下,知识产权人的拒绝可能会构成滥用市场支配地位,受到《反垄断法》的规制。由此带来的问题是,如何合理划分《专利法》与《反垄断法》的边界;作为《专利法》赋予权利人的一项基本权利,拒绝许可在何种情况下构成非法,是否应该采取强制许可政策。正如美国联邦贸易委员会(2011)指出的,反垄断法一个尚未有效解决的重要问题是专利垄断企业是否有义务与其竞争对手进行交易,拒绝许可的反垄断执法仍面临诸多挑战。[①]

根据芝加哥学派的"单一垄断利润理论",专利垄断企业通过征收垄断性许可费完全可以实现垄断最大化利润,其缺乏将垄断势力延伸到下游市场的激励。但卡兹和夏皮罗(1985)指出,在专利技术是剧烈创

---

① FTC Guide to the Antitrust Laws, http://www.ftc.gov/bc/antitrust/refusal_to_deal.shtm, accessed on February 23, 2011.

新和竞争对手效率更高两种情况下，寡头专利持有企业会拒绝向竞争对手许可专利技术。格莱尼和温特（1985）指出，在寡头企业之间存在成本差异的情况下，向高效率竞争对手许可会促发价格竞争并降低利润，因此寡头专利持有企业会拒绝向竞争对手许可专利。罗奇特（1990）研究指出在某些情况下，专利技术持有者为了防止较强竞争者的进入，可能会有选择性地将专利技术许可给相对较差的竞争者，而拒绝向较强的竞争者许可其专利技术，该结论与卡兹和夏皮罗（1985）的研究相一致。瑞和赛兰特（2012）的分析指出，垄断性必要专利持有人在许可决策时面临一个权衡：增加许可数量会带来较高许可费收入，但同时这会强化下游市场竞争从而降低其利润攫取能力，因此其有激励通过拒绝许可来操控下游市场竞争。施密特（2008）分析了专利垄断企业在一体化经营的情况下拒绝许可行为的动机，认为拒绝许可是一种提高下游市场竞争对手成本的排他性策略。针对该问题，陈勇民（2014）进行了深入的研究，其研究结果表明，拒绝许可发生的条件是独立研发企业可能基于许可实行跟随创新并进入上游市场，因为许可会使其他独立研发企业二次创新的可能性提高。拒绝许可作为市场封锁机制以防止其他独立研发企业进入许可人垄断上游技术市场。

美国司法部和联邦贸易委员会联合发布 2017 年版《知识产权许可反垄断指南》指出，反垄断执法机关将把知识产权与其他财产权同样对待，并且指出，"知识产权法赋予知识产权持有人一定的排除其他人使用的权利。这些权利有助于权利人从专利技术的使用中获得利润。知识产权权利人的排他性权利同其他形式私有产权人的权利是相同的。反垄断法通常并不禁止一个企业单边拒绝支持它的竞争对手，因为这样的要求会极大损害其投资和创新激励。"为此，美国反垄断法对拒绝许可采取谨慎干预政策，并且在反垄断司法审查中拒绝适用"必要设施原理"，而主要是基于个案来分析拒绝许可行为是否产生严重的竞争损害效应并做出裁定。由于美国反垄断执法更偏重于保护创新激励，因此很少对专利权人的拒绝许可行为加以禁止。

欧盟竞争法对拒绝许可的基本立场是，尊重知识产权权利人基于成员国知识产权法而享有的各种独占性权利，这种独占性权利的行使本身并不当然构成支配地位的滥用，但当知识产权被以不正当的方式滥用以致影响到成员国间的自由竞争时，就构成了对竞争法的违反。根据欧盟有关法律规定和案例法，并不是所有的拒绝许可行为都构成非法，欧盟竞争法禁止的非法拒绝许可只针对"例外情况"下的拒绝许可，并且在反垄断审查中明确适用"必要设施原理"并将其作为首要的审查条件，欧盟竞争法禁止的拒绝许可主要是针对专利技术是下游企业参与市场竞争所不可或缺的"必要设施"。根据欧盟的实践，对拒绝许可构成非法滥用的审查主要关注以下四个要件：第一，拒绝许可的专利技术具有客观必要性或不可或缺性；[1]第二，拒绝许可具有消除了下游市场有效竞争或全部竞争的风险；第三，拒绝许可给消费者造成损害；[2]第四，拒绝许可没有客观合理理由。[3]

在 2007 年欧盟微软垄断案[4]中，微软公司在 PC 操作系统市场拥有超过 90% 的市场份额，它的 PC 操作系统已经成为一种事实的行业标准。为了确保工作组服务器操作系统与微软操作系统的互操作性，太阳微处理器要求微软公司许可"互操作信息"，以开发和销售新产品。由于这会导致太阳微处理器的产品能够在工作组服务器操作系统市场上与微软公司自身产品相竞争，微软公司对此加以拒绝，由此太阳公司向欧盟委

---

[1] 欧盟对拒绝许可反垄断审查中的"不可或缺性"要件实际上是运用必要设施原理。

[2] 根据欧盟案例法和 2009 年《滥用行为指南》，拒绝许可给消费者带来的损失主要是关注其阻止了具有市场需求的新产品或新技术的出现。

[3] 这主要是考虑必要设施持有人没有拒绝许可的合理理由，如存在能力限制、存在技术性障碍等。

[4] Microsoft Corp., Case T-201/04, Judgment of the Court of First Instance (Sept. 17, 2007).

员会提出反垄断指控。欧盟委员会的裁决指出，微软公司拥有的包含互操作性信息的操作系统专利是其他企业从事软件开发和市场竞争所必不可少的必要投入品，其拒绝许可造成了对市场竞争的严重伤害，因此属于滥用支配地位行为。欧盟委员会的裁定主要是基于以下几点：一是微软公司在相关市场居于支配地位；二是拒绝行为构成了对以前供应水平的破坏；三是由于拒绝提供的信息是微软竞争对手参与市场竞争不可或缺的投入，拒绝行为存在消除相关市场竞争的风险；四是拒绝许可限制了技术发展并且限制了消费者的选择；五是拒绝许可行为缺乏客观合理的理由。据此，欧盟委员会采取了强制许可政策，要求微软公司向所有潜在被许可人许可专利技术。

14.5　专利主张实体

近年来，专利流氓滥用侵权诉讼的案件数量迅速增加，引起各国知识产权管理机构和反垄断执法机构的极大关注。目前，对于这种专门从事专利运营并主要通过侵权诉讼来谋利的组织还没有一个统一、权威的概念界定，理论界和执法部门常用的概念表述有三个：一是专利非实施实体（简称NPE）是指不从事专利技术商业化开发和应用，而是通过许可活动来盈利的组织。二是专利主张实体（简称PAE）是指其主要业务是购买专利和主张专利，而不是对专利进行商业化应用的组织，其主要盈利模式是通过主张专利权来获利，即通过对实施企业索要许可费或对侵权企业提起诉讼从而通过和解与损害赔偿来获得收益。专利主张实体是专利非实施实体的一个子集，它本身是一个中性的概念，并不包含先验地认为其一定是有害的。三是专利流氓是指主要从破产公司、个体发明人和小企业等第三方手中低价购买专利，并且不从事任何专利技术的商业化开发，主要是通过机会主义手段对目标企业发起专利侵权诉讼或威胁性许可谈判，来索要高许可费以谋取巨额利益的专利主张实体。美国联邦贸易委员会（FTC，2016）认为，由于专利流氓的表述带有先验的价值判断，往往是指"坏的"专利主张实体，采用这一概念不利于全面了解专利主张实体的商业模式及其影响，因此主张在反垄断政策分析中采用"专利主张实体"的概念表述。[①]

专利主张实体对目标企业大量提起专利侵权诉讼并以此谋利的商业模式引起各界的广泛关注。专利主张实体在大量收购专利后，其往往并不是首先从事专利许可交易，而是持有专利，并等待专利技术被大规模商业化之后向众多专利技术应用企业广泛发送付费通知书来索要高许可费，或通过在法院同时对多家企业提起侵权诉讼来获得高额侵权赔偿金。目前，对于专利主张实体对创新的影响还存在一定的争论。批评者认为，专利主张实体利用专利法律制度漏洞来侵占专利技术创新和专利技术商业化的租金，提高了技术创新的成本，破坏了专利制度促进创新的激励作用，严重阻碍了技术创新。支持者则认为，专利主张实体能增加市场流动性、实行有效的风险管理、能补偿小发明人和降低许可交易成本，从而能促进小发明人的创新。同时，对于规制专利流氓的政策设计也成为各国立法和执法机构关注的重要问题，尤其是反垄断政策是否是规制专利流氓的首要政策手段。

14.5.1 专利主张实体侵权滥诉的危害性

由于专利主张实体是一个新的知识产权组织模式，专利流氓也是近年来才大量出现的现象，因此各国反垄断执法机构都持谨慎的态度，理论和政策研究主要是进行调研和经验分析，以充分了解专利主张实体的组织特点、商业模式和经济影响。

---

① FTC. Patent Assertion Entity Activity, 2016, p.15.

关于专利主张实体的积极作用，现有的理论观点主要集中在三个方面：首先，由于一些小发明人缺乏专利技术商业化的能力或者无法承担在市场交易成本或侵权诉讼成本，有可能使其拥有的专利技术得不到应有的回报，而专利主张实体能够使个体发明人或小的专利持有人更好地实施专利权，同时也有助于弱势发明人有效从事专利诉讼，成为应对强势侵权人的重要抗衡力量，从而获得充分的补偿，激励其创新。其次，专利主张实体作为专利交易的中间商或中介，能够更好地推销专利技术和为小规模发明人带来现金流，激励小规模发明人从事研发；而且专利主张实体对专利持有人和专利实施人都具有充分的了解，其多样化专利组合许可模式实现了专利许可的"一站式购买"，这会降低专利许可的交易成本，并促进专利许可方和被许可方的最佳匹配，从而更好地实现专利技术的商业价值。再次，专利主张实体有助于形成一个稳定高效的专利交易市场，增强专利的流动性，并且多样化专利组合会更好地分散专利许可的风险，促进专利交易市场的发展和有效运行，有助于专利技术的扩散应用。

但是支持专利主张实体的理论研究都无法提供专利主张实体为专利发明人提供了更高的回报并促进发明人创新的经验证据，相反已有的经验研究都认为专利主张实体的福利伤害效应要远远大于效率改进效应。莫顿和夏皮罗（2014）的实证分析指出，综合考虑专利主张实体的效率促进效应和创新伤害效应，其总体上是阻碍创新和伤害消费者福利的。正如2013年美国总统行政办公室发布的报告所指出，"证据分析显示，总体来说专利主张实体（特指"专利流氓"）对技术创新和经济增长的影响是负面的。"[1]一是专利主张实体大量的专利侵权诉讼带来巨大的司法成本。贝森和穆勒（2014）估计，2007—2010年间，在美国专

---

[1] Executive Office of the President, Patent Assertion and U.S. Innovation 2, 2013.

利非实施实体滥诉行为造成的损失年均为 830 亿美元，这一数额大约为美国相关产业研发投入的 25%，在过去 20 年中其造成的总社会成本约为 5000 亿美元。二是增加创新成本并阻碍创新。专利主张实体的滥诉，不仅迫使专利实施企业支付更高的许可费，而且也大大增加了专利实施企业的应诉成本和预防滥诉的成本。专利主张实体的滥诉实际上是对专利实施企业的产品征收了一项隐性税，它阻碍了技术创新和大量高技术产品的开发，降低了消费者福利和社会总福利（樊瑞儿，2005）。

14.5.2　专利流氓的反垄断政策

目前美国是专利流氓诉讼案件最多的国家，这主要的是因为美国专利法律制度存在一定的缺陷，为专利流氓的滥诉提供了制度空间。美国专利体制的缺陷主要体现在以下几个方面：一是对软件和商业方法采取过于宽松的专利授予政策。很多学者都认为，美国专利商标局授予软件和商业方法专利过于宽松，甚至对一些创新程度较小的低创造性发明也授予专利，这是造成软件专利和商业方法专利数量激增并为专利流氓滥诉提供了较大的空间。二是专利侵权诉讼的高成本和专利侵权的高赔偿为专利流氓提供了滥诉的激励，尤其是在发明成果对最终产品价值贡献仅占很小比重时，这一点更为突出。法院在侵权案件中判决的侵权赔偿额往往较高，这为专利流氓滥诉提供了巨大的谋利空间。三是自动授予的永久禁令救济造成原告与被告之间的不对称性。长期以来，受专利侵权伤害的持有人可以自动获得永久禁令救济，由于禁令救济会造成侵权人巨大的利润损失，禁令救济威胁往往使被告不得不接受持有人提出的高许可费要价。[①] 为应对专利流氓，美国正在推进整个国家知识产权制

---

① United States Government Accountability Office. *Assessing Factors That Affect Patent Infringement Litigation Could Help Improve Patent Quality,* GAO-13-465, 2013.

度体系的系统改革和完善，包括立法改革、司法改革和行政执法改革。

近年来，美国国会正在着手推进《专利法》改革。2011 年美国国会通过了《莱西–史密斯美国发明法》，该法案提出的一项重要改革是禁止专利持有人在单个诉讼案件中同时起诉多个侵权人，只有在多个侵权人共同实施了相同或系列交易的情况下，此类诉讼才会被允许，这会增加专利主张实体的诉讼成本。同时，这部法律还对专利申请审查、专利授予、授予专利的质疑等问题也做出了新的规定，以提高授予专利的质量。美国联邦法院系统通过案例法来逐步推进有关制度的改革，如在 2006 年 eBay 公司案中[①]，法院取消了以往专利侵权案件自动授予永久禁令救济的政策，提出了获得禁令救济的四个要件，从而使专利流氓利用禁令救济来索要高许可费的能力受到限制。

专利流氓滥诉行为也引起了美国反垄断行政执法机关的关注。2012 年 11 月，美国司法部和联邦贸易委员会联合发起组建了一个工作组来探讨专利主张实体的滥诉行为对创新和竞争的影响，工作组指出专利主张实体可能利用知识产权界定的模糊性来滥用侵权诉讼，由此带来的高成本诉讼风险往往会阻碍技术创新。为了获得更具体的数据信息支持，2013 年 9 月 27 日，美国联邦贸易委员会发起了针对专利主张实体对创新和竞争影响的公开信息征询，从而为制定相关的立法政策提供基础。2016 年，美国联邦贸易委员会发布了《专利主张实体活动》的报告，在对专利主张实体商业模式进行分析的基础上提出了四点立法和司法改革建议：一是降低侵权诉讼中发现阶段的成本负担，从而消除原告与被告之间的成本不对称；二是向法院和被告提供更多关于原告专利主张实体的信息；三是鉴于专利主张实体的侵权诉讼会针对最终产品销售环节企业，法院应该采取措施保护最终用户，引入生产商参与诉讼，以改变

---

① eBay, Inc. v. MercExchange, L.L.C., 547 U.S. at 396–97 (2006).

原告与被告之间的不对称；四是由于目前专利权人提起侵权诉讼仅需提交简单的关于所有人和侵权行为的指控文书，并没有对侵权行为做出具体说明而是很模糊的指控，因此应要求原告对侵权给出更具体的说明和辩护，即对被诉侵权行为提供充分的告知和说明。

专利流氓滥诉行为泛滥很大程度上是因为专利法律制度的不完善，因此改革和完善专利法律制度是防止专利流氓的根本路径，通过建立科学完善的专利制度体系来防范专利流氓滥诉行为对创新的伤害。在规制专利流氓滥诉行为上，反垄断法的作用空间比较有限。这主要是由于专利主张实体往往并不具有市场支配地位，大多情况下其滥诉行为很难被认定为反垄断法禁止的滥用支配地位行为。为此，需要综合运用反垄断法和反不公平交易法对专利流氓的滥诉行为加以规制。在美国，专利主张实体的滥诉行为即使没有违反《谢尔曼法》，但是由于其欺骗性动机或者威胁性许可行为，仍然会构成对《联邦贸易委员会法》第5条规定的"不公平竞争方法"的违反。日本2016年版的《知识产权应用反垄断指南》对知识产权行使行为同时规定了反垄断禁止的"私人垄断行为"（第三章）和"不公平交易行为"（第四章）。[①]从国际经验和中国现实来说，未来应将《反不正当竞争法》修订为更系统的《公平交易法》，集中规定法律禁止的不公平交易行为，与《反垄断法》禁止垄断行为相配合，从而构建更完整的竞争政策体系。

本章参考文献

Aghion, and Bolton, 1987: Contracts as a Barrier to Entry, *American Economic Review*, Vol.77, pp.388–401.

Bar and Leiponen, 2014: Committee Composition and Networking in Standard Setting: The Case

---

① 具体参见 JFTC, 2016. *Guidelines for the Use of Intellectual Property under the Antimonopoly Act*。

of Wireless Telecommunications, *Journal of Economic and Management Strategy*, Vol.23, No.1, pp.1–23.

Baron and Pohlmann, 2013: Who Cooperates in Standards Consortia-Rivals or Complementors? *Journal of Competition Law and Economics*, Vol.9, No.4, pp.905–929.

Bemheim and Whinston, 1998: Exclusive Dealing, *Journal of Political Economy*, Vol.106, No.1, pp.64–103.

Bessen, and Meurer, 2014: The Direct Costs from NPE Disputes, *Cornell Law Review*, Vol.99, No.2, pp.387–424.

Bessen and Meurer, 2008: *Patent Failure: How Judges, Bureaucrats, and Lawyers Put Innovators at Risk*, Princeton University Press.

Bork, 1978: *The Antitrust Paradox*, New York: Basic Books.

Carlton and Shampine, 2013: An Economic Interpretation of FRAND, SSRN.

Carlton, Dennis and Michael Waldman, 2002: The Strategic Use of Thing to Preserve and Create Market Power in Evolving Industries, *RAND Journal of Economics*, Vol.33, pp.194–220.

Chen Y. 2014: Refusal to Deal, Intellectual Property Rights, and Antitrust, *Journal of Law, Economics and Organization*, Vol.30, No.3, pp.533–557.

Choi, J. P., 2002: A Dynamic Analysis of Licensing: The "Boomerang" Effect and Grant-back Clauses, *International Economic Review*, Vol.43, pp.803–829.

Choi and Stefanadis, 2001: Tying, Investment, and the Dynamic Leverage Theory, *RAND Journal of Economics*, Vol.32, pp.52–71.

Choi and Gerlach, 2013: Patent Pools, Litigation and Innovation, CESifo Working Paper Series 4429, CESifo Group Munich.

Christensen, C.M., 1997: *The Innovators Dilemma: When New Technologies Cause Great Firms to Fail*, Harvard Business School Press, Boston, Massachusetts.

Christensen, C.M., 2002: The Opportunity and Threat of Disruptive Technologies. A classroom lecture video produced by Harvard Business School Interactive.

European Patent Office (EPO), 2012: Workshop on Patent Thickets, Leuven, 26 September 2012.

European Commission, 2014: Patents and standards: A Modern Framework for IPR-based Standardization.

European Commission, 2014: Guidelines on the Application of Article 101 of the Treaty on the Functioning of the European Union to Technology Transfer Agreements.

Farrell, and Katz,2000: Innovation, Rent Extraction, and Integration in System Markets, *Journal of Industrial Economics*, Vol.48, No.6. pp.413–432.

Farrell, Hayes, Shapiro and Sullivan, 2007: Standard Setting, Patents and Hold-up, *Antitrust Law Journal*, Vol.74, No.3, pp.603–670.

Ferrill, 2005: Patent Investment Trusts: Let's Build a PIT to Catch the Patent Trolls, *North Carolina Journal of Law and Technology*. Vol.6, pp.367–394.

Galini and Winter, 1985: Profit in Sequential Innovation, *Rand Journal of Economics*, Vol.26,

No.1, pp.20–33.

Galetovic and Haber, 2017: The Fallacies of Patent Holdup Theory, *Journal of Competition Law and Economics*, Vol.13, No.1, pp.1–44.

Green and Scotchmer, 1995: On the Division of Profit in Sequential Innovation, *Rand Journal of Economics*, 26(1):20–33.

Hardin, G.,1968: The Tragedy of the Commons, *Science*, Vol.162, pp.1243–1248.

Heller, M., 1998: The Tragedy of the Anti-commons, *Harvard Law Review*. Vol.111, No.3, pp.621–688.

Heller, Michael, and Eisenberg, R., 1998. Can Patents Deter Innovation? The Anti-commons in Biomedical Research. *Science*. 280 (5364): 698–701.

Katz and Shapiro, 1985: On the Licensing of Innovations, *Rand Journal of Economics*, Vol.16, No.4, pp.504–519.

Kesavayuth, 2008: An Economic Analysis of Technological Licensing with a Grant-back Clause. Working Paper.

Lemley and Lessig, 2001: The End of End-to-End: Preserving the Architecture of the Internet in the Broadband Era, *UCLA Law Review*, Vol.48, pp.925–985.

Lemley and Shapiro,2007: Patent Holdup and Royalty Stacking, *Texas Law Review*. 2007, 85: 1991–2049.

Lemley and Shapiro, 2013: A Simple Approach to Setting Reasonable Royalties for Standard-Essential Patents, *Berkeley Technology Law Journal*, 2013, 28: 1135–1166.

Lerner and Tirole. 2007: Public Policy toward Patent Pools, *Innovation Policy and the Economy*, Vol.8, pp.157–186.

Lerner and Tirole, 2004: Efficient Patent Pools, *American Economic Review*, Vol.94, No.3, pp.691–711.

Lerner and Tirole, 2006: A Model of Forum Shopping, *American Economic Review*, Vol.96, No.4, pp.1091–1113.

Lin, Joseph, 1990: The Dampening-of-Competition Effect of Exclusive Dealing, *The Journal of Industrial Economics*, Vol.39, No.2, pp.209–223.

Melamed and Shapiro, 2018: How Antitrust Law Can Make FRAND Commitments More Effective, *Yale Law Journal*, Vol.127, pp.2110–2147.

Miller, 2007: Standard Setting, Patents, and Access Lock-In: RAND Licensing and the Theory of the Firm, *Indiana Law Review*, Vol.40, pp.351–395.

Morton, and Shapiro, 2014: Strategic Patent Acquisitions, *Antitrust Law Journal*, 79(2): 463–500.

Nalebuff, 2004: Bundling as a Barrier to Entry, *Quarterly Journal of Economics*, Vol.119, No.1, pp.159–188.

Ordover and Shampine, 2014: Implementing the FRAND Commitment. www. antitrust source. Com.

Posner,1976: *Antitrust Law: An Economic Perspective*, Chicago: University of Chicago Press.

Rasmusen, Ramseyer, and Wiley, 1991: Naked Exclusion, *American Economic Review*, Vol.81, No.5, pp.1137–1145.

Rey and Salant, 2012: Abuse of Dominance and Licensing of Intellectual Property, *International Journal of Industrial Organization*, Vol.30, No.6, pp.518–527.

Rockett,1990: The Quality of Licensed Technology, *International Journal of Industrial Organization*, Vol.8, pp.559 –574.

Rockett, 1990: Choosing the Competition and Patent Licensing. *Rand Journal of Economics*, Vol.21, No.1, pp.161–171.

Salop and Scheffman, 1983: Raising Rival's Costs, *American Economic Review*, Vol.73, No.2, pp.267–71.

Segal and Whinston, 2000: Exclusive Contracts and Protection of Investment, *Rand Journal of Economics*, Vol.31, No.4, pp.603–633.

Scotchmer, Suzanne, 1991: Standing on the Shoulders of Giants: Cumulative Research and the Patent Law, *Journal of Economic Perspectives*, Vol.5, No.1, pp.29–41.

Shapiro, Carl, 2001: Navigating the Patent Thicket: Cross Licenses, Patent Pools, and Standard Setting. *Innovation Policy and the Economy*, Vol.1, No.1, pp.119–150.

Shapiro, Carl, and Lemley, Mark. 2007: Patent Hold-Up and Royalty Stacking, *Texas Law Review*, Vol.85, No.7, pp.1991–2049.

Schmidt, K, 2008: Complementary Patents and Market Structure, CEPR Discussion Paper No.DP7005.

Scotchmer, Suzanne, 1991.Standing on the Shoulders of Giants: Cumulative Research and the Patent Law, *Journal of Economic Perspectives*, 5(1): 29–41.

Sidak, G., 2013: The Meaning of FRAND, Part I: Royalties, *Journal of Competition Law and Economics*, Vol.9, No.4, pp.931–1055.

Skitol, Robert, 2005: Concerted Buying Power: Its Potential for Addressing the Patent Holdup Problem in Standard-Setting, *Antitrust Law Journal*, Vol.72, No.2, pp.727–744.

Swanson, Daniel and Baumol, William, 2005: Reasonable and Nondiscriminatory (*RAND*) Royalties, Standards Selection, and Control of Market Power, *Antitrust Law Journal*. Vol.73, No.1, pp.1–58.

Tucker, 2014: The Effect of Patent Litigation and Patent Assertion Entities on Entrepreneurial Activity, *Research Policy*, Vol.45, No.1, pp.218–231.

U.S. Department of Justice and the Federal Trade Commission, 2007: Antitrust Enforcement and Intellectual Property Rights: Promoting Innovation and Competition.

U.S. Department of Justice and the Federal Trade Commission, 2017: Antitrust Guidelines for the Licensing of Intellectual Property.

Van Dijk, T., 2000: License Contracts, Future Exchange Clauses, and Technological Competition, *European Economic Review*, Vol.44, pp.1431–1448.

Winn, Jane, 2006: Standard Developing Organizations as a Form of Self-Regulation, in Bolin, Sherrie, ed., *The Standards Edge: Standardization: Unifier or Divider?*

Whinston, 1990. Tying, Foreclosure, and Exclusion, *American Economic Review*, Vol.80, pp.837–859.

于立、吴绪亮:《保反兼顾、内外协调的知识产权政策》,《中国工业经济》, 2010 年第 5 期, 第 131—140 页。

15. 网络中立与平台责任

戴　龙

　　人类社会正在进入以互联网平台为中心的数字经济时代。数字经济时代被称为是继农业经济、工业经济和信息经济时代之后又一次新的生产力革命，其主要特征就是人类的生产、生活的全部信息都通过互联网平台收集、加工和处理，通过数据分析和知识聚合对市场供需进行精准匹配，实现以互联网平台为中心的彻底的个性定制。在这种新的经济模式下，电信网络和互联网平台成为推动生产、流通、分配和消费的主导力量，成为各方进行竞争和博弈的管道和市场。数字经济时代背景下，世界经济格局被重新洗牌，而中美两国成为推动新兴技术革命的主要力量，成为引领互联网创新和数字经济发展的双引擎。但是，由于中美两国电信网络和互联网发展历史不同，两国的网络运营和互联网平台也呈现出不同的发展特点。美国作为世界上电信和互联网发展最早以及创新能力最强的国家，在其电信产业发展的一段很长时间内，网络中立成为一项重要的监管原则。然而，在数字经济背景下，这一传统的电信监管政策遭遇挑战，成为美国数字经济产业各种力量角逐的焦点。中国作为新兴的互联网大国，互联网经济获得快速发展的同时，也出现了涉及网络监管和平台治理的新型问题，而美国在这方面走在世界前列，其经验值得我国认真研究和借鉴。

　　本章梳理美国网络中立监管原则的历史演变，比较中美两国的电信和互联网发展的不同发展模式，以美国电信监管实践中关键设施理论的运用和引发的争论为例，探讨将关键设施理论运用于互联网平台监管的可能性，澄清了网络平台只有具备关键设施的性质，在满足特定的前提条件下才能要求其遵守"平台中立"原则。对于互联网平台是否能够成为关键设施的判断需要严格审查，对互联网平台治理仍然需要坚持包容审慎和灵活监管的基本原则。

15.1 "网络中立"的提出

15.1.1 电信基础设施与网络中立

网络中立的提法最早产生于 2003 年哥伦比亚大学教授吴修铭（Tim Wu）发表的一篇论文。他认为，"网络中立"在本质上表明网络应该遵循端到端原则，对在其下面的物理通信介质和在其上面运行的应用程序都保持中立。[①] 所谓物理通信介质指的是电信网络基础设施，在其上运行的应用程序既包括电信增值业务，也包括延伸的互联网内容服务。作为网络监管的一项原则，网络中立的核心含义是，电信网络是传递信息和字节的载体，本质上和高速公路一样，对待行驶在高速公路上的各种车辆应当一视同仁；电信运营商不得对电信网络用户访问任何网络信息和应用程序实施限制，电信运营商也不得歧视或打压任何网络终端的内容、设备或服务；政府有责任对于网络运营商强制实施网络中立政策，任何歧视或垄断行为都应当受到处罚。网络中立监管原则的提出，是在美国作为全球最先发展电信产业并建立起最发达的电信基础设施国家的背景下，为了确保电信产业的市场竞争机制，促进电信产业的健康发展，通过立法确立的一项电信监管政策。

早在 1875 年，亚历山大·贝尔发明了电话并创办了贝尔电话公司，是美国同时也是世界上最早的电话公司。此后美国电话通信业务迅速发

[①] Tim Wu, Network Neutrality, Broadband Discrimination, (2003)2 *Journal on Telecommunications & High Technology Law* 141, pp.145–146.

展，1910年，AT&T（美国电话电报公司，前身是1883年创办的西南贝尔公司）收购了当时处于电报业垄断地位的西联公司，成为独家垄断全美电话电报网络的电信公司。电信产业的垄断经营和其基础设施性质促使美国于1934年颁布了首部《通信法》，确立了美国的电信业监管体制，并成立联邦通信委员会（FCC）作为监管机构。[1]AT&T的电话电信垄断经营维持了半个世纪，直到20世纪80年代，受新自由主义经济学和放松管制的理论影响，美国政府将AT&T拆分成一个长途电话公司和七个地方性电话公司，自此美国电信业进入竞争时期。1996年，美国颁布新《电信法》，[2]开放电信市场，让各贝尔公司相互进入对方市场，打破电信、信息和有线电视业的界限，推动电信通信业务的竞争和融合。同时，美国凭借自身在电信业中的先发优势，积极推动世界贸易组织（WTO）框架下的电信服务产业的融合与发展。1997年2月15日，在美国推动下，WTO多边贸易谈判达成《基础电信协议》，作为《服务贸易总协定》（GATS）第四项议定书及其附属文件，确立了全球范围内电信服务的开放态势。

电信业作为国民经济发展的基础产业，不仅将世界各国之间的通信紧密联系起来，还推动了依托电信产业的各项增值业务的发展。美国《电信法》区分了"电信服务"和"信息服务"。所谓"电信服务"是指"有偿向公众直接提供电子通信"的基础通信服务，《电信法》规定任何电话公司不得阻碍接通非本公司用户的电话，要求电信公司承担网络互联互通的义务。《电信法》第104条规定:(1)电信服务运营商不得在提供或采购商品、服务、设施、信息或建立标准方面，在下属和其他实体中采取差别性措施;(2)电信服务运营商需按照委员会指定或批准的

---

[1] *Communication Act of 1934*, 47 U.S.C. 151.

[2] Telecommunication Act of 1996, S.652, One Hundred Fourth Congress of the U.S.A at the Second Session. Availale at https://www.fcc.gov/general/telecommunications-act-1996.

会计原则，解释与第（1）款所述关联方的所有交易。"信息服务"是指"通过电信服务生产、获取、存储、输送、处理、检索、利用或提供信息"的附加服务。"电信服务"作为一项基础性服务，一般属于公共运营商，受到联邦政府的严格规制，而对于"信息服务"的供应商来说，因为是建立在电信服务基础上的增值服务，其承担的责任和义务相对较轻。[①] 2002 年，FCC 将有线电视管带接入服务纳入《电信法》中的"州际信息服务"。2005 年，FCC 发布报告将有线宽带接入服务（DSL）也纳入"信息服务"范围。这些都表明了美国政府将有线宽带接入服务归类于增值服务范围，意味着对有线电视宽带实行比较宽松的监管政策。[②]

从美国电信产业的起步与发展过程来看，美国政府很早就将电信业区分为具有公共性质的"电信服务"和具有增值服务性质的"信息服务"，并对"电信服务"运营商规定了互联互通的法律义务。美国 1996 年《电信法》立足于推动电信通信市场的竞争与融合，要求电信服务运营商承担在提供电信服务时遵循非差别性责任，但并未规定到其需要承担网络中立的法律义务。因此，当理论界提出"网络中立"原则后，在美国引起热烈的讨论。

15.1.2　关于"网络中立"原则的争议

进入 21 世纪以来，依托电信网络传递信息的互联网行业发展进入快车道，各种互联网内容产业蓬勃发展，而提供互联网内容服务的 ICP（Internet Content Provider）和提供电信基础网络服务的 ISP（Internet Service Provider）之间的矛盾也日益加剧。由于 ISP 供应商需要承担不

---

① Jonathan E. Nuechterlein and Plilip J. Weiser, *Digital Crossroads: American Telecommunications Policy in the Internet Age*, The MIT Press, 2005, pp.45—47.

② 胡凌:《"网络中立"在美国》，载张平主编《网络法律评论》，北京大学出版社，2009 年，第 236—248 页。

区分普通民众和 ICP 服务商的互联互通义务，导致 ICP 服务商可以以低廉的价格享受同普通民众相同的网络连接费用，而 ISP 供应商向 ICP 提供了更多的宽带流量却无法收取更多的费用。因此，作为提供基础电信服务的 ISP 供应商要求修改立法，按照网络流量大小对 ICP 服务商收取差别性费用，以避免 ICP 的搭便车行为。2007 年 6 月 27 日，美国联邦贸易委员会（FTC）发布《宽带互联网竞争政策》报告，否认了进行网络中立立法的必要性，认为当下政府不需要介入网络接入市场。[①] 同年，美国司法部也发表声明，反对针对电信进行政策监管的网络中立原则。[②] 但是，美国前总统奥巴马上台后，对网络中立原则深表赞同，于 2009 年通过《美国复兴与再投资法》（ARRA），承诺建立"无差别对待"的互联网监管政策。2010 年，联邦通信委员会以 3∶2 的票数通过了《维护互联网开放性指令》，确立了保护开放网络的著名"三原则"，事实上承认了网络中立的监管原则。[③] 这三项原则是：（1）透明度原则，固定或移动宽带供应商必须披露网络管理行为、性能特征以及宽带服务的条款与条件；（2）非屏蔽原则，固定宽带供应商不得屏蔽合法内容、应用、服务或者非有害设备，移动宽带供应商不得屏蔽合法网站，或者屏蔽与与其语音或视频电话服务相竞争的应用程序；（3）非歧视原则，固定宽带供应商在传输合法的网络流量时不得实施不合理的歧视。"开放网络三原则"有利于保护普通民众能够公平、合理地利用网络服务，有利于中小企业利用固定或移动宽带开展相应的电信或网络增值业务，符合代

---

① FTC: "Broadband Connectivity Competition Policy", available at https://www.ftc.gov/sites/default/files/documents/reports/broadband-connectivity-competition-policy/v070000report.pdf。

② DOJ: "Department of Justice Comment on Network Neutrality in Federal Communications Commission Proceeding", at (202) 514–2007, available at https://www.justice.gov/archive/opa/pr/2007/September/07_at_682.html。

③ The Open Internet Order, 25 F.C.C. 17905(2010).

表中下层民众和中小企业利益的民主党政府的执政方针。

"开放网络三原则"的核心是网络中立原则，这引发了美国国内关于公共政策的热烈讨论。网络中立原则要求拥有网络设施的电信运营商（ISP）需要将其投资建设的网络设施提供给一般民众以及网络内容提供商（ICP）公平使用，但由于 ICP 和一般民众对于网络流量的要求并不相同，这就使得 ICP 可以比较低廉的价格享受电信运营商提供的大批量流量服务。作为建设网络基础设施的 ISP，需要承担巨大的网络宽带建设费用不说，却不能对使用更多流量的 ICP 实行差别性收费。因此，网络中立原则受到了以网络内容提供商（Amazon、Disney、eBay、Google、Microsoft、Yahoo 等）、提供 P2P 终端服务（Skype、Vonage）、一些社会团体机构以及部分公益机构和民权组织的热烈欢迎。但是另一方面，以电信运营商（如 Bellsouth、AT&T、SBC、Verizon、MCI）、光缆公司及其协会，以及一些网络设备生产巨头则极力反对这一原则。[①]电信网络运营商（ISP）认为，按照网络中立原则的要求，不能对使用更大流量的网络内容供应商（ICP）收取差别性价格，这不仅对使用不同流量的用户不公平，而且不利于电信网络运营商对网络宽带等基础设施的投资，从长远来看不利于电信网络及其附加产业的发展。

15.2 美国网络中立原则的合法性争议

在美国两党政治之下，执政党任何带有倾向型的政策都会遭到来自国会的质疑，也会受到来自司法机关的审判，以保证执政党的倾向性政策不至于走向极端而损害另一方的利益。围绕"网络中立"监管，美

---

① 胡凌：《"网络中立"在美国》，载张平主编《网络法律评论》，北京大学出版社，2009 年，第 236—248 页。

国朝野代表不同利益集团的政治势力展开激烈论战。在 Comcast 案和 Verison 案中，联邦法院判决表明了针对网络中立监管的司法立场。

15.2.1　Comcast 案 [①]

2007 年，Comcast 高速互联网服务的用户发现，该公司干扰了他们对 P2P 网络应用程序 [②] 的使用。联邦通信委员会（以下简称为 FCC）认定 Comcast 公司限制 P2P 的行为违反了网络中立原则，即"消费者有权使用自己选择的合法互联网内容，运行应用程序并使用他们选择的服务"，发布禁令要求其停止限制行为。随后，Comcast 向哥伦比亚巡回法院请求复审，认为其对 P2P 程序的干扰是管理稀缺网络容量所必需，FCC 没有理由对其网络管理做法行使管辖权。

美国《电信法》赋予 FCC 明确和广泛的权力来管理公共承运人服务，但未包括"互联网服务"。在这种情况下，FCC 并未声称国会给予它明确的权力管理 Comcast 的行为，而是实际上根据该法第 4（i）条的宽泛措辞——"委员会可执行任何和所有行为，制定规则和条例，并发布与本章不抵触的命令，当它们为履行其职能所必需时"，主张其对 Comcast 网络管理做法的管辖权。在此之前，联邦最高法院在三项基本裁决中，即"西南电缆"案 [③]、"中西部视频Ⅰ"案 [④]、"中西部视频Ⅱ"案 [⑤] 中，将 FCC 基于《电信法》第 4（i）条的权力称为"附属管辖权"（ancillary authority）。

在本案中，法院必须决定 FCC 是否有权监管互联网服务提供商

[①]　Comcast Corp. v. FCC, 600 F. 3d 642 (D.C. Cir.2010).

[②]　P2P 程序允许用户直接共享大型文件，而无须经过中央服务器，且这样的程序消耗大量的带宽流量。

[③]　United States v. Southwestern Cable Co., 392 U.S. 157 (1968).

[④]　United States v. Midwest Video Corp., 406 U.S. 649 (1972)(Midwest Video I).

[⑤]　FCC v. Midwest Video Corp., 440 U.S. 689 (1979)(Midwest Video II).

的网络管理做法。法院认为，委员会只有在证明它的行动——禁止Comcast干涉其客户使用P2P网络应用程序——是"合理地辅助其有效履行其法定职责"的情况下，才能行使这一"附属权力"，但委员会未能做到这一点。它主要依靠国会的几项政策声明，但根据最高法院和地区巡回法院的判例法，政策声明本身并不产生"法律规定的责任"。委员会还依赖《电信法》中规定了这些责任的各项规定，但由于各种实质性和程序性原因，这些规定不能支持它对Comcast的网络管理做法行使附属权力。因此，法院批准Comcast的复审请求，并撤销被质疑的命令。

正如法院所言，"国会赋予了委员会广泛而适应性强的管辖权，以便它能够跟上迅速发展的通信技术"。而互联网就是这样一种技术，可以说是近代以来通信领域最重要的创新。然而，尽管电信通信业提出了快速技术变革的监管困难问题，但在行使授予的权力方面给予广泛的自由并不等于不受限制地去监管法规并未授权委员会监管的活动。因为委员会没有将其对Comcast互联网服务进行监管的附属权力主张与任何"法定责任"联系起来，法院最终判决委员会败诉。该判决实质上否定了FCC要求网络服务提供者遵守"网络中立"义务的管辖权，反映了法院及美国社会在网络服务提供商与互联网用户、内容提供商之间的利益冲突中，对网络投建私营性和网络使用的公共性二者的平衡和取舍。

15.2.2　Verizon 案 [1]

美国FCC于2010年通过了《维护互联网开放性指令》，要求宽带供应商不得禁止访问合法的互联网内容，不得从事不合理的歧视，以及要求其披露关键信息，这一指令对宽带供应商提出了更高的网络中立

---

[1]　Verizon et al., v FCC and United States of America, No.11-1355. D.G. Cir.2012.

监管要求。2012 年 7 月 2 日，Verizon 就《维护互联网开放性指令》将 FCC 诉至美国联邦上诉法院哥伦比亚特区巡回法庭。Verizon 与 FCC 的争议焦点集中在四个方面，在（1）FCC 颁布指令是否有确定的法定授权，和（2）FCC 颁布的《维护互联网开放性指令》是否"武断且反复无常"这两点上，法院否定了 Verizon 的指控，支持了 FCC 的主张。但是，在（3）《维护互联网开放性指令》中 FCC 是否将宽带供应商视为公共运营商并强加限制，和（4）"非屏蔽原则"和"非歧视原则"是否违反了《电信法》的法定禁令方面，法院提出了质疑。

法院认为，FCC 未能引用任何法定授权来证明其强制要求宽带供应商遵守《维护互联网开放性指令》中具体规则的合法性。虽然 FCC 对《电信法》706 条[①]的解释是合理的，其拥有在这一领域对宽带运营商进行监管的一般权力，但其行使此种权力不得违反法定禁令。鉴于 FCC 选择以免除公共承运人待遇的方式对宽带供应商进行分类，《电信法》明确禁止委员会对其进行此种管理。由于 FCC 未能证明非歧视和非屏蔽规则本身并未规定强加公共承运人义务，因此法院撤销了指令中的"非歧视规则"和"非屏蔽规则"。由于 Verizon 并未对透明度规则本身提出具体异议，而法院认定规则之间是独立运作的，所以对透明度规则予以保留。

该案中法院明确指出，法院的义务并非评估《维护互联网开放性

---

① 根据 706（a）款，FCC 和对电信服务具有管理管辖权的每个国家委员会"应鼓励以及时和合理的方式向所有美国人部署电信能力……利用促进当地电信市场竞争的措施，或消除基础设施投资障碍的其他监管方法"；而 706（b）款要求 FCC 对"先进电信能力的可用性"进行定期调查，并且在 FCC 确定"没有以合理和及时的方式向所有美国人部署先进的电信能力时，应立即采取行动，通过消除基础设施投资的障碍和促进电信市场的竞争，加快这种能力的部署"。该法规将"先进电信能力"定义为包括"宽带电信能力"。参见 *Section 706 of the 1996 Telecommunications* Act, 47 U.S.C. § 1302。

指令》是否明智，而是确定 FCC 是否已证明该指令属于其法定授权的范围。对"网络中立原则"本身，司法选择了一种相对回避的态度。但从其裁判结果来看，法院认为网络中立的两大原则——非歧视和非屏蔽，都对宽带供应商强加了公共承运人的义务，认为违反《电信法》的禁令而予以撤销，可见其基本态度是否定的。当然，另一方面，此案确认《电信法》赋予了 FCC 对宽带业务进行监管的法定权力，这就为日后的网络中立原则的适用仍然预留了裁量空间。

15.2.3 美国关于"网络中立"监管的政策博弈

在联邦法院的判决立场和公众压力之下，2014 年 5 月，FCC 提出新的"开放互联网"提议，一方面保留 2010 年《维护互联网开放性指令》中对于"网络中立"定义和范围的界定，强调对宽带互联网接入运营商进行监管；另一方面，提议明确了企业服务、互联网流量交换和专业服务等不纳入政府监管范围。[1] 新提议认为宽带供应商提供给其下属企业的优先服务应该认定为非法，除非有相反证据能够证明其合法，但提法的改变事实上承认了宽带运营商对网络进行流量管理，实行差别化服务的合法性。提议一经公布，再次引发很大争议，一些学者和社会团体批判 FCC 背离了"网络中立原则"。2014 年 11 月，时任美国总统奥巴马向 FCC 施压，要求其对消费市场的宽带服务进行重新分类，将"网络中立"要求适用于移动网络运营商。2015 年 2 月，FCC 以 3 票赞成，2 票反对，通过了新的《维护互联网开放性指令》，坚持了网络中立立

---

[1] FCC News, FCC Launches Broad Rulemaking to Protect and Promote the Open Internet. 最后阅览日 2018 年 3 月 22 日。See https://apps.fcc.gov/edocs_public/attachmatch/DOC-327104A1.pdf.

场。^①表明在奥巴马政府时期，支持"网络中立"的立场仍然占据了美国联邦政府的政策主导地位。

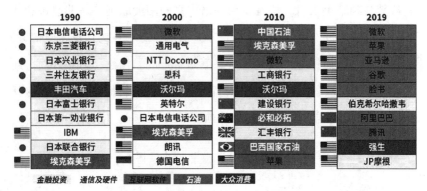

注：1. 2006 年 3 月，原东京三菱银行与原日联银行合并成为三菱东京日联银行，现更名
　　　 为三菱 UFJ 银行
　　2. NTT DoCoMo 是 1991 年 8 月由日本公司日本电信电话（NTT）所分出来的，专营
　　　 电信业务。
　　3. 数据来源为 Charlie Bilello，截至日期为 2019 年 4 月中旬

图 15.1　世界前十大跨国公司变迁

　　在美国的"三权分立"政治框架下，不仅政府和立法机关经常处于法律和政策制定的博弈之中，不同政策取向也代表了不同的经济团体和政治派别的利益主张。美国民主党素以代表草根民众和中小企业的利益而闻名，奥巴马政府时期推动以"网络中立"为原则的电信和互联网监管政策，正好表明民主党政府在大型电信公司和新型互联网企业之间偏重维护后者利益的政策立场。但是，由于互联网行业的快速发展，互联网新兴企业迅速壮大，已有超过传统大型电信公司的趋势。在 2000 年全球上市公司 Top10 名单上还只有微软（Microsoft）一家互联网公司，在 2019 年全球上市公司 Top10 名单上，以苹果（Apple）、微软

① FCC, In the matter of Protecting and Promoting the Open Interest, GN Docket No.14.28, Adopted at February 26, 2015.

（Microsoft）、谷歌（Google）、脸书（Facebook）、亚马逊（Amazon）、阿里巴巴（Alibaba）和腾讯（Tencent）为代表的互联网公司已经占据 Top10 中的 7 位（图 15.1）。代表美国传统电信巨头的 AT&T 等传统电信网络运营商，烈呼吁政府放弃"网络中立"监管政策。2017 年，随着美国特朗普政府的上台，代表传统大企业利益的共和党开始走向前台，而代表新兴互联网公司的民主党政权的"网络中立"政策就受到了挑战。事实上，在 2015 年 FCC 表决通过新的《维护互联网开放性指令》的五名委员中就有两人反对，其中一人就是 Ajit Pai。特朗普政府执政后，Ajit Pai 被任命为联邦通信委员会（FCC）主席。Pai 上任后不久，立即启动程序，废止了奥巴马政府时期的"网络中立"政策。[①]

从美国关于网络中立立法争议和其后的政策变更可以看出，"网络中立"代表了工业经济时代以电信基础设施为核心的电信业发展和互联互通的需要。20 世纪 70 年代以来，受新自由主义经济学的影响，西方发达国家普遍推行公共行业的放松管制和民营化，原来由独家垄断经营的电信行业被拆分成数家并立和相互竞争的运营机制。基于电信基础设施的自然垄断性质，被拆分或民营化后的长途电话或移动通信仍然需要借助拥有电信基础设施的网络，才能接入到市内电话或个人消费者。为了防止拥有电信基础设施的电信企业阻碍其他电信企业的接入，对自己进入竞争性的长话或移动通信市场提供优先服务，维持公平竞争的市场秩序，遵守"网络中立"原则成为拥有电信基础设施的电信企业的一项基本义务。但是，随着互联网产业的崛起和传统电信企业向移动终端的渗透，拥有宽带等网络基础设施的电信企业和互联网终端产品供应商之间围绕网络流量控制出现分歧，这是电信企业和互联网终端产品供应商

---

① FCC, Chairman Pai Circulates Draft Order to Restore Internet Freedom and Eliminate Heavy-handed Internet Regulation, https://apps.fcc.gov/edocs_public/attachmatch/DOC-347868A1.pdf.

之间矛盾加剧的根源所在。历届美国政府在这个问题上的态度，既表明执政党所代表的不同利益群体的立场，也表现了随着互联网经济发展壮大后传统电信运营商、互联网宽带运营商（ISP）和互联网内容提供商（ICP）、消费者之间围绕数据流量和利益分配而进行的立法博弈。

15.3 关键设施理论和平台责任

15.3.1 电信行业监管的关键设施理论

在一般意义上，"关键设施"（essential facility）是指涉及国计民生甚至国家安全的具有重要意义的设施，一旦停止运作或遭受损害将给国家和国民生活造成重大影响的基础性设施。具有这种重大影响的关键设施主要体现在能源（电力、石油及天然气）、运输（航空、铁路、水运及陆运）、饮用水、医疗卫生、银行、金融市场等基础设施领域。对于这些领域可能遭受的网络攻击或安全损害，主要国家无一例外都通过严格的法律规范和实施体制予以高度保护。例如，美国从克林顿、小布什到奥巴马政府时期，分别通过总统指令、《美国爱国者法案》（*USA Patriot Act*）和《网络安全信息共享法案》（CISA）等，不断地加强立法和不同政府部门的协同实施；欧盟通过《关于欧盟共同的高水平网络与信息系统安全措施的指令》（2016年8月生效），德国通过《加强联邦信息技术安全法》（2015年）和《反限制竞争法》的修订，加强对于关键基础设施的保护措施。[①] 我国2015年7月1日通过的《国家安全法》和2016年11月7日通过的《网络安全法》也对关系国民经济命脉的重要行业和关键领域、重点产业、重大基础设施、重大建设项目、网络空

---

① 参见刘金瑞：《我国网络关键基础设施立法的基本思路和制度建构》，载《环球法律评论》2016年第5期，第116—133页。

间主权和国家安全等规定了极为详细的保护措施。

"关键设施理论"（essential facility doctrine）意指在某些特定产业中存在竞争性企业从事经营所必须依赖的基础设施时，如果拥有该设施的经营者不允许其他经营者利用该基础设施，将导致其他经营者无法从事相关经营活动或者被迫退出市场竞争，为此需要确立拥有关键设施的经营者必须允许其他经营者使用关键设施的特定义务的理论。在欧美竞争法实施实践中，是否需要采用"关键设施理论"，一直充满争议。一般认为，"关键设施理论"最早始于美国联邦最高法院1897年判决的美国诉跨密苏里货运协会案。[①] 在1983年MCI诉AT&T案件中[②]，作为美国长途通话及市内通话市场中具有垄断地位的大企业AT&T，因拒绝想进入长途电话市场的MCI连接到市内通话网络，被美国第七巡回法院认定违反了《谢尔曼法》。该案中，法院提出了适用"关键设施理论"的四个要件。当关键设施的拥有者拒绝竞争对手使用其设施，符合：（1）关键设施被某个垄断者控制；（2）竞争对手不可能复制该设施或者复制这种设施是不合理的；（3）关键设施的垄断者拒绝其竞争对手使用该设施；（4）该关键设施具有让其竞争对手使用的可能时，可以认定其违反《谢尔曼法》第二条关于拒绝交易的规定。

"关键设施理论"突出了垄断者拥有的基础设施构成相关行业领域从事竞争和经营的不可或缺性，但由于在美国很多基础设施都是私有企业所建，如果一味强调设施的关键性就要求其允许竞争对手自由使用，不仅不利于私有企业的基础设施投资，也不符合普通法中的合同自由和意思自治原理。因此，在后来的阿拉斯加航空诉联合航空案[③]中，联邦第九巡回法院修正了"关键设施理论"的运用，认为"单个企业拥有的

---

① United States v. Trans Missouri Freight Association (1897).

② MCI Communications Corp. v. American Tel. & Tel.,708 F.2d. 1081 (7th Cir. 1983).

③ Alaska Airlines, Inc. v United Airlines, Inc., 948 F. 2d 536 (9th Cir. 1991).

设施只有在下游市场的竞争具有被消灭的可能性时才能被视为关键设施"，而该案中除了联合航空以及美利坚航空的 CRS 系统之外，还存在其他的 CRS 系统，因而否定了 CRS 系统是关键设施，宣布被告没有违反《谢尔曼法》第 2 条。可见，美国法院并没有机械地运用"关键设施理论"，而是根据该设施的不可替代性以及拥有者拒绝竞争对手使用该设施是否具有合理理由来进行综合判断。

虽然"关键设施理论"在美国提出，但是欧盟在适用"关键设施理论"方面比美国更为积极。这可能因为：一是作为关键设施对象的基础网络在欧盟成员国多是由和政府关系密切的大企业所控制，为了促进欧洲统一市场的形成，需要加强对关键设施使用的规制以促进欧洲统一市场的竞争；二是欧盟竞争法的实施主体是欧盟委员会，更容易介入基础设施等设备的使用，这和美国反托拉斯法的实施由法院主导，而法院一般不愿介入企业经营内部事务的情形有很大区别。[1] 欧盟学者也认为，关键设施在欧共体竞争法中比在美国的地位更加重要。[2] 在 Magill 案[3] 中，欧盟法院将爱尔兰和北爱尔兰三家电视台 RTE、ITV、BBC 拒绝将其电视节目授权 Magill 使用的行为认定为违法，因为其阻止了电视指南市场竞争和消费者利益的新产品的出现，形成欧盟促进判例法中近似于"关键设施理论"的"新产品"标准。在后续的 IMS Health 案[4] 中，欧盟法院进一步明确了"新产品"标准的三个适用条件，即：（1）版权

---

[1] 戴龙：《滥用市场支配地位的规制研究》，中国人民大学出版社，2012 年，第 138 页。

[2] John Temple Land, Defining Legitimate Competition: Companies' Duties to Supply Competition and Access toEssential Facilities, 18 Fordhan Int'l. L. 437,484—85(1994). 转引自李剑：《反垄断法核心设施理论使用中的效果权衡——反思 Magill 案》，载《经济法论丛》2009 年下卷（总第 17 卷），第 121—138 页。

[3] RTE & ITP v. Commission (Migill TV Guide), Case C-241/91P [1995] ECR I-743: 4 CMLR 718.

[4] IMS Health v. Commission, [2001] ECR II 3139：[2002] 4 CMLR 58.

所有权人拒绝许可的目的是阻止一个具有消费者潜在需求的"新产品";
（2）该拒绝没有正当理由;（3）该拒绝会排除二级市场上的任何竞争。
在符合这三个条件的前提下,版权所有权人拒绝他人取得一个从事特定
商业必不可少的产品或服务,构成欧盟竞争法第 102 条的滥用市场支配
地位的行为。

"关键设施理论"在欧美的不同运用,引发理论界和实务界的激烈
交锋。争议的核心焦点在于,强制关键设施的所有人以合理的条件许可
使用该设施是否正当,强制使用关键设施能否真正地引入竞争并进而保
护消费者福利。特别是,关键设施的范围如何界定,如果肆意扩大关键
设施范围,无疑会压制企业投资基础设施的热情,这不仅违背竞争政策
提高经济效益的初衷,并且也和知识产权政策中保护产权所有人的创新
激励和垄断权益的目的相悖。因此,正确适用关键设施理论,既要避免
在高风险的市场过度适用关键设施理论,打击在位企业的投资热情,又
要避免在风险较低的成熟市场过于保守地适用关键设施理论,迫使新进
入企业重复投资建设基础设施,造成不必要的资源浪费。[①] 监管部门应
该充分了解运用"关键设施理论"对市场竞争可能带来的长期和短期影
响,考虑到对企业从事科技创新和投资关键设施积极性的负面影响。一
般而言,是否授权使用关键设施是一种市场行为,关键设施的所有人只
有当授权的利润大于拒绝授权时才会自愿授权,而新进入者只有当使用
设施获得的利润超出自己投资的成本才会考虑支付使用费获得授权。关
键设施的授权交易首先是双方自愿达成的合同行为,应当尊重合同自治
的司法原则,即便是授权费看起来不合理,政府监管当局也不应该以
"关键设施"为由对该交易价格进行干预。

---

① 林平、马克斌、王轶群:《反垄断中的必须设施原则:美国和欧盟的经验》,载《东岳
论丛》2007 年 1 月（第 28 卷第 1 期）,第 21—29 页。

15.3.2 互联网平台与关键设施的关系

"关键设施理论"产生于工业经济中具有基础设施性质的关键设备的使用监管需要，能否适用于具有平台经济特征的互联网竞争，引发理论和实务界的关注。一个比较有争议的话题是，在知识产权许可领域，特别是当技术专利等成为行业标准（即标准必要专利，SEP），拥有这类知识产权的主导企业就拥有了阻碍他人自由使用该技术专利的合法垄断权，从而在下游市场形成垄断。因此，成为标准必要专利的知识产权形成一种无形的必要设施，可能带来阻碍他人市场准入的反竞争后果，这一点标准必要专利（SEP）与有形的关键设施并无本质区别。[①] 但是，知识产权作为关键设施具有独特的特点，一是从技术上来看知识产权并非不可复制，这与工业设备中处于独一无二地位的桥梁或铁路不同，知识产权是由技术研发等投资活动创造形成，本身具有可复制性，并且复制的成本比较低。二是知识产权产品具有的网络传导效应，使其可能构成某种关键设施，从而形成下游市场的进入壁垒。例如，近年来受到主要国家重点关注的滥用标准必要专利的案件，就是拥有"标准必要专利"的专利所有人利用已经成为行业标准的 SEP，从事超高定价、捆绑搭售或拒绝许可等行为，将其在标准必要专利上拥有的垄断地位传导到相关领域，获取超出该 SEP 本身价值的垄断利润。近年来，世界多国对高通在手机芯片市场的过高定价和捆绑搭售进行查处，一个重要理由就是高通公司拥有 3G、4G 手机通信市场的标准必要专利，而高通将标准必要专利和非标准必要专利进行捆绑搭售，并根据手机整机售价收取专利许可费的经营模式遭到广泛质疑。2015 年 2 月，中国国家发改委针对高通公司开出 60.88 亿元人民币的罚款，处罚决定书中就有高通公

---

① 林平、马克斌、王轶群：《反垄断中的必须设施原则：美国和欧盟的经验》，载《东岳论丛》2007 年 1 月（第 28 卷第 1 期），第 21—29 页。

司拥有的 CDMA 、WCDMA、LTE 标准必要专利已经成为手机通信行业不可替代的标准，是每一个无线通信终端制造商必须实施的唯一专利，具有相关市场支配地位的描述。[①]

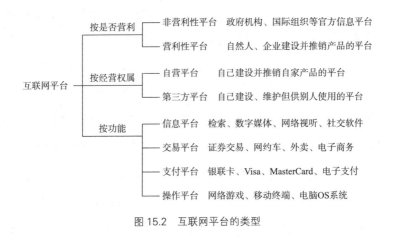

图 15.2　互联网平台的类型

如果将"关键设施理论"延伸到互联网竞争领域，一个需要澄清的问题是，互联网平台本身是否成为行业领域的基础设施。在互联网经济时代，建设网路平台本身并不困难，并不需要借助政府的行政力量才能建立，互联网平台也不具有工业经济时代的基础设施的自然垄断属性。实践中，互联网平台大都是企业自建，并依赖企业自身的资金、人力和智力投入得以持续运营，在这一点上互联网平台和知识产权具有相同的属性。但是，互联网平台的类型多种多样，平台本身也具有大小和功能之分，需要不同的平台进行具体分析，不能笼统地认为互联网平台都能够成为基础设施。

笔者尝试依据不同的标准对平台做出不同的区分（图 15.2）。第一，按照平台的营利属性可以区分为营利性平台和非营利性平台，例如政府

———————————

① 参见中华人民共和国国家发展和改革委员会行政处罚决定书，发改办价监处罚 [2015]1 号。

机关或国际组织等建造的官方平台主要目的在于发布信息资讯，就属于典型的非营利性平台，而企业搭建的平台基本上是为了宣传自家企业或销售商品，一般都是营利性平台。第二，依据平台的经营属性可以区分为自营平台和第三方平台，例如企业自己建造网络并通过互联网平台销售自家商品，就是自营平台；大多数中小企业无力或没有必要自己建造和运营平台，转而依赖他人经营的更大平台销售产品，他人经营的平台就成为第三方平台。第三，依据平台承担的功能可以区分为信息平台、交易平台、支付平台和操作平台等多种类别。例如各种新闻媒体大多数都是用于发布信息的平台，其主要通过附带发布广告获得营业收入；而证券交易所、电子商务、网约车和外卖平台主要是匹配供需信息，属于促成双方进行买卖的交易平台；以 Visa、MasterCard、银联（Union Pay）为代表的传统支付工具和以支付宝、微信支付为代表的新兴支付方式都是支付平台；而在 PC 和移动通信广场，已经形成了以微软的 Windows、苹果的 iPhone 和谷歌的 Android 为代表的操作平台。当然，以上区分并不是绝对的，很多平台存在性质和功能交叉或重叠，成为综合性的平台。例如，京东商城既自己运营网络并销售商品，同时又将自家平台提供给其他电商，就是典型的自营平台和第三方平台的综合体。微软视窗系统是个人电脑市场最大的操作平台，其不仅自己开发出众多的应用软件，同时也为其他电脑软件提供应用服务，是营利性平台和第三方平台的综合体。

在互联网经济背景下，建造并运营网站或者搭建一个交易平台，本身并不困难，但要使网站汇聚大量用户和流量，形成具有交叉网络外部性的网络交易平台，则需要经营者付出大量的资本和人力投入。很多处于初创期的互联网平台为了吸引用户，不仅向消费者免费提供使用，甚至不惜花费重金补贴用户，就是为了增加数据流量，扩大自身的网络外部效应。一旦当互联网平台汇集大量用户，形成双边或多边市场的交叉网络效应,互联网平台就拥有了"赢者通吃"的规模经济力量,显示出平台本身"一家独大"的发展特征。目前,互联网经济领域中,谷歌(Google)在搜索引擎市场,脸书(Facebook)在社交网络市场,以及亚马逊在电子商务市场上的超强地位都印证了互联网平台趋于走向市场集中的发展特征。世界银行的《2016年世界发展报告》也证实,互联网的经济运作模式有利于形成自然垄断,如果没有竞争性商业环境,就会导致出现更集中的市场结构,让现有企业从中受益。[①]

当然,并不是所有的平台都能成为相关行业从事经营和竞争的平台,只有那些已经成为相关行业发展、经营者参与市场竞争以及对于消费者而言无可替代的少数大平台才具有行业关键设施的特征。例如,微软的视窗系统(Windows)已经成为个人电脑市场最大的操作平台,虽然和其竞争的操作系统还有 Mac 以及 Linux,但后两者的市场份额和微软的视窗系统不可同日而语。这也是当微软利用其在操作系统市场的支配地位,搭售其旗下产品播放器 Windows Media Play,排挤和其具有竞争关系的播放器 Real Player 时,被欧盟委员会处罚的重要原因。[②] 但是,欧盟委员会调查微软时并没有直接依据关键设施理论,而是依据微软 OS 操作系统在个人电脑市场的极高市场份额,推定其具有市场支配地位,并且具有让消费者无法选择、无可替代的排除竞争效果。

就互联网平台而言,如果企业创建平台主要用于自我宣传和进行自家产品的销售,无论其规模多么庞大,都仍然属于企业自主经营范围,而不可能认为构成行业关键设施。只有当互联网平台的经营者不仅自己使用平台,而且供其他经营者使用,特别是当互联网平台已经成为行业内经营者和消费者无法选择、无可替代的唯一通道,或者经营者或消费

---

① World Bank, World Development Report 2016: Digital Dividends, Overview, p.3.

② 参见戴龙:《滥用市场支配地位的规制研究》,中国人民大学出版社,2012年,第136—140页。

者选择替换另一互联网平台需要支付巨大的转移成本，或者经营者另外建设相同功能的平台不符合社会资源的最佳配置效益时，该互联网平台才可能具备关键设施的性质。如果某一互联网平台虽然拥有庞大的客户群和市场份额，但市场上仍然存在功能相同、可以替代的其他平台，即便两个平台的市场份额悬殊很大，也不能简单认为较大平台构成相关行业的关键设施。

因此，对于互联网平台是否构成行业关键设施不宜简单认定，要结合互联网平台的功能、地位、同行业是否还存在其他竞争性平台、竞争性平台的牵制力量以及用户对平台的依赖程度等多重因素进行综合判断。在笔者看来，互联网平台除了具备某一行业绝大多数用户近乎通用的特征之外，如果成为该行业的经营者或者消费者进行经营或消费时无法选择、不可替代的功能，该互联网平台同时具有第三方平台和营利性平台的性质时，才具备成为行业关键设施的基本条件。概而言之，互联网平台构成关键设施的基本条件是，在某一行业近乎通用，在功能上无法选择并且不可替代，在性质上具有营利性的第三方平台的特征。这其中，"近乎通用"是一个可以量化的指标，主要体现为该平台的市场占有率，当某个平台占据行业将近100%的占有率时，可以视之为行业"近乎通用"的关键设施。但是，这个比例的下限划在何处，需要结合行业的具体情况进行判断。作为关键设施的功能要件，必须强调互联网平台对于行业竞争和发展具有不可或缺性，至于互联网平台是企业出资兴建还是政府建设的公共平台，不应作为考察是否属于关键设施的要件。作为关键设施的性质要件，应当排除政府建设的非营利性官方平台和经营者自营平台，需要将具有营利性的第三方平台作为能否构成关键设施的重点审查对象。如此，将市场中的绝大多数互联网平台都排除在具有关键设施性质的平台之外，只有极少数在所在行业占据垄断地位，市场上基本不存在竞争性或替代性平台，同时又从事着营利活动的第三方平台，视为具有行业关键设施性质的互联网平台。

15.3.3 具有关键设施性质的平台的责任

如果平台具有了关键设施的性质，平台的经营者就具有了不同于一般互联网平台的责任和义务。正如美国学者吴修铭最初提出网络中立原则时强调的"端到端"原理，即电信网络运营者对"在其下面的物理通信介质和在其上面运行的应用程序保持中立"一样，具有关键设施性质的平台也应当对利用平台的经营者或消费者保持中立。"平台中立"要求具有关键设施性质的第三方平台经营者，如果自己也使用平台，需要在自己和竞争对手都使用平台时保持中立；在仅提供第三方平台运营时，对具有相同条件并利用平台进行竞争的经营者之间保持中立；对利用自己平台的消费者，无论消费者选择平台上的哪一个经营者，都要保持中立。"平台中立"强调具有关键设施性质的平台经营者，对待平台上开展的业务和竞争，要像一场赛事的裁判者一样，公平、公正、公开地进行裁判，不能乱吹哨，不能偏袒从事竞赛的任何一方，更不能直接加入竞赛，既当裁判员又当运动员。

具有关键设施性质的互联网平台，平台经营者不能采取技术、算法等隐秘措施，不得偏袒使用平台从事竞争行为的任何一方，从而违背"中立"的原则。当互联网平台同时作为自营平台和第三方平台时，不得采取技术、算法等隐秘措施，让平台导向对自己有利而对其有竞争关系的另一方不利的处理结果。2017 年欧盟委员会查处谷歌比价购物案，就是因为谷歌利用自己在搜索引擎市场的支配地位，在检索购物网站时有意地将检索导向有利于自家购物网站的结果。[①] 虽然谷歌在抗辩中称，

---

① Antitrust：Commission Fines Google €2.42 Billion for Abusing Dominance as Search Engine by Giving Illegal Advantage to Own Comparison Shopping Service, Brussels, 27 June 2017. 谷歌比较价格购物案引发世界各地的关注，我国学者对此案也有较多研究，可参见杨坚琪：《谷歌在欧洲：欧盟运行条约（TFEU）第 102 条视角下的谷歌垄断行为分析》，载《竞争政策研究》2017 年第 1 期，第 56—78 页。

"允许竞争对手的购物比较服务与其自身服务适用相同的排序位置及展示效果反而会损害竞争，强制给予竞争对手以优待可能导致谷歌无法就其搜索结果页面盈利"。[1]但是，欧盟委员会仍然认为，谷歌利用算法和技术措施，让检索结果导向对自家购物网站有利的一面，构成对市场支配地位的滥用，这事实上肯定了谷歌负有遵守"平台中立"的义务。

当互联网平台具有关键设施性质时，平台经营者可以对利用平台的经营者收取适当的使用费（相当于对使用硬件物理设施时的管道费），以填补建设平台的巨大成本支出，维持平台经营者投资建设平台的动机。但是，该笔使用费的征收必须维持在合理的范围内，一般不应超出建设平台所支付的平均成本，并且不得在利用平台的经营者之间实行歧视。由于平台已经成为相关行业的经营者和消费者无法选择和不可替代的唯一基础设施，可以借鉴国际标准组织施加给标准必要专利所有人的FRAND 承诺义务，引入平台经营者许可使用平台时需要遵循公平、合理、无歧视的原则。对于违反 FRAND 原则，实施了过高定价、差别待遇、拒绝交易或附条件交易等行为的平台经营者，视同平台经营者具有市场支配地位并且从事了滥用市场支配地位的行为，按照反垄断法相关规定进行查处。如此，既尊重了平台经营者建设平台获取合法收益的利益和投资动力，又维持了平台经营者和利用平台的经营者与消费者的利益平衡，实现帕累托效应和法益平衡的最佳实施效果。

15.4 从网络中立到平台责任的监管启示

随着互联网经济的平台特征越来越明显，大型互联网企业逐步建立起以平台为中心的互联网平台生态圈，而平台经济也成为互联网经济时

---

[1] European Commission, Case at. 39740, Google Search (Shopping), 27/06/2017.

代技术创新和产业发展升级的新引擎。我国的改革开放搭上了工业经济时代发展的末班车，在我国快速发展工业经济，奋起追赶发达国家的同时，国际社会正进入以互联网经济为代表的数字经济时代。顺应时代发展的潮流，我国也从以物质生产、服务为主的工业经济向以信息生产、信息服务为主的互联网经济发展模式转变。互联网经济的本质就是以信息技术为中心，以经济全球化为背景，以技术、信息和网络为基本投入要素，拥有产业化、个性化、网络化和速度化等特点的经济发展模式。[①]

　　由于互联网经济的网络外部性特征，使得互联网平台呈现出"赢者通吃"的市场格局。大型平台企业通过并购、合作等形式成为相关领域占据主导地位的巨头，而中小型企业和广大消费者只能依赖某个平台，甚至面临被"锁定"而接受平台不公平的交易条件和价格歧视等问题。即便平台间仍然可能存在竞争，消费者基于多重属性也可以在不同平台间进行选择，但是实际上中小企业和消费者选择竞争性平台时可能承受巨大的机会成本和学习成本，付出沉重的替代成本和转移平台的代价。比如，谷歌搜索引擎在欧美市场几乎形成了近乎垄断的市场地位，任何一个商家或消费者都很难找到一个可以替代谷歌的广告或搜索平台，失去谷歌这样的搜索平台，意味着商家或消费者将失去绝大多数交易或获取信息的机会。因此，在存在规模经济和网络外部性的互联网平台上，用户在很大程度上被锁定，互联网平台正在成为用户搜索信息、市场交易、金融支付和终端操作的基础设施。平台企业拥有的强大的网络优势使得平台两端的用户处于弱势地位，平台的任何限制或歧视性行为都将对平台用户产生巨大的影响。在中国信息通信研究院发布的《2017年互联网平台治理白皮书》中，就将"平台垄断与竞争行为的治理"列为

---

① 阿里研究院、德勤研究:《平台经济协同治理三大议题》，2017年10月，参见阿里研究院 http://www.aliresearch.com/blog/article/detail/id/21402.html，最后阅览日2018年3月29日。

互联网平台治理面临的主要问题之一。[1]

2016 年 11 月，美国联邦贸易委员会（FTC）发布了题为《分享经济：平台参与者及监管者面临的问题》的调研报告，报告指出，双边网络效应可能让一个平台聚集特定市场中大部分从而获得市场支配地位，进一步排除其他平台的有效竞争。一些平台可能并不满足于提供促成交易性质的服务，除了提供交易平台，平台还可能直接聘用专业供应主体为消费者提供产品或服务，实现纵向一体化，使自己的服务方式和经营范围得到拓展。[2] 报告指出，一些情形下分享经济中的纵向一体化可能导致反竞争性封锁，如果纵向一体化的平台控制特定市场中的大比例供应量，买方可能不会转向其他供应力不足的平台，从而导致反竞争性封锁效应。但是，报告也指出，单一的大型平台并不一定会损害消费者利益，虽然价格在缺乏有效竞争的情形下可能相对较高，但平台用户的大量集聚也为消费者带来了价值；分享经济中的平台纵向整合也可能带来效率增加，纵向整合的积极效应可能大于消极效应。[3]

对于新型的互联网竞争中出现的问题，一方面，创新和效率不能成为躲避一切监管的借口，互联网平台不能因为创新而被允许实施不公平的竞争行为和损害消费者利益的行为；另一方面，传统法律建立在工业经济的实践之上，并不能适应新的互联网经济模式，许多不合理的规制甚至阻碍了互联网经济下的创新和竞争。对于互联网平台治理的竞争和垄断问题，应当平衡互联网平台、平台商家和受影响消费者的利益，以

---

[1] 中国信息通信研究院：《2017 年互联网平台治理白皮书》，2017 年 12 月，参见 CAICT 官网：http://www.caict.ac.cn/kxyj/qwfb/bps/201712/t20171213_2225104.htm。

[2] Christopher Koopman, Matthew Mitchell, and Adam Thierer, The Sharing Economy：Issues Facing Platforms, Participants, and Regulators, Mercatus Cener, George Mason University, (May 26, 2015). Available at SSRN:https://ssrn.com/abstract=2610875 or http://dx.doi.org/10.2139/ssrn.2610875.

[3] 参见韩伟主编：《数字市场竞争政策研究》，法律出版社，2017 年，第 234 页。

确保以建立公平的市场竞争环境为目标，坚持审慎监管与灵活监管的方针。既不因互联网平台的效率和创新作为放松监管的理由，更不能坐视公平的竞争秩序受到破坏，消费者权益受到侵害。正如 2015 年时任美国司法部（DOJ）助理检察长的 Bill Baer 提出，"我们不会容忍限制竞争的行为，不论其发生在烟雾缭绕的房间里，还是通过复杂的价格算法发生在互联网上。"[1] 互联网经济的特征决定了对于平台竞争行为监管需要确立新的思路和监管原则。我国著名经济学家、清华大学公共管理学院院长江小涓教授也认为，在互联网经济时代，企业进入公共服务领域并参与市场管理，成为新时期政府与市场边界需要合理划分的一个重要变化，对互联网平台治理也需要新的思路，而传统的经济学理论都需要重新调整。[2]

在互联网经济时代，以大数据、人工智能、物联网和区块链为代表的新兴经济产生的问题，很难通过传统工业经济时代的经济和法律理论进行诠释和解决。在互联网经济时代，互联网平台日益成为生产、生活、交易和消费的中心环节，成为某种具有公共性质的基础性设施，而互联网平台治理也需要导入新的理念。时代的发展要求我们必须适应新的经济发展模式，创新监管理论。美国监管机构针对电信监管的"网络中立"原则，以及后来在司法实践中提出的"关键设施理论"，对于治理平台竞争问题仍然具有一定的价值。本文认为，对互联网行业竞争中出现的新问题，仍然需要坚持谨慎监管和灵活监管的基本原则，对于具有关键设施性质的互联网平台，在满足特定的前提条件下要求其遵守"平台中立"原则，具有一定的理论和现实必要性。但是，对于互联

---

[1] Former E-Commerce Executive Charged with Price Fixing in the Antitrust Division's First Online Marketplace Prosecution，转引自韩伟：《算法合谋反垄断初探——OECD〈算法与合谋〉报告介绍（上）》，载《竞争政策研究》2017 年第 5 期，第 112—121 页。

[2] 参见江小涓：网络与数字时代政府与市场便捷的合理划分，江小涓女士在 2018 年 11 月 25 日清华大学产业发展与环境治理中心会议上的发言。

网平台是否能够成为关键设施的判断需要严格审查，只有当互联网平台成为该行业的经营者从事经营活动或者消费者进行消费时无法选择、不可替代的基础设施，该互联网平台同时又具有第三方平台和营利性平台的功能时，才具备成为行业关键设施的基本条件。当平台具有关键设施的性质时，互联网平台应当比普通平台承担更多的责任和义务。具体而言，具有关键设施性质的平台经营者如果自己也使用平台，需要在自己和竞争对手都使用平台时保持中性；在仅提供第三方平台运营时，对具有相同条件并利用平台进行竞争的经营者之间保持中立；对利用自己平台的消费者，无论消费者选择平台上的哪一个经营者，都要保持中立。对于满足关键设施条件的互联网平台，可以借鉴国际标准组织关于标准必要专利所有人的 FRAND 承诺义务，引入平台经营者许可平台使用时要遵循公平、合理、无歧视的原则。总之，在平台治理中既要尊重平台经营者建设平台获取合法收益的利益和投资动力，又需要维持平台经营者和利用平台的经营者与消费者的利益平衡，实现经济学追求的帕累托最佳经济效益和法学追求法益平衡的法律实施效果。

本章参考文献

Christopher Koopman, Matthew Mitchell, and Adam Thierer,2015: The Sharing Economy: Issues Facing Platforms, Participants, and Regulators, Mercatus Cener, George Mason University, May 26, 2015.

Jonathan E. Nuechterlein and Plilip J. Weiser, 2005: *Digital Crossroads: American Telecommunications Policy in the Internet Age*, The MIT Press.

Tim Wu, 2013: Network Neutrality, Broadband Discrimination, 2 Journal on Telecommunications & High Technology Law, Vol. 141, No.2.

胡凌，2009:《"网络中立"在美国》，张平主编《网络法律评论》，北京大学出版社。

刘金瑞，2016:《我国网络关键基础设施立法的基本思路和制度建构》，《环球法律评论》第 5 期。

戴龙，2012:《滥用市场支配地位的规制研究》，中国人民大学出版社。

韩伟，2017:《数字市场竞争政策研究》，法律出版社。

李剑，2009:《反垄断法核心设施理论使用中的效果权衡——反思 Magill 案》，《经济法论丛》2009 年下卷（总第 17 卷）。

林平、马克斌、王轶群，2007:《反垄断中的必须设施原则：美国和欧盟的经验》，《东岳论丛》第 1 期。

杨坚琪，2017:《谷歌在欧洲：欧盟运行条约（TFEU）第 102 条视角下的谷歌垄断行为分析》，《竞争政策研究》第 1 期。

16. 开源、开放与创新

王广凤

20 世纪 90 年代以来，随着开源软件的兴起和蓬勃发展，开源式创新这一新兴的技术创新模式正逐渐被人们所认知和实践。开源式创新作为一种将个体创新和集体创新有机结合的新型的、独特的技术创新模式，代表了一种不同寻常的协作和产品开发形式，使持续创造出高质量、高安全和低成本的产品成为可能，这对传统技术创新理论和模式提出了挑战。

本部分重点阐释开源和闭源在研发方式、知识产权保护、组织结构等方面的不同，厘清开源的激励机制，探讨互联网企业的开放动力及策略，并结合当前各国的实践，分析政府干预开源创新的理论基础及竞争政策。

16.1 开源与闭源的比较

1969 年美国国际商业机器公司（IBM）的计算机软件与硬件"价格分离"政策开启了软件的商品化历程。1981 年 IBM 将操作系统交予微软独家开发，微软借助这一优势，逐渐占据了 PC 操作系统市场的主导地位，并且进一步将垄断势力扩展到应用软件市场。然而，令人惊奇的是，Linux 的出现却给微软带来了巨大的威胁。随着智能手机市场的发展和不断扩大，Linux 又被用作手机应用开发的平台，在此基础上开发的安卓（Android）系统，已经成为除苹果手机 iOS 操作系统以外主要手机品牌的内置系统。根据 Net Market Share 公司的统计数据显示，基于 Linux 的安卓在移动市场上占有 70.96% 的份额，比 Windows 更流行。Linux 之所以能够与微软在系统软件市场上相抗衡，在于其采取了不同于传统价格、差别化策略的开放源代码模式（即源代码随执行程序一起发行），这一模式使 Linux 获得了微软所不能及的竞争优势。那么什么是开源和闭源？这两个软件开发模式在研发方式、知识产权保护模式、组织结构和商业模式等方面有哪些不同呢？这些问题的阐释有助于提高人们对两类软件本质特征的清晰认识。

16.1.1　开源与闭源的界定

（1）开源的界定

开源（Open Source）是开放源代码的简称，这一名词起源于 1998 年美国加利福尼亚州召开的一次战略研讨会，并由开放源代码创始组织（Open Source Initiative Association，简称 OSI）给出正式定义。根据 OSI 的定义，开源软件是指允许任何人使用、拷贝、修改、分发（免费 / 少许收费）的软件。但必须满足以下条件：允许自由地再发布软件；要求程序的源代码是可获得的；可以修改和派生新的软件，并可以重新发布；发布时保持软件源代码的完整性；许可证不对任何个人或群体有歧视，许可证不得歧视任何应用领域；与程序有关的权利必须适用于任何重新发布的程序，不需要得到附加的其他许可证的许可 [①]。简单地说，开源软件就是指源代码公开且可以自由传播的软件（Graham，1999）。比较典型的开源软件有 Linux 操作系统、Mozilla 浏览器、Grid Engine 资源管理程序以及 Openoffice 等。

[①]　参见 the Open Source Initiative.The Open Source Definition [EB/OL]. http://www. opensource. org/ docs/osd, 2007-9-26。

开源软件许可证中最为典型的是通用公共许可证 GPL（General Public License）①，这是所有开源软件中应用最为普遍和严格的许可证。GPL 授予软件开发者特殊的法律权利和义务。一方面以版权法的方式授予使用者免费获得程序源代码的权利，禁止版权拥有者收费；另一方面，以法律的方式规定了任何人在使用、修改和改进此类软件的同时，其劳动成果都必须自动地遵循 GPL 许可证。因此，如果软件的任何一部分源代码采用了 GPL 许可证，那么这个软件的全部源代码也必须公开。从这点来看，GPL 许可证具有一定的传导性。

为了更准确地理解开源软件，首先来分析一下源代码和目标代码。所谓源代码就是指用汇编语言或高级编程语言表达的程序，它是用数字、文字及符号表示的一串符号化指令或一串符号化语句。目标代码是程序最低级的表现形式，它是代码化的指令序列，是一串由 0 和 1 组成的二进制数编码的电脉冲序列。由于这种二进制数编码能够被计算机所识别和执行，又被称为机器语言。源代码是比较接近于人类自然语言的汇编语言，通过源代码程序员可以清晰地构架、编写、修改每个指令的功能作用以及了解程序之间的逻辑关系。然而，源代码是一种高级语言，计算机并不能直接读懂。计算机能够读懂的是目标代码。简而言之，目标代码是面对计算机机器的语言，而源代码是面对程序员的语言。因此，在程序员以源代码的形式将程序开发出来之后，必须通过计算机系统中的编译器将之转换成可供计算机执行的目标代码，才能使计算机执行和操作程序。这一转化过程叫做编译（图 16.1）。

---

① 目前已有许多开放源码许可证经由 OSI 批准，其中包括著名的 GNU、GPL、LGPL、BSD、MPL 等。

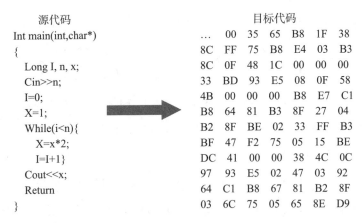

图 16.1　源代码与目标代码

资料来源：Evans, David S, Bernard Reddy. Government Preferences for Promoting Open-Source Software：A Solution in Search for a Problem[J].NERA, Working Paper, 2002.

如果源代码公开或发布将会泄露软件的设计构思和技术秘密。而开源软件的开发者希望其他人能够理解、改进和修改他们的软件，并允许任何人通过互联网免费获得软件程序的源代码。因此，免费和开放是开源软件的基本特点。

（2）开源的兴起与发展

开放源代码是软件领域特有的现象，其历史可以追溯到 20 世纪 60 年代不同组织之间共享程序源代码的事实。当时，天才的黑客们自由交换着他们的作品，并共同创造了令人炫目的成果：Unix 和支撑 Internet 的所有重要技术，如 Apache、TCP/IP、Send Mail、Bind 等[①]。不过，这一时期的合作性软件开发项目是在非正式的基础上进行的，没有在确定产权和软件再次使用限制上做出规定，因而难免产生一些法律纠纷（Lerner 和 Tirole，2004）。

---

① 张平、马骁:《开源软件对知识产权制度的批判与兼容（一）》，载《科技与法律》2004 年 1 月，第 54—61 页。

20 世纪 70 年代末，微软公司的创始人比尔·盖茨发表了《致电脑业余爱好者的一封公开信》一文，引领软件步入了版权（Copyright）时代。经过十几年的发展，软件产业得到了繁荣发展，然而也带来了新的问题——个别厂商（如微软）对软件开发技术的垄断引发了软件用户以及计算机专家的不满。在此背景下，1983 年美国软件工程师理查德·斯托尔曼（Richard Stallman）在软件领域发动了 GNU 项目工程（GNU 是一个由自由软件构成的操作系统），并且依托麻省理工学院建立起了自由软件基金会（Free Software Foundation，FSF），试图创造一种有别于传统的知识产权模式——避免垄断、加强软件技术交流与合作的软件发展模式，从而拉开了"开源软件模式"的序幕。为了表示对版权（Copyright）保护的反对，FSF 引入了一项重要的创新，使用了一个所谓 Copyleft 的授权方法——GPL 公共许可证（General Pubic License）。从此，开源软件开始与许可证制度联系在一起，开源软件的开发过程也逐步规范化（Lerner 和 Tirole，2004）。

20 世纪 90 年代以后，开源软件依托 Internet 得到迅速发展，并且开始步入商业化阶段。1991 年由李纳斯·托沃兹主导的 Linux 开发成功，从此开源软件有了自己的操作系统。随后，基于开源的中间件（Jboss）、数据库（MySQL）、应用软件（SugarCRM、Xensource、Pentaho）等都得到长足发展。这一时期，商业公司和开源协会之间的互动变得普遍，并出现了很多不同于 GPL 的许可证协议，如 LGPL、BSD、MPL、NPL 等。1998 年网景公司（Netscape）公开了浏览器产品的源代码。同年，美国太阳微系统公司（Sun）也公开了其 Staroffice 程序的源代码，IBM 也公开了其主流产品 AFS 文件系统的源代码。Sun 公司和 IBM 还将开源软件视为打破微软垄断的战略机会，在公开自己部分软件源代码的同时还对其他开放源代码组织提供金钱和设备上的无偿援助，逐步以开源软件替代微软软件作为其硬件产品的操作系统。本质上讲，开放源代码软件模式是对传统知识产权模式的反叛，它的诞生标志着软件生产已经开始突破知识产权模式的束缚。

（3）闭源与专有软件

对于传统软件厂商来说，源代码的泄露意味着其无法收回开发中的成本，因此对源代码进行封闭是专有软件获取商业利益的基本条件。专有软件（Proprietary Software）是指由企业开发出来的具有私人产权的软件产品。专有软件在市场销售中以二进制目标代码或可执行码的形式发布，并采取版权或专利方式保护软件的目标代码不被未获得授权者使用，从而阻止其他人对程序的破译和修改，最终程序由开发厂商独占。正是基于此，在专有软件的商业模式中，厂商很少通过出售软件的知识产权来获益，大部分厂商是出售许可证来取得商业利润，软件的使用者为了获得使用软件的合法权利，必须缴纳许可费购买软件许可证。应该说，专有软件的私有产权使厂商在保持原有产权的基础上增加了获取租金的能力。

16.1.2　研发模式的比较

（1）开源的研发机制

开源创新主要是由开源社区完成的，是比较典型的团队研发和个体研发的结合[①]，开发者间的关系是建立在相互尊重和信任基础上的，所有决策几乎是在平等的条件下讨论形成的。本质上开源社区就是一系列组织规则，包括进（出）规则、领导角色、权利关系、分配制度、教育和社会化路径以及其他体现一个新生的文化和社区的规则（Weber，2000）。开发团队的领导机构负责协调项目、解决冲突、指导开发过程、建立基础

---

① Humphrey. W. S. Pathways to Process Maturity: The Personal Software Process and Team Software Process [J]. *SEI Interactive*, 1999 (6): 1–17.

设施，以及把握项目的技术方向，但这个领导机构的权利受到很大限制，其主要工作是负责对开发者提交的代码进行评审、选择和修改，并不直接决定项目的发展方向，而是通过公众的参与去定位正确的方向。

开源软件的创新在很大程度上是基于互联网运行的。使用者们通过网络方式进行沟通联系和交流，形成一个松散的组织，组织中的个人倾向于让其他人免费分享自己的成果，并接受其他人的帮助，他们经常应用自己和群体的知识设计改进产品，实现产品的定制。由于开源开发是一种松散的过程，同一时间真正并行开发的人员并不是很多，管理起来并不困难，管理者并不需要像传统软件过程那样具有卓越的领导才能；但是开源开发队伍的技术水平至关重要，要求他们能够充分地理解、评估、修改重写其他开源参与者提交的代码。

（2）开源的研发模式

根据开源创新的过程和机制特点，Raymond（1998）认为软件开发主要有大教堂和集市两种模式。大教堂模式指程序员在细致的计划和管理下孤立地开发软件，源代码只能在项目的开发组人员间相互交流和共享。它强调严格控制与管理，在代码提交之前要进行测试，软件的演进是缓慢的、有计划的，极少返工。而集市模式是指开发者向公众发布最基本功能的代码，然后根据公众的反馈修改程序，其他开发者也可以加入进来，参与修改或发展现有的代码。从消费者的角度来看，开放源代码软件采用的是一种用户创新模式，不同于私人创新模式也不同于集体创新模式，是将私人创新和集体创新实现有机结合的"私人－集体"创新模式（Hippel，2001）[①]。使用者为了解决自己的需求不得已进行创新，从而创新所需的成本较低。个人需求的异质性推动了用户在开源软件开发中的参与，用户参与开源软件是为了更好地满足个人的需要（Hippel

---

[①] Hippel, Ericvon. Innovation by user communities: learning from open-source software [J]. *MIT Sloan Management Review*, 2001, 42（4）: 83-84.

和 Franke，2003）。同时开源软件的创新也是一种完全开放、共同协作的开发模式，代表了在信息技术发展的情况下，研发方式的变化以及创新方向。

（3）创新模式的比较

知识创新能力是企业竞争优势的主要来源，在以知识为基本要素的软件产业中，这一特征表现的更为明显，哪个企业能保持持久和快速地创新，就将会在市场竞争中处于优势的地位。[①] 开源软件和专有软件创新模式的区别表现在开发队伍组织、发布版本时间、提供源代码对象、测试部门和管理手段等方面，如表 16.1 所示。由于创新模式的不同，开源软件较之专有软件在创新成本和创新资源配置方面表现出了一定的优越性。

表 16.1　开源软件与专有软件创新模式的比较

比较	专有软件	开源软件
组织模式	大教堂组织模式——严密组织	市集组织模式——分散开发人员通过 Internet 组成开发队伍
版本发布	一般都固定时间发布，半年左右发布一个版本	尽早频繁发布，没有明确的时间安排
源代码提供对象	公司内部职责明确，代码不对外发布	向开放源码社区贡献代码
测试部门	由专门负责测试的部门进行	本着自愿原则，社区或用户自愿参与测试
管理手段	按照项目全生命周期管理，开发人员、测试人员职责明确	强调协作，自愿原则参与开发和测试

资料来源：作者整理。

现有的观点强调创新往往发生在公司内部或公共领域，而开源软

[①]　张嫚：论数字产业对传统反垄断理论与实践的启示，载《经济评论》，2002 年第 4 期，第 103—107 页。

件的发展则代表了第三种发展模式，这可能成为将来创新的主流模式（Grand 和 Krogh, et al., 2004）[①]。开源式创新是在知识和信息技术高速发展的条件下，随着开源软件的发展而产生的。它既不同于个体创新（Private Innovation）模式，也不同于集体创新（Collective Innovation）模式，而是以非传统的方法，将个体层面和集体层面的创新知识和资源有机结合起来的个体——集体创新模式。这种开源式创新具有跨组织性、跨地域性、协作性、共享性和公共性等特征，它既是企业内部创新活动的延续和组织，又有效地利用了企业外部的知识和资源。开源式创新是技术创新理论与实践的延续和发展，既遵循技术创新的一般原理，又有着其独特特征。与传统的创新活动相比，开源式创新在个人激励、公司策略、创新过程、组织管理以及产生的效应等方面具有明显的差异性。

16.1.3 组织结构的比较

软件产品传统的生产组织方式主要有两种：企业和市场。以企业方式组织的生产，利用企业资源在内部完成，如微软、甲骨文等公司的软件开发；以市场契约方式组织的生产，通过市场中各种生产要素间的相互契约来完成软件的开发，如程序的外包开发等。但开源软件的开发却采用了一种不同于上述两种传统方式的新的生产组织方式。

开源软件组织是一种不同于传统层级制的自组织、自规制和非所有权的组织形式（Gararelli, 2002）[②]，在为开发人员提供激励的同时，能够克服吸引自愿开发人员时的合约失灵问题（Frank, 2003），实现有效

① Simon Grand, Georg von Krogh etc. Resource Allocation Beyond Firm Boundaries: A Mufti- level Model for Open Source Innovation [J].*Long Range Planning*, 2004 (37): 591-610.

② Gararelli. Open Source Software and Economics of Organization [J], SSRN Working Papers,2002.

的交易以及个人独立和组织利益之间的有机协调，在组织效率方面表现出很大的优势。传统的专用软件厂商是人员高度集中、按照固定的方式和目标前进的组织方式；而开源软件则是分散的、民主的组织方式，更像是"一个巨大的、有各种不同议程和方法的乱哄哄的集市"，一个一致而稳定的系统奇迹般从这个集市中产生了（Raymond，1998）。Demil 和 Lecocq（2007）将开源软件的这种组织结构命名为"集市化的治理结构"（bazaar governance）①。

在公共产权制度下的集市化治理结构中，组织的控制强度比层级结构和网络结构要弱（Demil and Lecocq，2007）。Seidel（2002）将开源项目的组织结构称为"C 型"组织，并比较了这种新型的组织结构和传统的 M 型组织、网络型组织结构的差异，总结出了 C 型组织的六个特征②：没有正式的组织边界；追求更高目标的强有力的团队文化；所进行的工作没有物质报酬——产品供免费使用；没有商业秘密——所有的开发工作都是在互联网上公开进行的；联络方式经济有效（通过互联网）；项目最初源自于兴趣而不是基于市场调研；免费公布产品的源文件。表16.2 对市场型、层级型和开源社区的组织形式进行了比较。从比较中，也可以看出，开源社区是一个更符合基于网络环境下软件产品技术创新的组织模式。

---

① Demil, Benoit&Lecocq, Xavier.Neither Market or Hierarchy or Network: The Emerging Bazaar Governance [EB/OL].http: //opensource.mit.edu/papers/demillecocq.pdf, 2007-11-2.

② Seidel, MD L..An Initial Description of the C-Form Organization [J]. Working Pape. http: // www. rhsmith. umd. edu/ dit/kstewart/ResearchInfo/SeidelStewart0402. pdf, 2002.

表 16.2　开源社区与市场和层级组织的比较

项目	市场型	层级型	开源社区
标准化基础	合同—私有产权	雇佣关系	共同的目标，公开源代码原则
联系方式	价格	常规方式	网络，成员大会
解决冲突的方式	讨价还价	命令、监督	有些命令，监督很少
灵活性	高	中等	高
团体间互动频率	低	较高	核心层高，其他层较低
参与者偏爱或选择	独立	相互依赖	无私的

资料来源：Seidel, MD L.. An Initial Description of the C-Form Organization[J]. working paper. http:// www. rhsmith. umd. edu/ dit/kstewart/ResearchInfo/SeidelStewart0402.pdf, 2002.

16.1.4　商业模式的比较

（1）开源软件的商业化过程

由于开源软件本身具有巨大的商业价值，当前已有越来越多的软件厂商将开源软件的商业化运作作为获取利润的手段，特别是在市场中较为弱小的企业更是投入人力和物力积极参与到开源软件的开发过程中以获得产品的创新，以增强自身的竞争实力。如 IBM 等对开源软件 ApacheWeb 服务器的支持，RedHat、Novell 对 Linux 的支持，发行版厂商、Canonical 公司对 Ubuntu Linux 的支持等。

开源软件的商业化过程主要是研究活动与开发活动的整合（图 16.2）。开源社区没有商业模式，社区开发的软件源代码是开放的，用户可以自由获得、自由修改、自由复制、自由发行，也可自由免费下载；而开源企业是与该开放源代码程序相联系的软、硬件商业企业，具有商业模式，面向用户提供支持和服务，采用低价经营方式从开放源代码软件的相关或者衍生软件中获利，用户往往不能免费下载其发布的产品版（或商业版）软件产品。开源社区与开源企业之间相互协同，共同推动了开源项目的开发。社区成员可以借鉴并利用他人的研究成果进行软件开发，形成知识的累积效应；而企业将社区的研究成果转变为产品，促进社区研究成果的应用，反过来又可以为社区提供大量资金。通过社区与企业的这种相互作用，既保障了知识的共享，同时又确保知识转化为可靠的商品，形成了开源软件不断发展、创新的良性循环。

由于开源软件受到逆版权制度的保护，其商业化是在不能损害软件源代码开放和免费的条件下进行的，并不能通过限制开源软件的使用权利获利，只能对所提供的增值服务收费。因此，商业化并不会对开源软件的发展造成不良影响，反而会促进开源软件的推广和普及。

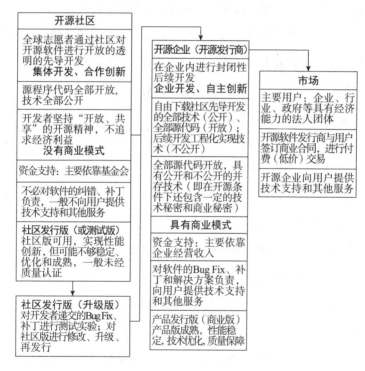

图 16.2　开源软件的商业化过程

资料来源：作者整理。

（2）开源软件的商业化模式

对软件商业模式的分类，学者们主要从目标码和源代码保护程度两个角度来划分。从目标代码保护角度看，软件商业模式可分为专有软件模式、共享软件模式、免费软件模式。专有软件模式主要通过销售软件获利；共享软件是一种功能不全，有使用限制的免费软件，使用共享软件模式可以更好地利用软件网络外部性来建立用户安装基础，并且可以解决软件作为一种经验产品带来的问题，这种模式往往和专属软件模式结合起来，通过促进专属软件的销售以及广告等方式获利；免费软件模式不是靠出售软件，而是通过提供服务来获利，如腾讯公司的 QQ 软件是完全免费的，它主要通过提供信息交流等服务来获利。

从源代码保护的角度来看，软件市场主要有三种商业模式：基于公司的控制模式（Firm-based control）、混合模式（Hybrid）和基于网络的模式（Network-based），在实际运作中相对应的代表分别是 Microsoft、Netscape 和 Linux（Mckelvey，2001）[1]。这三种模式的区别在于软件厂商对于其知识产权控制的不同，采取封闭源码策略的公司控制模式创新成本高，但获利能力强；采取开发源码策略的网络模式创新成本低，但获利能力弱；源码开放程度介于两者之间的混合模式的创新成本和获利能力也介于两者之间。

从获利形式角度可以将软件产业的商业模式划分为基于服务的商业模式和基于产品的商业模式两类。传统的专有软件主要是通过产品的出售来获取利润，采取的是基于产品的商业模式。与专有软件不同，开源软件由于采用的是左版权保护，版权属于某个松散的技术社区或组织，这就决定了其"软件即服务"（Software-as-a- service）的商业模式，即

---

① Mckelvey, M. The Economic Dynamics of Software:the Competing Business Models Exemlified Through Microsoft, Netscape and Linux [J]. *Economics of Innovatio & New Technology*, 2001, 1 (10): 199–236.

"软件免费、服务收费"的商业模式。

通过对开源软件项目的案例分析可知，开源软件的商业化形式主要为七种：市场定位、软硬件结合下的新产品推广、提供相关服务、提供接入服务、未来免费，挣现在的钱、出售品配、出售内容等（Raymond，2000）[①]。经过研究与归纳整理，开源软件典型的商业化形式大致分为以下几种（表 16.3）。

表 16.3　开源软件典型的商业模式

模式	商业运作	典型案例
免费软件＋技术支持	与多方开源软件厂商或社区合作，利用他人提供的开源软件，提供技术测试、集成、维护等服务	RedHat 公司 JBoss 公司
免费社区版＋收费企业版	利用免费版本软件为赢利的收费版本创造或维持一种市场地位	MySQL 产品
开源软件＋专有软件	将免费的开源软件与可赢利的专有软件捆绑销售	Novell 公司
定制化开发	以开源软件为平台，为客户开发出定制化的商业软件	IBM

资料来源：作者整理。

16.2　开源工程师的激励

开源软件被认为是典型的公共产品私人供给问题。按照传统的公共产品理论，由于搭便车行为的存在，私人无法从生产公共品中获得全部的收益。因此，以追求效用最大化为目标的理性经济人不会主动提供公共产品，从而公共产品的供给会面临不足。然而，目前投入开放源代码软件开发的人数以百万计，而且其中还包括许多非常著名的国际厂商。

[①]　Raymond, E.S. The Magic Cauldron [EB/OL]. http: //www.tuxedo.org/esr/wtritings/magic-cauldron/, accessed, 2002-2-3.

由于开源行为有悖于传统专有软件的开发模式，这种现象背后的激励动机吸引了大量经济学家的研究（Lerner 和 Tirole，2002；Lee 和 Cole，2000；Hars，2002；Lakhani 和 Hippel，2003）。到目前为止，相关的研究大都是在传统经济学的成本收益框架内解释开源软件供给的激励，归纳起来主要有内在的利他主义与研究兴趣理论和外在的选择激励理论。

16.2.1　内在激励

利他主义与研究兴趣的观点认为，参与者是基于利他或者研究兴趣而甘愿做出无偿奉献的。

（1）"礼物经济"的解释

Raymond（1998）等学者提出了"礼物经济"的解释，认为自愿的软件开发人员完全是一种利他主义的美德[①]。参与开源工作是一个高度动态发展和高度聚集的"礼物"交换过程，无论是在公司或者个人层面，都超越了简单的礼物接受或给予（Simon Grand，et al.，2004）[②]。

（2）研究兴趣的激励

开源软件贡献者享受他们的编程活动这一事实毋庸置疑。开源软件开发过程的特性使其较私有软件开发环境更适合让个人发挥出创造力，享受到编程的乐趣和品尝到成功之后的满足和成就感（Bonaccorsi 和 Rossi，2006）。这有可能是因为编写代码所包含的自由性，也可能是因为在选择适合自己技术水平的项目时拥有的自主性。Bezroukov（2007）将参与开源软件的行为视为一种特殊的学术研究工作[③]，科学研究过程就

[①] Raymond. *The Cathedral and the Bazaar:Musings on Linux and Open Source From an Accidental Revolutionary* [M]. Sebastapol: O'Reilly and Associates.1998.

[②] Simon Grand, Georg von Krogh etc. Resource allocation beyond firm boundaries: A mufti-level model for open source Innovation [J]. *Long Range Planning*, 2004 (37): 591–610.

[③] Bezroukov, N..A Second Look at the Cathedral and the Bazaar [EB/OL]. http: //firstmonday. org/ issues/ issue 4_12/ bezroukov/, 2007-10-26.

是将自己所进行的研究成果公开，以供同行的研究者共享和评价①。他认为开源软件的参与者和许多应用科学的研究者有着相似点：他们都是为了实现理想和满足自己的兴趣而充分发挥自己的能力；所做工作没有直接的报酬，但比较重视自己在行业内的声誉。

16.2.2 外在激励

在选择激励机制下，私人对公共产品自愿无偿奉献主要是因为其在贡献过程中可以获得特殊的收益，而这些特殊收益在不做出自愿奉献的情况下，是无法获得的。开源软件实质上是一种"私人 – 集体"（private-collective）创新行为（Hippel 和 Krogh，2003），虽然开源软件本身是公共产品，但开发过程中产生的一些收益却是由源代码开发者私人独占。

用户利益是个人参加开源的关键因素。一个参与者的净收益可能包括直接收益和延迟收益，直接收益包括参与者使用程序的收益，直接成本包括参与者投入的时间成本，实际的成本依赖于参与者在此项工作中的享受程度。延迟收益则包括职业关注激励和同行对其的尊敬和认知（Lerner 和 Tirole，2002）。开源创新过程中的收益主要有三种：声望、对技术的控制和学习。

首先，志愿者参与开源软件的开发有助于提高个人在群体中和行业内的声望。开发者通过参与开源项目可以向市场发出信号，表明他们的工作能力和技术水平，从而增加他们在行业内的声望，得到同行认同

---

① Dasgupta 和 David（1987，1994）将新知识创造的激励分成两种类型：一种是在"科学"的环境中，另一种是在"技术"的环境中。在科学的环境中，同行的认同和随之而来的声誉会带来补偿性的收益，如赞同、在学术组织中的地位或未来在企业中的位置等。在技术的环境中，得到的激励主要来源于传统的通过控制产权实现利润最大化。

（Lerner 和 Tirole，2002），开源社区作为一个信号显示平台，保障了激励的有效性（Dalle 和 Jullien，1999）。通过内部信号机制，高水平和贡献大的参与者在组织内部得到认可和尊重，即使是一般参与者的贡献也被大家所了解，使参与者得到声望、政治理想等激励；通过外部信号机制，开发人员独立工作，所有同行和软件的使用者能够经常观察到他们的成果，能很清楚地辨析个人对项目所做出的贡献，使得高水平参与者的能力很容易被市场发现。在内外部的双重激励下，开发者们愿意牺牲暂时的收益而参与开源项目的开发。

其次，参与某一开源项目的程度往往决定了开发者在相关技术领域的影响和控制能力。由于开源软件开发者自愿工作的特点，开发者可以只关注某些特定的技术，而忽略其他外部参与者的工作，在一定程度上主导项目发展的方向，自己制定项目的进程和开发方式（Hippel，2003），而这些因素对于程序员来讲是非常有吸引力的。

第三，参与的内在价值和向高水平同行学习是开源软件吸引许多参与者的重要原因（Lakhani 和 Wolf，2007）。开源软件项目中普遍存在的"同行评议"制度可以提高他们的编程技能（Wayner，2000）[1]。只有参与到开源软件开发过程的人才能真正学习和体会到关键和微妙的技术，而这些关键和微妙的技术是仅仅使用开源软件的人所不可能体验到的（Hippel，2003）。McGowan（2002）从资产专用性的角度进行了分析，同样认为参与者自愿无偿地参与是因为开放源代码软件为其提供了一条通路，使他们能够了解和获得其他参与者的隐性知识、技能和经验等[2]。

---

[1] Wayner, P. Free For All: *How Linux and the Free Software Movement Undercuts the High-Teeh Titans* [M]. New York: Harper Business, 2000.

[2] McGowan, D. Legal Implications of Open source Software [J]. *University of Illinois Law Review*, 2002 (1): 279–280.

16.3 互联网企业开放策略

软件产品尤其是系统软件具有典型的互联网平台特征。它以互联网技术作为基础设施，支撑双边用户之间的交易和创新活动。进入平台的门槛越低，平台交易和创新的活动越频繁，说明互联网平台的开放度就越高，平台生态的边界就越大；反之，平台生态的边界就越小。然而，开放度与绩效之间的关系并非固定不变。Android 系统采取高度开放策略，增加用户基数，占领市场，取得了较大成功；其竞争对手 iOS 系统采取较为封闭的体系，控制竞争，提升产品和服务质量也能取得良好绩效。但 2017 年 7 月 18 日，欧盟委员会以违反欧盟反垄断规定为由，宣布对美国科技巨头谷歌处以 43.4 亿欧元罚款。这又传达出开源的市场力量。

16.3.1 实施开放策略的动力

目前，越来越多的软件公司参与到开源软件的发展中来，这些公司主要是通过创建一个服务业务或者资助某些开源软件，甚至有些直接雇用一些软件工程师直接参与（West，2005）[1]。调查发现，大约有 45% 的开源软件贡献者直接或间接受到软件公司的资助（Hars，2002）[2]。大公司参与开源式创新往往是由于他们希望将内在资源和外在资源结合起来，以发现更多的创新机会去满足公司发展的动力，他们更希望通过集中于此以增加营业收入和利润，而不是仅仅去尝试好的事物（Hamm，

---

[1] West, J. and O'MAHONY, S. Contrasting Community Building in Sponsored and Community Founded Open Source Projects [C]. Proceedings of the 38th Annual Hawaii International Conference on System Sciences, 2005, 196c.

[2] Hars, A. and Ou, S. S. Working for free? Motivations for participating in open-source projects [J]. *International Journal of Electronic Commerce*, 2002, 6 (3), 25–39.

2005）①。商业公司参与开源活动的根本目的在于获取利润。RedHat 公司的主要收益来源是为企业提供服务，参与开源活动的商业公司通过出售技术支持服务、相关收费软件乃至硬件等开源软件配套产品获利。当然，并非所有参与开源的商业公司都能成功。根据 Floss 的调查报告，大公司参与开源软件项目的主要动机主要包括建立开放标准、降低成本、战略考虑和实现兼容性四大方面（Wichmann，2002a & 2002b）②③。

（1）建立开放标准

一些专有软件企业之所以采用基于开源的合作研发策略，主要是为了掌握竞争软件的发展动态，在竞争对手之前抢占技术标准（Lerner 和 Tirole，2002）④。软件业由于版权保护、利益冲突等原因形成了许多的标准。混乱的标准大大增加了商业公司的运营成本，利用开源软件可以建立开放、统一的标准，这个标准不为任何组织所独享。以操作系统为例，在 Linux 获得广泛应用之前，服务器端常见的操作系统是 Unix，它的变种极多，常见的有 SunSolaris、IBMAiX、HP-UX 等，它们适用于不同的硬件平台，需要搭配不同的应用软件。操作系统需要不断升级，由于标准不统一，无论用户还是软硬件制造商对此都无法容忍。硬件制造商为此浪费了大量资源，软件公司也不得不为满足不同的操作系统、硬件平台提供支持。于是，就有了一个基于共同利益的需求，

① Steve Hamm. Open source innovation [EB/OL]. http: //open-innovation-projects. org/faq/ what do you mean by open source innovation, 2005-10-06.

② Wichmann, T. Firms'F/OSS activities: motivations and policy inplications [A]. Free/Libre and F/OSS Software: Survey and Study, FLOSS Final Report [C]. Berlecom Research Gmbh: International Institute of Infonomics, 2002a.

③ Wichmann, T. Basics of F/OSS Activities: Markets and Business Models [A]. Free/Libre and F/OSS Software: Survey and Study, FLOSS Final Report [C]. Berlecom Research Gmbh: International Institute of Infonomics, 2002b.

④ Josh Lerner, Jean Tirole. Some Simple Economics of Open Source [J]. *Journal of Industrial Economics*, 2002, 50 (2): 197–234.

一个提供基础功能的通用、统一的操作系统，任何使用这个操作系统的商业公司都会因此获利，它能够帮助减少系统支持、维护的成本，使它们专注于解决实际问题。大型的软件公司主要为实际的商务或信息技术项目提供解决方案，基础平台（操作系统）并不十分重要，有了通用的操作系统平台，它们就可以集中精力于满足客户具体需求，提高自己的竞争力。开源操作系统 Linux 就是一个理想的选择，它可以提供统一、开放通用平台的标准，而 GPL 开源许可证保证任何组织都无法独占此标准。

（2）降低成本

开源软件依托于开放式的创新，具有更高的可靠性（Bonaccorsi，2006）[1]，一些公司通过开源希望获得开源社区的技术支持（Henkel，2006）[2]。对开源公司来说，通过开源的理念建立商业项目，不但可以聚合已有的开源构件来完善和丰富项目本身的功能及底层结构，而且开放的源代码可以增加项目的透明度，降低开发风险。对于传统商业公司，满足用户的特定需求时在产品中充分利用开源组件，如果通过开源项目可以鼓励外部人员的自愿参与，那么公司的开发成本将下降，因为在这种情况下，公司并没有对外部人员的贡献进行支付，因此，越来越多的公司不仅仅是参与到现有的开源项目中，而是开始尝试发展自己的开源项目（Schaarschmidt 和 Harald Eds，2015）[3]。例如 Oracle 公司采用

---

① Bonaccorsi, A. and Rossi, C. Comparing Motivations of Individual Programmers and Firms to Take Part in the Open Source Movement. Knowledge [J]. *Technology, and Policy*, 2006, 18 (4): 40–64.

② Henkel, J. Selective Revealing in Open Innovation Processes: The Case of Embedded Linux [J]. *Research Policy*, 2006, 35, 953–969.

③ Mario Schaarschmidt, Gianfranco Walsh, Harald F.O. von Kortzfleisch.How do Firms Influence Open Source Software Communities? A Framework and Empirical Analysis of Different Govermance Modes [J]. *Information and Organization*, 2015 (25): 99–114.

Linux 操作系统平台搭建自己的数据库系统，免费的 Linux 大大节省了成本，提高了 Oracle 的利润和竞争力。

（3）战略考虑

部分传统商业公司参与开源活动是为了公司的一些战略计划。例如 Sun 通过发布 OPenOffice 开源项目，打击了微软 Office 软件在办公市场的地位，顺便提升了自己在开源社区的影响力。IBM、HP 等服务器供应商巨头，通过捆绑免费的 Linux 操作系统销售硬件服务器；Sun 公司将其 Solaris 操作系统开放源码，以确保服务器硬件的销售收入，都是出于公司战略考虑。

（4）实现兼容性

部分传统商业公司参与开源活动为了使自己的产品实现跨平台的兼容性，增加自己的用户群，现在许多商业软件都有了 Linux 的版本。商业公司的参与也进一步推动了开源项目及开源社区的发展，最显著的就是用户基数的扩大以及开源项目的流行。可以说商业公司的加入在技术用户和商业软件用户之间搭了一座很好的桥梁（Rossi，2006）[①]。

16.3.2 开源与专有的竞争

关于开源软件与专有软件之间的竞争研究是伴随开源软件的发展而兴起的，主要集中在 2000 年以后的相关文献中。

（1）关于兼容策略的研究

Zhaoli Meng 和 Lee（2005）考察了开源软件与专有软件竞争过程中的兼容策略。他们认为，专有软件对兼容策略的选择依赖于市场覆盖

[①] Rossi, M. A. Decoding the Free/open Source Software Puzzle: A Survey of Theoretical and Empirical Contributions [A]. in: Bitzer, Jurgen, Schroder, Philipp J. H. (Eds.), The Economics of Open Source Software Development [C]. Amsterdam: Elsevier, 2006: 15–55.

状况。如果市场是完全覆盖的，单向兼容是专有软件的最优策略；如果市场是部分覆盖的，双向兼容是最优策略，这一均衡结构并不受两软件质量差异的影响。另外，对于追求市场份额最大化的开源软件来说，双向兼容无论对其本身还是对专有软件都是最优的策略[①]。张晓明和夏大慰（2006）在上述研究的基础上，将单一市场扩展到系统市场，综合考虑了开放平台与所有权平台竞争时的兼容策略选择问题，提供了一个分析开放平台和所有权平台（双寡）竞争的理论模型[②]。他们认为，如果没有学习成本（或者学习成本较低），随着使用者数量对开放软件质量的递增影响以及开放软件的零价格，开放软件将比所有权软件占有更大的市场份额；所有权软件可以从内向兼容策略中获取最高利润，但却从外向兼容策略中获取最低利润；如果假定开放软件平台追求市场份额最大化的目标，并给定学习成本不太高，则会发现市场的纳什均衡结果将是（兼容，兼容）[③]。

（2）关于技术策略的研究

Dalle 和 Jullien（2001）采用相互作用理论模型研究了开源软件和专有软件之间的技术竞争问题，认为在竞争中开源软件具有明显的优势，但是其能否取代专有软件取决于消费者的偏好、开源组织的效率和专有软件的兼容策略选择，在竞争中对于专有软件企业来说，采用与开源混合的策略能更好地保护自己的利益[④]。Lerner 和 Tirole（2002）认为

---

① Zhaoli Meng, Sang-Yang Tom Lee.Open Source vs. Proprietary Software: Competiton and Compatibility [J]. NBER WorkingPaper, 2005-8-22.

② 张晓明，夏大慰：《开放平台与所有权平台的竞争：网络效应与策略选择》，《中国工业经济》，2006 年第 12 期，第 74—80 页。

③ 张晓明和夏大慰（2006）给定了四种兼容策略：双向兼容、内向兼容、外向兼容和不兼容。

④ Dalle Jean-Michel, Jullien Nicolas. Open-Source versus Proprietary Software [J]. NBER Working Paper. 2001.

一些专有软件企业采取基于开源的合作研发策略的原因是为了了解竞争软件的发展动态，在竞争对手之前抢占技术标准。Mustonen（2005）进一步分析了在何种情况下，专有软件企业会支持开源软件[①]。当支持开源软件与专有软件之间具有互补性并产生网络效应时，专有软件有激励支持具有替代性的开源软件。Bitzer 和 Schroder（2003）则对开源软件和专有软件之间的技术竞争对软件产业创新绩效的影响进行了分析，认为市场由垄断变为双寡头会促进软件产业技术水平的提高，开源软件进入竞争使软件产业更有积极性调整跟进国际技术水平的发展[②]。

Pakrer 和 Alstyne（2005）结合免费开源运动和经济学的思想，对多阶段创新问题进行了研究[③]。应用双边网络外部性，他们研究了发布免费信息如何有利于开发商和消费者，并且考虑了消费者和平台创造者的福利。他们认为，诸如消费者人口规模、开发商联盟、每个方向上的外部性大小和重新使用代码的能力等环境参数，能够影响发布时间和开放程度的最优选择。他们研究的一个重要贡献是证明了较好的许可能够使垄断者向社会计划者转化。

（3）关于市场均衡的研究

关于这一问题的研究，目前学术界主要有三种观点。

第一种观点认为专有软件将会被挤出市场。如 Dalle 和 Jullien（2003）对 Linux 和 Windows 在服务器操作系统市场上的竞争进行了模拟分析，认为在 Linux 和 Windows 周围的潜在使用者数目相同的情况

---

① Mustonen, M.. When does a Firm Support Substitute Open Source Programming [J]. *Journal of Economics and Management Strategy*, 2005, 14 (1): 121–139.

② Bitzer J. and P. Schroder.Competition and Innovation in a Technology Setting Software Duopoly [J], Discussion Paper 363, DIW Berlin,2003.

③ Parker, G. and Van Alstyne, M.W., Innovation Through Optimal Licensing in Free Markets and Free Software [J], SSRN Workingpaper, Tulance University, Boston University/MIT。2005.

下，消费者将会更多选择 Linux；在外部性相同的情况下，采用 Linux 的倾向会大于采用 Windows 的倾向[1]。这一结果预示着，具有更强网络效应的开源软件如获得一定的初始支持，相对专有软件将有更好的市场表现。

第二种观点认为专有软件不会被挤出市场。如 Masanel 和 Ghemawat（2003）在兼顾消费者动态学习能力（learning by doing）的基础上，考察了网络效应对 Linux-Windows 服务器市场均衡结果的影响。他们认为，由于网络效应的影响，市场结构将会出现两种均衡状态：Windows 继续独家垄断市场或者 Linux-Windows 共存（双寡头市场），这表明 Windows 在任何情况下都不会被 Linux 赶出市场[2]。类似的还有 Ecomomides 和 Katsamakas（2004）的研究，他们分析了开源软件平台和专有软件平台之间的价格竞争及其福利效应，指出由于双边市场效应，在平台软件和应用软件具有互补性的情况下，开源软件的成功取决于应用软件的发展状况，因此，在网络外部性下，开源软件平台并不能完全取代专有软件平台[3]。另外，Lin（2004）也认为当存在网络效应的时候，开源软件只有在能够为客户量身定做并提供给客户相当好处的时候才能独占市场。Economides 和 Katsamakas（2005）认为技术平台是高技术产业的核心（如微软的 Windows），当平台是所有权性质时，则平台的均衡价格、应用软件的均衡价格以及平台给应用软件所定的接

----

① Dalle Jean-Michel, Jullien Nicolas. LibreSoftware: Turning Fads into Institutions [J]. *Research Policy*. 2003, 32: 1–11.

② Masanell Ramon Casadesus, Ghemawat Pankaj. Dynamic Mixed Duopoly: A Model Motivated by Linux vs. Windows [J]. Harvard Business School Working Paper 04-012, August 20,2003: 41.

③ Ecomomides, N., Katsamakas, E. Two-sided Competition of Proprietary vs. Open-source Technology Platforms and the Implications for the Software Industry [J], Mimeo, Stern School of Business, New York University, 2004.

入费都可能低于边际成本（并分析了导致该情形的条件）。当一个由开放平台和所有权应用软件企业所组成的系统与一个具有完全所有权的系统竞争时，所有权系统可能会在市场份额和利润等方面相对开放系统占优[①]。

第三种观点是比较折中，认为最终的市场均衡取决于开源软件的学习成本、发展状况和消费者的技术水平等因素。Mustonen（2003）分析了一个专有软件垄断企业和一个开源社区之间的竞争问题，指出开源软件研发的"执行成本"决定了其市场份额的大小，在执行成本低的情况下，开源软件将存在于市场，并使专有垄断企业无法充分行使垄断势力[②]。Jennifer（2001）则在消费者对开源软件和专有软件支付意愿不同的前提下，探讨了两种模式下的消费者剩余，进而提出了消费者选择自己创造开源软件的条件，即在消费者具有创造开源软件能力的条件下，高端非程序员选择购买专有软件，其他消费者选择自己创造开源软件[③]。该模型独创性地把开源软件的存在视为消费者权衡效用后自己从事产品创造的结果，从而将产品选择的最终决策权置于消费者手中，赋予了消费者在博弈过程中的主动权。我国学者史晋川、刘晓东（2005）基于软件市场的规模经济和网络外部性特点，构建了一个扩展的两阶段豪泰林模型，研究了后进入厂商与在位厂商在研发模式方面的策略选择。他们认为，先进入厂商享有更大的成本优势和网络外部性优势，后入厂商不得不采取开源研发的模式参与竞争；处于优势的垄断厂商强

---

① Ecomomides, N., Katsamakas, E. Linux vs. Windows: A Comparison of Application and Platform Innovation Incentives for Open Source and Proprietary Software Platforms, Net Institute Working Paper, No.05-07, 2005.

② Mustonen, M. Copyleft-the Economics of Linux and other Open Source Software [J]. *Information Economics and Policy*, 2003, 15 (1): 99–121.

③ Jennifer Kuan, Open Source Software as Consumer Integration into Production [J]. SSRN Working Paper, 2001.

调对自身知识产权的控制，以保持垄断利润，而处于劣势的垄断厂商更倾向知识产权的开放，以降低创新成本，吸引更多的厂商加盟[①]。

16.3.3 开源产生的竞争效应

相对于传统产业，软件市场具有网络外部性、双边市场以及系统竞争等特征，正反馈、安装基础、消费者预期以及转移成本与锁定等，这也就使得软件产业更容易产生垄断的现象。软件市场"赢者通吃"是以专有软件厂商闭源为前提的，而开源的出现会对市场形成一定的冲击，打破原有的产业生态系统，进而增强市场的竞争性。

闭源采用的是基于产品的商业模式，主要通过销售软件获利；而开源采用的是基于服务的商业模式，主要采用"软件免费、服务收费"的方式获利。从开源软件 Linux 与专有软件 Windows 的竞争实践也可以看出，软件产业的竞争已经从单纯产品竞争过渡到服务竞争。软件产业的服务发展也呈现出从售后服务延伸到售前和售中服务、从单纯的产品服务转变到应用服务的趋势。

系统软件具有明显的双边市场特征，开源软件与专有软件商业模式的竞争在双边市场上表现为操作系统在消费者边和应用软件厂商边不同的价格结构上（图 16.3）。①开源软件的价格结构是，在操作系统与消费者市场边，开源软件向消费者免费提供软件产品，主要收取服务费用。在操作系统与应用软件厂商的市场边，开源软件是一种开放性的平台，基于开源软件平台的开放性和兼容性，操作系统厂商免费提供系统接口，和应用软件厂商之间更多地呈现出一种合作关系。②专有软件的价格结构。在操作系统与消费者市场边，专有软件将向消费者出售软件

---

① 史晋川、刘晓东，2005:《网络外部性、商业模式与 PC 市场结构》,《经济研究》, 第91—99 页。

产品，以弥补其软件的开发成本和赚取利润；在操作系统与应用软件厂商的市场边，专有软件厂商通过收取应用软件厂商的许可费，将一部分API函数和编程标准提供给应用软件厂商。

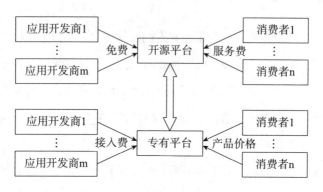

图 16.3　开源与专有平台的竞争

　　由于间接网络外部性的影响，操作系统与应用软件之间具有较强的依赖性。消费者选择一种操作系统所获得的效用不仅在于操作系统本身，还取决于与之配套的应用软件的数量和质量。对于开源软件来说，应用软件商可以免费接入其界面，进入该市场的门槛非常低，这样可以吸引更多的厂商为其进行技术支持。对于消费者而言，一方面可以为系统软件支付较低的费用，另一方面还会获得较多应用软件支持的效用。这样在开源软件的双边市场，形成良性的需求积累，共同推动开源软件的市场扩张。一旦开源软件的市场份额达到其临界规模，就会利用网络外部性的正反馈机制，进一步爆炸式成长。但值得注意的是，开源软件并不会出现由某个厂商垄断市场的格局。这是因为，开源软件的开放性允许多家厂商经营同一软件，如 Linux 的发布商有 Redhat、Turbo、中科红旗等。

　　面对开源软件商业模式的竞争，专有软件厂商将会利用价格策略，来与开源软件进行竞争。专有软件厂商可以选择的策略有两种：调整定价结构和调整定价总量（程贵孙、陈宏民，2006）[①]。定价结构是指总费用在双边的分配；定价水平是市场双边收取的总费用。① 由于网络外部性的影响，专有软件进行定价结构的调整后，往往会出现向一边或另一边倾斜价格的情形。双边市场的价格结构要受到需求弹性、应用软件开发商相对市场势力、在两边创造的剩余等因素的影响（Rochet和 Tirole，2004）[②]。由于专有软件具有一定的市场先入优势，在应用软件的开发方面拥有较多的支持厂商，而在消费者市场，由于需求价格的弹性影响，相对较高的价格将会导致需求的减少，因此专有软件厂商将会降低消费者市场的价格水平，而提高应用软件开发商市场的接入费用。② 专有软件厂商也可能进行定价水平的调整，同时减少两边的费用，以对应用软件开发商和消费者进行双向吸引。因此，无论专有软件厂商采取哪种价格策略，消费者市场的产品价格水平都将会得到下降。

由于价格的下降，专有软件厂商的利润率水平也会随之下降，而总体利润收入的变化还要受到销售数量的影响。至于消费者的效用水平，将会随着开源软件的出现而增大。这是因为，一是原专有软件的价格将会由于开源软件的竞争而下降，使得消费者在获得同样效用水平的软件时，费用减少；二是消费者还可以根据自己的偏好在开源软件与专有软件之间进行选择，来满足自己个性化的需求，而不至于被锁定在某一软件产品上。由于开源和专有软件厂商采取不同的商业模式，不同的商业模式内生了软件厂商不同的竞争优势，从而会增强市场的竞争性，引起价格、利润、消费者福利等的改变。

---

① 程贵孙、陈宏民、孙武军，2006：《双边市场视角下的平台企业行为研究》，《经济理论与经济管理》，第 55—60 页。

② Rochet, J C and J Tirole, Two-sided Markets:An Overview [J]. IDEI working paper, 2004.

16.3.4　开源产生的创新效应

分布连续累积型工作方式是开源软件创新成功的重要保障。Asklund 和 Bendix（2002）从配置管理的角度，研究了开源软件开发群体组织中，生产过程、使用工具和人力资源的配置管理[1]。他们认为，开源组织中的成员在信息获取、沟通联系，以及任务的分解和调整等方面具有很强的优势。因此，该组织中的成员具有较其他组织更高水平的配置管理能力。笔者通过归纳和分析，认为开源软件对创新资源的配置作用主要体现在以下几方面。

（1）开源创新可以避免重复研发。在私有产权制度下，软件产品的所有者除了专利权、版权等方式外，还采用了商业秘密的方式来保护自己软件的产权，这使得软件的技术不能为全社会所用。部分软件产品的需求者为了能够掌握这些软件技术，不得不重复投入成本进行开发和生产。因此，导致了大量的重复开发（Weber，2000）。而开源软件的使用者创新比生产者创新能更准确地知晓使用者的需求，通过网络能够实现创新成果最大程度的共享和扩散（Hippel，2001，2003）。在开发初期发布程序并允许用户修改和再发布源代码，可以使开源软件开发者利用同行的成果，一方面可以减少重复开发，避免资源浪费，另一方面还可以利用技术的积累性，在原有技术的基础上提高软件的质量水平。例如，Apache 万维网服务器使用了 OpenSSL 项目的成果实现加密，节省了数千小时的编写和测试时间。即使在源码无法直接整合的情况下，开发者也可以通过学习现有代码了解另一个项目如何解决类似的问题。

（2）开源创新减轻了信息不对称程度。在信息经济学看来，组织中成员的能力状况、工作意愿、努力程度等信息为私人信息（Private

---

① Asklund U., Bendix, L. A Study of Configuration Management in Open Source Software Projects [J]. *IEE Proceedings Software*, 2002, 149 (1): 40-46.

Information），这就产生了信息不对称的问题。在企业组织中，管理者虽然可以通过各种方式手段来监督、激励组织成员，但这需要付出成本，管理者必须要权衡这些成本，所以信息不对称的问题不可能完全解决。在这种信息不对称的情况下，企业组织的管理者对于组织中成员的工作能力并不能够完全了解，因而通过计划指令的方式安排给组织成员的工作并不一定能够和成员自身的资源状况相匹配，这将会导致生产效率的损失，以及为了修正这一错误付出较大成本。例如，将简单的任务分配给能力较高的成员，或者将难度大的任务分配给能力较低的成员，都会造成资源的浪费和使用效率的降低。而在开源软件的创新过程中，采取了各尽所能的工作方式——参与者自我选择地承担任务，因此任务的安排实际上是由最了解参与者私人信息的人——参与者来进行的，从而实现了资源和任务的高效匹配，有效解决了信息不对称问题，Benkler（2002）采用比较"信息机会成本"的方法比较了不同生产组织模式的区别[①]。"信息机会成本"即相对于信息完全的理想状态，由于信息不完全产生的损失。他的研究表明，开源软件开发组织的信息机会成本比市场、企业都要小。和市场相比，开源软件开发组织的生产组织模式既不需要价格体系的参与，也不需要契约合同（由于人力资本是隐性信息，获得与此相关的完全信息极为困难），它允许个人对自己能力进行评价，找出最适合自己的任务，也不会发生市场中的交易成本和企业中的组织成本。

（3）开源创新模式扩大了配置资源的范围。相对于企业组织，开源软件开发组织具有较大的规模，资源流动的范围更广、限制更少，竞争更充分，因此资源的使用效率提高。在企业组织内部和市场中，各主体

[①] Benkler, Y. Coase's Penguin or Linux and the Nature of the Firm [J]. *Yale Law Journal*, 2002, 112 (3): 369-446.

内部和外部之间有明显的边界壁垒，如企业对自己的实物资本、资金资本、人力资本有很强的控制力，即使企业不具有竞争优势，也会努力限制这些资源从自己的组织流向更具有竞争力的组织。但在开源软件开发组织的整个群体中，项目之间不存在资源流动的壁垒，在组织内具有竞争优势的项目能够更加容易吸引参与者加入，获得更多的资源。而没有竞争力的项目则无法阻止资源的流失。在这种情况下，整个群体中竞争更加公平和充分，资源能够更顺利地自动流向利用效率高的项目。以对开发软件的测试为例，开源软件可以集合起数以万计的参与者集中完成这一工作，几乎所有的问题都可以被很快地发现和修正，这就是开源软件中漏洞和错误比专有软件少的原因（Raymond，1998）。

（4）开源创新模式加快了资源的流动速度。开源软件的创新过程具有较高的淘汰率，能够迅速地将资源从使用效率低的项目转向使用效率高的项目，从而提高开源软件开发组织整体的资源利用效率。由于源代码是公开的，每个程序员都可以修改程序。某些修改被众多的开发者所认同，软件便朝着此方向发展和完善；相反，有些修改经过实践后，不能被其他开发者认同，这些修改就会逐步消失。在这种发展模式下，开源软件往往能够找到适合市场需求的方向，同时也最容易被市场所接受。这一优势正是专有软件所缺乏的。

16.4 开源与开放的竞争政策

关于开源与开放的竞争政策这一领域的文献主要是从政策制定者的角度，探讨开源软件出现后，政府是否有必要对软件产业实行政策干预，以及如何进行政策干预。政策的讨论主要基于开源软件的公共产品性质，相应的问题便体现在政府是否需要支持开源研发模式。本部分先对当前不同学者的观点进行梳理，然后进一步阐释支持政府干预开源与开放的理论基础，并对当前典型国家的干预实践进行梳理。

16.4.1　关于政府干预的争论

开源软件对发展中国家有着重要影响，由于发展中国家有大量的人口和人力资源，更适宜利用开源模式进行创新。同时，开源软件具有重要战略价值，许多发展中国家政府都为开源研发提供积极的政策支持。

但经济学界对政府干预开源的问题存在争议。一种观点认为，开源软件相比专有软件虽然存在很大优势，但传统专有软件仍是软件产业的主导，开源软件存在的重大价值在于促使专有软件不断降价与创新。强迫政府部门采用开源软件不一定增强其竞争力和促进更新、更好的软件开发，相反可能产生负面的影响。因此，政府鼓励开源软件发展的政策应该有一定的限度，政府作为市场参与者，应当持中立态度，促进软件市场的有效竞争，至少不应该对开源应用软件进行公共补贴（Schmidt 和 Schnitzer，2002）。

另一种观点则认为，开源创新在个人 – 集体创新模式和公共产品创新中发挥着重要作用，其重要性更在于其战略价值，它是发展中国家打破上游系统软件领域垄断局面、发展本国软件产业的契机，因此这些国家的政府有必要对开源研发进行积极的政策倾斜，但是直接补助支持开源软件在长期中会减少社会福利（Comino 和 Manenti，2005）。

16.4.2　竞争政策的理论依据

支持政府干预开源软件的学者认为，当垄断很难被新技术打破时，需要政府采取非对称的管制手段，创造一个有效的软件市场竞争环境。开源的公共产品性及后入者劣势是政府实施竞争政策的理论依据。

（1）开源软件的公共产品性

开源软件具有非竞争性和非排他性的特征。社群中的某个开放源代码软件提供给额外一个人享受的同时并不影响其他任何人的使用，同时任何加入该社群的人（甚至没有经过网络注册的一般使用者）都可以免费地下载软件的源代码，社群不能禁止任何人使用社群中的某种开源软件。但开源软件与纯粹的公共产品不同，它是一种公共产品资源和私有资源融合的产品，通过软件工作人员的劳动制作出新的软件代码，即新的软件产品，而制作新产品的资源来自于公共领域。同时他们制作出来的软件代码又成为他人制作软件产品的公共资源。

（2）后入者劣势与非对称规制

由于软件产业生产的规模经济性，以及正反馈和网络效应的作用，领先进入市场的厂商将会首先占领较大的市场份额，很容易出现垄断的市场结果，并利用对市场的控制能力，通过收购、掠夺性定价、排他性交易或捆绑等手段，为后入者设置较高的壁垒，制约后入者的发展。同时，软件产业较高的转移成本和较强的市场信号作用又强化了在位企业的垄断势力，对其他竞争者的进入和发展造成巨大压力。现实中，操作系统软件市场就属于典型的垄断性市场，Windows 系统占据了 90% 以上的市场份额。从后入者角度来看，并不是所有的后入企业都有能力直接进入软件产业的上游领域，大部分企业甚至国家都缺乏开发系统软件的技术。因此，许多国家软件产业的发展都存在困难。

当垄断很难被新技术打破时，需要政府采取非对称的管制手段，创造一个有效的软件市场竞争环境。所谓"非对称管制"，就是政府管制部门针对市场中处于不同市场地位的企业采取不同的管制措施，制定出有利于市场中弱势企业的倾斜性政策和法规，在一定的时期内，人为地制约具有市场势力的企业对市场的控制和支配，扶持弱势企业发展，以达到形成公平、有效、充分竞争格局的目的。对于软件产业中开源软件的发展进行非对称规制具有一定的必要性。

首先，开源软件与专有软件竞争格局的严重失衡需要非对称管制。

市场开放的目的是为了竞争，竞争的市场应是公平的，不同经营者间应具有对称性（平等）的初始条件。但软件产业的后入者由于处于绝对劣势的地位，与原有在位的专有软件厂商的初始条件不平等。事实上，传统的专有软件厂商在其长期垄断经营中，形成了一定的优势条件，如用户对原专有软件的认可、覆盖大部分消费者市场的网络等，而这些条件是新进入市场的开源软件厂商在短期内难以达到的，政府部门若不加干预，开源软件厂商无法与传统的专有软件厂商开展公平的竞争。管制部门必须在市场开放初期，一方面对传统的专有软件厂商进行严格管制，限制其进入新的或正在形成的市场，甚至限制其企业行为；另一方面给新进入的开源软件厂商以更宽松的发展环境，以实现有效的竞争均衡。

其次，非对称管制有利于防止专有软件厂商的反竞争行为。在开放的市场中，软件厂商会通过各种方式争取用户、抢占市场，处于支配地位的专有软件厂商将以市场份额等优势，通过捆绑销售、滥用知识产权等手段，对专有软件厂商设置市场障碍。管制部门必须通过制定政策、法律法规实施非对称管制，专门对处于支配地位的专有软件进行限制，为专有软件发展创造更大的空间。

最后，非对称管制有利于促进软件产业的技术进步。竞争机制与技术进步是正相关的。在非对称管制的条件下，开源软件可以新技术等后发优势，进行跳跃式发展，并有可能争夺传统专有软件的市场；而传统专有软件厂商虽然实力雄厚，但在软件技术更新上落后于开源软件，在非对称管制条件下，为了确保自身已有市场，尽快适应市场对新技术的需要，将不得不投入资金，对已有的软件产品进行技术更新和升级，不断适应用户对软件产品的需求。

16.4.3　国际关于开源的竞争政策

市场经济条件下，政府虽没有强迫企业和个人使用某种软件的权力，但政府的导向作用却很明显。近年来，以 Linux 为代表的开源软件得到各国政府的全力支持。英国、法国、德国、比利时、巴西等国家已通过议案，要求政府在采购之前要比较商用软件和开源软件，优先考虑开源软件。随着开源软件自身的不断完善，在 IT 企业鼎力支持及各国政府的积极推动下，未来几年开源软件势必发展成为软件业的一支重要力量。

（1）政府采购开源软件

政府积极推进开源软件在公共管理部门的使用，通过政府采购扩展开源的使用。美国联邦政府 2016 年公布了联邦源码政策，要求使用联邦政府资金开发的定制软件每年至少需要开源五分之一。此举旨在通过减少重复的定制软件购买节省纳税人税款，以及促进联邦机构之间的创新和协作。联邦源码政策要求联邦政府开发或为联邦政府的定制软件源代码需要在所有联邦机构之间共享和重复使用。在州一级通过了支持开源软件的法规，如加利福尼亚州、得克萨斯州以及俄勒冈州等。佛罗里达州通过政府采购，将政府系统转向 Linux；得克萨斯州还通过了推动开源软件使用的 SB1579 法案。2003 年 6 月，美国国防部颁布一项备忘录，允许在国防部内使用开源软件，到目前共使用了 115 种不同的开源软件[①]。此外，有多份报告推荐在美国联邦政府使用开源软件，其中由总统信息技术顾问团（PITAC）编写的一份报告认为，"美国联邦政府鼓励将开源软件开发作为高端计算软件开发的一条新路"[②]。同样，美国国家航空航天局（NASA）内部的名为 "Developing an Open Source Option for NASA Software" 的报告通过测试开放源码软件认为，应该接受其为

---

① 完整的报告位于：http://www.Egovos.org/pdf/dodfoss.pdf。

② 参见 http://www.ccic.gov/pubs/pitac/pres—OSS-l lsepO0.pdf。

一个软件工程技术[1]。另外，美国航空资源局、加州运输系统 2004 年都开始使用开源软件。

巴西政府出于降低成本、增加本地软件开发和知识获取的民主化的目的，把政府和国有机构 80% 的计算机系统迁移到 Linux 平台，并于 2003 年通过立法强调了开源软件在政府部门采购中的重要地位。

德国慕尼黑市政府 2003 年推动公共管理部门 1.4 万台计算机的操作系统全部由 Windows 改为 Linux[2]。Linux 公司为此获得的订单额为 2500 万至 3000 万欧元。慕尼黑从而成为德国第一个使用 Linux 操作系统的大城市。德国 Schwaebisch Hall 市政府将所有计算机系统全部更换为 Linux 系统。继上述两城市之后，德国莱茵兰–普法尔茨州（Rheinl 和 Pfalz）的 9 个城市也宣布大规模采用 Linux 和开放源码软件[3]，以取代 Windows。

法国早在 1999 年 10 月，就提出所有政府部门应该使用可以获取源码的软件。此后不久，法国文化和通信部门基于安全性方面的考虑，宣布计划使用源码开放的服务器来取代成百上千正在使用的邮件、文件和 Web 服务器。他们的目的之一是"鼓励政府部门使用自由软件和开放标准"。后来，法国的电子政务管理部门强制所有公共管理机构使用开放标准以保证相互可操作性。

英国政府也作出推动开放源代码软件的决策，采购开放源码软件作

---

[1] 参见 http：//www.Nas.nasa.gov/Research/Reports/Techreports/2003/nas-03-009-abstract. htm l?。

[2] 参见 http://www.muenchen.de/aktuell/muenchen_linux.htm（官方站点）。另外，德国联邦议院正在调查在一些计算应用的基础构架上（尤其是服务器）采用 Linux 的可能性。有关他们进行这次调查意图的描述可以从下面的站点查看，http://www. bundestag.de/presse/ bp/ 2002/ bp0202/ 0202100c.htm。

[3] 这 9 个城市分别为 Alzey、Kaiserslautern、Koblenz、Landau、Mainz、Neustadt、Speyer、Trier 和 Worms。

为公众服务用途，替代商业软件。

（2）积极推进开源项目

政府通过支持项目的方式，推动开源发展。欧洲不仅有一大批开源软件开发者，而且其行政部门对开源软件进行大力的支持，特别是以德国、法国和英国为代表的欧盟正领导着开源软件的开发。其中最为典型的是欧盟第六框架计划重大项目——QualiPSo，这一项目由 3 大洲 10 个国家共 22 个合作单位共同承担，总投资 1700 万欧元，是欧盟历史上政府资助的最大开源软件项目。这一项目旨在通过制定开源领域的国际质量标准，提供可信、高质量、低成本和高适应性的开源软件技术、流程和产品，构造覆盖全球的开源竞争力中心集群，从而有效共享世界范围的智力资源和技术成果，密切个人、组织和区域之间的联动、协作与分享，推动开源软件在全球主流工业的应用，促进全球信息产业的创新和发展。

印度联邦政府在部门一级设置了很多推进开源的项目，如中央税收局已将 1000 台桌面系统迁移到 Linux；政府的超级计算机中心 C-DAC 全部使用 Linux；高级法院也正在进行一些试点项目。在邦一级也有多个开源软件项目，Madhya Pradesh 邦政府的电子政务和创业项目中使用 Linux 的计划，Kerala 邦也有一些正在进行的项目，包括电子政府和教育方面。

巴西政府也资助项目研究并促进开源的使用，例如 CDTC，这是一个提供有关开源软件的培训和支持的技术中心。

（3）推动开源平台转换

印度是世界上 Linux 操作系统发展速度最快的国家之一。Linux 的支持者认为开放源码软件开发模式是印度的最好选择，除了开发平台和工具本身比较便宜以外，使用开放源码工具对硬件平台要求较低也是一个重要因素。截至 2004 年的 3 月，印度已有 10% 的个人计算机在出售时候安装 Linux 操作系统。目前，印度已经有 40 万软件开发人员正在使用 Linux 作为自己的开发平台。

日本政府正在将其整个工资系统迁移到 GNU/Linux 平台。同时，日本组织一个专家小组研究开源软件的部署。日本的主要消费电子企业联合成立了消费电子 Linux 论坛（CELF），致力于在消费电子产品中采纳并改进 Linux 操作系统。日本的政府机构也宣布计划在台式机中使用更多的 Linux 软件。

马来西亚政府自 2001 年开始对开源软件进行大力支持。2002 年 4 月，马来西亚计算机和多媒体行业协会（PIKOM）明确马来西亚从此"正式接纳开源软件"。最初的部署将从服务器开始，然后逐渐转向桌面系统以减少实施中的问题。该国能源、通信及多媒体部长 Amar Leo Mogg 表示："开放源码软件给马来西亚以及其他发展中国家一个发展经济的新机会。我们必须鼓励进一步采用开放源码产品，还要将范围拓展到整个马来西亚信息通信领域。"目前，马来西亚政府正在进行实验性的研究，以更好地理解和发现使用开放源码时所面临的问题和带来的收益。此外，该国还正在建立一个中心，以增强本国在开放源码技术培训方面的能力。

中国台湾地区为了减少对垄断供应商的依赖。2003 年启动了为期两年的开源计划，目标是建设可以在政府和教育系统取代所有私有软件的软件产业。计算中心正在起草将教育系统转换到开源软件的方案以"提供多样化的信息技术教育环境并确保人民享有信息自由的权利"。这一计划为政府节约 20 亿元新台币，全社会的成本节约达 100 亿元新台币。 挪威第二大城市卑尔根已经将许多市政管理和教育服务器迁移到 Linux 上，并且正在将全市 100 所学校迁移到开源桌面上。并计划将市政管理的所有桌面迁移到开源操作系统上。巴西政府还设立了"软件自由实施小组"推动迁移进程。

（4）制定开源指导政策

随着政府等公共管理部门对开源软件的日益了解，政府对开源软件的政策计划扮演了重要的角色。根据 CSIS 发布的数据，2005 年全世界大约有 265 个关于开源软件的国家政策计划，而且绝大多数属于优先计划。欧洲发布了 126 个开源软件政策计划，亚洲 73 个，拉丁美洲 40 个，北美 17 个，中东和非洲 4 个。

美国纽约州立法机构修改美国税法，对开源软件开发者进行个人所得税补贴（减免 20%），最高补贴每年限额为 200 美元。为了进一步促进开放源码发展，德国政府推出了开放源码指导方针，这个纲领性文件的正式名称叫 "Migration Guidelines for Basis Software Components"。该指导将对公共事务部门的 IT 经理提供必要的参考，帮助他们决定是否还要继续执行目前的商用软件许可证协议，是否能实现开放源码软件和商用软件的共存以及如何将业务移植到开放源码产品平台上等。英国对开源软件的支持要晚于德国，但为了避免对专有软件的依赖问题，2002 年 7 月 15 日，由英国政府商务办公室发布了一篇名为《在英国政府部门中使用开放源码软件》的报告[①]，积极地采取了一些促进开源软件发展的政策，如制定了"在所有将来的信息技术开发中只使用支持开放标准和要求的软件以保证互操作性"的政策。巴西联邦政府已经制定法律，要求公共部门使用开源软件，这项法令促使政府部门迁移到开源软件，除非他们可以证明继续使用专有软件是合理的。

[①] 信息来源：http://www.ogc.gov.uk/oss/OSS-policy. html（政策文件）。有关该政策的官方解释可以在该链接处查看：http://www.e-envoy.gov.uk/MediaCentre/PressReleases/fs/en? CONTENT—ID=4000 ll l&chk = iYOU RR。

本章参考文献

Asklund U., Bendix, L.,2002:A Study of Configuration Management in Open Source Software Projects[J]. *IEE Proceedings Software*, Vol.149, No.1.

Bauer A, Pizka M ., 2003:The Contribution of Free Software to Software Evolution [C]. In IEEE International Workshop on Principles of Software Evolution. Helsinki, Finland.

Bezroukov, N., A Second Look at the Cathedral and the Bazaar[EB/OL]. http://firstmonday. org/ issues/ issue 4_12/ bezroukov/, 2007–10–26.

Benkler, Y., 2002:Coase's Penguin or Linux and the Nature of the Firm[J]. *Yale Law Journal*, Vol.113, No.3.

Bitzer J. and Schroder, P., 2003: Competition and Innovation in a Technology Setting Software Duopoly[J], Discussion Paper 363, DIW Berlin.

Bonaccorsi, A. and Rossi, C., 2006:Comparing Motivations of Individual Programmers and Firms to Take Part in the Open Source Movement. Knowledge[J], *Technology and Policy*, 18(4).

Comino, S., Manenti, F.M., 2005:Government Policies Supporting Open Source Softwar for the Mass Market[J], *Review of Industrial Organization*, Vol.26.

Dalle J., Jullien N., 1999:NT vs. Linux or Some Explanation into Economics of Free Software. Workingpaper at "Applied Evolutionary Economics ", Grenoble.

Dalle Jean-Michel, Jullien Nicolas, 2001:Open-Source versus Proprietary Software[J]. NBER Working Paper.

Demil, Benoit, Lecocq, Xavier. Neither Market or Hierarchy or Network: The Emerging Bazaar Governance [EB/OL].http://opensource.mit.edu/papers/demillecocq.pdf，2007–11–2.

Ecomomides, N., Katsamakas, E., 2004:Two-sided Competition of Proprietary vs. Open-source Technology Platforms and the Implications for the Software Industry[J], *Mimeo, Stern School of Business*.

Ecomomides, N., Katsamakas, E., 2005:Linux vs. Windows: A Comparison of Application and Platform Innovation Incentives for Open Source and Proprietary Software Platforms, Net Institute Working Paper, No.05–07.

Evans, David S., Bernard Reddy., 2002:Government Preferences for Promoting Open-Source Software: A Solution in Search for a Problem[J].NERA Working Paper.

Frank Jungwirth., 2003:Reconciling Rent-seekers and Donators-the Governance Structure of Open Source [J], *Journal of Management and Governance*, Vol.7, No.4.

Gararelli, 2002:Open Source Software and Economics of Organization [J], *SSRN Working Papers*.

Hars, A. and Ou, S. S., 2002:Working for Free? Motivations for Participating in Open-source Projects[J]. *International Journal of Electronic Commerce*, Vol.6, No.3.

Henkel, J., 2006:Selective Revealing in Open Innovation Processes: The Case of Embedded

Linux[J]. *Research Policy*,. Vol.35.

Hippel, Ericvon, 2001:Innovation by User Communities : Learning From Open-source Software [J] . *MIT Sloan Management Review*, Vol.42, No.4.

Hippel, von E., Krogh, von G., 2003:Open Source Software, the Private-collective Innovation Model[J].*Issues For Organization Science*, Vol.14, No.2.

Humphrey W. S., 1999:Pathways to Process Maturity: The Personal Software Process and Team Software Process[J]. *SEI Interactive*, Vol.6.

Lakhani, K., Hippel, E., 2003:How Open Source Software Works: Free User-to-user Assistance[J].*Research Policy*, Vol.32, No.6.

Lakhani K., Wolf R., Does Free Software Mean Free Labor? Characteristics of Participants in Open Source Communities[EB/OL].BCG Survey Report, http://www. osdn.com. bcg/,2007–11–3.

Lee, G.K., Cole, R.E.,2000:The Linux Kernel Development as a Model of Knowledge Creation[J].Working Paper, Haas Business School, University of California, Berkeley.

Lerner, J., and Tirole, J., 2002:Some Simple Economics of Open Source [J].*Journal of Industrial Economics*, Vol.50, No.2.

Lerner, J., and Tirole, J., 2004:Efficient Patent Pools, *American Economic Review*.

Lin Lihui., 2004:Competition Between Proprietary and Open Source Software with Heterrogeneous Users. Working Paper, Boston University School of Management.

Masanell Ramon Casadesus, Ghemawat Pankaj., Dynamic Mixed Duopoly: A Model Motivated by Linux vs. Windows[J]. Harvard Business School Working Paper 04–012, August 20,2003.

Mario Schaarschmidt, Gianfranco Walsh, Harald F.O. von Kortzfleisch., 2015:How do Firms Influence Open Source Software Communities? A Framework and Empirical Analysis of Different Govermance Modes [J].*Information and Organization*, Vol.25.

McGowan, D., 2002:Legal Implications of Open source Software[J]. *University of Illinois Law Review*, Vol.1.

Mckelvey. M., 2001:The Economic Dynamics of Software:the Competing Business Models Exemlified Through Microsoft, Netscape and Linux[J]. *Economics of Innovatio & New Technology*, Vol.1, No.10.

Mustonen, M., 2003:Copyleft-the Economics of Linux and other Open Source Software[J], *Information Economics and Policy*, Vol.15, No.1.

Mustonen, M., 2005: When does a Firm Support Substitute Open Source Programming[J]. *Journal of Economics and Management Strategy*, Vol.14, No.1.

Narduzzo, A., Rossi, A., Modularity in Action:GNU/Linux and Free/Open Source Software Development Model Unleashed[J]. Working Paper, http://opensource.mit.edu/papers/ narduzzorossi.pdf,2003.

Parker, G. and Van Alstyne, M.W., 2005:Innovation Through Optimal Licensing in Free Markets and Free Software[J], SSRN Workingpaper, Tulance University, Boston University/MIT.

Raymond, 1998:The Cathedral and the Bazaar: Musings on Linux and Open Source From an Accidental Revolutionary [M]. Sebastapol: O'Reilly and Associates.

Raymond, E.S., The Magic Cauldron[EB/OL]. http://www.tuxedo.org/esr/wtritings/magic-cauldron/, accessed, 2002-2-3.

Rossi，M.A., 2006: Decoding the Free/open Source Software Puzzle: A Survey of Theoretical and Empirical Contributions [A]. in: Bitzer, Jurgen, Schroder, Philipp J.H. (Eds.), The Economics of Open Source Software Development[C]. Amsterdam: Elsevier.

Schmidt, K.M., Schnitzer, M.,2002:Public Subsidies for Open Source? Economic Policy Issues of the Software Market[J], Working Paper, University of Munich.

Seidel, M.D.L., 2002:An Initial Description of the C-Form Organization[J]. Working Pape. http:// www. rhsmith. umd. edu/ dit/kstewart/ResearchInfo/SeidelStewart0402.pdf.

Simon Grand, Georg von Krogh., 2004:Resource Allocation Beyond Firm Boundaries: A Mufti-Level Model for Open Source Innovation [J].*Long Range Planning*, Vol.37.

Steve Hamm, Open Source Innovation [EB/OL].http://open-innovation-projects. org/faq/what do you mean by open source innovation, 2005-10-06.

West, J. and O'MAHONY, S., 2005:Contrasting Community Building in Sponsored and Community Founded Open Source Projects[C]. Proceedings of the 38th Annual Hawaii International Conference on System Sciences.

Weber, S.,2000:The Political Economy of Open Source Software[J]. BRIE (Berkeley Roundtable on the International Economy) Working Paper 140 (June), ttp:// brie.berkeley.edu /~briewww/ pubs / wp/wp140.pdf.

Wichmann, T., 2002:Firms'F/OSS Activities: Motivations and Policy Inplications[A]. Free/Libre and F/OSS Software: Survey and Study, FLOSS Final Report[C]. Berlecom Research Gmbh: International Institute of Infonomicsa.

Wichmann, T., 2002:Basics of F/OSS Activities: Markets and Business Models [A].Free/Libre and F/OSS Software:Survey and Study, FLOSS Final Report[C].Berlecom Research Gmbh: International Institute of Infonomics.

Zhaoli Meng，Sang-Yang Tom Lee, 2005:Open Source vs. Proprietary Software:Competiton and Compatibility[J]. NBER Working Paper.

程贵孙、陈宏民、孙武军，2006:《双边市场视角下的平台企业行为研究》,《经济理论与经济管理》第 9 期。

蔡楠，2012:《对开源软件著作权归属的思考》,《知识经济》第 20 期。

骆品亮、潘忠，2004:《自由软件开发的模块化理论解释与启示》,《中国工业经济》第 11 期。

马治国、朱建，2004:《开放源代码软件通用公共许可证的法律性质》,《科技进步与对策》第 11 期。

史晋川、刘晓东，2005:《网络外部性、商业模式与 PC 市场结构》,《经济研究》第 3 期。

史晋川、刘晓东，2005：《软件商业模式与操作系统的市场结构——Windows 与 Linux 两种模式的比较研究》，《财贸经济》第 4 期。

王飞绒、陈劲，2006：《网络环境下新型的创新组织形式：开放源代码社区》，《研究与发展管理》第 12 期。

王广凤、唐要家，2015：《开源软件与专有软件的竞争》，经济管理出版社。

闫俊周、2016：《开源式创新研究综述与展望》，《技术经济与管理研究》第 12 期。

张嫚，2002：《论数字产业对传统反垄断理论与实践的启示》，《经济评论》第 4 期。

张平、马骁，2004：《开源软件对知识产权制度的批判与兼容（一）》，《科技与法律》第 1 期。

张晓明、夏大慰，2006：《开放平台与所有权平台的竞争：网络效应与策略选择》，《中国工业经济》第 12 期。

17. 在线评论与在线声誉

刘玉斌

声誉（Reputation）在交易中产生，是企业在市场竞争中长期存续的重要保障。随着 eBay、淘宝、京东等电商平台的蓬勃发展，线上购物已成为消费的重要形式，互联网技术的发展使传统口碑逐渐走向网络化（赖胜强、朱敏，2009）。网络口碑为消费者获取产品信息提供了便利（郭国庆、杨学成，2007）。

不同于线下消费中消费者可当场亲自验视产品，在线渠道不能给消费者提供亲自检查产品的机会，因此在线购物很大程度上依赖于其他用户的评论来判断产品质量（Liu Yang and Shaozeng Dong，2018）。在虚拟世界中，消费者与经营者缺乏了解对方声誉水平的渠道，只能通过价格信号、图文广告、交易量等因素判断对方的声誉。网上交易存在严重的因徒困境问题，建立在信用评价系统上的声誉机制可以很好地发挥作用（吴德胜，2007）。为了解决线上消费固有的信息不对称问题，除网页界面上展示的图文说明外，电商平台纷纷引入在线评论机制，消费者主要通过两种方式获得产品信息：卖家描述的信息（如图片、尺寸等）和其他用户提供的在线评论（Liu Yang and Shaozeng Dong，2018）。在线评论是消费者了解在线商品信息的重要渠道，在消费者的购买决策中起着重要作用。因此经营者试图通过更多中立的评论，降低信息不对称带来的影响，增加买卖双方的交易次数。消费者从他人评论及经营者评分中（在线声誉的量化数字）掌握更多产品、服务及经营者信息，使消费者和经营者的关系得以打破这种"经营者提供低质量产品或服务，消费者付出高价"的不完全信息条件下"单次博弈"的纳什均衡。通过在线评论的"信号传递"机制，降低消费者与经营者之间发生"逆向选择"和"道德风险"的可能性。

需要注意的是，平台在设计在线声誉机制时应做到激励相容，一方面关注机制能否激励在线评论真实反映经营者的声誉，另一方面也要测评惩罚手段能否减少经营者"购买声誉"和"诋毁他人声誉"的不正当竞争行为。与此同时，政府基于监督效率和监督成本等因素的考量，不应过多通过政策和法律限定平台中经营者的具体行为，而更应关注对平台的监管。

17.1　声誉理论与在线声誉

17.1.1　声誉理论的发展进程

（1）传统声誉理论

在完全信息的情况下，有限次重复博弈参与人不可能采取合作策略，如在囚徒困境问题中，纳什均衡解是两个罪犯都选择坦白。但是有学者认为这种囚徒困境是可以被打破的，合作行为在有限次重复博弈中也会频繁出现（Axelrod，1981）。如果两名罪犯多次重复犯罪被讯问，那么他们有可能选择合作，这就形成了一种悖论。

经济学中传统声誉机制的建立，将不完全信息引入重复博弈，解释了重复博弈中的合作行为。只要合作的次数足够多，为了建立良好的声誉，"坏人"可能在相当长的时间内表现得像"好人"一样（Kreps，et al.，1982）。以囚徒困境为例，囚徒可以分为两种类型：理性囚徒（机会主义的非合作型参与人）和非理性囚徒（讲义气的合作型参与人）。不完全信息情况下第一阶段博弈中，两个囚徒不知道彼此的类型，一旦囚徒1选择了非合作，囚徒2会立即发现囚徒1是非合作型的参与人，之后阶段的博弈中便不会选择合作。此时在多阶段博弈中，两个人的期望支付都低于合作下的期望支付，因此在多阶段博弈中，虽然每一个囚徒在选择合作时都面临着被出卖的风险，但其一旦选择不合作，就会暴露自己是非合作型参与人，从而失去获取长期收益的可能性，如果博弈的次数足够多，且另一囚徒是合作型的，未来收益的损失就会超过当前被出卖的收益损失，所以，在博弈的开始阶段，即使该囚徒是非合作型的，为了树立一个良好的合作形象，他也会选择合作，当博弈快结束的时候，囚徒才会暴露自己的真实类型，将建立的声誉用尽，此时，合作才会终止（张维迎，1996）。

掠夺者的模型将声誉延伸到市场进入阻挠博弈，可以解释"连锁店悖论"和寡头市场的合谋行为等。该模型的机制为：通过实施掠夺，公司建立了关于掠夺者的声誉，这种声誉会降低对潜在进入者的吸引力。信息不对称和过去多次的重复性行为会对声誉产生影响。将在位者的斗争理解为囚徒困境中的合作行为（抵赖），将在位者的默许进入理解为囚徒困境中的非合作行为（坦白），如果进入者不完全了解在位者的成本函数，即使是高成本的在位者也可能通过选择斗争来建立一个低成本的声誉形象，以阻止潜在进入者进入。

（2）在线声誉理论

互联网将传统的声誉理论从线下扩展到线上。电子商务市场是典型的信息不对称市场，它将买家和卖家联系在一起，交易前对卖家进行审查，交易后为买家提供评论渠道。在电子商务市场中，经营者的声誉是将过去与他们互动的用户的所有反馈聚合在一起的结果。在线市场的兴起，归功于声誉和反馈机制的成功（Steven Tadelis，2016）。反馈作为一种公共品，每个人都可以从中毫无成本地获利（Chrysanthos Dellarocas，2003）。声誉机制和反馈机制可以提高互联网市场中交易行为的可信度，降低消费者的搜索成本（Brynjolfsson and Smith，2001）

从而减少信息不对称带来的摩擦，避免网上交易的市场失灵，提高市场效率。

需要注意的是，即使理论上在线评论的存在是为了降低交易成本（搜索成本、甄别成本等），实践中结果却不尽如人意，虚假评论或无效评论的存在致使交易成本不降反升。搜索成本主要是时间成本，为识别不真实评论，消费者需要耗费大量时间来浏览评论，也是一种机会成本。

17.1.2　传统声誉与在线声誉的异同

在线声誉理论与传统声誉理论的相同点主要为以下四点：

（1）有效性相同。博弈论模型说明，如果间接互惠中的交易者能够获得足够的信息，就可以认为间接互惠和直接互惠同样有效，即在线声誉可以发挥与传统声誉一样的作用（Gary E. Bolton，2004）。

（2）信号传递功能相同。传统声誉和在线声誉都是作为经营者的一种"信号"，传递其相关信息，如经营者的产品质量、服务、价格、企业规模等信息。

（3）脆弱性相同。传统声誉和在线声誉同样具有脆弱性，声誉很容易被破坏，这让声誉变得更有价值，并且声誉的力量与它的脆弱性呈正相关（David M., et al.，1982）。如果声誉建立后可以永存，经营者会在声誉建立前选择诚信经营，一旦成功建立声誉，经营者将转而选择欺骗消费者，从而获取超额利润。如"S 公司奶粉三聚氰胺事件"被曝光前，该企业一直保持优良口碑，并获得国家免检产品称号，但免检后却出现严重质量问题。实践中声誉的建立不是一蹴而就的，通过多次交易行为建立起来的声誉会因一次安全、卫生等违法事件曝光而被破坏殆尽。正是由于这种脆弱性使声誉更有可信力，这也使得卖家不只关注声誉的建立更加注重维护声誉。

（4）可管理性相同。无论是传统声誉还是在线声誉，都具有可管理性特征。目前对于声誉的可管理性，存在两种观点。第一种观点认为，声誉不可直接管理，但承载声誉的载体是可管理的。有学者主张将"公司名称"作为声誉载体，认为"公司名称"是一项可管理资产（Steven Tadelis，1997）。第二种观点认为，声誉本身就是一项可管理资产。声誉是一家公司收购另一家公司的能力，有学者认为声誉就像我们熟悉的实物资产和金融资产一样，需要投资来维护及管理（Mailath G. J. and Samuelson L.，2001）。这种观点将声誉视为企业并购中产生的"商誉"（收购价与被收购方净资产公允价之间的差值），但一般观点认为商誉仅出现在企业并购的过程中。我们更赞同第一种观点，相比于并购活动带来的"商誉溢价"，声誉主要产生于交易行为和经营者日常经营活动。经营者可以通过规范经营行为，提高产品和服务质量，提供差异化产品或服务等，提高企业的"知名度"，从而间接提高经营者声誉。

虽然在线声誉理论建立在传统声誉理论之上，但与后者仍存在诸多不同之处，主要表现在以下几个方面，如表 17.1 所示：

表 17.1　在线声誉与传统声誉的异同

		传统声誉	在线声誉
不同点	传播者	熟人	陌生人
	传播方式	口口相传	网络传播
	传播范围	较小	较大
	搜寻成本	高	低
相同点	有效性；信号机制；脆弱性；可管理性		

资料来源：作者整理。

（1）传播方式不同。传统声誉的传播方式为消费者之间口口相传，而在线声誉以互联网平台为传播媒介。Gary E. Bolton（2004）认为传统市场依赖于直接的互惠，网络市场更依赖于间接的互惠。传统声誉直接影响市场中交易者决策，在线声誉引入地域、时间、传播范围等影响因素，对市场中交易者的影响表现为间接形式。

（2）搜寻成本不同。受口口相传的传播途径和范围限制，传统声誉的搜寻成本较高，消费者难以跨越区域限制和产品限制获取时效性强的评论，无法充分了解经营者声誉。在线声誉的搜寻成本较低，互联网的出现大大降低了人们信息的搜寻成本，促进了信息的传播。

（3）传播受众不同。传统声誉只能通过亲戚、朋友等进行熟人之间的传播，传播较为有限。在线声誉借助已有的网络平台，完成消费者与陌生人之间的传播，极大地增加了受众人数。

（4）传播范围不同。通过上述分析不难发现，传统声誉的传播范围相对较小，在线声誉借助网络外部性的影响，传播范围更大。随着买家和卖家数量的增加，商品种类和市场竞争程度也随之提高。因信息传递成本、搜寻成本、甄别成本降低，商品价格、品质等信息"高度透明化"。在相同的价格水平下，信用评价关注度的提升，提升了交易成功率，贴现因子变大，可以认为网上交易的发展将扩大声誉机制的影响范围（吴德胜，2007）。

17.1.3　信号传递理论

"信号传递理论"和"信息甄别理论"是解决逆向选择问题的两种方法（张维迎，1996）。

"信号传递理论"（Signalling Theory），即拥有私人信息的一方可以通过发送信号给拥有公共信息的一方（Michael Spence，1973）。这一理论最初通过分析劳动力市场上工人的教育水平如何传递其工作能力的信息而提出，一定程度上解决了劳动力市场的逆向选择问题。

"信息甄别理论"（Screening Theory），即拥有公共信息的一方可以先采取行动，来揭示、获取和分析拥有私人信息一方的信息（Stiglize，1976）。两者的差别主要在于，在信号传递中拥有私人信息的一方率先行动，而在信息甄别中，没有私人信息的一方优先行动。

信号传递和信息甄别可以理解为激励机制的一个特例。激励机制使得拥有私人信息的一方（卖家）有说实话的积极性。显然，如果拥有私人信息的一方（卖家）有方法将私人信号传递给没有私人信息的一方（买家），或后者有方法使前者揭示私人信息，就可以实现帕累托改进。因此信号传递和信息甄别可以有效解决由于信息不对称产生的逆向选择问题。

在线交易市场是一个典型的柠檬市场（lemon market），产品质量无法确定，消费者在购买前无法获得真实的商品体验，卖家比买家知道更多的产品信息（Steven Tadelis，2016）。买卖双方之间的信息不对称会导致逆向选择问题，降低市场的运行效率，从而使帕累托最优交易无法实现，甚至在极端的情况下，市场交易根本无法存在。建立一套复合信号传递机制可以解决这一问题（李维安等，2007）。在传统市场中主要是依靠广告来传递信号，高质量的企业更倾向于做广告，建立良好口碑后可吸引消费者多次重复交易。在线市场为消费者提供反馈渠道，在线评论可以视为一种新的信号传递手段，与在线广告互为补充。在线评论可以向消费者客观、中立地反映卖家的在线声誉，并由此来体现卖家诚信度。在线声誉机制的存在一方面可以减少信息不对称，提高市场运行效率，避免线上交易的市场失灵；另一方面可以使在线交易中的经营者更愿意提供高品质的产品，企业初期建立高声誉有助于未来以较高的价格销售产品或提供服务，即存在一个声誉"溢价"（李维安，2008）。

17.2 在线评论对声誉影响的动态机制

在线评论（或称"网络口碑"e-Word of Mouth，简称 eWOM）是消费者之间对产品或服务的非商业性质的沟通（Chatterjee，2001）。消费者发布评论出于两方面原因，一方面是从商品满意程度的表达，另一方面是从在线声誉的完善（比如通过在线评论帮助其他买家）中获得满足（郭恺强等，2014）。需要注意的是，基于消费者评论的主观性、行为的差异性、经营者折扣的反向激励等多种原因，在线评论的数量和质量难以甄别，消费者的在线评论存在不能真实、客观、有效地反映经营者声誉的可能性。经过分析发现在线评论对企业声誉的影响存在一个动态机制，下面将通过在线评论的有效性分析，得出在线评论对声誉影响的动态路径。

17.2.1 发展进程

无论是传统的口碑模式，还是目前的在线评论模式，消费者的评价对经营者声誉的影响不容忽视。按照时间阶段划分，评论对声誉的影响可以分为三个阶段。第一阶段，传统经营者声誉主要通过用户的口碑传播，只要经营者提供物美价廉的商品或服务，经营者就能够通过消费者的口口相传获取高声誉。第二阶段，在多媒体时代，随着交通、通信等领域的技术进步，地域限制被打破，人群流动性大大增加。对于经营者来说，广告的作用逐渐替代了用户口碑，出现了"酒香也怕巷子深"的情况，即使商品或服务的质量很高，不进行广告宣传，产品或服务便无法得到更多消费者的认可和消费。第三阶段，在数字经济时代，随着互联网、电商平台的发展与普及，在线评论部分替代了广告的作用，经营者声誉出现高速"动态化"的趋势。消费者通过在线评论，可以随时随地对经营者进行点评。虽然消费者牢牢把握住经营者的声誉命脉，但受到在线评论强主观性特征的影响，在线评论与在线声誉之间不存在稳定的线性关系。与此同时，"掺水的在线评论"屡见不鲜，如低质量经营者采用"刷单购买好评"的方式提高声誉，消费者通过"差评"的手段恶意拉低经营者声誉，借机敲诈勒索，互联网平台企业出售排名靠前的页面位置替经营者"制造"声誉等诸多问题，也让潜在消费者对在线评论和在线声誉的真实性"质疑"。

17.2.2 在线评论的有效性

线上交易的形式导致交易双方不能获取完全信息。在不完全信息的条件下，经营者为卖出更多产品，提供的商品信息可能存在缺乏中立性和客观性、突出或放大商品优点、模糊或遮盖品缺点的情况。与经营者提供的信息相比，消费者创建的信息即在线评论提供了产品的间接体验，这有助于其他消费者做出购买决策（Do-Hyung Park，et al.，2009）。

目前，电商平台虽然都提供在线评论途径，但并非每一条评论对消费者都有价值。按照在线评论的效果，可以将在线评论的有效性定义为评论者对其他消费者在线购买决策的贡献（Mudambi and Schuff，2010）。在线评论的有效性可以从三个方面进行考量，其一，在线评论与买家对商品的感知的契合程度；其二，在线评论能否降低买家消费感知的不确定性风险；其三，基于上述两点，在线评论能否影响或改变买家的购买决策（Chatterjee，2001；Gefen，2003）。根据上述观点，可以初步将在线评论按照效用水平分为有效评论和无效评论。

（1）有效评论

有效评论可以降低消费者的不确定风险，影响其购买决策。有效评论是基于买卖双方近期交易行为产生的反馈。一个有效的评论应符合形式要求，包含但不限于一定字数的文字描述，还包括买家上传的产品真实图片或视频。随着评论形式的演进，学者们发现相比于文字，图片对消费者而言更具有说服力（Mitchell，1981），视频评论比图片或者文字评论更加有效（Xu，2015）。

除形式要求外，有效评论也受到评论内容的影响。由于在线评论由未知的购买者提供，评论可信度低于熟人推荐，因此，翔实、中立的评论内容是克服信息来源可信度不足的一个重要因素。如果在线评论的内容具有说服力和逻辑性，消费者可能更加相信其中的信息（Do-Hyung Park，et al.，2009）。与此同时，根据在线评论内容是否符合单一判断标准，可以将其分为单面评价（积极评价或消极评价）和双面评价（既包含积极评价又包含消极评价）。学者们对两种评价内容的有效性进行了比较，得出了不同的意见。郝媛媛（2010）认为同时包含正向和负向的双面评论更加有效。Conners and Mudambi（2011）持相反观点，认为包含双面的评论并没有比仅包含一种态度的评论更有效。在以上两种观点的基础上，闵庆飞（2017）认为不同的评价内容在评价总数中占比不同，将导致两种评价内容的有效性不同。单方面的评论给出确定而非模棱两可的评价能减少消费者对商品认知的不确定性，使消费者顺利决策，有用性更高，但是如果评论集合中好评占大多数，这种情况下双面评论的影响更大。

同时还应充分考虑"好评"和"差评"对有效性产生的不同影响效果。国内外学者在"好评"和"差评"对有效性作用的认知上观点基本一致：差评对有效性的影响更大（金立印，2007）。相比于对商品或服务满意的消费者，不满意的消费者更愿意将自己的评价分享给他人（Hagel J. and Armstrong A.，1997）。一个满意的顾客可能会告诉一些人他消费的经历，但是一个不满意的顾客会把他的经历告诉他遇到的每一个人（Chatterjee，2001）。在网络环境中，负面评价的影响远高于正面评价的影响，消费者对负面评价的关注度更高，往往数百个正面评价的作用可以被一个负面评价抵消。在考虑经营者的在线声誉时，要剔除负面评价对在线声誉影响的放大效益。

（2）无效评论

无效评论主要是评论的字数过多或过少，缺乏照片和相关的用户体验等，或者是可以被轻易识别出的虚假评论，对其他消费者的参考价值和意义不大。许多消费者不愿意在网上分享自己的购物体验。中国的电商平台默认评价是好评，但好评不等于对商品或服务完全满意，仅仅代表消费者对产品或服务没有差评的意向，不完全等同于好评。在互联网背景下发表在线评论的人群主要分为两种，第一种是对产品或服务特别满意的消费者，第二种恰恰相反，是对产品或服务特别不满意的消费者，除此之外的消费者大部分对产品不发表意见，这样的默认评价不能代表产品真实的质量情况（Pavlou P. A., et al., 2007）。淘宝对好评率的计算会剔除默认好评，不影响在线声誉，所以是无效的。

淘宝为了激励消费者分享自己真实的用户体验设立了"买家淘气值"来对买家进行综合评分，评分高的买家属于优质买家，可以享有闪电退款等附加服务。但仍有部分买家使用与商品无关的图片并使用"好""棒"等简短而又缺乏商品信息描述性的词汇进行评价。文字评论的长度能反映评论者的评论是否全面及理由是否充足（金立印，2007）。评论长度正相关于评论的有效性（Mudambi and Schuff, 2010；郝媛媛，2010）。但是消费者在阅读评论时需要快速获取大量信息，看到更多人的意见，过于冗长的评论内容可能反而会使消费者略过。有学者研究发现并不是所有长的评论都是有效的（殷国鹏，2012）。在一定限度内评论长度正相关于评论的有效性，但是过长的评论是负相关于有效性的。因此为充分发挥评论的积极作用，电商平台在线评论的字数应当适中。

17.2.3 真实声誉与虚假声誉

虚假声誉主要包括两种情况：劣质商品获得好评——购买声誉，优质商品获得差评——恶意差评。其中购买声誉主要是指卖家给予买家奖励（返现或者店铺优惠券）鼓励买家好评或者卖家通过网络水军为店铺刷取销量和好评。恶意差评主要指消费者购买商品后给予差评，拉低卖家声誉或者经营者购买同行的商品并给予差评，同行恶意竞争。

2012 年，淘宝启动了有条件的反馈奖励制度——RFF 机制。卖家可自由选择是否采取这一机制，选择 RFF 机制的卖家可以为其出售的商品设定一个回赠金额（现金返还或优惠券）作为奖励来提高卖家的非自动评分比例（基于系统的自动好评现象）和鼓励高质量评论。只有高质量的卖家才会因为真实的反馈而奖励买家，RFF 机制探索了这一信号传递的范围，发现有奖励的商品的销售量较高，质量也较高。这一机制设计的含义是，市场允许卖家使用奖励机制来建立声誉，并在这个过程中表明他们是高质量的卖家（Lingfang（Ivy）Li and Steven tadelis，2016）。但是优惠券提供的金钱激励也会诱使一些消费者提交评论反映他们糟糕的购买经历（Andrey Fradkin，2018）。这似乎与我们想象的奖励机制的效果相反。即使没有回扣也会有相当一部分买家提供反馈，当卖家向这些买家支付奖励时，边际效应很小，只有少数的买家会从不提供评论向提供评论，因此这是一种昂贵的获取反馈的方法（Lingfang（Ivy）Li，2010）。回扣机制可以鼓励买家留下评论，并给卖家提供了一种手段，让他们能够发出努力合作的信号（Luís Cabral and Lingfang（Ivy）Li，2015）。

在线经营者的信用评级和买家评分作为外部信号会影响消费者购买意愿，因而店家会利用虚假交易提高声誉，信用评价噪音的存在减弱了声誉机制的作用（张新香、胡立君，2010；吴德胜，2007），但是这一影响会随消费者购物经验的积累而下降（马钦海等，2012）。针对不公正评论消费者可以根据自己的购物经验对恶意差评纠偏（黄海量，2012）。

在线评论对在线声誉的短期影响效果强于长期影响效果。在存在虚假评论的情况下，如果经营者购买好评，短期可能会提高销量，但如果消费者购买到的产品或服务不符合预期，只要消费者对商品进行如实反馈，随着消费者发表的真实评论数量的增加，可以为潜在消费者提供真实的参考意见，使声誉回归真实水平。需要注意的是在网络环境中消费者更多关注负面评价，如果经营者遭遇同行恶意差评，短期内卖家可以通过降价来弥补声誉较低的劣势（吴德胜、李维安，2008）。通过降价的方式，可以吸引到一部分对价格敏感的用户群体，通过这部分用户群体发表的真实评价，可以逐渐降低恶意负面评价的影响。因此，从长期来看，通过引入价格因素，经营者的声誉可以逐渐回归正常水平。

随着数字经济时代的到来，虚假声誉引发的问题屡见不鲜，需要更完善的制度来从源头遏制虚假评论，加大对虚假评论的卖家的惩罚力度，同时我国社会的征信系统也应与电商平台对接，惩罚卖家"刷单"等行为。我国《反不正当竞争法》及《广告法》，对发布虚假广告的行为已有明确规定。《反不正当竞争法》第八条规定，"经营者不得对其商品的性能、功能、质量、销售状况、用户评价、曾获荣誉等作虚假或者引人误解的商业宣传，欺骗、误导消费者。"《广告法》第四条规定，"广告不得含有虚假的内容，不得欺骗和误导消费者"。但我国法律中目前尚无对网络虚假声誉相关问题的规定。数字经济时代背景下，借助互联网平台和社交软件的传播，虚假声誉的传播速度呈几何倍增长，传播范围突破传统地域、时间等因素的限制，受众群体大大增加，相应的虚假声誉带来的影响和损失也不可同日而语。在未来应借鉴区块链技术对虚假声誉进行有效规制，避免更大损失的发生。

17.2.4 不同类型在线评论对在线声誉的影响机制

综合考虑上两节中影响在线评论有效性（有效标准：是否影响消费

者购买决策）和真实性（真实标准：是否为消费者自愿做出的客观评价）的因素，可以将在线评论分为五种不同类型，如图 17.1 所示。

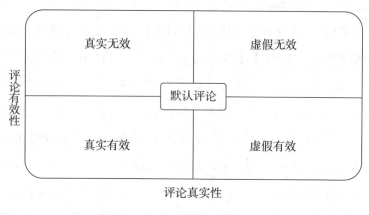

图 17.1　在线评论类型

（1）真实有效评论。消费者在购买行为结束后，给予经营者相对客观的评价。此类评价，无论是好评还是差评，都是对购买产品或服务的真实描述，能够视为真实反映了经营者的声誉。真实有效的在线评论是一种理想状态，通过在线评论的正外部性，其他消费者可以获取商品和服务的信息，降低因事前信息不对称带来的损失。为了增强在线评论的正外部性，促进交易行为的发生，平台应该鼓励消费者提供更多真实有效的评价。

（2）虚假有效评论。虚假有效的评论主要分两种情况：第一种，经营者通过刷单、好评折扣等方式向消费者购买好评，提高自身声誉。第二种，经营者通过恶意差评的方式，诋毁竞争对手的声誉。虽然两种虚假有效的评论方式对声誉的影响不同，前者类似于虚假宣传，后者是同行恶意竞争，看似恶意差评的影响更为恶劣，但在实际生活中因购买好评的情况广为存在，可能对声誉的影响更大。因此，很难权衡两者造成的影响孰轻孰重。两种虚假有效评论对消费者的影响方式不同，结果都使消费者既无法获知产品的真实情况也无法获知经营者的真实声誉，错误的信号传递提高了消费者的甄别成本。

（3）默认评论。默认评论是指交易行为结束后，消费者在平台提示的期限内没有进行评价，平台自动给予好评（淘宝）或者关闭评价通道（eBay）的评价类型。默认评论产生的原因有二：其一，平台缺乏有效的激励机制，不能激励消费者在交易结束后进行评论。与此同时，消费者认为评论无法使自己"获利"，缺乏评论动机。默认评论无法真实反映经营者声誉；其二，默认评价不等于好评，只能说明经营者提供的产品或服务未达到差评的程度。在产品或服务的质量极差的情况下，消费者基于真实情况给出差评，部分不活跃型人格的消费者不会对商品进行评价。因此默认评价无法准确体现消费者对所购产品的满意度，即无法体现经营者的真实声誉（Hu N., et al., 2008）。

（4）真实无效评论。真实无效的评价类似于默认好评，是消费者做出的极为简短的真实评价，如："好""值得购买"等。太过于简短的评价可能仅是消费者基于"消除评论提醒"并未解释给出评论的原因，无法对其他消费者的购买提供有效帮助，故为无效评价。默认评论和真实无效评论无法体现经营者的真实声誉。

（5）虚假无效评论。虚假无效评论同样包括商家购买好评和对竞争对手进行恶意差评两种情况，但与虚假有效评论不同的是虚假无效评论是已被消费者识别的虚假评价，不会对声誉产生影响。虚假评论可能会因为发布文字或图片内容过于相似，时间相对集中而被购物经验丰富的消费者所识别，并不会误导消费者的购物决策，所以即使是虚假评论也不会影响经营者的真实声誉。

不同类型的在线评论对在线声誉的影响如图 17.2 所示。

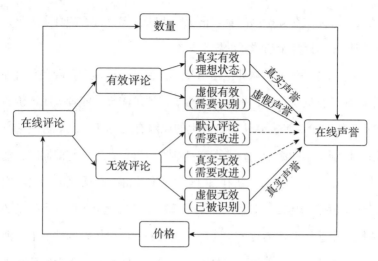

图 17.2　在线评论对声誉影响的动态机制

资料来源：作者整理。

经营者在遭受到恶意差评攻击后，可以通过价格来弥补在线声誉的失真，利用降价吸引一批对价格敏感的消费者，通过这些消费者发表的真实评价，提高在线评价的数量，抵消恶意差评的影响，使其声誉回归真实值。

17.2.5　其他影响因素

除了以上所论述的在线评论会影响在线声誉外，在线评论的其他特征也会影响在线声誉。

（1）产品类别

由于消费者对不同类型产品的信息获取能力不同，可以把产品分为搜寻型产品（search goods）和体验型产品（experience goods）（Nelson，1970）。搜寻型产品的体验成本较高，信息获取相对重要，并且其评价比较客观，易于比较产品优劣，而体验型产品的评价带有较强的主观性，不易于比较。因此相对于体验型产品，消费者对搜寻型产品的搜索行为较多（Nelson，1970）。在不同产品类型中，在线评论的相关影响因素（如评论的主客观性、评论的质量、数量等）对有效性的影响方式不同。产品类型对其在线评论的有效性具有调节作用。

（2）在线评论的客观性与主观性

虽然与在线广告相比在线评论已经更为中立，但在线评论会受评论者的态度、观点的影响，也带有主观性的特征。Ghose A and Ipeirotis P. G.（2007）通过利用"主观性"这一变量来定量研究主观评价和客观评价对评论有用性的影响，采用 LingPipe toolkit 文字处理系统，对在线评论信息的"主观性"进行量化，得出评论的主观性系数，研究发现主观性系数对评论感知有用性的影响为负，即消费者更偏好相对客观的在线评论。客观性表述比主观性表述更为有效（江晓东，2015），然而这些研究主要是针对搜寻型产品，与搜寻型产品不同，对于体验型产品，主观性评论往往更加有效（王平、代宝，2012）。但是保持在线评论的真实性和客观性仍然是电商平台未来声誉系统完善的方向（Luís Cabral and Ali Hortacsu，2010）。电商平台可以引导和制定在线评论的发布规则，提高评论的真实性与客观性。

（3）在线评论的数量

在线评论对经营者在线声誉的影响除考虑评论质量影响外，还应考虑到评论数量的影响。不仅消费者的在线评论的质量可以影响消费者的购买意图，而且消费者在线评论的数量也可以影响购买意图（Do-Hyung Park，et al.，2009）。有学者利用模型分析了雅虎网站影评信息与电影票房的关系，发现在线评论数量对下周票房收入有显著影响，在线评论数量与电影票房呈正相关（Liu，2006；Eliashberg and Shugan，1997）。需要注意的是，高介入消费者首先关注的是评论质量，而低介入消费者更关注评论数量而非质量（Do-Hyung Park，et al.，2009）。[1]

---

① 介入度指消费者的个人需求、兴趣和价值观而感到到的产品的个人相关性。

综合考虑上述观点，在设计在线声誉机制时，应建立和完善消费者评论激励机制，鼓励消费者进行客观公正的在线评论来保证评论数量和质量。此外，根据消费者类型和偏好的不同，提供个性化在线评论检索功能。同时，可以通过提供中立性标签选项，引导消费者进行更加客观的评价，降低因少数消费者偏好带来的声誉偏差，让在线评论尽可能接近经营者的真实声誉，减少因信息不对称带来的搜索成本和甄别成本。

17.3　网络平台的声誉与反馈机制

在线评论是一种信息品（Information Good），具有非排他性和非限用性，本质上属于共用品，表现出极强的正外部性，带有明显的"公地喜剧"属性。在互联网领域，"公地喜剧"的必要条件是规模收益递增，即边际成本递减，充分条件是网络外部性外部化，其主要代表是"共享经济"（于立，2017）。在线评论实际上也是一种信息共享。电商平台希望吸引越来越多的经营者加入平台，结果并不会引发资源枯竭的悲剧，相反会出现"公地繁荣"，也就是"平台繁荣"（惠双民，2002）。

为了降低信息不对称，大多数电商平台设计了"声誉反馈机制"来避免市场失灵的出现，即交易双方在交易结束后，可以对对方的行为进行评价，这些评价累积起来构成了交易者的在线声誉。潜在消费者通过对比这些"声誉值"进行购买决策，一般"声誉值"较高的商家拥有更多的交易机会。目前在线声誉系统主要分为两类模式，第一类是交易平台模式，第二类是非交易平台模式。前者以淘宝、eBay、Amazon 为代表的电商平台提供了在线评论渠道及在线声誉评分系统，后者主要包括社交平台模式和第三方点评模式。社交平台模式借助社交平台原有用户的流量，实现从社交到电商的引流。社交平台为电商拓展了广告渠道，为跨平台声誉传递提供了可能。第三方点评模式将线下的经营者声誉拓展到线上，促进了其声誉的传播。

17.3.1　反馈机制

购买者发出在线评论后，潜在购买者通过浏览在线评论接收信息，这种反馈与接收使在线评论得以传播，从而影响到潜在购买者的购物决策。购买者和潜在购买者并不是一个静态的定位，潜在购买者完成购买后也可以进行在线评论。在线评论直接影响经营者声誉，同时也间接影响平台声誉。经营者声誉和平台声誉都对购买者的购买决策有重大影响，一些购物平台认为价格对消费者吸引力更大，以价格低为自身平台的主要竞争力，从而放松对质量的把控，长此以往形成"价格低，假货多"的平台声誉，整个平台流失了对品牌质量较为敏感的消费者，但与此同时吸引了一批对价格较为敏感的消费者。

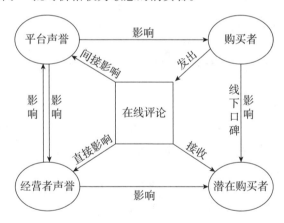

图 17.3　声誉反馈机制

资料来源：作者整理。

经营者声誉与平台声誉相互影响。"双十一全球购物狂欢节"的成功无疑是平台和卖家相互合作的结果，不仅在消费者中间积攒了良好的声誉，还在网络市场中建立了较高的声誉，平台和经营者共同创建并维持了这一声誉组合。平台对评论的推荐认证或者间接的调整评论顺序等操作可以影响评论的有效性，平台的声誉影响了消费者评论的认知（闵庆飞，2017）。电商平台自身的声誉与卖家声誉相互补充，平台声誉的锁定效应会为卖家带来更多客户，平台需要对其卖家进行监管来提高声誉，监管太严会使卖家数量减少不能满足买家多样的需求，而监管太松导致劣质卖家增多，从而损害平台整体声誉造成"公地悲剧"（汪旭晖等，2017）。适当的监管既要管商品质量也必须要管评论真实性，非公正评论的泛滥会影响平台声誉，降低买家对平台的信任。

对于经营者而言，如果自己提供了高质量的产品或服务，但选择的在线平台出现了声誉问题，也会对经营者的在线声誉产生影响，如之前的电商平台 P 公司陷入质量低下、假货风波的恶性声誉，这导致即使平台上经营者提供优质产品也无法使消费者信服。因此，无论是经营者的在线声誉还是平台的在线声誉，一旦出现质量问题或监管不善，均可能导致在线声誉下降。

17.3.2　电商平台的在线声誉机制

目前电商平台模式的在线声誉主要可以分为单向声誉机制和双向声誉机制（Steven Tadelis，2016），单向声誉机制是指交易完成后，只有买家（卖家）给予卖家（买家）相关评价，卖家（买家）无法给予买家（卖家）相关评价。双向声誉机制是指交易双方在交易后互留评价，使得其参与者获得关于该交易方的历史声誉。

其中双向声誉机制又可分为同步声誉机制（双方都进行评价之后才可以看到彼此的评价）和非同步声誉机制（一方评价完就可以立即看到）。同步声誉机制在一定程度上减少了报复性行为，保证了双方评价的参与率。同步声誉机制比非同步声誉机制在实现诚实评价上表现得更为稳健（李玲芳、洪占卿，2015）。

单向声誉机制较之双向声誉机制，在促成诚实评价上具有更稳健的效果，但是也因为缺乏交互性而存在信息不对称的隐患。双向声誉机制的交互性特征在一定程度上弥补了单向声誉机制的不足，双向声誉机制的运行法则是：买家在收到商品之后对商品的描述程度、物流速度、客服态度进行星级评价，进行文字或者带图评论，一定时间之后还可以对商品的使用进行追加评价。同时，卖家可以在买家评价后进行回复。当交易纠纷产生时，交易双方在评论区的互动，其他消费者可根据买卖双方的评论进行判断。虽然双向声誉机制较之单向声誉机制存在严重的报复性行为（Steven Tadelis，2016），但双向声誉机制在一定程度上是优于单向声誉机制的，是一种可以实现买家、卖家和消费者三方共赢的评价机制。目前，我国多数电商平台的"名双实单"的根源在于在线信用体系与征信平台的脱节，无效评价导致的信息不对称不仅无法实现正向激励，反而加重了信息不对称程度。电商平台应该建立更加完善有效的激励机制，鼓励更多的在线消费者发表有效评价。

17.3.3 非交易平台的在线声誉

形成在线声誉的非交易平台主要分为两大类，一类是社交平台，如抖音、豆瓣、微博等。另一类是第三方点评类平台（网站），如中国的大众点评网和美国的点评网站 yelp。目前来自非交易平台的评价已成为企业维护自身品牌形象、影响消费者决策的重要渠道。浏览和参考非交易平台的评价已成为消费者出行、饮食、购物等活动前不可缺少的一环。

（1）社交平台

网络时代背景下，社交平台类软件逐渐成为大众生活中不可或缺的部分。目前，社交平台除了为用户提供基本的社交功能外，还催生了多种营销方式，如"网红带货""明星广告""产品测评视频"等。社交平台中高影响力的博主通过发布产品信息和使用评价，向其他关注者传递产品、服务或某些品牌的在线评论，引导关注者进行消费。以抖音短视频为例，美妆博主李佳琦在一分钟的视频时长内，对口红选取、试用、点评、推荐，对产品做出评论，吸引潜在消费者完成购买行为。利用社交平台高流量的优势，经营者通过社交平台中的参与者，扩展了在线评价的传播范围，吸引潜在购买者进行消费，完成"社交引流—平台交易"的跨平台广告营销。

《电子商务法》第 39 条规定，"电子商务平台经营者应当建立健全信用评价制度，公示信用评价规则，为消费者提供对平台内销售的商品或者提供的服务进行评价的途径。"但是，电商平台与网上经营者存在直接利益关系，不具有完全的中立性和客观性。相比之下，无利益关系的社交平台中，非广告营销的用户群体主动贡献的在线评论更加中立、客观。

潜在购买者在浏览产品或服务的评价界面时，仅仅能够看到已完成交易的消费者对该项商品或服务发表的在线评论，无法利用评论人账号，追溯该消费者的其他购买记录及相关个人信息。隐藏评论者身份信息的在线评论机制，导致浏览者无法感知评论者的消费偏好和评价专业性，某种程度上低了在线评论的可信度。

与此相对应的是，社交平台的评论机制是在真实的社交信息基础上，搭建消费分享渠道。车诚等（2017）认为，虚拟的社交平台中，更近社会距离使评论对平台用户的购买决策影响更大。与此同时，在电商平台或者社交网站上分享的评论的有效性会受发布者本身的专业性和声誉的影响（Hu N., et al., 2008; Conners and Mudambi, 2011; Ku Y. C., et al., 2012）。发布在社交网站上的评论加上平台用户的声誉和专业性，加强了潜在消费者的感知，更好地传播了声誉。用户拥有自己的个人主页，浏览者除了能够浏览到目标产品的评论信息外，还可通过用户的个人主页，浏览用户的其他分享记录，再次断用户做出评价是否专业、可信，为消费者辨别在线评论真伪提供了一定依据。除此之外，由于分享内容源于用户的主动贡献，不存在用户隐私被平台或经营者泄漏的问题。因此社交平台的发展更好地传播了产品、服务、品牌及经营者的在线声誉，弥补了电商平台在线评论机制设计上的不足之处。

（2）第三方点评类平台

在线声誉机制的建立不仅促进了线上购物的发展，也为线下经营者提供了新的拓展经营范围的渠道。线下经营者通过加入第三方点评类平台提供的排名搜索业务，为线下消费者提供发布在线评论的途径，为经营的线下店铺建立在线声誉。通过与第三方点评类网站合作的方式，线下经营者的声誉传播得以克服传统声誉的地域限制和方式限制，利用互联网信息快速、广泛传播的优势，建立良好的网络口碑，具体表现为近年来出现大量的网红实体店铺。

第三方点评类平台使消费者可以通过平台分享消费体验，发表对商家的评价，从而影响消费者心中的品牌形象，并最终影响消费者的购买和传播行为（洪江涛等，2013）。以中国的大众点评和美国的 yelp 等 APP 为典型代表。Michael Luca（2011）研究表明，在 yelp 上餐厅评级增长一星会使餐厅收入增长 5%—9%。这说明发布在第三方点评网站的评论会有效影响到餐厅的声誉和交易量。和之前许多观点不一致的是，发布在第三方点评类平台上的正面评论会对潜在消费者产生更大影响（Young-shin Lim，2015）。这是由于经常给出积极评论的人会更让大众喜欢，而经常给出消极评价的人则可能被怀疑是他们自身挑剔而非经营者的商品或服务存在问题。第三方点评网站不仅给消费者购物决策提供参考，也能为卖家改善经营提供建议。部分经营者也会在第三方网站上发布虚假评论，给自己留下好评，用虚假的恶意评价来攻击竞争对手。yelp 可以利用其过滤算法来管理内容，从中识别出作弊企业，并且通过减少作弊企业的评论数量和降低 Y 公司评分来惩罚作弊企业（Michael

Luca and Georgios Zervas，2013）。第三方评论网站强大的过滤功能使得发布在平台上的评论相比于电商平台对评论的处理更加专业。

（3）社交＋电商平台

如今出现了一种新的平台模式，即社交＋电商模式。这种新模式下的企业通过点评模块吸引大量用户后建立了自己的电商平台。这一特殊的平台模式可能成为未来电商的发展方向。与传统的电商平台相比，新平台的在线评论有以下两个新的特点：第一，发布在这类平台上的大部分在线评论是用户根据自己的生活或购物体验主动分享的内容。第二，还有一部分的在线评论包含一定在线广告的成分，主要指经营者通过付费使一些博主进行产品测评和推荐。目前这一新的平台模式存在用户流失的问题，社交模块中的大量用户并没有在它的电商平台完成购买，而是跳转到其他电商平台。这一问题可能是由于其社交模块中的用户分享主要是针对商品本身，而非采用这一新模式的企业店铺，并且其作为一个新的电商平台，尚未取得用户的认可，因此社交＋电商模式还应继续完善。

17.4 在线声誉发展中的问题及趋势

在线声誉在一定程度上弥补了市场的信息不对称，但在线声誉机制也存在一定问题，众多学者对此进行了深入的研究，对于一些问题还未达成共识。

17.4.1 在线评论有效性研究不足

关于在线评论有效性的界定，不同学者给出了不同的观点，在线评论有效性的影响因素主要有：产品类型、评论的文本特征（字数、形式等）、评论的客观性、评论的正负情感、评论者的可信度等，学术界尚未达成统一的标准，还存在一些不足:(1)对于在线评论有效性研究数据的采集大多来自单一平台(淘宝)，随着其他电子商务平台在线评论系统的完善，可以进行多平台数据采集，提高数据的全面性;(2)当前大部分论文的数据主要基于单一的产品(如影评)，应该增加产品类别，针对搜寻型产品和体验型产品分别选取样本数据;(3)多数学者仅选取部分影响因素进行研究，未考虑这些因素的交互影响，应完善计量模型的设计;(4)对于目前在线评论表现出来的一些新特征，学者尚未进行研究，如在线评论所表现出来的实时性，交互性等特点可以影响评论质量并最终影响在线声誉。目前以淘宝购物界面中"问大家"为例的交互式问答模式，提高了在线评论的质量，在一定程度上完善了在线购物的反馈机制，学者可以通过选取交互式问答的相关数据进行研究，完善有效性的影响因素。

17.4.2　我国征信系统机制设计问题

我国的个人征信主要用于商业银行在审批发放个人贷款时对借款人的信用等级进行评估，并管理信用风险。我国的个人征信系统尚未与电子商务平台对接，电商平台中的欺骗行为，评分等级并不会影响到卖家和买家实际的社会信用。目前各电商平台有自己的信用积分(如芝麻信用、小白信用)，这些都是独立于我国个人征信之外的，网上购物已经是日常生活中普遍且重要的一部分，为了提高消费者对网络信用的重视，中国人民银行应放宽征信系统的范围，将各电商平台的用户信用纳入我国个人征信系统，使电商平台有权查看和使用消费者在人行征信系统中的信用报告，从而实现电商平台信用与征信系统的对接。

17.4.3　虚假评论监管困难问题

虚假评论会扭曲在线声誉，加剧电子商务市场中的信息不对称，使消费者不仅要判断商品的好坏还要判断评论的真假，可能使真正优质的店家不能被识别，提高了消费者信息甄别的成本，扭曲市场交易。与此同时，经营者购买好评提高其产品成本，很可能在获得虚假的良好声誉之后提高价格，让消费者为其行为买单。在《电子商务法》等相关法律规定下，在线声誉依旧存在很多问题。店家为了赢得声誉刺激消费会购买好评，尤其是新的店家为了快速进入市场或者口碑不好的店家想要扭转声誉。良好的经营者声誉会对平台声誉带来正外部性，平台和经营者是利益共同体，面对虚假声誉，平台难以监管，也在一定程度上缺乏监管的动机，但是当经营者声誉严重扭曲时，不仅会造成经营者用户的流失，还会造成平台用户的流失。因此平台应该保持中立性，加强监管。

《电子商务法》并未规定对虚假评论如何处理。《淘宝规则》规定，对情节严重的虚假评论实行下架全店商品的惩罚，然而对于专门给出虚假好评的网络水军没有有效的惩罚措施。虚假评论识别有难度，线上店家众多，试图运用司法途径解决本应由市场解决的问题可能会造成司法资源的浪费。但法律上应该完善有关在线声誉的相关细则或司法解释，增强对虚假评论处罚的权威性和震慑力。根据"防范成本最低者负主责"原则来看，平台去监管的成本最低，效率最高。因此除了法律的完善，更重要的是平台监管机制的设计，加强对虚假评论的识别，对造成虚假声誉的卖家视情节严重程度进行处罚。

本章参考文献

Axelrod R., Hamilton W. D., The evolution of cooperation[J]. *Science*, 1981, 211(2): 135–160.

Bolton G. E., Ockenfels K. A., How Effective Are Electronic Reputation Mechanisms? An Experimental Investigation[J]. *Management Science*, 2004, 50(11): 1587–1602.

Brynjolfsson E., Smith M. D., The Great Equalizer? Consumer Choice Behavior at Internet Shopbots[J]. *Social Science Electronic Publishing*, 2001, 1(6): 17–18.

Chatterjee P., Online Reviews: Do Consumers Use Them? [J]. *Advances in Consumer Research*,

2001, 28.

Connors L., Mudambi S. M., Schuff D., Is It the Review or the Reviewer? a Multi-Method Approach to Determine the Antecedents of Online Review Helpfulness[C]// Hawaii International Conference on System Sciences. 2011.

David kreps, Paul R.Milgrom, D.John Roberts, and Robert Wilson, Rational Cooperation in the Finitely Repeated Prisoner's Dilemma.Journal of Economic Theory, 27: 245–252, 1982

David M., K., reps and Robert Wilson.Reputation and Imperfect Information.*Journal of Economic Theory*, 27 :253–279, 1982

Dellarocas C., The Digitization of Word-of-Mouth: Promise and Challenges of Online Feedback Mechanisms[J]. *Social Science Electronic Publishing*, 2003, 49(10): 1407–1424.

Eliashberg, Jehoshua and Steven M. Shugan, 1997,"Film Critics: Influencers or Predictors? ", *Journal of Marketing*, Vol.61, pp.68–78.

Fradkin A., Grewal E., Holtz D., The Determinants of Online Review Informativeness: Evidence from Field Experiments on Airbnb[J]. *Social Science Electronic Publishing*, 2018.

Gefen D., Karahanna E., Straub D. W., Trust and TAM in Online Shopping: An Integrated Model[J]. *Mis Quarterly*, 2003, 27(1): 51–90.

Ghose A., Ipeirotis P. G., Designing Novel Review Ranking Systems: Predicting the Usefulness and Impact of Reviews[C]// International Conference on Electronic Commerce. 2007.

Hagel J., Armstrong A., Net Gain: *Expanding Markets Through Virtual Communities*[M]. Harvard Business School Press, 1997.

Hu N., Liu L., Zhang J. J., Do Online Reviews Affect Product Sales? The Role of Reviewer Characteristics and Temporal Effects[J]. *Information Technology and Management*, 2008, 9(3): 201–214.

Ku Y. C., Wei C. P., Hsiao H W. To Whom should I Listen? Finding Reputable Reviewers in Opinion-sharing Communities[J]. *Decision Support Systems*, 2012, 53(3): 534–542.

Lee J., Park D. H., Han I., The Effect of Negative Online Consumer Reviews on Product Attitude: An Information Processing View[J]. *Electronic Commerce Research & Applications*, 2009, 7(3): 341–352.

Li L., Tadelis S., Zhou X., Buying Reputation as a Signal of Quality: Evidence from an Online Marketplace[J]. Nber Working Papers, 2016.

Li L., Reputation, Trust, and Rebates: How Online Auction Markets Can Improve Their Feedback Mechanisms[J]. *Journal of Economics & Management Strategy*, 2010, 19(2): 29.

Lim Y. S., Brandon V. D. H., Evaluating the Wisdom of Strangers: The Perceived Credibility of Online Consumer Reviews on Yelp[J]. *Journal of Computer-Mediated Communication*, 2015, 20(1): 67–82.

Liu Yang, Shaozeng Dong, Rebate Strategy to Stimulate Online Customer Reviews, *International Journal of Production Economics* , 2018.07.032

Liu, Y., "Word-of-Mouth for Movies: Its Dynamics and Impact on Box Office Receipts", *Journal of Marketing*,70, 2006, pp.74–89.

Luca M., Zervas G., Fake it Till You Make it: Reputation, Competition, and Yelp Review Fraud[J]. *SSRN Electronic Journal*, 2013.

LUíS CABRAL, Horta? Su A., THE DYNAMICS OF SELLER REPUTATION: EVIDENCE FROM EBAY[J]. *The Journal of Industrial Economics*, 2010, 58(1): 54–78.

Luís Cabral, Li L., A Dollar for Your Thoughts: Feedback-Conditional Rebates on eBay [J]. Working Papers, 2015, 61(9): 2052–2063.

Mailath G. J., Samuelson L., Who Wants a Good Reputation? [J]. *Review of Economic Studies*, 2001, 68(2): 415–441.

Michael Luca Reviews, Reputation, and Revenue: TheCase of Yelp.com—Harvard Business School NOM Unit Working Paper No.12–016, 2011.

Mitchell A.A., Olson J. C., Are Product Attribute Beliefs the Only Mediator of Advertising Effects on Brand Attitude? [J]. *Advertising & Society Review*, 1981, 1(1): 318–332.

Mudambi S. M., Schuff D., What Makes a Helpful Online Review? a study of customer reviews on amazon.com[M]. 2010.

Nelson P., Information and Consumer Behavior[J]. *Journal of Political Economy*, 1970(2): 311–329.

Pavlou P. A., Liang H., Xue Y., Understanding and Mitigating Uncertainty in Online Exchange Relationships: A Principal-Agent Perspective[J]. *Mis Quarterly*, 2007, 31(1): 105–136.

Spence M., Job Market Signaling[J]. *Quarterly Journal of Economics*, 1973, 87(3): 355–374.

Tadelis S., Reputation and Feedback Systems in Online Platform Markets[J]. *Annual Review of Economics*, 2016, 8(1).

Tadelis S., What's in a Name? Reputation as a Tradeable Asset[J]. Working Papers, 1997, 89(3): 548–563.

Xu P., Chen L., Santhanam R., Will video be the next generation of e-commerce product reviews? Presentation format and the role of product type[M]// Will Video Be the Next Generation of E-Commerce Product Reviews? Presentation Format and the Role of Product Type. 2015:85–96.

车诚，罗卫朋，戚晓琳，2017:《空间和社会距离对虚拟社区在线口碑效价的影响》,《软科学》，第 4 期。

郭国庆，杨学成，张杨，2007:《口碑传播对消费者态度的影响：一个理论模型》,《管理评论》，第 3 期。

郭恺强，王洪伟，赵月，2014:《消费者通过在线声誉系统发表评论的前因：基于 TAM 的实证研究》,《管理评论》，第 9 期。

郝媛媛，叶强，李一军，2010:《基于影评数据的在线评论有用性影响因素研究》,《管理科学学报》，第 8 期。

洪江涛，陈榴寅，黄沛，2013:《第三方点评网站对餐饮企业品牌形象与消费者行为的影响研究——以大众点评网为例》,《财贸经济》, 第 10 期。

黄海量, 杜宁华, 2012:《不公正评价对在线交易的影响和作用机理研究》,《管理科学学报》, 第 10 期。

惠双民, 2002:《资产专用性、网络扩展和私人秩序》,《经济研究》, 第 7 期。

江晓东, 2015:《什么样的产品评论最有用? ——在线评论数量特征和文本特征对其有用性的影响研究》,《外国经济与管理》, 第 4 期。

金立印, 2007:《网络口碑信息对消费者购买决策的影响:一个实验研究》,《经济管理》, 第 22 期。

赖胜强, 朱敏, 2009:《网络口碑研究述评》,《财贸经济》, 第 6 期。

李玲芳, 洪占卿, 2015:《关于双向声誉机制的作用机理及有效性研究》,《管理科学学报》, 第 2 期。

李维安, 吴德胜, 徐皓, 2007:《网上交易中的声誉机制——来自淘宝网的证据》,《南开管理评论》, 第 5 期。

李维安, 吴德胜.声誉, 2008:《搜寻成本与网上交易市场均衡》,《经济学(季刊)》, 第 3 期。

马钦海, 赵佳, 张跃先, 郝金锦, 2012:《C2C 环境下顾客初始信任的影响机制研究:网上购物经验的调节作用》,《管理评论》, 第 7 期。

闵庆飞, 覃亮, 张克亮, 2017:《影响在线评论有用性的因素研究》,《管理评论》, 第 10 期。

汪旭晖, 张其林, 2017:《平台型电商声誉的构建:平台企业和平台卖家价值共创视角》,《中国工业经济》, 第 11 期。

王平, 代宝, 2012:《消费者在线评论有用性影响因素实证研究》,《统计与决策》, 第 2 期。

吴德胜, 2007:《网上交易中的私人秩序——社区、声誉与第三方中介》,《经济学(季刊)》, 第 3 期。

严建援, 张丽, 张蕾, 2012:《电子商务中在线评论内容对评论有用性影响的实证研究》,《情报科学》, 第 5 期。

殷国鹏, 2012:《消费者认为怎样的在线评论更有用? ——社会性因素的影响效应》,《管理世界》, 第 12 期。

于立, 2018:《公地喜剧理论与互联网竞争政策》, http://www.sohu.com/a/223927338_455313。

张维迎, 1996:《博弈论与信息经济学》, 上海三联书店、上海人民出版社。

张新香, 胡立君, 2010:《声誉机制、第三方契约服务与平台繁荣》,《经济管理》, 第 5 期。

郑春东, 韩晴, 王寒, 2015:《网络水军言论如何左右你的购买意愿》,《南开管理评论》, 第 1 期。

18. 大数据与竞争政策

王继平

以大数据收集、处理、挖掘、运用为基础的新兴商业模式，影响着我们生产生活的方方面面。大数据不仅是推动经济转型发展的新动力、提升政府治理能力的新途径，而且也是重塑国家竞争优势的新机遇。大数据成为新动力、新途径、新机遇的同时，对竞争政策也提出了新挑战，成为反垄断界和竞争执法机构的热门话题。

本章探讨大数据对竞争政策的影响、挑战以及竞争执法机构的应对手段。主要介绍大数据、大数据价值周期概念，并描述了大数据生态系统的主要参与者，概述几种与大数据相关的竞争损害理论，论述了大数据对竞争执法的挑战及应对策略。

18.1 大数据生态系统

18.1.1 何谓大数据

从狭义上讲，数据通常指科学实验和测度的结果。在更广的意义上，数据泛指任何信息或这些信息的表示，它们通常存储在计算机中。在当前有关反垄断和数字经济的文献中，人们经常讨论的不是"数据"而是"大数据"。不同于传统数据，大数据（Big Data）是以容量大、类型多、存取速度快、应用价值高为主要特征的数据集合。在英文文献中，这四个特征分别用 4 个 "V" 来表示。

第一个 V 是 Volume，表示数据集在容量规模方面的特征：大数据是海量数据。海量数据是媒体数字化和社会经济活动网络化（如社交网络、电子商务、电子健康、电子政务等）无处不在的结果。这些活动每秒钟都会产生大量数据。2015 年 IBM 估计，每天产生的数据超过 2.5 EB，这个数字是美国国会图书馆全部图书所含信息的 16.7 万倍。随着物联网（Internet of Things）的兴起和可穿戴设备的普及，全球处理的数据量仍在急剧增长之中。据美国高科技技公司 Cisco 的预测，到 2019 年年底，全球数据中心每年的 IP 流量将达到 10.4 ZB。2014 年年底的 IP 流量为 3.4 ZB，从 2014 年到 2019 年的复合年增长率达 25%。

第二个 V 是 Variety，表示数据集在类型和多样化方面的特征：大数据是多样化数据。由于收集、存储和处理数据能力的提高，企业会收集客户的各种信息，包括地址（物理地址和 IP 地址）、生日、性别、饮食习惯、购物史、访问实体店和在线商店的频率和持续时间等。例如，英国零售公司 Tesco 就收集购物者的各种各样的信息。Tesco 先通过忠诚俱乐部卡（Clubcard）收集个人信息，如地址、年龄、性别、家庭成员及年龄、饮食习惯；再收集购物者的购物史，包括购物和访问史。Tesco 基于购物史，通过聚类分析获得某些概要指标，如不同商品购买金额的份额、访问频率和持续时间、客户偏好信息等。Tesco 还挖掘和融合其他数据库的信息，如信用报告、贷款申请、杂志订阅目录等等。最后，Tesco 会综合各种信息进行客户画像（customer's profile）。

第三个 V 是 Velocity，表示数据集在存取、分析速度方面的特征：大数据是快速存取数据。目前，很多企业的数据接入、处理和分析已近乎实时。即刻预报（nowcasting or contemporaneous forecasting）是数据极速存取分析的一个例子。例如，在美国，官方发布的流感感染率报告至少需要一周时间，但来自谷歌和美国疾病防控中心的研究人员，运用与流感相关的搜索，不到一天的时间就能报告流感感染数据。房地产网上拍卖是即刻预报的另一个例子。2014 年，谷歌投资 5000 万美元，成立了全美最大的网上房地产拍卖公司 Auction.com。Auction.com 利用谷歌的大数据能力，可先于竞争对手预测全美的住房销售和其他方面的趋势。

第四个 V 是 Value，表示数据集在应用价值方面的特征：大数据是应用价值高的数据。尽管数据本身可能被认为是"免费的"，但从数据提取的信息会产生价值。Stucke 和 Grunes（2016）指出：大数据和大分析技术（Big Analytics）与深度学习紧密相关。深度学习是指计算机运用复杂算法和日益类似人脑的神经网络，通过处理大数据而不断地自动提升解决复杂问题能力的过程。第四个 V 与前三个 V 密切关联，海量的、多样化的、可以极速存储的数据，使得企业能够从巨大的、非结构数据集及时发现从小数据集根本无法发现的相关性，进而产生巨大的应用价值。

18.1.2　大数据价值周期

对社会和经济而言，数据一直是重要的，但数字革命使数据成为价值创造和新产品、新过程、新产业生成的重要源泉。不少文献将大数据产生、收集、存储、传输、分析和应用的过程称为大数据价值链，但或许将该过程看作是大数据价值周期（data value cycle）更为适当。如图 18.1 所示，大数据价值周期包括数据化和数据收集、大数据、数据分析、知识形成、决策五个阶段。

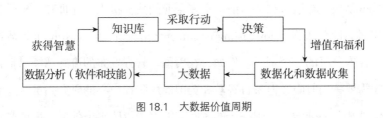

图 18.1　大数据价值周期

大数据价值周期的第一个阶段是数据化和数据收集活动。数据化（datafication）是将客观世界、商业活动及其他活动和现象，以数据形式计量和记录，包括内容数字化（digitisation of content）和活动监控（通过传感器记录真实世界的活动和现象）。

大数据价值周期的第二个阶段是大数据。大数据是数据化和数据收集形成的海量、多样化的数据，是数据分析的对象。

大数据价值周期的第三个阶段是数据分析（data analytics）。在数据分析、处理和解释之前，一般而言，大数据用处不大，甚至被看作是"数字垃圾"，因为仅凭肉眼是不会获得多少有用信息的。数据分析通过一系列方法和工具，从数据提取信息、"从噪声发现信号"，是大数据价值周期的核心阶段。数据分析工具包括来自统计分析（各类统计模型和回归）、计算机科学（数据挖掘、机器学习、人工智能）、管理科学（商务智能、关键绩效指标）、可视化（可视化分析、空间分析）等学科的分析技术以及大数据背景下越来越多的新技术（如文本挖掘、情感分析、行为模式识别）。当前，数据分析通常是通过云计算（cloud computing）完成的。

大数据价值周期的第四个阶段是知识库（knowledge base），它是随着时间的推移而积累的知识存量。该阶段涉及机器学习，知识库反映了学习系统的状态。知识库是数据驱动型组织"王冠上的明珠"，因而所有组织会通过法律和技术手段予以特别保护。

大数据价值周期的第五个阶段是数据驱动型决策（data-driven decision making）阶段。在大数据价值周期中，数据价值主要来自两个阶段：一个是将数据转换成知识，从而获得洞察力和智慧的阶段，另一个是将知识运用于决策，进而采取行动的阶段。2012年经济学人智库（the Economist Intelligence Unit）的一个调查显示，大约60%的企业领袖用大数据支持其决策，30%的领袖会运用大数据自动决策。当然，决策反过来又会生成各种各样的数据，因而触发新的数据价值周期。

18.1.3　大数据生态系统

莫尔（Moore，1993）最早用生态学方法描述商业环境。他主张，不应该将企业看作单个产业的成员，而应当看作是商业生态系统的组成部分。商业生态系统（business ecosystem）包括多个相互联系的产业，系统中的企业之间既合作又竞争。大数据是在复杂的商业生态系统中收集、传输和转化为货币价值的。如图18.2所示，大数据生态系统是由相互联系的多个市场（其中许多是多边市场）所构成的，它是全球性的，包括了各种各样的企业、组织和个人。

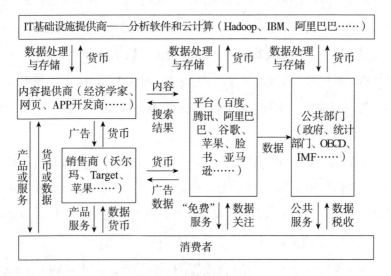

图 18.2　大数据生态系统

资料来源：OECD (2016), "Big Data: Bringing Competition Policy to the Digital Era", DAF/COMP (2016) 14, https://one.oecd.org/document/DAF/COMP (2016) 14/en/pdf.

平台。平台是大数据生态系统的核心，也是竞争政策关注的主要对象。作为消费者和其他市场参与者相互作用的地方，平台可以分为注意平台和匹配平台两大类。①注意平台（attention platforms）如搜索引擎或社交网络，一般都会提供一系列的"免费"服务，广告商会以点击量为基础支付广告费。消费者不需要为服务付钱，但付出注意力，比如，在接入视频内容前需要先看几秒甚至几十秒的广告。此外，消费者也间接地（网页记录他们的搜索或购物）或直接地（输入个人数据）提供他们的数据。注意平台可以利用消费者的私人数据，改进它们的服务质量和定向广告，进而赢得更多新顾客和收取更高的广告费。匹配平台（matching platforms）为不同类型的参与者，如买方和卖方、雇主和雇员、在线约会的男女等提供一个相互匹配的空间。匹配平台是通过收费赚钱的，费用包括接入平台的固定费用和每笔交易的可变费用。通常的情况是，平台其他边上的用户补贴需求弹性更高的用户（例如，顾客不会付钱给购物网站、找工作的人不会付钱给就业网站等）。但是，平台各边用户的个人数据都被收集，它们被用于改进平台质量、匹配算法质量，最终会带来更多的交易。

内容提供商。内容提供商是大数据生态系统的另一类参与者，他们数量众多，包括报刊、网页和 APP 开发者等。内容提供商创造在很多平台上可以获得的信息内容，并以此换取在搜索结果中的排列位置。内容提供商所创造的内容，不仅被搜索引擎展示，而且也是其他平台（如社交网络）吸引和保持消费者注意、保持其高流量水平所需要的。一个不幸的现实是，由于内容提供者多而平台少，平台向消费者所传输的信息内容，事实上并非依内容优劣而竞争的结果，而是平台策略性决策的后果。内容提供商赚钱的渠道有二，一是将他们的产品直接出售给消费

---

① 有的文献依据双边或多边市场不同边的参与者之间是否直接交易，将平台分为交易平台和非交易平台。尽管注意平台通常是非交易平台，而匹配平台通常是交易平台，但情况并非总是如此。例如，约会平台（dating platforms）匹配男女，但他们不是在进行市场交易。

者，二是将广告空间出售给广告的买方。对于后者，由于内容提供商缺乏适当目标广告所需的大数据，因此，网页通常会通过平台（如谷歌）来销售广告空间，并将部分广告收入分享给平台。

销售商。 销售商主要包括制造商、批发商、专业人员、房地产代理、顾问公司、金融机构和可能用平台作为营销渠道的其他类型的企业，它们通过向终端消费者提供产品和服务而赚钱。在此类参与者中，绝大多数都面临着激烈的竞争，但也有不少大型销售商，如亚马逊、Tesco 和 Target，广泛地运用大数据。大型销售商通过网上交易、忠诚折扣卡和赠送产品等多种形式收集数据、分析数据，并因此而获得小公司无法比拟的优势。当然，这未必意味着竞争损害，因为大型参与者的效率和创新对社会有利。

基础设施提供商。 大数据的运行离不开信息技术基础设施的提供商，如 Hadoop、IBM 和 Oracle（甲骨文）。数据驱动型创新公司面临极其庞大的数据，但它们缺乏资源和实力对此进行存储和处理。IT 基础设施提供商可以解决数据驱动型创新公司所面临的这些问题，它们不仅开发大数据分析处理软件，而且最重要的是还提供云计算和云存储。换言之，作为第三方数据中心，IT 基础设施提供商能够提供数据驱动型创新公司所需的数据存储和处理服务。这些数据中心通常有大量计算机，它们与地方网络快速连接、不断运行，规模经济显著。云计算的发明，通过将固定成本转变为可变成本，已部分地减弱了由 IT 基础设施引起的规模问题。随着如亚马逊、谷歌和微软这样的大公司将提供机器学习算法作为它们云计算服务的一部分，中小型企业发现，借助外部的 IT 基础设施进行数据处理和挖掘更为方便和划算。Cisco 预测，到 2019 年，全部企业数据处理工作量的 86% 将由云计算处理。但随着更多的企业依靠少数几家提供者的基础设施，后者接入的数据量越来越大、数据的多样性也越来越高，这有利于它们进一步改进自己的数据分析算法。这个发展趋势很可能引起竞争问题，因为新进入企业很难建设足够强大的IT 基础设施，使它们的分析软件与在位的 IT 基础设施提供商竞争。

　　公共部门。公共部门包括中央和各级地方政府，也包括公立医院、诊所、社会安全和其他公共部门等。公共部门会直接收集公民的数据，偶尔也从平台和销售商处收集数据。公共部门事实上是经济中数据最密集的部门之一，它们运用国家数据集进行科学研究，提供公共服务。此外，公共部门还可以运用私人部门开发的数据挖掘和机器学习技术，进一步利用数据为公众服务。当然，大数据用于提供公共服务也提出了竞争中立问题（problem of competitive neutrality）：由于不能利用公共数据，至少在某些领域，私人企业很难甚至不可能与公共企业竞争。

18.2　与大数据相关的竞争损害理论

　　毋庸置疑，大数据给个人、企业和社会带来诸多益处：增加经济产出、减少犯罪、改善公众健康和安全、提高能源利用效率、改进天气预报、提高农业产量等等。但大数据也可能引发多种弊端，其中之一是竞争损害问题。美国前司法部副部长 Bill Baer 强调：我们不容忍反竞争行为，无论它发生在乌烟瘴气的屋子里，还是发生在运用复杂定价算法的互联网上。随着数字经济时代的到来，大数据作为竞争分析的一个因素，日益受到竞争政策研究者和竞争执法机构的关注。从相关案件和既有文献我们可以发现，有关大数据收集和运用的竞争损害理论，大致可归纳为四类：第一类损害理论将大数据作为市场进入壁垒和市场势力的一个来源；第二类损害理论认为，大数据和算法大大提高了市场透明度和交易频率，为合谋的形成提供了便利，并增强了合谋的稳定性；第三类损害理论关注数据驱动型并购；最后一类损害理论关注的是与大数据相关的滥用市场支配地位行为。下面分别概述这四类竞争损害理论。

18.2.1 大数据成为市场势力的一个源泉

就像搜索引擎和社交网络市场那样，如果获取大量数据或多样化数据，对于确保企业的市场竞争力是非常重要的，那么，当新进入企业不能收集到大量数据或不能通过购买来获取在位企业所拥有的同类数据（数量/多样性）时，数据的收集、分析和运用便可构成市场进入壁垒，成为市场势力的一个源泉。

从理论上讲，企业获得数据无非通过两条途径，一是自己收集，二是从他处购买。就前者而言，数据收集方式多种多样。有的数据是由企业的顾客或潜在顾客自愿提供的，如在线购物时，一般都需要消费者提供为方便交易而必备的信息，如地址、支付方式和电子邮箱等；有的数据是公司在与顾客的互动中观察到的，如追踪用户网页浏览行为而获得数据；还有的数据是企业从用户的观察数据所推断出来的，如从某人购买《连线杂志》而推测他对技术感兴趣，从消费者购买两辆大众汽车的事实推测他有品牌忠诚的特点等。在相关的文献中，将通过上述方式收集的数据称为"第一方数据"（first party data）。与已经建立的大公司相比，小企业或新进入市场的企业所收集的第一方数据要少得多。除了自己收集数据外，企业也可以购买由其他实体所收集的数据，相关文献称之为"第三方数据"（third-party data）。美国联邦贸易委员会2014年的一个研究报告显示，数据经纪商（data brokers）大量收集各种数据，开发并出售数据产品，是第三方数据的重要来源。就成本而言，获得第三方数据比获得第一方数据的固定成本更低，但可变成本更高。

从理论上讲，每家企业都能通过购买第三方数据而匹敌在位企业的数据，但在实践中，购买数据可能是行不通的。究其原因，一是获得第三方数据可能会受到限制，例如，第三方或许不愿分享或不愿将这些数据出售给其竞争对手；二是对有的产业而言，主要的在位企业的客户是如此之庞大、其数据集的规模之大、所掌握的信息质量之高，使得任何第三方的数据都无法与之匹敌。这种情况意味着，大数据可能构成市场进入壁垒。例如，2014 年，美国司法部（DOJ）起诉 Bazaarvoice 与其主要竞争对手 Power-Reviews 的兼并。DOJ 证明：两家公司的横向兼并将很可能显著降低美国"评级和评论平台"市场（market for "rating and review platforms"）的竞争。DOJ 的证据主要包括两方面：第一是市场集中度高，两家公司的兼并将形成近乎垄断的市场；第二是市场进入壁垒高，数据驱动型网络效应，构成评级和评论平台市场的一个重要的进入壁垒。市场进入壁垒的提高，可以隔离来自弱小对手和潜在进入者的竞争，进而导致在位企业提高价格。

当然，对于市场进入壁垒高低的评价，必须就具体案件而论（case-by-case），而且需要注意的是，只有当市场集中度高，或者市场具有容易引起默契合谋的特征（如产品同质、市场透明度高等）时，高进入壁垒才会产生重要的竞争后果。对于这两种情形，尽管数据收集和运用能够提高生产率和经济效率，有利于消费者，但它也会提高进入壁垒、减弱竞争，进而引起消费者损害。一个不争的现实是：对于那些数据收集和运用特别重要的经济部门（如搜索引擎、社交网络），市场集中度通常都很高，少数几家企业拥有很高的用户份额。这些经济部门，除了原本就存在很强的规模效应和网络效应外，由于数据的收集和运用所形成的数据驱动型网络效应，又进一步强化了市场中主要企业的市场势力。

如图 18.3 所示，数据驱动型网络效应是两个正反馈环自我加强和相互强化的结果。一个是"用户反馈环"（user feedback loop）：企业的用户规模越大，收集到的数据就越多，更多的数据有利于改进其产品和服务质量（例如，开发和"训练"功能更强大的算法），而更高的质量反过来又能吸引到更多的用户。另一个是货币化反馈环（monetisation feedback loop）：企业的用户数据越多，算法越优良，定向广告就越精准，广告客户就越多，企业盈利也就越多，可投资于产品和服务质量改进（如新算法、新功能、进入相邻市场等）的资金也就越多，更多的投资意味着更好的产品和服务，进而能吸引到更多的新用户，产生更多的数据。用户反馈环和货币化反馈环，不仅自我强化，而且还相互加强，形成强大的数据驱动型网络效应，使得新进入企业很难与拥有大量用户的在位企业竞争。这种向垄断收敛的趋势能够引起竞争损害。

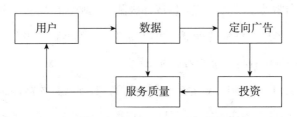

图 18.3　用户反馈环和货币化循环

　　搜索引擎的例子可以很好地说明数据驱动型网络效应是如何起作用的。如果一个搜索引擎每天只有几千个问题，那么它只有少量数据可供算法学习和回应搜索，向搜索用户提供的只会是相关性不大的搜索结果。由于搜索结果的质量不佳，该搜索引擎不可能从大的搜索引擎吸引到更多用户；由于用户少，吸引的广告也少，收入自然也少。如果搜索用户觉得大小企业间的搜索质量差别比较明显，那么反馈环就会加速：大企业会以更快的速度和更大的规模吸引到新用户和竞争对手的用户。因此，在具有数据驱动型网络效应的市场，如搜索引擎、社交网络、导航 APP，赢者不仅能够获得潜在收益（如用户点击广告），而且用户数据本身还有助于改进产品质量，这又会提升产品对未来用户和广告商的吸引力。当然，数据驱动型网络效应最终会变弱，但效应衰减的速度很缓慢，因此，在相当长的时期中，在线市场的数据驱动型网络效应，具有放大用户获得和丧失对企业影响的作用。

除数据驱动型网络效应外，大数据成为市场势力源泉的另一个原因是学习效应。大数据改变了企业的学习曲线。企业运用数据挖掘算法和数据融合（data-fusion）等技术手段，几乎可以从大数据获得无限量的知识。因此，如图 18.4 所示，大数据延长了学习曲线陡峭加速阶段的持续时间，数据收益回报递增的阶段更长了。当一家大数据生态系统的参与者最终到达学习曲线的平坦阶段时，该企业的规模已经如此之大，任何较小的参与者很难对其施加有效的竞争约束。其结果是市场倾覆（market tipping）现象的发生，形成赢者通吃的局面。

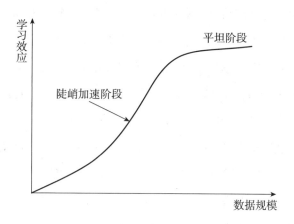

图 18.4　企业的大数据学习曲线

大数据形成市场势力的第三个原因，在于信息处理和运用成本结构的特殊性。大数据企业成本结构的特别之处，是前期沉没成本高而边际成本接近于零（Shapiro 和 Varian, 1999）[1]。存储和处理大数据的信息技术的先期投入非常高，包括巨大的数据中心、服务器、数据分析软件、与高级防火墙的互联网连接、昂贵的人力资源（如计算机科学家和程

---

① Shapiro, C. and H. R. Varian (1999), *Information Rules: A Strategic Guide to the Network Economy*, Harvard Business Review Press, Boston, Massachusetts, http://www.uib.cat/depart/deeweb/pdi/acm/arxius/premsa/information-rules%20VARIAN%20SHAPIRO.pdf.

序员）。但是，一旦系统完全运行，由于增量数据能够"训练"（train），改进算法（从而改进产品和服务质量）的成本很低。这种成本结构意味着高规模经济和范围经济，因而能够促进大数据的市场集中（掌握在少数几家参与者手中）。

18.2.2 大数据、算法与合谋风险

大数据与算法有促进竞争的效应。就供给侧而言，大数据和算法提高了市场透明度，有助于企业改善资源配置、降低成本、改进既有产品质量和发展全新产品。就需求侧而言，一方面，算法有助于消费者更快、更有效地接入和组织信息，进而做出更好的决策；另一方面，算法也能够推动企业在价格之外的其他方面展开竞争。但是，大数据和算法也可能加大市场的合谋风险，竞争执法机构对此至少应该提高警惕和未雨绸缪。扎拉奇和斯图克（Ezrachi 和 Stucke，2015，2016）最早提出和阐释了算法默契合谋（algorithmic tacit collusion）概念。OECD（2017）竞争委员会第 127 次会议，以专题的形式讨论了"算法与合谋"问题。有关大数据、算法与合谋关系的研究文献，目前还比较有限，依据我们所掌握的文献，这里主要考虑如下两个问题：

市场透明度与合谋风险。如表 18.1 所示，大数据和算法不仅影响市场的结构性特征，如企业数量、进入壁垒、市场透明度、企业相互作用的频率等因素，而且还影响市场的需求侧变量（如需求增长和波动）和供给侧变量（创新和成本对称性）。因此，对于大数据和算法对合谋可能性和稳定性的影响，很难作出一般性判断。这里主要讨论市场透明度因大数据和算法而得到前所未有的提高，对合谋形成和维持的影响。

表 18.1　算法对合谋的影响

影响合谋的因素		算法对合谋可能性的影响
结构性特征	企业个数	±
	进入壁垒	±
	市场透明度	+
	相互作用频率	+
需求侧变量	需求增长	0
	需求波动	0
供给侧变量	创新	-
	成本不对称	-

注：+ 代表便利合谋；- 代表不利合谋；0 代表中性影响；± 代表影响模棱两可。
资料来源：OECD（2017），Algorithms and Collusion：Competition Policy in the Digital Age www.oecd.org/competition/algorithms-collusion-competition-policy-in-the-digital-age.htm, Table 2.

从经济学理论来看，很难确定市场透明度的提高对于市场竞争的影响。一方面，市场透明度提高，使消费者更容易比较相互竞争的产品和服务的价格或其他方面的特征，有利于竞争，有益于消费者。例如，比价器或比价平台，如省省比价网或 Tripadvisor，使消费者能够基于对商品和服务情况的更多了解而作出选择，导致更激烈的价格和质量竞争。在线商城是市场透明度提高给消费者带来好处的另一个例子。亚马逊、京东、天猫等商城进驻了许多在线商店，其中包括了很多小微商店，倘若没有这样的平台，它们几乎不可能进入市场。由于在线商城允许消费者比较入驻商家所提供的价格和条件，因而提高了市场透明度。更大的市场透明度，除了有助于消费者选择外，也方便了新企业进入市场，因为它们对消费者的需要和市场条件有了更多的了解。但另一方面，更多的数据收集，特别是有关竞争对手定价方面的数据收集，可能被企业用来限制市场竞争。市场透明度提高，不仅有助于默契或明示合谋的形成，而且也有助于提高合谋的稳定性，因为它使得背离协议更易被发现，同时竞争对手的极速反应和惩罚，也降低了企业背离合谋协议的预期利润，从而弱化了协议成员背离默契或明示合谋的动机。

尽管从理论上难以确定在线市场透明度提高对竞争的净影响，但下面提到的三个实证研究都表明，市场透明度提高的总体影响是负面的，消费者不得不为此支付更高的价格。第一个研究是关于智利政府提高油价透明度管制效应的。2012 年 2 月，智利政府规定，所有加油站都必须在政府网站上张贴其油价，改变油价时要及时更新张贴价格。研究（Luco，2016）发现，智利政府提高市场透明度的管制措施事与愿违，政策的实际效果是弱化而不是促进竞争，加油站的平均利润提高了 10%。第二个研究考察了德国政府提高油价透明度的效应。政府怀疑 5 家寡头控制了非高速公路的加油站业务。为了促进竞争，政府要求加油站对于汽油和柴油价格的任何变化，都必须实时向负责市场透明性的政府机构报告。再由该政府机构向消费者发布价格，目的是让消费者更容易发现附近最便宜的汽油和柴油。研究发现，政府的措施的确提高了市场透明度，但油价也变得更高了。与控制组相比，零售汽油价上涨了约 1.2 到 3.3 欧分，柴油价上涨了约 2 欧分。第三个研究是关于澳大利亚珀斯市政府的提高油价透明度政策的。2001 年，珀斯政府一项名叫 Fuelwatch 的油价透明政策规定，每家企业必须在下午 2 点前递交加油站次日的油价，加油站第二天的油价在 24 小时内不得改变。研究（Byrne 和 Roos，2017）发现，Fuelwatch 政策提高了市场透明度，有利于默契合谋，显著地提高了加油站的利润。

算法合谋的四种类型。算法和人工智能可能以多种方式促进企业合谋。依据算法在合谋中所起的作用以及对竞争执法的挑战程度，扎拉奇和斯图克（Ezrachi 和 Stucke，2015，2016）区分了四种情形：

最简单的是第一种情形，扎拉奇和斯图克形象地称之为"信使"类合谋：人类是筹划和达成合谋协议的主人，计算机算法是"信使"（messenger）。在人类达成合谋协议后，协议的实施由监控算法来完成：算法监控和惩罚对合谋协议的任何背离。监控算法运用日益复杂的自动数据收集和处理方法，监测合谋协议中其他成员的行为，一旦发现背离协议价格，则利用定价算法自动地即刻报复。监控算法对合谋协议成员背叛行为的反应极其迅速，因而可以避免不必要的价格战，使合谋协议更加有效地执行。与传统的卡特尔不同，除非发生了算法故障，否则算法之间的价格战是很难被发现的。从执法视角看，竞争法的"协议"概念直接适用于这种情形，执法相对简单。美国和英国的反垄断执法机构已有针对这种情形的执法实践[①]。

第二种是算法驱动型轴辐类合谋（algorithm-fueled hub-and-spoke）。所谓轴辐类合谋也叫 A-B-C 间接信息交换，它是指位于产业链同一层面的企业 A 和 C 互相并不直接联系，而是通过其相同的上游供给商 B（或相同的下游零售商 B）的间接联系所形成的合谋。轴辐类合谋在美国适用本身违法原则，在欧盟则属于"对象"协议（"object" agreement）。与传统的轴辐类合谋不同，在算法驱动型轴辐类合谋中，实现轴心功能（hub function）的不是人类而是计算机算法，由算法协调竞争对手的定价或其他行动。譬如，假设在一个地方市场上，每个竞争对手都看到了市场向动态定价转变的趋势，但因开发和改进动态定价算法成本太过昂贵，企业会将定价外包给定价算法供给商。在这种情况下，竞争对手相互之间并无直接联系，但它们都使用上游同一定价算法供给商的算法。这就意味着竞争对手都在用同一个"大脑"决定其定价策略，结果是它

---

① 2015 年，美国司法部起诉了在亚马逊商城销售海报的商家之间价格固定卡特尔。海报商之间先达成价格固定协议，再运用专门的定价算法实施协议。2016 年，英国竞争与市场监管局（CMA）也处罚了类似的横向价格协议。

们的行为便会"魔法般地"一致。与"信使"情形不同,在算法驱动型轴辐类合谋中,计算机不仅执行人的命令,而且竞争对手运用同样的定价算法,稳定了价格,弱化了竞争。算法驱动型轴辐类合谋,既可能是旨在弱化市场竞争的故意行为的结果,也可能是无意行为的后果。因此,意图分析在竞争执法中应起重要作用。

第三种是算法默契合谋情形,扎拉奇和斯图克称之为"预测"类合谋(predictable agent)。对于这种情形,企业之间既无横向协议,也无纵向协议,市场中的每家企业单方面设计能够提供预测结果的算法,并以给定的方式对市场条件的变化作出反应。当整个产业运用算法时,市场状态便会向有利于形成默契合谋的方向发展。究其原因,一是算法使竞争对手更容易发现和确认其他企业的竞争行为(如价格打折);二是算法加快了竞争反应速度,弱化了先动优势,减小了企业从主动的竞争行为中的获益。设想企业 A 的计算机降价,A 的竞争对手立刻获得降价消息也调低价格,那么,A 几乎不大可能从率先降价中获益。此外,快速的竞争反应也使企业很难在消费者心中树立打折声望。第三,发信号是企业之间非正式的谈判过程,目的在于释放合谋意图,寻找"聚点"。但发信号是有代价的,因为当一家企业发送提价信号、释放合谋意图时,如果大多数竞争对手没有接收到信号,或者它们故意不作出反应,那么,发信号企业就会流失客户;而且发信号持续的时间越长,损失就越大。预期到损失的风险,每家企业都可能会等待其他企业发信号,进而导致合谋推迟甚至不会发生。但是,如图 18.5 所示,信号算法能够以消费者无法作出反应但拥有算法的竞争对手能够读取的速度自动地重复行动。信号算法可以极大地降低甚至会消除发信号的成本,企业能够多次尝试发送提价信号而不至于带来失去顾客的风险。例如,午夜快速变价就是发信号的一个例子。这样的价格变化不会对销售产生任何影响,但可能被竞争对手的算法识别。最后,由于算法不存在人类行为偏误（如损失厌恶、沉没成本谬误和框架效应等），不担心反垄断执法机构的惩罚，也不会生气，所有这一切都会进一步提高合谋的稳定性。尽管算法默契合谋是企业对市场条件理性反应的结果，它本身并不违法，但它会对竞争执法提出新挑战。意图证据即证明企业有改变市场动态的意图，是算法默契合谋案件执法的关键。

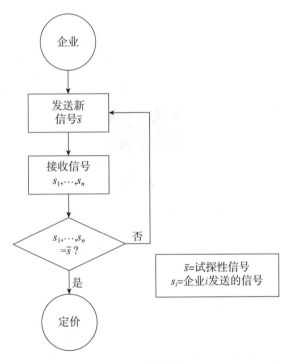

图 18.5　信号算法图

最后一种是人工智能情形，扎拉奇和斯图克称之为"自主"类合谋（autonomous machine）。在这种情形中，竞争对手单方面开发和运用计算机算法以实现其给定的目标（如利润最大化目标）。计算机运用深度学习技术，通过自我学习和实验，对市场变化作出反馈，在无人干预的情况下，独立地决定利润最优化的手段，进而形成算法编写者都预想不到的机器合谋。如图 18.6 所示，深度学习算法运作的方式可以用"黑匣子"表示。就像人类大脑一样，算法能够以复杂、快速、准确的方式处理原始数据，获得最优结果，并不显示决策背后的相关特征。因此，由于深度学习，企业实际上可能实现自己也不清楚的合谋结果。这种情形最复杂也最棘手，听起来有点科幻性质，适用法律尚是空白。

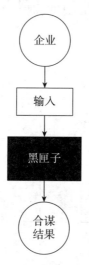

图 18.6　合谋是深度学习算法的结果

18.2.3　大数据与经营者集中

企业可以通过并购拥有大量数据的目标企业而更好地接入数据。这种旨在获得目标企业数据的并购被称为数据驱动型并购或数据驱动型经营者集中。OECD（2015）关于大数据的报告显示，在数据相关的部门中，经营者集中数量快速增加，从 2008 年的 55 起到 2012 年几乎达 164 起。

对于许多市场来说，在位企业并购创新的新进入者，对既有市场结构一般不会产生多大影响，因为新进入者的市场份额很低。但对于与数据相关的市场，如果新进入者能接入大数据集（例如从另一个市场获得的数据），那么，在位企业并购这样的新进入者，会导致差异化的数据接入，提高市场的数据集中度。因此，在评估经营者集中可能引起的竞争限制时，竞争执法机构，必须密切关注并购后的新企业通过融合不同数据集而获得的优势。特别是，如果经营者集中所形成的数据融合，使企业的竞争对手不可能重新获得那些原本可以接入的信息时，那么，因并购而来的不同数据集的融合便会引起竞争关切。此为其一。

其二，如果两家企业分别在上、下游市场中已经拥有相当强的市场地位，那么，这样两家企业的纵向兼并有可能会对新进入者产生市场封锁效应。例如，在线服务提供商是需要大量的个人数据的，为了确保接入计算机、智能手机用户的大量数据，它可能想收购计算机、智能手机或软件生产商。

在近年的经营者集中审查中，竞争执法机构已经考虑了这些因素。譬如，在Facebook/WhatsApp并购审查中，欧盟委员会考虑社交网络平台Facebook并购通信软件公司WhatsApp是否允许Facebook接入WhatsApp用户的额外数据，以及如果允许接入，是否将改变市场竞争的问题。类似地，在Telefonica UK/Vodafone UK/Everything Everywhere并购审查中，委员会评估，JV公司通过融合个人信息、位置数据、反应数据、社交行为数据和浏览数据而产生的数据集，是否构成对竞争的数据分析或广告服务提供商的封锁。如果融合而成的数据集是除JV外，没有哪一家竞争的移动数据分析服务提供商或广告客户能够提供的独一无二的数据集，并且是目标移动广告的必要投入，那么，并购将构成对竞争的数据分析或广告服务提供商的封锁。

当然，数据相关的经营者集中也能产生效率。效率作为一个抗辩因素，需要与并购引起的竞争风险进行比较。例如，在有的并购案中，并购当事人用数据规模（scale of data）作为效率抗辩。在Microsoft/Yahhoo!案、美国诉Bazaarvoice案、Tomtom/Tele Atlas案中，并购当事人的效率主张是：数据融合将使公司生产更好的产品。竞争执法机构也认可数据效率抗辩。例如，早在十年前对 Google/DoubleClick 并购案的裁决中，欧盟委员会就承认两家企业的数据合并有助于提升服务质量。在 Facebook/Whatsapp 案的裁决中，委员会也提到，收集 Whatsapp 用户的数据有可能提升 Facebook 社交平台目标广告的准确性。

18.2.4 大数据与滥用市场支配地位

与大数据相关的市场支配地位滥用行为，包括拒绝接入、歧视性接入、独家交易、搭售和价格歧视等多种情形。下面我们依次讨论各种情形：

拒绝接入。依据竞争法的必要设施原则（essential facilities doctrine），如果数据是企业经营活动的一种"必要设施"，那么，拒绝其他企业接入数据的行为就是反竞争的。欧洲法院（the European Court of Justice, ECJ）的判决显示，强制接入必要设施仅限于有限的情形，因为从原则上讲，即便企业具有市场支配地位也没有义务促进其竞争对手的生意。具体而言，依据 ECJ 对 Bronner 案、IMS Health 案和 Microsoft 案的判决，认定一种投入要素（如设施、网络等）属于必要设施，需满足如下四个条件：第一个是必要性，即离开这种投入要素，企业将无法从事所考虑的业务。在 Bronner 案中，ECJ 判决，只有当不存在替代产品或服务，且技术、法律或经济方面的障碍，使得下游企业不可能运营或面临不合理的困难时，一种产品或服务才能被认定是必要的。第二个条件是拒绝使用该投入要素，将会阻碍具有潜在消费需求的新产品问世；第三个条件是没有正当的客观理由拒绝接入该投入要素；第四个条件是拒绝接入该投入要素很可能导致在第二个市场排除全部竞争。要证明在位企业所拥有的数据是必要设施，在欧洲，就必须满足 ECJ 的四个要件。这在实践中是相当困难的事情。此外，改善数据接入也可能会削弱竞争对手发展自己数据源的积极性。最后，强迫接入一家公司的数据还可能引起隐私保护的问题，因为如果公司未经消费者同意就交换个人数据，将违反隐私保护法。

歧视性数据接入。如果数据接入是歧视性的，也违反竞争法。法国的 Cegedim 案就是一个例子。Cegedim 是法国一家主要的医疗信息提供商。它将所拥有的被称为 OneKey 的主要数据，出售给其他客户，但不卖给使用 Euris 公司软件的客户。在客户管理软件市场，Euris 公司是 Cegedim 的竞争对手。法国竞争执法机构认为，Cegedim 的行为是歧视性的，理由是：Cegedim 是医疗信息数据库市场的优势企业，OneKey 是医疗信息数据库市场的主要数据集。Cegedim 的歧视性行为限制了 Euris 公司在 2008—2012 年间的发展。更一般的情况是，纵向一体化能够导致战略信息的歧视性接入，引起竞争扭曲。例如，很多网上商城运营商本身也是在线零售商（如亚马逊自营、京东自营等），它们可以接入商城中其他的竞争对手的信息和消费者行为的信息。这样的一体化平台，通过识别整体需求的产品范围，能够更有效地调整其产品范围及定价。如果网上商城限制商城中其他竞争对手获得它们交易的信息，也能产生类似效果，使得一体化平台运营商比商城的其他零售商有了更大的竞争优势。

独家交易合同。数据驱动型反竞争策略，也包括通过与第三方达成独家交易条款来阻止竞争对手接入数据，或者通过使消费者更难采用他们的技术或平台而排除竞争对手购买类似数据的机会。具有市场支配地位企业的独家交易协议，能够排除其竞争对手。独家交易协议网（network of exclusive agreements）可能引起更大的竞争问题。例如，欧盟委员会深入调查了谷歌公司在搜索广告市场所签订的一系列独家交易合同，起诉谷歌违反了《欧盟运行条约》第 102 条。

搭售和数据集的交叉利用。公司能够利用它在一个市场收集的数据，以反竞争的方式增强它在另一个市场的市场势力。例如，英国竞争与市场监管局，在一份题为《消费者数据的商业利用》（2015）的报告中提到，一家企业如果要接入另一家企业收集的有价值的数据集，它就必须使用数据所有公司提供的数据分析服务（data analytics services），也就是数据销售要搭售数据分析服务。当然，搭售在有些情况下可能提高效率，但也可能给予拥有数据集的公司在数据分析市场的有利地位（与其他分析服务提供商比），进而弱化数据分析市场的竞争。更一般地，法国竞争执法机构在 2010 年的一个意见中强调，在特定条件下，数据的交叉使用（即将一个市场收集的数据用于另一个市场）具有封锁效应。特别是，当先前的垄断者曾享有接入公共服务活动数据特权时，它们便能够利用这些数据为相邻市场的消费者提供定制式服务，进而可能获得强大的、其他的竞争者无法比拟的竞争优势。正是基于这个逻辑，法国竞争执法机构对 GDF-Suez（法国燃气–苏伊士集团）施加临时措施（interim measures），准许其竞争者接入它作为受管制的供给者时期所收集的某些数据，特别是消费数据。这个临时管制措施的目的是，使所有供给者拥有相同的相关信息，向消费者提供服务。

　　价格歧视。 价格歧视可以是针对企业的，也可以是针对消费者个人的。更准确地讲，针对个人的价格歧视应该叫个性化定价。近几年来，针对个人的、基于大数据的价格歧视（在国内通俗地称之为大数据"杀熟"），受到学界和竞争执法机构前所未有的关注[1]。考虑大数据对价格歧视的影响，可从价格歧视须满足的三个条件入手。企业实施价格歧视的第一条件是，它必须面临向右下方倾斜的需求曲线。也就是说，价格歧视要求企业具有一定程度的市场势力，完全竞争市场是不可能有价格歧

---

① 美国总统行政办公室 2015 年发布了题为《大数据与差别定价》的报告。2016 年，OECD 竞争委员会第 126 次圆桌会议（OECD, 2016），专题讨论"价格歧视"问题。2018 年 11 月底，OECD 消费者保护和竞争委员会联合召开讨论会，探讨作为价格歧视的影响、相关执法机构是否应该干预以及运用什么政策工具干预的问题。

视的。第二，消费者难以套利，低价买入、高价卖出的可能性小。难以套利可能是产品属性所致（如易腐产品），也可能是企业故意而为的结果（如定制、维修更难或转售产品不保修等）。第三，企业须有办法估计消费者对产品和服务的支付意愿。尽管大数据对前两个条件的影响从理论层面看并不清晰，但它大大提高了企业更好地估计消费者支付意愿的能力。也正是因为这个原因，欧美竞争当局近年对价格歧视予以特别的关注。下面我们考虑大数据和机器学习是如何使企业更好地估计消费者的支付意愿，进而实现"杀熟"的。

有关消费者的大数据收集是支付意愿估计的基础。在数字经济时代，企业通过线上线下渠道，收集有关消费者的数据，其详细程度达到了令人难以置信的地步。塔吉特（Target）公司就是一个引人关注的典型例子。塔吉特在美国有 1800 多家商店。当顾客走进塔吉特商店时，只要有可能，商店就会给顾客指定唯一代码（公司称之为顾客身份码）。塔吉特将该代码与顾客购买的每一样东西相联系。当顾客用信用卡或商店折扣券、填写调查问卷、邮寄退款、打客户热线、打开来自塔吉特的电子邮件或访问塔吉特的网页时，塔吉特便会将这些数据与顾客身份码相连接。塔吉特所收集的顾客数据，包括年龄、是否结婚、是否有孩子、住在哪里、多长时间开车购物一次、（估计的）薪水多少、最近是否运动、钱包里装着什么信用卡和访问什么网页等。塔吉特也可能获得顾客其他方面的数据，包括种族，工作经历，读什么杂志，是否曾破产或离婚，哪一年卖的或买的房，上的哪所大学，在网上谈论什么话题，喜欢什么品牌的咖啡、纸巾、麦片或果汁，政治倾向，阅读习惯，慈善捐助和车牌号码。塔吉特还收集顾客的电话信息，如果顾客同意，也会追踪其地理位置和在商店的通道的位置。如果顾客同意，塔吉特也收集顾客的脸书 ID，包括顾客画像以及朋友的 ID、顾客的谷歌 ID 及其画像。塔吉特也收集顾客上传到公共论坛，如博客、聊天室、社交网络等的信息。一言以蔽之，塔吉特对顾客数据的收集几乎无所不包，塔吉特比你的朋友，甚至比你自己还了解你！

在大数据收集的基础上，企业的定价算法进行自我学习。定价算法几乎能以无数的方式，对消费者进行归类、细分，并通过细分组别中具有类似特征的他人的购买行为，推测消费者的支付意愿。以苹果为例，如果你有 iPhone，苹果就会对你进行分类。你在更新 iOS 操作系统时，苹果的广告平台 iAd 会考虑你与谁具有类似的特征，应分入哪一个组别，以便进行目标广告。苹果运用所收集的数据确定你会被分入哪个组，因而你收到哪些广告。苹果声称，它会保护你的隐私，每个细分小组不少于 5000 人。你会落在哪个组呢？这取决于苹果所收集的个人信息。这些信息包括：（1）账户信息：姓名、地址、年龄、注册账号的设备；（2）下载信息：音乐、电影、图书、电视、APP；（3）设备信息：键盘语言设定、位置、设备和连接类型；（4）在苹果 APP 的活动：谈论话题、对新闻的评论、所听音乐的类型、选择加入收藏夹的内容；（5）在其他 APP 的活动：其他 APP 开发商提供给苹果的有关你在其他 APP 活动的信息；（6）广告：你与 iAd 所推送的广告的互动；（7）其他：第三方可能与苹果共享信息，包括你属于哪个组别的信息[1]。

依据美国联邦贸易委员会 2014 年一个报告的描述，数据经纪商（data brokers）以大数据为基础，运用复杂模型，对消费者进行归类和细分，并据此预测他们的行为。数据经纪商不仅利用所获得的原始数据（实际数据），如姓名、地址、住房所有、年龄、收入范围、种族、民族等，而且还利用推断的数据。比如，数据经纪商可能从一个人订阅《连线杂志》而推断他对技术感兴趣，从一个人购买了两辆福特车而推断他的品牌忠诚度，从一个人访问 Zappos.com 推断她对鞋感兴趣等。数据

---

[1] 参见 Ezrachi, A. 和 Stucke, M. E., 2006：pp.103-104。

经纪商运用实际数据和推断数据对消费者分类。例如，"足球妈妈"组包括了年龄在21—45岁、有孩子且在最近两年内购买过体育用品的所有女人。再比如，数据经纪商通过分析上一年购买了野营装备的消费者的特征，在数据库中识别具有这些特征的消费者，建立一个被称为"感兴趣野营装备的消费者组"。总之，随着大数据和复杂定价算法的运用，价格歧视将变得更加普遍也更加精准。

概言之，价格歧视的经济效应包括四方面：一是攫取效应（appropriation effect），指价格歧视使企业对支付意愿高的消费者收取更高的价格；二是产量扩张效应（output expansion effect），指价格歧视使企业对支付意愿低的消费者收取低价，增加产量，供给部分在单一定价下原本不会购买的消费者；三是强化竞争效应（intensified competition effect），指价格歧视会触发企业之间竞争，因为每家企业会给竞争对手的顾客一个更优惠的价格；四是承诺效应（commitment effect），指价格歧视使企业不能作出在将来不降价的承诺。除了以上经济效应外，人们还关注价格歧视对公平和信任的影响。美国、欧盟和英国的一些调查发现，很多消费者觉得价格歧视不公平，往往会做出负面反应，降低对在线市场的信任。

价格歧视有积极的一面，也有消极的一面。为了避免消极的一面，有多种政策工具包括竞争政策、消费者保护政策、隐私和数据保护政策以及反歧视政策可供选择。这里只考虑针对价格歧视的竞争政策。依据OECD（2016）的建议，竞争机构可以分五步确定该价格歧视行为是否属于滥用市场支配地位：（1）确定由非成本因素引起的价格差异。消费者之间的价格差异并非证明价格歧视的充分条件，因为价格差异可以反映服务不同消费者的边际成本差异。因此，为了推断歧视，价格差异不应是基于成本的差异。（2）证明价格歧视主体的市场支配地位。尽管在相对竞争的市场也能观察到个性化定价，但当一家企业在相关市场拥有市场支配地位时，剥削消费者的风险更高。此外，对于绝大多数法域，适用支配地位滥用法律规定，证明市场支配地位是一个法律要件。（3）分析对消费者福利和效率的影响。从理论上看，价格歧视的效应是模糊的，因此，只有存在损害证据时，才应该违法。分析可能对消费者福利和总福利赋予不同权重，具体取决于特定法域的反垄断标准。（4）评价影响的持久性。即便价格歧视由于提高了平均价格而损害了消费者，但未必就需要进行反垄断干预，因为如果这些影响仅仅是暂时的或者很可能通过市场就能得以解决。相反，当市场进入壁垒或转化成本可能使对消费者的损害持久存在时，反垄断干预是更好的选择。（5）确定歧视的原因。多种因素如企业分割市场的策略、消费者惰性、价格不透明、数据收集、管制等都能够促进歧视。确定歧视原因有助于制定适当的救济措施。

18.3　大数据对竞争执法的挑战

大数据对竞争执法提出的挑战是全方位的，但鉴于我们在 18.2 节中已经讨论了算法合谋、数据相关的排他行为以及价格歧视执法所面临的难题，下面我们只考虑两个问题：一是既有竞争分析工具在涉及大数据的竞争分析中的有效性问题，二是数据驱动型经营者集中审查中的隐私保护问题。

18.3.1　既有竞争分析工具的有效性问题

当前的许多竞争分析工具，如用于界定相关市场的 SSNIP 检验以及市场集中度指标，并未充分考虑数字市场的特征（如存在"零"价格）。因此，为了适用大数据，需要调整既有的竞争分析工具。

先考虑相关市场界定。在大数据生态系统中，界定相关市场特别难，因为涉及多家参与者，它们扮演多种角色且相互间关系复杂。例如，像苹果这样的公司，它既是一个平台（如操作系统 iOS、苹果商店和 iTunes），也是多种技术产品（如计算机、平板电脑和手表）的卖家，还是 IT 基础设施提供商（提供 iCloud 服务）。苹果公司与多种参与者相互联系，向消费者出售产品和服务、向使用苹果平台的内容提供商（APP 开发者）收取费用、出售广告空间，甚至与其他平台如脸书或领英合作。

数字市场的多边特征和交叉外部性，使得相关市场界定相当复杂。Filistrucchi 等（2014）建议，在界定每个市场时，应该考虑对多边市场的其他边产生的外部性。多边平台结构要求竞争执法机构修改传统的 SSNIP 检验，通过多边之间的交叉需求弹性分析，评估市场中一种价格的提高对整个平台利润的影响。除了多边特征和交叉外部性外，大数据还提出了更大的挑战，因为当数字平台为了数据而进行非金钱方面的交易时，确定一个市场包括哪些边本身就特别困难。例如，一个传统平台（如一家报纸）同时处在新闻市场和广告市场，向读者收取订阅费，向广告商收取广告费。因此，该平台是双边市场，一目了然。但是，对于像谷歌这样的公司所涉及的市场，这一点并不明显，因为它提供了多种免费服务，如搜索、传输、GPS 导航、视频上传和社交网络等等。因此，为了确定一个多边市场，仅考虑金钱方面的交易并不充分，在市场上观察到的数据流动也同样重要。

公司提供许多零价格产品的目的是获得更多的搜索数据。这个事实对于界定相关市场的范围有重要意义，因为 SSNIP 检验主要依靠的是价格机制。因此，当产品和服务价格为零时，SSNIP 检验便失效了，界定相关市场可能需要通过对质量的定量评价来完成。例如，有人提出用 SSNDQ（Small but Significant Non-transitory Decrease in Quality）检验来界定相关市场，即通过衡量一个"小的但显著的非暂时质量下降"的效应来界定相关市场（OECD，2013）。对于质量指标可以量化并被人们所普遍接受产业（如健康部门）而言，SSNDQ 检验是一个不错的选择。但对于尚无衡量质量的适当指标的产业而言，SSNDQ 检验并不适用。

除市场界定外，大数据也对市场势力评估提出了挑战。当企业为了数据而提供免费服务时，市场势力的评估特别难。竞争执法机构不仅可能会低估市场势力，而且甚至会认为市场根本就不存在竞争问题。但是，免费服务可能是企业利润最大化策略的组成部分：先吸引价格敏感的消费者，再将市场势力施加到其他参与者头上。例如，有些约会平台的模式是交叉补贴，女人免费，男人付费，市场势力可能施加到男人头上。此外，市场势力也可能通过非价格方面的竞争来实现：由于拥有市场势力的企业，可以供给低质量的产品和服务、大量投放广告，或者被迫向消费者提供更多的信息。2016 年，德国和法国竞争执法机构的联合报告注意到，即便产品是免费的，大数据也可能带来市场势力，特别是当数据能够作为进入壁垒时，情况更是如此。美国司法部基于同样的理由，阻止了 Bazaarvoice 与 Power-Review 的并购。司法部认为，如果准许了这两家企业并购，那么，由于对数据的潜在垄断，"排行和评论平台"市场的进入壁垒因此会显著提高。该案件以及其他案件显示，对于零价格市场，利用并购后公司所控制的数据份额来测度市场势力，要比用销售份额或其他传统指标更好。

最后，对于数字经济而言，在很多情况下，企业不是在市场中竞争（competing *in* the market），而是为市场而竞争（competing *for* the market）。竞争模式的转化会形成"赢者通吃"的局面，就像我们观察到的那样，Facebook 能够代替 Myspace 成为最流行的社交网络。这种形式的竞争在数字平台间很普遍，因此，为了适当地评估市场势力，可能需要运用新的标准。当企业不是在市场中竞争，而是为市场而竞争时，促进市场的可竞争性（contestbility），对于确保具有市场支配地位的企业仍然面临竞争压力，进而不断地改进其产品和保持低价，是至关重要的。2016年，德国卡特尔局发布了一个在平台和网络背景下怎样更好地评估市场势力的报告。报告建议，在评价市场的可竞争性时，应该考虑如下三个问题：第一，平台是否针对不同类型的消费者，平台之间的差异是否能降低垄断风险。第二，平台拥堵或物理限制是否会为新进入者提供激励。第三，市场创新的可能性是否很高。如果答案是肯定的，那么，通过改善动态竞争，就可以限制企业滥用市场势力。

18.3.2　经营者集中审查与隐私保护

如果竞争执法机构只关注经营者集中的价格效应，那么，某些反竞争的并购就可能被无条件批准，给消费者带来损失。但如果竞争执法机构也考虑数据垄断风险以及消费者的隐私成本，那么审查决定可能会发生戏剧性改变。下面我们依次讨论两个问题，一是如何调整当前的申报门槛以适应数据驱动型经营者集中问题；二是在经营者集中审查中是否应该考虑和怎样考虑隐私保护问题。

先讨论大数据经营者集中的申报门槛问题。很多法域都用申报门槛来筛选需要向竞争执法机构申报的经营者集中。在绝大多数情况下，这个门槛是以经营者集中所涉及企业的营业额为基础的。但在某些情况下，只依据营业额门槛，有可能漏掉对于未来的竞争可能有重要不利影响的经营者集中。例如，在Facebook/WhatsApp案中，后者的营业额很小，达不到申报门槛，但Facebook愿意支付190亿美元收购它。这个收购价反映了未来从该收购获得的价值。在Facebook/WhatsApp案的公告中，欧盟竞争专员玛格丽特·维斯塔格（Vestager，2016）强调："一家公司吸引并购伙伴的并不总是其营业额，并购企业有时看重的是被并购公司的资产。这种资产可能是其客户基础，也可能是一个数据集。……或者一家公司的价值在于它的创新能力。尽管公司的营业额达不到申报门槛，但涉及此类公司的并购显然会影响竞争。所以，仅凭营业额门槛，我们可能漏掉某些应该审查的重要交易。"[1] 因此，对于数据驱动型经营者集中，除了营业额门槛外，还应该结合交易价值门槛，因为交易价值反映了收购方愿意为所收购资产如数据支付的价格。此外，交易价值门槛也有助于竞争执法机构识别在位者先发制人、旨在消灭潜在的毁灭性创新者的经营者集中。

下面我们讨论经营者集中审查中是否应该考虑和怎样考虑隐私保护的问题。消费者行为数据的大量收集和目标广告的日益扩大会损害消费者的隐私。消费者为互联网服务而支付的价格，事实上远远超出了观看插入广告或者进入搜索内容前的闪现广告（banner ads flashing）所花的时间。数据挖掘软件对消费者数据和搜索内容的分析，有时会对消费者造成严重侵扰。一个著名的例子是美国第二大折扣零售商 Target 推算出少女预产期并递送婴儿用品优惠券的事情。Target 运用历史购买数据估计女性顾客怀孕的可能性。据新闻报道，Target 根据自己估计的结果，向一位十几岁的少女寄送包括婴儿床在内的多种婴儿用品的优惠券，最终引起她父亲警觉，并发现女儿怀孕的事实。许多类似的事情激起人们对大数据背景下消费者隐私保护问题的关注。隐私保护本身不属于竞争执法机构干预的范围。譬如，在 Asnef-Equifas 案（2006）的判决中，欧洲法院声明，任何有关敏感数据的问题本身不是竞争法问题，而是基于管辖数据保护的相关规定所解决的问题。但这并不意味着隐私保护与竞争法不相干。

除了消费者保护机构和数据保护机构外，反垄断执法机构也开始将隐私保护引入竞争政策。涉及隐私保护的第一个竞争执法案件是

---

[1] Vestager, M., 2016：*Refining the EU Merger Control System*, Speech at the Studienvereinigung Kartellrecht, Brussels, 10 March 2016, https://ec.europa.eu/commission/2014-2019/vestager/announcements/refining-eu-merger-control-system_en.

Google/DoubleClick 并购案。美国联邦贸易委员会委员（FTC）哈勃（Pamela Jones Harbour）提出，该并购将剥夺消费者的隐私选择（FTC 最终批准了该交易）。类似地，当微软和雅虎宣布合资（joint venture）时，美国参议院反垄断委员会主席科尔（Herb Kole）表示，评估合资对互联网用户隐私的影响很重要。当然，对于将隐私保护引入竞争政策，反垄断界也有不同声音。有人（Sokol 和 Comerford，2016）主张，竞争政策应该以促进竞争，进而促进资源有效配置为目标，其他公共利益目标应该由相应的公共机构来处理。Cooper（2013）认为，用竞争政策处理隐私保护问题，会增加反垄断执法的主观性，甚至与美国宪法第一修正案所保护的言论自由基本权利相矛盾。

然而，不少学者（Stucke 和 Grunes，2015；Newman，2013）认为，当企业因运用市场势力而违反隐私保护法时，竞争执法机构将隐私保护作为反垄断问题，从法律上讲也是正当的。数字经济时代，数据被看作是"互联网的新货币"，因此，在某种意义上，收集更多的隐私数据，可以看作是产品或服务价格的提高。或者也可以换个角度思考，如果隐私保护是消费者所希望的，那么隐私保护程度降低便可类比于服务质量下降。例如，在 Facebook/WhatApp 案中，欧盟委员会官员注意到，如果并购之后，一个网页要求用户提供更多的个人数据，或者提供更多的数据给第三方作为提供"免费"服务的条件，那么，这种行为可视同为价格提高或质量下降（Ocello 等，2015）。

竞争执法机构早就认识到，质量是竞争的一个重要方面，当产品和服务免费提供时尤为如此。有人（Kimmet 和 Kestenbaum，2014）认为，隐私是非价格质量竞争的一个重要方面。在 Lande（2008）看来："反垄断本质上是关于消费者选择的，价格只是他们选择的一个方面。反垄断法的根本目的是，确保自由市场通过竞争为消费者提供他们想要的每一样东西。消费者希望的是竞争价格，他们也希望最优的多样化水平、更多的创新、更高的质量和非价格竞争的其他方面。当然也包括隐私保护。"总之,将隐私保护作为非价格竞争参数来考虑,对于经营者集中审查结果(批准还是禁止)会有重要含义。

大数据作为数字经济时代的"新石油",对经济的影响是全方位的。大数据在促进创新、增长和福利的同时,也给税收政策、隐私保护、消费者保护和竞争政策等带来挑战。本章主要讨论了大数据对竞争政策的影响和挑战。当前,反垄断界和竞争执法机构提出四种大数据竞争损害理论。第一种理论强调数据驱动型网络效应,将大数据作为市场进入壁垒和市场势力的一个来源。第二种理论认为,大数据和算法提高了市场透明度和交易频率,便利了合谋的形成并增强了合谋的稳定性。第三种理论关注企业通过经营者集中获取数据,进而构筑进入壁垒、获得市场势力。第四种是与大数据相关的滥用市场支配地位理论。此外,大数据和算法的广泛应用,为企业更精确地估计消费者的支付意愿,进而实施价格歧视提供了便利。随着价格歧视从第三级价格歧视向第一级价格歧视的逼近,剥削性价格歧视受到越来越多竞争执法机构的关注。最后,大数据对竞争的影响往往与对消费者保护和隐私保护的影响交织在一起,因此,竞争政策的有效实施,更需要多家执法机构相互协作和配合,这也正是近年来多家机构经常召开联席会议的原因所在。

大数据发展的脚步不会停下,它将不断地挑战竞争政策,而这种挑战也是反垄断学者和竞争执法机构不断创新竞争损害理论、改进竞争分析工具的不竭动力。

本章参考文献

Byrne, D. P. and Roos, N., 2017: Learning to Coordinate: A Study in Retail Gasoline, available at SSRN: https://ssrn.com/abstract=2570637.

Ocello, E., Sjödin, C., and Subocs, A., 2015: What's Up with Merger Control in the Digital

Sector? Lessons from the Facebook/WhatsApp EU Merger Case, *Competition Merger Brief* No.1.

Cooper, J. C., 2013: Privacy and Antitrust: Underpants Gnomes, the First Amendment, and Subjectivity, *George Mason Law & Economics Research Paper*, No.13–39.

Ezrachi, A. and Stucke, M. E., 2015: Artificial Intelligence & Collusion: When Computers Inhibit Competition, Oxford Legal Studies Research Paper No.18, University of Tennessee Legal Studies Research Paper No.267.

Ezrachi, A. and Stucke, M. E., 2016: *Virtual Competition: The Promise and Perils of the Algorithm-driven Economy*, Harvard University Press.

Filistrucchi, L., Geradin, D., Damme, E. V., and Affeldt, P., 2014: Market Definition in Two-Sided Markets: Theory and Practice, *Journal of Competition, Law & Economics*, Vol.10, No.2.

Kimmel, L. and Kestenbaum, J., 2014: What's Up with WhatsApp?: A Transatlantic View on Privacy and Merger Enforcement in Digital Markets, *Antitrust*, Vol.29, No.1.

Luco. F., 2016: Who Benefits from Information Disclosure? The Case of Retail Gasoline, Working Paper, Department of Economics, Texas A&M University.

Moore, J. F., 1993: Predators and Prey: A New Ecology of Competition, *Harvard Business Review*, Vol.71, No.3.

Newman, N., 2013: Search, Antitrust and the Economics of the Control of User Data, http:// papers.ssrn.com/sol3/papers.cfm? abstract_id=2309547.

OECD, 2013: *The Role and Measurement of Quality in Competition Analysis*, OECD Policy Roundtables, http://www.oecd.org/daf/competition/Quality-in-competition-analysis-2013.pdf.

OECD, 2015: *Data-Driven Innovation: Big Data for Growth and Well-Being*, OECD Publishing, Paris, DOI: http://dx.doi.org/10.1787/9789264229358-en.

OECD, 2016: *Price Discrimination*, Background Paper prepared by the Secretariat for the Competition Committee, DAF/COMP (2016)15.

OECD, 2017: *Algorithms and Collusion: Competition Policy in the Digital Age*, www.oecd.org/ competition/algorithms-collusion-competition-policy-in-the-digital-age.htm.

Stucke, M. E. and Grunes, A. P., 2016: *Big Data and Competition Policy*, Oxford University Press.

Sokol, D. and Comerford, R., 2016: Does Antitrust Have a Role to Play in Regulating Big Data?, in *Cambridge Handbook of Antitrust, Intellectual Property and High Tech*, Cambridge University Press.

19. 跳单/RPM 互克与竞争执法 [①]

互联网技术的不断发展使得网上购物突破了时间和空间的限制，改变了以往顾客的购物方式和购物习惯，并涌现出京东商城、淘宝网、当当网、亚马逊、凡客诚品、聚美优品等一大批电子商务企业（一般情况下，业界将其称为"电商"，本书为避免与"店商"混淆，均用"网商"一词代替）。这些企业的高速成长为消费者提供了更多的消费选择渠道，在降低交易成本的同时也大大降低了商品价格。但同时，其过程也引发了传统店商与新兴网商之间的渠道冲突，即"店网"冲突问题。比如，由于同一商品店商售价往往高于网购价格，许多年轻顾客便先到店商实际体验、试穿试用，在选定满意品牌、尺码、颜色、型号后，再到网上购买。由此引发的在实体店挑选体验却在网络店铺购买的"店网"跳单现象较为普遍。实际上，"跳单"现象对很多行业都正在或即将产生根本性的冲击和深远的影响。亟需从经济学视角对"店网"价差作用下消费者跳单行为产生的背后动因进行科学分析，并对其福利影响做出评价。这对于改进互联网店商高速发展背景下的反垄断执法具有相当重要的意义。

本章基于对"店网"价差、"店网"跳单与 RPM 三者之间关系的两两考察，在对跳单福利效应二重性进行分析的基础上，提出了跳单/RPM 互克的两个引理、一个基本定理以及"店网"冲突竞争性执法的

[①] 本章内容在于立教授担任主任的天津财经大学法律经济分析与政策评价中心团队成员多次讨论基础上撰写完成。东北财经大学产业组织与企业组织研究中心多位专家提供了宝贵意见。

"二重组合"、三区划分与执法原则，最终通过图书行业和医药行业"店网"跳单案例对在反垄断执法实践层面如何有效运用跳单/RPM互克理论进行分类执法进行了进一步的分析和解释。

19.1 "店网"价差、"店网"跳单与 RPM

19.1.1 "店网"价差及其二重性

根据经济学常识，不同渠道之间销售同种商品的价格（以下简称"渠道价差"）长期来看应该趋同。否则，市场自身力量将减少高售价渠道商品需求。随着需求的减少，高售价渠道厂商要么被淘汰，要么通过降低售价与低售价渠道厂商展开竞争。2012年1月，美国市场规模最大的实体零售店塔吉特公司（Target）与网上零售商亚马逊公司（Amazon.com）之间激烈的商务争端引起了美国甚至全球政界和商界的广泛关注。近年来，在互联网电商平台（以下简称"网商"）的冲击下，国内实体店（以下简称"店商"）"闭店潮"的大量出现实际上就是渠道价差的作用。

短期内，"店网"价差是可能存在的，并具有二重性。仍以"店网"关系为例，不可否认，在无互联网的竞争冲击时，传统店商在相当程度上存在经营效率低，并由此产生较高的商品售价。该售价与线上网商之间的价差为不合理价差。网络渠道由于其渠道结构的扁平化，渠道中间商作用弱化，库存费用减少，因而网商不用支付店商所需的部分成本，如较高的店员培训费、店租、推广促销、品牌代理、管理成本等，在提高整体渠道效率的同时，减少了渠道成本。但另一方面，如果店商给予消费者更好的购物环境体验，更专业的现场服务介绍，相较于网商自然会产生较高的经营成本，并会对应较高的销售价格。从这个角度而言，

"店网"价差就又有其合理成分，价差主要对应于店商所提供的服务成本。此外，如较为规范的税收监管体系，商品质量检测保障等所增加的成本，都可归为合理性渠道价差。

因此，既不能完全的否定，也不能完全肯定"店网"价差存在的合理性，需要结合其产生原因辩证地看待。

19.1.2 "店网"跳单及其二重性

跳单（Jump-Dealing）又称"跑单"或"飞单"，英文中的 Showrooming 或 Window Shopping 均有此意，但都仅强调某一侧面特征。一般来说，跳单现象具有如下特征：（1）至少存在三方主体；（2）出于经济理性，其中一方主动或被动地与另一方合作，而跳过第三方进行交易；（3）两方主体的合作是基于对第三方的利用，直接或间接地损害了第三方的利益（主要就是搭便车问题）。互联网时代，在实体店挑选而在网络上购买的"店网"跳单其实是产品零售领域最为普遍和典型的表现形式。

"店网"跳单具有一些重要规律性特点。第一，"渠道价差"过大是跳单主要动因。店售价格与网购价格之差（简称"渠道价差"）是影响跳单的主要因素，而且多有"渠道价差"价差率越高，跳单行为越烈的规律性。第二，跳单涉及的多为标准化商品。适宜跳单的商品多为规格清楚、大批量供货的电子商品、图书、影像制品、音乐制品、食品和服装等"标准化"物品。这类物品占到网商销售额的绝大部分比例，但一般只占店商全部商品销售额的 20% 左右。第三，网络科技变革是跳单的前提。网商充分利用大数据、云计算（Cloud Computing）等先进的互联网技术，大大降低了劳动力、租金等方面的成本，同时也得到税收（关税、所得税）方面的优惠，创造了新的商业模式，这符合现代经济发展趋势。第四，跳单涉及的法律供给严重不足。技术的发展催生了电子商务等新型交易方式和商业模式，但现行的合同、反垄断、知识产权保护及反不正当竞争等法律制度对"店网"等跳单行为明显缺乏解释力。

作为一种普遍存在的经济现象，对于跳单行为既不能简单肯定，也不能简单否定。产生渠道价差的领域必然存在着一定程度的市场机制扭曲、低效率或竞争不充分问题，渠道价差的构成既有合理成分（如正常竞争下的成本差异）又有不合理成分（如垄断因素）。跳单行为的存在，一方面具有促进"店网"竞争、减小价差，即提升效率的正面作用，同时也有网商搭便车因素，即影响公平的负面作用，即"跳单的二重性"。

跳单的正面作用在于，在正常的市场竞争情况下，不同经销渠道间不应该出现过大的价差，一旦价差过大，就一定存在市场垄断或行政垄断。例如，在"店网"跳单中，网店普遍具有价格低廉的商业模式优势，这是互联网技术在商业零售领域应用的典型，是技术推动商业模式变革的历史大势。2018 年 10 月，具有一百多年经营史的西尔斯（Sears）集团破产便佐证了这一点。从这一方面看，跳单现象的存在可以迫使店商降低价格、提供更优质和高效的信息服务，这正是跳单的积极意义。

跳单的负面作用，主要是存在难以避免的搭便车问题，因而也不能无条件地支持跳单行为。Telser（1960）[1]认为，如果消费者在购买行为发生之前在为其提供信息服务的零售商处对其自身需求与商品进行比较和匹配，再去未提供前述服务的零售商以较低的价格购买同种商品，那么这就是信息搭便车行为。因此，在网商和店商两渠道并存的条件下，消费者首先会通过传统店商渠道匹配产品信息和服务，再通过具有一定价格优势的网商购买产品，这种"店网"跳单属于信息搭便车行为。

---

① Telser, L. G. 1960. "Why should Manufacturers Want Fair Trade?" *Journal of Law and Economics*, 3:86–105.

从经济学意义上讲，"店选"的售前服务具有"准共用品"属性（争用不限用）和外部性特征，为顾客"店网"跳单行为提供了生存的土壤。搭便车行为使得实体零售商的利益减少，削弱了零售商提供售前信息的积极性。特别是对侵害知识产权（专利、版权、商标）的跳单行为，更应加强监管。例如，在数字音乐及其他数字经济的跳单中，由于数字产品普遍具有"边际成本为零"的特点，加之互联网领域竞争政策的缺失，类似于盗版搭正版便车的跳单行为曾经很猖獗。对于诸如此类的行为，执法部门绝不应姑息。

综上，"店网"跳单既有搭便车属性又有促进竞争属性，且根据合理或不合理程度的不同（有无垄断或垄断程度强弱），跳单表现出的综合效应有所差异。由此，对"店网"跳单行为属性的认定就需用合理推定原则来审视，达到通过最有效率的方式实现公平的目的。"跳单二重性理论"证明跳单的存在是市场发挥作用、市场自我完善的体现，是市场经济发展的必然趋势，无论是企业策略的实行还是政府政策的实施都应顺应市场规律，只能趋利避害而不可能非黑即白的"一刀切"。最终还是要充分发挥市场在配置资源和激励主体中的决定性作用。

19.1.3 "店网"RPM及其二重性

价格垄断协议，是指排除、限制竞争的协议、决定或者其他协同行为。价格垄断协议通常分为横向协议和纵向协议两大类，其中纵向价格垄断协议简称为RPM。中国《反垄断法》第十四条规定了RPM的三种情况，即"（一）固定向第三人转售商品的价格；（二）限定向第三人转售商品的最低价格；（三）国务院反垄断执法机构认定的其他垄断协议"。但从现实角度看，RPM表现形式主要有三类，一类是限定最低价格或固定价格（即前两种情况），目的在于长期维持较高价格，这是最常见的两种现象；第二类是限定最高价格，目的在于短期维持较低价格，其实质是《反不正当竞争法》第十一条所规定的"驱除对手定价"（或称掠夺性定价），这一条在《反垄断法》中并没有明确规定；第三类是在不同销售区域限定不同价格，其实质是价格歧视。本章所说的 RPM 行为一般是指《反垄断法》第十四条明确规定的固定价格[①]和限定最低价格。

RPM 具有二重性，即一方面限制了纵向价格竞争，但另一方面又促进了非价格竞争（如防止搭便车行为）[②]。在限制竞争方面，RPM 可以通过固定价格或限定最低价格削弱生产商和/或零售商之间的价格竞争，导致产品价格上涨。特别是当生产商都使用同样的分销商分销其产品，并且这些生产商全部或大部分采用了 RPM 时，限制价格竞争效应将更加明显。在这种情况下，消费者无法享受市场充分竞争实现的竞争低价，从而减少消费者剩余，损害消费者福利。但另一方面，RPM 也有促进非价格竞争的正效应。在固定转售价格的情况下，原来在产品价格层面无法再开展竞争的经销商，为了在市场竞争中处于更有利的地位，会通过各种方式在非价格领域开展竞争。例如，提高自己的售前、售中、售后服务，加大广告宣传力度的投入，延长质保时间，等等。当经销商们为了提高自身竞争力纷纷致力于提高商品的非价格类利益时，这些利益最终都会落在消费者身上。

更为重要的是，RPM 可以在一定程度上抑制"搭便车"行为的发生。在没有实施转售价格维持之前，肯定会有一部分经销商通过降低销售价格的方式来吸引消费者，部分消费者就会在提供售前服务的经销商

[①] 固定价格在供大于求时起最低限价的作用，而在供不应求时起最高限价的作用。所以，限制价格从根本上说不外乎最低限价和最高限价。

[②] Telser, L. G. 1960. "Why should Manufacturers Want Fair Trade?" *Journal of Law and Economics*, 3:86–105. Yamey, B. S. 2008. *Resale Price Maintenance: A Comparative American-European Perspective*. Aldine Transaction.

处体验产品后，到售价较低的经销商处购买商品。这种搭乘便车的行为会大大打击提供完整服务经销商的积极性，从而降低提供服务的水平。但是实施 RPM 后，由于渠道价差消失，搭便车现象自然也就消失了。

随着理论研究的不断深入，在执法层面对于 RPM 反竞争效应的认识也有一个不断深化的过程。美国最高法院 1911 年判决的"迈尔斯诉帕克案"（Dr. Miles Medical Co. v. John D. Park and Sons Co., 220 U.S. 373，1911）曾认定 RPM 行为"本身违法"。2007 年，美国最高法院在 Leegin 案中接受波斯纳（Richard Posner）法官的意见，推翻了适用近百年的"本身违法"，承认 RPM 行为具有二重性，开始对 RPM 适用"合理原则"①。中国《反垄断法》第十五条也规定满足一定的条件，而且能够证明"所达成的协议不会严重限制相关市场的竞争，并且能够使消费者分享由此产生的利益"的情况下，RPM 可以得到豁免。

与一般情况相类似，在"店网"跳单过程中，跳单会自动减弱甚至消除 RPM 的效果，在"店网"之间成功实施 RPM 也会有效限制跳单，即二者之间存在互克作用②。那么，它们相互作用的机理到底是什么？如果再考虑到二者的正反两方面效应，那么如何才能"趋利避害"？退一步说，即使不能做到"两利相容，而无一害"，至少也应该避免"两害相加，而无一利"。厘清这些问题对反垄断执法和相关企业经营都有重要的指导和借鉴意义。

---

① 薛兆丰:《不要鲁莽干扰奶粉行业的市场机制》,《经济观察报》2013 年 7 月 27 日。
② 根据"阴阳五行"的哲学思想，RPM 与跳单不仅会有互克作用，也会存在相生关系。比如，上游厂商实施 RPM 策略也可能引起价差，而价差过大就可能导致跳单。反过来，出现跳单就说明存在价差，而上游厂商为了限制跳单也可能会采取 RPM 来缩小价差。

19.2 跳单/RPM 互克的一般原理 [①]

此处将渠道价差、跳单与RPM三者之间关系纳入统一分析框架，可以得到两个引理和一个定理，并会对竞争性执法具有重要的参考价值。

19.2.1 基于渠道价差的两个引理

渠道价差、跳单与RPM之间具有如下逻辑关系。首先，假定其他因素（如销售服务、商品属性、顾客偏好及收入水平等）不变，重点考察渠道价差与跳单、渠道价差与RPM之间的单向关系，则可形成如下两个引理：

引理1：当不考虑是否存在RPM行为时，渠道价差大小与跳单程度成正比。

如在图 19.1（a）中，横轴表示渠道价差的大小，纵轴表示跳单程度（发生频率或幅度）的高低。显然，随着渠道价差的逐步加大，跳单程度将会越高，即二者之间成正比关系。其中道理容易理解：当零售环节的渠道价差足够大时，理性消费者自然会选择价格相对较低的渠道购买产品，而跳过价格较高的渠道；反之，当渠道价差相对较小时，消费者选择跳单行为的动机自然也就减弱。跳单现象因此而减少。

引理2：当不考虑是否存在跳单行为时，渠道价差大小与RPM效果成反比。

如在图 19.1（b）中，横轴仍表示渠道价差的大小，纵轴则表示

---

① "跳单/RPM互克理论"曾在东北财经大学、香港岭南大学、美国佛罗里达大学、加拿大不列颠哥伦比亚大学和英国诺丁汉大学等多所高校进行学术报告。香港岭南大学林平教授、美国科罗拉多大学陈勇民教授、加拿大卡尔顿大学陈智琦教授、东北财经大学刘凤芹教授等多位专家提供了宝贵意见。

RPM 效果的强弱。此时，当潜在渠道价差未充分体现时，现有 RPM 策略实施效果较好，对市场价格的控制力较强。特别是率先实施 RPM 的上游主导企业，不仅自身获利，还会影响其他追随企业相应调高价格，最终导致整个市场价格向上偏离竞争价格。与之相反，当市渠道价差较大时，RPM 策略实施效果较差，即使偶尔局部奏效也难以持久，不能达到维持价格的目的。

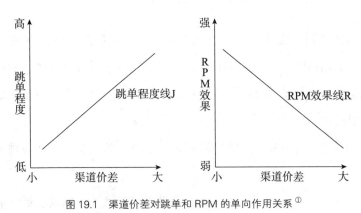

图 19.1　渠道价差对跳单和 RPM 的单向作用关系 [①]

19.2.2　跳单与 RPM 互克理论基本定理

引理 1 和引理 2 只是分别表明了渠道价差对跳单和 RPM 的单独作用，并未完全揭示出跳单与 RPM 二者间的互克作用，即当其他因素一定时，跳单和 RPM 二者之间反向作用的机理及其政策含义。为此，可将图 19.1（a）与图 19.2（b）统一起来，得出如图 19.2 所示的跳单与

---

① 该文发表后，于立教授团队曾在美国多所高校进行学术交流，佛罗里达大学法学院索克尔（D. Sokol）教授和波士顿大学于葳博士等对于渠道价差与跳单、渠道价差与 RPM 关系提出过修改意见和建议。后经进一步研究发现，渠道价差不仅会对跳单和 RPM 产生影响，反过来也受到跳单和 RPM 的反作用，并由此呈现非线性特征。其中，跳单行为会使得渠道价差单调下降，最终趋向低价；RPM 会使得渠道价差"先降后升"，最终趋向高价。

RPM 相互作用关系，并用以分析二者之间此消彼长关系的综合效果。

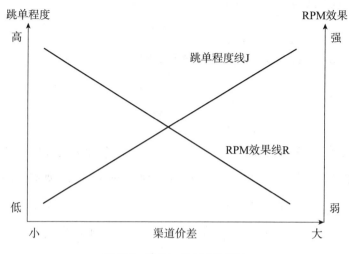

图 19.2　跳单与 RPM 互克理论

在图 19.2 中，横轴从左至右表示渠道价差由小到大，左边纵轴由下到上表示跳单程度由低到高，右边纵轴由下到上表示 RPM 的效果由弱到强。这样，图 19.1（a）中的跳单程度线 J 和图 19.2（b）中的 RPM 效果线 R 就构成了图 19.2 中的相互交叉的图形。

由此，可以得到"跳单与 RPM 互克基本定理"：在其他条件不变的情况下，跳单程度越高则 RPM 效果越弱，跳单程度越低则 RPM 效果越强；反之，RPM 效果越强则跳单程度越低，RPM 效果越弱则跳单程度越高。这也就意味着随着渠道价差的逐步扩大，跳单对于 RPM 的克制作用也逐渐增加；反之，随着渠道价差的减小，RPM 对跳单的克制作用也逐渐增加。

跳单与 RPM 互克基本定理的重要意义在于，反垄断机构在面对"店网"冲突时，完全可以充分利用二者之间的互克作用关系，在反价格垄断执法过程中对于 RPM 顺其自然，静观其变，充分利用跳单的积极作用，尽量做到无为而治。与之对应，反垄断执法机构也可以通过限制或豁免"店网"之间的 RPM 来减少跳单的负效应,而不要直接介入对"店网"跳单行为的干预。

19.3 "店网"冲突的竞争性执法原则

19.3.1 竞争性执法过程的"二重组合"

跳单与 RPM 互克基本定理说明在"店网"冲突过程中,"店网"之间的跳单程度与 RPM 效果存在着此消彼长的关系。但如果问题分析到此为止,还不足以涵盖互克理论的全部内容,因为还没有完全考虑到跳单与 RPM 对市场竞争产生的正负二重性。如前文所述,对"店网"跳单而言,其正效应表现为促进"店网"之间的价格竞争(通常是达到较低的网商价格水平),但跳单往往还会产生搭便车的负效应。这也就是说,跳单行为虽提高了效率但影响公平。对 RPM 而言,其正效应表现为可以抑制搭便车问题,但它也有"店网"之间限制价格竞争的负效应(通常维持较高的市场价格水平)。也就是说,RPM 虽有利于公平但降低效率。二者的正反效应和综合评价如表 19.1 所示。竞争性执法过程中,正因为跳单和 RPM 都各有正反两方面效应,所以需要科学搭配组合,才能收取扬善抑恶之效,至少应避免恶恶相加的最坏结果。

表 19.1 "店网"跳单与 RPM 的二重性

	正效应	负效应	综合评价
跳单	促进价格竞争(趋向低价)	产生搭便车行为	提高了效率但影响公平
RPM	抑制搭便车行为	限制价格竞争(趋向高价)	有利于公平但降低效率

进一步分析,根据"店网"跳单和 RPM 的正、负效应搭配,可有

四类（2×2）组合，具体如图 19.3 所示：（1）跳单的正效应 +RPM 的正效应（对应第Ⅰ象限）；（2）跳单的正效应 +RPM 的负效应（对应第Ⅱ象限）；（3）跳单的负效应 +RPM 的负效应（对应第Ⅲ象限）；（4）跳单的负效应 +RPM 的正效应（对应第Ⅳ象限）。显然，第Ⅰ象限的双正效应最为可取，也可以称为"理想象限"。而第Ⅲ象限的双负效应最不可取，也可以称为"摒弃象限"。第Ⅱ和第Ⅳ象限的效应均为一正一负，彼此有所抵消。应对"店网"冲突的竞争性执法就是尽量靠近双正效应的第Ⅰ象限。当然，现实中更为常见的是跳单和 RPM 的正负效应同时存在，所以需要综合分析二者对竞争影响的净效应。

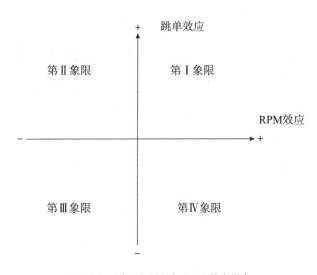

图 19.3 "店网"跳单与 RPM 效应组合

19.3.2 竞争性执法过程的三区划分与执法原则

图 19.3 所示的"二重组合"思路正确，但操作性稍差。下面根据"两线三区四分法"将图 19.2 划分为三个区间，再据以进行政策组合，进一步在实践层面提供竞争性执法的基本参考原则，具体如图 19.4 所示。

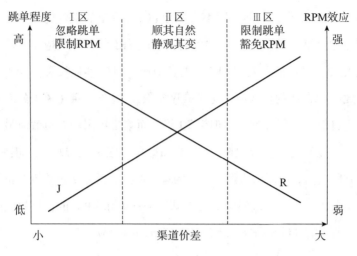

图 19.4 竞争性执法过程的三区划分

在"店网"之间渠道价差较小的第 I 区间，跳单程度线 J 处于低位，RPM 效果线 R 处于高位，即 RPM 效果较为明显、跳单现象相对较少。此时，通过"店网"跳单促进价格竞争的正效应不够明显，搭便车负效应却较为突出。或者说，在此区间内更多地表现为 RPM 限制价格竞争的负效应。因此，在此区间应对"店网"冲突的竞争性执法原则是"忽略跳单，限制 RPM"。

在"店网"之间渠道价差较大的第 Ⅲ 区间，跳单程度线 J 位于高位，RPM 效果线 R 处于低位。此时，不必担忧 RPM 可能产生的限制价格竞争负效应，而应该更多地关注跳单可能引致比较严重的搭便车问题。因此，此区间应对"店网"冲突的竞争性执法原则是"限制跳单，豁免 RPM"。

相对而言，第 Ⅱ 区间的情况既复杂又简单。复杂主要是指关系层面，各因素间交错影响、纷繁凌乱；简单主要是指执法层面，由于互克效应明显，反垄断机构倒多可顺其自然、无为而治。具体来看，第 Ⅱ 区间的"店网"跳单程度线 J 与 RPM 效果线 R 高低交错。随着"店网"

之间渠道价差的扩大，消费者跳单的动机增强，跳单程度必然有所上升。同时，渠道价差的扩大从另一个侧面说明，RPM 的纵向价格限制效果虽然不如第 I 区间明显，但会高于第 III 区间。此区间二者的作用方向不如第 I 区间和第 III 区间那样清晰，但互克的综合效应却更加明显。显然，第 II 区间是"店网"跳单与 RPM 互克理论的研究重点和适用区间。此区间应对"店网"冲突的竞争性执法原则是"顺其自然，静观其变"。

综合"店网"冲突过程中竞争性执法过程的三区划分政策组合要点，对于 RPM 进行执法可以概括成如表 19.2 所示的简易执法原则。当然，由于行业属性差异和相关司法判例较少等原因，目前还难以依据经验数据对"三区"进行严格划分。但随着未来判例和研究成果的增多，"三区"也将逐步由定性划分进展到定量分析。

总之，根据本章提出的跳单与 RPM 互克的一般原理和具体的竞争性执法原则，反垄断机构在"店网"冲突及 RPM 执法过程中，如果将跳单作为举证依据则可以大大降低执法成本、简化执法程序、提高执法效率。对于现有的纵向限制案例，亦可以根据互克理论及其引申出的一般执法原则，对原来的判决给予重新审议和评估。对于目前尚无法律依据的"店网"跳单问题，应该结合 RPM 和跳单的正负两面效应及引申出的互克原理进行综合考量，尽可能减少不必要的人为干预，通过市场力量达到渠道之间竞争均衡。

表 19.2 "店网"冲突的竞争性执法原则

区间	基本特征	政策组合	RPM 执法原则
第 I 区间	●渠道价差小，跳单程度低，对 RPM 克制作用小。 ●RPM 效果强，对跳单克制作用大，对价格竞争负面影响大。	忽略跳单 限制 RPM	适用"原则违法"执法原则

区间	基本特征	政策组合	RPM 执法原则
第Ⅱ区间	●渠道价差较大，跳单程度较强，对RPM 有克制作用，对抑制搭便车有负面作用。 ●渠道价差较小，RPM 效果较强，对跳单有克制作用，对价格竞争有负面作用。 ●跳单与 RPM 互克力量大体相当。	顺其自然静观其变	适用"合理推定"执法原则
第Ⅲ区间	●渠道价差大，跳单程度高，对 RPM 克制作用大。 ●RPM 效果弱，对跳单克制作用小，对价格竞争负面影响小。	限制跳单豁免 RPM	适用"原则合法"执法原则

综上所述，跳单与 RPM 互克一般原理为应对"店网"冲突进行执法提供了新的思路。跳单与 RPM 互克一般原理强调要摒弃是非绝对的简单思维（当然合法或当然违法），更多遵循合理推定的执法原则，建立分类执法的思想体系。下文将结合案例进一步分析说明该理论的应用。

19.4 典型案例分析——"店网"跳单问题与竞争性执法思路

19.4.1 图书行业的"店网"跳单案例

随着互联网和电子商务的发展，"网购"已成为一种重要的购物方式。消费者除了会直接在网上购买，在实体店选择体验后最终在网上购买的"店网"跳单现象也非常普遍。这种现象在电器、电子产品、家居、服装和图书等行业都很常见，此部分重点以图书行业为例说明跳单与 RPM 的互克作用。从纵向上看，图书行业的上游、中游、下游环节分别为编辑出版、批发和零售。对应的市场主体是出版社、总发行商和批发商以及包括店商和网商在内的零售商。如图19.5所示。互联网的发展实际上对图书行业各个环节都产生了重大影响。比如，编辑环节"网络写作与发表"对"传统编辑出版制度"的冲击影响，出版环节电子图书对纸质图书的冲击影响，零售环节网商对店商的冲击影响。此部分讨论的"店网"跳单问题主要存在于图书零售环节。

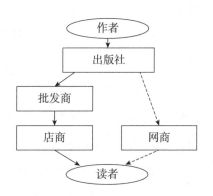

图19.5　图书行业纵向关系与"店网"跳单示意

　　互联网的出现使得图书行业零售环节形成了三种竞争关系：第一种是传统店商与店商之间的竞争（"店店之争"），属于同行间的横向竞争；第二种是网商与网商之间的竞争（"网网之争"），也属同行间的横向竞争；第三种是店商与网商之间的竞争（"店网之争"），表面上也有横向竞争，实质是纵向竞争（比如在品种、体验、配送等方面的差异）。在网商发展起来之前，实体店商中的新华书店在相关市场中曾长期处于垄断地位，但现在看来"店店之争"也日趋激烈，一些连锁书店（如诚品、佩吉等）都逐渐形成了各自的品牌和经营特色。在"网网之争"中，当当网、京东商城和亚马逊中国等网商也逐渐特色鲜明。例如，当当网从以经营图书为主发展为兼营其他商品；京东商城是后介入的图书业务，但拥有自己的配送系统；亚马逊中国的进口图书、电子图书种类多，也有自己的配送系统。由于这两种竞争关系（即店店之争和网网之争）不存在明显的跳单问题，这里重点关注第三种竞争关系下（即店网之争）的"店网"跳单问题。

中国的网上图书零售在1999年当当网、亚马逊中国等进入市场后快速发展，2010年京东商城介入图书销售业务后，各网商之间的竞争愈加激烈。网商凭借价格、品类等优势对店商造成了巨大的冲击。需要明确的是，这种冲击作用可以分为两个方面：一是"直接冲击"——顾客直接从网上购买图书的直接网购方式；二是"间接冲击"——顾客在实体店选择体验后从网上购买的"店选网购"方式。根据中国电子商务研究中心发布的《2013年3月网购图书数据分析报告》显示，顾客网购图书的比重约为60%，其中通过直接网购的方式购买图书的比例占44%，通过店选网购的方式购买图书的比例占16%。在网商直接和间接冲击作用下，传统实体书店纷纷倒闭退出市场或者被迫调整经营业务结构。不仅在中国如此，其他国家也普遍存在这种现象。

面对网商的冲击影响，店商及利益相关者经常以网商"任意打折、恶性竞争"等理由呼吁有关部门立法制止。比如，中国出版工作者协会、中国书刊发行业协会、中国新华书店协会曾在2010年1月颁布的《图书公平交易规则》中提出"新书限折令"，即"对出版一年内的新书，进入零售市场时，须按图书标定实价销售，网上书店或会员制销售时，最多享受不低于8.5折的优惠幅度"。这种行为就是《反垄断法》第14条规定"维持转售价格"（即RPM），尽管此类行为在店商广泛受到网商冲击的背景下似乎有一定合理之处，但实质上已经涉嫌违法。正因如此，国家发改委叫停实施"新书限折令"。尽管此后国家发改委同意了上述三家协会起草《关于豁免新版图书出版发行纵向协议的规定》，但有关规定的实施效果并未如相关行业协会所愿。在实施"新书限折令"的三年多时间里，市场中以低于8.5折的价格销售图书的现象仍然很常见，甚至是新华书店开展的网上业务也是以低于 8.5 折的价格进行销售。实际上，当当网在"新书限折令"颁布之后就公开拒绝并提出该规定涉嫌违反《反垄断法》。新华书店及利益相关者陷入了"即吃亏又违法"的尴尬处境。

依据跳单与 RPM 互克理论来重新审视该案，可见反垄断机构采取的执法策略和措施是恰当的。由于跳单与 RPM 相互克制，跳单行为可以消除 RPM 限制竞争的负面作用，而 RPM 又可以限制跳单行为伴随的搭便车问题。据此，从反垄断执法机构的角度看，如果确认 RPM 造成了明显的反竞争效果（渠道价差较小且跳单现象较少），则应禁止 RPM 而鼓励跳单行为；相反，如果确认渠道价差较大且跳单行为较多，由此导致比较严重的搭便车问题，则应豁免 RPM 而注意限制跳单行为。有调查显示，店商与网商销售图书的价差率多在 20%—40%。同时有数据表明，在此价差率下图书零售中的跳单率为 16%。根据跳单与 RPM 互克的三区划分，这种情形大致落在第 II 区间。因此，对于此类 RPM 应当采取"顺其自然、静观其变"的执法态度，可见国家发改委的执法措施是合适的。

总之，实体书店在网上书店出现之前的图书销售价格一直处于偏高水平，而网上书店出现之后形成店商和网商之间存在较大差价的情况，消费者当然会选择"店选网购"跳单的方式购买图书。再加上网购的直接冲击影响，店商采取的 RPM 策略实际上已经形同虚设。因此，有关行政部门和反垄断执法机构不能片面地接受"受害者"的诉求和主张，进而轻率地干预市场活动。同时也应该认识到，任何通过"新书限折令"等形式的立法措施来限制网商的竞争不仅法理上不充足，实践中也很难起到预期效果。此类涉嫌违法的行为至多是对其豁免，而不能利用法律手段对其强制实行。需要特别强调的是，长期来看网商的出现对于改善市场竞争状况将起到一定的正面作用，对于店商面临的困境不应也不可能通过价格立法的方式予以保护。最终还是要依据《反垄断法》来规范图书行业的竞争状况，通过充分竞争解决问题。

19.4.2 医药行业的"店网"跳单案例

跳单与RPM互克理论及其竞争政策实施原则的又一典型案例是医药医疗领域广泛存在的一种特殊"店网"跳单现象——海外网购。消费者在购药过程中，传统的医院、药店渠道可以视为店商，其中的"院诊"过程类似于消费者购买普通商品的"店选"过程。在近年兴起的海外网购药品过程中，消费者所借助的专业化或非专业化互联网渠道可以视为网商。其中的"代购"过程类似于消费者购买普通商品的"网购"过程。跳单与RPM互克的思路及其政策含义为解决医疗难题及药品购买渠道冲突提供了新的理论框架。

"药价高""看病贵"等问题曾经是中国社会生活中的一大痼疾。随着医药卫生体制改革的持续深入，如今这类问题有所缓解，但仍不容忽视。为规避畸高药价，患者在国内医院检查诊断后，"跳"过医院，从国外渠道购买或委托购买药品的"店网"跳单现象屡见不鲜。2018年上映并引起热议的电影《我不是药神》现实原型"陆勇案"就是"海外网购"跳单的典型。[①] 相对于其他形式的"店网"跳单行为，药品的海外网购跳单具有两点独特之处：（1）该跳单是基于患者的重复购药行为，

---

① 基本案情是：2002年，患者陆勇在国内医院被确诊为白血病，医生推荐他服用瑞士诺华公司生产的专利药"格列卫"抗癌药来稳定病情，维持生命。但该药价格很高，国内医院每盒售价为23500元，按每月用药量一盒计算，每年药费就高达282000元。2004年，陆勇了解到印度NATCO公司生产的格列卫仿制药，其药效与原专利药几乎一样（药性相似度99.9%），而且每盒价格仅为4000元。随着格列卫药专利的到期，印度公司仿制药每盒药价更是降至200元。陆勇试服仿制药后发现药效良好，遂将其推荐给国内其他患者，并为他们从印度代购仿制药。2013年，陆勇因"销售假药"和"妨碍信用卡管理"等罪名被逮捕拘留。2015年，最终以"替病友代购的行为全部是无偿帮助，未收取任何额外费用"为由，检方撤诉，陆勇被无罪释放。

从而降低甚至消除患者与医生之间关于药品的信息不对称程度;(2)引起该跳单的渠道价差极大且跳单药物多是"救命药""特效药"等专利药,不同渠道平均价差率在90%—98%,从而使面临"吃药难""保命难"且存在购药风险的患者具有强烈的跳单动机。虽然药品海外网购存在独有特征,但与"店网"跳单一样,也属于店网跳单范畴,因海外购药需通过互联网渠道,正是互联网技术的兴起和发展,促成了"海外网购"跳单的大幅增长,并且现已扩大至全球范围。[①]

药品海外网购是患者基于渠道价差在专利药和仿制药之间的取舍选择,所以破解此跳单行为的关键在于如何看待专利药背后的知识产权,也就是药品专利问题。[②]专利是引起药品海外网购的重要因素,或者说是渠道价差最主要的组成部分。专利药初期研发费用极高,可一旦研发成功,后期生产的边际成本又极低。由于付出了极高的研发成本,专利权人理应基于技术创新和成本分摊收取合理费用,并且可能凭借知识产权的"法定垄断"收取高昂药价。但现实中往往存在对专利的过度保护,产生专利滥用,严重时将会限制医药市场中的价格竞争。这样一来,就会有患者因无法支付高药价而存在"见死不救"之嫌。反过来看,适度专利具有激发创新的作用,如果过于关注边际成本而无视研发成本,一味地对药品专利保护实行反垄断,则可能削弱甚至消灭新药研发的积极性,在出现新的致命病症时难免"无药可治"。显然,"见死难救"和"无药可治"都是不可取的,"保过度"或"反过度"都是顾此失彼的,"保"与"反"的程度难以拿捏,药品专利"保反"之间陷入

---

① "海外网购"跳单不仅发生在中国,其他如尼泊尔、马来西亚、南非等发展中国家,甚至是英国、美国等发达国家的患者也多会产生这类跳单行为。

② 虽然跳单行为发生在药品销售环节,但对该问题的分析,必须从纵向关系着手,关注上游的专利研发环节及其与下游销售环节的相互作用,这也是对跳单问题分析的基本思路。

了两难困境。这种困境并非仅在药品专利领域存在，包括其他专利、版权、商标在内的知识产权领域都面临这类"保反难题"。而药品海外网购与药品专利行使之间基于各自二重属性的互克作用恰恰为此提供了解决思路。

药品海外网购实质上属于一种平台间的跳单，更确切地说是实体平台与网络平台间的跳单。它为实体平台渠道（销售专利药的国内医院）提供了一个能与之竞争的网络平台渠道（销售仿制药的海外药企）。具有经济理性的患者以极低的成本通过网络平台渠道购买仿制药，迫使实体平台渠道销售的专利药价格趋向合理水平，甚至与仿制药价格趋于统一，可以逐步消除药品专利中可能存在的因法定垄断产生 RPM 中的不合理加成成分。但海外网购毕竟是一种跳单行为，也就必然会产生搭便车问题。患者利用国内医院的设备、资源，在国内医院检查、诊断后，选择国外仿制药而非专利药，这是进口仿制药搭医院进口专利药的便车，仿制药的出现使专利药企为研制新药投入的巨额费用无法得到补偿，降低专利药企利润，抢占专利药市场份额，不利于专利药的技术创新和产品创新。

综上所述，药品海外网购同时具有促进专利药与仿制药间价格竞争和因搭便车而不利于专利创新的双重属性，这正好与专利过度保护产生的抑制价格竞争作用和其自身的激励创新作用相反。更为重要的是，药品海外网购恰能促进专利保护所抑制的价格竞争，专利保护恰能缓解药品海外网购所带来的搭便车问题，也就是说，药品海外网购与专利保护之间具有相互克制的作用。利用二者之间的互克机制，能够在一定程度上实现对专利的"保反兼顾"，即使不能做到"两利相权取其重"，却也能达到"两害相权取其轻"。

具体来说，在应对药品领域"店网"冲突过程中，监管机构可以根据药品海外网购跳单与药品专利行使的相对程度进行分类执法。可分为三种情况：一是，当跳单程度较高且专利保护效果较弱时，专利保护对跳单的克制作用小，无法发挥积极作用（且消极作用也弱），市场中会存在明显的搭便车问题（跳单促进竞争的积极作用被削弱），此时应以专利保护为主。二是，当专利保护效果较强且跳单程度较低时，跳单对专利保护的克制作用小，无法发挥跳单的积极作用（且消极作用也弱），专利保护产生明显的抑制竞争效果（降低搭便车的积极作用被削弱），此时应以反垄断执法为主。三是，当专利保护效果和跳单程度相当时，二者互相克制，此时监管机构应尽量顺其自然，静观其变，充分发挥它们的相互克制作用。在三种情况中，整体应向第三种情况发展，也就是说政府不应轻易干预，须充分发挥市场竞争机制的作用，但要密切关注专利保护过度可能产生的排除、限制竞争的效果，一旦从第三种情况转向第二种情况或者第一种情况时，则需相应地进行反垄断执法和药品专利保护。

中国目前的状况基本属于上述的第二种情形，这是由于在药品专利保护背后还存在着中国医药医疗领域特有的制度问题，即"以药养医"下的"医药捆绑"制度，它是高药价的"幕后推手"。[①] 有数据显示，"医药捆绑"所产生的制度成本大概占终端药价的1/2，甚至是2/3，其中包括关税（5%）、增值税（17%）、医院加价（15%）、流转费用（20%）以及其他各种运营成本（20%—30%）。[②] 中国独特医药体制的形成有其特定成因。首先，政府长期对医疗价格进行全方位管制，医院很少有自主定价权，而且政府的补贴也较少。这就使医院既要面对政府投入的不

---

① 这也是为何即使同为进口专利药，中国相对于其他进口国来说，药价仍然偏高的原因。当然，中国特色医药体制还体现在其他方面，如检测仪器费用高、"红包"现象、过度治疗等，但"以药养医"现象是最受人诟病的。

② 数据来源：张伟，《〈药神〉里的大反派，外企势力的代言人——跨国企业里家世显赫的中国区高管们》，2018年7月10日。

足，又要面对医生诊疗费用的过低。其次，政府对大部分处方药价格虽然有最高限制，但制药企业在向价格管理机构申报药品出厂价时，就已经将药品回扣等费用计入药品价格，并俘获政府相关人员。在政府与企业之间的信息不对称的情况下，存在着明显的药品成本虚报问题，政府价格规制严重失灵。基于以上两点，医院的成本收益缺口就只能从药品方面来弥补，实行"交叉补贴"。虽然在中国医药医疗行业发展的特定历史条件下，"医药捆绑"曾经对促进医院软硬件建设和中国医疗水平的快速提高具有积极作用，但带来了一系列的制度问题。由此可见，基于"医药捆绑"体制的"高药价"实质上是政策失灵、行政垄断等因素综合作用的结果。面对高昂的医药费用，选择"海外网购"跳单不仅是患者对中国现行医药体制的一种"用脚投票"的结果，更是对国内渠道和国外渠道间药品零售价格竞争的促进。但与此同时，药品的"海外网购"跳单会导致医院被搭便车，为减少利益损失，医院采用适当方式予以防范本无可厚非，但是医院、医生从各自利益出发，与患者展开的行为博弈，最终可能带来一种"双输"的结果：患者不断选择"海外网购"跳单，医院不断采取措施加强"垄断"地位，无形中增加交易成本的同时提高了诊疗费用，陷入恶性循环，特别是后者会进一步恶化医药环境，医患关系不断紧张且恶性事件频发就是明证。

2016年国家发改委会同有关部委发布了《关于印发推进医疗服务价格改革意见的通知》，开始着手解决中国长期存在的"以药养医""医药捆绑"等问题。2019年国家医保局印发了《关于做好当前药品价格管理工作的意见》，明确通过药品集中带量采购制度改革，促使药品价格回归合理水平。以上改革措施的出台有利于减少药品领域长期存在的不合理渠道价差，也就有利于减少"院诊店购"此类现象的发生，是符合市场竞争规律的"良方"。

综合RPM及其背后的制度成因，药品行业的"海外网购"跳单不仅与 RPM 互克，更是与医药领域中的行政垄断存在相互克制的作用，并且从目前来看，药品"海外网购"跳单所具有的促进竞争的效应更加明显，所以从整体方向上，应进一步鼓励跳单，至少不应限制。2018年举行的两次国务院常务会议决定"研究利用跨境电商渠道，多措并举消除医药领域流通环节各种不合理加价"正是对跳单从政策上的肯定，与互克理论及其政策蕴意不谋而合。当然，除了正视和权衡跳单带来的双重效应，更为根本和重大的任务是利用互克机制，充分发挥市场配置资源和激励主体的决定性作用，继续深化中国医药卫生体制改革。

本章参考文献

Telser, L. G., 1960: Why should Manufacturers Want Fair Trade?, *Journal of Law and Economics*, Vol.3, No.1.

Yamey, B. S., 2008: Resale Price Maintenance: A Comparative American-European Perspective, *Aldine Transaction*.

于立、于左、田坤，2007:《论中国药品价高之谜》，《经济与管理研究》第 9 期。

于立、冯博，2012:《最高人民法院首个指导性案例的法律经济学分析——"跳单案"案例研究》，《财经问题研究》第 9 期。

于立、徐洪海、冯博，2013:《"店选网购"跳单问题的竞争关系分析——以图书行业为例》，《中国工业经济》第 9 期。

于立、冯博、徐志伟，2014:《跳单与 RPM 互克理论及其政策涵义》，《价格理论与实践》第 3 期。

于立、王玥、徐洪海，2017:《跳单问题与租金结构》，《财经问题研究》第 1 期。

于立、王玥，2019:《"跳单问题"的研究范式与理论成果》，《经济与管理研究》第 6 期。

20. 网约车行业竞争与规制

杨帅　陈雨虹

网约车是"互联网＋出行"催生的新业态，是一种典型的共享出行方式，乘客可以在不转移所有权的情况下以更低成本满足高质量的短期出行需求，受到了全球用户的普遍欢迎。截至目前，全球网约车发展仅10 年左右时间，各国涌现出了 Uber、滴滴、Lyft、Grab、Ola、Taxify、Careem 等一批独角兽企业，网约车服务已经覆盖全球 1000 多个城市、超过 80% 的人口。整体上看，全球网约车行业仍然处于亏损状态，但仍有新的市场进入者陆续参与进来，行业呈现出典型的有效竞争市场特征。网约车的发展，以及不同国家采取的差异化规制政策，成为当前互联网经济学领域的竞争与规制研究热点，也存在不少有待解决的争议问题。

本章主要从网约车的技术经济特征、竞争态势、社会经济影响等角度阐述网约车行业的发展，并在此基础上，结合国际国内规制经验，提出规制原则。网约车行业既有一般网络经济的特性，也有行业特有的属性。虽然目前全球网约车市场已经形成几家优势明显的平台，但网约车领域属于可竞争性市场，退出的沉淀成本也不高。从社会经济影响来看，网约车对就业、消费者福利、传统行业转型、未来交通发展都有正面的效应，应鼓励发展，对短期可能的交通影响需要正面引导。国内网约车应吸取国际良好发展经验，坚持底线规制、创新规制，并和行业合作，推动融合发展、探索协同共治。

20.1 网约车的技术经济特征

20.1.1 网约车行业的一般特征

从技术经济特征看，网约车作为"互联网+"催生的新业态，其既有平台经济的一般特征，也有网络经济的一般属性，具体看主要体现在以下几方面。

一是技术密集型。技术密集型产业也称知识密集型产业，是指技术或知识投入占比大的产业，具有生产技术水平和劳动生产率水平较高的特征。网约车是大数据、云计算、人工智能等先进互联网技术在出行领域融合催生的新业态，因此其诞生之初就天然地具有技术密集型特征。以滴滴出行为例，为了加快推动技术进步，不断提升服务能力，滴滴已经建立起一个开放合作的跨境知识与研究网络，汇集全球机器学习、自然语言处理、计算器视觉、运筹学、统计学等前沿技术领域的顶尖人才，持续在全球交通产业创新前沿领域实现突破。目前，滴滴出行已经建立起一支超过 5000 人的科学家和工程师团队，在技术、业务、模式等创新方面投入巨大。

二是双边网络效应。网络效应是以色列经济学家奥兹·夏伊在《网络产业经济学》（*The Economics of Network Industries*）中提出的，是指产品价值随购买这种产品及其兼容产品的消费者的数量增加而增加，也称网络外部性或需求方规模经济。在具有网络效应的产业中，"先下手为强"（first-mover advantage）和"赢者通吃"（winner-takes-all）是市场竞争的重要特征。网约车是典型的互联网平台经济，但是与过去的电话网、铁路网、电力网等具有单边网络效应的网络不同，网约车的供给方或需求方单方面增加，都将为对方提供互补性价值，存在突出的双边网络效应。简而言之，就是平台上的司机越多乘客获得的价值越大，相反平台上的乘客越多司机获得的价值也越大。也就是说，网约车的双边市场属性为司乘双方提供了正外部性，并且使得社会福利以乘数效应得到改善（甄艺凯，2017）。从理论角度看，双边网络效应利弊共存，当网约车平台上的司机数量达到临界规模，使得乘客在线打车效率高于线下出租车时，网约车平台的双边网络效应将带来用户规模的快速增加。但是，双边网络效应的逆向作用也意味着，一旦平台上的司机或乘客少于临界规模时，平台上的用户也将进入加速衰减周期。

三是零边际成本。杰里米·里夫金（2014）在《零边际成本社会》中提出，"零成本"现象孕育着一种新的混合式经济模式，这将对社会产生深远的影响。实际上，零边际成本已经成为以信息产品和服务生产为主的互联网企业的突出特征，也即互联网企业普遍具有初始投入成本巨大，但边际成本趋近于零的属性。这种属性的存在，归根结底是因为互联网技术的创新突破投入巨大，但数字产品和技术的应用普及成本却极低。在网约车中，虽然平台产品的研发投入大，但安装使用成本却极低，平台进入门槛也较低，进而大幅提升了全社会闲置汽车资源的利用效率。以滴滴出行为例，平台中有一半以上、超过 5000 人的科学家和工程师团队在持续推进平台的建设和智能派单系统的演进升级，但是 APP 的下载、安装和使用成本却基本可以忽略，而且平台上新增一个司机和乘客的成本都趋近于零。

20.1.2 网约车行业的特殊属性

作为"互联网+"在出行领域的创新应用，网约车提供的服务模式与一般出行服务具有明显差别。从新旧业态的比较看，主要有以下几方面的典型特征。

一是共享性。与"传统"市场相比，"共享"市场可以通过权力下放降低成本，高效匹配个性化需求偏好，促进资源的可持续利用，并通过民间社会机构挖掘自治潜力（Allen & Berg, 2014）。作为典型的共享经济，网约车通过在出行领域引入"共享"理念，突破了传统出租车领域的数量和价格规制，以及传统的供给要素匹配范围和匹配方式，通过智能技术挖掘全社会沉淀的海量私家车资源，让私家车发挥出具有准公共交通性质的出行服务能力。相比过去专职出租车供给能力有限，无法满足潮汐式出行需求，网约车的优势正是在于激发私家车的准公共服务供给能力，可以在不新增车辆的情况下有效满足高峰出行需求。在机制创新的推动下，目前网约车的共享属性体现得日益突出，已经从一开始挖掘闲置私家车辆的出行服务潜力，到目前挖掘私家车辆闲置座位的出行供给能力。例如，在滴滴出行平台中，不仅提供了快车、专车服务，还提供了拼车服务，让社会闲置车辆的利用效率得到了充分挖潜。更为重要的是，除了车辆和司机闲置时间共享外，网约车还推动了出行供求信息的共享，以及积累数据对交通管理部门的共享。

二是兼职性。兼职是共享经济的重要关键词，作为典型的共享经济代表，网约车行业也具有突出的兼职化特征。交通出行具有十分重要的潮汐需求特征，在传统出租车领域，专职化且数量管制严格，出行供给总量有限，且不具有供给弹性，导致无法满足潮汐出行需求。与此同时，潮汐出行中的大量私家车仅为个人服务，每辆车都空余3—4个座位，资源浪费严重。网约车的出现，则改变了这种资源利用方式，私家车可以在上下班路上或业余时间提供出行供给服务，不仅给个人提供赚取兼职收入的机会，同时也给全社会提供了大量弹性十足的出行供给。根据 Uber 和 Lyft 公布的招股书，Uber 平台有 390 万活跃网约车司机，每个司机平均每天仅完成 4.2 单，而 Lyft 平台上有 190 万活跃司机，其中 91% 日均在线时长不到 3 小时。

三是轻资产性。网约车的共享性和兼职属性，同时也意味着网约车平台具有突出的轻资产属性，这与传统出行领域的企业具有显著的差异。从网约车诞生起，就是通过互联网平台（包括桌面互联网和移动互联网）将分散的私家车主连接到同一个网络中，形成具有突出规模经济特征的服务供给池，并基于先进的定位技术、智能算法将市场供求进行高效匹配。在行业内，不管是美国的 Uber、Lyft，还是中国的滴滴出行，都采用 C2BC2 的"轻资产"商业模式。以滴滴出行为例，目前已通过互联网平台将全国 400 多个城市的线下闲置车辆和出行需求连接起来，应用领先的人工智能技术进行供需高效匹配。值得注意的是，正因为网约车的共享性和轻资产属性，才表明该行业企业更多具备互联网公司的特征，是互联网技术在传统出行领域的融合创新，这也是纽约将 Uber 模式定义为交通网络公司的根本原因。

四是逆向渗透性。传统的出行服务是在工业化思维下提供的，产品生产与出行服务提供缺乏深度互动，导致用户的个性化出行服务需求难以被有效满足。在网约车出现后，天然的互联网属性让下游的出行服务更加贴近用户需求，并因此具备了向上游汽车研发制造领域渗透的能力。以滴滴出行为典型，正在基于对出行市场的深度研究，与传统的汽车制造商深度合作，共同研发制造更加适应出行需求的定制化共享出行汽车。更为重要的是，网约车平台还凭借对出行的深度理解和数据积累，正在参与未来智能交通出行基础设施的改造升级，这也是区别于工业化时代的重要特点之一。

20.2　网约车发展的竞争态势

20.2.1　网约车行业的市场边界

市场边界，由同一或替代产品与服务的竞争关系来定义。分析网约车行业的竞争态势，前提是合理界定网约车行业的市场边界。网约车是大数据、云计算、人工智能等新兴互联网技术在出行领域融合应用催生的新业态，其以更高效率的方式满足公众出行需求，既是对公共交通系统的有效补充，也是在需求升级背景下对部分私家车和公共交通出行的替代。因此，网约车行业市场边界的界定涉及多方因素，在分析竞争态势，尤其是界定垄断竞争格局时需要异常谨慎。

表 20.1　网约车行业竞争的市场边界

	网约车平台之间
直接竞争	网约车与出租车
	网约车与黑车
	网约车与私家车
	网约车与地铁
间接竞争	网约车与公交车
	网约车与共享单车

资料来源：作者整理。

　　从直接竞争视角看，网约车的竞争包括行业内平台之间的竞争、网约车与出租车之间的竞争，以及网约车与黑车、私家车之间的竞争。其中，网约车行业内部各平台之间的竞争最为直接，这在国内外网约车行业发展中表现得也异常突出，如平台之间为争夺市场份额的补贴大战等。网约车与出租车提供的服务方式虽然不同，但核心服务内容较为类似，均为把乘客从 A 点运送至 B 点，因此二者的竞争关系十分明确。也有研究表明，网约车的发展大幅减少了出租车的乘客量（Nie，2017），尤其是在炎热时间段会加剧与在热点出行区域与出租车之间的竞争（Dong，et al.，2018）。正因如此，网约车的发展才屡屡遭到出租车公司和司机的强烈反对，同样也正是有了网约车的蓬勃发展，出租车的服务质量才被迫得以提升（Wallsten，2015）。网约车的出现在很大程度上挤压了黑车的生存空间，因此二者间的竞争和替代关系也十分明显，只是囿于黑车市场统计难度极大，因此在竞争分析中也难以量化。这种黑车的竞争，类似 Wang（2018）所提出的传统线下社会关系，使得在大网约车平台之外依然存在不少替代出行方法。网约车的快速发展极大便利了公众出行，部分想购买私家车的人因此而放弃购车，甚至也有部分私家车主因网约车的便利性而出售了私家车，不少研究也证实了网约车对私家车的替代关系。

从间接竞争视角看，网约车还与地铁、公交车和共享单车之间存在竞争关系。客观而言，随着我国城镇化的加速，城市公共交通系统发展滞后于城镇化的进程，导致公共交通出行呈现低效、低质特征，越来越难以满足出行升级需求，而应用先进技术激活私家车参与供给的网约车业态有效满足了这部分需求。国外的大量研究表明，网约车的发展降低了车辆使用成本，满足了多样化出行需求，在一定程度上减少了公共交通的使用频率（Chen, Y., 2018）。

此外，需要注意的是，不管是此前美国 Uber 在中国与滴滴出行的竞争，还是近两年中国网约车走出去开展跨国布局，都表明网约车的竞争具有突出的国际化特征。因此，在分析网约车的竞争格局和垄断竞争属性时，还应特别关注国际视角，在目前国际贸易政治化倾向明显的背景下尤其如此。

20.2.2　网约车行业的进出壁垒

进出壁垒既是行业竞争格局的关键影响因素，也是分析潜在竞争态势的重要考量因素。在全球市场，传统出租车都属于特许经营行业，且有着极为严格的数量和价格规制，正是这样的行政性进入壁垒导致了行业发展裹足不前。与此不同，过去几年网约车行业之所以迅猛发展，关键在于没有数量和价格方面的规制，充分竞争让市场获得了发展活力。

但是，新业态的催生和发展并非一帆风顺，在不同国家可能面临着截然相反的政策规制，各个国家对网约车采取的规制路径并不相同。比如，新加坡采用注册备案制，美国创新出交通网络公司规制模式，英国将网约车纳入私人约租车规制体系，法国等欧洲多国则严格限制甚至禁止网约车运营（侯登华，2015）。近两年，随着市场需求的不断扩大，法国等欧洲国家也开始考虑放松对网约车的规制。在国内，随着2018年两次顺风车事件的发生，网约车行业进入到严规制周期。

在进入壁垒方面，目前全球行业发展并不存在明显的市场进入壁垒，但由强规制政策导致的行政性进入壁垒问题比较突出。在欧洲和日本等一些地方，有着十分严苛的行政性进入壁垒，比如日本就明令禁止网约车。但是，从全球趋势看，越来越多的国家和地区在降低网约车进入门槛，全球市场的进入壁垒也在逐步降低。与此相反，在国内虽然国家层面出台的规制政策相对宽松，但是各地的政策细则提高进入门槛，国家给予的自由裁量权多数变成了层层加码的行业紧箍咒，使得目前行业存在着突出的"严格立法、普遍违法、选择执法"的窘境。根据统计分析，在截至2020年4月已经出台网约车规制细则的全国271个地级市中，大多数城市在国家政策之外新增了其他进入壁垒。其中，95%以上城市限制车辆轴距或车身长度，174个城市要求车价超过10万元或高于出租车，等等。区别于一般的单边市场，网约车行政性进入壁垒的抬高具有两方面的突出影响：一方面，会大幅减少进入网约车市场的司机，进而导致网约车服务供应规模的同比例减少，虽然在位司机之间的竞争有显著下降并因此会获得一定的壁垒收益，但整个行业可能因负面网络效应陷入衰退之中；另一方面，会大幅加剧网约车平台之间争夺合规司机和车辆的竞争程度，但是网络效应意味着最终只有一家或两家平台存活下来才可能达到盈亏平衡。

在退出壁垒方面，自由竞争状态下的网约车行业并不存在明显的退出障碍。目前，在国外网约车市场，不管是强规制还是弱规制环境下，均无明显的退出障碍。与此不同，国内强规制政策导致过高的沉没成本，并由此产生较高的退出障碍。随着网约车规制政策的收紧，市场进入壁垒大幅提高，不少未合规网约车司机逐渐退出市场，但依然留在市场中的网约车司机将面临较高的行政性退出壁垒。按照现行规定，需要符合轴距、车价、户籍等门槛，拿到营运证、从业资格证，购买高额保险后才能合规运营，这将大幅提高司机从业的沉没成本，退出市场的潜在损失也较大。对网约车平台而言，主要退出障碍来自于平台上的从业司机。目前，网约车平台正在按照规制部门要求强制清退不合规的司机，但是在实际操作中却面临极大困难。一方面，因合规门槛过于苛刻，强制清退不合规司机将大幅削减网约车平台运力供给，显著降低平台的网络规模效应；另一方面，不少司机因丢掉了赖以生存的工作机会而可能采取围攻平台、报复社会等极端行为。

20.2.3　网约车行业的竞争格局

网约车的竞争环境复杂，不仅涉及多主体，而且国际化竞争激烈，应该综合分析、全面看待。

从国际视角看，全球网约车市场正处于激烈的市场竞争阶段。网约车具有线上线下结合、"一网接入、全球服务"的突出特征，因此在市场竞争中，各网约车平台具有天然的跨国布局趋势。根据公开数据，2019 年美国的 Uber 已经在全球 700 多个城市运营，全年订单超过 70 亿单，滴滴业务也覆盖了巴西、墨西哥、澳大利亚等国家和地区。虽然目前全球网约车市场已经形成几家优势明显的平台，但是全球网约车市场的竞争依旧激烈。此外，如果考虑出租车的直接竞争，网约车平台的市场份额还将大幅下降，因此从大出行行业角度看还难以有效判断竞争格局，而且未来行业的发展还将面临较大变革。

从国内视角看，尽管我国网约车发展时间不长，但已经从激烈竞争阶段进入到较为稳定且有效竞争的状态。2010 年，国内网约车行业才正式起步，较国际水平晚了五年左右（法国拼车平台 BlaBlaCar 成立于 2006 年），但却在短期内迎来了激烈的市场竞争。其中，2013—2015 年，国内行业领军平台滴滴、快的为争夺市场份额，争相补贴司机和用户，并在烧掉数十亿元资金后选择合并；在滴滴快的合并后的 2015 年 3 月，Uber 大幅下调市场价格，再次发起价格战，刚合并后的滴滴出行面临国际网约车巨头的激烈竞争，在经历 2015—2016 年的补贴大战后，Uber 宣布退出中国；在经历 6 年左右的激烈市场竞争后，国内网约车细分行业呈现出垄断竞争格局，但若将具有直接竞争关系的出租车考虑在内，则市场结构会出现明显变化。需要注意的是，对网约车司机而言，黑车也是直接竞争对手，但囿于数据不可获得，因此市场竞争格局变化也难以反映出来。

网约车领域属于可竞争性市场，虽然市场上只有少数平台企业，但是外部竞争者可以随时进入，而且退出的沉淀成本也不高（荣朝和、王学成，2016）。最典型的是，在美国市场上，虽然 Uber 是先行者并且占据绝对领先的市场优势，但后发的 Lyft 抓住机遇，目前在美国网约车市场的份额已经逐渐提高到 54%。在国内市场上，虽然滴滴平台的市场份额较高，但也不乏有大量新进入。例如，在 2019 年 3—4 月，两个月时间内，全国新增的网约车企业就达 11 家，目前全国有多达 180 家网约车平台获得城市牌照。

20.2.4　网约车行业的定价策略

传统产业经济学理论以 SCP 结构分析市场中的企业行为，定价策略则是其中的重要方面。按照理论逻辑，定价策略的基本原则是边际成本等于边际收益，通过调整产量或价格达到市场供求均衡点。但是，作为典型的互联网经济，网约车服务的定价与传统出行产品和服务的定价有着巨大差异，典型地会在不同的发展阶段实施不同的定价策略。例如，在新模式刚出现时，会以补贴定价方式进行用户教育，以实现快速的用户习惯培养。实际上，影响网约车服务定价的因素有很多，比如市场需求、价格弹性、竞品价格等等。总体看，顺应出行需求的动态变化，主流网约车平台都制定并执行动态定价的基本策略。

动态定价（surge pricing）是网约车平台企业的典型定价策略，即根据不同区域、不同时间的需求变化，动态调整行程价格，以实现运力的动态激励和更高效供需匹配。目前，美国的 Uber 和中国的滴滴出行都实行动态定价策略，即在上下班、雨雪天等供不应求的特殊场景，以及供不应求的特定区域，都实时进行动态调价。以 Uber 的动态定价机制为例，在供不应求的区域（场景），在考虑基础费率、里程价格和时间价格构成的标准价格基础上，乘上动态算法确定的动态乘数（surge multiplier，SM），最终形成动态价格（Chen & Sheldon，2016）。其中，动态乘数 SM 是离散的倍率值，最低为 1.2 倍，以 0.1 倍为步长递增，同时也对不同城市设置了最高倍率。从经济视角看，动态价格信号是对市场供求变化的最佳引导和最高效匹配，一方面提高了出行供给规模，增加了司机收入，另一方面则满足了更多的出行需求，扩大了全社会的消费者剩余（Hall, et al.，2015）。根据 Cohen 等（2016）的测算，Uber 的动态定价机制仅在 2015 年就给全美国创造了 68 亿美元的消费者剩余，消费者每支付 1 美元就会产生 1.6 美元的剩余。但是，也有研究表明这种双边定价策略会带来明显的不公平感，并可能因此降低共享参与的意愿（Angerer, et al.，2018）。在实际商业实践中，此类定价策略也备受质疑，尤其在中国被广泛诟病为"一级价格歧视"，甚至是"趁火打劫"。平台的最终策略是，要么设置最高限价，要么提供提高价格或排队等候两种选择，再或者是仅通过低效率的排队机制进行供求匹配。可见，网约车平台的定价策略不仅受到内部业务模式的影响，也受制于很多外部因素。

$$SP=SM \cdot P_e(P_0 、 P_k 、 P_t)$$

$SM=Round\{GSM_{(D、S)}, 0.1\}$，GSM 表示对真实市场价格的估计。

除了具有一般性的动态定价策略外，在不同阶段网约车平台的定价策略差异也较大，但主要考虑市场竞争、效率和公平等因素。

在市场进入阶段，网约车平台企业为了在短期内获取尽可能多的用户，普遍采取远低于成本价格的渗透定价策略。尤其是在行业已经存在有领先优势的在位者的情况下，市场后进者会以更大幅度的价格补贴来获取市场份额。这在我国网约车市场的发展过程中表现得尤为突出，典型的是 Uber 进入中国时采取了比市场价格低 30% 的定价策略。渗透定价策略的结果是，在市场进入时短期内获取市场份额。从事后看，渗透定价策略在短期内是非常有效的进入定价方式，但是如果企业自身没有技术和管理能力，即使初期获得了不少市场份额，终将因体验不佳而逐渐丧失既有市场。

在稳定的市场竞争阶段，经历了激烈市场竞争和企业自身经营能力的打磨后，各网约车平台企业都会形成基本稳定的定价策略。目前看，国内外网约车平台的定价，均参考了具有标杆意义的本地出租车价格，并根据从业司机的车辆和时间成本、平台成本以及市场竞争等因素进行差异化的价格制定。与其他产品定价不同，网约车的定价包含了司机侧的里程价格和平台抽取的提成价格两部分。其中，里程价格多参照出租车定价机制进行设定，而不同网约车平台收取的提成比例差别较大，如 Uber、滴滴出行、Lyft 的提成都在 20% 左右，一些小网约车平台提成在 10%—15% 左右。但是，在有 Lyft 和 Hailo 竞争的城市，Uber 的抽成定价也会进行适当的下调（SharesPost，2017）。目前，网约车市场已经形成大致稳定的定价策略，大平台按照 20% 左右的提成为司乘双方提供更加完善的服务和保障，而小平台以更低的提成维持相对稳定的市场份额，同时也为司乘提供基本的服务和保障。

20.3　网约车发展的经济社会影响

网约车的经济社会影响常常是网约车规制的出发点，也是各界关注的焦点。现有文献的讨论主要聚焦于网约车消费者福利、就业、交通和排放影响等方面。总体而言，多数研究结果表明，网约车带来的正面效益超过负面影响。学者普遍认为需要持续创新商业模式，完善法律法规和配套制度，才能助力网约车发展"趋利避害"，促进行业的持续健康发展。

在消费者福利方面，网约车服务利用移动互联网技术提升资源对接和匹配效率，为用户提供更高效便捷的出行服务，解决了出行领域的市场失灵问题（Rempel，2014）。Cohen 等人（2016）在 Uber 的"激增"定价算法及其详细个体数据的基础上估计需求曲线上几个点的需求弹性，进而估算消费者剩余，计算结果表明，2015 年美国 UberX 服务产生的整体消费者剩余为 68 亿美元。

在就业影响方面，学者普遍关注网约车领域的劳动关系、就业价值等。在劳动关系方面，陈微波（2016）认为，网约车是典型的共享经济，改变了传统劳动关系中的人力资本特征，带来了劳动关系形态的变革。也有学者认为，"零工关系"更能反映网约车的用工类型，"零工工作者"更符合网约车司机的工作状态（于莹，2018）。在网约车就业价值方面，多数研究认为，网约车灵活就业的方式可以让更多人增加收入、缓解就业压力；尤其在经济不景气的情况下，通过这种"自雇"方式赚取报酬，可缓解社会就业矛盾，间接调整分配及消费结构（唐纯，2016）。在实践中，美国对网约车平台和司机关系的认定走得最远，美国国家劳动关系委员会总法律顾问办公室发布建议备忘录，确认了 Uber 司机是独立承包商（independent contractor），而非雇员（employee）。美国劳工部发布意见函，依据《公平劳工标准法案》也作了同样确认。此前，英国商业、能源和产业战略部发布《美好工作计划》，提出下一步将完善制度化措施，以建立零工经济背景下的新型劳动关系。

在交通影响方面，网约车是否增加拥堵一直备受关注并饱受争议，目前也还未形成统一意见。一方面，一些研究显示网约车增加了城市汽车总行驶里程，降低了公交出行分担率。旧金山县交通局（2018）发布的研究报告称，43% 到 61% 的网约车订单取代了步行、单车等出行方式，以及过去不太可能发生的出行，网约车对拥堵的贡献率在 50% 左右。另一方面，也有不少研究表明，网约车能减少车辆拥有量（Shared-Use Mobility Center，2016），降低了酒后驾车和致命事故的发生率（Dills and Mulholland，2018），降低了与酒精相关的机动车杀人犯罪率（Greenwood，2015）。世界经济论坛、波士顿咨询公司和波士顿政府合作进行的为期三年的研究表明（WEF & BCG，2018），在私家车、网约车、自动驾驶车的混合交通模式下，按需出行的网约车和自动驾驶将减少 20% 的私家车出行，未来自动驾驶共享出行将使道路车辆减少 15%，总的出行里程将增加 16%，出行时间将平均优化 4%。此外，网约车的价值还在于为郊区和人口密度较低的地区提供更多出行选择，也能给老年人、孩童和残疾人提供更好的交通服务（波士顿咨询，2015），降低财政负担。

在对出租车的影响方面，Nie（2017）研究发现网约车的出现减少了出租车乘客量，但冲击时间相对短而且网约平台可以提升出租车的使用率，尤其是在非高峰时段。Wallsten（2015）的研究表明，Uber 降低了纽约出租车每次服务的消费者投诉，并减少了芝加哥特定类型的出租车投诉。Dong, et al.（2018）的研究表明，网约车是出租车的有益补充，网约车主要是在炎热地区和高峰时段增加供应，有助于缓解城市出租车服务的时空不平衡问题。

20.4 网约车领域的规制现状与政策选择

20.4.1 全球网约车规制主要模式

作为出行服务新业态，网约车对世界各国的既有规制政策都产生了或多或少的影响，道路交通安全、交通拥堵、环境污染、车内司乘安全、劳动关系等已经成为各国规制政策面临的普遍性问题（Stephen，et al.，2018）。虽然网约车业态创新频繁，处于从未知到已知的过渡阶段，但是各国规制政策仍然需要修订或者解释以解决网约车带来的问题（Jordan & Paul，2017）。根据既有的规制实践和理论研究，全球网约车规制政策从宽到严[①]主要包括以下三种模式。

一是设立区别于出租车的新业态和新的规制框架，代表国家为美国、新加坡。

美国网约车行业发展最成熟，网约车规制政策最详尽，成为国内学者的主要研究对象。目前美国几乎所有的州都已出台相关法律法规，允许交通网络公司合法运营。此外，包括纽约、旧金山、西雅图、芝加哥、波士顿在内的许多城市也制定了相应的规制措施。各州基本都将网约车作为一种不同于以往交通运输服务的新业态，进而创设了"交通网络公司"（Transportation Network Company）的概念，在这些州，私家车及其司机在符合规制要求后，可以接入交通网络公司平台开展服务，多数规制机构对网约车不设数量和运价门槛。各州的规制措施虽略有差别，宽严不等，但主要是对司机背景、车辆安全、责任保险等设定基本

---

① 不包括直接禁止的国家。

标准（Matthew，2017），政府要求平台进行数据对接，同时设定车辆年限、保险、驾驶员年龄、背景审查的标准，并要求平台根据这些标准对车辆和驾驶员实施准入审核以及日常规制，平台公司需按照规定向规制部门对接明确的运营数据，规制部门对这些数据的完整性、真实性和内容进行核查，一旦发现不符合标准，就会按照法律要求进行相应的处罚（Scott，2018）。美国网约车规制模式采取"政府管平台、平台管司乘"的做法，注重严格的事中过程规制及事后处罚。

新加坡是城市国家，随着私家车拥有量的持续增加，交通拥堵、环境污染问题始终困扰着政府。由于认识到网约车平台在降低交易成本、改善出行供需匹配关系方面的优势，新加坡陆路交通管理局（Land Transports Authority）对网约车采取轻触（light-touch）管理方式（侯登华，2015）。因此，新加坡政府对交通出行制定了中长期发展目标，并鼓励网约车的发展，积极推动私家车共享使用，旨在有效降低居民购车需求，大幅度降低汽车保有量。具体来看，新加坡对网约车车辆实施注册备案管理，不对网约车车辆设置准入门槛，市场环境较为宽松，规制的对象集中于平台和司机，规制目标主要指向出行安全、服务质量及公平竞争。新加坡政府于2015年5月针对网约车专门制定了《第三方预约出租车服务提供商法案》，要求凡是提供第三方轿车服务的平台需要事先在新加坡陆路交通管理局申请备案，同时对司机事前说明义务、不得拒载义务等服务质量做出相应规定，立法也要求网约车司机在符合审查、资格标准、培训、纪律、进出条件等要求的情况下获得网约车司机"许可证"。

二是纳入约租车规制框架，代表国家为英国、法国。

英国出租车长期区分为巡游出租车和预约出租车两类，加上公共交通比较发达，基本上覆盖了绝大多数的交通需求（王军，2009）。因此，英国并没有制定出台专门针对网约车的规制政策及法律，但是通过对

《约租车法案》的解释以及与网约车有关的判例对网约车的运营进行实质性规范（Babara & Paul，2018）。通过相关判例，英国将网约车纳入原有的约租车框架内进行规制，从而避免了较为严格的出租车管理规定（黄勇，2016）。同时，伦敦允许私家车从事网约车经营，私家车只要符合规制部门设定的保险、车辆安全检测、专门车牌等要求，即可申请"网约车执照"。伦敦主要通过保险的方式解决司乘安全的规制问题，规制部门要求平台必须购买公共责任险，网约车司机必须购买有偿租车保险，承保范围包括司乘安全与车辆安全。英国采取将网约车纳入现有规制框架的范式较为方便地解决了网约车的合法性问题，同时通过政府设定严格的审核标准卡住网约车的准入门槛。但是，这种规制模式的前提是已经存在较为完善的约租车体系以及相应的规制应对模式（张米宁，2019）。

长期以来，法国将对于没有取得出租车经营许可的车辆，一律视为非法运营，由于数量限制，法国出租车都是供不应求。2009 年 7 月，法国通过一项法案，大大简化了租车服务规范，扩大了供给，缓解了出行困难的问题，也为网约车的出现奠定了制度基础（刘小妍，2016）。目前，法国网约车平台主要是 VTC（Voiture de Transport avec Chauffeu，私人租车）模式。优步的快速崛起给当地出租车业造成了极大冲击，为避免两个行业间的对抗，法国政府对网约车始终持谨慎态度。2015 年 7 月，优步暂停法国的优步 POP（相当于快车）业务。同年 9 月，优步试图通过宪法诉讼推翻优步 POP 运营禁令的努力也失败了。除优步 POP 外，其他的业务仍然在法国运营。

三是纳入巡游出租车规制框架，代表国家为中国、德国。

中国网约车从 2014 年开始步入发展快车道，2016 年 7 月国务院办公厅发布《关于深化改革推进出租汽车行业健康发展的指导意见》（国办发〔2016〕58 号），正式承认了网约车的合法地位。随后，交通运输部发布《网络预约出租汽车经营服务管理暂行办法》，明确将网约车车辆登记为"预约出租客运"。2016 年 10 月 21 日，交通运输部发布《网络预约出租汽车运营服务规范》，以巡游出租车规制框架为基础，规定了网约车经营者、驾驶员、运输车辆、经营者服务流程、驾驶员服务流程及服务评价与投诉处理的要求。2018 年国家层面又制定了一系列的网约车规制政策和文件，进一步细化和强化网约车规制门槛和要求，如《关于加强和规范出租汽车行业失信联合惩戒对象名单管理工作的通知（征求意见稿）》《出租汽车服务质量信誉考核办法》《关于加强网络预约出租汽车行业事中事后联合规制有关工作的通知》等。在地方层面，以城市为主体相继制定网约车规制的实施细则，总体来看，多数地方的规制门槛高于国家层面的要求。从平台要求看，几乎所有城市的网约车实施细则都将设立分支机构或具有相应服务能力，作为获得平台许可的前提。有不少城市要求必须设立分公司才可获得许可证。从车辆要求看，各地细则普遍设置了较高的准入门槛，比如，多数城市对车辆设置了价格、轴距、排量等限制，超过 58 个城市要求车辆轴距大于 2650mm 且排量大于 1.6L，196 个城市要求车龄在 3 年以内，174 个城市要求车价超过 10 或当地巡游车价格。从网约车司机要求看，各地在对司机违法违规背景审查基础上，新增了对司机户籍（或居住证）和考试的要求，例如，天津、上海、东营等城市要求司机具有本地户籍。

德国尚未颁布专门适用于网约车的法律法规，网约车与出租车在司机许可等方面都适用全国统一的《客运交通运输法》，法律规定对于网约车和传统出租车均有严格的行业标准和准入条件。目前，优步仅在柏林和慕尼黑保留优步 Taxi 和优步 Pool，其他部分城市允许优步 X 和优步 BLACK（高端专车服务）两种业务运营，但均要求司机拥有客运服务许可（葛平亮，2016）。

从全球网约车规制模式看，各国对网约车新业态的规制都没有形成高度一致的做法，均在"摸着石头过河"，但总体在朝更加宽松的方向演进。总体看，全球网约车规制政策主要呈现以下特点：一是充分考虑新业态特征，多采取"政府管平台，平台管司乘"的规制模式。网约车呈现出高科技、大数据、平台化、共享化等特点，与传统出租车有着诸多不同，多数国家将其定位为"基于网络技术的特许运输服务"予以规制（莫林，2018），普遍适当允许私家车接入网约车平台，解决出行供给不足的问题（Orly，2015）。各主要国家较少直接规制车辆和司机准入门槛，通常仅根据当地的情况对平台、车辆和司机制定相应的标准，要求平台进行严格的审核和规制，以保障安全和服务。二是多聚焦于事中事后规制，宽进严管。各国对行政许可都有严格的立法程序，面对网约车等新业态，难以通过行政许可来规制，因为行政许可流程慢，可能导致网约车面临无法可依的状态，同时也可能会遏制创新。因此，各国大多采取备案、购买资格、直接准入等方式放松事前审核，而将行政审核资源聚焦于事中事后规制，通过数据对接对平台运营进行规制，从而将规制司机和车辆的责任传导至平台，对平台经营过程中发生的风险和问题，进行动态规制和严肃处理。三是普遍为平台赋能。平台承担审核和监督义务的前提是规制部门提供真实、有效的数据库资源。各主要国家在让平台承担审核责任的基础上，会开放数据库赋予平台足够的审核权限，确保权责对等、规制有效。

20.4.2　网约车规制的政策选择

网约车是新兴业态，虽然给传统行业规制带来了巨大挑战，但对公众来说，却提供了多元便捷高效的出行方式，创造了巨大的社会福利，对国家来说则带来了交通领域巨大的变革发展机会和未来想象空间，应该秉持支持创新、包容审慎的原则，促进网约车行业的健康发展。国内外不少研究也表明，过度规制会减少出行供给，变相剥夺兼职群体的谋生机会，甚至催生黑车问题，不仅没有解决安全隐患，反而将安全问题推到线下、推向全社会（李晨曦，2018）。因此，从网约车的发展特点和规制影响分析看，不应将网约车管理纳入传统出租车规制路径（王小芳、赵宇浩，2016；侯登华，2016）。顺应全球网约车规制由严格限制到鼓励发展的趋势，结合我国网约车发展和规制的实际情况，未来规制政策应坚持底线规制、创新规制原则，走融合发展和协同共治的道路。

一是坚持底线规制。在规制政策选择过程中，需要最大限度地保证规制目的和规制手段的有效匹配。网约车是满足公众出行的新业态，出行安全是首要考虑因素，所以政策规制应该坚持底线规制原则（陈声桂，2016）。对此，可以借鉴美国网约车的规制经验，对网约车平台，需满足规制机构制定的安全、服务等标准方可运营，给予平台丰富业务、差异化经营的更多选择；对网约车司机，规制要求应集中在审核驾驶经验、犯罪记录、喝酒和吸毒等涉及出行安全的标准上，并建立动态的准入－退出机制；对网约车车辆，应重点规制基本的安全技术指标，如行驶里程、使用年限等。在确保安全底线的基础上，则应尽可能满足鼓励创新、促进就业等方面的规制目标。

二是坚持创新规制。网约车是典型的共享经济，存在专职和兼职的突出差异。其中，专职司机在业态、功能上与巡游车类似，在资质资格审查方面，可考虑对车辆和司机实行事前审批；非专职车辆和非全职司机和巡游出租车则属于不同业态，应当尽可能设置创新规制措施（陈越峰，2017），可借鉴新加坡模式对兼职司机和车辆进行备案管理。对于如何区分专兼职司机，可考虑从运营时长的角度进行划分。值得注意的是，顺风车、拼车属于不增加出行次数满足更多出行需求的典型模式，可考虑从接单量的角度进行创新规制，而对车辆和司机的数量不作硬性限定。

三是推动融合发展。尽管网约车与出租车属于不同业态，但两者存在较为明显的竞争关系。为规范出行行业经营秩序、优化市场格局，网约车与出租车应走融合发展的道路（陈万明等，2017），积极构建服务升级、司乘满意、生态良好的出行服务共同体。深化出租车改革的关键在于，一方面要不断优化出租车行业利益分配格局，逐步放松出租车的价格和数量规制要求，探索传统"份子钱"之外的新型司企分配方式；另一方面则要充分发挥云计算、大数据、人工智能等先进互联网技术的优势，引入网约车的新技术、新运营模式，通过更加充分的市场竞争逐步实现出租车与网约车服务效率和质量的对标，提升全行业服务品质。

四是探索协同共治。网约车是在"互联网＋"背景下催生的新型跨界服务模式，从规制角度看，涉及安全、个人信用、服务、隐私等多个领域的问题，与交通、公安、人民银行、网信、工商等多个部门皆有关系（侯登华，2016），亟须破除"公共数据"壁垒，形成政府赋能、企业履职的协同规制生态。以安全规制为例，公共数据应为网约车平台赋能，让其能够更全面、准确、动态、实时地审查司机背景，确保安全风险被及时识别并排除在外，如此才能有效守住安全规制的底线。

本章参考文献

Allen, D., & Berg, C., 2014: The Sharing Economy: How Over-regulation Could Destroy an Economic Revolution. *Institute of Public Affairs*, Australia.

Dills, A. K., & Mulholland, S. E., 2018: Ride-sharing, Fatal Crashes, and Crime. *Southern Economic Journal*, 84(4), 965–991.

Angerer, P., Zimmermann, S., Pale, G., Salomon, G., Provin, D., Kathan, W., & Matzler, K., 2018: The Impact of Dynamic Two-Sided Platform Pricing on Fairness Perception in the Sharing Economy.

Chen, M. K., & Sheldon, M., 2016: Dynamic Pricing in a Labor Market: Surge Pricing and Flexible Work on the Uber Platform. In *Ec* (p. 455).

Chen, Y., 2018: The Impact of Peer-to-peer Ridesharing on Travel Mode: Empirical Study of Uber Effects on Travel Mode in Seattle (Doctoral Dissertation).

Cohen, P., Hahn, R., Hall, J., Levitt, S., & Metcalfe, R., 2016: Using Big Data to Estimate

Consumer Surplus: The Case of Uber (No.w22627). *National Bureau of Economic Research.*

Cramer, J., & Krueger, A. B., 2016: Disruptive Change in the Taxi Business: The Case of Uber. *American Economic Review*, 106(5), 177–82.

Dong Y., Wang S., Li L., et al., 2018: An Empirical Study on Travel Patterns of Internet Based Ride-sharing. *Transportation research part C: emerging technologies*, 86:1–22.

Brad N. Greenwood, Sunil Wattal, 2015: Show Me the Way to Go Home: An Empirical Investigation of Ride Sharing and Alcohol Related Motor Vehicle Homicide. *Fox School of Business Research Paper No.15–054.*

Hall J., Kendrick C., Nosko C., 2015: The Effects of Uber's Surge Pricing: A Case Study. *The University of Chicago Booth School of Business.*

Jordan M. Barryt & Paul L., Carontt.2017: Tax Regulation, Transportation Innovation, and the Sharing Economy.*University of Chicago Law Review Online*, Vol.82, Iss. 1, Art. 5:69–84.

Matthew L. Kessler, 2017: How Transportation Network Companies Could Replace Public Transportation in the United States.*University of South Florida.*

Murphy, C., 2016: Shared Mobility and the Transformation of Public Transit (No.TCRP J-11/ TASK 21).

Nie, Y. M., 2017: How can the Taxi Industry Survive the Tide of Ridesourcing? Evidence from Shenzhen, China. *Transportation Research Part C: Emerging Technologies*, 79, 242–256.

Noble, B., & O'Hara, P., 2001: Travel by Taxi and Private Hire Vehicle. TRANSPORT TRENDS-2001 EDITION.

Orly Lobel, 2015: The Law of The Platform.University of San Diego Digital USD .

Rempel, J., 2014: A Review of Uber, the Growing Alternative to Traditional Taxi Service. AFB AccessWorld® Magazine, 51(6).

Middleton, S. S. R., 2018: Discrimination, Regulation, and Design in Ridehailing (Doctoral Dissertation, Massachusetts Institute of Technology).

SharesPost，2017: Uber & Ride-Sharing: The $650 Billion Question.

Wallsten, S., 2015: The Competitive Effects of the Sharing Economy: How is Uber Changing Taxis. Technology Policy Institute, 22, 1–21.

Wang W., 2018: The Differentially Associated Sharing Economy. *New Media & Society*, 1461444818769572.

World Economic Forum,2018: The Boston Consulting Group, Reshaping Urban Mobility with Autonomous Vehicles Lessons from the City of Boston.

Zoepf, S. M., Chen, S., Adu, P., & Pozo, G., 2018: The Economics of Ride-hailing: Driver Revenue, Expenses, and Taxes. CEEPR WP, 5.

波士顿咨询，2015:《自动驾驶、自动驾驶出租车以及城市交通革命》。
陈声桂，2016:《网络约租车的准入制度研究》,《行政法学研究》第 5 期。
陈万明、刘畅、蔡瑞林，2017:《网络约车监管新政的效应分析及调整建》,《环境与社会》

第 3 期。

陈微波,2016:《共享经济背景下劳动关系模式的发展演变——基于人力资本特征变化的
视角》,《现代经济探讨》第 9 期。

陈越峰,2017:《"互联网＋"的规制结构——以"网约车"规制为例》,《法学家》第 1 期。

葛平亮,2016:《德国禁止优步案分析及其对我国的启示》,《法律适用》第 13 期。

侯登华,2015:《网约车规制路径比较研究——兼评交通运输部〈网络预约出租汽车经营
服务管理暂行办法（征求意见稿）〉》,《北京科技大学学报：社会科学版》第 6 期。

侯登华,2016:《"四方协议"下网约车的运营模式及其监管路径》,《法学杂志》第 12 期。

黄勇,2016:《网约车发展带来的司法挑战及应对建议——基于优步全球案例的比较研究》,
《法律适用》第 13 期。

杰里米·里夫金,2014:《零边际成本社会》,中信出版社。

李晨曦,2018:《网约车规制迈向 2.0 时代》,《商法研究》第 6 期。

刘小妍,2016:《法国优步案及其对我国的启示》,《法律适用》第 13 期。

莫林,2018:《网约车规制策略转向：从整体管控到技术治理》,《甘肃政法学院学报》第
5 期。

荣朝和、王学成,2016:《厘清网约车性质 推进出租车规制改革》,《综合运输》第 1 期。

唐纯,2016:《共享经济对经济结构调整的作用机制》,《改革与战略》第 4 期。

王军,2009:《为竞争而管制——出租车业管制改革国际比较》,中国物资出版社。

王小芳、赵宇浩,2016:《中国网约车规制政策述评》,《长安大学学报（社会科学版）》第 3 期。

于莹,2018:《共享经济用工关系的认定及其法律规制——以认识当前"共享经济"的语
域为起点》,《华东政法大学学报》第 3 期。

张米宁,2019:《网约车的发展与规制》,南开大学周恩来政府管理学院与格拉斯哥大学社
会与政治科学学院。

甄艺凯,2017:《网约车管制新政研究》,《中国工业经济》第 8 期。

21. 大型网络平台的法律定位与竞争政策 冯博 杨童

伴随互联网产业的升级，复合式大型网络平台应运而生。然而，技术更迭并不等同于市场进退无障碍。在位者会被意外颠覆也并不意味着市场竞争的充分、完全。当前，大型网络平台市场竞争秩序呈现出动态、融合的发展趋势。为防控颠覆风险，巩固市场势力，在位者不再甘于同一相关市场内的竞争，而是选择跨界融合于不同相关市场之中。在大数据、算法等创新技术的推动下，大型网络平台实现了在不同相关市场之间市场势力的纵横捭阖。"跨界横吃，以大吃小"成为常态，"数一数二、不三不四、迅速崛起、持续亏损、市值高昂"成为主要特征。

竞争政策是引导互联网领域有序竞争的基础。对于大型网络平台市场竞争秩序的维护是在互联网领域贯彻竞争政策基础性地位的重要组成。近年来，《电子商务法》《关于加快发展流通促进商业消费的意见》《关于促进平台经济规范健康发展的指导意见》等相关法律法规均试图逐步构建大型网络平台的监管体系。大型网络平台市场秩序的维护是一项系统工程，其核心在于竞争政策的贯彻，主要包括《反垄断法》《反不正当竞争法》的适用。基于数据发生的市场势力传导，因跨界经营导致的市场结构变化，是大型网络平台对竞争政策体系提出的实践挑战。相关市场边界的模糊，知识产权保反的两难，审慎包容与激励相容的悖论，是大型网络平台竞争政策体系构建的理论难题。因而，辨析大型网络平台的市场行为，厘清大型网络平台的法律定位，破解大型网络平台的治理困境，是制定、实施和完善互联网领域竞争政策的关键一步。

21.1 大型网络平台的概念与特征

21.1.1 大型网络平台的概念

2019 年，全球市值前十的企业中有七家是网络平台，分别为 Microsoft、Apple、Google、Amazon、Facebook、阿里巴巴、腾讯，这七家是全球公认的"大型网络平台（企业）"。除此之外，美团、滴滴、Uber 等也是正在崛起的大型网络平台。网络平台通过互联网技术为不同用户群体之间的互动提供便利。例如，亚马逊把商家和消费者联系在一起；谷歌为广告客户和在线搜索者提供沟通渠道；Facebook 将广告商与社交网络者联系起来；苹果"应用商店"将应用程序销售商与 iPhone 和 iPad 用户联系起来；Uber 将乘客与司机进行资源匹配。

虽然平台经济、数字经济、共享经济等概念是近来热议的话题，但是平台商业模式并不新鲜。几个世纪以来，报纸、电视、百货商场、房屋中介等实体平台一直通过信息的提供对接商家与消费者，是信息服务的一种重要形式。同样，通过提供支付平台，银行的信用卡和借记卡网络长期以来一直是商家和消费者之间的金融支付中介。与此同时，对平台的反垄断执法也并非新事。在 20 世纪初，对于银行卡业务的反垄断调查曾是世界各司法辖区反垄断执法的重要议题之一。然而，21 世纪以来，平台商业模式被"重拾"的重要原因在于网络平台的兴起（例如表 21.1 所示的相关产业的平台变迁）。

表 21.1　部分网络平台、传统（实体）平台与相关产业对比

网络平台	传统（实体）平台	相关产业
AIRBNB，BOOKING 等	星级酒店、快捷酒店等	酒店服务
滴滴、Uber 等	出租车预约平台	城市交通运送服务
贝壳、链家等	我爱我家，津房置换等	房屋销售服务

网络平台	传统（实体）平台	相关产业
神州租车等	出租汽车平台	汽车租赁服务
天猫、淘宝、京东等	百货商场等	零售业
携程旅行等	国旅、青旅等	旅行服务
人人车等	二手车销售平台	二手车销售服务
支付宝等	银行等	支付储蓄服务

以美团点评为例，其之所以能在网络平台上占据主导地位，主要归功于商业战略的两大要素：一是愿意承受亏损，即以牺牲短期利润为代价大举投资；二是跨多个业务领域的整合。事实上，美团点评目前能够扩展到如此多领域（涵盖吃、住、行、娱等方面）的一种方式就是放弃短期利润回报。这种以短期利润回报为代价追求市场份额的策略，违背了芝加哥学派关于理性逐利的市场参与者的假设。更重要的是，美团点评选择在寻求巨额亏损的同时整合多个行业。这表明，该公司正在积聚一种结构性力量，并将其视为一个整合的实体。大型网络平台的重要商业策略在于通过在某一个领域的竞争优势，掌握基础数据，在放弃短期利润回报的情形下，短时间占领市场份额，整合多个行业（或领域），利用在某个行业的市场势力提升整体竞争优势，从而寻求长期利润回报。

21.1.2　大型网络平台的特征

（1）规模效用异常显著

在亚马逊等网络平台公司成立的早期，金融分析师经常戏谑这些网络平台企业是在"用纸搭房子"。会计报表上看大型网络平台企业多是持续亏损，但反观其股价却在持续上涨。针对这一情形，甚至有人提出大型网络平台是互联网领域的"庞氏骗局"的说法。现在，距离最早的网络平台企业成立，已经过去了 20 多年。代替美孚等传统企业，占领最具市场潜力的多数企业均是大型网络平台企业。在中国，"B-A-T"早已成为 21 世纪以来最具市场影响力和竞争力的企业代表。以阿里巴巴为例，它不仅是一个网络零售商，更是一个营销平台，发货和物流网络，支付服务，信用贷款，拍卖资产，图书出版，电视、电影制作，时装设计，硬件制造，云服务的供应商。目前，理论界与实务界对于大型网络平台的各类问题，如巨额投资和巨额亏损将在何时、以何种方式获得回报的问题，仍旧十分费解。反观消费者却越发依赖这些网络平台企业。

当然，天下没有免费的午餐，大型网络平台企业放弃短期利润回报的前提是建立规模，实现规模经济。在这种方式下，积极的投资远比短期的利润回报更为重要。网络平台初创时期的"烧钱"模式即为其实现规模经济的必行之举。大幅降价甚至免费往往会花费数十亿资金。然而，此种模式并不意味着网络平台企业真的违背了"经济人理性"的假设。相反，正是出于"经济人理性"，网络平台企业才做出这些不同于传统企业的决策。在这个阶段，平台企业选择优先考虑市场规模的增长，因为规模是实现其长期商业利润的核心。

在共享经济的助推下，网络平台企业主张价值共创的理念（详见第 9 章）。网络平台让顾客不仅能便捷地接受产品或服务，还可以反之利用网络平台提供服务。在价值创造过程中参与者之间的关系打破了传统产业里"顾客—企业"静态关系，实现了"用户—平台—用户"的多元动态关系。在动态关系之下，网络平台的用户既是生产者也是消费者。网络平台企业并不局限于从消费者单次（或者短期）消费中攫取利润回报，而是将目光放置于长期消费者利益之中。因此，看似"免费"的商业模式，实则对于消费者而言可能是更"贵"的。

（2）市场势力交叉传导

与一般网络平台相比，大型网络平台商业战略的另一个关键元素是将业务范围大举扩张到多个领域。正如上文举例，与阿里巴巴相类似，多数大型网络平台企业的业务范围并非仅在某一个细分市场。大型网络平台企业的跨领域经营多是通过收购或投资相关领域的现有公司而实现。一般而言，大型网络平台企业的收购行为主要表现为三种形式：（1）基于数据占有目的，兼并非营业范围的单一功能网络平台企业（如Facebook收购WhatsApp）；（2）基于技术占有目的，兼并技术颠覆风险的科技初创企业（如Facebook收购Onavo Mobile）；（3）基于市场占有目的，兼并同一相关市场内的竞争者。

与鼓励互联网融合发展，无条件批准网络平台兼并时期相比，当前多数司法辖区的反垄断执法已试图否决兼并甚至拆分大型网络平台。以Facebook为例，根据标普全球编制的数据，在过去的15年间，Facebook相继兼并了90家公司，其中既有科技初创公司也包括WhatsApp和Instagram等具有较大市场规模的企业。在对2013年Facebook收购Onavo Mobile案的审查中，有观点指出，Facebook的收购旨在利用Onavo Mobile的行为跟踪技术快速增长其在移动定位领域的市场势力。英国议会2018年公布的文件也印证了Facebook的收购行为具有市场战略性意义。当前，以美国联邦贸易委员会（FTC）为代表的各司法辖区的反垄断执法机构纷纷开始关注并试图寻找"证据和经济基础"从而探讨大型网络平台的反竞争效用，反垄断审查的重点多在于其收购行为是否存在收购潜在竞争者、防范竞争威胁的问题。

对于大型网络平台企业而言，跨领域经营意味着，在许多情况下，其竞争对手也可能是它的客户。例如，与京东竞争销售商品的零售商也可以使用它的物流服务。一定意义上，这种情形可能会造成利益冲突，即在消费者在网络平台搜索商品时，其商品排序更偏向平台自营产品，而不是竞争对手的产品。然而，对于相关市场内的竞争者而言，大型网络平台的跨领域经营虽然会有潜在损害其收益的风险，但这些大型网络平台提供的多类型业务的拓展和基础服务设施的完备所带来的交叉补贴也使其必须依赖它们。

此外，大型网络平台通常利用强大的数据资源"黏住"消费者。大型网络平台通过对大量用户信息的处理，可以为每个用户进行"行为侧写"，精准分析市场偏好，从而优化其经营的商品或者服务，促进市场效率的形成，降低消费者的搜寻成本。大型网络平台试图以节约时间成本的方式培养消费习惯，以期攫取不同相关市场（不限于关联市场）的消费者剩余。例如，某一外卖餐饮网络平台，利用已有的外卖点餐消费者数据，可以将业务拓展到交通运输、物流配送、餐饮评价等多个相关市场，进行信息关联，传递市场势力。一方面，大型网络平台可以降低消费者的搜寻成本，但另一方面也会减少消费者的选择权，甚至存在侵害消费者隐私的风险。

21.1.3　大型网络平台的演化

大型网络平台的崛起颠覆了传统经济学对于平台经济的静态定义。在大型网络平台的视阈之下，平台经济是一个动态的系统，一个不断发展的业务生态。对于网络平台的概念、特征、模式、责任认定等方面，法律试图划定界限，予以诠释，但法律本身的滞后性又局限了其应该涵盖的网络平台发展的界限。因为，有关网络平台的创新总是具有破坏性的。当涉及新的行业和尚处于萌芽阶段的商业模式时，立法者需要谨慎行事。目前，网络平台正以前所未有的速度引入新的交易模式和策略。正如上文所言，网络平台企业通常没有什么实际资产，它们的价值是嵌入到它们的技术、用户数据和品牌之中的。以"滴滴出行"为例，网约车平台正在让城市出行服务实现从"开车"到"生活方式"的转变。滴滴庞大的用户群和不断完善的软件都为其提供了扩张的机会。事实证明，基于网络预约乘车用户的数据资源，滴滴的技术开发和业务领域已经从专车业务拓展到计程车、公交车等多个传统意义上认为的"公用事业服务"领域。通过"滴滴"平台的发展历程（见表21.2），不难窥探网络平台的演化路径。成长初期，网络平台将通过信息对接的方式积累大量"初始用户"的基本信息。之后，网络平台利用技术创新等方式进行功能的多元化，增加用户粘性。在确保拥有大量用户的基础上，网络平台企业将开始利用各种营销策略（包括补贴手段）吸引更大的市场份额，开启激烈的市场竞争。之后，通过同类企业兼并、多项业务开展等方式，平台企业开始进行信息整合，扩充数据容量，从而达到"数一数二"的市场地位。最后，平台企业通过与社会服务部门的对接，完成市场地位的固化，同时拓展跨类业务的经营。如此，一个企业仅仅利用五年的时间就完成了从互联网企业到网络平台企业再到大型网络平台的演进。

表21.2 2012至2019年"滴滴出行"演化路径

时间	平台属性	事件
2012年6月	网络平台	成立
2012年12月		增加预约、加价、等待功能
2013年10月		市场份额59.4%，超过其他打车软件市场份额之和
2014年1月		开启微信支付打车费"补贴"
2014年3月		用户数超过1亿
2014年8月		滴滴专车上线
2015年2月	大型网络平台雏形	滴滴打车与快的打车进行战略合并
2015年7月		"合乘拼车"系统上线，出租车、快车、专车上的每一个座位都将成为一个独立的可售资源
2015年10月		第一家获得网络约车租车平台资质的公司
2016年1月		滴滴出行全平台（出租车、专车、快车、顺风车、代驾、巴士、试驾、企业版）订单总量达到14.3亿元
2016年8月		滴滴出行收购优步中国

时间	平台属性	事件
2017 年	日趋成熟的大型网络平台	滴滴达成长期与公安部门的合作,推出"滴滴护航"安全驾驶监测系统
2018 年		拓展 P2P 租车新业务,打造多元出行服务平台
2019 年		大数据智慧出行深化,拓展海外竞争范围,拓展新能源共享汽车领域

21.2　大型网络平台对反垄断法律实施的挑战

21.2.1　大型网络平台对反垄断理论的挑战

20 世纪七八十年代,反垄断法对竞争状况的评估主要着眼于消费者的短期利益,而不是生产者的短期利益或整个社会的收益。传统经济学理论认为,只有消费者支付的低价格才是合理竞争的证据。以这个标准衡量,以亚马逊为代表的网络平台无疑是促进竞争的(该公司能够躲过早期反垄断执法的部分原因就在于其声称自己的商业模式是致力于为消费者降低价格)。亚马逊公司的首席行政官贝佐斯曾在描绘亚马逊公司的发展蓝图时强调,网络平台企业首先要绘制一幅反垄断法的地图,然后再设计一条顺利绕过反垄断法的路线。凭借对消费者的传教士般的热情,以亚马逊为代表的网络平台企业一边高呼反垄断,一边向垄断迈进。

20 世纪反垄断法理解释的重大转变在于与经济结构主义的融合。广义而言,经济结构主义的前提是市场集中度与妨碍竞争行为紧密相连。它认为,一个由极少数大公司主导的市场,其竞争力可能不如一个由许多中小公司组成的市场。因为:(1)垄断和寡头垄断的市场结构使在位者能够更容易和巧妙地进行价格操纵、市场分割和默契合谋;(2)垄断和寡头垄断企业可以利用其现有的市场优势来阻止其他企业进入；（3）垄断和寡头垄断企业对消费者、上、下游企业都具有更大的谈判能力，这也使得它们能够在保持利润的同时提高价格、降低服务和质量的成本。结构－行为－绩效范式（S-C-P）是反垄断经济分析的重要框架。让·梯诺尔（Jean Tirole）利用博弈论的思想重新改写了产业组织学（产业经济学）。在梯诺尔的理论逻辑之下，结构、绩效不是重点，行为才是重点。企业行为是策略性的，其中既包括企业自己独立竞争，形成垄断地位，形成差别和优势，也包括和其他企业合谋而获取市场势力的。探究大型网络平台竞争状况的核心是如果企业独立竞争自然合理合法，但是如果涉及合谋、兼并则会涉嫌违反反垄断法等相关竞争政策。

罗伯特·博克在《反垄断悖论》一书中提出，反垄断的唯一规范目标应该是通过提高经济效益来实现消费者福利的最大化[①]。虽然博克用"消费者福利"来表示"配置效率"，但实践中，反垄断执法机构多是通过对消费者价格的影响来衡量的消费者福利的损失。传统意义上引发反垄断执法的行为多为转售价格维持（RPM）、捆绑销售等。然而，这些行为往往在网络平台具有潜在竞争危害的市场行为中很难被发觉。在网络平台和数据驱动型市场的背景下，潜在竞争损害并没有成为反垄断执法的主要考量标准。如此以往，反垄断执法必将面临着法律失灵的窘境。消费者福利是一个长期的概念。它不仅包含成本，还包括产品质量、品种和创新。反垄断法和竞争政策的实施不应只是着眼于消费者短期福利，而应宏观考虑到市场竞争的促进以及社会总福利的提升。

当前反垄断理论的框架——尤其是将市场竞争与"消费者福利"挂钩的框架（一般定义为短期价格效应）——对于分析互联网领域中的市

---

①   Paul H. Brietzke. Robert Bork, The Antitrust Paradox：A Policy at War with Itself. *Valparaiso University Law Review*. Volume 13 (2).403–21.

场行为，规制互联网市场中的竞争秩序倍显无力。若根据传统经济学理论，通过价格和产出来衡量竞争状况，那么大型网络平台企业利用"免费策略""二选一"等行为对市场竞争秩序造成的潜在垄断损害则难以衡量。换言之，针对大型网络平台问题，传统经济学理论低估了掠夺性定价的风险以及跨界并购的反竞争影响。一方面，网络平台企业，区别于一般企业，追求市值增长而非利润（如独角兽企业）。在这一目的的驱动之下，掠夺性定价变得非常合理——即使传统经济学理论认为这是违背企业成长规律的。另一方面，大型网络平台，区别于一般网络平台，其不仅扮演着中介角色，而且跨界并购使得这些平台能够控制竞争对手所依赖的基础设施（如网约车的地图和定位信息）。如此一来，大型网络平台既是基础服务提供者又是中介。这种双重角色使跨界并购的网络平台能够利用其基础服务收集数据，在同一相关市场内削弱竞争对手的优势，在不同相关市场内实现市场势力的传导。

21.2.2　大型网络平台对反垄断执法的挑战

实践中，针对大型网络平台的竞争状况评估需要更多地关注竞争过程的中立性和市场的开放性。其中，影响网络平台竞争政策评估的主要因素包括：(1) 进退障碍；(2) 利益冲突；(3) 行政垄断；(4) 数据的使用和控制；(5) 动态的谈判能力。这些因素的测算又与市场结构的评估息息相关。一家公司是否获得了足够的力量来扭曲竞争将成为网络平台企业是否垄断的重要标准。与此相关的关键问题是：网络平台涉及哪些业务，以及这些业务如何相互作用？市场结构是否具有依赖性？一个占主导地位的在位者的出现，是否存在潜在的扭曲市场竞争的风险？

对结构性问题和竞争过程的关注在大型网络平台的反垄断执法中尤其重要。正如上文所述，通过兼并行为实现市场势力交叉传递是大型网络平台的典型特征。这种市场势力的传递不仅表现为上下游企业之间，受《反垄断法》第十四条规制，同时表现为市场间势力传递。比如，用户如果想要在 YouTube 上评论视频，那么就需要创建"Google+"这一特定社交网络账户。在传统反垄断执法理念之下，"Google+"与 YouTube 二者并非同一相关市场。但是，实质上"Google+"的强制捆绑即为 YouTube 市场势力向"Google+"的传递。大型网络平台通过市场势力间合纵连横和企业形态上明分暗合形成对市场的操控。基于价格的竞争状况评估不足以捕捉网络平台的市场动态。

在分析大型网络平台企业的市场行为时需要的是动态分析市场结构，而非局限于静态的结果，需要审视竞争过程本身。以并购为例，从形式上看，并购分为混合收购（Conglomerate Acquisition）和对角收购（Diagonal Acquisition）。作为收购方的大型网络平台通过兼并实现市场圈定。因此，在竞争执法的各个环节，执法机构都不可以"非此即彼""非黑即白"的二元思维判断大型网络平台的市场行为。在竞争状况的动态评估过程中，如果不了解企业的结构及其在市场中的作用就无法充分理解企业行为及其潜在的反竞争性。由于网络平台在各类商业活动中所占的市场份额越来越大，因此确保反垄断执法框架能够适应这些网络平台市场竞争的实际情况至关重要。

21.3 大型网络平台的法律关系与法律经济学属性

21.3.1 大型网络平台的法律关系

大型网络平台领域的法律问题融合公法、私法、社会法三个方面，其涉及的法律关系涵盖居间、行纪、代理、担保等多个方面。大型网络平台将数据作为其市场行为的主要介质，连接生产者（服务提供者）和消费者。大型网络平台的法律关系主体包括网络平台企业，产品（或服务）提供者以及消费者。在不同的网络平台上，各类主体产生的法律关系也是有所差异的。以京东为例，用户可以在自营网站购物，也可在第三方旗舰店购物，还可通过其他用户购物。与此同时，购物过程中，用户可以选择用银行卡支付，也可以选择用支付宝支付，还可以用芝麻信用支付。虽然用户只是接受了在大型网络平台购物的一个服务，但其实质上已涉及代理、居间、担保等多个法律关系。因此，大型网络平台的法律关系实质上是一种复合式、叠加式的法律关系，具有多重性、综合性和交叉性。

以产品买卖行为为例，卖方的权利包括：（1）要求买方支付价款；（2）在买方违约时要求其承担违约责任。卖方的义务包括：（1）交货义务；（2）对产品瑕疵的担保义务；（3）物品不会被第三人进行权利主张的义务。与此对应，买方的权利包括：（1）要求获取产品；（2）对产品质量进行检验；（3）卖方违约时要求卖方承担违约责任。买方的义务包括：（1）支付价款；（2）依合同接收产品。在这项交易行为之中，网络平台的义务包括：（1）为买卖双方提供交易信息；（2）保障提供信息的真实、便捷；（3）保障用户信息安全；（4）充分尊重买卖双方的选择权。网络平台的权利包括：（1）收取一定的信息服务费用；（2）要求买卖双方提供与交易有关的信息。

如图 21.1 所示，根据参与主体性质不同，网络平台的法律关系可分为 C2C、B2C、C2B 和 B2B 四类。

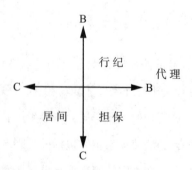

图 21.1　网络平台法律关系示意图

在 C2C 网络平台上，交易主体通过网络平台获取产品（或者服务）信息，其法律关系多为居间关系。C2C 是平台模式最早期也是最主要的表现形式。无论是早期的实体平台还是网络平台，平台作为对接用户的中介，一定程度上解决了市场交易中信息不对称问题，降低了交易成本。

对于 B2C 网络平台而言，消费者通过网络平台购买产品（或者服务），其法律关系多表现为代理关系。在代理关系上，生产者委托平台发布产品信息、销售产品。此时，平台是被委托方，消费者与平台订立的合同是代理合同。平台的法律责任限于委托事项。如若销售产品存在缺陷，平台可能担负的是连带责任。

在 C2B 网络平台情形下，消费者通过网络平台与商家进行资产交易（抵押或者担保），其法律关系多表现为担保关系。信用支付平台是最早的 C2B 交易形式，如信用卡。在网络平台之下，平台通过对消费者的个人数据（如消费数据）进行评估，为其提供交易行为或者资产管理的保障。

在 B2B 网络平台，产品（或服务）的上下游企业实现交易对接，其法律关系多表现为行纪关系。平台与生产者表现为行纪而非代理，主要源于平台拥有更多的自主定价权。在 B2B 关系中，平台的双边市场属性赋予其更强的谈判能力。行纪合同让平台可以对产品或服务具有更为灵活的定价区间。与此同时，行纪合同并不要求平台具有产品或者服务的所有权。换言之，平台可以更大程度地节约成本。

21.3.2 大型网络平台的法律经济学属性

（1）网络效应导致"公私一体"

大型网络平台相比于其他平台，其网络效应更加明显。大型网络平台的根基在于大量用户的使用。这些用户所产生的信息基本涵盖了衣食住行娱等各方面。此类网络效应让网络平台有更多的机会参与到社会生活的基础设施建设之中。这就意味着，在未来，网络平台将提供除了水、电、天然气、土地以外的另一种不可或缺的商务基础设施资源。然而，不同于水、电等资源，网络平台提供的产品或服务并没有自然垄断属性，而且也并不是完全由政府规制的自然资源。大型网络平台其资源属性源自于数据的聚集。通过大量数据的比对与分析，企业将更加明确消费者的偏好。而这些偏好将引导企业服务的触角延伸至社会治理乃至国家治理的层次。如此一来，大型网络平台就不仅限于私权利的范畴，更多涉及的是公共利益的方面，例如，违法信息删除、用户信息保护等。由于网络效应的存在，大型网络平台的商品或者服务，从私益权利变成了"公私一体"[①]的权利。虽然个体消费者在购买商品或服务的时候，由于存在大量的分散决策以及信息的不完备性，但是，大型网络平台企业则可通过这些决策进行集中决策，将此种效应内化。然而，大型网络平台在内化效应的同时，产生更多的是对社会公共利益的影响。大型网络平台"公私一体"的属性令其逐渐深化到公共交通、健康保障、隐私保护等方面。

（2）规模经济引发"侵害泛化"

大型网络平台利用"互联互通"的特性形成规模经济，造就了利益的寡头博弈。此种博弈让市场权利不断固化。大型网络平台让平台企业的行为不再是互联网经济中的一个环节，而是整个互联网的生态链条。传统意义上的规模经济，伴随产量的增加，长期平均总成本下降，但到达或者超过一定规模，边际效益即会下降，甚至引发规模不经济。然而大型网络平台则并不受传统规模经济的边界局限。由于信息添加属于边际成本几近于 0 的行为，因此，只要数据容量允许，算法足够优化，信息的规模经济的边界将无法预期。例如，滴滴出行虽然表面上是一个共

---

① 参见方兴东:《网络平台：人类治理第一难题》，载《网络空间研究》2017 年第 3 期。

享出行网络平台，实质上却是一个城市交通出行数据平台。再如，相比于零售货物，京东存储的大量物流数据才是其重要的市场竞争优势。这也就意味着，对依托数据而存的大型网络平台而言，规模不经济的情况很难实现。一旦大型网络平台利用其信息资源占据垄断地位，发起垄断行为，对于消费者乃至整个社会的垄断损害将呈现"涟漪效应"，极易泛化。大型网络平台只要从事违法行为，则将不只是导致一个或者几个消费者利益的损害，而将是整个社会公共利益的损失，即社会总福利的损失。

（3）公地喜剧催生"新型权利"

传统的外部性要内部化，即给社会造成的好处，可以适当带来企业"补贴"。例如，污染环境带来了坏处，企业就要承担责任。这是传统的"外部性内部化"。但是网络外部性是"外部性外部化"。由于消费者众多而在需求侧产生的网络效应，不是供给侧企业提供的好处，那么这部分收益不应当由企业独吞。公地和公地品必须分开。比如无主池塘是公地，里面的鱼虾是公地品。延伸到互联网，以知网（CNKI）为例，知网是公地，它提供的知识信息是公地品。正如上文所述，大型网络平台具有强公地属性。然而，与传统公地不同，大型网络的公地属性不仅不易产生"公地悲剧"，反之，发挥得当，可产生"公地喜剧"。在互联网领域，规模收益递增是"公地喜剧"的必要条件，网络外部性外部化是"公地喜剧"的充分条件。这些特征决定互联网领域出现许多新型权利。以维基百科为代表的知识共享网络平台在技术创新的推动下可以更便捷、更快速地得以传播。"著佐权"（Copyleft）带来的知识动态共享不仅避免了重复复制硬件的成本，而且呈现出网络正外部性。信息品的重要特点是固定成本很高，边际成本很低，甚至趋于零。需要注意的是，网络平台不是信息品的生产者，而是信息品的传播者。信息品的生产者（比如作曲人、录制人）在其生产过程中一般会付出较高的固定成本。然而，由于信息品边际成本为零，所以信息品的传播者往往付出的成本很低，甚至为 0。

表21.3 大型网络平台"公地喜剧"的产生

	特点	公地结果	公共政策
普通外部性	正：企业投入多收益少，供给不足	公地悲剧 市场失灵	政策鼓励，界定产权
	负：企业投入少收效大，供给过多		政策限制，界定产权
网络外部性	正：平台投入少收益多。共享经济	公地喜剧 无市场失灵	鼓励竞争，打破垄断
	负：平台投入多收益少。正好合意		网络中性，防止独享

（4）锁定效应促使"属性转变"

在互联网领域，企业具有强烈的锁定效应。网络平台，尤其是大型网络平台更是如此。锁定效应包括技术性锁定效应、功能性锁定效应、认知性锁定效应和政治性锁定效应。一旦先进入者聚集大量用户并以各类手段保持用户粘性，则后进入者将很难进入市场，或者即便进入也会渐渐退出。这一点在网络平台领域内被称为"赢者通吃"。例如，滴滴先后和"快的"以及"Uber 中国"的合并案。在网络平台内，由于共享经济的存在，所有权的界限逐渐模糊，"供"与"用"的关系更加复杂。锁定效应促使原本具有准私用品属性的网络平台演变为具有准共用品属性的网络平台（如图21.2）。以所有权和"供、用"关系进行四分，可以发现，传统平台企业多提供的是"私供公用"的共享品，具有弱"私地"的属性。大型网络平台则更多地提供"准共用品"，具有较强的公地属性。一般而言，谈及"共享经济"总会将住宿、出行等方面的共享作为典型案例。然而，与闲置资源的共享相比，信息（尤其是知识）的共享更是体现大型网络平台"公地"属性的领域。正如上文所述，大型网络平台具有准"共用品"属性，这就意味着，网络平台即为公地领域（如图21.2）。大型网络平台具有较强的网络外部性，尤其是存在交叉网络外部性，这就决定了网络平台是形成"公地喜剧"的基础。

		"所有权"的模糊性	
		私域（准私用品）	公域（准共用品）
区分"供"与"用"的重要意义	公供私用	私用品 私地（强）	公地品 公地（弱）
	私供公用	私地（弱） 共享品	公地（强） 共用品

图 21.2　锁定效应下网络平台属性的分类

21.4　大型网络平台治理的困境

21.4.1　技术创新的"双刃"困境

伴随信息技术的成熟，一些大型网络平台企业（例如阿里巴巴、亚马逊、谷歌等）可以充分搜集到消费者的历史购买信息，以建立企业在技术创新上的绝对优势。大型网络平台宣告了一个"数据为王，流量为王"时代的来临。大型网络平台可以通过各个领域对消费者偏好进行分析，有针对性地推荐商品（或服务），降低消费者的搜寻成本，改善社会福利。大型网络平台可以利用技术更迭实现从技术创新营利到管理方式营利的虹吸效应。从这一点看，技术创新无疑提高了社会效率。然而，大数据、区块链、人工智能作为技术手段，其优势的存在伴随着隐患的产生。大数据营销使得网络平台能够依据消费者的购买历史进行价格歧视，对不同的消费者索取不同的价格，形成"杀熟"行为。"区块链"技术从分散化的分布发展到"割韭菜"式的圈钱。网络平台以算法为手段游走个人数据利用与消费者隐私保护之间的敏感地带。

基于技术创新引发的价格歧视，网络平台利用现代科技手段侵害消费者权利，非法利用获取信息。在传统寡头模型中，企业的生产效率决定企业的市场份额，不管如何博弈都不会发生跨期的消费者转移。这意味着企业无须去争抢不同相关市场内其他企业的客户。但是在大型网络平台的情景之下，技术创新成为改变企业效率的重要因素，如果允许基于数据分析而进行价格歧视，那么不仅会导致行业间价格扭曲，也会发生社会总福利的减损。技术创新对网络平台的影响在于技术融合（数据、视频、声频和硬件的整合），使平台有机会通过"技术封套"（Technology Envelopment）扩展到相邻但不相关的领域，为消费者提供更多的产品和服务品类[①]。大型网络平台本身即具有垄断地位，技术手段的肆意让其一旦从事垄断行为，也会难以发现。如此，降低了企业的违法成本，增加了企业的违法动机。

当两个网络平台利用同样的技术手段获得数据，竞争就会使双方陷入"囚徒困境"。这就意味着，在同质化技术的情形下，两个平台只会服务于已有客户。但是，在技术创新的情形下，网络平台都有激励去争夺竞争对手的客户，用以扩大数据容量。然而，一旦技术创新使得网络平台发展为大型网络平台，平台吸引用户的动力也将逐渐减弱，利用用户信息进行价格歧视等行为的动力就会逐渐增强。在网络平台投入技术创新以及技术创新是确定型事件的条件下，以价格歧视获取收益的动机削弱了单个企业的技术创新激励。换言之，技术创新会导致价格歧视，而价格歧视也将导致技术创新激励的下降[②]。此时，技术创新将面临两难困境：技术创新导致网络平台的形成，网络平台一旦形成就再无动力创新（如图21.3）。网络平台垄断地位的打破只能依靠颠覆式创新。

---

① Tiwana A., Konsynski B., Bush A.A., Research Commentary-platform Evolution: Coevolution of Platform Architecture, Governance and Environmental Dynamics [J]. *Information Systems Research*. 2010 (4): 675–687.

② 参见时奇、唐丁祥:《大数据营销、价格歧视与技术创新》，载《决策参考》2016 年第 14 期。

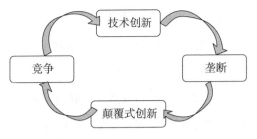

图 21.3　技术创新的"两难困境"

21.4.2　行政监管的"约束"困境

双边市场的交叉补贴是网络平台的竞争赢得战略,能够帮助网络平台获得市场份额快速增长。然而,正是由于双边市场的存在,传统的"约束式"监管面临着前所未有的困境。行政监管往往对于互联网领域的新生事物"疲于应对",甚至常常面临"方法用尽,效用不佳"的局面。例如,在网约车领域,自《网约车管理办法》颁布以来,表面看来对司机资质、车辆类型、平台监管、定价方式、许可期间等方面进行了因地制宜的细化,但实质上依旧遵循了"人 + 车 + 平台"的全面监管模式。在"约束式"监管之下,网约车企业往往为求合规而被迫成为"新型计程车公司"。这种监管模式从实施效果上看,不仅引来多方非议,甚至有悖公平竞争审查。此类约束式的行政监督同样有增加行政执法成本、阻碍市场竞争、损害消费者利益之嫌。这都决定了"约束式"的行政监督面临的困境:不监督,网络平台势必影响市场竞争;监督、市场竞争秩序同样会被打乱。

行政监管主要包含价格和非价格两个方面。在价格方面,大型网络平台的双边市场定价是监管的关键所在。在双边市场中,对任何一边的定价,不仅会影响到定价边市场的成本、利润和参与,还会跨边地影响到另一边市场的参与意愿和福利,最终会影响平台获取的利润。在多个网络平台具有替代性时,平台会补贴使用者。当用户偏好平台的多样性时，大型网络平台就能赢得更大的销售额和利润。与此同时，大型网络平台也就拥有了利用偏好分析控制价格的行为动机。价格是市场自发形成，行政监管贸然干预则会影响市场作用的发挥。

在非价格方面，排他性合同以及选择限制均是大型网络平台控制市场的手段。排他性合同包括企业兼并、交叉持股等形式。排他性合同不仅能够减缓平台因市场竞争带来的耗损，并且可以显著提高用户参与，扩大数据容量，确保市场份额。选择限制则是网络平台限制用户获得的产品品种的偏好和范围。虽然，选择限制和排他性合同均没有体现为市场价格甚至竞争秩序的直接干预，但是同样对市场存在着不容小觑的影响。然而，非价格行为往往相对价格行为更为隐秘，利用行政监督也将耗费更多的行政资源。因此，仅就行为约束的行政监督并不能在此方面发挥任何显著效用。

21.5 大型网络平台的治理原则

关于大型网络平台治理的内容近年来一直是学界不断热议的话题。伴随着智能互联的发展，大型网络平台治理的研究领域也在不断拓展，从主要以用户网络规模为治理对象的参与治理延伸到产品结构治理、平台技术治理和平台与用户关系治理等不同方面。十九大报告指出，未来的中国互联网发展将实现与实体经济的深度融合。这就意味着，针对大型网络平台的治理问题必将成为市场经济体制改革的重要突破点。因此，如何规范互联网领域的市场经济秩序，预防和遏制大型网络平台引发的一系列问题，是迎战互联网市场新挑战的关键。其中，大型网络平台的治理是重要命题之一。如何利用竞争政策，精准执行《反垄断法》是网络平台的治理核心。

21.5.1　防范成本最低者负主责

大型网络平台既然是平台，则要遵守"网络中立"原则（详见第十六章）。网络中立要求网络平台透明、公开、无歧视。网络平台不得利用网络数据进行分类、拦截、过滤等。网络平台设计的初衷在于"去中心化"，非歧视性的互联互通，改善信息不对称引发的社会效率低下。然而，当前网络平台所显现出的一些问题均在于其对于网络中立原则的跳脱。例如，搜索引擎竞价排名。

另一方面，大量用户信息的聚集也导致数据安全成为互联网领域尤为突出的矛盾。网络平台对于用户信息的保护不仅是出于企业责任，更是出于社会责任。例如，套取用户支付信息进行诈骗。对于网络平台的治理，仅仅依靠企业的自律以及消费者防范意识的提高是难以达到预防和遏制违法行为发生的目的的。公私一体、公地属性均导致平台应为最主要的责任主体。基于防范成本最低者负主责原则[①]，在网络违法行为发生过程中，平台是防范成本最低的主体，虽然平台不一定是真正的违法者（或侵权方），但平台可以通过最小的成本防范，也可通过最低成本寻找到违法者（或侵权方）。

由于网络平台收取和占据着网络安全的命脉——数据信息，所以把握住了平台即掌握了网络治理的核心。大型网络平台让开放性、扁平化的系统结构变成了更具引力的中心。平台、用户和政府，三者比较，在互联网经济中，平台的防范成本最低。平台一旦成为预防违法行为的主体，主动遏制违法行为则社会总福利将不会受损。防范成本最低者负主

---

① Calabresi, G., The Decision for Accidents: An Approach to Nonfault Allocation of Costs. *Harvard Law Review*, 1965, 78 (4), pp.713–745.

责[①]是社会治理实现效率的重要原则，有利于市场公平竞争。这一原则即可避免传统管线式行政监督引发的执法成本的增加，也可避免用户个体防范带来的社会成本的增长。与此同时，"防范成本最低者负主责"这一原则也要同"惩罚性赔偿"[②]等制度组合适用，从而避免"鼓励式惩罚"以及"行政垄断"等问题的衍生。

21.5.2 发挥 RPM 与跳单的互克作用

互克理论基于跳单行为的"二重性"（促竞争和搭便车）和 RPM 的"双效应"（抑制竞争和克服搭便车）而产生（详见第十七章）。假定其他条件不变，跳单程度越高则 RPM 效果越弱，跳单程度越低则 RPM 效果越强；反之，RPM 效果越强则跳单程度越低，RPM 效果越弱则跳单程度越高。大型互联网平台往往容易出现 RPM，甚至更易将 RPM 转化为企业内生行为。基于互克理论可知，在 RPM 作用较强之下，跳单行为势必产生。如爱斯唯尔利用其出版优势垄断电子期刊传播权的行为即遭到 SCI-HUB 的跳单。然而，虽然基于知识产权保护，SCI-HUB 的跳单行为涉嫌违法（侵犯知识产权），但是从反垄断的角度而言，SCI-HUB 的跳单行为也存在促进知识传播，打破垄断高价的积极作用。因而，根据跳单与 RPM 互克的综合效果判断 RPM 或者跳单行为是当然违法或是当然合法都不甚恰当。基于互克理论，如果执法机构确认 RPM 产生了明显的排除和限制竞争的效果，则应鼓励和支持跳单行为；反之，一旦执法机构确认跳单行为导致了值得关注的反竞争后果和严重的搭便车问题，则应豁免 RPM。

发挥 RPM 与跳单的互克作用强调需摒弃是非绝对的简单思维（当

---

① 参见于立：《互联网领域落实竞争政策的几点建议》，载《中国价格监管与反垄断》2017 年第 3 期。

② 参见冯博：《食品药品安全领域的惩罚性赔偿》，法律出版社，2018 年，第 5 页。

然合法或当然违法），更多遵循合理推定的执法原则，建立分类执法的思想体系，这是竞争政策实施理念上的重大进步。发挥跳单与 RPM 的互克作用不仅可以提高法律实施效益（尤其是反垄断执法），而且有利于简化执法方式，降低执法成本，优化执法结构。锐邦诉强生案（中国首例纵向价格垄断民事案件）、房屋中介跳单案、图书行业跳单案、银联涉嫌垄断案、汽车行业系列垄断案、盗版侵权案等案件都是互克理论的执法实践。当前，跳单行为已从实体平台的跳单演化为网络平台的跳单，大型网络平台也存在着较大的 RPM 实施动机。因而在治理大型网络平台的过程中发挥跳单行为与 RPM 的互克作用势在必行。

21.5.3 实现市场竞争作用的激励相容

数据是大型网络平台的首要生产要素，也是互联网领域企业进退的最大障碍。根据生产价格理论，在行业间生产资料自由转移的情形下，企业间将呈现进退无障碍，即充分竞争。大数据、区块链等技术让网络平台实现了信息匹配效率的增加。平台因为拥有数据而掌控着进退自由的权利。然而，伴随大型网络平台的形成，数据的聚集也让市场的进退障碍在不断增加。网络效应导致网络平台不仅呈现传统经济学意义上的赢者通吃，更是对市场竞争的消灭，寡头垄断成为常态。

无论是从概念、模式还是发展路径，大型网络平台在很多方面都对传统经济学和法学研究带来了前所未有的挑战。这就意味着，一直以来，习惯性的产业政策扶持，行政管制方式都显得力有不逮。互联网领域"一管就乱，一放就散"现象的出现，究其原因在于，对网络平台的监管策略深陷"约束为主，缺乏激励机制；行为控制，缺乏结构调整"之中。

当前，对于大型网络平台或者过度约束（如网约车）或者过度放松（如社交通信），仍旧难以抑制"价格歧视"等行为的出现。消费者虽然是大型网络平台生产要素的提供者，却也承受着大型网络平台高额成本的转嫁。伴随"互联网＋"政策的推动，大型网络平台也将会逐步扩张。发挥市场在资源配置中的决定性作用是治理大型网络平台的基本原则。由于网络平台是要在市场竞争中获取绝对优势，所以竞争政策尤其是反垄断政策的运用最为关键。网络平台的治理更需要遵循市场规律的监管。确定"竞争优于管制"的监管理念，划定监管边界，影响企业决策，激发市场活力。

本章参考文献

冯博、杨童:《中国网约私家车监管路径转型》，载《大连理工大学学报（社会科学版）》2018 年第 3 期。

方兴东:《网络平台：人类治理第一难题》，载《网络空间研究》2017 年第 3 期。

于立:《互联网领域落实竞争政策的几点建议》，载《中国价格监管与反垄断》2017 年第 3 期。

冯博:《食品药品安全领域的惩罚性赔偿》，法律出版社，2018 年，第 5 页。

于立:《跳单问题的法律经济学分析》，法律出版社，2018 年，第 2 页。

时奇、唐丁祥:《大数据营销、价格歧视与技术创新》，载《决策参考》2016 年第 14 期。

Calabresi, G., The decision for accidents: An Approach to Nonfault Allocation of Costs. *Harvard Law Review*, 1965, 78(4): 713–745.

Paul H. Brietzke. Robert Bork, The Antitrust Paradox: A Policy at War with Itself. *Valparaiso University Law Review*. 1979(13): 403–421.

Tiwana, A., Konsynski, B., Bush, A. A., Research Commentary-platform Evolution: Coevolution of Platform Architecture, Governance and Environmental Dynamics. *Information Systems Research*. 2010(4): 675–687.

Bryank, Hovenkamp E., *Antitrust limits on Startup Acquisition*. Social Science Electronic Publishing, 2019.

Cheng Few Lee, Alice Lee, Conglomerate Acquisition, *Encyclopedia of Finance*. Springer US, 2006.